U0805642

"十四五"职业教育国家规划教材

供高等职业教育护理、助产、临床医学、中医学、口腔医学、医学检验技术、医学影像技术、康复治疗技术等医学相关专业使用

病 理 学

（第4版）

主 编 刘 红 侯菊花

副主编 佘佐亚 王晓蔚 冯丽霞

编 委（按姓氏汉语拼音排序）

陈振华（重庆护理职业学院）
冯丽霞（阳泉职业技术学院）
侯菊花（益阳医学高等专科学校）
刘 红（雅安职业技术学院）
刘昌明（雅安职业技术学院）
卢碧燕（东莞职业技术学院）
佘佐亚（广西医科大学护理学院）
万小娟（济南护理职业学院）
王桂秋（广西卫生职业技术学院）
王晓蔚（运城护理职业学院）
吴 蒙（唐山职业技术学院）
杨志鹤（锡林郭勒职业学院）
余园媛（重庆医药高等专科学校）
袁宏伟（内蒙古医科大学）
张秀娟（重庆医药高等专科学校）

科学出版社

北 京

内 容 简 介

在设计理念上，本书注重理实并重、学训结合，兼顾学科性与职业性，关注学生的可持续性发展，在服务学生专业学习需要的同时，服务于学生未来发展的需要。在内容编排上分为病理解剖学（上篇）和病理生理学（下篇）两部分。病理解剖学重点阐述疾病过程中机体的形态结构变化，病理生理学则重点阐述疾病过程中机体的功能、代谢变化，以及病理变化和病理过程与临床的联系。全书共22章，病理解剖学和病理生理学各11章。每章包含学习目标、案例、链接、医者仁心、考点、自测题等模块。全书共有200余幅彩图，画面清晰，病变典型。书后附有病理学实验（训）指导。

本书可供高等职业教育护理、助产、临床医学、中医学、口腔医学、医学检验技术、医学影像技术、康复治疗技术等医学相关专业使用，也可作为相关专业在职人员的培训教材或参考书，还可供同行参考和病理学爱好者阅读。

图书在版编目（CIP）数据

病理学 / 刘红，侯菊花主编 . —4 版 . —北京：科学出版社，2024.10
"十四五"职业教育国家规划教材
ISBN 978-7-03-078571-8

Ⅰ. ①病… Ⅱ. ①刘… ②侯… Ⅲ. ①病理学－高等职业教育－教材
Ⅳ. ① R36

中国国家版本馆 CIP 数据核字（2024）第 101974 号

责任编辑：王昊敏 / 责任校对：周思梦
责任印制：师艳茹 / 封面设计：涿州锦晖

科 学 出 版 社 出版
北京东黄城根北街16号
邮政编码:100717
http://www.sciencep.com
北京九天鸿程印刷有限责任公司印刷
科学出版社发行　各地新华书店经销
*
2010年 6 月第　一　版　开本：850×1168　1/16
2024年10月第　四　版　印张：20 1/2
2025年11月第二十九次印刷　字数：617 000

定价：99.80元

（如有印装质量问题，我社负责调换）

前　言

党的二十大报告指出："人民健康是民族昌盛和国家强盛的重要标志。把保障人民健康放在优先发展的战略位置，完善人民健康促进政策。"贯彻落实党的二十大决策部署，积极推动健康事业发展，离不开人才队伍建设。"培养造就大批德才兼备的高素质人才，是国家和民族长远发展大计。"教材是教学内容的重要载体，是教学的重要依据、培养人才的重要保障。本次教材修订旨在贯彻党的二十大精神，坚持为党育人、为国育才。

本教材是"十四五"职业教育国家规划教材，以 3 年制高等职业教育医学生为主要教学对象，可满足护理、助产、临床医学、中医学、口腔医学、医学检验技术、医学影像技术、康复治疗技术等专业的教学需求，涵盖了病理解剖学和病理生理学的主要内容，既可作为教材使用，也可作为参考书使用。

本次修订对教材进行了整体优化，在内容编排上有较大的调整，将全部内容分为病理解剖学（上篇）和病理生理学（下篇）两篇，继承和发扬上版特色，适度补充新知识、新理论，删除部分不必要的内容。切实落实立德树人的根本任务，充分体现课程思政理念，突出"三基"（基本知识、基本理论、基本技能）、"五性"（思想性、科学性、先进性、启发性、适用性），注重与国家护士执业资格考试、临床执业（助理）医师考试相衔接，以"工学结合"为导向，将理论知识与临床实践、专业学习与执业考试紧密结合，力求做到层次分明、详略适度、图文并茂、易学实用。

本教材具有以下特点：①体例新颖，版面活泼。穿插有学习目标、案例、链接、医者仁心、考点、自测题等模块。②图片丰富，病变典型。新增百余幅彩色插图，画面清晰，图文并茂，生动直观。③案例导入，启迪思维。利用典型临床案例引出教学内容，有利于提高学生的学习兴趣，启迪思维，培养应用知识的能力。④链接知识，扩大视野。通过链接拓展相关知识，扩大学生的视野，丰富学习内容。⑤标注考点，明确重点。标出与执业资格考试有关的内容，明确学习重点，以便学生更好地掌握所学知识。⑥试题测验，自查自纠。每章后附有多种类型的自测题，选择题配有参考答案，便于学生自我检测、自我纠错。⑦课件精美，利教利学。配套的 PPT 课件内容丰富，制作精美，便于学生自学。⑧配套实验，培养技能。书后附有配套的实验（训）指导，对训练学生的动手能力，提高职业技能有积极的作用。

在修订过程中，编者尽可能吸纳各参编院校提出的好的建议，力求使修订后的教材能更好地适应教学和岗位的需要，实现教材的育人功能。但仍可能存在不足和疏漏之处，恳请广大师生提出宝贵意见，以便修正。

此次修订工作，得到各参编院校领导和同行的大力支持和帮助，特此致谢。

刘　红

2024 年 3 月 19 日

配 套 资 源

欢迎登录“中科云教育”平台，**免费**数字化课程等你来！

本系列教材配有图片、视频、音频、动画、题库、PPT 课件等数字化资源，持续更新，欢迎选用！

“中科云教育”平台数字化课程登录路径

电脑端

- 第一步：打开网址 http://www.coursegate.cn/short/9LPND.action
- 第二步：注册、登录
- 第三步：点击上方导航栏“课程”，在右侧搜索栏搜索对应课程，开始学习

手机端

- 第一步：打开微信“扫一扫”，扫描下方二维码
- 第二步：注册、登录
- 第三步：用微信扫描上方二维码，进入课程，开始学习

PPT 课件：请在数字化课程各章节里下载！

目　录

下篇 病理生理学

绪　论

学习目标

1. 素质目标　树立正确的学习态度，逐步养成实事求是、细致严谨的工作作风。

2. 知识目标

（1）掌握　病理学的概念、任务及分类；主要研究方法及其应用；观察方法。

（2）熟悉　病理学在医学中的地位及作用。

（3）了解　病理学的学习方法、发展简史。

3. 能力目标　具有自主学习能力，学会观察标本的方法，能较好地应用知识进行临床病理联系。

医者仁心

坚持“为患者服务第一，病理质量至上”的病理学家——刘彤华

刘彤华是北京协和医院教授、著名病理学家、中国工程院院士。她热爱祖国、心系人民，孜孜以求、追求卓越，呕心沥血、鞠躬尽瘁，对党忠诚、无私奉献，为人师表、甘为人梯，具有崇高的科学精神和人格魅力。她始终坚持“为患者服务第一，病理质量至上”的原则，提出“勤动手、肯吃苦、戒浮躁、求新知”成才理念。她为中国病理学事业的发展作出了巨大贡献，先后被授予“医疗事业突出贡献奖”（1991，国务院）、“全国优秀教师”（1995，教育部）、“有突出贡献专家”（1998，卫生部）、“中国工程院院士”（1999，国务院）、“中国病理事业终身成就奖”（2011，中华医学会病理学分会）。

一、病理学的概念、任务及分类

1. 病理学的概念　病理学（pathology）是通过对疾病的病因、发病机制、形态结构和功能代谢变化，以及转归的研究，阐明疾病发生发展规律，揭示疾病本质，为临床防治疾病、护理患者提供理论依据的一门医学学科。

在疾病发生发展过程中，机体所发生的形态结构、功能和代谢变化，称为病理变化（简称病变，pathological change）。机体功能、代谢的变化称为病理过程（pathological process），病理过程不是一个独立的疾病，而是疾病的重要组成部分。

2. 病理学的任务　疾病是一个极其复杂的生命活动过程，机体会发生一系列形态结构、功能、代谢的变化。病理学的主要任务，包括：①研究疾病的病因、发病机制、病理变化和转归；②阐明疾病的发生发展规律；③揭示疾病的本质；④为医学生的后续学习奠定理论基础；⑤为临床防治疾病和护理患者提供理论依据。

3. 病理学的分类

（1）依据研究重点的不同分类　病理学分为病理解剖学和病理生理学两门学科。病理解剖学侧重研究疾病过程中形态结构的变化，病理生理学则主要研究疾病过程中功能和代谢的变化，两者相辅相成，彼此联系。

病理解剖学在具体内容上分为总论和各论两部分。总论重点阐述不同疾病过程中发生的具有共同性质的病理变化，包括细胞组织的适应损伤与修复、局部血液循环障碍、炎症、肿瘤等；各论主要阐述各系统器官常见疾病，以及传染病和寄生虫病的特殊规律。总论和各论之间是共性和个性的关系，有着十分密切的内在联系。

病理生理学分为总论、基本病理过程和各论三部分，其中总论即疾病概论，主要阐述疾病的概念、发生发展的普遍规律；基本病理过程主要是指疾病过程中发生的具有共性的功能、代谢的变化，如弥散性血管内凝血（DIC）、休克、水电解质代谢紊乱、酸碱平衡紊乱、发热、缺氧等；各论是指各系统器官疾病中发生的具有个性的功能、代谢变化，包括各器官功能不全和肝性脑病等。

（2）依据研究手段和目的不同分类　病理学还可分为人体病理学、实验病理学、诊断病理学（又称为外科病理学）、免疫病理学、分子病理学、遗传病理学、定量病理学等。

考点：病理学的概念、任务和分类

二、病理学在医学中的地位及作用

1. 病理学是一门极为重要的基础医学学科。在医学教育中，病理学属于医学的基础学科，是临床医学的重要基础，是学好后续专业课程不可或缺的重要课程。

2. 病理学是联系基础医学与临床医学的桥梁。病理学以解剖组胚学、生理学等基础医学学科的理论知识为基础，研究病理变化规律和特点，阐述形态结构、功能和代谢变化与临床表现之间的关系，以及疾病的诊断、转归和结局等临床医学问题。因此，病理学是联系基础医学和临床医学的桥梁，起着承前启后的作用。

3. 病理学诊断是最具权威性的医学诊断。病理学诊断是通过对病变的大体（肉眼）和显微镜（镜下）观察做出的疾病诊断，较其他检查手段所做出的诊断更具有客观性和准确性。因此，病理学诊断带有宣判性质，病理医生常被称为“医生之医生”（doctor’s doctor）。

4. 病理学研究是重要的医学研究方法。医学领域各学科常常应用病理学的研究方法或手段开展研究工作，对疾病临床表现的解释、新病种的发现和预防，以及敏感药物的筛选、新药物的研制和毒副作用的观察等都离不开病理学方面的鉴定和解释。因此，病理学在医学科学研究中占有十分重要的地位。

三、病理学的主要研究方法及其应用

1. 尸体剖检（autopsy）　简称尸检，是指通过对死者的遗体进行病理解剖，用肉眼和显微镜观察各器官、组织的病理变化，做出疾病诊断，查明死亡原因的一种检查方法。主要意义在于：①明确诊断，查明死因；②及时发现和诊断传染病、地方病和新病种；③收集病理标本，用于教学、科研。

2. 活体组织检查（biopsy）　简称活检，是指从患者身上取病变组织，病理医生通过肉眼和镜下观察，做出疾病诊断的一种检查方法，是应用最为广泛的一种病理检查方法，较临床诊断和影像学诊断更具有客观性和准确性。常用于确定病变性质、了解病变范围、观察疗效、估计预后，特别是在肿瘤的诊断上具有十分重要的意义，起着其他检查不可替代的作用。

3. 细胞学检查（cytological examination）　是指病理医生对采集到的病变细胞通过涂片染色后用显微镜观察，做出疾病诊断的一种检查方法。常见的有宫颈涂片、痰涂片、食管拉网涂片、尿液涂片、胸腹水（胸腔积液、腹腔积液）涂片，以及深部组织（如甲状腺、乳腺、淋巴结、肝、肾等）的针吸涂片等。具有操作简便、经济快捷、患者痛苦小等优点。主要用于肿瘤筛查、健康普查、激素水平测定（宫颈涂片），但可出现假阳性或假阴性结果，应予以注意。

4. 动物实验（animal experiment）　是指在动物身上复制人类疾病的模型，以达到研究疾病的病因、发病机制、病理变化和转归等目的的一种研究方法。动物实验的优点是可进行任何形式和内容的研究，但应注意动物和人之间存在物种上的差异，不能将动物实验的结果不加分析地直接应用于人类，而只能将其作为研究人类疾病的参考。

5. 组织和细胞培养（tissue and cell culture） 是指取自人体或动物体内的某种组织或细胞，在体外用适宜的培养基进行培养，动态观察离体组织、细胞病变发生发展的一种研究方法。目前主要用于肿瘤生长、细胞癌变、染色体变异、细胞生长调节、病毒复制等方面的研究。

考点：尸检、活检、细胞学检查、动物实验的概念及应用

四、病理学的观察方法

1. 大体观察 又称为肉眼观察，是指用肉眼对送检标本及其病变的性状进行的观察。观察的内容包括标本及其病变的大小、形状、色泽、重量、质地、表面及切面情况、与周围组织的关系，并应做翔实客观的记录。大体观察对病理医生确定取材部位、做出初步病理学诊断具有十分重要的作用，也是病理学重要的学习方法之一。

2. 组织学和细胞学观察 将组织切片或细胞涂片经染色后（常用苏木精-伊红染色，即HE染色），在光学显微镜下观察组织病变特点和细胞变化特征，是最常用的病理学研究手段和诊断方法。

3. 超微结构观察 运用透射、扫描电子显微镜对细胞内部及表面的超微结构进行观察，以了解亚细胞（细胞器）和分子水平上细胞的病理变化。一般作为HE染色和免疫组织化学染色镜检的补充手段。

4. 组织化学和细胞化学观察 利用化学试剂与组织、细胞中某种化学成分发生特异性化学反应的特性，以显示病变组织、细胞所含的化学成分（如蛋白质、脂类、糖类等），有助于对疾病做出进一步诊断，如应用过碘酸希夫（periodic acid-Schiff，PAS）染色、阿尔辛蓝（alcian blue，AB）染色等。

5. 免疫组织化学观察 利用抗原抗体结合反应具有高度特异性的原理，用已知的抗体去检测组织或细胞中未知抗原物质（如肿瘤蛋白、激素等），以确定某种未知抗原物质的存在，并可进行定性、定量和定位研究。临床上常应用于肿瘤的诊断和鉴别诊断。

此外，流式细胞技术、图像分析技术、分子生物学技术等新方法、新技术也越来越广泛地应用于病理学研究和诊断的各个方面。

考点：病理学的观察方法

五、病理学的学习方法

1. 学习的总要求 病理学既是一门基础医学学科，又是联系基础医学和临床医学的桥梁学科，并在临床诊治疾病过程中占有十分重要的地位。因此，在学习过程中，要注意培养自学能力，养成勤思考、善总结的学习习惯，通过标本观察、动物实验、多媒体教学等手段，重点掌握概念、病理变化、病理过程和临床病理联系，并通过实验（训）课，培养观察能力、分析能力和动手能力。

2. 学习病理学需处理好的几个关系 学习病理学，需处理好以下几个关系。

（1）总论与各论的关系　总论是疾病的基本特征，代表疾病的共性；各论则是各个系统不同器官和组织发生疾病时的特殊规律，即疾病的个性，两者相对独立，又相互联系。因此，总论为学习各论奠定基础，各论则是对总论知识的具体运用，学习时不可偏颇。

（2）理论与实践的关系　病理学是一门理论性和实践性均较强的学科，在学习过程中，应重视理论学习，理解和掌握好专业名词，注意区别易混淆的概念。同时也应注重实验（训）课，将理论知识与大体标本、组织切片反映出来的病理变化，以及动物实验结果有机地结合起来，学会在实验（训）课的教学过程中应用理论知识。

（3）形态结构、功能、代谢三者间的关系　机体的形态结构、功能和代谢是相互联系、相互影响

的，形态结构的改变，势必会导致功能、代谢的变化；反之，功能、代谢的变化，也必然会引起形态结构的改变。但这些改变仅是疾病某个阶段的变化，并不能反映疾病的全部特征，因此，还应树立动态的观点去观察疾病的发生发展过程。

（4）局部与整体的联系　人体是一个有机的整体，局部病变可累及全身（如细菌性肺炎患者可有发热、血液中白细胞升高等表现），全身性疾病也可以局部表现为主（如白血病可以皮肤出血为首发症状），绝不能将局部与整体割裂开来。

（5）病理学与其他基础医学学科的关系　要学好病理学，必须掌握解剖组胚学、生理学、生物化学、病原生物学与免疫学、寄生虫学等基础医学学科的有关知识，并以正常为标准，判断患病时机体的各种变化。

（6）病理学与临床医学学科的关系　学习过程中应重视临床与病理的联系，学会运用病理学的理论知识去解释临床表现和诊断，去理解所采取的防治及护理措施，为后续专业课程的学习打下坚实的基础。

六、病理学的发展简史

1. 病理学在西方的发展　公元前5世纪古希腊名医希波克拉底（Hippocrates）首创了体液病理学，认为疾病的发生是由于外界因素促使体内的血液、黏液、黄胆汁、黑胆汁四种基本体液配合失常。

18世纪中叶，意大利医学家莫尔加尼（Morgagni）根据700多例尸体剖检的资料，创立了器官病理学。他发现疾病常在一定的器官形成相应的病变，并做了较精确的描述。

19世纪中叶，随着显微镜的发明和使用，德国病理学家菲尔肖（Virchow）通过对病变组织细胞的深入观察，创立了细胞病理学，对医学科学的发展做出了具有历史意义的贡献。

20世纪30年代以来，随着电子显微镜技术、生物组织超薄切片技术、组织和细胞培养技术、免疫组织化学染色技术、流式细胞技术、图像分析技术和分子生物学等现代科学技术的发展，逐渐形成并完善了病理学学科体系，先后建立了超微结构病理学、免疫病理学、分子病理学、遗传病理学和定量病理学等，使病理学的研究从器官、组织、细胞和亚细胞水平深入到分子水平，并使形态学观察从定位、定性走向定量，进一步揭示了疾病的本质。

2. 病理学在中国的发展　我国秦汉时期的医学巨著《黄帝内经》、隋唐时期巢元方的《诸病源候论》、南宋时期宋慈的《洗冤集录》等对病理学的发展做出了重大贡献。

中华人民共和国成立以来，我国一批又一批病理学家编著了具有自己特色的病理学教科书，大力推行病理尸检工作，积极引进先进技术和手段开展活体组织检查，对长期以来严重危害人民健康的地方病、寄生虫病、肿瘤、心血管疾病等常见病、多发病进行了广泛深入的研究，取得了丰硕的成果。我国的病理学研究手段和水平不断提高，这些成就不仅影响着我国病理学的发展，而且对我国整个医学的发展也起到重要的促进作用。

链接　法医学

法医学是病理学的一个分支，是应用医学、生物学和其他自然科学的理论和技术，研究并解决法学实践中有关医学问题的一门循证医学学科，它为侦查犯罪、审理民事和刑事案件提供科学依据。法医最重要的工作就是提供医学上的证据，协助司法案件，还原事实，保障死者、伤者的人权。尸体剖检是法医学研究的最重要手段，其主要目的是判明死亡原因，推断死亡时间，确定损伤部位、形状和程度，鉴别生前伤和死后伤，以及判断受伤时间、伤后行为能力，推断致伤致死凶器，分析作案方式，确定死亡性质（自杀、他杀、灾害），判断有无中毒和疾病等。

自 测 题

一、名词解释

病理学　尸体剖检　活体组织检查　细胞学检查

二、填空题

1. 病理学根据研究的侧重不同，可分为______和______。
2. 病理学的主要研究方法有______、______、______、______、______。
3. 病理学的主要观察方法有______、______、______、______、______。

三、单项选择题

1. 关于病理学的叙述正确的是
   A. 研究疾病的发生发展和转化规律
   B. 研究患病机体形态结构、功能和代谢的改变
   C. 通常分为病理解剖学和病理生理学两门学科
   D. 细胞学检查简便易行，常用于肿瘤的筛查
   E. 以上均正确
2. 病理学的主要任务是
   A. 研究疾病的病因、发病机制
   B. 研究疾病的病理变化和转归
   C. 阐明疾病的发生发展规律
   D. 揭示疾病的本质
   E. 以上均是
3. 从患者身上取病变组织，通过肉眼和镜下观察，做出疾病诊断的检查方法，称为
   A. 尸体剖检　B. 活体组织检查
   C. 细胞学检查　D. 组织和细胞培养
   E. 以上均不是
4. 哪项不是病理学的观察方法
   A. 生物化学观察　B. 组织学和细胞学观察
   C. 超微结构观察　D. 组织化学和细胞化学观察
   E. 免疫组织化学观察
5. 临床上应用最为广泛的病理学检查方法是
   A. 尸体剖检　B. 细胞学检查
   C. 活体组织检查　D. 动物实验
   E. 组织和细胞培养
6. 以下哪项不是病理学的主要研究内容
   A. 疾病的预防和治疗　B. 疾病发生的原因
   C. 疾病发生的机制　D. 病变组织的形态结构变化
   E. 患病机体的功能和代谢变化
7. 何种标本一般不用于细胞学检查
   A. 胸腹水　B. 痰液
   C. 尿液　D. 手术切取组织
   E. 宫颈分泌物
8. 病理变化是指疾病过程中机体所发生的
   A. 形态结构变化　B. 功能变化
   C. 代谢变化　D. 形态结构和功能变化
   E. 形态结构和功能、代谢变化
9. 病理医生对采集到的病变细胞通过涂片染色后用显微镜观察，做出疾病诊断的检查方法，称为
   A. 尸体剖检　B. 活体组织检查
   C. 细胞学检查　D. 组织培养
   E. 细胞培养
10. 在医学中最具有权威性的诊断或检查是
    A. B超检查
    B. 病理学诊断
    C. 磁共振检查
    D. 计算机体层成像（CT）检查
    E. 临床诊断
11. 临床上适合对人群进行肿瘤筛查的病理学检查方法是
    A. 尸体剖检　B. 细胞学检查
    C. 活体组织检查　D. 动物实验
    E. 组织和细胞培养
12. 可出现假阳性或假阴性结果的检查方法或研究手段是
    A. 尸体剖检　B. 活体组织检查
    C. 细胞学检查　D. 动物实验
    E. 组织和细胞培养

四、简答题

1. 简述病理学的任务。
2. 试述病理学在医学中的地位及其作用。
3. 简述病理学常用的研究手段。
4. 学习病理学需处理好哪几个关系？

（刘　红）

上篇

病理解剖学

第1章 细胞、组织的适应、损伤与修复

学习目标

1. 素质目标　培养珍视生命，关爱患者的人道主义精神和热爱本职工作的情感；培养学生树立“医者大爱、仁心仁术”的道德准则。

2. 知识目标

（1）掌握　组织的适应（萎缩、肥大、增生、化生）的概念、类型及形态学改变，变性的概念，细胞水肿、脂肪变性、玻璃样变性的概念及病理变化，坏死的概念、类型及形态特点，再生与修复的概念，肉芽组织的概念、组成及作用，瘢痕组织的概念。

（2）熟悉　各种组织的再生能力，皮肤创伤愈合及影响组织修复的因素。

（3）了解　骨折愈合。

3. 能力目标　能辨认常见适应、损伤和修复组织的病理变化，具有运用病理学的理论知识分析、解释和解决临床问题的能力。

机体的细胞、组织对不断变化的内、外环境所产生的刺激会做出应答反应，即通过调整自身的代谢、功能乃至形态结构来适应环境的改变。当这些刺激超过机体的适应能力时，可引起细胞、组织的损伤。轻度损伤是可逆的，但严重损伤是不可逆的，会导致细胞死亡。

机体对损伤所造成的细胞、组织的缺损具有修复能力。适应、损伤与修复是疾病发生、发展过程中的基本病理变化，认识这些病理变化对于掌握疾病的规律具有重要意义。

第1节　细胞、组织的适应

当环境改变、器官损伤或功能发生变化时，机体通过调整自身的代谢、功能和形态结构加以协调的过程，称为适应（adaptation）。适应是细胞、组织或器官对环境变化和各种刺激所做出的非损伤性应答反应。适应在形态上表现为萎缩、肥大、增生和化生，是介于正常和损伤之间的一种状态。

考点：适应的概念

一、萎　缩

萎缩（atrophy）是指发育正常的细胞、组织或器官的体积缩小。萎缩的组织和器官，既有实质细胞体积缩小，又常伴有细胞数量的减少。

（一）分类

萎缩分为生理性萎缩和病理性萎缩两类。生理性萎缩是随年龄增长而自然发生的，如老年人的脑萎缩（图1-1）、青春期胸腺的萎缩和女性绝经后卵巢、子宫等生殖器官的萎缩。

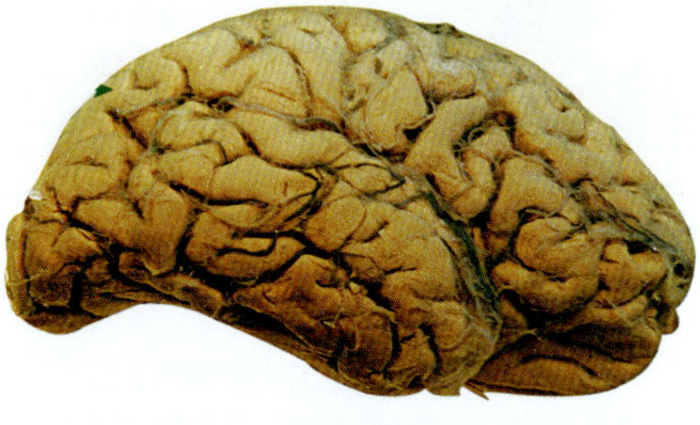

图1-1　脑萎缩（肉眼观）

大脑半球体积缩小，脑回变窄，脑沟增宽

病理性萎缩依发生原因不同，分为以下类型。

1. 营养不良性萎缩 包括全身性和局限性。前者常见于饥饿、慢性消耗性疾病和恶性肿瘤所致的恶病质，由蛋白质摄入不足或消耗过多引起；后者常由局部缺血所致，如脑动脉粥样硬化时，慢性缺血导致的脑萎缩。

2. 压迫性萎缩 器官或组织长期受压造成的萎缩。如尿路梗阻时，肾盂积水压迫肾实质而引起肾萎缩（图1-2）。

3. 失用性萎缩 因长期不活动，负荷减少，功能下降，以至于器官组织代谢降低而发生的萎缩。例如，骨折后长期卧床者，因不活动而发生患肢肌肉萎缩（图1-3）。

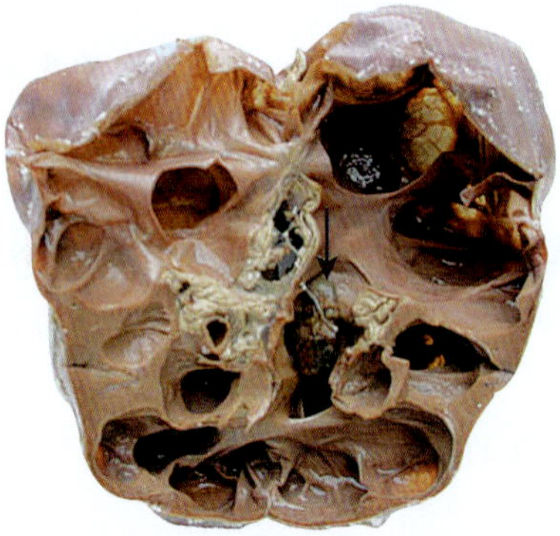

图1-2 肾压迫性萎缩（肉眼观）
肾切面上肾盂肾盏变形，肾实质受压变薄

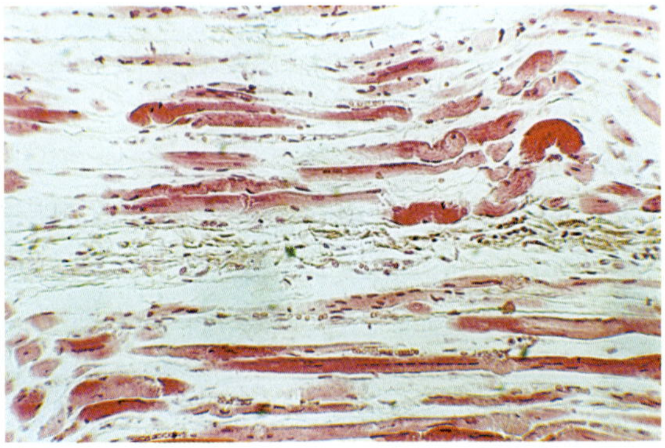

图1-3 横纹肌萎缩（镜下观，10×10，HE染色）
萎缩的横纹肌纤维变细，肌细胞数量减少，胞核增多，间质中结缔组织和脂肪组织增多

4. 去神经性萎缩 脑或脊髓损伤时，由神经调节功能障碍所致的组织、器官萎缩。如脊髓灰质炎引起的患侧下肢肌肉萎缩。

5. 内分泌性萎缩 内分泌器官功能低下而引起靶器官的萎缩。如西蒙病时垂体功能低下，引起肾上腺、甲状腺和性腺的萎缩。

（二）病理变化

肉眼观，萎缩的组织或器官体积缩小，重量减轻，颜色加深，有时呈褐色。镜下观，萎缩器官实质细胞数量减少，体积缩小，胞质浓缩，核深染，胞质内常见褐色颗粒，称脂褐素，是细胞内未被彻底消化的细胞器残体。萎缩细胞蛋白质分解增强，合成减少，细胞器退化。

萎缩的细胞、组织或器官功能降低。如脑萎缩时记忆力和智力降低，肌肉萎缩时收缩力减弱等。轻度病理性萎缩时，去除病因后，萎缩的细胞可恢复正常，但持续性萎缩的细胞最终死亡消失。

考点：萎缩的病理变化

二、肥 大

细胞、组织和器官体积的增大，称为肥大（hypertrophy）。细胞肥大的基础是胞质内细胞器增多，蛋白质的合成增强，组织器官的功能达到更高的水平，以适应改变了的内、外环境的需要。肥大的常见类型如下。

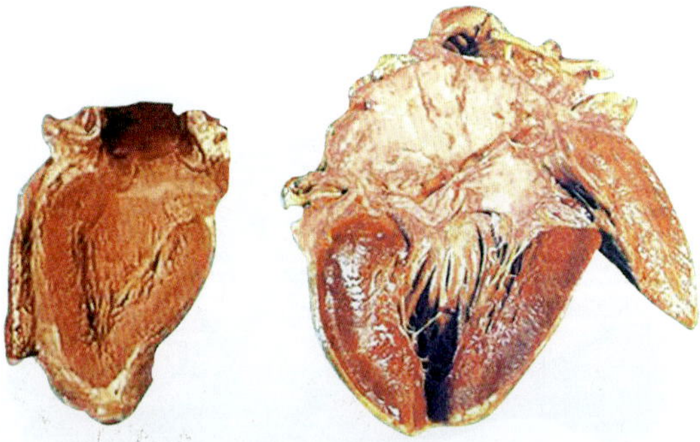

图1-4 心肌肥大（肉眼观）
左图为正常心脏，右图为肥大心脏。肥大的心脏体积增大，左心室壁增厚，肉柱及乳突肌增粗

1. 代偿性肥大 通常因相应组织和器官工作负荷增加而引起，如原发性高血压，左心室排血阻力增大，左心加强收缩，久之出现左心室心肌代偿性肥大（图1-4）。一侧肾切除后，对侧肾因代偿而发生肥大。

2. 内分泌性肥大 激素作用于靶器官，使其体积增大，以适应生理功能的需要。如哺乳期的乳腺肥大、妊娠期的子宫平滑肌肥大。肥大的组织、器官有时伴有细胞数量的增多，如乳腺的肥大，可以是细胞体积增大和数量增多（增生）的共同结果。但对于细胞增生能力很弱的组织（如心肌、骨骼肌），其肥大常常是单纯的细胞体积增大。

因代偿而肥大的器官其代偿能力有限，当超过一定限度时，便会发生代偿失调，如肥大心肌的代偿失调可导致心力衰竭。

考点：肥大的概念及类型

三、增　　生

组织或器官内实质细胞数量的增多称为增生（hyperplasia）。增生常导致组织或器官的体积增大，所以增生常伴有肥大。细胞增生与激素和生长因子的作用有关，生理和病理情况下都可发生。如青春期乳腺的增生为生理性增生，而雌激素水平过高所致的子宫内膜增生则属于病理性增生；组织损伤后，损伤处生长因子增多，刺激成纤维细胞和毛细血管内皮细胞增生，以修复受损组织，这是一种十分常见的病理性增生。

四、化　　生

一种分化成熟的组织或细胞转变为另一种分化成熟的组织或细胞的过程，称为化生（metaplasia），是机体对不利环境及有害因素刺激的一种适应性改变。化生的细胞并不是由原来的成熟细胞直接转变而来的，而是由该处具有分化潜能的干细胞向另一方向分化而形成的。这种分化上的转向通常只发生于同源的细胞之间（如上皮细胞之间或间叶细胞之间）。慢性支气管炎（图1-5）或长期吸烟者，其支气管的假复层纤毛柱状上皮细胞可化生为鳞状上皮，称为鳞状上皮化生；慢性萎缩性胃炎时胃黏膜腺上皮化生为肠上皮，称为肠上皮化生；骨化性肌炎时，间叶组织中的纤维组织可化生为软骨或骨组织。

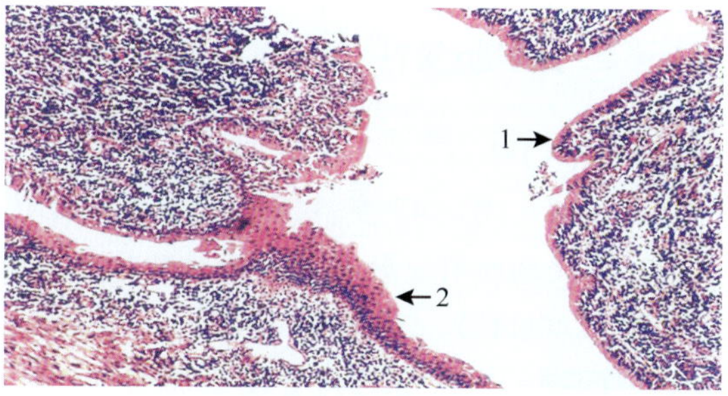

图1-5　慢性支气管炎（镜下观，10×10，HE染色）
肺内支气管黏膜假复层纤毛柱状上皮（↑1）和化生的鳞状上皮（↑2）

化生对机体的影响利害兼有，以呼吸道黏膜纤毛柱状上皮的鳞状上皮化生为例，化生的鳞状上皮在一定程度上增加了抵御环境有害因素刺激的能力，但失去纤毛，削弱了黏膜的自净能力。化生的上皮可能发生恶变，如支气管黏膜鳞状上皮化生后可发生鳞状细胞癌，胃黏膜肠上皮化生后可发生肠型腺癌。

考点：增生、化生的概念

第2节　细胞、组织的损伤

细胞、组织不能耐受有害因子的刺激时，可导致其代谢、功能和形态结构的异常变化，称为损伤（injury）。根据损伤轻重程度不同，分为可逆性损伤和不可逆性损伤两大类。可逆性损伤主要表现为变性，是细胞的轻度损伤，在刺激消除后大多可恢复正常；不可逆性损伤表现为坏死，是严重的细胞损伤，即使刺激消除后也不能恢复正常。

考点：损伤的概念

一、变　　性

变性（degeneration）是代谢障碍导致的细胞或细胞间质内出现异常物质或正常物质异常蓄积的现象，常伴有细胞功能下降。常见的变性有以下类型。

考点：变性的概念

（一）细胞水肿

细胞水肿亦称水样变性（hydropic degeneration），是指物质代谢障碍导致细胞内钠离子和水异常增多的现象，是一种常见的轻度细胞损伤，多见于心、肝、肾等代谢活跃器官的实质细胞。

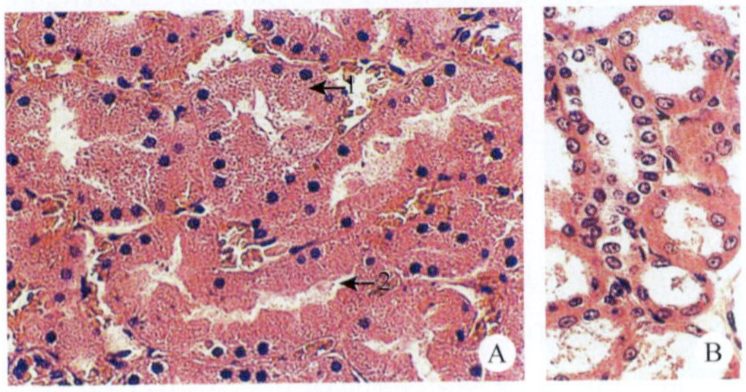

图1-6 肾小管上皮细胞水肿（镜下观，40×10，HE染色）

A. 细胞水肿；B. 正常细胞。细胞水肿表现为细胞体积增大，胞质出现细小红染颗粒（↑1），致管腔变小（↑2）

1. 原因 感染、缺氧、中毒等原因使线粒体能量代谢异常，腺苷三磷酸（ATP）生成减少，引起细胞膜的钠泵功能障碍，造成细胞内钠离子和水的过多积聚。

2. 病理变化 肉眼观，器官体积增大，包膜紧张，颜色变淡，浑浊而无光泽，似水煮过一样。镜下观，细胞体积增大，由于线粒体肿胀和内质网扩张，胞质内布满红染的细小颗粒（图1-6）。严重水肿的细胞膨大如气球状，胞质透明，称为气球样变。

3. 结局 细胞水肿可使器官功能下降，如心肌细胞水肿时收缩力下降。细胞水肿的原因消除后，即可恢复正常。若细胞水肿进一步发展，可发生坏死。

考点： 细胞水肿的概念、病理变化

（二）脂肪变性

案例 1-1

患者，男，47岁。因全身乏力伴肝区不适1个月就诊。查体：肥胖，无其他阳性体征。B超检查：重度脂肪肝。肝功能：丙氨酸氨基转移酶（ALT，又称丙氨酸转氨酶、谷丙转氨酶）74U/L（参考区间＜40U/L）。患者有16年的饮酒史，并喜欢肉食，平时运动较少。

问题： 1. 患者为何会发生脂肪肝？

2. 如何预防脂肪肝？脂肪肝能否恢复正常？

3. 脂肪肝发展下去会导致什么后果？

在正常情况下不见或仅见少量脂滴的细胞内出现脂滴或脂滴明显增多，称为脂肪变性（fatty degeneration），可简称脂变，多发生于肝、心、肾等代谢活跃器官的实质细胞。

1. 原因 脂肪变性可由严重感染、中毒、缺氧和某些营养物质（如胆碱）缺乏所致。其发生机制较复杂，现以肝脂肪变性为例简述如下：①脂蛋白合成障碍：肝细胞是脂肪代谢的重要场所，当营养不良、缺氧或中毒时，脂蛋白合成障碍，肝细胞输出脂肪受阻，导致肝细胞内脂肪的堆积。②脂肪酸氧化障碍：由于感染、缺氧、中毒等导致肝细胞损伤，影响脂肪酸的氧化和脂蛋白的合成，肝细胞内脂肪增多。③三酰甘油（甘油三酯）合成过多：如糖尿病患者，血糖代谢障碍，脂库中动员出大量脂质，以脂肪酸的形式进入肝细胞，使三酰甘油合成增多，超过肝细胞将其氧化利用和运出的能力，造成脂肪的蓄积。

2. 病理变化 肉眼观，脂肪变性较轻时，受累器官可无明显改变。随着病变发展，脂肪变性器官体积增大，边缘变钝，颜色淡黄，触之有油腻感。重度弥漫性肝脂肪变性称为脂肪肝。心肌脂肪变性常累及左心室内膜下和乳头肌处，表现为黄色条纹与正常的暗红色心肌呈相间平行排列，形似虎皮斑纹，称为虎斑心。镜下观，在HE切片上，脂肪变性细胞内的脂滴被有机溶剂溶解，胞质内可见大小不等的圆形或卵圆形空泡。重度脂肪变性时，细胞核被蓄积的脂质挤向一侧，形似脂肪细胞（图1-7）。

3. 结局 脂肪变性也是一种可逆性损伤，当病因消除后可恢复正常。轻度脂肪变性一般不影响器

官功能，严重者可致功能异常。如严重肝脂肪变性可引起肝细胞坏死，肝内纤维组织增生，导致肝硬化。

考点：脂肪变性的病理变化

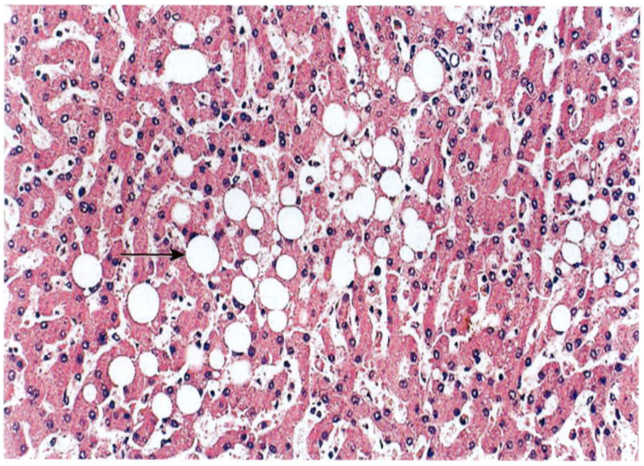

图1-7　肝细胞脂肪变性（镜下观，40×10，HE染色）

肝细胞胞质内有大小不等的圆形或卵圆形空泡，胞核因被挤压而偏于一侧（↑）

（三）玻璃样变性

玻璃样变性（hyaline degeneration）又称透明变性，是指在细胞内或间质中出现均质、红染、似玻璃样半透明的物质，简称玻变。常见的玻璃样变性有以下三类。

1. 血管壁玻璃样变性　常见于高血压患者的肾、脑、脾和视网膜等处的细动脉。由于高血压时细动脉持续痉挛，内膜通透性升高，血液中的血浆蛋白渗入内膜，沉积于血管壁，使管壁增厚、变硬，管腔狭窄甚至闭塞，又称细动脉硬化（图1-8）。

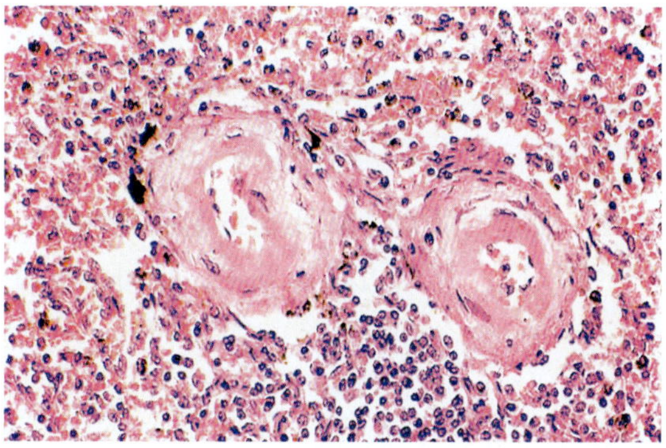

图1-8　脾细动脉玻璃样变性（镜下观，40×10，HE染色）

脾细动脉管壁增厚，呈红染均质半透明状，管腔变小

2. 纤维结缔组织玻璃样变性　见于纤维结缔组织增生，如瘢痕组织、某些器官组织的纤维化等，可能是胶原蛋白变性、融合的结果。肉眼观，病变处呈灰白色、半透明，质地坚韧。镜下观，结缔组织中纤维细胞明显减少，胶原纤维增粗、融合，形成均质红染的梁状或片状结构（图1-9）。

3. 细胞内玻璃样变性　蓄积于细胞内的异常蛋白形成均质红染的圆形小体，位于细胞质内。如肾小管上皮细胞的玻璃样变性，常见于肾小球肾炎伴有蛋白尿时，漏出的蛋白可被近曲小管上皮细胞吞饮形成玻璃样小滴。

考点：玻璃样变性的概念、分类

（四）黏液样变性

黏液样变性（mucoid degeneration）是指细胞间质内有糖胺聚糖（如透明质酸等）和蛋白质的蓄积。常见于间叶组织肿瘤、风湿病、动脉粥样硬化斑块等。镜下观，在疏松的间质内，见到多突起的星芒状纤维细胞散在于灰蓝色黏液基质中。

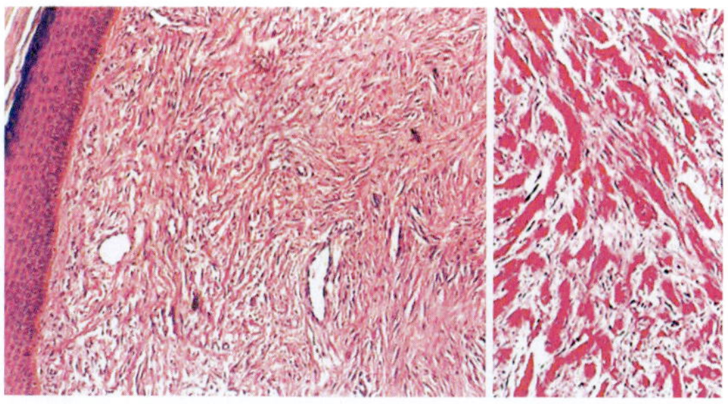

图1-9　瘢痕组织（镜下观，10×10，HE染色）

左图为皮肤真皮层的瘢痕组织，右图为瘢痕组织的玻璃样变性

（五）病理性色素沉着

在细胞内、外有色物质（色素）的异常蓄积称为病理性色素沉着（pathologic pigmentation），主要是体内生成、沉着的内源性色素，包括含铁血黄素、脂褐素、胆红素等；也有外源性色素如炭末及文身进入皮内的色素。

临床上含铁血黄素沉着十分常见。由于陈旧性出血，巨噬细胞吞噬、降解组织中的红细胞，使其中血红蛋白的Fe^{3+}与蛋白质结合成铁蛋白微粒，若干铁蛋白微粒聚集成含铁血黄素沉着于组织中。镜下观，表现为棕黄色、较粗大的折光颗粒。

（六）病理性钙化

除骨和牙齿外，在机体的其他组织内发生钙盐沉着的现象，称为病理性钙化（pathologic calcification）。沉着的钙盐主要成分是磷酸钙和碳酸钙，钙化灶呈白色颗粒状或团块状。

病理性钙化可分为营养不良性钙化和转移性钙化两种类型。前者主要发生在局部组织变性坏死的基础上，如结核坏死灶、血栓等，是由于局部组织的理化环境改变而促使血液中钙离子发生沉着。后者发生在高血钙的基础上，当血液中钙离子浓度升高时，钙盐可沉着在多处正常的器官与组织中。

二、坏　死

当细胞代谢停止、功能丧失和结构破坏时，可导致不可逆性损伤，即细胞死亡（cell death）。细胞死亡可分为坏死和凋亡两种类型。

案例 1-2

患者，男，60 岁。因情绪激动后心前区疼痛 1 小时入院。患冠心病多年，疼痛呈压榨性，有濒死感，休息与口含硝酸甘油均不能缓解，经检查诊断为急性左心室前壁心肌梗死。

问题：1. 心肌梗死属于哪种类型的坏死？

2. 机体如何处理坏死心肌？

3. 为什么护理措施中要求患者绝对卧床休息？

坏死（necrosis）是指在损伤因子的作用下，活体局部组织、细胞的死亡。坏死是细胞病理性死亡的主要方式，坏死细胞会出现自溶性改变并导致周围组织的炎症反应。坏死可迅速发生，也可由变性逐渐发展而来。

（一）基本病变

1. 镜下变化　细胞坏死数小时后，光镜下才能见到坏死的形态变化，主要表现如下。

（1）细胞核的改变　是细胞坏死的主要形态学标志。表现为：①核固缩（pyknosis）：细胞核脱水，染色质浓缩，染色加深，核体积缩小。②核碎裂（karyorrhexis）：核膜溶解，染色质崩解成碎片，分散于胞质中。③核溶解（karyolysis）：在脱氧核糖核酸酶的作用下，染色质的DNA分解，胞核失去对碱性染料的亲和力，核淡染，只能见到轮廓，最后完全消失（图1-10）。

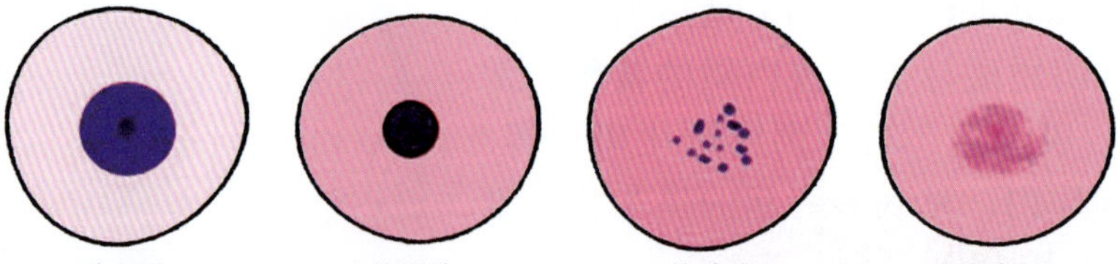

图 1-10　细胞坏死后核的变化（镜下模式图）

（2）细胞质与细胞膜的改变　胞质因嗜碱性核糖体的解体，对碱性染料亲和力下降，而呈强嗜酸性，故胞质染成深红色。随后，细胞膜破裂，细胞内容物溢出，可引起周围组织的炎症反应。

（3）间质的改变　在细胞释放的各种溶解酶的作用下，间质的胶原纤维肿胀、崩解、液化，基质解聚。最终坏死的细胞和崩解的间质融合成颗粒状、无结构的红染物质。

2. 肉眼改变　组织坏死后肉眼改变常常晚于镜下改变，因此，早期的坏死不易被肉眼识别。临床上将坏死组织称为失活组织，在治疗中必须将其清除，其判断依据：①外观无光泽，颜色苍白、浑浊。②失去原有弹性或张力。③局部温度降低。④血管无搏动，切割时无新鲜血液流出。⑤丧失感觉（如痛觉、触觉）及运动功能（如肠管蠕动）。

（二）类型

根据坏死的原因和形态特征不同，坏死可分为以下几类。

1. 凝固性坏死　坏死组织由于蛋白质变性、凝固且溶酶体酶的水解作用较弱而呈凝固状态，称为凝固性坏死（coagulative necrosis）。凝固性坏死最为多见，常见于心、脾、肾等器官的缺血性坏死。肉眼观，坏死灶干燥、质实，呈灰白或灰黄色。镜下观，坏死细胞结构消失，但组织轮廓仍可保留一段时间。如肾的缺血性坏死早期，肾小球、肾小管的细胞已呈坏死改变，但其组织轮廓仍可辨认（图1-11）。

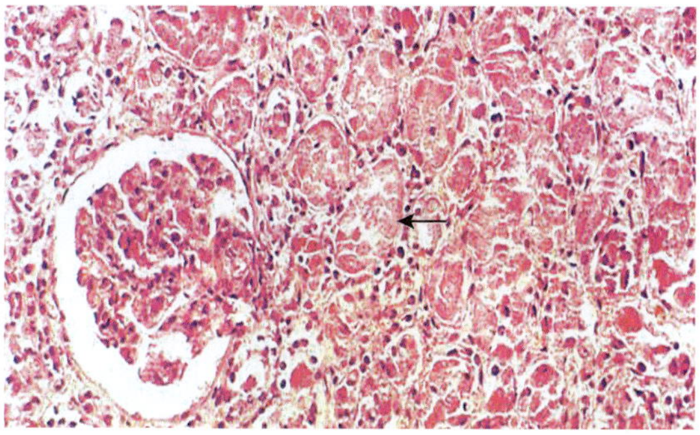

图1-11　肾凝固性坏死（镜下观，40×10，HE染色）
坏死灶与正常组织分界较清楚，坏死灶内肾小管坏死，但轮廓尚存（↑）

链 接　心肌梗死

心肌梗死是一种典型的凝固性坏死，是心肌急性、持续性缺血、缺氧所引起的心肌缺血性坏死。坏死的心肌由肉芽组织取代（即机化），最后瘢痕愈合。心肌梗死的患者初期须绝对卧床休息，这是因为任何轻微的活动都会增加心肌负荷，增加心肌耗氧量，加重缺血，可引起严重心律失常，甚至猝死。同时，梗死导致心肌结构破坏，在机体活动时，心肌收缩力加强，心室内压增加，易引起心脏破裂而猝死。

结核病时，坏死灶内含脂质较多，肉眼观呈淡黄色，质地细腻、松脆，状似奶酪，称为干酪样坏死（caseous necrosis），是凝固性坏死的特殊类型。镜下观，由于组织坏死、分解较彻底，不见组织轮廓，细胞溶解，核消失，仅见一片红染、无结构的颗粒状物质（图1-12）。

2. 液化性坏死　坏死组织在蛋白水解酶的作用下溶解、液化而呈液体状态，称液化性坏死（liquefactive necrosis），常发生于脑组织和脂肪组织。由于脑组织含水分和磷脂多，含蛋白质少，一旦坏死不易凝固而发生液化，使坏死组织变软，故脑组织的液化性坏死又称为脑软化（图1-13）。化脓性炎症时，坏死灶内有大量中性粒细胞渗出，当其破坏后释放出大量蛋白水解酶将坏死组织溶解、液化而形成脓液，因此，脓肿是一种典型的液化性坏死。

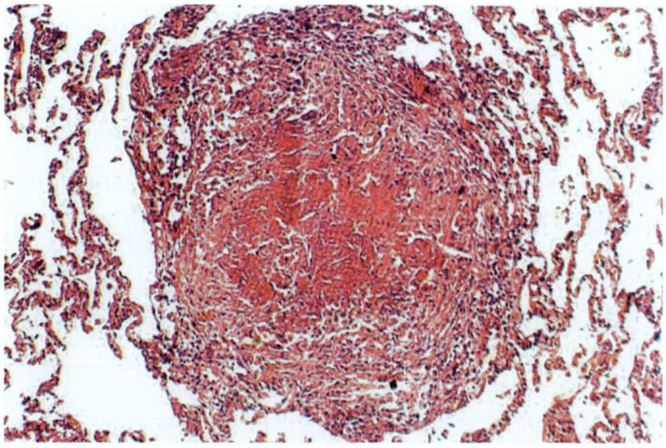

图1-12　干酪样坏死（镜下观，10×10，HE染色）
坏死灶内组织轮廓消失，坏死组织变成红染、无结构颗粒状物质

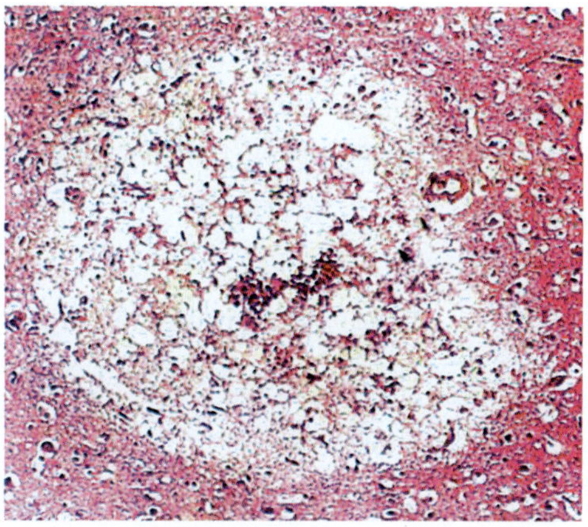

图1-13　脑液化性坏死（镜下观，40×10，HE染色）
坏死灶内神经细胞溶解、消失，残留的胶质细胞构成支架，形似筛网状

脂肪组织的液化性坏死常见于手术伤口和急性胰腺炎。由于手术伤口处的脂肪组织发生液化性坏

死，妨碍伤口愈合，常常导致伤口不能一期愈合，这种情况多发生于肥胖患者的腹部手术伤口。

3. 坏疽 大块组织坏死后继发腐败菌感染，外观呈黑褐色称为坏疽（gangrene）。坏死组织经腐败菌分解产生硫化氢，并与来自红细胞血红蛋白的铁离子结合，形成硫化铁，使其呈黑色。

坏疽可分为以下三种类型。

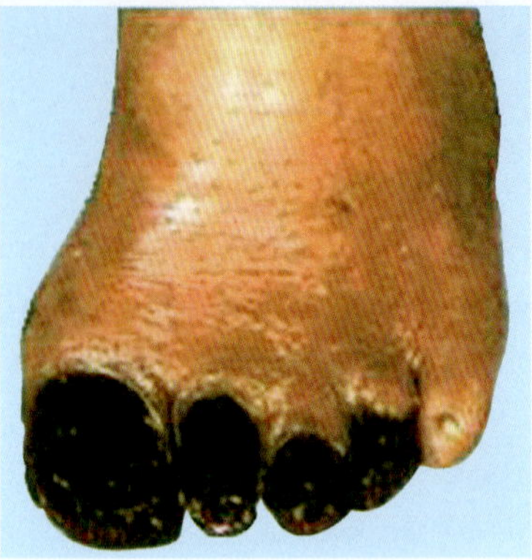

图1-14 足干性坏疽（肉眼观）
坏死组织干燥、皱缩，呈黑褐色，与正常组织分界清楚

（1）干性坏疽 常发生于四肢末端，因动脉阻塞，而静脉回流仍通畅，体表水分容易蒸发，故坏死组织干燥、皱缩。因坏死灶干燥，细菌不易繁殖，故病变发展缓慢，与正常组织分界清楚。常见于动脉粥样硬化、血栓闭塞性脉管炎等疾病（图1-14）。

（2）湿性坏疽 多发生于与外界相通的内脏器官如肠、肺、子宫、阑尾等，也可发生于动脉阻塞又有淤血、水肿的肢体。因局部水分多，宜于细菌繁殖，故感染严重，坏死组织肿胀明显，呈暗绿色或污黑色，与正常组织分界不清，伴恶臭。由于病变发展快，全身中毒症状重。

（3）气性坏疽 常发生于深达肌肉的开放性创伤或与外界相通的内脏器官。由于厌氧菌（如产气荚膜杆菌）感染，细菌分解坏死组织，产生大量气体，使坏死组织呈蜂窝状，按之有捻发感和捻发音。病变发展迅猛，全身中毒症状明显，后果严重。

4. 纤维蛋白样坏死 组织坏死后形成细丝状、颗粒状或小条块状无结构物质，染为深红色，与纤维蛋白相似，故称为纤维蛋白样坏死（fibrinoid necrosis）。常发生于结缔组织和血管壁，多见于超敏反应性疾病，如风湿病、新月体性肾小球肾炎、急进型高血压等。

（三）结局

组织坏死后，在体内成为异物，刺激机体可产生以下结局。

1. 溶解吸收 小块的坏死组织，可被坏死细胞及周围的中性粒细胞释放的各种水解酶溶解液化，再由毛细淋巴管和毛细血管吸收。不能吸收的碎片被巨噬细胞吞噬清除。

2. 分离排出 坏死灶较大时，不易完全吸收，其周围发生炎症反应，渗出的白细胞释放蛋白水解酶，将坏死灶边缘溶解，使之与健康组织分离，通过各种途径排出，形成缺损。皮肤、黏膜处的坏死组织脱落后形成的缺损，表浅者称为糜烂（erosion），深大者称为溃疡（ulcer）。内脏器官（如肺、肾）的坏死组织液化后可通过自然管道（如支气管、输尿管）排出，在局部所形成的腔隙，称为空洞（cavity）。

3. 机化和包裹 坏死组织不能完全溶解吸收或分离排出，则由周围健康组织新生的幼稚结缔组织（肉芽组织）长入、吸收和替代，这种由肉芽组织取代坏死组织的过程，称为机化（organization），其结果是形成瘢痕组织。如坏死灶较大，不能完全机化，则由周围增生的肉芽组织将其包绕，以限制坏死灶的扩大，称为包裹（encapsulation）。

4. 钙化 血液中的钙离子析出，沉着于未被吸收、机化的坏死组织内，引起营养不良性钙化。

（四）对机体的影响

坏死对机体的影响主要取决于坏死的部位和范围。此外，还与相应器官的储备代偿能力有关。如心、脑的坏死，后果严重；肺、肾等成对器官，储备代偿能力强，则影响不大；范围小的坏死一般无严重后果。

考点：坏死的概念、类型、病理变化和结局

三、凋 亡

凋亡（apoptosis）是活体内的少数细胞通过细胞内基因及其产物的调控而发生的一种程序性细胞死亡。这是一种细胞的主动性死亡方式，有“细胞自杀”之说，与坏死有很大的区别。

凋亡细胞的形态特点：单个细胞与周围细胞分离，核染色质浓缩，然后分裂为碎片。同时，细胞皱缩，胞质致密，但细胞膜完整。随后，细胞膜下陷，包裹核碎片和细胞器并脱离细胞，形成多个凋亡小体（apoptotic body）。凋亡小体可被邻近的巨噬细胞或上皮细胞吞噬、降解（图1-15）。

考点：凋亡的概念

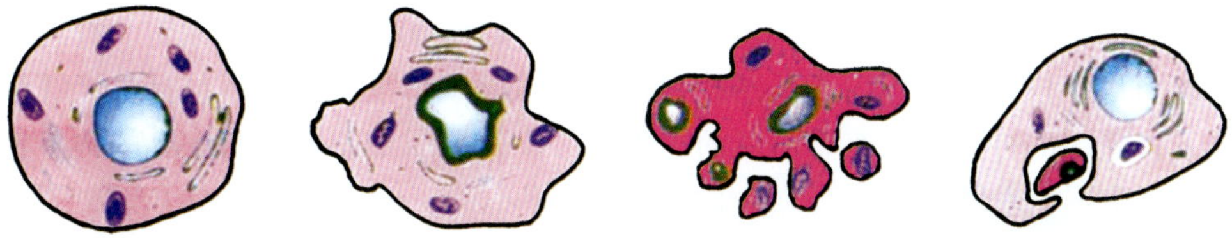

图1-15 细胞凋亡（镜下模式图）

细胞凋亡在生物界普遍存在，既可见于生理情况下，又可发生于病理情况下，如病毒性肝炎时肝细胞发生凋亡，可形成嗜酸性小体即凋亡小体。在胚胎发育、个体形成、机体成熟、细胞新旧交替，以及人类肿瘤、自身免疫性疾病、病毒性疾病的发生上具有重要作用。

链 接 凋亡与坏死的区别

凋亡与坏死同属于细胞死亡，但凋亡是一个主动过程，可发生于生理或病理情况下，累及单个或数个细胞，细胞膜完整，不引起周围组织的炎症反应和再生、修复；而坏死是一个被动过程，只见于病理情况下，累及的细胞较多，细胞膜受损，可引起周围组织的炎症反应和再生、修复。

第3节 损伤的修复

损伤造成机体部分细胞和组织缺失后，机体对其进行修补恢复的过程，称为修复（repair）。修复后可完全或部分恢复原有组织的结构与功能。修复有两种形式：①再生：由损伤周围的同种细胞增生来完成的修复，称为再生（regeneration）。②纤维性修复：由纤维结缔组织增生来完成的修复，称为纤维性修复，由于参与修复的成分主要是肉芽组织，并最终转变为瘢痕组织，故也称为瘢痕修复。在多数情况下，由于同时造成多种组织的损伤，如阑尾炎外科手术切口有皮肤、皮下组织、腹壁肌肉及筋膜的损伤，故两种修复过程常同时存在。根据修复的程度不同，又将修复分为两种：①完全性修复：修复后完全恢复原有组织的结构和功能。②不完全性修复：修复后仅部分恢复原有组织的结构和功能。

一、再 生

再生可分为生理性再生及病理性再生。生理过程中细胞不断衰老、死亡，由新生的同种细胞予以补充，以保持原有的结构和功能，这一过程称为生理性再生。在病因作用下，细胞、组织缺损后发生的再生，称为病理性再生。本节主要介绍病理性再生。

考点：再生的概念

（一）组织、细胞的再生能力

不同的组织细胞再生能力不同。通常，幼稚组织比分化好的组织再生能力强，平时易遭受损伤的组织细胞及生理情况下经常更新的细胞再生能力较强。按再生能力不同，人体细胞分三类。

1. 不稳定细胞 又称持续分裂细胞，这类细胞再生能力很强。生理情况下，这类细胞总在不断再生，以补充衰亡或破坏的细胞，损伤后一般能完全再生。如皮肤表皮细胞、胃肠道和呼吸道的黏膜上皮细胞、腺体的导管上皮细胞、淋巴造血细胞等。

2. 稳定细胞 又称静止细胞，这类细胞具有较强的潜在再生能力。在生理情况下增生现象不明显，但在损伤刺激下参与再生修复。见于各种腺体及腺样器官的实质细胞，如肝、胰、汗腺、皮脂腺、内分泌腺、唾液腺及肾小管上皮细胞等。此外，见于间叶细胞及其各种衍生细胞，如成纤维细胞、血管内皮细胞、成骨细胞、软骨细胞等。平滑肌细胞也属于稳定细胞，但其再生能力弱。

3. 永久性细胞 又称非分裂性细胞，包括神经细胞、心肌细胞及骨骼肌细胞。神经细胞在出生后不再具有再生能力，一旦损伤则成为永久性缺损，只能以瘢痕修复。但这不包括神经纤维，在神经细胞存活的情况下，受损的神经纤维有着活跃的再生能力。骨骼肌细胞及心肌细胞的再生能力极弱，损伤后一般通过不完全再生来修复。

医者仁心

手中一把刀 心中一团火

吴孟超，1922 年 8 月 31 日出生于福建省闽清县，著名肝胆外科专家，中国科学院院士，中国肝脏外科的开拓者和主要创始人之一。吴孟超最先提出中国人肝脏解剖“五叶四段”的新见解，在国内首创常温下间歇肝门阻断切肝法。作为一名党员，他对党无比忠诚，始终坚定共产党人的理想信念，为党的事业忘我工作；作为一名军人，他忠实践行全心全意为人民服务的宗旨，视患者为亲人，时刻为患者着想，主刀完成 14 000 多台手术，耄耋之年仍坚持亲自上手术台；作为一名医生，他把中国肝脏外科事业提高到世界领先水平。2010 年 7 月 26 日，国际小行星中心发布公报，将第 17 606 号小行星永久命名为“吴孟超星”。

（二）各种组织的再生过程

1. 上皮组织的再生

（1）被覆上皮再生 鳞状上皮受损后，由创缘或底部的基底层细胞分裂增生向缺损中心移动，先形成单层上皮，完全覆盖缺损后，进一步增生分化为鳞状上皮。黏膜（如胃黏膜）的上皮损伤后也以同样的方式再生，新生的黏膜细胞初为立方形，以后增高演变为柱状上皮。

（2）腺上皮再生 腺上皮有较强的再生能力。腺体损伤后，若基底膜完好，残存腺上皮增生可恢复原有结构与功能。若腺体损伤累及基底膜，腺上皮虽可增生，但恢复原结构则非常困难，只能以瘢痕取代。

链 接 肝细胞的再生

肝细胞的再生能力较强，损伤后能否完全再生取决于肝脏的损伤程度：①肝细胞坏死时，无论轻重，只要肝小叶的网状支架完整，则再生肝细胞依附于支架生长，病变可恢复正常。②肝组织损伤严重，肝小叶网状支架塌陷，或间质纤维组织大量增生，形成小叶内间隔，则再生肝细胞生长排列紊乱，无法恢复正常而形成肝硬化。③肝在手术部分切除后，通过肝细胞再生，可使肝脏恢复到原来大小。

2. 纤维组织的再生 纤维组织再生能力强，其再生既可发生在结缔组织损伤后，也可发生于其他组织损伤后，是病理性再生中最常见的现象。在损伤刺激下，受损的成纤维细胞进行分裂、增生。成纤维细胞可由局部静止状态的纤维细胞转化而来，或由未分化的间叶细胞分化而来。成纤维细胞体积较大，呈卵圆形或因胞体有突起而呈星芒状。成纤维细胞停止分裂后在细胞周围形成胶原纤维，随着细胞的成熟，胞质减少，胞核变细变长，细胞周围胶原纤维逐渐增多，最终成纤维细胞转变为长梭形的纤维细胞（图1-16）。

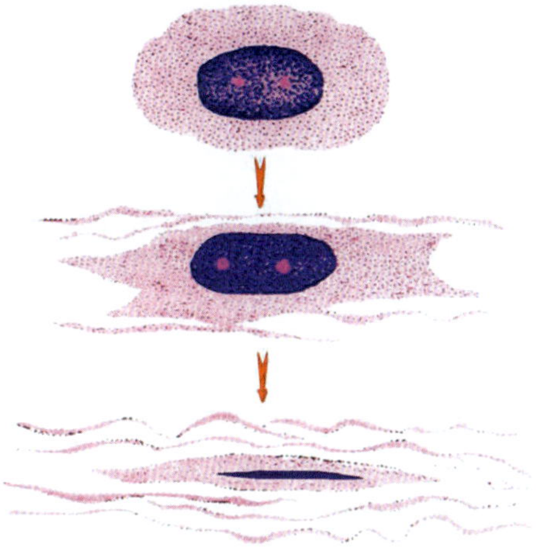

图1-16　纤维组织的再生（模式图）

3. 血管的再生　主要发生在小血管。大血管离断后需手术吻合，吻合两端的内皮细胞增生连接恢复内膜结构，而断端的肌层则难以再生，须通过瘢痕修复。小血管的再生是以毛细血管的再生为起点的。毛细血管多以出芽方式再生，首先受损处血管基底膜溶解，毛细血管内皮细胞肥大、分裂增生，形成向外突起的实心内皮细胞条索，进而由于血流的冲击形成管腔并相互吻合构成毛细血管网（图1-17）。为适应功能的需要，新生的毛细血管还会不断改建，有的血管则发生关闭、内皮细胞被吸收消失；有的管壁逐渐增厚发展为小动脉或小静脉，其平滑肌等成分可由血管外未分化的间叶细胞分化而来。

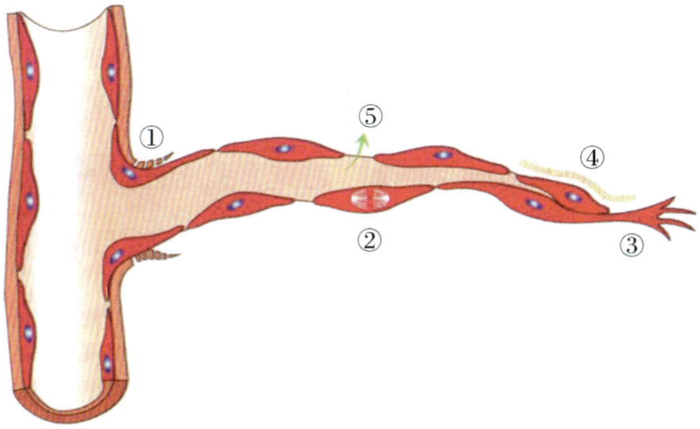

图1-17　毛细血管的再生（模式图）

①基底膜溶解；②内皮细胞增生；③细胞移动和趋化，以出芽方式再生；④管腔形成；⑤内皮细胞间通透性增加

4. 神经纤维的再生　脑及脊髓内的神经细胞破坏后不能再生，由神经胶质细胞及其纤维修复，形成胶质瘢痕。周围神经损伤后，若与其相连的神经细胞体存活，则可完全再生。首先断处远侧端的神经髓鞘与轴突崩解吸收，断端近侧一小段神经纤维也发生同样变化，然后神经膜细胞增生、轴突生长，最后神经轴突生长至末梢，多余的神经髓鞘与轴突消失（图1-18）。如果两断端的间距太大（超过2.5cm）或隔有异物、瘢痕等，近端再生的神经轴突未能延伸至远端髓鞘内，只在断端处长出很多细支，与增生的纤维组织绞缠在一起形成瘤样肿块，称为创伤性神经瘤，常可引起顽固性疼痛。

二、纤维性修复

损伤常常使实质细胞和间质细胞都受到累及，修复时既有实质细胞再生，也有间质细胞的参与。组织、细胞丧失后，机体通过纤维组织增生对缺损进行修补恢复的过程，称为纤维性修复（fibrous repair）。纤维性修复开始于肉芽组织的增生，以后肉芽组织转变为瘢痕组织，故又称为瘢痕修复。

考点：纤维性修复的概念及作用

（一）肉芽组织

肉芽组织（granulation tissue）是指由新生的毛细血管及增生的成纤维细胞构成，并伴有炎症细胞浸润的幼稚结缔组织。

1. 形态结构

（1）肉眼形态　肉芽组织呈鲜红色，颗粒状，柔软，湿润，触之易出血，似鲜嫩的肉芽。

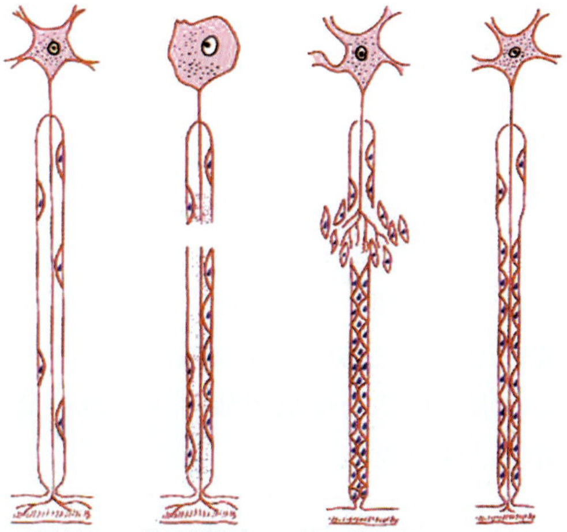

图1-18　神经纤维的再生（模式图）

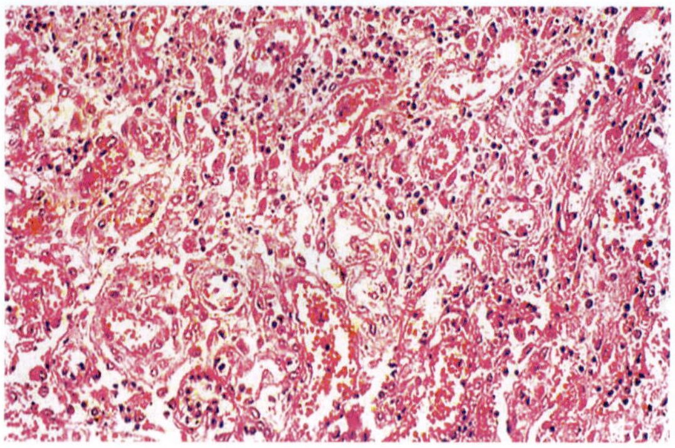

图1-19 肉芽组织（镜下观，40×10，HE染色）
大量新生的毛细血管，其周围有较多成纤维细胞增生和炎症细胞浸润

（2）组织结构　镜下观，肉芽组织内有大量新生的毛细血管，其生长方向与创面垂直，并在近创缘表面处互相吻合形成弓状突起，毛细血管间是大量成纤维细胞及数量不等的炎症细胞（图1-19）。成纤维细胞体积较大，两端常突起呈星芒状，胞质略呈嗜碱性。胞核大、淡染，有1～2个核仁。炎症细胞中以巨噬细胞为主，也有中性粒细胞及淋巴细胞。肉芽组织不含神经纤维，故无痛觉。

2. 主要作用　肉芽组织在组织损伤修复过程中的主要作用：①抗感染和保护创面。②机化或包裹坏死组织、血栓、异物、炎性渗出物等。③填补伤口及其他组织缺损。

考点：肉芽组织的作用

3. 结局　随着肉芽组织的成熟，间质中的炎症细胞减少并逐步消失。多数毛细血管闭合消失，少数演变成小动脉及小静脉。成纤维细胞转变为纤维细胞，同时产生大量胶原纤维，组织发生胶原化而成为瘢痕组织。如果在愈合过程中肉芽组织增生过多，高出创缘皮肤，应将这部分过度增生的肉芽组织清除，否则将会使形成的瘢痕增大而呈隆起状。

链 接　不良肉芽组织

如果创面有感染、异物或局部血液循环障碍，肉芽组织生长受阻，外观常呈苍白色水肿状，无弹性，颗粒不明显，触之不出血，甚至表面有脓性渗出物覆盖，称为不良肉芽组织。不良肉芽组织生长缓慢，妨碍创伤愈合甚至导致感染。因此，在临床上，应注意观察伤口愈合过程中肉芽组织生长和形态变化的情况，一旦有不良肉芽组织形成，应及时手术清除。

（二）瘢痕组织

瘢痕组织（scar tissue）是指肉芽组织经改建成熟形成的纤维结缔组织。肉眼观，瘢痕局部呈收缩状，色灰白或半透明，质地坚韧，缺乏弹性。镜下观，瘢痕组织由大量平行或交错分布的胶原纤维束组成，胶原纤维束常有玻璃样变性，质均红染，纤维细胞少、血管减少甚至消失。

适当的瘢痕形成对机体是有利的。①能长期填补并连接损伤的创口或其他缺损，有利于保持器官、组织的完整性。②瘢痕组织中含大量的胶原纤维，有较强的抗拉力。因此，由瘢痕组织形成的连接相当牢固，有利于保持器官、组织的坚固性。

但过多的瘢痕组织可对机体造成不利影响，主要表现为：①瘢痕收缩：特别是发生于关节附近和重要器官的瘢痕，常引起关节挛缩或活动受限。②瘢痕性粘连：常影响组织、器官功能，如心包粘连影响心脏搏动。③器官硬化：器官损伤导致广泛纤维化、玻璃样变性，可引起器官硬化。④瘢痕组织增生过度：又称肥大性瘢痕，发生于皮肤的肥大性瘢痕可向周围不规则扩延并高出皮肤表面，称为瘢痕疙瘩，可能与瘢痕体质有关，也可能与瘢痕缺血、缺氧促使肥大细胞分泌生长因子，导致肉芽组织增生过度有关。

三、创伤愈合

机体在外力作用下，皮肤等组织出现离断或缺损后的修复、愈合过程，称为创伤愈合（wound healing）。创伤愈合是一个不同组织间协调作用的复杂过程，包括各种组织再生、肉芽组织增生及纤维化形成瘢痕。

（一）皮肤创伤愈合

1. 基本过程

（1）伤口早期变化　损伤时，伤口局部有不同程度的组织坏死和出血，数小时内出现炎症反应，表现为充血、渗出及白细胞浸润，故局部红肿，渗出物和血凝块充满伤口，起临时填充和保护的作用，若无感染，2～3天后炎症逐渐消退。

（2）伤口收缩　2～3天后，边缘的整层皮肤及皮下组织向中心移动，伤口迅速缩小，直到14天左右停止。伤口的收缩可缩小创面，有利于创伤愈合。伤口收缩是由伤口边缘新生的肌成纤维细胞牵拉所致。

（3）肉芽组织增生和瘢痕形成　创伤后第3天开始，自伤口底部和边缘长出肉芽组织将伤口填平，第5～6天起，成纤维细胞产生胶原纤维，其后1周，胶原纤维形成极为活跃，以后逐渐缓慢下来，随着胶原纤维越来越多，开始出现瘢痕，大约在伤后1个月，瘢痕完全形成。

（4）表皮及其他组织再生　创伤发生24小时内，伤口边缘的基底细胞即开始增生，并向伤口中心移动，形成单层上皮，覆盖于肉芽组织的表面。当这些细胞彼此相遇时，则停止前进，并增生分化为鳞状上皮。健康肉芽组织可提供上皮再生所需的营养及生长因子，对表皮再生十分重要。如果肉芽组织长时间不能将伤口填平，则会延缓愈合。由于异物及感染等刺激而过度生长的肉芽组织，高于皮肤表面，也会阻止表皮再生，临床需将其切除，如伤口过大（一般认为直径超过20cm时），则再生表面很难将伤口完全覆盖，需要植皮。

考点：皮肤创伤愈合的类型及特点

2. 类型

（1）一期愈合　见于损伤范围小、创缘整齐、无感染、无异物、对合严密的伤口，如手术切口。此类伤口仅有少量血凝块将伤口黏合，故炎症反应较轻，最后形成线状瘢痕。一期愈合所需的时间短，形成的瘢痕小，对机体的影响一般不大（图1-20）。

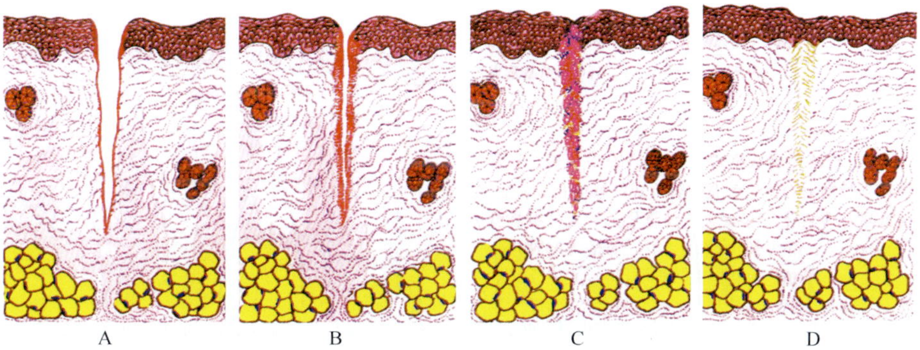

图1-20　创伤一期愈合（模式图）

A. 创缘整齐，组织破坏少；B. 经缝合，创缘对合严密，炎症反应轻；C. 表皮再生，少量肉芽组织长入；D. 愈合后形成线状瘢痕

（2）二期愈合　见于组织缺损大、创缘不整齐、无法对合或伴有感染的伤口。这类伤口坏死组织多，炎症反应明显，只有感染得到控制，坏死组织被清除以后，再生才能开始。由于缺损较大，需要大量肉芽组织增生方能将伤口填补。因此，二期愈合所需时间较长，形成的瘢痕较大（图1-21）。

（3）痂下愈合　多见于浅表皮肤的擦伤或烫伤、烧伤。伤口表面的血液、渗出液及坏死组织干燥后，形成黑褐色的硬痂，创伤愈合在痂下进行，当上皮再生完成后痂皮自行脱落，称为痂下愈合。痂皮对创面有一定保护作用，但如果创面渗出液较多则易继发感染，不利于愈合。其愈合时间长短、有无瘢痕形成及瘢痕的大小，取决于损伤的范围、深度和是否继发感染。

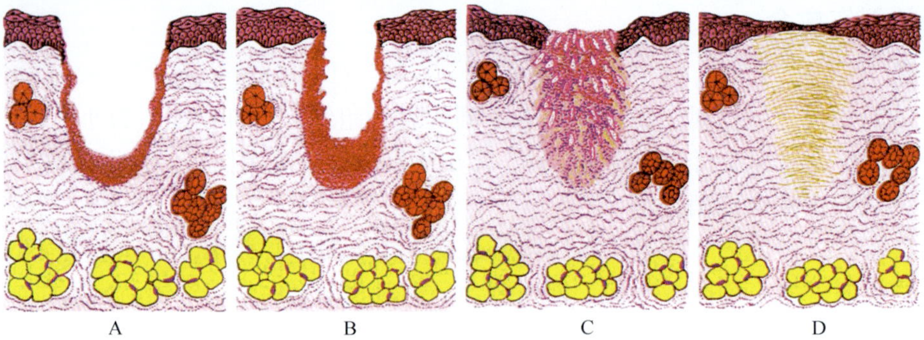

图 1-21 创伤二期愈合（模式图）

A. 创口大，创缘不齐；B. 创口收缩，炎症反应重；C. 较多肉芽组织生长，填补创口；D. 愈合后瘢痕大

一期愈合、二期愈合及痂下愈合的区别见表 1-1。

表 1-1 一期愈合、二期愈合及痂下愈合的区别

愈合类型	组织缺损	创缘	缝合程度	感染、异物	愈合时间	瘢痕
一期愈合	较小、见于手术切口	整齐	缝合严密	无	短	小
二期愈合	较大、坏死组织多	不整齐	不严密、无法缝合	有	长	大
痂下愈合	浅表皮肤擦伤、烫伤等	不规则	不需要缝合	无	短	一般无

（二）骨折愈合

骨的再生能力很强，但其愈合的好坏及所需时间与骨折部位、性质（外伤性骨折和病理性骨折）、错位程度、年龄等因素有关。多数情况下能完全愈合，恢复正常结构和功能。骨折愈合基本过程分以下几个阶段（图 1-22）。

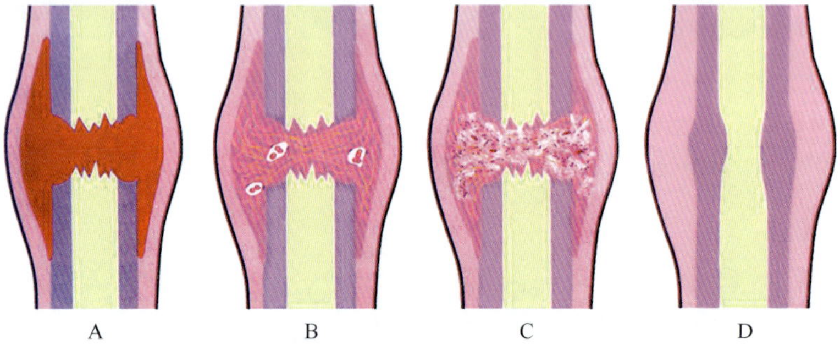

图 1-22 骨折愈合（模式图）

A. 血肿形成；B. 纤维性骨痂形成；C. 骨性骨痂形成；D. 骨痂改建

1. 血肿形成 骨组织和骨髓都有丰富的血管，骨折时血管破裂出血，经数小时至 1～2 天，形成血肿，凝固后可暂时连接骨断端。局部伴有炎症反应，有红肿表现。

2. 纤维性骨痂形成 骨折 2～3 天后，肉芽组织长入血肿内，逐渐吸收、替代血肿而发生机化。继而发生纤维化形成纤维性骨痂（或称临时性骨痂），起初步固定作用。骨折后 1 周左右，靠近骨膜增生的肉芽组织和纤维组织开始向透明软骨分化。血肿完全机化需 2～3 周。

3. 骨性骨痂形成 在纤维性骨痂基础上，骨膜细胞增生、分化为成骨细胞，成骨细胞分泌骨基质并成熟为骨细胞形成类骨组织，此时是在骨折后第 3～6 周。以后钙盐沉积，转变为骨组织，即骨性骨痂。纤维性骨痂中的软骨组织也可经过软骨内化骨形成骨性骨痂。骨性骨痂能牢固地连接骨折断端，并具有支撑、负重功能，但骨痂中骨小梁排列紊乱，结构不致密，不能完全满足正常功能的需要。此

期是骨折后的第2～3个月。

4. 骨痂改建 骨性骨痂形成后，断端被幼稚的排列不规则的编织骨连接起来，为适应生理需求，还需进一步改建为成熟的板层骨，并重新恢复骨皮质与骨髓腔的正常关系。改建是在破骨细胞溶骨及成骨细胞成骨的协调作用下完成的。不需要的骨质被破骨细胞吸收，承受负荷最大的部位则由成骨细胞产生更多的骨质予以加强。通过不断溶骨、成骨，骨痂被改建成板层骨，骨小梁按应力方向重新排列，皮质骨和骨髓腔的关系恢复正常，最终使骨组织的正常形态结构及功能得以完全恢复。改建所需时间较长，一般经历数月甚至数年才能完成。

四、影响修复的因素

组织修复除受损伤程度、组织再生能力影响外，还受到以下因素的影响。了解其影响因素的目的是避免不利因素，创造有利条件，促进组织修复。

（一）全身因素

1. 年龄 青少年的组织再生能力强，愈合快。老年人因常有动脉硬化，组织血供差，故再生能力差，愈合慢。

2. 营养 营养物质尤其是蛋白质和维生素C缺乏，对愈合有很大影响。蛋白质严重缺乏，尤其是含硫氨基酸（如甲硫氨酸、胱氨酸）缺乏时，肉芽组织及胶原纤维形成不良，不仅创面愈合速度减慢，而且抗张力强度降低。维生素C缺乏也影响胶原纤维形成。在微量元素中锌对创伤愈合有重要作用，适当补锌可促进伤口愈合，其作用机制可能与锌是细胞内一些氧化酶的成分有关。

3. 药物 肾上腺皮质激素和促肾上腺皮质激素能抑制炎症，不利于消除伤口感染，还能抑制肉芽组织生长和胶原纤维合成、加速胶原纤维分解。抗肿瘤药中的细胞毒性药物也可延缓愈合。

4. 疾病 糖尿病、心力衰竭、尿毒症、肝硬化、黄疸、体温过低及一些免疫缺陷病均可影响再生与修复的过程。

考点：影响修复的因素

（二）局部因素

1. 感染与异物 感染使渗出物增多，创口张力增加、裂开。许多化脓性细菌产生的毒素与酶能引起组织坏死、基质和胶原纤维溶解，加重局部损伤。因此，只有局部感染被控制后修复才能顺利进行。异物对局部组织有刺激作用，可引起异物反应，导致或加重炎症，并妨碍伤口对合。临床上对于创面较大、有异物或已有可能被细菌污染的伤口，应施行清创术以清除坏死组织、异物和细菌，在确保没有感染时缝合创口。清创的目的是使二期愈合的伤口转变为一期愈合的伤口，达到一期愈合的目的。

2. 局部血液循环 局部良好的血液循环既是组织再生所需要的氧和营养物质的来源保证，又与坏死物的吸收、局部感染的控制密切关联。因此，局部血液供应良好时再生修复较快；相反则伤口愈合迟缓，如下肢静脉曲张患者小腿发生溃疡后常迁延不愈，变为慢性溃疡。

3. 神经支配 正常的神经支配对维持组织的结构与功能极为重要，失去神经支配的组织就失去了对损伤的反应。例如，麻风引起的溃疡不易愈合，这与患者肢体神经受损有关。

4. 电离辐射 能损伤细胞、小血管，抑制组织再生，因而电离辐射能影响创伤愈合。

自 测 题

一、名词解释

适应 增生 肥大 化生 萎缩 变性 细胞水肿 脂肪变性 玻璃样变性 坏死 坏疽 凝固性坏死 液化性坏死 溃疡 再生 修复 不完全性修复 完全性修复 肉芽组织 创伤愈合 机化 一期愈合

二、填空题

1. 适应的形态结构变化表现为______、______、______、______等。
2. 组织、细胞体积的增大称为______。器官、组织内实质细胞数量的增多称为______。
3. 一种分化成熟的组织或细胞转变为另一种分化成熟的组织或细胞的过程，称为______。
4. 坏死主要分为______、______、______和______四种。
5. 萎缩有______和______两类。
6. 细胞水肿常发生于______、______、______等实质器官的细胞。
7. 细胞水肿时，体积______，包膜______，颜色______，浑浊无光泽。
8. 肉芽组织是由______、______和______构成的一种幼稚结缔组织。
9. 创伤愈合分为______、______和______三类。
10. 干性坏疽多发于______，湿性坏疽多发于______的内脏器官。
11. 坏死的细胞核变化表现为______、______、______。
12. 组织坏死后合并腐败菌的感染，称为______，可分为______、______和______三种类型。
13. 肉芽组织在组织损伤修复过程中的主要作用有______；______；填补伤口及其他组织缺损。
14. 病理性萎缩按其发生原因可分为______、______、______、______、______。
15. 坏疽可分为______、______和______三种类型。

三、单项选择题

1. 以下哪个不是坏死的结局
   A. 溶解吸收　B. 分离排出
   C. 包裹、钙化　D. 机化
   E. 再通
2. 血管壁玻璃样变性一般发生在
   A. 大动脉　B. 小动脉
   C. 小静脉　D. 细动脉
   E. 毛细血管
3. 肺结核病干酪样坏死液化，经支气管咳出后可形成
   A. 空洞　B. 溃疡
   C. 糜烂　D. 窦道
   E. 瘘管
4. 关于细胞水肿的肉眼改变，下列哪项是错误的
   A. 器官体积增大　B. 包膜紧张
   C. 切面外翻　D. 外观浑浊无光泽
   E. 颜色淡黄，有油腻感
5. 以下创口，哪个属于一期愈合
   A. 皮肤的表浅擦伤
   B. 经过清创缝合，对位良好的刀伤
   C. 手术后合并感染的切口
   D. 缺损大，有异物的创口
   E. 无菌手术后出现线头反应的切口
6. 关于脂肪变性的概念，下列哪个是正确的
   A. 组织内出现过多的脂肪细胞
   B. 脂肪细胞中的脂肪发生变质
   C. 脂肪组织发生变性
   D. 脂肪组织中脂肪细胞增多
   E. 正常不见或仅见少量脂滴的细胞胞质中出现异常的脂滴
7. 由肾盂积水引起的肾实质萎缩，属于
   A. 失用性萎缩　B. 压迫性萎缩
   C. 去神经性萎缩　D. 营养不良性萎缩
   E. 生理性萎缩
8. 关于细胞水肿的镜下改变，下述哪项是错误的
   A. 细胞内水分增多　B. 细胞质淡染
   C. 细胞体积增大　D. 胞质中有嗜酸性颗粒
   E. 细胞质中有脂肪空泡
9. 皮肤或黏膜的坏死组织脱落后，留下的较深缺损称为
   A. 糜烂　B. 瘢痕
   C. 坏疽　D. 溃疡
   E. 空洞
10. 最常发生液化性坏死的器官是
    A. 心　B. 脑
    C. 肝　D. 肾
    E. 脾
11. 下列有关肉芽组织的描述，哪项是错误的
    A. 表面鲜红　B. 呈细颗粒状
    C. 质软湿润　D. 痛觉敏感
    E. 触之易出血
12. 干性坏疽易发生于
    A. 心　B. 肺
    C. 四肢末端　D. 肠
    E. 肾
13. 以下哪项不符合细胞坏死的变化
    A. 核浓缩　B. 核碎裂
    C. 核溶解　D. 核分裂
    E. 初期形态变化不明显
14. 下列哪项不是引起坏死的因素
    A. 局部缺血　B. 生物因素
    C. 理化因素　D. 神经损伤
    E. 血供充足
15. 以下均为坏死组织的特征，但应除外
    A. 外观无光泽、较浑浊
    B. 局部温度降低，无血管搏动
    C. 痛觉敏感，易出血

D. 失去正常组织弹性
E. 失去正常感觉及运动功能

16. 最常见的坏死类型是
A. 凝固性坏死　B. 液化性坏死
C. 干性坏疽　D. 湿性坏疽
E. 气性坏疽

17. 组织坏死后合并腐败菌的感染，称为
A. 凝固性坏死　B. 液化性坏死
C. 坏疽　D. 溃疡
E. 空洞

18. 细胞坏死在光镜下的主要标志是
A. 细胞膜改变　B. 细胞质改变
C. 细胞核改变　D. 细胞器改变
E. 细胞间质改变

19. 关于肉芽组织的组成，以下哪个是对的
A. 成纤维细胞、上皮细胞和纤维细胞
B. 成纤维细胞、炎症细胞和上皮细胞
C. 成纤维细胞、纤维细胞和毛细血管
D. 成纤维细胞、毛细血管和炎症细胞
E. 炎症细胞、纤维细胞和毛细血管

20. 以下关于瘢痕组织的描述，错误的是
A. 由肉芽组织成熟而来
B. 主要由胶原纤维构成
C. 有很强的再生能力
D. 质地坚韧，颜色灰白
E. 瘢痕收缩可影响功能

21. 由肉芽组织吸收、取代坏死组织、血凝块或异物的过程，称为
A. 瘢痕形成　B. 机化
C. 化生　D. 瘢痕增生
E. 适应

22. 脊髓灰质炎引起的下肢萎缩属于
A. 失用性萎缩　B. 营养不良性萎缩
C. 去神经性萎缩　D. 压迫性萎缩
E. 生理性萎缩

23. 关于二期愈合，以下正确的是
A. 完全愈合需2～3周
B. 见于组织缺损大的创口，愈合后仅留少量瘢痕
C. 见于合并感染和异物的创口，愈合后不留瘢痕
D. 见于组织缺损大或有感染、异物的创口
E. 见于创缘整齐的伤口

24. 下列组织再生能力均较强，但应除外
A. 心肌　B. 皮肤
C. 黏膜　D. 骨
E. 肝

25. 下列组织或细胞再生能力最强的是
A. 横纹肌　B. 心肌
C. 神经细胞　D. 平滑肌
E. 鳞状上皮

26. 关于肉芽组织的说法，不正确的是
A. 是一种幼稚的结缔组织
B. 具有很强的再生能力
C. 由成纤维细胞、毛细血管和炎症细胞组成
D. 具有机化功能
E. 质地坚韧，颜色灰白

27. 由一种分化成熟的组织转变为另一种分化成熟组织的现象，称为
A. 代偿　B. 适应
C. 增生　D. 肥大
E. 化生

28. 慢性支气管炎时，支气管纤毛柱状上皮化生为鳞状上皮是
A. 生理性再生　B. 非典型增生
C. 适应性改变　D. 不完全再生
E. 分化不良

29. 关于痂下愈合的表述，不正确的是
A. 多见于皮肤的表浅擦伤、烫伤
B. 愈合在痂皮下进行
C. 表皮再生完全后，痂皮自行脱落
D. 愈合后一般不留瘢痕
E. 愈合后形成线状瘢痕

30. 关于增生，以下正确的是
A. 组织、细胞体积的增大
B. 可发生于任何器官和组织
C. 所有增生都具有代偿意义
D. 增生的器官和组织功能一定增强
E. 常发生在具有增殖分裂能力的细胞

四、简答题

1. 简述萎缩的病理变化。
2. 简述细胞水肿的病理变化。
3. 简述坏死的病理变化。
4. 简述肉芽组织的形态结构。
5. 简单比较一期愈合和二期愈合的差别。

（侯菊花）

第2章 局部血液循环障碍

学习目标

1. 素质目标　培养学生具有高度责任心的良好素质，树立学生敬畏生命、珍惜生命的价值观。

2. 知识目标

（1）掌握　静脉性充血，出血的病理变化，血栓形成的条件及转归，栓塞的类型及对机体的影响，梗死的原因、类型及病理变化。

（2）熟悉　动脉性充血，出血的原因及机制，血栓形成的过程及类型，栓子运行途径。

（3）了解　出血的后果，血栓形成及梗死对机体的影响。

3. 能力目标　能掌握局部血液循环障碍的病理变化，具有结合病因、病理变化进行疾病分析和健康教育的能力。

机体所有组织、细胞的功能活动和新陈代谢均依赖于正常的血液循环，局部血液循环障碍，可引起相应组织和器官的充血、水肿、出血、血栓形成、栓塞、梗死，从而引起功能异常、代谢障碍，并出现相应临床表现，严重者可导致机体的死亡。局部血液循环障碍可为局部因素导致，也可是全身血液循环障碍的局部表现。

局部血液循环障碍常表现为：①局部组织血管内血液含量异常：充血、淤血、缺血。②血管内成分溢出到血管外：水肿、出血。③血液内出现异常物质：血栓形成、栓塞及梗死。局部血液循环障碍及其导致的病变常常是疾病的基本病理变化。

第1节　充　　血

一、动脉性充血

充血和淤血都是指局部组织血管内血液含量的增多（图2-1）。局部组织或器官因动脉流入的血量增多，称为动脉性充血，简称充血，是一个主动的过程。

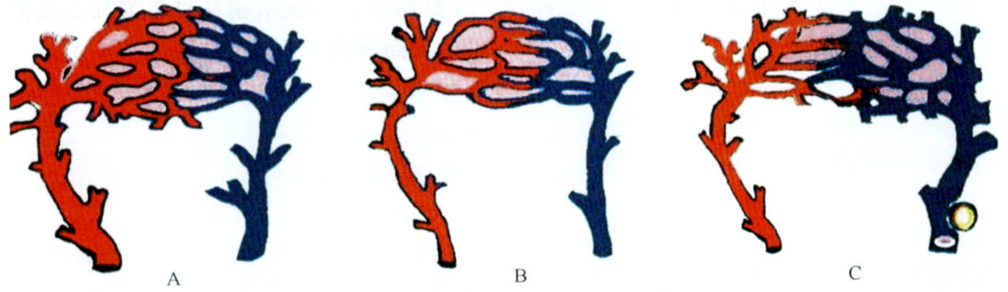

图2-1　正常和异常血流状况（模式图）

A. 充血；B. 正常；C. 淤血

（一）原因及发生机制

各种因素通过神经体液作用，可引起血管舒张神经兴奋性增高或血管收缩神经兴奋性降低，造成细动脉扩张、血流加快，进一步使微循环的灌注量增多。

（二）类型

1. 生理性充血 指为适应生理需要和代谢增强而发生的充血。例如，妊娠时的子宫充血，运动时的骨骼肌充血，进食后的胃肠道黏膜充血等。

2. 病理性充血 是指各种病理状态下，局部组织或器官的充血。①炎性充血：较为常见。炎症反应的早期，致炎因子导致的神经轴突反射使血管舒张神经兴奋、血管活性胺类介质作用等，引起炎症部位细动脉扩张充血，局部红肿。②减压后充血：局部组织或器官因长期受压，若压力突然解除，受压的细动脉发生反射性扩张，导致局部充血，如一次性大量抽腹水，可导致减压后充血。

（三）病理变化及后果

1. 病理变化 肉眼观，因微循环内血液灌注量增多，局部组织或器官体积轻度增大。当体表充血时，浅表部位微循环内氧合血红蛋白增多，故局部组织呈鲜红色，因代谢增强而使局部温度升高。镜下观，局部细动脉及毛细血管扩张。

2. 后果 ①动脉性充血一般对机体不会造成严重影响，因其是短暂的血管反应，原因消除后，局部血量可恢复正常。②如果血管已存在病变，在此基础疾病上，动脉性充血可导致血管破裂，造成严重后果，如高血压、脑血管畸形等。

考点：动脉性充血的概念和类型

链 接 热疗

热疗是理疗的一种方式，是通过各种的热源作为媒介，将热传达到机体上，以达到治疗疾病的目的。常用的热疗利用辐射、对流、传导，也就是烤灯照射、热敷等方式，还可利用电磁原理，机体吸收电磁场的能量，使之变成热能。热疗能够扩张血管，引起局部动脉性充血，改善血液循环，加快新陈代谢，促进疾病康复。其主要作用包括：促进炎症消退或局限；可降低痛觉神经的兴奋性，解除痉挛性疼痛；热能刺激神经末梢引起反射作用，使局部血液扩张，减轻深部组织充血；保暖。目前热疗已广泛应用于休闲保健、康复疗养和临床治疗的诸多方面。

二、静脉性充血

案例 2-1

患者，女，36 岁。1 个月前着凉后发热、咽痛，心悸、气短加重，伴双下肢水肿、少尿、右上腹部胀痛、食欲减退，不能平卧。10 年前常有咽痛、关节疼痛，1 年前开始出现劳动后心悸、气短，伴下肢水肿、少尿 1 个月。查体：半坐卧位，慢性病容，四肢末梢及口唇发绀，颈静脉怒张；两肺背部有中、小水泡音；心尖部有舒张期震颤，心界向左右两侧扩大；心率 110 次 / 分，血压 110/70mmHg，心律不齐；心尖部有雷鸣样舒张期杂音，Ⅲ级吹风样收缩期杂音；肝在肋下 3cm，剑突下 5cm，质韧，轻度压痛，肝颈静脉回流征阳性；双下肢凹陷性水肿。X 线检查：心脏向左、右扩大，双肺纹理增强。临床诊断：①风湿性心脏病。②左心衰竭，右心衰竭。③慢性肺淤血、慢性肝淤血。

问题： 1. 临床诊断左心衰竭、右心衰竭的依据是什么？

2. 根据所学知识，分析患者肺和肝可能出现的病理变化。

局部组织或器官静脉血液回流受阻，使血液淤积于小静脉和毛细血管内，导致血液含量增多，称为静脉性充血，简称淤血。淤血是一个被动过程。

（一）原因及发生机制

1. 静脉受压 各种原因压迫静脉，导致静脉管腔闭塞或狭窄，使血液回流障碍，可导致组织或器官淤血。常见于绷带包扎过紧或肿瘤压迫局部静脉导致组织淤血，妊娠时增大的子宫压迫髂总静脉导致下肢淤血，肠套叠或肠扭转时压迫肠系膜静脉导致肠管淤血，肝硬化时假小叶压迫肝窦和小叶下静脉导致胃肠道和脾淤血等。

2. 静脉管腔阻塞 静脉血栓形成或侵入静脉内的瘤栓，使静脉回流受阻，局部组织可淤血。因静脉常有较多分支，相互连通，可构成侧支循环，故只有当较大静脉干或多条静脉阻塞，血液不能充分流过侧支循环时，才可出现淤血。

3. 心力衰竭 心力衰竭时，心排血量下降，心腔内血液滞留，心腔的压力增高，阻碍了静脉血回流，导致淤血。例如，二尖瓣狭窄或原发性高血压后期等引起的左心衰竭，导致肺静脉压增高，引起肺淤血；慢性阻塞性肺疾病等导致的肺源性心脏病，引起右心衰竭，可造成体循环淤血，常见肝淤血或脾淤血、胃肠道及下肢淤血等。

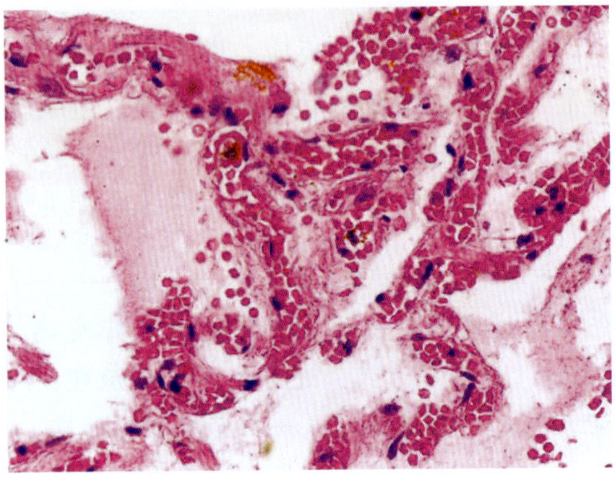

图2-2 肺淤血（镜下观，40×10，HE染色）
肺泡壁毛细血管扩张，充满血液，肺泡腔内可见水肿液及漏出的红细胞

（二）病理变化及后果

1. 病理变化 肉眼观，淤血的局部组织和器官体积增大、重量增加。体表淤血时，由于浅表部位血液内氧合血红蛋白减少，去氧血红蛋白含量增加，故局部皮肤发绀；由于局部血液停滞，物质代谢降低，毛细血管淤血扩张，散热增加，故体表温度下降。镜下观，细静脉及毛细血管扩张，过多红细胞积聚（图2-2）。

2. 后果 淤血对机体的影响，取决于淤血的部位、类型、时长、侧支循环建立等情况。①淤血性水肿：淤血导致毛细血管内流体静压升高、组织缺氧、毛细血管通透性增加，血管内液体漏出积聚于组织内，导致淤血性水肿。②淤血性出血：淤血严重时，毛细血管通透性进一步增加或破裂，红细胞亦可漏出，引起淤血性出血。③实质细胞萎缩、变性、坏死：长期淤血又称慢性淤血，使实质细胞缺氧，造成程度不等的实质细胞萎缩、变性，甚至坏死。④淤血性硬化：慢性淤血时，间质纤维结缔组织增生，网状纤维胶原化，使淤血的器官或组织质地逐渐变硬，形成淤血性硬化。

考点：静脉性充血的概念、原因、病理变化及后果

（三）重要器官的淤血

1. 肺淤血 各种原因引起左心衰竭时，由于左心腔内压力升高，肺静脉血液回流受阻，导致肺淤血。

急性肺淤血时，肉眼观，肺体积增大，颜色暗红，切面可见泡沫状血性液体流出；镜下观，肺泡壁毛细血管扩张充血，肺泡壁增厚、水肿，部分肺泡腔内充满水肿液及多少不等的红细胞。

慢性肺淤血时，肺泡壁毛细血管扩张充血加剧，肺泡壁增厚并纤维化，肺泡腔内除水肿液和红细胞外，可见吞噬有含铁血黄素的巨噬细胞，又称心力衰竭细胞（图2-3）。肺质地变硬，呈棕褐色，故称肺褐色硬化。

考点：肺淤血的病变特点

链 接　为什么输液过快易造成肺水肿

输液过快，使大量液体进入体循环，体循环容量剧增，导致急性心脏容量负荷过重，左心泵血受阻，引起左心衰竭，继而导致急性肺水肿。同时，血浆渗透压下降使组织间液增加，加重肺水肿。患者表现为气促、缺氧、咳出大量粉红色泡沫痰等，造成严重后果。因此，静脉输液治疗时，应按要求调整好输液速度，并注意观察患者的反应，防止严重后果的产生。

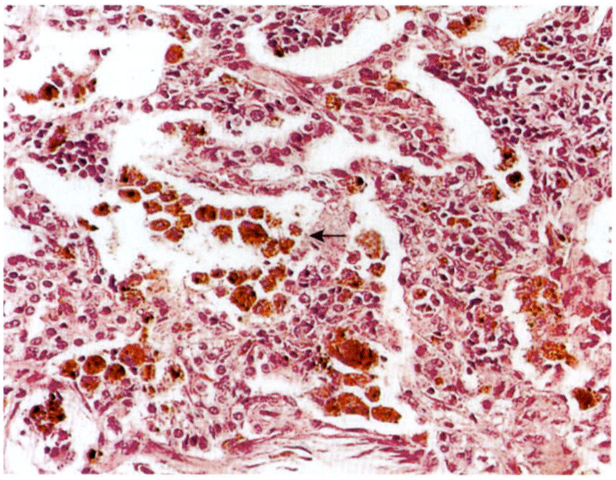

图2-3　慢性肺淤血（镜下观，40×10，HE染色）
肺泡壁纤维化、增厚，肺泡腔内和肺泡壁上可见含铁血黄素沉积和心力衰竭细胞（↑）

2. 肝淤血　常由右心衰竭引起，因右心腔内压力升高，肝静脉血液回心受阻，血液淤滞于肝小叶循环的静脉端，引起肝小叶中央静脉和肝窦淤血。

急性肝淤血时，肉眼观，肝脏体积增大，颜色暗红。镜下观，肝小叶中央静脉及肝窦淤血，严重时小叶中央肝细胞萎缩或坏死，肝小叶周边肝细胞，因靠近肝小动脉，可仅出现脂肪变性。

慢性肝淤血时，肝小叶中央严重淤血，多个肝小叶中央淤血可相连，呈暗红色，小叶周边部因脂肪变性呈黄色，故切面见红黄相间，形似槟榔的花纹，称为槟榔肝（图2-4）。镜下观，肝小叶中央静脉及附近肝窦高度扩张淤血、出血，肝细胞萎缩、消失，肝小叶周边肝细胞脂肪变性（图2-5）。

图2-4　慢性肝淤血（肉眼观）
肝脏体积增大，切面见红黄相间的槟榔状花纹

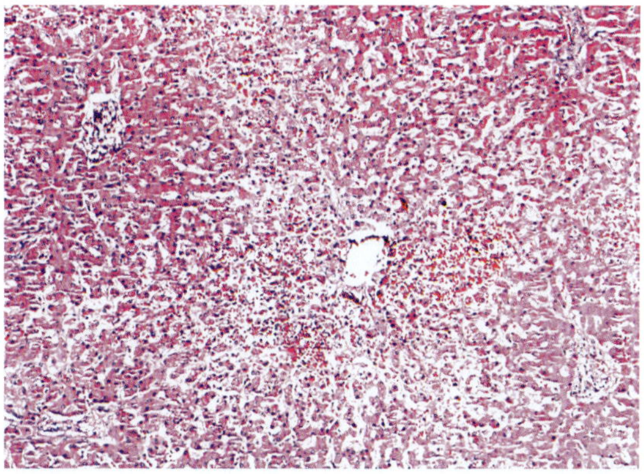

图2-5　慢性肝淤血（镜下观，10×10，HE染色）
小叶中央静脉及附近肝窦淤血，小叶周边肝细胞脂肪变性

长期严重的肝淤血时，肝小叶中央区肝细胞萎缩消失，网状纤维胶原化，整个肝脏的间质纤维组织增多，形成淤血性肝硬化。患者表现为一定程度的肝功能损伤。

考点：肝淤血病变特点

第2节　出　　血

血液从血管或心腔溢出至体外、体腔或组织间隙的过程，称为出血。血液溢出体外，称外出血；血液溢出至体腔或组织间隙，称内出血。

一、原因、发生机制及分类

根据出血发生的不同机制，将出血分为破裂性出血和漏出性出血两类。

（一）破裂性出血

破裂性出血是心脏或血管壁破裂所致（图2-6A），一般出血量较多。常见原因有：①血管机械性损伤：如割伤、刺伤和弹伤等致血管损伤。②血管壁或心脏的病变：如心肌梗死后形成的室壁瘤等。③血管壁周围的病变侵蚀：如消化性溃疡侵蚀溃疡底部的血管、恶性肿瘤侵及周围的血管等。④静脉破裂：如肝硬化时，食管下段静脉丛曲张破裂等。⑤毛细血管破裂：如局部软组织的损伤。

（二）漏出性出血

漏出性出血是指微循环血管壁通透性增加，血液从扩大的内皮细胞间隙和受损的基底膜漏出到血管外所引起的出血（图2-6B）。常见原因有：①血管壁损害：多见，如缺氧、感染、中毒损害血管壁，或维生素C缺乏等因素引起血管壁通透性和脆性增加。②血小板减少及功能障碍：血小板生成减少，如再生障碍性贫血、白血病等；血小板破坏或消耗过多，如血小板减少性紫癜、弥散性血管内凝血等；某些药物引发体内免疫反应，巨噬细胞吞噬血小板；细菌内毒素、外毒素破坏血小板等。③凝血因子缺乏：如肝病致凝血因子Ⅶ、Ⅸ、Ⅹ合成减少；凝血因子Ⅷ、Ⅸ等的先天性缺乏；弥散性血管内凝血时大量凝血因子消耗过多等，可造成凝血障碍和出血倾向。

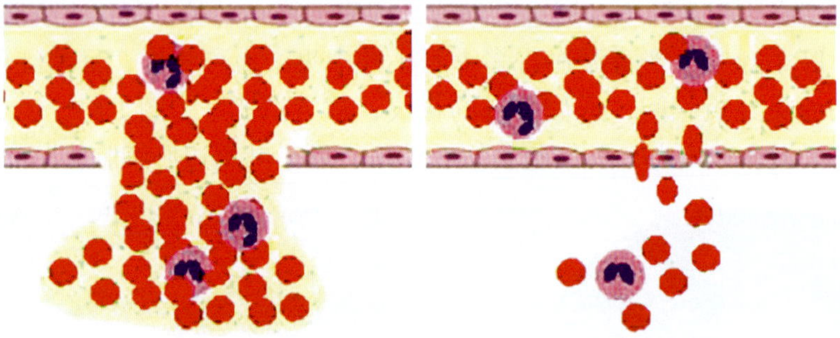

图2-6 出血机制（模式图）
A. 破裂性出血；B. 漏出性出血

考点：出血的概念和分类

二、病理变化

肉眼观，体表伤口处可见血凝块，组织内的出血常形成局限性的出血灶（即血肿）。新鲜的出血呈红色，以后随红细胞裂解形成含铁血黄素而呈棕黄色。镜下观，出血组织血管外可见红细胞和巨噬细胞，巨噬细胞吞噬红细胞，胞质内形成的含铁血黄素呈棕色颗粒状。局部组织可因血液浸渍而发生坏死。较大的血肿吸收不全可发生机化或纤维包裹。

链 接 出血的临床分类

1. 内出血 组织内的出血常形成局限性的大量出血，即血肿，如皮下血肿、脑膜后血肿等。血液积聚于体腔内，称体腔积血，如心包积血、关节腔积血等。镜下可见组织内有不同程度的红细胞及含铁血黄素存在。

2. 外出血 鼻黏膜出血排出体外，称鼻出血；呼吸道出血经口腔排出体外，称咯血；消化道出血经口腔排出体外，称呕血，如经肛门排出体外，称便血；泌尿系出血经尿排出体外，称尿血；微小的出血进入皮肤、黏膜或浆膜形成较小出血点，直径在1～2mm，称瘀点；直径在3～5mm，称紫癜；直径超过1～2cm的皮下出血灶，称瘀斑。

三、后　　果

出血对机体的影响取决于出血的类型、速度、部位和量。

破裂性出血时，如出血迅速，在短时间内丧失机体循环血量的20%～25%，可发生失血性休克；漏出性出血时，若出血广泛、速度快，亦可导致失血性休克。重要器官的出血，即使出血量少，也可引起严重的后果，如心脏破裂、脑干出血等；局部组织或器官的出血，可造成相应的功能障碍，如视网膜出血导致视力减退或失明等。慢性反复性出血可引起缺铁性贫血。少量缓慢出血，多可自行停止，局部组织出血或体腔积血，可通过吸收或机化消除；较大的血肿吸收不彻底，可机化或纤维包裹。临床中，应注意内出血的存在，以防延误治疗，造成严重后果。

第3节　血栓形成

在活体的心脏、血管内，血液发生凝固或血液中的某些有形成分凝集成固体质块的过程，称为血栓形成。形成的固体质块，称为血栓。

链 接　血栓形成、血凝块的区别

血栓形成是指在活体的心、血管内血液凝固或血液的某些成分凝集形成的固体质块的过程。血凝块是指伤口处或死后血液凝固形成的固体质块，血液成分均匀地分布，呈均匀一致的暗红色。

生理状态下，机体的凝血系统和纤维蛋白溶解系统保持着动态平衡，既保证了血液潜在的可凝固性，又保证了血液的流体状态。若某些因素破坏了上述动态平衡，触发凝血过程，便可引起血栓形成。

一、血栓形成的基本条件

案例 2-2

患者，男，23岁。因低血糖就诊，于右手背浅表静脉滴注氯化钾及静脉注射浓度为50%葡萄糖溶液。第二天发觉右臂疼痛，穿刺处静脉出现较硬的条状物。理疗、热敷1月余，仍未好转，硬条状物的长度稍增加，诊断为因药物刺激引起的静脉血栓形成，血管穿刺处皮肤出现色素沉着。

问题： 1. 患者发生了何种病变？

2. 该病变是如何发生的？

案例 2-3

患者，女，18岁。因左下肢水肿、麻木1天就诊。就诊前，患者连续60多个小时玩网络游戏，长时间保持静坐不动状态。经检查，诊断为左下肢深静脉血栓。

问题： 1. 患者发生了何种病变？

2. 该病变发生的机制是什么？

考点： 血栓形成的概念和基本条件

（一）心血管内皮细胞的损伤

心血管内皮细胞损伤是血栓形成最重要和最常见的原因。心血管内皮细胞具有抗凝和促凝两种特性，生理状态下，内皮细胞以抗凝作用为主，使血液保持液态。然而，内皮细胞损伤时，也可促进血液凝固。①内皮细胞损伤时，释放组织因子，激活外源性凝血过程。②内皮细胞损伤时，释放出血管性血友病因子（von Willebrand factor，vWF），介导血小板与内皮下胶原的黏附作用。③内皮细胞可分泌纤维蛋白溶酶原活化因子的抑制因子，抑制纤维蛋白溶解。④内皮损伤后，内皮下胶原暴露，激活血小板和凝血因子Ⅻ，启动内源性凝血。

心血管内皮细胞损伤导致血栓形成，常见于静脉损伤、严重动脉粥样硬化的斑块及溃疡、风湿性和感染性心内膜炎、心肌梗死区的心内膜等，以及缺氧、休克、败血症和细菌内毒素等所引起的全身广泛内皮损伤，导致弥散性血管内凝血。

（二）血流状态的改变

正常血流状态时，红细胞、白细胞进行轴流，其外是血小板，最外是血浆的边流。边流的血浆将有形成分与血管壁隔开，防止血小板与内膜接触和激活。

当血流减慢或产生涡流时，血小板可进入边流，与内膜接触和黏附的机会增多，与此同时，被激活的凝血因子和凝血酶，在局部易达到凝血所需的浓度；血流缓慢还可使内皮细胞因缺氧而损伤，内皮下胶原暴露，这些均有利于血栓形成。

静脉血栓比动脉血栓发生多4倍，其原因为：①静脉内的静脉瓣处血流缓慢，且易形成涡流；②静脉内血流，有时出现短暂的停滞；③静脉壁较薄，易受压；④血流通过毛细血管到达静脉后，血液黏度有所增加。

尽管动脉和心脏内血流快，不易形成血栓，但在二尖瓣狭窄时，左心房、动脉瘤内等处血流缓慢及涡流出现，也易并发血栓形成。

（三）血液凝固性增高

血液中血小板和凝血因子增多，或纤维蛋白溶解系统的活性降低导致血液处于高凝状态。见于原发性（遗传性）和继发性（获得性）疾病。

遗传性高凝状态，以第Ⅴ因子基因突变最常见。获得性疾病的高凝状态可由广泛转移的晚期恶性肿瘤细胞释放促凝因子所致。弥散性血管内凝血时，凝血因子激活和组织因子的释放；大量失血后血液的浓缩，均可增加血液凝固性，易导致血栓形成。

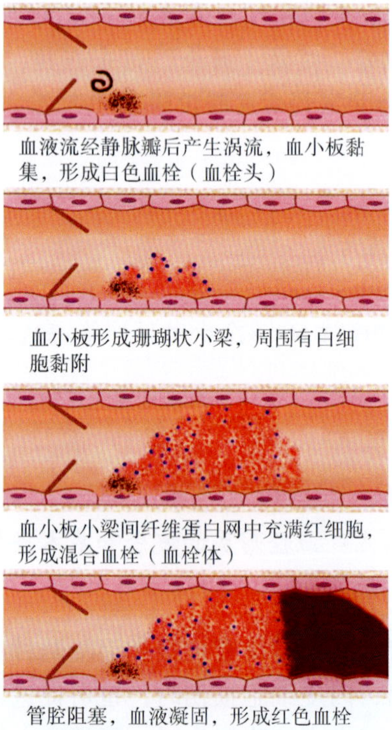

血液流经静脉瓣后产生涡流，血小板黏集，形成白色血栓（血栓头）

血小板形成珊瑚状小梁，周围有白细胞黏附

血小板小梁间纤维蛋白网中充满红细胞，形成混合血栓（血栓体）

管腔阻塞，血液凝固，形成红色血栓（血栓尾）

图2-7 静脉内血栓形成过程（模式图）

综上所述，血栓形成的三个条件往往同时存在，并常以某一条件为主。虽然心血管内皮细胞损伤是血栓形成的最重要和最常见的原因，但在不同状态下，血流缓慢及血液凝固性增高也可能是重要因素。

二、血栓形成的过程及类型

（一）血栓形成的过程

血液流经静脉瓣后产生涡流，血小板黏附于裸露的内膜胶原上，经过一系列反应，形成可逆的血小板小堆。随着内源性凝血与外源性凝血的启动，可逆的血小板小堆变为不可逆的血小板血栓，成为血栓形成的起始点（图2-7）。

血栓形成后的发展变化、形态、组成，以及血栓大小，取决于血栓发生部位及局部血流状态。

（二）血栓的类型

1. 白色血栓 又称血小板血栓或析出性血栓，多发生于血流较快的心瓣膜、心腔内、动脉内。如急性风湿性心内膜炎时，二尖瓣闭锁缘上的赘生物，即为白色血栓。白色血栓亦可为静脉延续性血栓的起始部，即血栓的头部。肉眼观，白色血栓为灰白色、质实，表面粗糙，与血管壁黏着紧密，不易脱落（图2-8）。镜下观，主要成分为血小板和少量纤维蛋白（图2-9）。

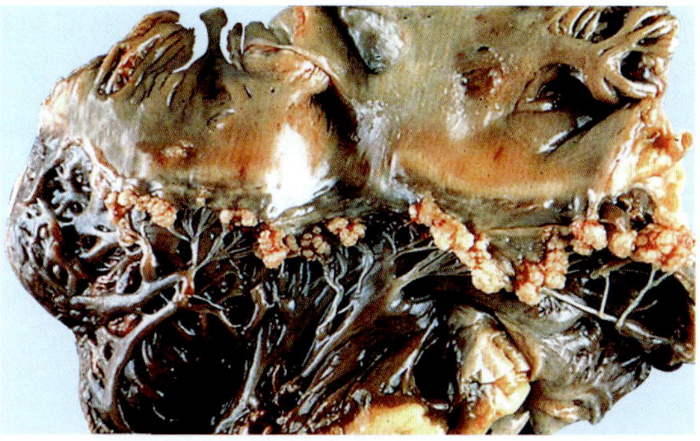

图2-8　心瓣膜上的赘生物（肉眼观）
心脏二尖瓣游离缘上有呈灰白色、串珠状排列的赘生物

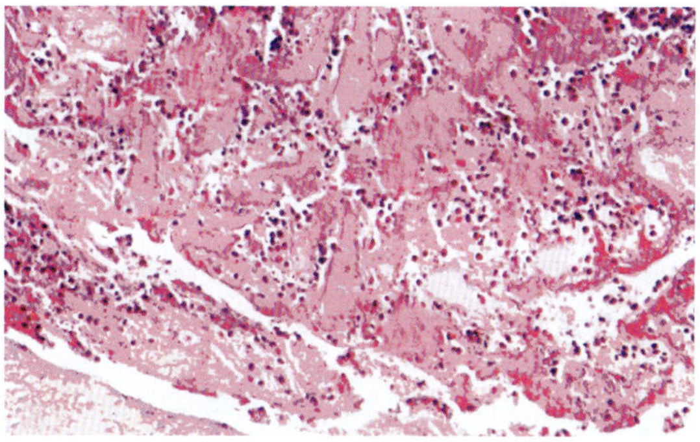

图2-9　白色血栓（镜下观，40×10，HE染色）
血小板相互黏集成小梁状

2. 混合血栓　多发生于血流缓慢的静脉内，构成延续性血栓的体部。肉眼观，表面粗糙，较干燥，呈圆柱状；切面呈灰白色和红褐色层状交替结构，又称层状血栓。镜下观，血小板小梁呈淡红色无结构的不规则状，小梁边缘有较多的白细胞黏附，小梁间是充满红细胞的纤维蛋白网（图2-10）。形成于心腔内、动脉粥样硬化斑块处或动脉瘤内者，称为附壁血栓。左心房内的血栓，常形成球状血栓。

3. 红色血栓　常见于静脉内，随着混合血栓逐渐增大阻塞血管腔，下游局部血流停止，血液发生凝固，构成延续性血栓的尾部。肉眼观，血栓呈暗红色、湿润、有弹性、与血管壁无粘连（图2-11）。镜下观，在纤维蛋白网眼内充满血细胞。早期红色血栓与死后血凝块相似，一段时间后因水分被吸收，变得干燥、无弹性、质脆易碎，易脱落，造成栓塞。

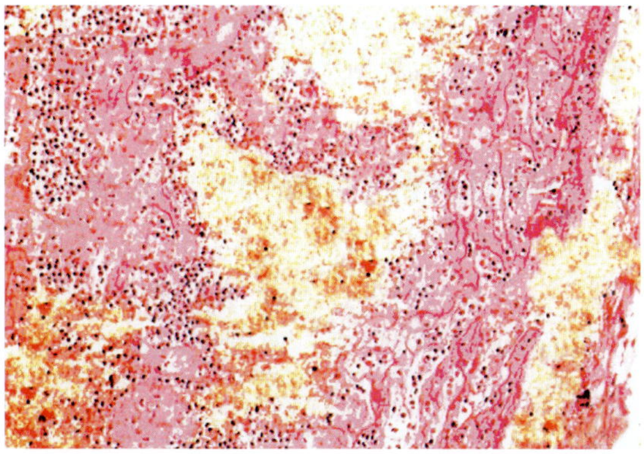

图2-10　混合血栓（镜下观，10×10，HE染色）
血小板凝集成珊瑚状小梁，小梁周边有白细胞黏附，小梁间纤维蛋白网眼内充满红细胞

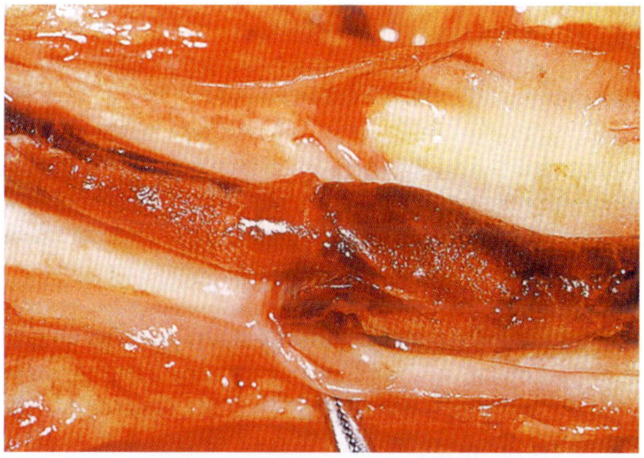

图2-11　红色血栓（肉眼观）
股静脉内有一圆柱状血栓，呈暗红色

4. 透明血栓　又称为微血栓或纤维蛋白性血栓。多发生于微循环的毛细血管内，只能在显微镜下才能见到，主要由嗜酸性同质性的纤维蛋白构成，最常见于休克晚期和弥散性血管内凝血（图2-12）。

考点：血栓的类型

三、血栓的转归

（一）软化、溶解和吸收

血栓可因纤维蛋白溶解系统的激活而被逐渐软化、溶解、吸收。血栓溶解速度取决于血栓的大小及血栓的新旧程度。小的新鲜血栓可被快速完全溶解吸收；较大的血栓可因部分软化、溶解而脱落成为栓子，导致血栓栓塞。

（二）机化和再通

若纤维蛋白溶解系统的活性不足，血栓长时间不被溶解，在血栓形成后的1～2天，肉芽组织便从血管壁长入血栓并逐渐取代血栓，这一过程为血栓机化。血栓机化后，由于水分被吸收，血栓干燥收缩或部分溶解出现裂隙，周围新生的血管内皮细胞长入裂隙表面形成新的血管并相互吻合，使阻塞血管的部分血流得到恢复，称为再通（图2-13）。

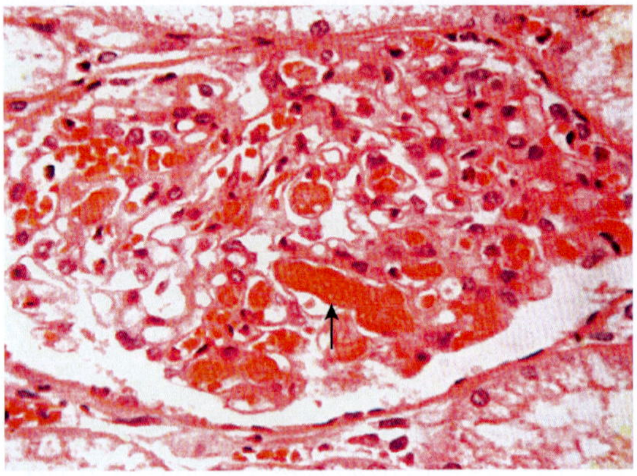

图2-12 透明血栓（镜下观，40×10，HE染色）
肾小球毛细血管内的透明血栓呈半透明状，均质，红染（↑）

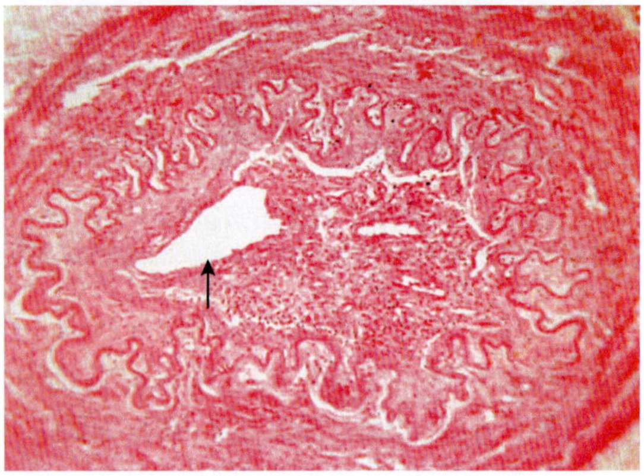

图2-13 机化与再通（镜下观，10×10，HE染色）
血管腔内血栓被肉芽组织吸收、替代，有较多大小不等的新生血管腔形成（↑）

（三）钙化

长时间存在的血栓可发生钙盐沉着，使血栓变成较为坚硬的质块，称为血栓钙化。包括静脉石和动脉石两类。

四、血栓形成对机体的影响

血栓形成可以堵塞破裂的血管，起到止血作用，这是对机体有利的一面。但大多数情况下，血栓形成对机体存在不同程度的不利影响。

*考点：*血栓的转归、血栓形成对机体的不利影响

血栓对机体的不利影响，取决于血栓形成的部位、血栓的大小和类型、血管腔阻塞的程度，以及组织、器官内有无充分的侧支循环。

（一）阻塞血管

动脉血管部分阻塞时，可引起组织或器官缺血、缺氧而发生萎缩、变性；若完全阻塞且无侧支循环供血，则引起梗死，如冠状动脉血栓形成引起心肌梗死等。静脉血栓形成于浅表静脉，因存在丰富的侧支循环，不易发生明显症状；若发生于深部静脉，未能建立有效侧支循环时，则引起局部淤血、水肿、出血和坏死，如肠出血性梗死。

（二）栓塞

当血栓与血管壁黏着不牢固时，或在血栓溶解吸收过程中，血栓整体或部分脱落而成为栓子，随血流运行，引起栓塞。如深部静脉形成的血栓和心室内的血栓，以及心瓣膜上的血栓容易脱落成为栓子。下肢深静脉的血栓脱落可造成肺栓塞，往往成为患者死亡的重要原因。

（三）心瓣膜变形

风湿性心内膜炎时，心瓣膜上反复出现赘生物，并发生机化，可使瓣膜粘连、增厚、变硬，腱索增粗、缩短，引起瓣膜口狭窄或关闭不全而成为慢性心瓣膜病。

（四）广泛性出血

广泛性出血常见于弥散性血管内凝血，由于广泛的微循环内透明血栓形成，大量消耗凝血物质，使血液的凝固性降低，引起全身广泛性出血。

第4节　栓　　塞

在循环血液中出现不溶于血液的异常物质，随血流运行阻塞血管腔的现象，称为栓塞。阻塞血管的异常物质称为栓子。栓子可以为固体、液体或气体。最常见的栓子为血栓栓子。

一、栓子的运行途径

通常栓子的运行途径与血流方向一致，偶尔可有交叉性运行和逆行性运行（图2-14），最终停留在口径与其相当的血管并阻断血流。

（一）一般运行途径

1. 静脉系统及右心腔的栓子　来自静脉系统及右心腔的栓子随血流引起肺动脉主干及其分支的栓塞，导致肺栓塞。体积小且有弹性的栓子，可通过肺泡壁毛细血管回流进入左心，经左心进入体循环系统，阻塞动脉小分支，如脂肪栓子。

2. 主动脉系统及左心腔的栓子　来自主动脉系统及左心腔的栓子，随动脉血流运行，阻塞于体循环各脏器的小动脉内。常见于脑、脾、肾，以及指、趾等部位。

3. 门静脉系统的栓子　来自胃肠道、肠系膜静脉等门静脉系统的栓子，随静脉血回流入肝门静脉，导致肝内门静脉分支的栓塞。

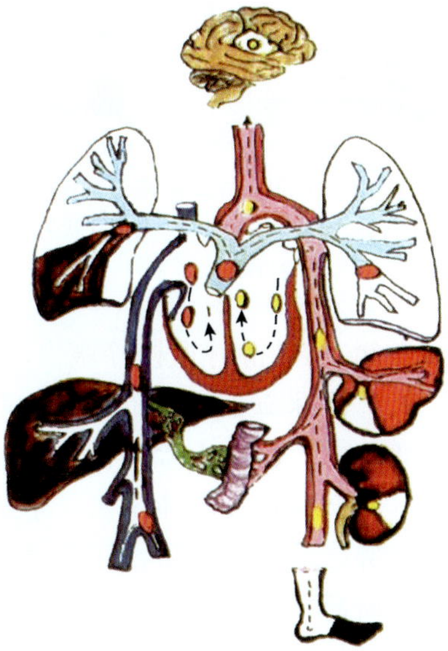

图2-14　栓子运行途径（模式图）

（二）特殊运行途径

1. 交叉性栓塞　偶见，又称反常性栓塞。来自右心腔或腔静脉系统的栓子，因右心腔内压力增高，栓子由右心腔内通过缺损进入左心，再进入体循环系统引起栓塞。例如，室间隔缺损伴肺动脉高压时。

2. 逆行性栓塞　极罕见。来自下腔静脉内的血栓，当胸、腹腔压力突然升高时（如频繁、剧烈咳嗽），可逆血流方向运行至肝、肾、髂静脉分支导致栓塞。

考点：栓塞的概念，栓子的一般运行途径

二、栓塞的类型及对机体的影响

（一）血栓栓塞

血栓或部分血栓脱落引起的栓塞称为血栓栓塞，是栓塞中最常见的一种。由于血栓栓子的来源、大小和栓塞部位的不同，对机体的影响也有所不同。

案例 2-4

患者，男，30 岁。因病毒性脑炎入院。入院后第 6 天行锁骨下静脉置管术，穿刺置管顺利，术后局部无血肿及感染等并发症。置管后第 10 天上午输液前，常规用平头针注入 0.4% 枸橼酸钠生理盐水 2ml，发现针头有阻塞感，未引起重视，待注射畅通后，即接上输液管进行输液，约 50 秒后，患者突然胸闷、右侧胸痛、气急、咳嗽、面部及口唇发绀，脉搏细数（100 次 / 分），呼吸 34 次 / 分，血压 100/60mmHg，听诊肺上段呼吸音降低，无其他异常发现。诊断：肺动脉栓塞。

问题：1. 患者所发生的肺动脉栓塞是如何引起的？

2. 在临床护理工作中应从哪些方面着手预防血栓形成？

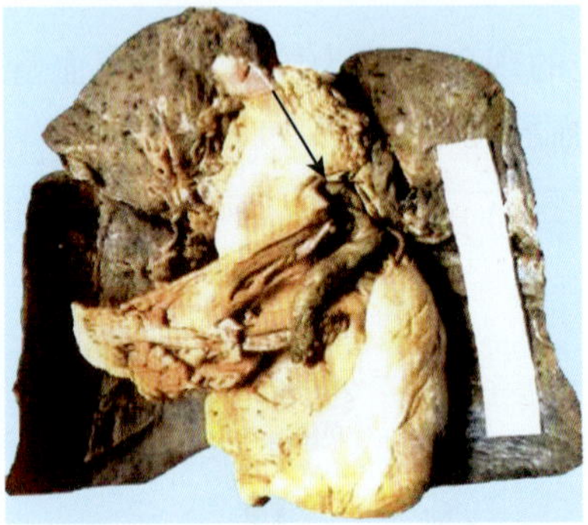

图 2-15 肺动脉血栓栓塞（肉眼观）
剖开的肺动脉主干内可见一条圆柱状的血栓栓子（↑）

考点：血栓栓塞的概念、肺动脉栓塞对机体的影响

1. 肺动脉栓塞 肺动脉栓塞的栓子95%以上来自下肢深部静脉，特别是腘静脉、股静脉和髂静脉。①中、小栓子多栓塞在肺动脉小分支，由于肺动脉和支气管动脉间有丰富的吻合支，侧支循环可起到代偿作用，一般不引起严重后果。若已有严重肺淤血，因微循环内压升高，支气管动脉供血受阻，吻合支起不到代偿作用，则可引起肺出血性梗死。②大的血栓栓子可栓塞肺动脉主干或大分支（图2-15），较长的栓子可同时栓塞肺动脉干分叉处，称为骑跨性栓塞，患者可突然出现呼吸困难、发绀、休克，甚至因急性呼吸和循环衰竭而猝死。③若栓子小但数目多，广泛地栓塞肺动脉小分支时，患者可因右心衰竭猝死。

链 接　静脉血栓栓塞

静脉血栓栓塞（VTE）是指静脉内血凝块形成，或由血栓或血栓的一部分脱落至静脉内引起的栓塞，临床上常见，预后差，极易复发，是住院患者致死和致残的主要原因之一。VTE 包括深静脉血栓形成及肺栓塞。导致 VTE 发生的危险因素较多，如活动减少、长期卧床、手术或创伤、肥胖、癌症等。因症状隐匿，80% 无临床表现者被漏诊，由 VTE 导致死亡的患者，在死亡前得到诊断的不足 50%。如无正确的预防措施，每 20 名住院的内科患者就可能有 1 名出现致命性的肺栓塞。如果早期就对患者进行抗凝预防，并适当延长预防时间，VTE 的发病率将会有效降低。因此，预防住院患者的 VTE 显得尤为重要。

2. 体循环动脉栓塞 大多数栓子来自左心腔，如心肌梗死区的附壁血栓、亚急性感染性心内膜炎心瓣膜上的赘生物，少数来自动脉粥样溃疡或主动脉瘤表面的血栓。罕见来自腔静脉的栓子，发生交叉性栓塞。常发生栓塞的部位是脑、肾、脾、下肢等。栓塞的后果取决于栓塞的部位、局部的侧支循环及组织对缺血的耐受性。当栓塞的动脉缺乏有效的侧支循环时，可引起局部组织的梗死。

（二）脂肪栓塞

案例 2-5

患者，男，36 岁。因车祸导致左股骨变形、剧痛而急诊入院。X 线检查见左股骨干中段粉碎性骨折。入院后 2 小时，突然出现呼吸困难，口唇发绀，经多方抢救无效死亡。

问题：1. 该患者猝死的原因和机制是什么？

2. 若做尸体剖检，可有哪些发现？

循环的血流中出现较大脂肪滴，阻塞于小血管，称为脂肪栓塞。栓子常见于长骨骨折和严重的脂肪组织挫伤等，其损伤可导致脂肪细胞破裂和释出脂滴，由破损的血窦或静脉血流进入血液循环导致脂肪栓塞。

创伤性脂肪栓塞，直径大于20μm的脂肪栓子引起肺动脉分支、小动脉或毛细血管的栓塞；直径小于20μm的脂肪栓子可通过肺泡壁毛细血管经肺静脉至左心达体循环的分支，引起全身多器官的栓塞，最常造成脑栓塞。镜下观，血管腔内脂滴大小不等，HE染色切片上呈圆形或卵圆形空泡（图2-16）。

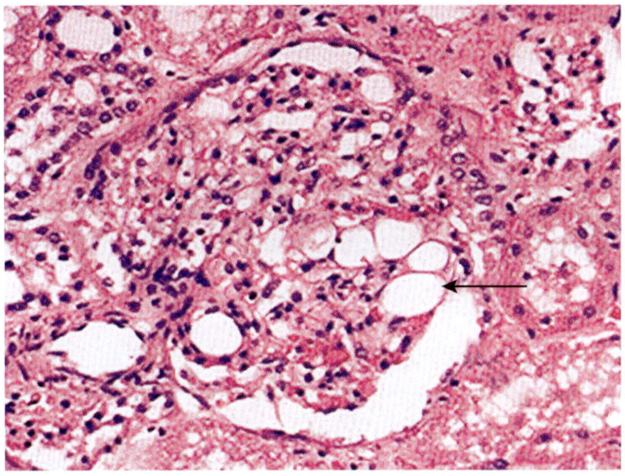

图2-16　脂肪栓塞（镜下观，40×10，HE染色）
肾小球毛细血管内的脂肪栓子呈空泡状（↑）

考点： 脂肪栓塞的概念、病变特点和对机体的影响

脂肪栓塞后果取决于脂滴的数量和栓塞部位。少量脂滴入血，无不良影响。若大量脂滴（9～20g）短期内进入肺循环，使肺循环大部分受阻，患者可因窒息和急性右心衰竭死亡。脑脂肪栓塞可导致脑水肿和血管周围点状出血，患者可有兴奋、烦躁不安、谵妄和昏迷等神经系统症状。少量脂肪栓塞部位可无肉眼变化，仅可在组织的冷冻切片脂肪染色时，见到小血管腔内有脂滴。

（三）气体栓塞

大量空气迅速进入血液循环或原溶于血液内的气体迅速游离，形成气泡阻塞心血管，称为气体栓塞。

1. 空气栓塞　多见于静脉损伤破裂，外界空气由破裂口进入血流。如头颈、胸壁和肺部静脉受损；正压静脉输液及人工气胸或气腹误伤静脉时；分娩或流产时，子宫强烈收缩，将空气挤入子宫壁破损的静脉窦内。

空气栓塞的后果取决于气体进入的速度和气体量。少量气体进入血液，不会发生气体栓塞。若超过100ml空气迅速进入静脉，随静脉血到右心腔后，因心脏搏动，可将其与血液搅拌形成泡沫状，充满右心腔，阻塞静脉血回流，也妨碍向肺动脉输出血液，造成严重的循环障碍。患者可出现呼吸困难、发绀，甚至发生猝死。部分气泡也可直达肺动脉分支，引起肺小动脉气体栓塞。小气泡亦可经过肺动脉小分支和毛细血管到达左心，引起体循环小动脉的栓塞。

链 接　静脉输液时预防空气栓塞的措施

静脉输液是临床上最基本的操作技术，稍有不慎，即可导致空气栓塞。排气法是预防空气栓塞的第一步。护士在静脉穿刺特别是锁骨下静脉插管输液时，应认真仔细地将输液器内空气排尽，避免误将空气输入有负压的静脉内。输液过程中，一旦发生空气栓塞，应立即停止输液，患者取左侧卧位。因该体位有利于气体浮向右心室尖部，避免阻塞肺动脉口，从而防止发生栓塞。

2. 减压病　是气体栓塞的一种，又称氮气栓塞。人体从高气压环境迅速进入常压或低气压的环境时，原来溶于血液、组织液和脂肪组织的氧气、二氧化碳和氮气迅速游离形成气泡。氧气和二氧化碳可很快再溶于体液内被吸收，而氮气在体液内溶解缓慢，可在血液和组织内形成很多微气泡或融合成大气泡阻塞血管，引起气体栓塞，即氮气栓塞。如潜水员从深水迅速浮出水面、航空者由地面迅速升入高空等。游离气体所在部位不同，其临床表现不同。病情轻者可引起骨、四肢、肠道等末梢血管阻塞而出现痉挛性疼痛，若短期内大量气泡形成，尤其是阻塞冠状动脉，造成严重血液循环障碍，可致患者猝死。

考点： 气体栓塞的概念、对机体的影响

（四）羊水栓塞

羊水进入母体血液循环造成的栓塞称为羊水栓塞，是分娩过程中的一种严重并发症，发病急骤，病

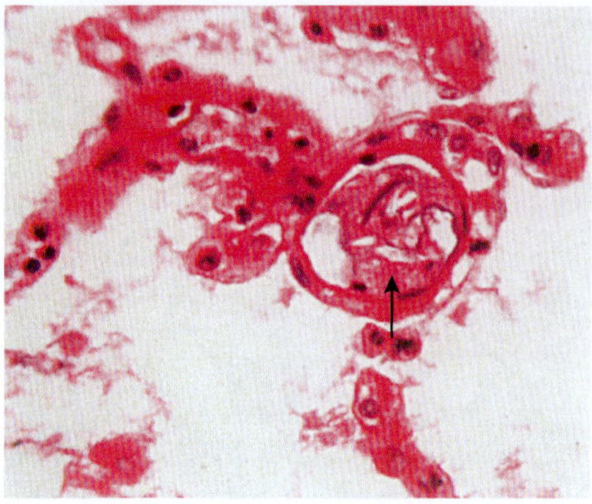

图2-17 羊水栓塞（镜下观，40×10，HE染色）
肺小血管内见鳞状上皮细胞（↑）

死率约80%，但发生率低。在分娩时，由于羊膜破裂、胎盘早期剥离或胎儿阻塞产道，子宫强烈收缩，子宫内压力过高，可将羊水压入子宫壁破裂的静脉窦，随血液回流到肺，造成羊水栓塞。

镜下观，肺的小动脉和毛细血管内或母体血液涂片中见到角化鳞状上皮、胎毛、胎脂、胎粪和黏液等羊水成分（图2-17）。

羊水栓塞常发生于分娩后期，患者突然出现呼吸困难、发绀、抽搐、休克甚至死亡。主要是因为：①羊水中胎儿代谢产物入血，引起过敏性休克；②肺动脉受阻，同时羊水含有血管活性物质引起反射性血管痉挛；③羊水具有凝血活酶的作用，引起DIC。

考点： 羊水栓塞的概念、病变特点及对机体的影响

（五）其他栓塞

肿瘤细胞侵入血管系统成为瘤细胞栓子，阻塞管腔。寄生虫虫卵、细菌或真菌团等均可作为栓子，引起栓塞。

第5节 梗 死

任何原因使血液供应中断、血流停滞而引起局部组织或器官发生坏死，称为梗死。一般由动脉血液供应中断所致。若静脉回流严重受阻，使局部血流停滞，亦可引起梗死。

链 接 影响梗死发生的因素

血液供应中断后，局部组织是否发生梗死，受以下因素的影响：①侧支循环：这是血液供应中断后是否引起梗死的决定性因素。具有双重血液循环的肝、肺等器官，通常不易发生梗死。②局部组织对缺血的敏感程度：组织对缺血的敏感性及血中氧分压的高低也是影响梗死的重要因素。大脑神经细胞对缺血、缺氧的耐受性最低，3～4分钟的缺血、缺氧即可引起脑梗死。骨骼肌、纤维结缔组织对缺血、缺氧的耐受性最强。

一、原 因

1. 血栓形成 最常见的原因。常见于冠状动脉、脑动脉粥样硬化继发血栓形成，引起心肌梗死、脑梗死，一般静脉内血栓只引起淤血、水肿，但肠系膜静脉血栓形成可引起所属静脉引流肠段的梗死。

2. 动脉栓塞 多为动脉血栓栓塞，亦可为空气、羊水、脂肪栓塞，栓子随血流运行常引起脾、肾、肺和脑的梗死。

3. 动脉痉挛 严重的冠状动脉粥样硬化或继发灶内出血情况下，合并冠状动脉强烈和持续痉挛，引起心肌梗死。

4. 血管受压闭塞 引起血管受压闭塞的各种因素可导致局部组织缺血而梗死，如血管外肿瘤、肠扭转、肠套叠、卵巢囊肿蒂扭转等。

二、形态特征及类型

（一）形态特征

1. 梗死灶的形状 梗死灶的形状由器官血管的分布方式决定。脾、肾、肺等器官的血管呈锥形分

支，切面呈扇形或三角形，其尖端位于血管阻塞处，常指向脏器门部，器官表面为梗死灶底部（图2-18）。冠状动脉的分支不规则，故心肌梗死的梗死灶，呈地图状。肠系膜血管呈扇形分支并支配某一肠段，所以，肠梗死的梗死灶，呈节段性。

2. 梗死灶的质地　取决于坏死的类型。心、肾、脾和肝等实质器官的梗死为凝固性坏死。坏死组织较干燥、质硬、表面下陷，包膜上常有少量纤维蛋白渗出。脑组织因含较多水分和磷脂等而呈液化性坏死，新鲜时质软疏松，日久可液化形成囊状。

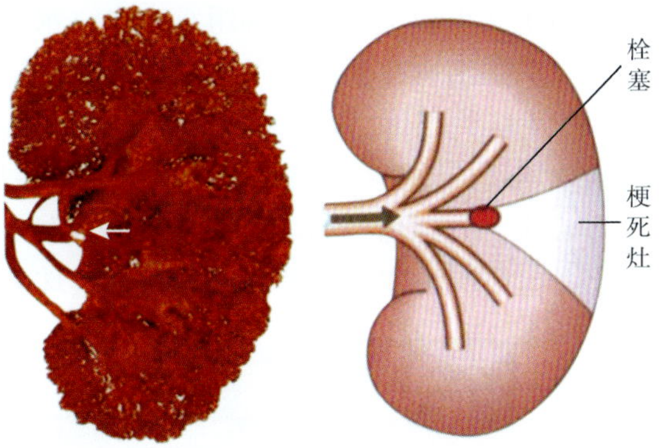

图2-18　肾动脉分支栓塞及梗死（模式图）

3. 梗死灶的颜色　取决于梗死组织含血量的多少，含血量少时呈灰白色，称贫血性梗死；含血量多时，则呈暗红色，称出血性梗死。

（二）类型

依据梗死灶内含血量的多少和有无并发细菌感染，将梗死分为以下三种类型。

1. 贫血性梗死　见于组织结构较致密、侧支循环不丰富的实质器官，如脾、肾、心和脑。由于梗死灶的组织致密，出血量反而不多，后由于红细胞崩解，血红蛋白进入组织液并被吸收，故梗死灶缺血呈灰白色，称为贫血性梗死。动脉分支阻塞时，局部组织缺氧，使其周围所属微血管通透性增高，病灶周边血管内血液通过通透性增高的血管漏出于病灶周围，形成出血带。

图2-19　脾贫血性梗死（肉眼观）
切面梗死灶呈灰白色，扇形，尖指向脾门，底部靠近被膜，梗死灶周边见出血带

肉眼观，早期梗死灶的周围有暗红色充血出血带，与周围组织分界清楚（图2-19）。镜下观，早期凝固性坏死的梗死灶内可见细胞核固缩、碎裂和溶解等坏死改变，组织结构轮廓尚保存，如肾梗死。晚期病灶表面下陷，边缘有肉芽组织长入，以后瘢痕组织形成。脑梗死为液化性坏死，病灶组织变软、液化，结构消失，呈囊状，或被增生的胶质细胞和胶质纤维所取代，最后形成胶质瘢痕。

2. 出血性梗死　发生于具有双重血液循环、组织结构疏松的器官，如肺、肠等。由于梗死灶内有较多血液，故称为出血性梗死。严重的淤血是肺梗死形成的重要先决条件。在严重肺淤血时，由于肺静脉和毛细血管内压增高，影响了肺动脉分支阻塞后建立有效的肺动脉与支气管动脉之间的侧支循环，导致肺梗死。

链 接　出血性梗死的发生条件

出血性梗死的发生常需具备以下条件：①严重淤血：是出血性梗死形成的重要先决条件。严重的肺淤血是肺梗死形成的重要因素。在严重肺淤血时，肺静脉和毛细血管内压增高，影响了肺动脉分支阻塞后建立有效的肺动脉与支气管动脉之间的侧支循环，导致肺梗死；肠扭转时，静脉回流受阻，影响动脉供血，甚至血流停止，导致肠梗死。②组织疏松：可以使血液聚集于梗死灶内。由于肠和肺组织较疏松，梗死初期组织间质内可容纳大量漏出的血液；当坏死组织吸收水分膨胀时，也不能把漏出的血液挤出梗死灶，因而梗死灶内含血量较多。

（1）肺出血性梗死　常见于肺下叶，好发于肋膈缘。肉眼观，病灶呈锥形，大小不等，质地坚实，暗红色，尖朝向肺门，底部紧靠肺膜，肺被膜的表面有纤维蛋白渗出。镜下观，呈凝固性坏死，肺泡轮廓保存，肺泡腔、细支气管腔及肺间质充满红细胞，48小时内，可见红细胞轮廓，之后崩解。病灶边缘与正常组织交界处见肺组织充血、水肿及出血。

（2）肠出血性梗死　多见于肠系膜动脉栓塞和静脉血栓形成、肠套叠、肠扭转、嵌顿疝、肿瘤压迫等情况下。肉眼观，肠梗死灶，呈节段性，肠壁因淤血、水肿和出血呈明显增厚，色暗红（图2-20），之后肠壁坏死，质脆易破裂。镜下观，肠壁各层组织坏死，可有纤维蛋白性脓性渗出（图2-21）。

临床上，因血管阻塞，肠壁平滑肌缺氧引起持续性痉挛致剧烈腹痛、呕吐；肠壁坏死累及肌层及神经，可引起麻痹性肠梗阻；肠壁全层坏死可致穿孔及腹膜炎等严重后果。

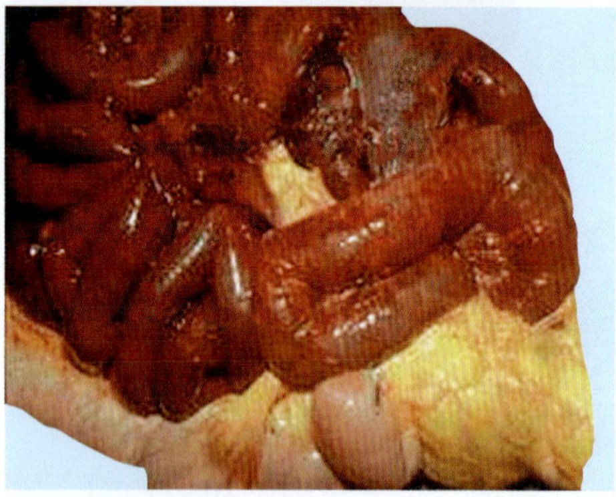

图2-20　肠出血性梗死（肉眼观）

梗死小肠呈暗红色，肿胀

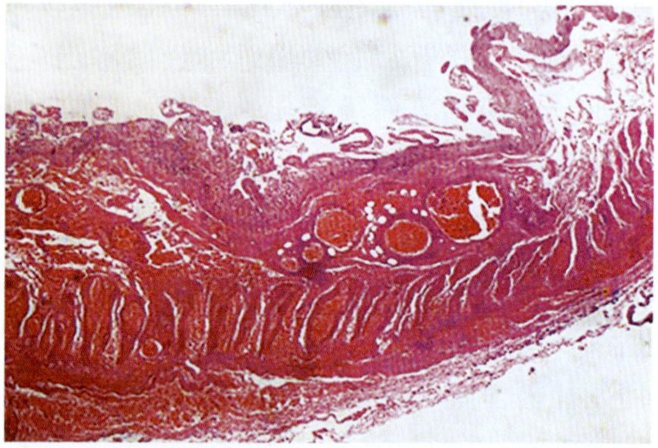

图2-21　肠出血性梗死（镜下观，10×10，HE染色）

肠壁各层组织坏死及弥漫性出血

3. 败血性梗死　由含菌栓子阻塞血管引起。多发生于急性感染性心内膜炎，含细菌的栓子从心内膜脱落，随血流运行而引起动脉栓塞。梗死灶内可见细菌团及炎症细胞浸润，若有化脓性细菌感染时，可形成多发性小脓肿。此外，梗死灶继发感染或已有感染的组织进一步发生梗死，如肺炎后并发肺梗死等，也可引起败血性梗死。

考点：梗死的形态特征、类型和病变特点

三、对机体的影响及结局

（一）对机体的影响

梗死对机体的影响取决于发生梗死的器官，梗死灶的大小、部位和有无感染等因素。重要脏器发生大面积梗死，可危及生命。如心肌梗死严重者，可导致心力衰竭甚至死亡；大面积脑梗死者，可导致瘫痪，甚至死亡。肾、脾的梗死一般对机体影响较小，仅引起局部症状，如肾梗死出现腰痛和血尿；肺梗死有胸痛和咯血。若在梗死灶上，继发腐败菌感染，引起坏疽，可产生严重后果。

（二）结局

梗死灶为组织的不可逆性病变。在梗死发生24～48小时后，肉芽组织形成，从梗死灶的周围长入病灶，小梗死灶一般可完全机化，最终成为纤维瘢痕。大的梗死灶不能完全机化时，则由周围肉芽组织加以包裹，日后转变为瘢痕组织包裹，其中的坏死物可发生钙化。小的脑梗死灶由胶质瘢痕修复，大的脑梗死灶则液化形成囊腔，由增生的胶质瘢痕包裹。

自　测　题

一、名词解释

淤血　槟榔肝　血栓形成　栓塞　梗死

二、填空题

1. 淤血的原因包括________、________、________。

2. 血栓形成的条件包括________、________、________。
3. 血栓的形态类型包括________、________、________、________。
4. 透明血栓的主要成分是________。
5. 栓塞的类型主要包括________、________、________、________。
6. 肺动脉血栓的栓子常常来自________。
7. 梗死灶的形状取决于________。

三、单项选择题

1. 下列哪项不是引起静脉性充血的原因
   A. 静脉受压　B. 静脉血栓形成
   C. 致炎因子刺激　D. 静脉栓塞
   E. 心力衰竭
2. 关于慢性肺淤血的描述，下列哪一项错误
   A. 肺泡壁毛细血管扩张充血
   B. 肺泡腔内出现心力衰竭细胞
   C. 肺泡壁纤维组织增生
   D. 肺泡腔内出现水肿液
   E. 肺泡腔内出现大量的炎症细胞
3. 关于肝淤血的叙述，下述哪一项错误
   A. 肝窦扩张　B. 肝细胞萎缩
   C. 中央静脉扩张　D. 肝细胞大片坏死
   E. 肝细胞脂肪变性
4. 长期器官淤血，最后可引起
   A. 淤血性水肿　B. 淤血性出血
   C. 栓塞　D. 梗死
   E. 淤血性硬化
5. 以下原因哪一项与破裂性出血无关
   A. 切割伤
   B. 消化性溃疡侵蚀溃疡底部血管
   C. 毛细血管破裂
   D. 缺氧导致血管壁通透性增加
   E. 心肌梗死后室壁瘤破裂
6. 弥散性血管内凝血形成的血栓是
   A. 白色血栓　B. 延续性血栓
   C. 微血栓　D. 混合血栓
   E. 红色血栓
7. 血栓被肉芽组织所取代，这种现象称为
   A. 肉芽组织增生　B. 机化
   C. 肉芽肿形成　D. 包裹
   E. 纤维化
8. 关于血栓结局的描述，下列哪项错误
   A. 溶解吸收　B. 分离排出
   C. 机化　D. 再通
   E. 钙化
9. 最常见的栓塞类型是
   A. 血栓栓塞　B. 脂肪栓塞
   C. 空气栓塞　D. 羊水栓塞
   E. 肿瘤栓塞
10. 脑动脉栓塞患者，其栓子可来自
    A. 右心房附壁血栓　B. 右心室附壁血栓
    C. 左心房附壁血栓　D. 肠系膜静脉血栓
    E. 下肢静脉血栓
11. 下肢长骨单纯骨折容易发生
    A. 空气栓塞　B. 脂肪栓塞
    C. 氮气栓塞　D. 寄生虫栓塞
    E. 肿瘤栓塞
12. 下述关于梗死的叙述，正确的是
    A. 只要动脉血流供应中断即可发生梗死
    B. 梗死灶呈楔形
    C. 有效侧支循环的建立可防止梗死的发生
    D. 梗死灶均呈灰白色
    E. 梗死灶呈液化性坏死
13. 梗死的形状取决于
    A. 脏器的外形　B. 动脉阻塞的部位
    C. 动脉阻塞的程度　D. 有无淤血的基础
    E. 血管的分布
14. 贫血性梗死常发生于
    A. 肾、心、肺　B. 心、肾、肠
    C. 心、脾、肠　D. 肾、脾、心
    E. 脑、肺、肾
15. 出血性梗死常发生于
    A. 肺、脾　B. 肺、肠
    C. 肝、肾　D. 肝、肠
    E. 心、脑

四、简答题

1. 简述淤血的原因。
2. 肺淤血引起的病理变化有哪些？
3. 简述血栓形成条件及其对机体的影响。
4. 血栓的转归有哪些？
5. 列出栓子种类及栓子一般运行途径。
6. 简述栓塞的类型及其产生的后果。
7. 简述梗死的形成原因和类型。

（万小娟）

第3章
炎　症

学习目标

1. 素质目标　培养学生精益求精的工匠精神和医者仁心的大爱情感。

2. 知识目标

（1）掌握　炎症的概念和基本病理变化，渗出液和漏出液的区别；炎症的局部临床表现，炎症的病理类型和病变特点。

（2）熟悉　炎症渗出的过程及意义，炎症的全身反应，炎症的临床类型及结局。

（3）了解　炎症的常见原因，炎症介质的类型。

3. 能力目标　能运用所学炎症知识，对炎症患者进行初步的护理评估。

案例 3-1

患者，女，62岁。无意中发现颈部包块2天，门诊B超和CT检查可见左颈部实性包块，2cm×3cm，边界清楚，质地较硬。

问题：1. 考虑该患者可能患哪些疾病？

2. 该患者还需做哪些检查进行确诊？

炎症（inflammation）是具有血管系统的活体组织对致炎因子的刺激所发生的以防御反应为主的基本病理过程。致炎因子引起机体细胞和组织的损伤性变化，同时机体的局部和全身也发生一系列的抗损伤反应，这种损伤和抗损伤的复杂反应构成炎症现象。

考点：炎症的概念

炎症局部组织的基本病理变化包括变质、渗出和增生，炎症局部临床表现有红、肿、热、痛和功能障碍，全身反应有发热、外周血白细胞变化、单核吞噬细胞系统增生、实质器官病变等。局部血管反应是炎症过程的中心环节。炎症反应可以局限和消灭致炎因子，清除和吸收坏死组织，并通过再生修复受损组织。炎症是损伤、抗损伤和修复的统一过程。医护人员正确认识炎症的病理过程，对临床防治和护理炎症性疾病具有重要意义。

凡能引起组织和细胞损伤、导致炎症发生的因子称为致炎因子。致炎因子种类繁多，按其性质可归纳为以下几类。

1. 生物性致炎因子　是炎症最常见、最重要的原因，包括微生物（如细菌、病毒、真菌、螺旋体、支原体、立克次体等）和寄生虫（原虫和蠕虫）。由生物性致炎因子侵入机体引起炎症的过程称为感染。不同的病原体引起炎症的机制不同，如细菌可通过释放内、外毒素导致炎症；病毒可通过在细胞内繁殖直接造成组织、细胞损伤而导致炎症；某些病原体通过自身的抗原性引起超敏反应性炎症。

2. 物理性致炎因子　高温、低温、机械性损伤、电离辐射、紫外线等物理性致炎因子，均可导致组织损伤，引起炎症。

3. 化学性致炎因子　包括外源性和内源性化学物质。外源性化学物质有强酸、强碱和强氧化剂等；内源性化学物质有坏死组织的分解产物和某些病理条件下堆积于体内的代谢产物（如尿素）等。

另外，当机体免疫应答异常或过高时，可致机体生理功能紊乱或组织病理损伤，引起炎症，称为超敏反应性炎症，也称变态反应性炎症。如过敏性鼻炎、系统性红斑狼疮（属自身免疫性疾病）等。

考点：致炎因子的类型

第1节 基本病理变化

炎症局部组织的基本病理变化包括变质、渗出、增生。在炎症过程中，这些病理变化按照一定的先后顺序发生，一般急性炎症或炎症早期以变质和渗出为主，慢性炎症及炎症后期常以增生改变为主。三者相互联系，可在一定条件下互相转化。一般来说变质是损伤性过程，渗出和增生是对损伤的防御反应和修复过程。

考点：炎症的基本病理变化

一、变 质

炎症局部组织发生的变性和坏死称为变质（alteration），变质多见于急性炎症。变质可由致炎因子直接作用引起，或由炎症过程中出现的局部血液循环障碍和炎症介质的作用引起。因此，变质的程度，一方面取决于致炎因子的性质与强度，另一方面也取决于机体的反应性。变质既可发生在实质细胞，也可发生于间质。

考点：变质的概念及病变特点

（一）形态变化

实质细胞常出现的变质性变化有细胞水肿、脂肪变性、凝固性坏死和液化性坏死等；间质可出现黏液样变性和纤维蛋白样坏死等。

（二）代谢变化

1. 局部酸中毒 炎症局部组织的氧化过程增强，局部耗氧量增加，以及局部血液循环障碍和酶系统受损，导致乳酸、酮体、脂肪酸等酸性代谢产物堆积，炎症组织H^+浓度增高，局部组织发生酸中毒。

2. 组织内渗透压增高 炎症组织分解代谢增强、酸性代谢产物堆积、盐类解离增多和坏死组织崩解，导致炎症组织的胶体渗透压和晶体渗透压均有不同程度的增高，可促进炎性水肿的进一步发生。

（三）炎症介质

炎症的血管反应和白细胞反应通过一系列化学因子的作用实现。参与和介导炎症反应的化学因子称为炎症介质（inflammatory mediator），也称化学介质。炎症介质有内源性（来源于细胞及血浆）和外源性（如细菌及其产物）两大类，以内源性最为重要。来自细胞的炎症介质有血管活性胺（组胺和5-羟色胺）、花生四烯酸代谢产物[前列腺素（PG）和白细胞三烯（LT）]、白细胞产物、细胞因子、血小板激活因子等。来自血浆的炎症介质有激肽系统、补体系统、凝血和纤维蛋白溶解系统。炎症介质有促进局部血管扩张，使血管壁通透性升高，白细胞趋化及渗出等作用。此外，有些炎症介质还能引起发热、疼痛、组织损伤，参与免疫反应。主要炎症介质及其作用见表3-1。

表3-1 主要炎症介质及其作用

名称	来源	血管扩张	血管壁通透性升高	趋化作用	发热	疼痛	组织损伤
组胺、5-羟色胺（5-HT）	细胞	+	+	—	—	—	—
PG	细胞	+	+	—	+	+	—
白细胞三烯	细胞	—	+	+	—	—	—

续表

名称	来源	血管扩张	血管壁通透性升高	趋化作用	发热	疼痛	组织损伤
溶酶体酶	细胞	—	—	—	—	—	+
细胞因子	细胞	—	—	+	+	—	—
缓激肽	体液	+	+	—	—	+	—
C3a、C5a	体液	+	+	+	—	—	—

注：+. 炎症介质有此作用。

考点：炎症介质的概念及主要作用

二、渗　出

炎症局部组织血管内的液体和细胞成分，通过血管壁进入组织间隙、体腔、黏膜表面和体表的过程称为渗出（exudation）。渗出具有重要的防御作用，是炎症的重要标志，渗出过程由一系列局部血流动力学改变、血管壁通透性增高及液体渗出和白细胞的渗出所构成。

考点：渗出的概念

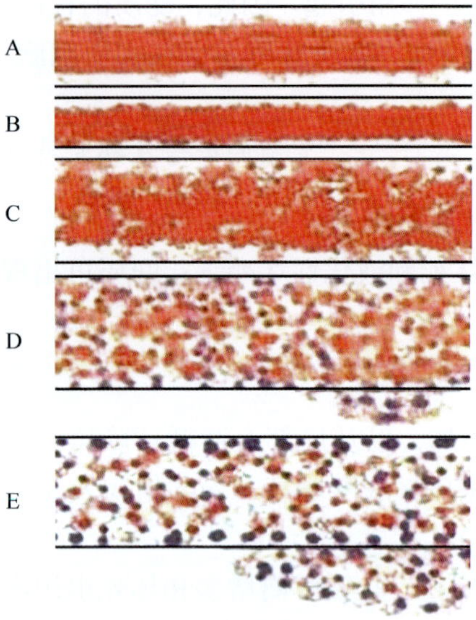

图3-1　炎症时血管反应（模式图）
A. 正常血流；B. 血管短暂收缩，血流量减少；C. 血管扩张，血流加速；D. 血管进一步扩张，血流变慢，血浆及白细胞渗出；E. 血流显著变慢，红细胞漏出血管

（一）血流动力学改变

组织损伤后，在炎症介质作用下，很快发生血流动力学变化，即血管口径和血流量改变。一般按下列顺序发生（图3-1）。

1. 细动脉短暂痉挛　损伤发生后随即发生短暂的细动脉痉挛，持续仅几秒钟。其发生与神经反射作用有关。

2. 血管扩张和血流加速　细动脉和毛细血管扩张，局部血流量增多，血流速度加快，形成动脉性充血即炎性充血，这种动脉性充血可持续数秒至数小时不等。血管的扩张与神经轴突反射和组胺、缓激肽、前列腺素等炎症介质的作用有关。

3. 血流速度减慢　随着炎症的发展，血管通透性增加，液体成分向血管外渗出，导致血管内红细胞聚集和血液黏度增加，血流缓慢，甚至停滞。

考点：渗出时血流动力学改变的特点

（二）血管壁通透性增高及液体渗出

1. 血管壁通透性增高　炎症过程中液体的渗出，除与血管流体静压升高有关外，血管壁通透性增高也是主要原因。

血管壁通透性增高的主要机制：①内皮细胞收缩：在组胺、缓激肽等炎症介质与内皮细胞受体结合后，迅速引起内皮细胞收缩，致使内皮细胞间的缝隙加大。②内皮细胞穿胞作用增强：血管内皮生长因子等可以引起内皮细胞的泡状结构增多，相互连接形成穿胞通道。富含蛋白质的液体通过穿胞通道穿越内皮细胞的现象称为穿胞作用。③内皮细胞损伤：严重烧伤和化脓菌感染等可直接造成内皮细胞损伤，使之坏死和脱落。炎症早期白细胞在局部积聚，释放具有活性的氧代谢产物和蛋白水解酶，造成白细胞介导的内皮细胞损伤、脱落。④新生毛细血管壁的高通透性：炎症修复过程中，有新生毛细血管形成，其内皮细胞间的连接结构不健全，并有较多化学介质的受体，因而有较高的通透性（图3-2）。

2. 液体渗出　血管反应是炎症过程的中心环节，在血管反应和血管壁通透性增高的基础上，血管内的液体成分通过细静脉和毛细血管壁到达血管外的过程，称为液体渗出。通过渗出而形成的含有大量蛋白质的液体称为渗出液。渗出液积聚于组织间隙所致的水肿，称为炎性水肿；渗出液积聚于体腔或关节腔，则称为积液。

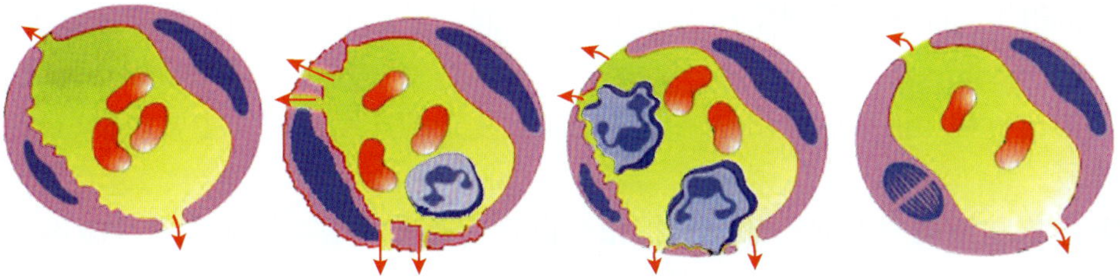

图3-2 血管壁通透性增高机制（模式图）
A. 内皮细胞收缩；B. 内皮细胞穿胞作用增强；C. 内皮细胞损伤；D. 新生毛细血管壁的高通透性

（1）渗出液与漏出液的区别　炎症时的渗出液与非炎症时所形成的漏出液不同。漏出液是因血管流体静压增高（如心力衰竭导致的静脉淤血）或低蛋白血症（如肝硬化、肾病综合征、营养不良等）、血浆胶体渗透压降低、组织间液回流障碍所致，属于非炎性水肿。渗出液和漏出液在发生机制和构成成分上有所不同。两者的鉴别对疾病的诊断、鉴别诊断及正确治疗有一定帮助，其鉴别点见表3-2。

表3-2 渗出液与漏出液的区别

区别点	渗出液	漏出液
原因	炎症	非炎症
外观	浑浊	澄清
蛋白含量	25g/L以上	25g/L以下
相对密度	＞1.018	＜1.018
细胞数	$>0.50\times10^9$/L	$<0.50\times10^9$/L
Rivalta试验	阳性	阴性
凝固	能自凝	不能自凝

考点：渗出液与漏出液的区别

（2）液体渗出的意义　液体渗出在炎症中具有重要的防御意义。①渗出的液体可稀释毒素，减轻毒素对局部组织的损伤作用。②给局部组织细胞带来营养物质，并带走炎症病灶有害的代谢产物。③渗出液所含的补体、抗体和溶菌素等可消灭病原体。④渗出液的纤维蛋白原在坏死组织释出的组织凝血酶作用下形成纤维蛋白，纤维蛋白可交织成网，既可限制病原体的扩散，又有利于白细胞在局部发挥吞噬作用，后期还可作为组织修复的支架。

液体渗出过多对机体也会造成不良影响。①大量渗出液可压迫局部组织、器官，加重局部血液循环障碍，影响组织、器官的功能，如心包和胸腔积液可压迫心、肺，严重的喉头水肿可引起窒息等。②渗出液中大量纤维蛋白若不能被完全吸收，可发生机化而引起相应病变，如大叶性肺炎所致的肺肉质变、心包炎时纤维蛋白大量渗出所致的缩窄性心包炎等（图3-3）。

考点：液体渗出的意义

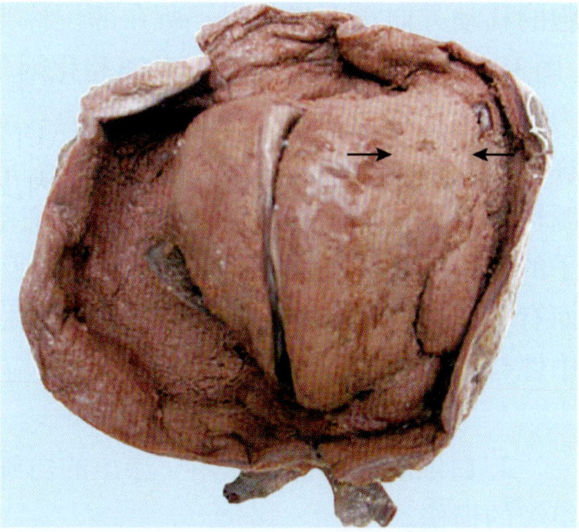

图3-3 缩窄性心包炎（肉眼观）
渗出过多的纤维蛋白未被溶解吸收而发生机化，导致心包膜脏、壁层粘连，心包腔发生缩窄

（三）白细胞的渗出

在渗出过程中，不仅有液体渗出，也有各种细胞成分渗出。血液中的白细胞通过血管壁游出到血管外的过程，称为白细胞渗出。进入炎症区的白细胞称为炎症细胞，炎

症细胞在炎症局部组织间隙聚集的现象称为炎症细胞浸润，炎症细胞浸润是病理诊断炎症的重要依据。

考点：炎症细胞和炎症细胞浸润的概念

1. 白细胞的渗出过程 白细胞渗出是一个主动而又复杂的连续过程，主要包括白细胞边集和滚动、黏附、游出等阶段。

（1）白细胞边集和滚动 炎症局部血管扩张、血管壁通透性增高使血流速度减慢，白细胞由轴流进入边流，向血管壁靠近的现象，称为白细胞边集。随后，白细胞与内皮细胞表面的黏附分子不断发生结合和分离，白细胞在内皮细胞表面翻滚，称为白细胞滚动。

（2）白细胞黏附 边集的白细胞沿着血管壁向前滚动，随后附着于血管内皮细胞表面，称为白细胞黏附，也称为白细胞附壁，是白细胞游出的前提。白细胞黏附于内皮细胞是由内皮细胞和白细胞表面的黏附分子介导完成的，黏附分子包括免疫球蛋白超家族分子（细胞间黏附分子等）及整合蛋白类分子等。在炎症过程中，黏附分子表达增强或诱导新的黏附分子合成，机体通过增加黏附分子的数量与亲和力，使白细胞黏附于内皮细胞，有利于白细胞的游出。

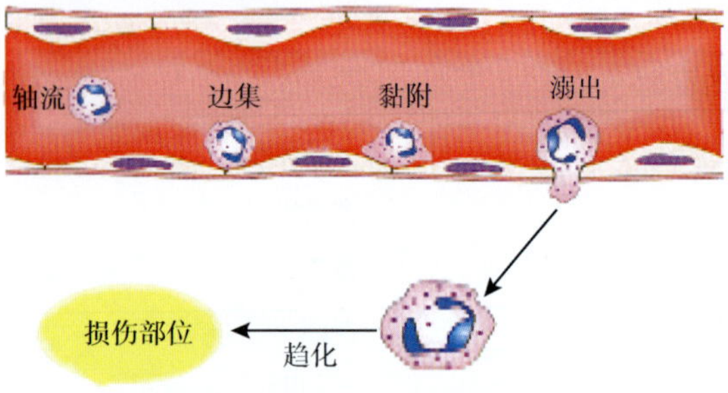

图 3-4 白细胞渗出（模式图）

（3）白细胞游出 白细胞通过血管壁进入周围组织间隙的过程，称为白细胞游出。白细胞游出通常发生在毛细血管后小静脉，主要由炎症病灶产生的趋化因子介导。白细胞附壁后，伸出伪足插入内皮细胞连接处，以阿米巴样运动的方式穿过内皮细胞间隙，最后穿过基底膜逸出到血管外（图 3-4）。其中中性粒细胞的游走能力最强，游出最早，而淋巴细胞最弱。

炎症的不同阶段，渗出的白细胞不同。急性炎症的早期，中性粒细胞首先游出，48小时后则以单核细胞浸润为主。其主要原因：①中性粒细胞寿命短，经过24～48小时后崩解消失，而单核细胞在组织中寿命长。②中性粒细胞停止渗出后，单核细胞可持续渗出。③炎症的不同阶段所激活的趋化因子不同。中性粒细胞能释放单核细胞趋化因子，因此中性粒细胞渗出后，必然引起单核细胞的渗出。④致炎因子不同，渗出的白细胞也不同。化脓菌感染，以中性粒细胞浸润为主；病毒感染则以淋巴细胞浸润为主；有些超敏反应或寄生虫病，则以嗜酸性粒细胞浸润为主。

2. 趋化作用 白细胞渗出后，向着或背离炎区化学刺激物做定向移动，称为趋化作用（chemotaxis）。炎症细胞的移动方向指向趋化因子所在部位称为阳性趋化作用（图 3-5），若炎症细胞的移动背离趋化因子所在部位则称为阴性趋化作用。能使白细胞做定向移动的化学刺激物称为趋化因子。趋化因子可以是外源性的，也可以是内源性的，最常见的外源性趋化因子是细菌产物。趋化因子的作用具有特异性，有些趋化因子只吸引中性粒细胞，而有些趋化因子则吸引单核细胞或嗜酸性粒细胞等。此外，不同的炎症细胞对趋化因子的反应也不同，中性粒细胞和单核细胞对趋化因子的反应较明显，而淋巴细胞对趋化因子的反应则较弱。

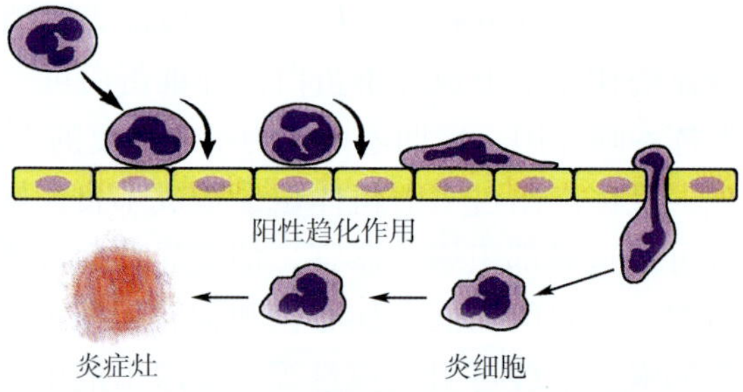

图 3-5 炎症细胞阳性趋化作用（模式图）

考点：趋化作用的概念

3. 白细胞在局部的作用 渗出的白细胞在炎症局部可发挥吞噬作用和免疫作用，但也可引起局部组织的损伤。

（1）吞噬作用 炎症细胞在局部组织中移动的现象称为游走。炎症细胞游走到炎症病灶后，吞噬病原体及组织碎片的过程称为吞噬作用（phagocytosis），是炎症防御反应的重要环节。吞噬细胞主要有两种，一种是中性粒细胞，又称小吞噬细胞，数量最多，能清除和杀灭病原微生物；另一种是巨噬细胞，又称大吞噬细胞，能吞噬中性粒细胞不能吞噬的某些病原微生物及较大的组织碎片、异物、坏死细胞等。吞噬过程包括识别及黏着、吞入、杀伤及降解三个阶段（图3-6）。

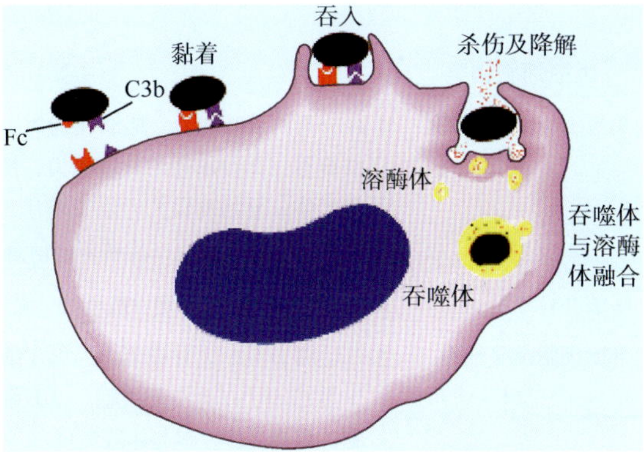

图3-6 白细胞吞噬过程（模式图）

1）识别及黏着：吞噬细胞与病原体或组织崩解碎片等接触后，借助其表面的Fc受体和C3b受体，识别被抗体和补体包裹的颗粒状物（如细菌），将其黏附在自身表面。

2）吞入：异物、细菌等黏附在吞噬细胞表面后，吞噬细胞伸出伪足，随着伪足的延伸及相互融合，形成由吞噬细胞的细胞膜包围吞噬物的泡状小体，称为吞噬体。然后吞噬体与溶酶体融合形成吞噬溶酶体。

3）杀伤及降解：吞噬溶酶体内的细菌、异物等主要被具有活性的氧代谢产物（如过氧化氢、次氯酸等）杀伤，并被溶酶体内的水解酶降解。

（2）免疫作用　参与免疫反应的细胞主要是单核细胞（即巨噬细胞）、淋巴细胞。巨噬细胞能吞噬处理抗原并将信息传递给T淋巴细胞（T细胞）和B淋巴细胞（B细胞），致敏的T细胞可释放多种淋巴因子，发挥细胞免疫作用。B细胞在抗原的作用下，可转化为浆细胞并产生抗体，发挥体液免疫作用。

（3）组织损伤作用　白细胞在游走和吞噬过程中，释放产物（前列腺素、白细胞三烯、活性氧自由基等），引起组织损伤。

考点：吞噬作用的概念

4. 炎症细胞的种类及其主要功能　炎症病灶大多数炎症细胞（如中性粒细胞、单核细胞、嗜酸性粒细胞、嗜碱性粒细胞、淋巴细胞等）来源于血液，少数炎症细胞（如巨噬细胞、浆细胞等）则在局部组织中生成（图3-7）。

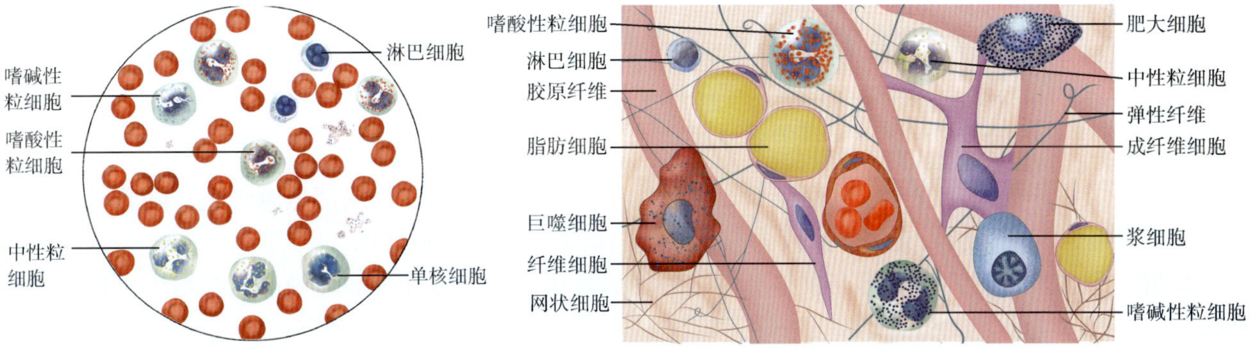

图3-7 各种炎症细胞形态特征（模式图）

常见炎症细胞的种类、主要功能及临床意义见表3-3。

考点：炎症细胞的种类及其主要功能

表3-3 常见炎症细胞的种类、主要功能及临床意义

炎症细胞种类	主要功能	临床意义
中性粒细胞	①有很强的运动能力和较强的吞噬功能。②崩解后，释放多种蛋白水解酶，溶解坏死组织及纤维蛋白。③能释放内源性致热原和炎症介质	主要见于急性炎症的早期和化脓性炎症，变性坏死后成为脓细胞

续表

炎症细胞种类	主要功能	临床意义
单核细胞/巨噬细胞	①有较强的运动能力，能演变为类上皮细胞、多核巨细胞、泡沫细胞等。②有很强的吞噬能力，能吞噬中性粒细胞不能吞噬的病原体、异物和较大的组织碎片。③释放内源性致热原和炎症介质。④处理抗原，传递免疫信息	主要见于急性炎症后期、慢性炎症、肉芽肿性炎症、病毒和寄生虫感染等
嗜酸性粒细胞	运动能力较弱，有一定吞噬能力，能吞噬免疫复合物	主要见于寄生虫感染及超敏反应性炎症
淋巴细胞及浆细胞	①运动能力弱，无吞噬能力。②T细胞参与细胞免疫，致敏后产生淋巴因子，杀伤靶细胞。③B细胞受抗原刺激可转化为浆细胞，产生抗体，参与体液免疫	主要见于慢性炎症、病毒感染和与免疫反应有关的炎症
嗜碱性粒细胞	①无明显运动和吞噬能力。②可释放组胺、5-羟色胺、肝素	主要见于超敏反应性炎症

三、增　　生

增生（proliferation）是指在致炎因子、组织崩解产物等刺激下，炎症局部组织的实质细胞和间质细胞增殖，细胞数目增多。例如，肠炎时肠上皮细胞和腺体的增生、慢性肝炎时肝细胞的增生等为实质细胞增生；巨噬细胞、血管内皮细胞和成纤维细胞的增生为间质成分增生。炎性增生具有限制炎症扩散和促进组织修复的作用，发挥炎症的防御功能。但过度增生可造成原有组织破坏，影响器官功能（如肝硬化）。增生常见于慢性炎症，少数也可见于急性炎症，如急性肾小球肾炎，肾小球血管内皮细胞和系膜细胞明显增生。

第 2 节　局部临床表现及全身反应

案例 3-2

患者，男，18 岁，中学生。在一场足球赛中左踝关节扭伤，局部明显红肿，颜色最初为鲜红色，逐渐变为暗红色，温度升高，自觉疼痛难忍，行走受限。

问题：患者踝关节为什么会出现红肿、温度升高、疼痛和行走受限?

一、局部临床表现

1. 红　炎症早期由于发生动脉性充血，血管内氧合血红蛋白增多，局部呈鲜红色。随着炎症的发展，血流缓慢，出现静脉性充血，血液去氧血红蛋白增多，局部呈暗红色。

2. 肿　急性炎症时由于局部充血和炎性水肿使病灶区肿胀；慢性炎症时局部组织增生可致病灶区肿胀。

3. 热　由于动脉性充血、血流加快及局部组织代谢增强、产热增多，炎症局部温度升高。

4. 痛　炎症局部常有疼痛，可能与以下因素有关：①炎症介质的致痛作用：PG、缓激肽等。②神经末梢受压迫或牵拉：局部肿胀压迫和牵拉神经末梢引起疼痛，如急性肝炎时，肝大引起的肝区疼痛。③H^+、K^+的作用：炎症病灶组织损伤，H^+、K^+浓度增高，刺激神经末梢，使其敏感性增高、痛阈值降低。

5. 功能障碍　炎症时实质细胞变性、坏死、代谢异常；渗出物的压迫、阻塞；局部疼痛引起的机体保护反应等均可导致局部组织、器官的功能障碍，如病毒性肝炎时，肝功能发生异常。

考点：炎症的局部临床表现

二、全身反应

1. 发热　是炎症常见的临床表现，多见于病原微生物引起的炎症。一定程度的发热可促进抗体的形成、增强单核吞噬细胞系统的功能和肝脏的解毒功能，具有一定的防御意义。但发热过高或长期发热，可引起各系统尤其是中枢神经系统功能紊乱。如果炎症十分严重，体温并不升高，表明机体反应性较差，抵抗力低下，是预后不良的征兆。

2. 外周血白细胞变化 炎症时机体外周血白细胞的变化一般表现为升高，这是机体防御反应的重要表现，白细胞数量的多少在某种程度上反映了炎症的严重程度，及时了解患者外周血白细胞的变化情况，对诊断疾病、判断病情及病程具有重要意义。例如，由细菌感染引起的炎症，外周血白细胞计数可达（15～20）$\times 10^9$/L，若达到（40～100）$\times 10^9$/L，则称类白血病反应。严重感染时，外周血中幼稚的杆状核中性粒细胞增多，称为核左移。

不同原因导致的炎症，增多的白细胞种类不同，一般急性化脓性炎，以中性粒细胞增多为主；病毒感染和慢性炎症以淋巴细胞增多为主；寄生虫感染和某些超敏反应性炎症以嗜酸性粒细胞增多为主；肉芽肿性炎以单核细胞、巨噬细胞增多为主。但某些病毒（如肝炎病毒）、立克次体和伤寒杆菌等引起的炎症，外周血白细胞数量减少。

考点：炎症时外周血白细胞的变化特点

3. 单核吞噬细胞系统增生 炎症时机体的单核吞噬细胞系统常发生增生性改变，这是机体防御反应的表现之一。炎症病灶中的病原体、组织崩解产物等，可经淋巴管到达局部淋巴结或经血流到达其他部位的单核吞噬细胞系统，使全身单核吞噬细胞系统出现不同程度的反应性增生，功能增强，以利于吞噬、消化病原体和组织崩解产物等。患者可有淋巴结、肝、脾等肿大表现。

4. 实质器官的病变 炎症严重时，由于病原微生物及其毒素、局部血液循环障碍、发热等因素的影响，心、肝、肾、脑等器官的实质细胞常发生变性、坏死、功能障碍，出现相应的临床症状和体征。

第3节 类型及病理变化

一、炎症的临床类型

根据炎症发生、发展过程中持续的时间长短和发病急缓，可将炎症分为四种类型。

1. 超急性炎症（superacute inflammation） 呈爆发性经过，病程为数小时至数天。炎症反应急剧，短期内引起严重的组织器官损伤，甚至导致死亡。多属超敏反应性损害，如器官移植所发生的排斥反应，在移植器官血管接通后数分钟，即可引起移植的组织和器官严重破坏，功能丧失。

2. 急性炎症（acute inflammation） 临床上起病急骤，病程较短，症状明显，一般几天至一个月即可痊愈。局部病变常以变质、渗出为主。除少数疾病外，增生性变化不明显。炎症病灶内渗出、浸润的炎症细胞以中性粒细胞为主。

3. 亚急性炎症（subacute inflammation） 是指病程介于急性和慢性之间的炎症。临床上较少见，有的是从急性炎症迁延而来，有的与致炎因素有关。如亚急性重型肝炎是由急性重型肝炎迁延而来的；而亚急性感染性心内膜炎，则多由毒力较弱的草绿色链球菌引起。

4. 慢性炎症（chronic inflammation） 是指临床上起病缓慢，病程较长的炎症。病程几个月至几年或更长。慢性炎症可由急性炎症迁延而来，也可一开始即呈慢性经过，其临床症状较轻。局部病变以增生为主，浸润的炎症细胞主要为淋巴细胞、浆细胞和单核细胞。有时由于机体抵抗力低下，病原体大量生长繁殖，可以在慢性炎症的基础上出现急性炎症的病理变化和临床表现，称为慢性炎症急性发作，如慢性胆囊炎急性发作。

考点：炎症的临床类型及其特点

二、病理变化

任何炎症都具有变质、渗出、增生三种基本病理变化，但由于致炎因子、机体的免疫状态、病变组织器官的结构功能及病程的不同，每一种炎症往往以一种病理变化为主。依据病理变化特点可将炎症分为三大类，即变质性炎、渗出性炎和增生性炎。

考点：炎症的病理变化及其特点

（一）变质性炎

变质性炎（alterative inflammation）是指以局部组织细胞变性、坏死为主，渗出和增生变化较轻的炎症，常见原因是重症感染、中毒和超敏反应等，多发生在肝、肾、心、脑等实质器官，伴有相应的功能障碍，如重型病毒性肝炎（图3-8）、流行性乙型脑炎等。

考点：变质性炎病变特点

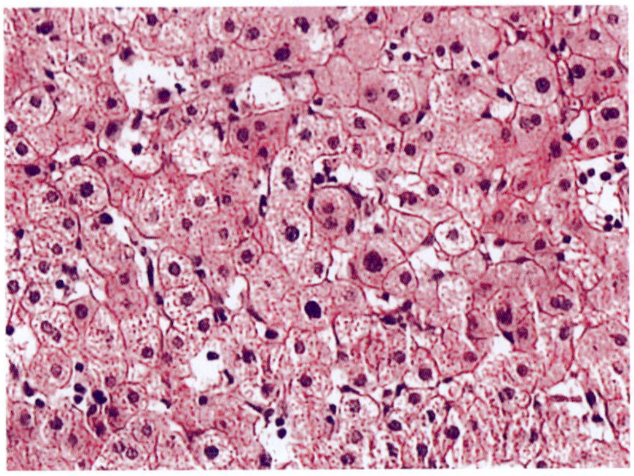

图3-8　病毒性肝炎（镜下观，40×10，HE染色）
肝细胞发生细胞水肿、坏死

（二）渗出性炎

渗出性炎（exudative inflammation）是指以渗出为主，变质和增生较轻的炎症。根据渗出物所含的主要成分不同，将渗出性炎分为浆液性炎、纤维蛋白性炎、化脓性炎、卡他性炎和出血性炎等类型。

1. 浆液性炎（serous inflammation）　是指以浆液渗出为主的炎症，渗出物以血浆成分为主，含有3%～5%蛋白质（主要是白蛋白），同时混有少量中性粒细胞和纤维蛋白等。常发生于皮肤、黏膜、浆膜、滑膜和疏松结缔组织等处，如感冒早期的鼻黏膜炎症、皮肤浅Ⅱ度烧（烫）伤（图3-9）、毒蛇咬伤引起的局部水肿等。浆液性炎一般较轻，渗出的浆液可吸收消散；但若渗出物过多，造成压迫，可影响炎症局部组织或器官的功能，如胸膜炎、心包炎等大量浆液渗出，可导致胸膜腔积液、心包腔积液，影响肺、心功能。

2. 纤维蛋白性炎（fibrinous inflammation）　是指以纤维蛋白（原）渗出为主的炎症，多由细菌毒素或内、外源性毒物导致血管壁严重损伤、通透性增高所致。纤维蛋白性炎常发生在黏膜、浆膜和肺等部位。

（1）黏膜的纤维蛋白性炎　发生于黏膜者，渗出的纤维蛋白、坏死组织和中性粒细胞共同形成一层灰白色膜状物，称假膜。这种发生于黏膜有假膜形成的纤维蛋白性炎又称为假膜性炎，如细菌性痢疾、白喉（图3-10）。有的假膜牢固附着于黏膜表面不易脱落（如咽白喉），有的假膜与黏膜损伤部联系松散，容易脱落（如气管白喉），脱落的假膜可堵塞支气管而引起窒息。

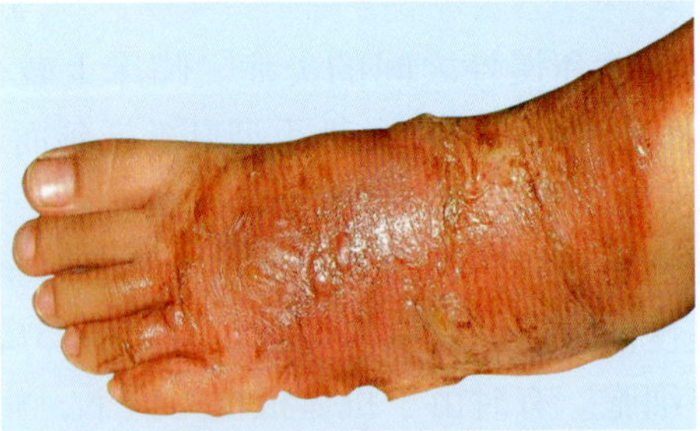

图3-9　足烫伤（肉眼观）
足被烫伤后，大量浆液渗出，形成水疱

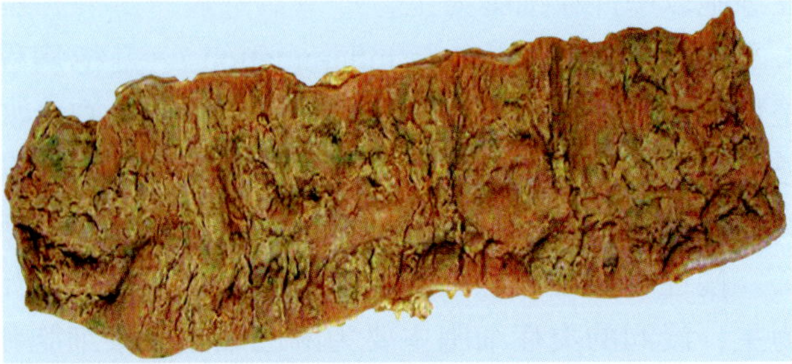

图3-10　细菌性痢疾（肉眼观）
在结肠黏膜面见大量散在分布的片块状假膜，假膜呈灰黄色或黄绿色

（2）浆膜的纤维蛋白性炎　纤维蛋白性心包炎时，在心包脏、壁两层之间有大量纤维蛋白渗出，渗出的纤维蛋白随着心脏收缩、舒张，在心外膜表面形成无数绒毛状物，因而将其称为“绒毛心”

（图3-11）。渗出过多的纤维蛋白常因不能完全溶解吸收而发生机化，导致组织、器官粘连。

（3）肺的纤维蛋白性炎 主要见于大叶性肺炎灰色肝样变期，渗出的大量纤维蛋白在肺泡腔内交织成网，可引起肺实变（图3-12）。

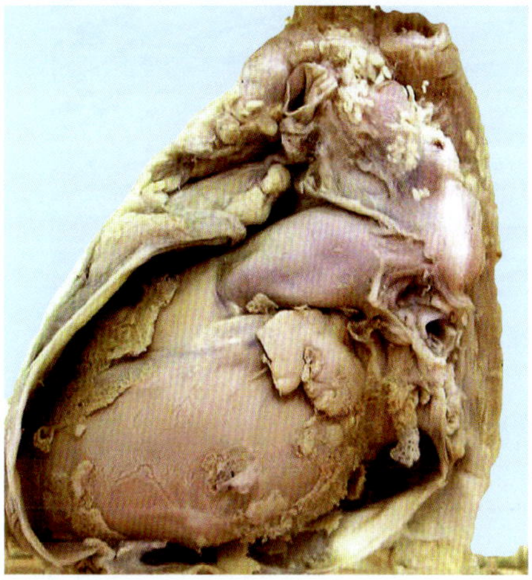

图3-11 绒毛心（肉眼观）
渗出的纤维蛋白附着在心包脏、壁层表面，呈绒毛状外观

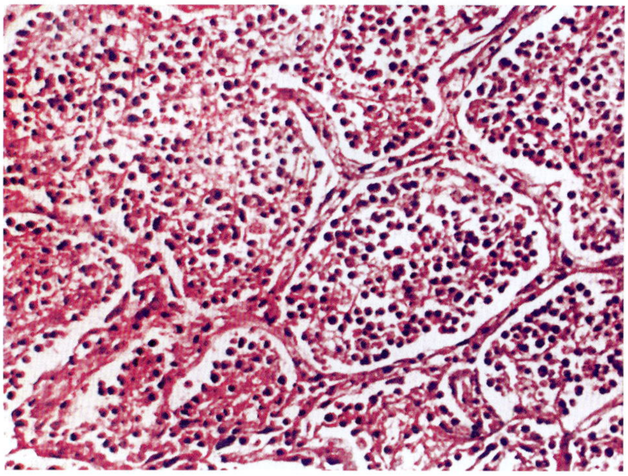

图3-12 大叶性肺炎（镜下观，40×10，HE染色）
渗出的纤维蛋白充填于肺泡腔内并交织成网，导致肺实变

案例 3-3

患者，女，32岁。患慢性阑尾炎4年，突发性右下腹部疼痛，行阑尾切除手术。病理检查：阑尾肿胀，浆膜面明显充血，可见黄白色渗出物。阑尾腔内充满脓液。

问题：1. 请问阑尾可能发生了什么性质的炎症？

2. 镜下的病理变化是什么？

3. 化脓性炎（purulent inflammation） 以中性粒细胞大量渗出，并伴有不同程度的组织坏死和脓液形成为特征的炎症。多由葡萄球菌、链球菌、脑膜炎奈瑟菌、大肠埃希菌（大肠杆菌）等感染所致。化脓性炎时，坏死组织溶解、液化的过程，称为化脓（suppuration）；坏死组织溶解液化所形成的浑浊液体称为脓液（pus）；变性、坏死的中性粒细胞称为脓细胞（pus cell）。脓液主要由脓细胞、液化的坏死组织和少量浆液组成，并常含致病菌。不同细菌引起的炎症，其脓液性状各不相同。

考点：化脓性炎的概念

链 接 不同细菌感染的脓液性状

细菌不同，组织坏死、液化所形成的脓液的性状也不相同。根据脓液的性状可以初步判断引起炎症的细菌类型，对于指导临床用药有一定意义。葡萄球菌感染，脓液呈乳状，较黏稠，灰黄色；链球菌感染，脓液较稀薄，淡红色；铜绿假单胞菌感染，脓液呈乳状，较黏稠，浅绿色或黄绿色；大肠埃希菌感染，脓液呈乳状，较黏稠，乳白色，有粪臭味。

考点：化脓性炎的类型及病变特点

根据化脓性炎发生的原因和部位的不同，可将其分为下列三类。

（1）蜂窝织炎 发生在疏松结缔组织的弥漫性化脓性炎称为蜂窝织炎（phlegmonous inflammation）。常发生于皮肤、肌肉和阑尾等（图3-13）。主要由溶血性链球菌引起，链球菌能分泌透明质酸酶和链激酶，分别溶解疏松结缔组织中的透明质酸和渗出的纤维蛋白，故细菌容易通过组织间隙和淋巴管扩散，主要特点为疏松结缔组织中大量中性粒细胞弥漫性浸润并有脓细胞形成（图3-14），病灶和正常组织分界不清。

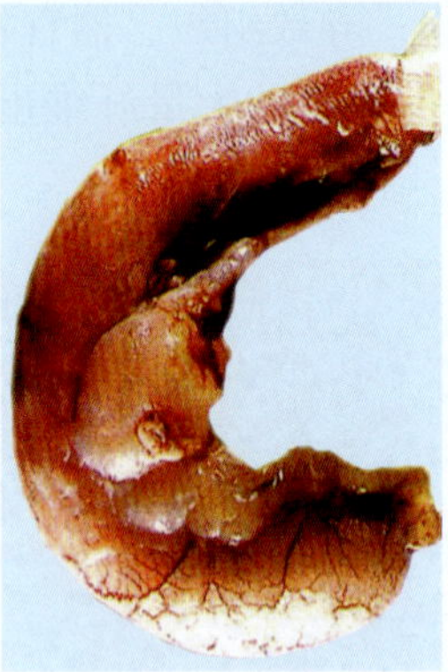

图3-13 急性蜂窝织性阑尾炎（肉眼观）
阑尾肿胀，浆膜面血管充血，附有灰白色脓性渗出物

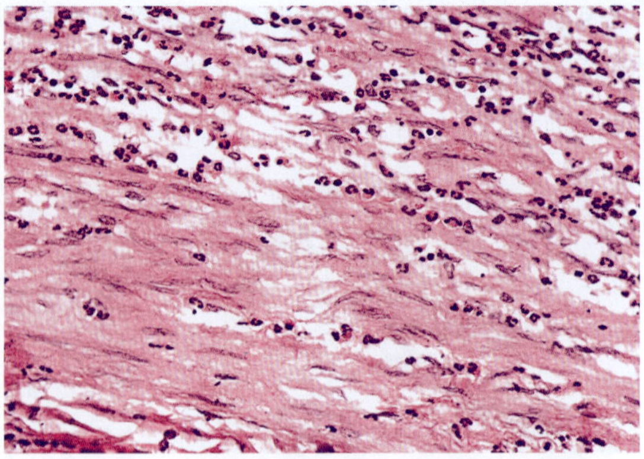

图3-14 急性蜂窝织性阑尾炎（镜下观，40×10，HE染色）
阑尾壁组织坏死，大量中性粒细胞弥漫性浸润

链 接 面部危险三角区

面部危险三角区是指由口角两侧至鼻根区所构成的三角区。面部的血液循环十分丰富，纵横交错的血管在面部肌肉中穿梭。浅静脉与深静脉相连并直接进入颅内的静脉海绵窦，且面部的静脉内没有阻止血液反流的静脉瓣，当肌肉收缩时，血液可以反流进入颅内。因此，面部危险三角区的痘痘，一定不要随便挤，否则可能会引起逆行感染，诱发脑膜炎，严重的可能会致命。这个区域的痘痘可以选用外用的抗生素软膏来进行治疗。

（2）脓肿 伴组织坏死、液化和囊腔形成的局限性化脓性炎称为脓肿（abscess）。常发生在皮下或内脏，多由金黄色葡萄球菌引起。其可产生血浆凝固酶，使炎症局限。细菌产生的毒素使局部组织坏死，继而大量中性粒细胞浸润，崩解释放出蛋白溶解酶将坏死组织溶解液化，形成脓肿。脓肿壁（也称脓肿膜）为肉芽组织，其表面可有坏死组织附着（图3-15）。小脓肿可吸收消散，较大脓肿由于脓液吸收困难，需切开排脓或穿刺抽脓，后由肉芽组织修复，形成瘢痕。

皮肤的脓肿常由疖、痈发展而来。疖（furuncle）是皮肤单个毛囊及其附件的化脓性炎，常发生于毛囊、皮脂腺丰富的部位（如面部和背部）。疖中心部分液化后，脓液即可排出。痈（carbuncle）是皮肤相邻的多个毛囊及其附件的化脓性炎，常为多个疖的融合（图3-16）。痈进一步发展，在皮下脂肪和筋膜组织中相互沟通、融合而形成脓肿。

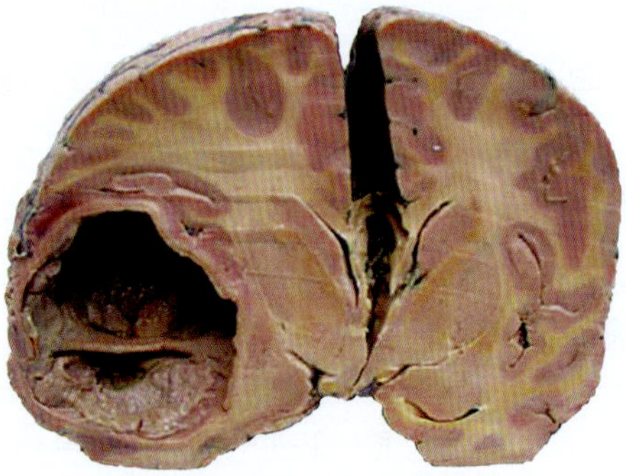

图3-15 脑脓肿（肉眼观）
右侧大脑半球有一卵圆形囊腔，脓液已流失，内壁可见坏死组织附着

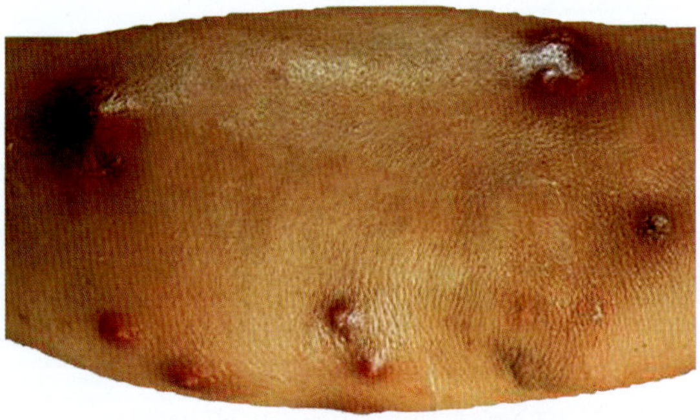

图3-16 皮肤疖、痈（肉眼观）
左手臂皮肤有多个疖和痈，局部红肿

在皮肤或黏膜的化脓性炎，由于皮肤或黏膜坏死、脱落，可形成溃疡。深部脓肿可向体表或自然管道穿破，形成病理性管道。如果这种病理性管道为一盲管（即只有一个开口）称为窦道，如果形成的病理性管道具有两个及以上的开口，则称为瘘管。如肛门周围脓肿可形成窦道和瘘管（图3-17）。

（3）表面化脓和积脓 发生于黏膜和浆膜的化脓性炎，其脓性渗出物主要向表面渗出，深部组织的中性粒细胞浸润不明显，称为表面化脓，如化脓性支气管炎或化脓性尿道炎。当化脓性炎发生于浆膜、胆囊和输卵管时，脓液可积聚于浆膜腔、胆囊和输卵管，称为积脓（empyema）。

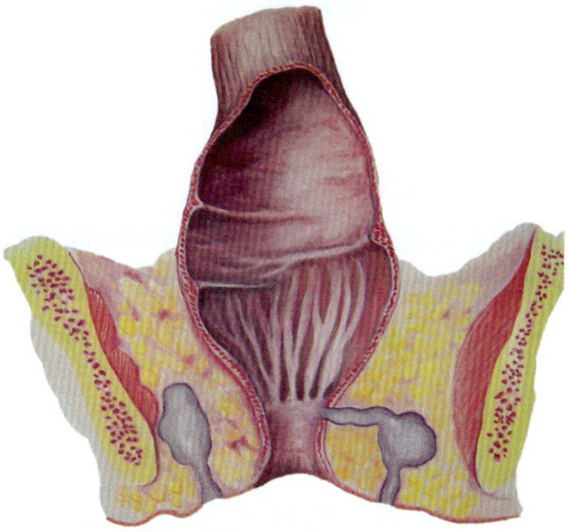

图3-17 窦道与瘘管（模式图）

4. 卡他性炎（catarrhal inflammation） 是指发生于黏膜的较轻的渗出性炎。炎症发生后，渗出物有经黏膜表面向外排出的特点，因此称为“卡他”（来自希腊语，是向下滴流的意思），如鼻卡他、支气管卡他等。常由病毒、细菌及慢性刺激等引起。根据渗出物不同，可将其分为浆液性、黏液性和脓性卡他三种。在炎症发展过程中，类型之间还可互相发生转化，如感冒时引起的鼻卡他，以浆液性卡他开始，以后可转变为黏液性卡他和脓性卡他。

5. 出血性炎 炎症病灶血管损伤严重，渗出物中出现大量红细胞，称为出血性炎（hemorrhagic inflammation）。常见于鼠疫、肾综合征出血热、钩端螺旋体病等急性传染病。

上述各型炎症可单独发生，也可合并存在，如浆液性纤维蛋白性炎、纤维蛋白性化脓性炎等。在炎症的发展过程中一种炎症可转变为另一种炎症，如浆液性炎可转变为纤维蛋白性炎或化脓性炎等。

考点：渗出性炎概念、类型及病变特点

（三）增生性炎

增生性炎是指以增生病变为主，变质和渗出较轻的炎症，多为慢性。也有少数属于急性炎症，如急性肾小球肾炎、伤寒等。增生性炎包括非特异性增生性炎和肉芽肿性炎两大类。

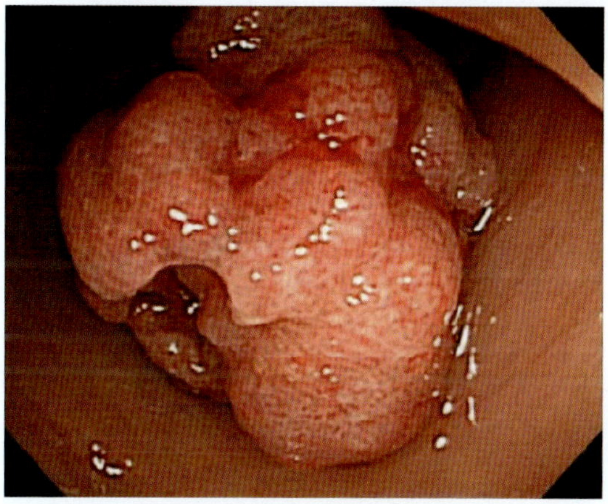

图3-18 炎症性息肉

1. 非特异性增生性炎

（1）一般增生性炎 具有慢性炎症的一般特点。①病灶内主要是单核细胞、淋巴细胞和浆细胞浸润。②主要是由炎症细胞引起的组织破坏。③常有较明显的纤维结缔组织、血管、上皮细胞、腺体和实质细胞等增生。

（2）炎性息肉 黏膜的慢性炎症时，局部黏膜上皮、腺上皮及肉芽组织过度增生，形成向黏膜表面突起的肿物，称为炎症性息肉（inflammatory polyp，图3-18），底部可有蒂与黏膜表面相连，常见于鼻腔、肠黏膜和子宫颈。

（3）炎性假瘤 炎性增生的组织形成界线较清楚的瘤样肿块称为炎性假瘤（inflammatory pseudotumor），常发生在眼眶和肺（图3-19），由于肉眼观和X线检查均似肿瘤，临床上极易误诊。

案例3-4

患者，男，55岁。体检做X线检查时发现右肺上叶有直径3cm的高密度阴影，边界较清，密度不均匀。切除后标本做病理检查，发现病变主要为纤维组织增生，部分肺泡上皮及支气管上皮增生，单核细胞、淋巴细胞浸润。

问题：该患者肺部X线提示较高密度阴影有可能发生什么病变？为什么？

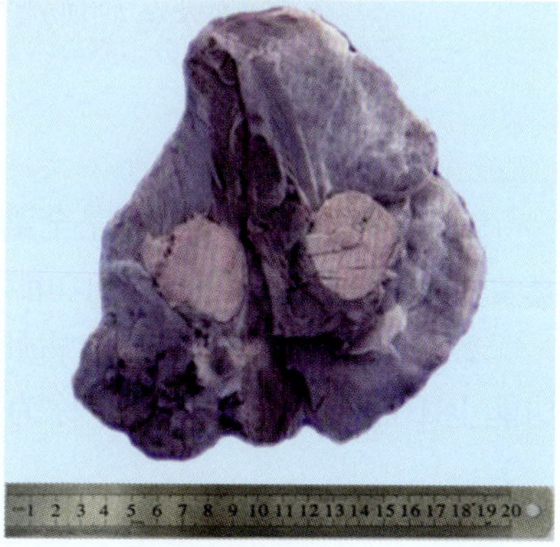

图3-19 肺的炎性假瘤（肉眼观）
左肺上叶有一灰白色卵圆形肿块，界线较清楚

2. 肉芽肿性炎 由巨噬细胞及其演化的细胞增生所形成的界线较清楚的结节状病灶称为肉芽肿（granuloma），以肉芽肿形成为基本特征的炎症称为肉芽肿性炎（granulomatous inflammation）。肉芽肿可分为感染性肉芽肿和异物性肉芽肿。

（1）感染性肉芽肿 由病原微生物[如结核杆菌、麻风杆菌、伤寒沙门菌（伤寒杆菌）、梅毒螺旋体]及寄生虫等引起，多具有独特的形态特征，是病理诊断疾病的依据。不同病原体引起的肉芽肿，其形态特征不尽相同。常见的感染性肉芽肿有结核性肉芽肿（结核结节）、伤寒肉芽肿（伤寒小结）、风湿性肉芽肿（阿绍夫小体、风湿小体），其中由结核杆菌感染引起的结核结节最具代表性（图3-20）。

（2）异物性肉芽肿 是由手术缝线、粉尘、石棉、滑石粉和寄生虫卵等引起的肉芽肿。病变以异物为中心，周围有多少不等的巨噬细胞、上皮样细胞、异物多核巨细胞、成纤维细胞和淋巴细胞。异物多核巨细胞胞体大，胞质丰富红染，多核，核凌乱分布于胞质内（图3-21）。不同异物引起的肉芽肿，其形态改变相同，因此，异物性肉芽肿不具特征性。

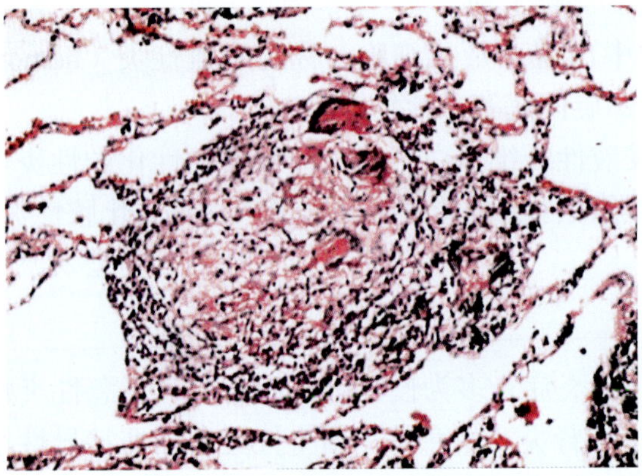

图3-20 结核结节（镜下观，10×10，HE染色）
结节界线较清楚，可见干酪样坏死和数个朗格汉斯巨细胞

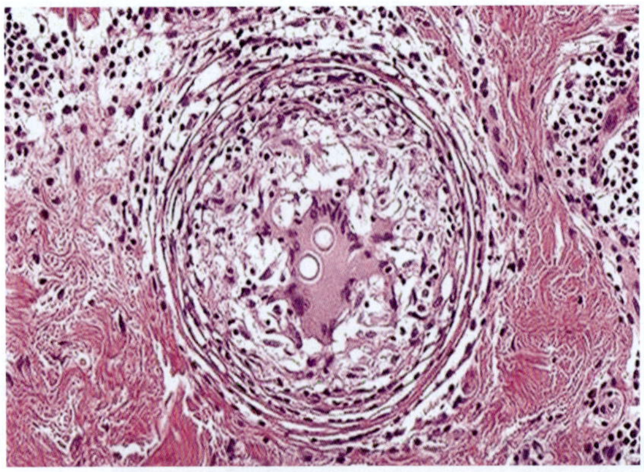

图3-21 异物性肉芽肿（镜下观，40×10，HE染色）
结节界线较清楚，可见异物多核巨细胞

考点：增生性炎的概念、类型及其病变特点

第4节 炎症的结局

案例 3-5

患者，男，46岁。颈部患疖，局部红、肿、热、痛，11天后局部红肿发展至手掌大小，体温38.6℃，局部手术切开引流。当晚出现寒战、高热、头痛，次日体检发现患者轻度黄疸，肝脾大，体温39.7℃，白细胞计数21.0×10^9/L。

问题：1. 该患者所患何种疾病？

2. 其症状是如何产生的？

一、痊 愈

1. 完全痊愈 当病因完全消除，坏死物和渗出物完全被溶解吸收，通过周围健康的同种细胞再生修复，使原来的组织结构和功能完全恢复正常，称为完全痊愈。

2. 不完全痊愈 若炎症病灶的坏死范围较大，则由肉芽组织增生修复，形成瘢痕，在形态结构和功能上不能完全恢复正常，称为不完全痊愈。

二、迁延不愈

如果机体抵抗力较差或致炎因子在机体内持续存在，使炎症反复发作，迁延不愈而转为慢性，如急性肝炎可迁延为慢性肝炎。

三、蔓延扩散

当机体抵抗力低下或病原微生物毒力强、数量多时，病原微生物可不断繁殖，并沿组织间隙或脉管系统向周围和全身组织、器官扩散。

1. 局部蔓延 炎症局部病原微生物可沿组织间隙或自然管道向周围组织和器官扩散蔓延。如肾结核可向下蔓延至输尿管和膀胱，甚至在男性患者还可蔓延至生殖系统，引起附睾和睾丸结核。炎症局部可因坏死组织脱落而形成糜烂、溃疡、空洞、窦道和瘘管等，如肾结核空洞形成（图3-22）。

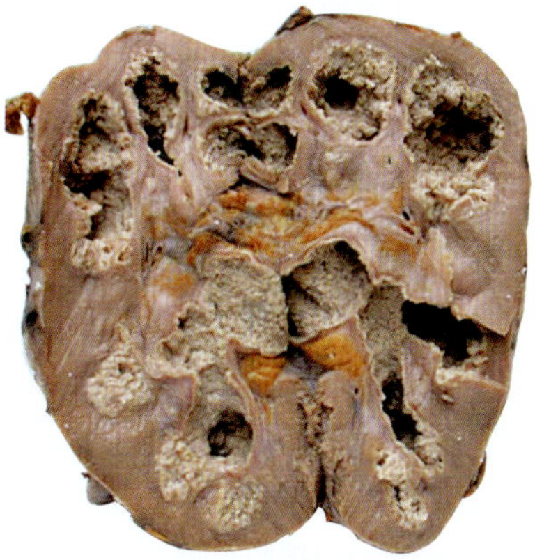

图3-22 肾结核空洞（肉眼观）
结核坏死组织随尿排出，在肾形成数个大小不等的不规则空洞

2. 淋巴道蔓延 病原微生物侵入淋巴管随淋巴液扩散，可引起淋巴管炎及所属淋巴结炎，表现为局部淋巴结肿大、压痛。如口腔溃疡可引起颌下淋巴结炎、下肢感染可引起腹股沟淋巴结炎。

3. 血行蔓延 病原微生物侵入血液循环或其毒性产物被吸收入血，引起菌血症、毒血症、败血症和脓毒血症等。

（1）菌血症（bacteriemia） 细菌由局部病灶入血，未在血液中繁殖或极少量繁殖，也不产生毒素，只是一时性或间断性经过血流至某个器官故没有明显的全身中毒症状，但血液中可查到细菌。一些感染性疾病的早期就存在菌血症，如大叶性肺炎和流行性脑脊髓膜炎。

（2）毒血症（toxemia） 细菌的毒素或毒性产物被吸收入血，可导致心、肝、肾等重要器官实质细胞的变性和坏死，临床上出现高热、寒战等全身中毒症状，严重时可发生脓毒症休克。病原菌在侵入的局部组织生长繁殖后，只有其产生的外毒素入血，病原菌不入血，因此血液中检测不到细菌。

（3）败血症（septicemia） 细菌入血并大量繁殖，产生毒素，临床上除毒血症症状外，还常出现皮肤、黏膜多发性出血斑点和脾及全身淋巴结肿大等，血液可培养出病原菌。常见的败血症有葡萄球菌性败血症、脑膜炎奈瑟菌性败血症。

（4）脓毒血症（pyemia） 化脓性细菌侵入血流后，在其中大量繁殖，并通过血流扩散至其他组织或器官，产生新的化脓性病灶。脓毒血症属于病情较重的全身化脓性感染，除败血症的表现外，还在全身器官（如肺、肾、肝、皮肤等）形成多发性小脓肿。镜下观，小脓肿中央的小血管或毛细血管内常见到细菌菌落。小脓肿由细菌栓子栓塞毛细血管所引起，故又称为栓塞性脓肿或迁徙性脓肿。

考点：蔓延扩散途径

自 测 题

一、名词解释

炎症 炎症介质 渗出 变质 炎症细胞浸润 脓肿 化脓性炎 瘘管 蜂窝织炎 假膜性炎 炎性息肉 炎性肉芽肿

二、填空题

1. 渗出性炎分为________、________、________、________、________五类。
2. 炎症局部的临床表现有________、________、________、________和________。
3. 化脓性炎的病理类型有________、________、________。
4. 化脓性炎以________细胞浸润为主，慢性炎症以________、________细胞浸润为主，寄生虫感染时以________细胞浸润为主。

三、单项选择题

1. 急性炎症以何种细胞浸润为主
   A. 嗜酸性粒细胞 B. 中性粒细胞
   C. 淋巴细胞 D. 肥大细胞
   E. 巨噬细胞

2. 下列哪一项不属于渗出性炎
A. 浆液性炎　　B. 假膜性炎
C. 化脓性炎　　D. 肉芽肿性炎
E. 出血性炎

3. 下列哪一种不是增生性炎
A. 息肉　　B. 感染性肉芽肿
C. 炎性假瘤　　D. 异物性肉芽肿
E. 脓肿

4. 关于炎症的概念，较恰当的说法是
A. 白细胞对细菌的一种作用
B. 由损伤引起的细胞变化
C. 细胞生长异常的一种形式
D. 充血、水肿的一种形式
E. 组织对损伤的一种防御为主的反应

5. 急性炎症时血流动力学的变化一般按下列顺序发生
A. 血流速度减慢→血管扩张，血流加速→细动脉短暂痉挛→白细胞黏附
B. 血管扩张，血流加速→细动脉短暂痉挛→白细胞黏附→血流速度减慢
C. 细动脉短暂痉挛→血流加速→血管扩张，血流速度减慢→白细胞黏附
D. 细动脉短暂痉挛→血管扩张，血流加速→白细胞黏附→血流速度减慢
E. 细动脉短暂痉挛→血流速度减慢→血管扩张，血流加速→白细胞黏附

6. 以变质为主的炎症，其实质细胞的主要变化是
A. 增生和再生　　B. 萎缩和变性
C. 变性和坏死　　D. 增生和变性
E. 坏死和萎缩

7. 假膜性炎指的是
A. 黏膜的纤维蛋白性炎
B. 浆膜的纤维蛋白性炎
C. 皮肤的纤维蛋白性炎
D. 黏膜的浆液性炎
E. 黏膜的化脓性炎

8. 绒毛心是指心外膜的
A. 纤维蛋白性炎　　B. 浆液性炎
C. 化脓性炎　　D. 增生性炎
E. 变质性炎

四、简答题

1. 炎性渗出物中含有哪些成分？
2. 请说出渗出液和漏出液的区别。
3. 纤维蛋白性炎常发生在哪些部位？各有何特点？
4. 炎症局部组织的基本病变有哪些？举例说明它们之间的相互关系。

（冯丽霞）

第4章 肿瘤

学习目标

1. 素质目标　培养精益求精的工匠精神和严谨认真、实事求是的工作态度，建立“仁医仁爱”“扶伤爱伤”护理理念。

2. 知识目标

（1）掌握　肿瘤、异型性、分化的概念，肿瘤性增生和非肿瘤性增生的区别，肿瘤的一般形态和组织结构，肿瘤的生长方式、扩散方式，肿瘤的命名原则，良恶性肿瘤的区别，癌与肉瘤的区别，鳞状细胞癌、腺癌的好发部位和病变特点。

（2）熟悉　癌前病变、非典型增生和原位癌的概念。理解癌变进展过程，肿瘤对机体的影响，熟悉癌前病变、非典型增生、原位癌的意义，熟悉乳头状瘤、腺瘤、脂肪瘤、平滑肌瘤的好发部位。

（3）了解　肿瘤的分级和分期，了解常见的外界致癌因素和内在因素。

3. 能力目标　能够判断良性肿瘤和恶性肿瘤，区分肿瘤性增生和非肿瘤性增生，能分析判断癌前病变、非典型增生和原位癌。

第1节　概　　述

肿瘤（tumor，neoplasm）是一类常见病、多发病，包括良性肿瘤、恶性肿瘤和交界瘤。良性肿瘤细胞分化较成熟、生长缓慢、局限于局部，不发生浸润和转移，一般对机体影响较小。而恶性肿瘤细胞分化不成熟、生长较迅速、浸润破坏器官的结构和功能并可发生转移，对机体影响较为严重。交界瘤是组织学形态和生物学行为介于良恶性肿瘤之间的肿瘤。其中恶性肿瘤是目前危害人类健康最严重的一类疾病。近十几年来，我国恶性肿瘤的发病和死亡均呈持续上升态势。2022年估计我国新发癌症病例数为482.47万，癌症死亡病例数为257.42万，其中男性162.93万，女性94.49万。男性患病率最高的肿瘤依次是肺癌、结直肠癌、肝癌、胃癌、食管癌、前列腺癌、甲状腺癌、膀胱癌、胰腺癌、淋巴瘤。女性患病率最高的肿瘤为肺癌、乳腺癌、甲状腺癌、结直肠癌、子宫颈癌、胃癌、肝癌、子宫体癌、卵巢癌、食管癌。肺癌是我国发病率、病死率较高的恶性肿瘤。肿瘤的病因学、发病学及防治等研究领域仍是现代医学持续关注的热点。尚有许多未知课题等待研究和探索。

肿瘤是机体在各种致瘤因素作用下，细胞生长调控发生严重紊乱而导致克隆性异常增生而形成的新生物，常表现为局部肿块，影响周围组织甚至身体其他部位。新形成的包块中细胞分裂增殖偏离了正常规律，具有不同于正常细胞的特定组织结构和功能特性。在临床上，有些非肿瘤性疾病也可以表现为局部包块。例如，在炎性肉芽组织中，可见血管内皮细胞、成纤维细胞等的增殖，然而它们并非肿瘤。区分这两种细胞增殖状况具有重要意义。非肿瘤性增生属于正常的细胞更新、损伤引起的防御反应、修复等情况，通常是符合机体需要的生物学过程，受到控制，有一定限度；引起细胞增殖的原因消除后一般不再继续。增殖的细胞或组织能够分化成熟。肿瘤性增生常常表现为机体局部的肿块，但某些肿瘤性疾病（例如，血液系统的恶性肿瘤白血病）并不一定形成局部肿块。肿瘤性增生与非肿瘤性增生有着本质的区别（表4-1）。

表 4-1 肿瘤性增生与非肿瘤性增生的区别

项目	肿瘤性增生	非肿瘤性增生
细胞增殖	基因突变，单克隆性增殖	正常调节，多克隆性增殖
细胞分化	丧失分化成熟能力，形态异常	分化成熟，形态正常
生长特性	致瘤因素消除后能继续生长	病因消除后常不再增生
外观	与机体不协调	适应机体需要
对机体的影响	有害无益	损伤修复

考点：肿瘤的概念、肿瘤性增生和非肿瘤性增生的区别

第 2 节 肿瘤的特征

一、肉眼形态及组织结构

（一）肉眼形态

大体观察时，应注意肿瘤的形状、数目、大小、颜色和质地等。这些信息有助于判断肿瘤的类型和良恶性质。

1. 形状 肿瘤的形状多种多样（图 4-1），一般与其发生部位、组织来源、生长方式及肿瘤的良恶性质有关。发生于深部组织和器官内的肿瘤多呈结节状、分叶状、囊状、浸润性包块状（树根状或蟹足状）等，发生于体表和空腔器官内的肿瘤多呈息肉状、蕈伞状、乳头状、菜花状、弥漫性肥厚状、溃疡状等，其中浸润性包块状（树根状或蟹足状）、菜花状、弥漫性肥厚状、溃疡状等形态的肿瘤多为恶性。

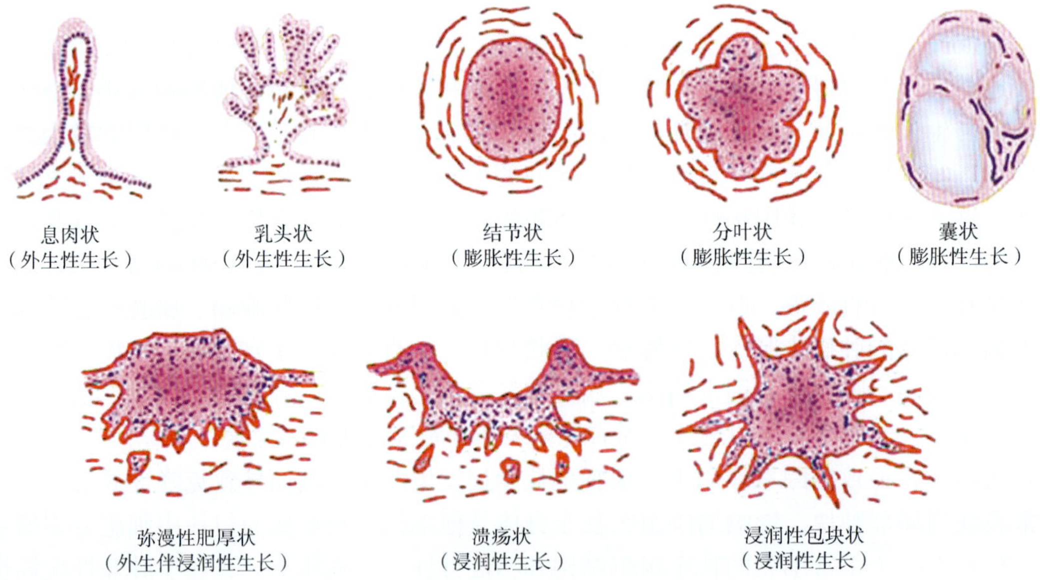

图 4-1 肿瘤的形状和生长方式（模式图）

考点：肿瘤的形状

2. 数目 肿瘤数目不一，通常为一个，也可为多个。复发瘤和转移瘤大多表现为多发。

3. 大小 肿瘤的大小差别很大。小者仅能在显微镜下发现（如原位癌）；而大者重量可达数千克乃至数十千克（如卵巢浆液性囊腺瘤）。一般来说，肿瘤的大小与肿瘤的性质、生长时间和发生部位有一定关系。恶性肿瘤生长快，短期可产生严重后果，甚至引起患者死亡，故一般不会长得太大。

4. 颜色 肿瘤的颜色与肿瘤起源组织、血供情况、色素含量、有无出血及坏死等情况有关。良性肿瘤一般接近其起源组织的颜色，如血管瘤多呈红色或暗红色，脂肪瘤呈黄色，纤维瘤呈灰白色，黑色素瘤多呈黑色。恶性肿瘤中癌组织的血管少，多表现为灰白色；肉瘤组织的血管丰富，主要表现为灰红色。当肿瘤发生变性、坏死、出血或感染时，可见多种颜色混杂，呈现斑驳色彩。

5. 硬度 肿瘤的硬度与肿瘤的起源、实质与间质构成比例，以及有无变性坏死等有关。如骨瘤很硬、脂肪瘤较软；瘤细胞丰富的肿瘤质地较软，纤维间质较多的肿瘤质地较硬；有玻璃样变性、钙化、骨化的肿瘤质地变硬，有坏死、液化、囊性变的肿瘤质地变软。

6. 包膜 良性肿瘤常有完整包膜，边界较清楚，手术容易完整切除。恶性肿瘤大多无包膜，即使有也是假包膜，边界不清，手术不易完整切除，术后容易复发。

（二）组织结构

肿瘤组织通常由实质和间质两部分构成。

1. 实质（parenchyma） 即肿瘤细胞，是构成肿瘤的主要成分，决定了肿瘤的类型、良恶性质、侵袭与转移等生物学特性。不同肿瘤细胞的排列分布方式和形态特点不一样，据此可以判断肿瘤的类型和良恶性程度，如癌细胞间黏附紧密，常呈巢状或团块状分布，而肉瘤细胞则弥漫分布；再如高分化鳞癌癌巢肿瘤分化程度高，出现的角化珠及细胞间桥具有特征性。因此，肿瘤的实质是识别肿瘤的组织起源、判断肿瘤的良恶性及分化程度的形态学依据。肿瘤的实质通常只有一种成分，如纤维瘤、腺瘤；但是少数肿瘤可以含有两种甚至多种成分，如畸胎瘤、纤维腺瘤、癌肉瘤。

2. 间质（mesenchyme，stroma） 即肿瘤组织中的非肿瘤细胞成分，一般由结缔组织、血管、淋巴管组成，不具有特异性，起着支持和营养肿瘤实质的作用。间质血管的多少对肿瘤的生长快慢起决定作用，并参与肿瘤免疫反应。肿瘤间质构成的微环境对肿瘤细胞生长、分化和迁移具有重要影响。

二、异 型 性

异型性（atypia）是肿瘤组织在细胞形态和组织结构上与其起源的正常组织之间存在的不同程度的差异。肿瘤的异型性反映肿瘤组织的成熟程度即分化程度。分化程度是指肿瘤组织在形态和功能上与其起源的正常组织的相似程度。异型性是区别肿瘤性增生和非肿瘤性增生、诊断良性肿瘤和恶性肿瘤，以及判断恶性肿瘤的恶性程度的主要组织学依据。肿瘤的异型性小，说明肿瘤组织的分化程度高，恶性程度低；反之，肿瘤的异型性大，说明肿瘤组织的分化程度低，恶性程度高。

间变（anaplasia）是指恶性肿瘤细胞失去分化的特性，异型性显著，在形态学上表现为多形性。主要由未分化细胞构成的恶性肿瘤，称为间变性肿瘤，恶性程度极高，组织来源有时难以确定。

肿瘤的异型性包括组织结构和细胞形态两个方面。

考点：异型性、分化程度的概念及意义

（一）肿瘤组织结构的异型性

肿瘤组织结构的异型性是指肿瘤组织在空间排列方式上（包括肿瘤细胞的极向、排列的方式及其与间质关系等方面）与其起源正常组织的差异。良性肿瘤的组织异型性较小，主要表现为肿瘤细胞数目增多，排列紊乱，实质与间质的关系无明显改变，细胞的异型性不明显。因此，诊断良性肿瘤的主要依据是组织结构的异型性。如腺瘤的瘤细胞异型性小，只是腺体数目增多，大小及排列异常。恶性肿瘤的组织结构异型性显著，瘤细胞排列明显紊乱，失去正常的排列结构、层次或极性。如腺癌的腺体大小和形状不规则，排列紊乱，瘤细胞层次增多，紧密重叠，失去极性（图4-2），并可呈实性或乳头状增生。

考点：恶性肿瘤异型性的表现

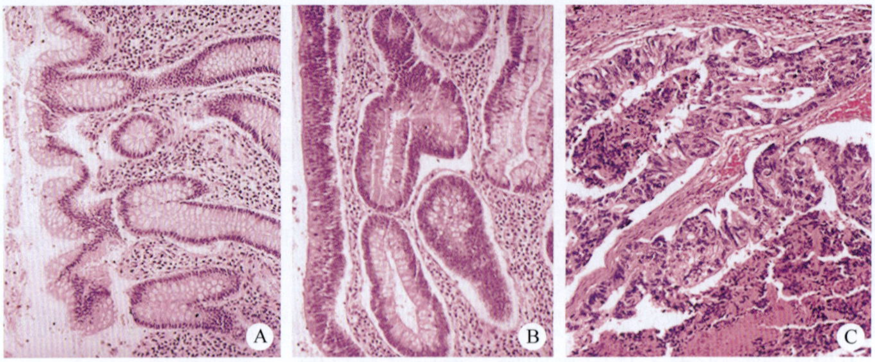

图4-2 正常结肠黏膜腺体、腺瘤、腺癌（镜下观，10×10，HE染色）
A. 正常结肠黏膜腺体的大小及形态近似，排列方向一致；B. 腺瘤的腺体数量增多，大小不等，排列异常；C. 腺癌的腺体数量增多，大小不等，形态不规则，排列紊乱

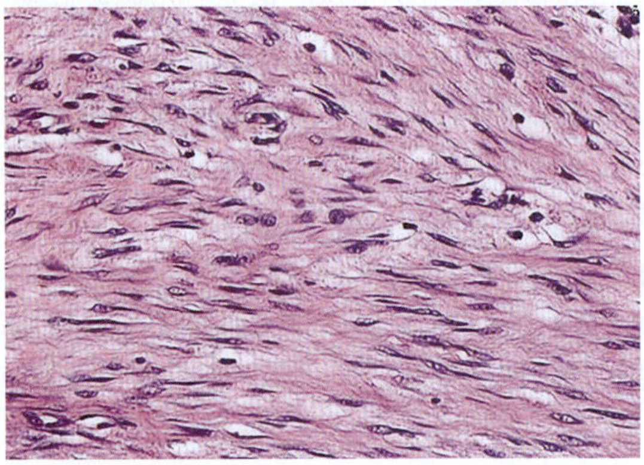

图4-3 纤维瘤（镜下观，40×10，HE染色）
瘤细胞异型性不明显，呈长梭形，似正常的纤维细胞

（二）肿瘤细胞形态的异型性

1. 良性肿瘤 瘤细胞分化程度高，异型性小，与其起源的正常细胞相似，如纤维瘤的瘤细胞与纤维细胞相似（图4-3）。

2. 恶性肿瘤 瘤细胞分化程度低，异型性大。其主要表现如下。

（1）细胞的多形性 恶性肿瘤细胞形态各异，通常比其起源的正常细胞大，瘤细胞的大小和形态很不一致（多形性），可出现瘤巨细胞，即体积巨大的肿瘤细胞，如纤维肉瘤（图4-4）。少数肿瘤虽然分化很差或未分化，但瘤细胞小而一致，具有明显的幼稚性，如小细胞肺癌（图4-5）。

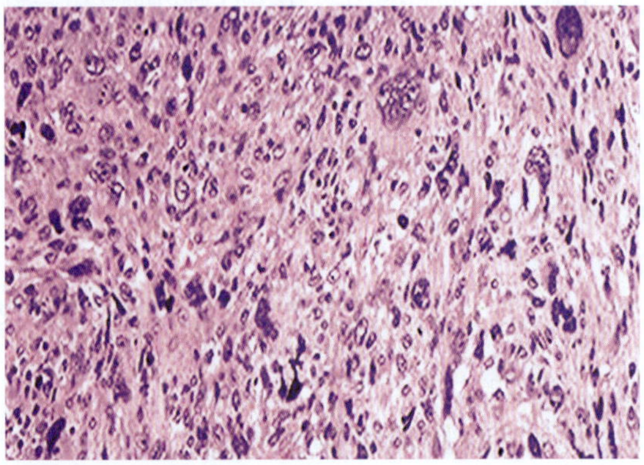

图4-4 纤维肉瘤（镜下观，40×10，HE染色）
瘤细胞较大，大小不等，形态各异，见瘤巨细胞

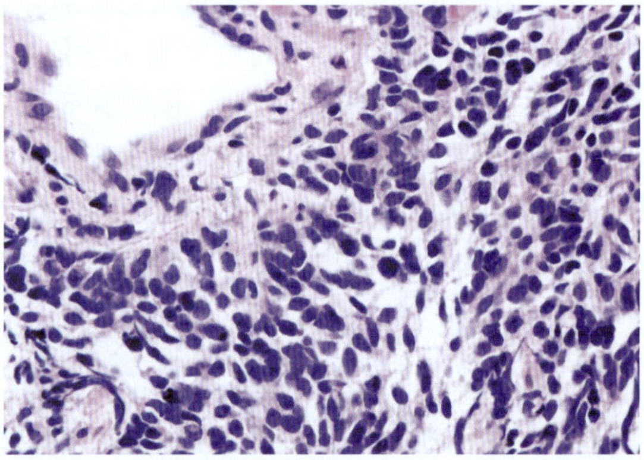

图4-5 小细胞肺癌（镜下观，40×10，HE染色）
癌细胞不成熟，小而一致

（2）核的多形性 瘤细胞核体积增大，胞核与胞质的比例增大接近1∶1（正常为1∶4～1∶6）；核的大小、形状不一致，可出现多核、巨核、双核、奇异形核等；核染色差别较大，核深染（DNA增多），染色质呈粗颗粒状，分布不均匀，常堆积在核膜下使核膜增厚；核仁明显，体积增大，数目增多达3～5个；核分裂象增多，出现病理性核分裂象。不对称性的二级及二级以上的核分裂或顿挫核分裂称为病理性核分裂象（图4-6），病理性核分裂象对于诊断恶性肿瘤有重要的意义。

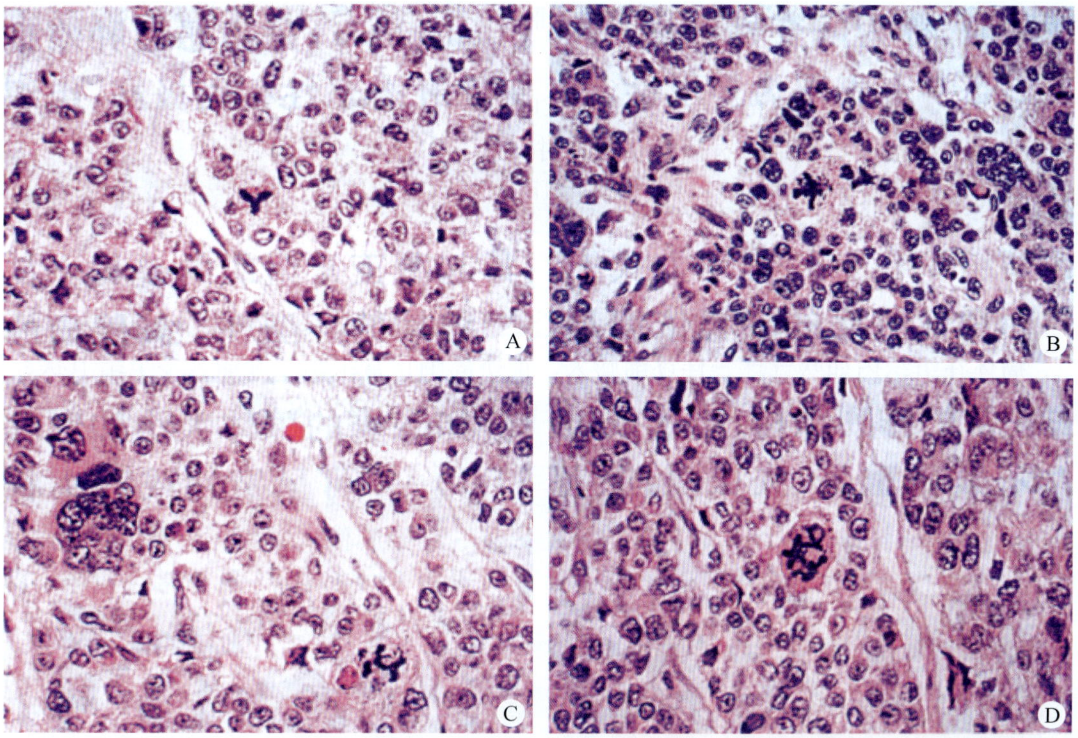

图4-6　病理性核分裂象（镜下观，40×10，HE染色）
A. 三级核分裂；B. 四级核分裂；C. 顿挫核分裂；D. 五级核分裂

（3）细胞质的异型性　胞质内核糖体增多，故多呈嗜碱性。有些瘤细胞因产生的异常分泌物或代谢产物（如激素、黏液、糖原、脂质、角蛋白和色素等）而使瘤细胞的胞质呈现不同的特点。

三、肿瘤细胞的代谢特点

1. 核酸代谢　肿瘤细胞活跃地合成DNA与RNA聚合酶，而其分解代谢过程抑制，故恶性肿瘤细胞中DNA与RNA的含量明显增多。为肿瘤迅速增生提供物质基础。

2. 蛋白质代谢　肿瘤细胞的蛋白质合成代谢与分解代谢均增强，但合成代谢大于分解代谢。有的肿瘤蛋白与胚胎组织有共同的抗原性，称为肿瘤胚胎性抗原，如肝细胞癌能合成胎儿细胞所产生的甲胎蛋白（AFP）、结肠腺癌能合成癌胚抗原（CEA）等。检查肿瘤蛋白、特异抗原或肿瘤相关抗原有助于肿瘤的诊断和鉴别诊断及判断治疗后有无复发。

考点：检测血清AFP、CEA的意义

3. 糖代谢　肿瘤细胞无论在有氧或无氧状态下均主要以无氧酵解方式获取能量。酵解的一些中间产物可被瘤细胞利用合成蛋白质、核酸和脂类，从而为瘤细胞的生长提供必需的物质基础。

4. 酶系统　肿瘤组织酶活性的改变较为复杂。恶性肿瘤组织内氧化酶（如细胞色素氧化酶及琥珀酸脱氢酶）减少和蛋白分解酶增加；其他酶的改变则无明显规律性，与正常组织相比只是含量或活性的变化，没有质的差异。如前列腺癌组织中酸性磷酸酶（ACP）增加，骨肉瘤组织中碱性磷酸酶（AKP）增加。

四、生长及扩散

（一）生长

肿瘤细胞不断分裂增生是肿瘤生长的基础。不同性质的肿瘤其生长速度与生长方式也不同，这对判断肿瘤的良恶性具有参考价值。肿瘤的生长速度与以下三个因素有关：①肿瘤细胞倍增时间：与正常细胞相似，或者长于正常细胞。②生长分数：指肿瘤细胞群体中处于复制阶段（$S+G_2$期）的细胞比例。③瘤细胞的生成与丢失。

1. 生长速度 不同性质的肿瘤生长速度有极大的差异。一般说来，分化好、异型性小的良性肿瘤生长缓慢，可有几年甚至几十年的病程。如果短时间内其生长速度突然增快，应注意有恶变的可能。分化差、异型性大的恶性肿瘤生长快，短时间内即可形成明显的肿块，并且当血管形成和营养供应相对不足时，易继发坏死、出血等改变。

2. 生长方式 主要有以下三种。

（1）膨胀性生长 是大多数良性肿瘤的生长方式。肿瘤分化较好，瘤细胞生长缓慢，不侵袭周围正常组织，瘤体在组织内如吹气球一样逐渐膨大，推挤周围正常组织。肿瘤大多呈结节状、分叶状，常有完整包膜，与周围组织分界清楚（图4-7）。检查时肿瘤活动度较好，手术容易完整切除，术后很少复发。

（2）浸润性生长 为大多数恶性肿瘤的生长方式。肿瘤分化差，生长速度快，如同树根长入泥土一样，瘤细胞侵入并破坏周围组织（包括组织间隙、淋巴管或血管）。肿瘤常无包膜（即使有也是假包膜），与邻近组织无明显界线（图4-8）。检查时肿瘤活动度小，手术不易完整切除，术后常复发。

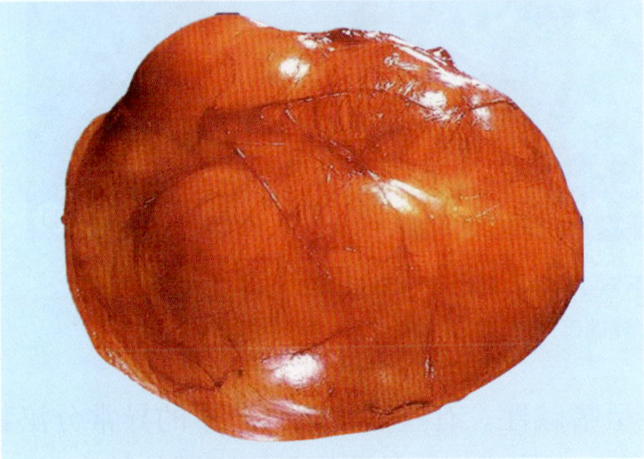

图4-7 肿瘤的膨胀性生长（肉眼观）
标本为卵巢纤维瘤。肿瘤呈结节状，表面光滑，包膜完整

（3）外生性生长 发生在体表、体腔（如胸腔、腹腔）或管道器官（如消化道）腔面的肿瘤，常向表面生长，形成乳头状、息肉状、蕈状或菜花状（图4-9）。恶性肿瘤在向表面生长的同时，往往还向其基底部下呈浸润性生长。

考点：肿瘤的生长方式

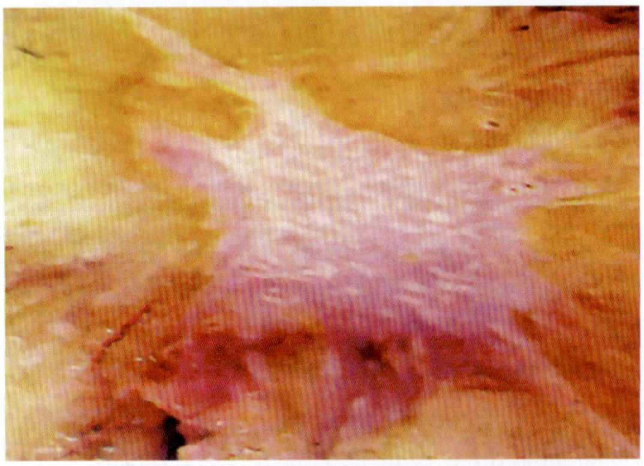

图4-8 肿瘤的浸润性生长（肉眼观）
标本为乳腺癌。肿瘤呈灰白色，像树根样侵入周围组织，无包膜，与周围组织分界不清

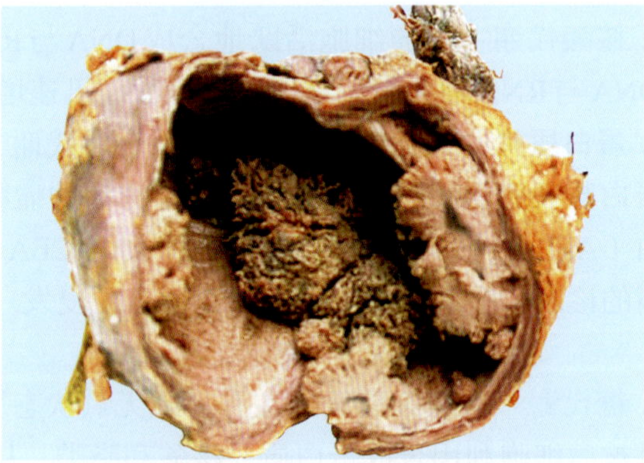

图4-9 肿瘤的外生性生长（肉眼观）
标本为膀胱乳头状瘤。肿瘤向膀胱黏膜表面生长，呈乳头状突向膀胱腔内

（二）扩散

呈浸润性生长是恶性肿瘤的主要特征，也是肿瘤发生扩散的重要原因。肿瘤的扩散是指恶性肿瘤不仅可在原发部位浸润性生长，还可以侵及邻近组织器官，或者通过多种途径扩散到身体其他部位继续生长，这是恶性肿瘤的生物学特征之一。肿瘤的扩散包括直接蔓延和转移。

1. 直接蔓延 随着恶性肿瘤瘤体不断长大，肿瘤细胞沿着组织间隙、淋巴管、血管外周间隙或神经束衣浸润（图4-10），破坏邻近组织或器官，并继续生长，称直接蔓延。例如，晚期宫颈癌可蔓延到直肠、膀胱、宫旁组织或骨盆壁等。

2. 转移（metastasis） 瘤细胞从原发部位侵入淋巴管、血管或体腔，被带到他处而继续生长，形成与原发瘤同类型的肿瘤，这个过程称为转移。所形成的肿瘤称为转移瘤或继发瘤。良性肿瘤不转移，只有恶性肿瘤才可能发生转移。常见的转移途径有以下几种。

考点：转移的概念及途径

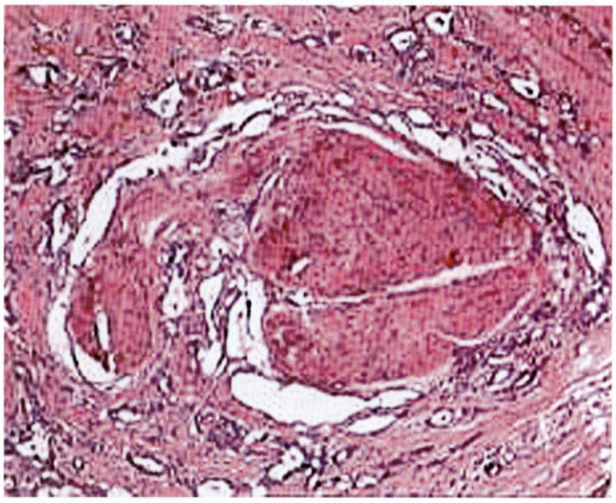

图4-10 腺癌浸润到神经束衣（镜下观，10×10，HE染色）

（1）淋巴转移（lymphatic metastasis） 上皮组织源性恶性肿瘤多经淋巴转移。癌细胞侵入淋巴管，随淋巴流首先到达局部淋巴结（图4-11），聚集于边缘窦（图4-12），继续增殖发展为淋巴结内转移瘤，然后逐渐累及整个淋巴结。受累的淋巴结肿大、变硬、粘连，切面常呈灰白色。局部淋巴结转移后，可继续转移至下一站的其他淋巴结，最后可经胸导管进入血流再继续发生血行转移。在临床上最常见的癌转移淋巴结是左锁骨上淋巴结，其原发部位多位于肺和胃肠道。

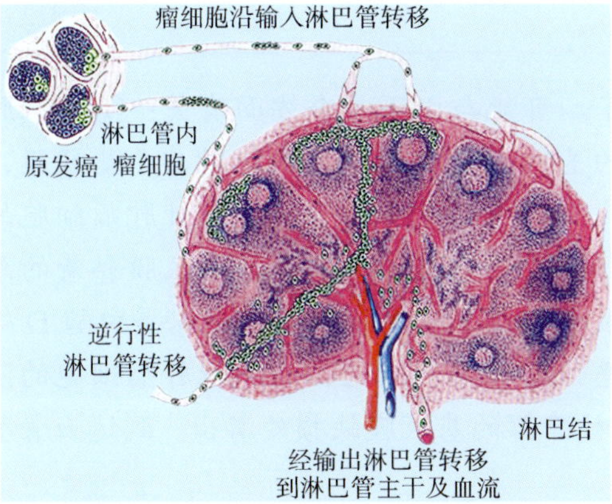

图4-11 肿瘤的淋巴转移（模式图）

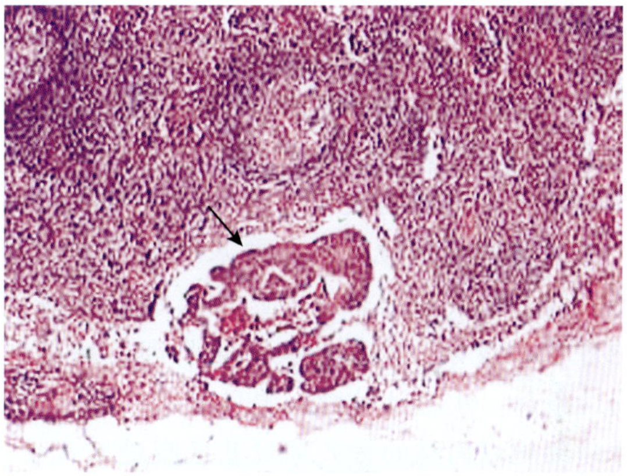

图4-12 癌的淋巴转移（镜下观，10×10，HE染色）
在淋巴结边缘窦内有转移的癌组织（↑）

（2）血行转移（hematogenous metastasis） 为肉瘤的主要转移方式，但癌的晚期也可发生血行转移。瘤细胞常常经静脉或毛细血管侵入血管（图4-13），随血流到达远处器官栓塞其小血管，并穿破血管壁进入组织，继续生长形成转移瘤（图4-14）。侵入体循环静脉的肿瘤细胞，往往经右心在肺内形成转移瘤；侵入肺静脉或通过肺毛细血管进入肺静脉的瘤细胞，经左心随主动脉血流到达全身各器官发生转移，以脑、骨、肾和肾上腺等处转移多见；消化道肿瘤常侵入门静脉而在肝内发生转移瘤。血行转移可见于许多器官，但最常见的是肺，其次是肝和骨。故临床上恶性肿瘤患者应常规进行肺、肝、骨的影像学检查，判断其有无血行转移，以确定临床分期和治疗方案。

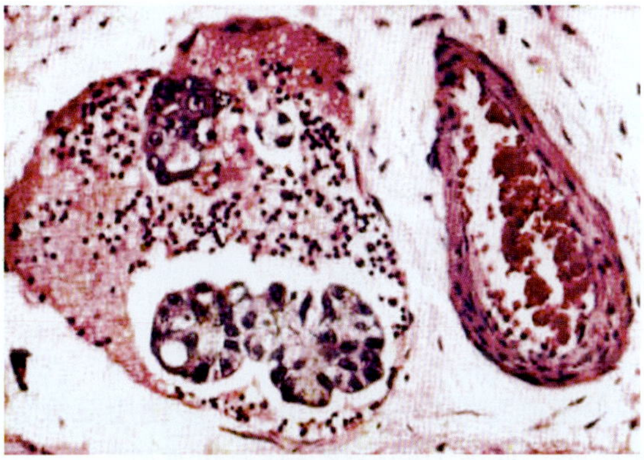

图4-13 肿瘤的血行转移（镜下观，40×10，HE染色）
肿瘤细胞侵入静脉内，形成瘤细胞栓子

（3）种植性转移 体腔内器官的恶性肿瘤侵及器官浆膜面时，瘤细胞脱落并像播种一样播撒在体腔浆膜或其他器官表面继续生长，形成多个转移性肿瘤，称为种植性转移。如胃癌突破浆膜后，可种植到大网膜、腹膜、肠浆膜面及卵巢表面等处（图4-15），其内含有脱落的癌细胞，可供细胞学检查。临床上在进行恶性肿瘤切除手术及各种活体组织检查时，应严格遵守手术操作规程，防止医源性种植性转移的发生。

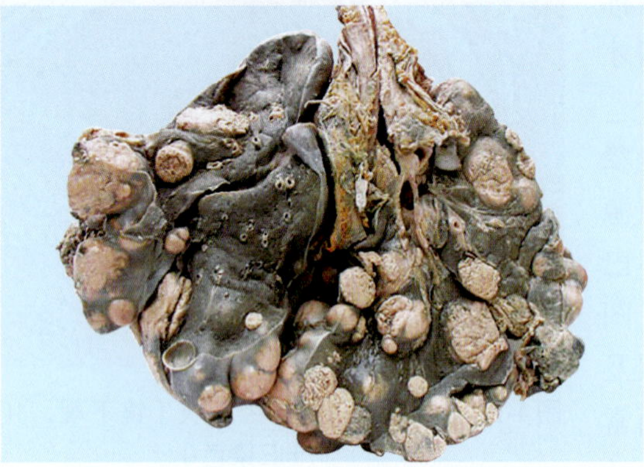

图4-14 原发性肝癌肺转移（肉眼观）
原发性肝癌的癌细胞侵入肝静脉随血液回流，经右心转移至肺，形成多发性的转移癌结节

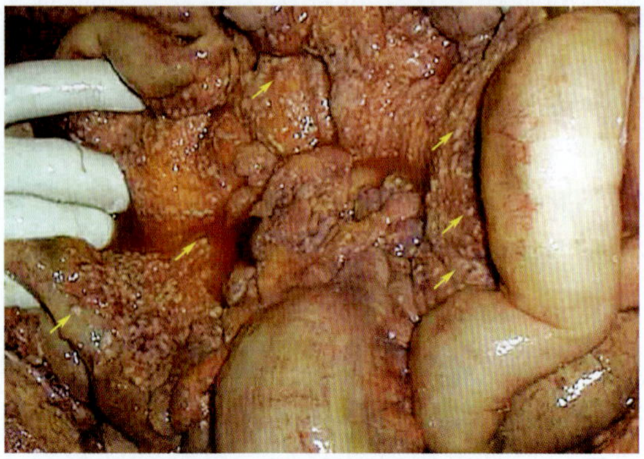

图4-15 肿瘤种植性转移（肉眼观）
标本为胃癌的种植性转移。在网膜上和肠浆膜面可见较多散在分布的灰白色转移结节和腹水形成

链 接　恶性肿瘤局部浸润和蔓延的机制

恶性肿瘤局部浸润和蔓延的机制，目前尚未明了。可能与以下几个方面有关：①恶性肿瘤细胞彼此之间的黏附力减少，是恶性肿瘤浸润和蔓延的基础。②恶性肿瘤细胞附着于基底膜，恶性肿瘤细胞比正常细胞有更多利于恶性肿瘤细胞与基底膜黏附的受体，分布于恶性肿瘤细胞的整个表面，使恶性肿瘤细胞更容易与基底膜紧密黏着。③细胞外基质的降解，与基底膜黏着的恶性肿瘤细胞直接分泌蛋白溶解酶（包括N型胶原酶、尿激酶型纤溶酶原激活物、组织蛋白酶D等）溶解细胞外基质成分，使基底膜产生局部的缺损利于恶性肿瘤细胞通过，为恶性肿瘤细胞的浸润、出入创造条件。④恶性肿瘤细胞借阿米巴样运动通过被降解的基底膜缺损处游出。到达血管壁时，恶性肿瘤细胞以同样的方式穿过基底膜进入血管。

五、复　发

肿瘤的复发是指恶性肿瘤经过一定正规治疗后，获得一段消退期或缓解期，在原发部位重新出现同类型肿瘤。由于恶性肿瘤具有浸润性生长的特性，容易复发。如骨肉瘤术后复发、肝癌术后复发、淋巴瘤化疗后复发等。

第3节　肿瘤的分级及分期

肿瘤的分级与分期一般用于表示恶性肿瘤的恶性程度和发展阶段，是临床上制订治疗方案和判断预后的重要依据。

（一）分级

根据其分化程度的高低、异型性的大小及核分裂象的多少来确定恶性程度的级别。多使用三级分级法：Ⅰ级为高分化，属低度恶性；Ⅱ级为中分化，属中度恶性；Ⅲ级为低分化，属高度恶性。

（二）分期

分期指病程发展的早晚或阶段。根据原发肿瘤的大小、浸润的深度和范围、局部和远处淋巴结有无转移、有无血源性或其他远处转移等来确定肿瘤的分期。国际上通用TNM分期。T指肿瘤原发病灶，随着肿瘤的增大依次用T1～T4来表示；N指局部淋巴结受累及，无淋巴结转移时用N0表示，随着淋巴结受累及程度和范围的扩大，依次用N1～N3表示；M指血行转移，无血行转移者用M0表示，有血行转移者用M1或M2表示。

第4节　良性肿瘤与恶性肿瘤的区别、肿瘤对机体的影响

一、良性肿瘤与恶性肿瘤的区别

良性肿瘤和恶性肿瘤在生物学特性和对机体的影响上有明显区别。良性肿瘤一般对机体的危害较小，治疗效果好；而恶性肿瘤危害较大，治疗效果不理想。若将恶性肿瘤误诊为良性，会延误治疗，或因治疗不彻底而造成复发、转移；反之，若将良性肿瘤误诊为恶性，则可导致过度治疗，给患者带来不应有的痛苦、伤害和精神负担。因此，正确区分良、恶性肿瘤，对肿瘤的治疗和预后具有重要意义。

现将良、恶性肿瘤的区别简要归纳为表4-2。

表4-2　良性肿瘤与恶性肿瘤的区别

区别点	良性肿瘤	恶性肿瘤
分化程度	分化程度高，异型性小	分化程度低，异型性大
核分裂象	无或稀少，无病理性核分裂象	多见，有病理性核分裂象
生长速度	缓慢	较快
生长方式	膨胀性或外生性生长	浸润性或外生性生长但同时有浸润
继发改变	很少发生坏死、出血、感染	常发生坏死、出血、感染或溃疡形成
转移	不转移	常有转移
复发	不复发或很少复发	易复发
对机体的影响	较小，主要为局部压迫、阻塞	较大，破坏组织、器官结构和功能，坏死、出血、感染、恶病质、死亡

考点：良、恶性肿瘤的主要区别

良性肿瘤与恶性肿瘤的区别是相对的。例如，在良性肿瘤中，血管瘤通常无包膜，呈侵袭性生长；发生在要害部位（如颅内）的良性肿瘤也能危及患者的生命。在恶性肿瘤中，其恶性程度也各不相同。有的分化较好，如甲状腺滤泡癌；有的转移率低，如基底细胞癌；有的转移较早，如鼻咽癌；有的转移较晚，如子宫体腺癌。有的良性肿瘤如不及时治疗，可发生恶变，如结肠息肉状腺瘤恶变为腺癌；极个别恶性肿瘤（如黑色素瘤），可因机体免疫力增强等原因而停止生长，甚至自行消退。有些肿瘤的组织形态和生物学行为介于良、恶性肿瘤之间，称交界性肿瘤，如卵巢浆液性交界性肿瘤和黏液性交界性肿瘤、膀胱乳头状瘤等。这一类肿瘤具有潜在恶性表现，应采取相应的治疗措施，以免恶变或复发。

二、肿瘤对机体的影响

肿瘤对机体的危害程度主要与肿瘤的良恶性、生长时间和生长部位等相关。

考点：肿瘤对机体的影响

（一）良性肿瘤对机体的影响

良性肿瘤因生长缓慢，无浸润和转移，一般对机体影响较小。但如发生部位有相应的继发改变，有时也可引起较为严重的后果。主要表现如下。

1. 局部压迫和阻塞　是良性肿瘤对机体的主要影响，如突入肠腔的平滑肌瘤可引起肠梗阻；颅内脑膜瘤可阻塞脑脊液循环，引起颅内压增高等相应的神经系统症状；支气管壁的平滑肌瘤可引起严重

的呼吸困难等。

2. 继发性改变 良性肿瘤也可发生继发性改变，并对机体造成不同程度的影响。子宫黏膜下平滑肌瘤常伴有子宫内膜浅表糜烂或溃疡，可引起出血和感染；甲状腺腺瘤可发生囊性变使肿瘤明显增大，从而压迫气管引起呼吸困难；支气管壁的良性肿瘤阻塞气道后引起分泌物潴留可导致肺内感染。

3. 激素增多症状 发生于内分泌组织的良性肿瘤可分泌相应的激素，导致相应的内分泌紊乱症状。发生于垂体前叶的嗜酸性细胞腺瘤分泌过多的生长激素，可引起巨人症或肢端肥大症。胰岛细胞瘤分泌过多的胰岛素，可引起阵发性低血糖等。

（二）恶性肿瘤对机体的影响

恶性肿瘤分化较差，生长较快，浸润并破坏组织器官的结构和功能，并常发生转移，对机体的影响严重。

1. 压迫与阻塞 肿瘤长到一定体积，可压迫或阻塞周围组织或器官。如食管癌引起吞咽困难，肺癌引起呼吸困难等。

2. 侵袭与破坏 肿瘤侵袭周围正常组织、器官，破坏其结构，引起功能障碍。如巨大肝癌可致肝功能障碍，骨肉瘤可引起病理性骨折。

3. 出血与感染 肿瘤因缺血坏死或侵袭血管而导致出血。如肺癌出现痰中带血、膀胱癌出现血尿、大肠癌出现便血、鼻咽癌出现涕血等。发生出血、坏死后，容易继发感染，常排出恶臭分泌物，如晚期子宫颈癌、阴茎癌等。

4. 疼痛 恶性肿瘤晚期，肿瘤局部压迫或浸润神经，可引起顽固性疼痛。如鼻咽癌侵犯三叉神经引起头痛，胃癌引起上腹痛，肝癌引起肝区痛等。

5. 发热 肿瘤代谢产物、坏死分解产物或继发感染等毒性产物被吸收可引起发热。

6. 恶病质 恶性肿瘤晚期患者出现乏力、极度消瘦、严重贫血等表现，机体处于全身衰竭状态，称为恶病质（cachexia）。可能与多因素共同作用有关，如患者食欲较差、消化吸收障碍；肿瘤快速生长，消耗机体大量营养物质；晚期顽固性疼痛影响进食和睡眠；并发出血、感染、发热；肿瘤组织坏死产生的毒性产物引起机体代谢紊乱等。

7. 异位内分泌综合征和副肿瘤综合征 有些非内分泌腺发生的肿瘤能产生或分泌激素或激素类物质，能引起内分泌紊乱而出现相应的临床症状，称为异位内分泌综合征（ectopic endocrine syndrome）。此类肿瘤称为异位内分泌肿瘤（ectopic endocrine tumor），且大多数为恶性肿瘤，其中以癌为多。肿瘤的产物（包括异位激素产生）或异常免疫反应（包括交叉免疫、自身免疫和免疫复合物沉着等）或其他不明原因，可使内分泌、神经、消化、造血、骨关节和软组织等系统发生病变，引起相应的临床表现。这些不是由原发肿瘤或转移肿瘤灶所在部位直接引起的，而是通过上述间接途径引起的，故称为副肿瘤综合征（paraneoplastic syndrome）。副肿瘤综合征的症状可以出现在原发肿瘤尚未出现任何体征时，具有提示作用，因而为临床进一步检查提供线索。

第5节 命名及分类

一、命 名

人体几乎任何组织都可发生肿瘤，肿瘤的种类繁多。因此，对肿瘤进行科学命名和分类，对于临床实践十分重要。通常根据其组织起源和生物学行为来命名。

（一）良性肿瘤的命名

良性肿瘤的命名是在其起源组织名称之后加一“瘤”字，即起源组织名称+瘤，如起源于脂肪组织的良性肿瘤称为脂肪瘤，起源于腺上皮的良性肿瘤称为腺瘤，起源于平滑肌的良性肿瘤称为平滑肌瘤。有时还结合肿瘤的形态特点命名，如皮肤乳头状瘤、卵巢黏液性囊腺瘤、结肠息肉状腺瘤等。

（二）恶性肿瘤的命名

恶性肿瘤通常分为癌（carcinoma）和肉瘤（sarcoma）两大类，其区别见表4-3。而一般人所说的“癌症”（cancer），通常是指所有恶性肿瘤。

1. 癌 起源于上皮组织的恶性肿瘤称为癌，命名时在其起源组织名称之后加一“癌”字，即起源组织名称+癌，如起源于鳞状上皮的恶性肿瘤称为鳞状细胞癌，起源于腺体和导管上皮的恶性肿瘤称为腺癌。有时也结合癌的形态特点命名，如膀胱乳头状癌、卵巢黏液性囊腺癌等。

2. 肉瘤 起源于间叶组织的恶性肿瘤称为肉瘤，命名时在起源组织名称之后加“肉瘤”二字，即起源组织名称+肉瘤，如起源于纤维组织的恶性肿瘤称为纤维肉瘤，起源于平滑肌组织的恶性肿瘤称为平滑肌肉瘤，起源于横纹肌组织的恶性肿瘤称为横纹肌肉瘤。

若肿瘤组织中既有癌的成分，又有肉瘤的成分，则称为癌肉瘤。

考点：肿瘤的一般命名原则

表4-3 癌与肉瘤的区别

区别点	癌	肉瘤
组织来源	上皮组织	间叶组织
发病率	较高，多见于中、老年人	较低，多发生于青少年
肉眼特点	质较硬、色灰白	质软、色灰红、呈鱼肉状
镜下特点	多形成癌巢，实质与间质分界清楚，常有纤维组织增生	肉瘤细胞呈弥漫性分布，实质与间质分界不清，间质血管丰富，纤维组织少
网状纤维	见于癌巢周围，癌细胞间多无网状纤维	肉瘤细胞间多有网状纤维，并包绕瘤细胞
转移	多经淋巴转移	多经血行转移

考点：癌、肉瘤的概念及其区别

（三）特殊命名

少数肿瘤不按上述原则命名。

1. 以母细胞瘤命名 来源于幼稚组织及神经组织的恶性肿瘤。如神经母细胞瘤、肾母细胞瘤、髓母细胞瘤等。但亦有个别为良性，如骨母细胞瘤、横纹肌母细胞瘤。

2. 以瘤命名的恶性肿瘤 如精原细胞瘤、无性细胞瘤、黑色素瘤、绿色瘤、多发性骨髓瘤、淋巴瘤等。

3. 在肿瘤的名称前加“恶性”二字 由于恶性肿瘤成分复杂或由于习惯沿袭，如恶性间皮瘤、恶性脑膜瘤等。

4. 以“病”命名的恶性肿瘤 如白血病、佩吉特病（Paget disease）。

5. 以人名命名的恶性肿瘤 如霍奇金（Hodgkin）病、尤因（Ewing）肉瘤等。

6. 含多种肿瘤实质成分的命名 凡含三个胚层组织成分的称畸胎瘤。

二、分　类

肿瘤的分类通常是以它的组织发生为依据。每一类又按其分化程度和对机体的影响分为良性和恶性两大类。根据组织发生进行的肿瘤分类列举见表4-4。

表 4-4 常见肿瘤的分类

组织起源		良性肿瘤	恶性肿瘤
上皮组织	鳞状上皮	鳞状上皮乳头状瘤	鳞状细胞癌
	基底细胞	—	基底细胞癌
	腺上皮	腺瘤	腺癌
	移行上皮	移行细胞乳头状瘤	移行上皮癌
间叶组织	纤维组织	纤维瘤	纤维肉瘤
	脂肪组织	脂肪瘤	脂肪肉瘤
	平滑肌组织	平滑肌瘤	平滑肌肉瘤
	横纹肌组织	横纹肌瘤	横纹肌肉瘤
	血管组织	血管瘤	血管肉瘤
	淋巴管组织	淋巴管瘤	淋巴管肉瘤
	骨组织	骨瘤	骨肉瘤
	软骨组织	软骨瘤	软骨肉瘤
	滑膜组织	滑膜瘤	滑膜肉瘤
	间皮组织	间皮瘤	恶性间皮瘤
淋巴造血组织	淋巴组织	—	淋巴瘤
	造血组织	—	白血病
神经组织	胶质细胞	胶质瘤	胶质瘤
	神经细胞	节细胞神经瘤	神经母细胞瘤，髓母细胞瘤
	脑脊膜	脑膜瘤	恶性脑膜瘤
	神经鞘细胞	神经鞘瘤	—
其他肿瘤	黑色素细胞	—	黑色素瘤
	胎盘组织	葡萄胎	侵蚀性葡萄胎，绒毛膜上皮癌
	生殖细胞	—	精原细胞瘤，无性细胞瘤，胚胎性癌
	三个胚层组织	成熟畸胎瘤	未成熟畸胎瘤

第 6 节 癌前病变、非典型增生及原位癌

正确识别癌前病变、非典型增生、原位癌是防止肿瘤发生、发展和早期诊断的重要环节，对肿瘤的防治有重要意义。

一、癌前病变

癌前病变（precancerous lesions）是指某些具有潜在癌变可能的良性病变，长期存在有可能转变为癌。临床上常见的癌前病变如下。

考点：癌前病变的概念

1. 黏膜白斑 常发生在口腔、外阴、阴茎等处黏膜，呈白色斑块，故称白斑。为黏膜的鳞状上皮过度增生和角化，有一定的异型性。如长期不愈可发展为鳞状细胞癌。

2. 宫颈上皮内瘤变（cervical intraepithelial neoplasia，CIN） 是一组与子宫颈浸润癌密切相关的癌前病变的统称，包括子宫颈非典型增生和子宫颈原位癌，反映了子宫颈癌发生中连续发展的过程，即由子宫颈非典型增生→原位癌→早期浸润癌→浸润癌的一系列病理变化。CIN 与人乳头状瘤病毒（HPV）的感染有关。

3. 乳腺纤维囊性变 由内分泌失调引起，多见于40岁左右的妇女，常表现为乳腺导管囊性扩张、

小叶与导管上皮增生，可伴有大汗腺化生。有导管内乳头状增生者癌变的概率较大。

4. 结肠、直肠息肉状腺瘤 包括发生于结肠和直肠的腺瘤，可单发或多发，均可发生癌变。其中多发者常有家族史，属遗传性病变，其癌变率可达50%～75%。

5. 慢性萎缩性胃炎及胃溃疡 慢性萎缩性胃炎的胃黏膜腺体可发生肠上皮化生，这种肠上皮化生与胃癌有一定关系，久治不愈可癌变。胃溃疡时溃疡边缘黏膜因受刺激而增生，也可转变为癌，其癌变率约为1%。

6. 慢性溃疡性结肠炎 在反复溃疡形成和黏膜增生基础上可发生结肠腺癌。

7. 皮肤慢性溃疡 久治不愈的皮肤溃疡和瘘管，特别是小腿慢性溃疡，由于长期慢性炎症的反复刺激，导致鳞状上皮增生和非典型增生，可发展为癌。

8. 肝硬化 肝硬化时，由于肝细胞增生，有可能发展为肝细胞性肝癌。

二、非典型增生

非典型增生（dysplasia，atypical hyperplasia）是指增生的上皮细胞有一定程度的异型性，但还不足以诊断为癌。镜下表现为增生的细胞大小不一，形态多样，核大浓染，核质比例增大，核分裂象增多，但多属正常核分裂象。细胞排列较乱，极性消失。非典型增生多发生于皮肤或黏膜表面被覆的鳞状上皮，也可发生于腺上皮。

根据异型性大小和累及的范围，非典型增生可分为轻、中、重度。①轻度：细胞异型性较小，病变局限在上皮层的下1/3。②中度：病变累及上皮层的下2/3，核的异型性较明显，可见异常核分裂。③重度：病变超过上皮层的下2/3，但部分表层细胞分化尚正常，细胞显著异型，失去极性，异常的核分裂常见。轻度非典型增生在病因消除后可恢复正常，而重度非典型增生则很难逆转，常可转变为癌。

链 接　上皮内瘤变

1960年，Richard首次将上皮内瘤变（intraepithelial neoplasia，IEN）的概念用于子宫颈黏膜鳞状上皮的癌前变化，强调IEN的本质是上皮内肿瘤的形成，这种形成包含了二重意义，一是表示不是癌，二是肿瘤形成是一个过程，所以称为“瘤变”（neoplasia）而不是肿瘤（neoplasma）。2000年WHO发布的国际肿瘤组织学分类中明确提出，统一用“上皮内瘤变”对发生于子宫颈、阴道、结肠（包括直肠）、胃、泌尿系统、前列腺、乳腺等处的“异型增生”进行取代。IEN是指一组表面被覆上皮、腺泡上皮或导管上皮从非典型增生到原位癌的一系列形态变化，包括表皮内上皮瘤（IE）、宫颈上皮内瘤变（CIN）、前列腺上皮内肿瘤（PIN）、乳腺上皮内瘤变（MIN）、女性外阴上皮内瘤变（VIN）、胃黏膜上皮内瘤变（GIN）等。其中，CIN发病率较高，研究较多，其发生与HPV感染有关。

三、原　位　癌

原位癌（carcinoma in situ）是指非典型增生的细胞累及黏膜或皮肤的鳞状上皮全层，但没有突破基底膜向下浸润，如子宫颈、食管、皮肤等处的原位癌。腺上皮亦可发生原位癌，如乳腺的小叶原位癌。原位癌是一种早期癌，如果早期发现，积极治疗，是可以完全治愈的。

考点：原位癌的概念及特点

链 接　恶性肿瘤的早发现

恶性肿瘤患者的生存期与是否进行了早期有效治疗密切相关。晚期患者治疗后五年生存率极低，生存质量差。早期患者80%～90%可以治愈，同时生存质量也较高。因此，恶性肿瘤的早发现、早诊断、早治疗极为重要。定期开展健康检查或防癌普查（初筛），是早期发现恶性肿瘤的好方法。

第 7 节　常见肿瘤举例

一、上皮组织肿瘤

上皮组织发生的肿瘤最为常见，其中癌对人类的危害最大，也最多见。

（一）上皮组织良性肿瘤

1. 乳头状瘤（papilloma）　由被覆上皮发生，并向表面呈乳头状生长的良性肿瘤。肉眼观，肿瘤呈乳头状或手指状突起，也可呈菜花状或绒毛状外观，根部常变细形成蒂（图4-16）。镜下观，乳头轴心为结缔组织间质，表面覆盖的瘤细胞可为鳞状上皮（图4-17）、柱状上皮或移行上皮。发生于外耳道、阴茎、膀胱和结肠的乳头状瘤容易恶变。

图4-16　乳头状瘤（肉眼观）
标本为皮肤乳头状瘤。肿瘤表面呈乳头状外观，底部有蒂

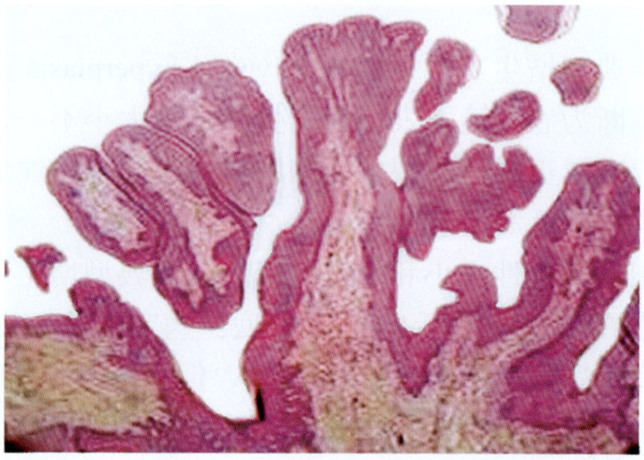

图4-17　乳头状瘤（镜下观，10×10，HE染色）
标本为皮肤乳头状瘤。乳头表面覆盖鳞状上皮，乳头轴心为纤维结缔组织

2. 腺瘤（adenoma）　由腺体、导管或分泌上皮发生的良性肿瘤，多见于甲状腺、乳腺、胃肠道、涎腺、卵巢等处。发生于黏膜的腺瘤多呈息肉状，有蒂与黏膜相连；发生于腺器官的腺瘤多呈结节状，常有包膜，与周围组织分界清楚（图4-18）。腺瘤的腺体与其起源的腺体不仅在形态上相似，而且常具有一定的分泌功能，但排列结构不同。根据腺瘤的组成成分或形态特点，可分为如下常见类型。

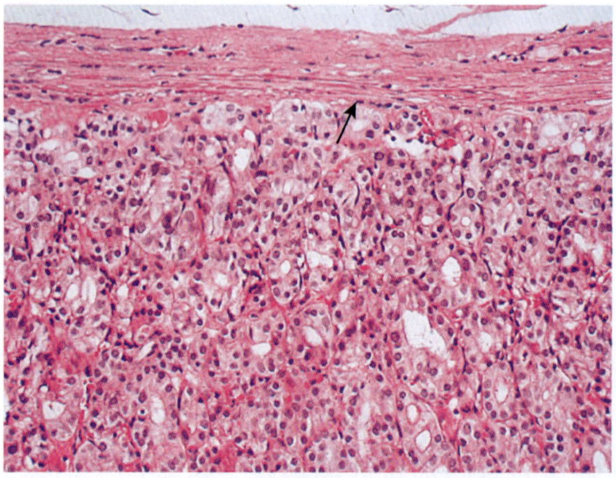

图4-18　甲状腺滤泡腺瘤（镜下观，40×10，HE染色）
瘤细胞呈滤泡状排列，肿瘤包膜完整（↑），与正常组织分界清楚

（1）囊腺瘤（cystadenoma）　常见于卵巢等部位。瘤细胞分泌大量黏液或浆液，使腺腔扩大并互相融合成囊腔而呈囊状。有的腺瘤细胞向囊腔内呈乳头状增生，形成乳头状囊腺瘤，此类腺瘤易发生癌变。

（2）息肉状腺瘤（polypous adenoma）　常见于胃肠道黏膜，呈息肉状，有蒂和黏膜相连（图4-19）。结肠的绒毛状腺瘤和家族性腺瘤性息肉病易发生癌变。

（3）纤维腺瘤（fibroadenoma）　多见于女性乳腺。肉眼观，肿瘤常为单个，呈结节状或分叶状，有包膜，其分界清楚。镜下观，乳腺导管扩张，乳腺导管上皮细胞和周围结缔组织均增生（图4-20）。

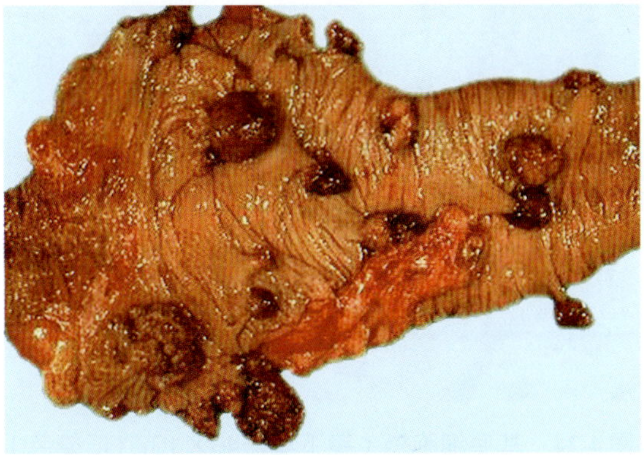

图4-19　息肉状腺瘤（肉眼观）
标本为结肠家族性腺瘤性息肉病。结肠黏膜面有较多大小不等的息肉状腺瘤，底部有蒂与肠黏膜相连

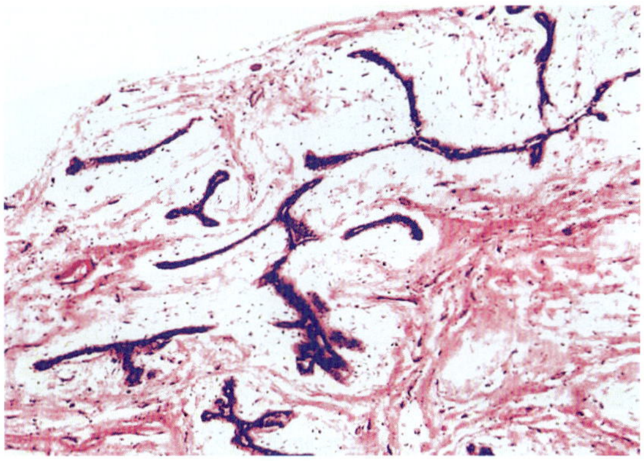

图4-20　乳腺纤维腺瘤（镜下观，10×10，HE染色）
乳腺导管上皮细胞和纤维细胞均增生，纤维结缔组织发生黏液样变性

（4）多形性腺瘤（pleomorphic adenoma）　为交界性肿瘤，多见于涎腺，特别是腮腺，生长缓慢。镜下观，肿瘤主要由腺管、鳞状上皮、黏液样基质和软骨样组织构成。过去称为混合瘤，切除后易复发。

（二）上皮组织恶性肿瘤

1. 鳞状细胞癌（squamous cell carcinoma）　常见于有鳞状上皮被覆的皮肤、鼻咽、食管、阴茎、阴道、子宫颈等处，非鳞状上皮被覆的部位也可发生（如胆囊、支气管、膀胱）。肿瘤多呈蕈状、菜花状或溃疡状（图4-21）。镜下观，癌组织形成不规则的条索状、片块状癌巢。分化较好者，其癌巢中央可出现层状的角化物，称为角化珠或癌珠，癌巢间为增生的结缔组织（图4-22）。

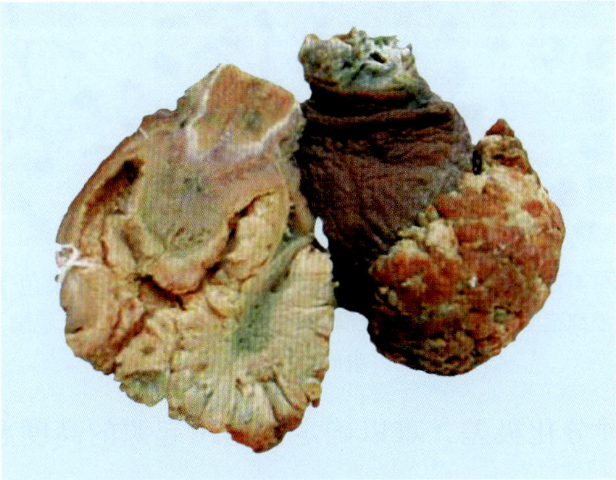

图4-21　鳞状细胞癌（肉眼观）
标本为阴茎鳞状细胞癌。肿瘤侵及整个龟头，外观呈菜花状

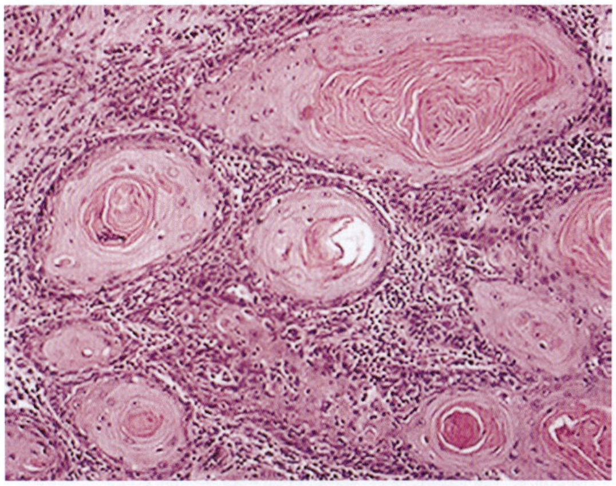

图4-22　鳞状细胞癌（镜下观，40×10，HE染色）
癌细胞呈巢状排列，癌巢中央有角化珠形成

2. 基底细胞癌（basal cell carcinoma）　起源于皮肤的基底细胞，多见于中、老年人面部，尤以眼睑、颊和鼻翼等处多见（图4-23）。镜下观，癌巢主要由浓染的基底细胞样癌细胞构成，边缘的癌细胞呈柱状、栅栏状排列（图4-24）。肿瘤生长较慢，表面常形成溃疡，可浸润破坏深层组织，少转移，恶性程度低，对放射治疗敏感，预后较好。

3. 移行细胞癌（transitional cell carcinoma）　又称为尿路上皮癌，起源于膀胱和肾盂等处的移行上皮细胞。

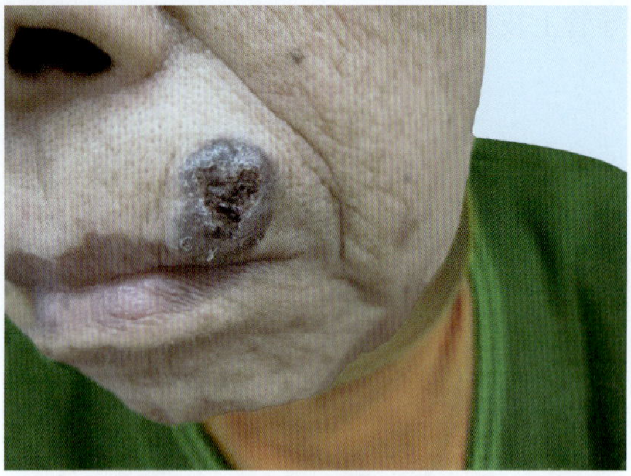

图4-23 基底细胞癌（肉眼观）
鼻根部有一浅表溃疡，表面出血、坏死

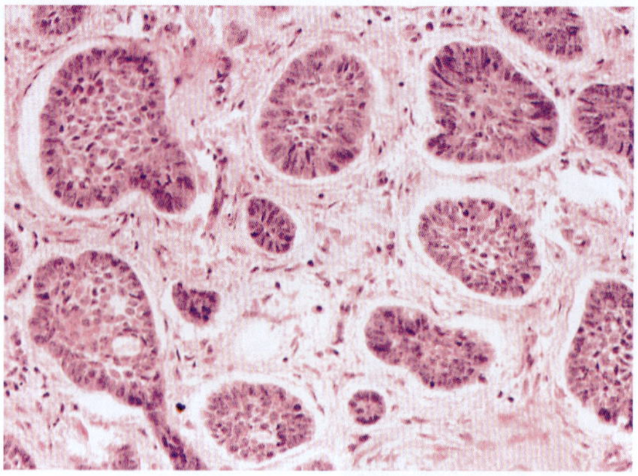

图4-24 基底细胞癌（镜下观，40×10，HE染色）
癌巢由基底细胞样细胞构成，边缘的癌细胞呈栅栏状排列

4. 腺癌（adenocarcinoma） 起源于腺上皮，多发生在乳腺、胃肠道、肝、胆囊、子宫体、甲状腺等处。发生部位不同，肿瘤可呈息肉状、溃疡状、结节状等。镜下观，瘤细胞可形成大小不等、形态不规则的腺管样结构（图4-25）。分化较差者，形成实性癌巢。胃肠道的腺癌分泌大量黏液，堆积在腺腔内，称黏液腺癌。肉眼观，肿瘤呈半透明的胶胨状，又称胶样癌；黏液腺癌的癌细胞分泌大量的黏液，形成黏液湖，癌细胞内黏液将细胞核推向一侧，使细胞呈戒指样，飘浮在黏液中，故又称印戒细胞癌（图4-26）。

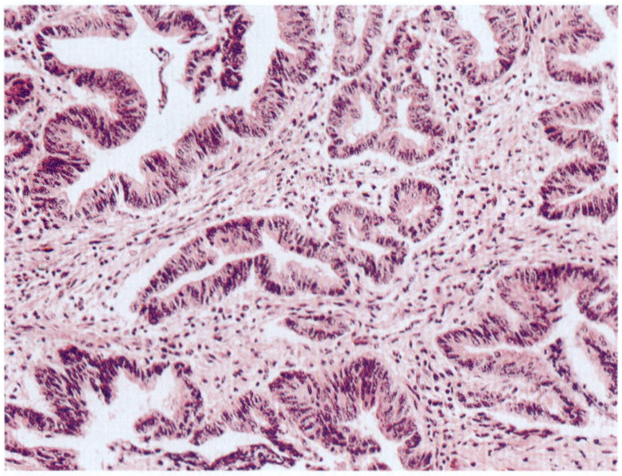

图4-25 结肠腺癌（镜下观，10×10，HE染色）
癌细胞排列成腺样结构，其大小不等，形态各异，极性紊乱

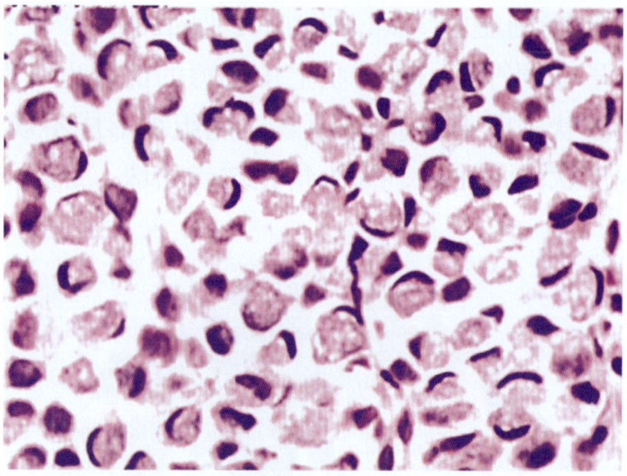

图4-26 印戒细胞癌（镜下观，40×10，HE染色）
癌细胞呈圆形，胞质内充满黏液，胞核位于细胞一侧，癌细胞形如戒指

5. 未分化癌（undifferentiated carcinoma） 是一种分化极差，难以确定其组织起源的高度恶性肿瘤。癌细胞异型性显著，核分裂象常见。

二、间叶组织肿瘤

案例 4-1

患者，男，15 岁。因“发现右小腿包块伴疼痛 1 月余”入院。

患者 1 月余前无明显诱因下出现右小腿疼痛，右小腿处稍肿胀，包块渐增大，CT 检查提示：右胫骨下段骨肉瘤可能，MR 示：右胫骨下段骨肉瘤可能。门诊拟“右胫骨下段骨肉瘤”收入院。患者病程中无发热，饮食睡眠可，大小便未见异常，近期体重无明显改变。体格检查：患者右小腿稍肿胀，触及一包块，约3cm×4cm大小，质韧，活动度差，边缘不清，压痛（+），皮肤完整，无破溃，皮温不高，双下肢感觉及血液循环未见异常，肌力及肌张力可，活动可。辅助检查：CT检查提示右胫骨下段骨肉瘤可能，MR示右胫骨下段骨肉瘤可能。

问题：1. 右下肢肿块属什么性质病变？请根据病理特点做出诊断。

2. 为什么出现局部疼痛？

（一）间叶组织良性肿瘤

1. 纤维瘤（fibroma） 多见于躯干四肢皮下和卵巢。肉眼观，肿瘤呈结节状，分界清楚，有包膜，切面灰白色，可见编织状纤维束，质韧。镜下观，肿瘤组织内的胶原纤维排列呈束状。肿瘤生长缓慢，一般切除后不复发。

2. 脂肪瘤（lipoma） 多见于四肢与躯干的皮下组织。肉眼观，肿瘤多呈分叶状或结节状，包膜薄而完整，切面淡黄色，质地柔软，似正常脂肪组织（图4-27）。镜下观，肿瘤由分化成熟的脂肪细胞构成，间质中有少量纤维组织与血管，和正常脂肪组织几乎无差别（图4-28）。肿瘤为单发或多发。手术易切除，术后不复发，极少恶变。

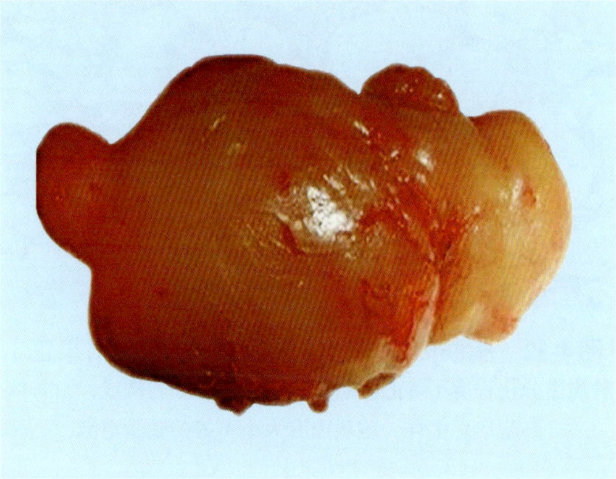

图4-27 脂肪瘤（肉眼观）

肿瘤呈淡黄色，分叶状，表面光滑，包膜完整

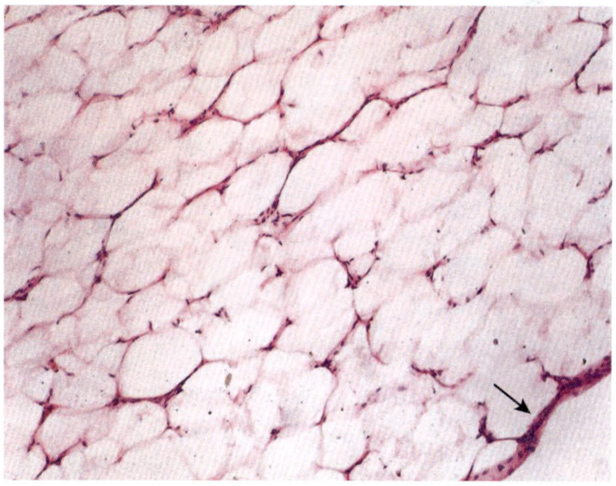

图4-28 脂肪瘤（镜下观，40×10，HE染色）

肿瘤由成熟的脂肪样细胞构成，细胞异型性小，边缘有薄而完整的包膜（↑）

3. 脉管瘤 包括血管瘤（hemangioma）和淋巴管瘤（lymphangioma），分别由分化成熟的血管和淋巴管组成，为先天性脉管组织发育畸形，多见于儿童。

4. 平滑肌瘤（leiomyoma） 由平滑肌发生的良性肿瘤。好发于子宫和胃肠道。可单发，亦可多发。肉眼观结节状，边界清楚，灰红色，可见编织状条纹（图4-29）。镜下观由成熟的平滑肌细胞构成，束状排列（图4-30）。

（二）间叶组织恶性肿瘤

1. 纤维肉瘤（fibrosarcoma） 由纤维组织发生的恶性肿瘤。好发于四肢皮下及深部组织。肉眼观，结节状，粉红色，质软、鱼肉状，可有假包膜。镜下观，由异型性明显的成纤维细胞样的细胞构成，产生胶原纤维，呈编织状排列（图4-31）。

2. 脂肪肉瘤（liposarcoma） 是成人较常见的肉瘤，好发于中老年人的大腿及腹膜后的深部软组织，极少发生于皮下脂肪，这与脂肪瘤的分布相反。肉眼观，肿瘤多呈结节状或分叶状，可有薄层包膜。分化好者呈黄色，似脂肪组织；分化差者可呈黏液样或鱼肉状改变。镜下观，肿瘤由不同异型程度的脂肪细胞和脂肪母细胞构成，脂肪母细胞呈星形、梭形、小圆形或多形性，胞质内有大小不等的脂滴空泡（图4-32）。

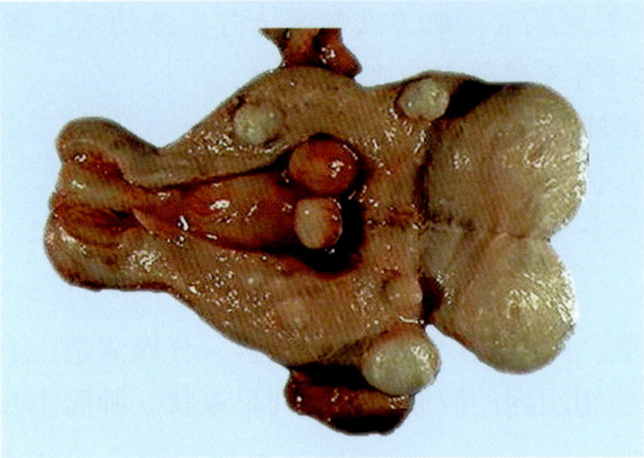

图4-29　平滑肌瘤（肉眼观）
标本为子宫平滑肌瘤。子宫切面有多个肿块，呈结节状，边界清楚，包膜完整

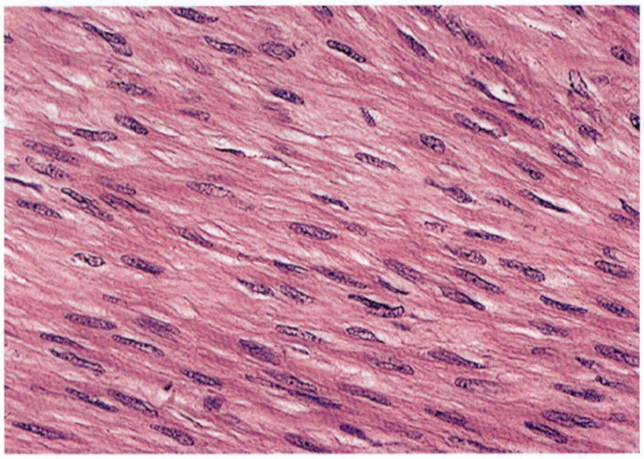

图4-30　平滑肌瘤（镜下观，40×10，HE染色）
平滑肌瘤细胞呈束状排列，细胞异型性较小

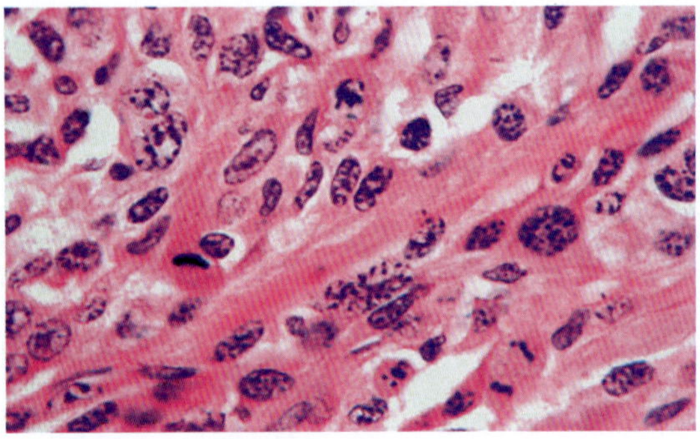

图4-31　纤维肉瘤（镜下观，40×10，HE染色）
肿瘤由短梭形细胞和胶原纤维组成，细胞丰富，异型性明显，有病理性核分裂象

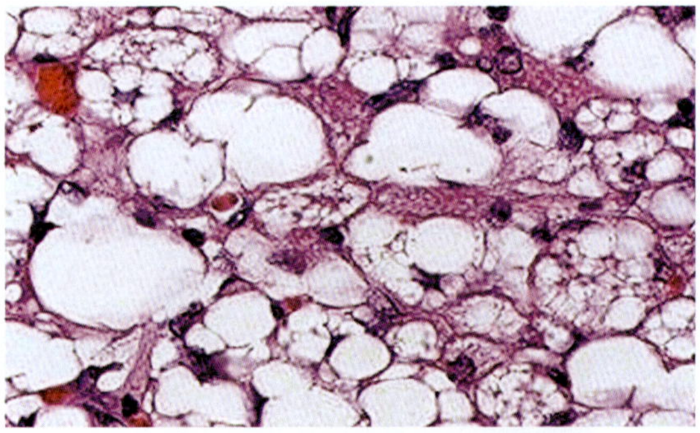

图4-32　脂肪肉瘤（镜下观，40×10，HE染色）
肿瘤由分化程度不等的脂肪细胞和脂肪母细胞构成，脂肪母细胞形态多样，胞质内有大小不等的脂滴空泡

3. 横纹肌肉瘤（rhabdomyosarcoma） 儿童较常见，高度恶性，主要由不同分化阶段的横纹肌母细胞组成，分化好者胞质红染可见纵纹和横纹。根据形态特点可分为三型：①胚胎性横纹肌肉瘤：好发于婴幼儿和儿童的头颈区、腹膜后和泌尿生殖道。②腺泡状横纹肌肉瘤：主要发生于青少年的四肢等处。③多形性横纹肌肉瘤：常见于老年人的股部、躯干和头颈部等处。横纹肌肉瘤早期多经血行转移，预后差。

4. 平滑肌肉瘤（leiomyosarcoma） 常见于子宫，亦可见于腹膜后、肠系膜、大网膜和皮肤等处，中、老年人多见。肉眼观，肿瘤呈不规则结节状，可有假包膜，常发生坏死、出血、囊性变等继发改变。镜下观，分化较好者，瘤细胞呈梭形，异型性不明显，排列紊乱，核分裂象易见，其中核分裂象的多少对判断恶性程度有重要意义。

5. 血管肉瘤（hemangiosarcoma） 起源于血管内皮细胞，可发生于各器官和软组织。肉眼观，肿瘤大小不等，边界不清，呈紫红色结节状，常伴坏死、出血或溃疡，切面呈灰褐色或棕红色，质软呈海绵状。镜下观，分化好者，主要由肿瘤性血管内皮细胞和其围成的血管组成；分化差者瘤细胞异型性明显，呈实性巢状或弥漫性分布，血管腔不明显或呈裂隙状，腔隙内可含红细胞。

6. 骨肉瘤（osteosarcoma） 多见于青少年，好发于四肢长骨的干骺端，尤其是股骨下端、胫骨和肱骨上端。肉眼观，肿瘤常形成梭形肿块，切面呈灰白色鱼肉状（图4-33），有出血、坏死。镜下观，瘤细胞异型性明显，可直接产生肿瘤性骨样组织或骨组织（图4-34）。骨肉瘤为高度恶性肿瘤，生长快，侵袭破坏能力强，常经血行转移到肺，预后差。

图4-33 股骨骨肉瘤（肉眼观）
肿瘤位于股骨上端，呈梭形，骨组织被破坏，切面呈灰白色肉状

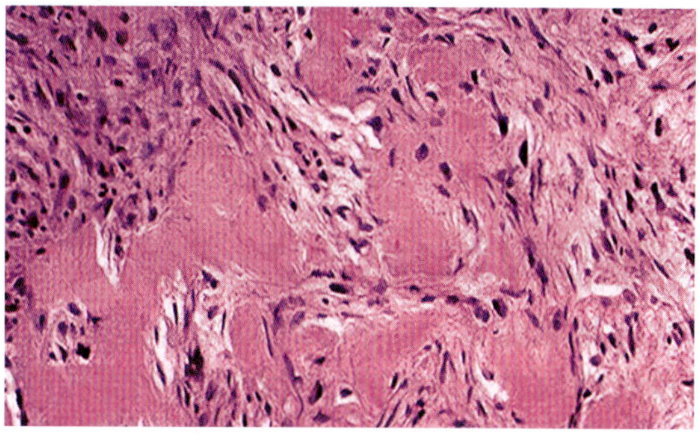

图4-34 骨肉瘤（镜下观，40×10，HE染色）
瘤细胞异型性明显，有肿瘤性骨样组织和骨组织形成

三、其他类型肿瘤

1. 黑色素瘤（melanoma） 是黑色素细胞发生的恶性肿瘤。恶性度高，容易发生转移。多发生于足底部、外阴及肛门周围皮肤。可以开始即为恶性，也可由黑痣恶变而来。黑痣色素加深、体积增大、生长加快，出现溃疡、出血等，常提示恶变。黑色素瘤细胞可呈巢状、条索状或腺泡样排列。瘤细胞也可呈多边形或梭形，核大，核仁红染而清楚，胞质内常见黑色素颗粒（图4-35）。

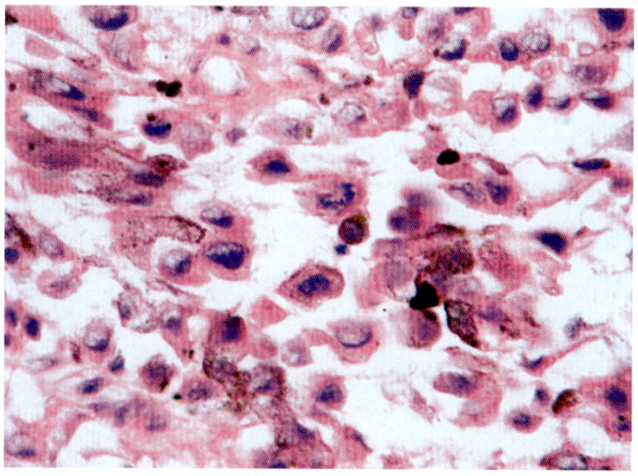

图4-35 黑色素瘤（镜下观，40×10，HE染色）
瘤细胞弥漫分布，大小不等，胞核大，常有嗜酸性大核仁，胞质内可见黑色素颗粒

2. 淋巴瘤（lymphoma） 较常见，是原发于淋巴网状组织的恶性肿瘤，恶性程度较高，可见于各年龄阶段，常发生于淋巴结，亦可发生于淋巴结外，分为霍奇金淋巴瘤和非霍奇金淋巴瘤两类，每一类又分为若干型。临床表现多为淋巴结无痛性肿大，饱满质硬。镜下观，淋巴结结构被破坏。其中，非霍奇金淋巴瘤的特点是不成熟的淋巴细胞样瘤细胞增生，弥漫性分布，细胞成分相对单一，有一定异型性（图4-36）。霍奇金淋巴瘤的细胞成分较复杂，在小淋巴细胞的背景上，散在浆细胞、组织细胞、嗜酸性粒细胞等，可见具有诊断意义的里-施细胞（R-S细胞）。该细胞体积大，卵圆形，胞质丰富，核大呈卵圆形，双核，核膜厚而清楚，有大而圆的核仁，呈镜影状（图4-37）。

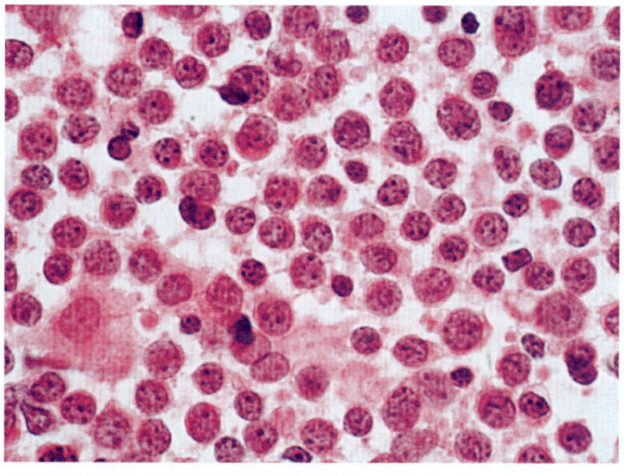

图4-36 非霍奇金淋巴瘤（镜下观，40×10，HE染色）
肿瘤主要由不成熟的淋巴细胞构成，弥漫性分布，细胞成分相对单一

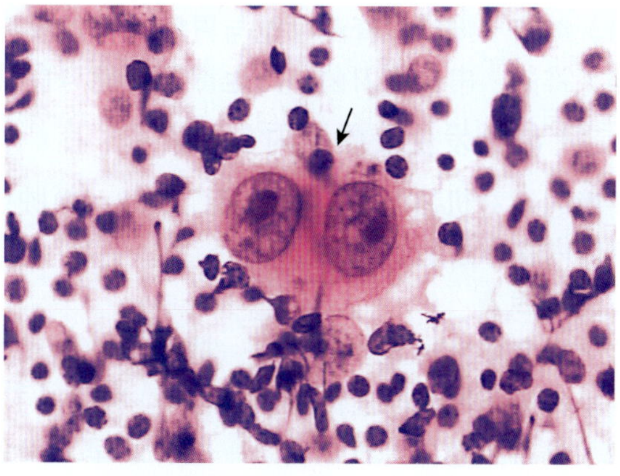

图4-37 霍奇金淋巴瘤（镜下观，40×10，HE染色）
细胞成分较复杂，见R-S细胞（↑）

第 8 节　肿瘤的病因学、发病学、诊断及防治原则

一、病　因　学

（一）外界致癌因素

1. 化学致癌因素　化学致癌物在结构上是多种多样的，其中有少部分不需在体内转化即可致癌，称为直接致癌物，如烷化剂。绝大部分则需在体内（主要是肝脏）进行代谢、活化后才能致癌，称为间接致癌物，如3，4-苯并芘。某些物质本身虽无致癌性，但可使化学致癌物的致癌作用增强，这种增加致癌效应的物质称为促癌物，如巴豆油、激素、酚等。

常见的化学致癌物及致癌作用见表4-5。

表4-5　常见化学致癌物及致癌作用

化学致癌物	存在形式	所致肿瘤
多环芳烃（如3, 4-苯并芘、1, 2, 5, 6-双苯并蒽、3-甲基胆蒽、9, 10-二甲基苯蒽）	石油、煤焦油、烟草燃烧的废气、烟雾，以及烟熏烧烤的鱼、肉食品	肺癌、胃癌
芳香胺与氨基偶氮染料（如乙萘胺、联苯胺、4-氨基联苯）	工业用品和原料	膀胱癌、肝癌
亚硝胺类	食品保存剂和着色剂	食管癌、胃癌、肝癌
霉菌毒素	霉变的粮食作物	肝癌
烷化剂与酰化剂（如环磷酰胺、氮芥、苯丁酸氮芥、亚硝基脲）	抗肿瘤药	粒细胞性白血病
其他致癌物	镍、镉、砷、苯	鼻咽癌、肺癌、肾癌、前列腺癌、白血病

2. 物理致癌因素　主要有电离辐射、紫外线和热作用。如长期接触X线及镭、铀、氡等放射性核素则易引起皮肤癌、白血病、肺癌等。长期过度照射紫外线也可引起外露皮肤的鳞状细胞癌、基底细胞癌或黑色素瘤。食管癌和一些皮肤癌的发生可能与热的长期作用有关。

3. 生物性致癌因素

（1）病毒　目前已知能引起人或动物肿瘤的病毒有上百种，如乙肝和丙肝病毒与肝细胞癌有关；人乳头状瘤病毒、单纯疱疹病毒、巨细胞病毒与子宫颈癌有关；EB病毒与鼻咽癌和伯基特淋巴瘤（Burkitt lymphoma）有关。

（2）寄生虫　结肠癌的发生与日本血吸虫病有关，胆管细胞性肝癌的发生与华支睾吸虫病有关。

（3）细菌　幽门螺杆菌可能与胃癌、胃黏膜相关淋巴组织淋巴瘤的发生有关。

（4）霉菌　串珠镰刀菌、白地霉菌可能与食管癌的发生有关。

（二）肿瘤发生发展的内在因素

环境因素对机体的影响是普遍存在的，而肿瘤的发生又是相对有限的。因此，在肿瘤发生和发展中，机体内在因素起着重要作用。

1. 遗传因素

（1）呈常染色体显性遗传　一些肿瘤，如视网膜母细胞瘤、肾母细胞瘤、结直肠家族性腺瘤性息肉病等呈常染色体显性遗传。

（2）呈常染色体隐性遗传　一些肿瘤呈常染色体隐性遗传，如着色性干皮病患者经紫外线照射后易患皮肤癌、共济失调毛细血管扩张症患者易发生急性白血病和淋巴瘤等。

（3）遗传易感性　一些肿瘤，如乳腺癌、胃肠道癌、食管癌、鼻咽癌、白血病、子宫内膜癌等具

有家族聚集倾向，提示具有遗传易感性的个体更易患上述肿瘤。

2. 免疫因素 机体的抗肿瘤免疫以细胞免疫为主，其中细胞毒性T细胞在细胞免疫中扮演重要角色。

3. 种族因素 某些肿瘤的发生有明显的种族差异。如胃癌日本人多见，乳腺癌欧美人多见，而鼻咽癌则我国广东人多见。可能与不同的地理环境、生活方式、遗传等多种因素有关。

4. 年龄、性别和激素因素

（1）年龄 年龄对肿瘤的发生有一定影响。如神经母细胞瘤、肾母细胞瘤等好发于儿童；骨肉瘤、横纹肌肉瘤好发于青年人，而大部分癌以老年人多见。

（2）性别 肺癌、食管癌、胃癌、大肠癌、肝癌男性多于女性；而生殖系统肿瘤、甲状腺、乳腺及胆囊肿瘤女性多于男性。肿瘤发生的性别差异，可能与体内激素水平不同及接触致癌物质的机会不同有关。

（3）激素 某些肿瘤的发生、发展与内分泌功能紊乱有一定的关系。如雌激素水平过高可致乳腺和子宫内膜过度增生，引发乳腺癌和子宫内膜样腺癌。

二、发 病 学

随着分子生物学的发展，人们对肿瘤发生发展的研究有了很大的进展。

1. 肿瘤从本质上来说是一种基因病。

2. 肿瘤的形成是瘤细胞单克隆性扩增的结果。

3. 内、外致瘤因素引起的细胞遗传物质（DNA）改变的主要靶基因是原癌基因和抑癌基因，原癌基因的激活和（或）抑癌基因的失活导致细胞的恶性转化。

4. 肿瘤的发生不只是单个基因突变的结果，而是一个长期的分阶段的多种基因突变积累的过程。

5. 机体的免疫监视体系在防止肿瘤发生上起重要作用，肿瘤的发生是免疫监视功能丧失的结果。

肿瘤的发生发展是异常复杂的过程，仍有许多未知的领域需要进一步探索和发现。

三、诊断原则

肿瘤诊断要根据细胞学检查结果及组织病理学检查的结果。肿瘤的大体形态、细胞的形态、组织的形态、细胞的超微结构及免疫组化反应等方面，是肿瘤组织的起源及生物学行为的体现，同时也是做出肿瘤病理诊断的主要依据。例如，根据肿瘤细胞的形态、生物学行为等方面，来确定肿瘤的良恶性。也可以根据细胞的分化程度等指标来进行肿瘤的分类。

四、防治原则

肿瘤危害人类的健康，肿瘤的病因及发病机制尚未完全阐明，肿瘤早期的诊断和治疗手段还比较有限。因此，预防肿瘤是目前抗击肿瘤最有效的手段。应采取有效措施，加强对民众的教育，提高对肿瘤的认识，树立三级预防的观念。①一级预防：即病因预防，尽量消除和减少各种致瘤因素，降低发病率。②二级预防：即做到“三早”，早发现、早诊断、早治疗，提高诊断率和治愈率，降低病死率。各种检查手段中以病理检查最为可靠和准确。③三级预防：即康复预防。减轻患者痛苦，提高生存质量，延长生命。

尽管肿瘤的治疗有手术切除、化学治疗、放射治疗、中医中药治疗等方法，但在临床工作中应视肿瘤性质、临床分型分期及患者身体状况而选择恰当的方法。恶性肿瘤的治疗原则是以手术切除为主的综合治疗。通常早期以手术切除为主，中期采取手术切除或辅以局部放射治疗或全身化疗，晚期采取综合治疗。

医者仁心

为攻克肿瘤而生的英雄——石远凯

“患者是医生的战友，他们性命相托，我们就要全力以赴。”和肿瘤斗争了将近40年的国家癌症中心原副主任、中国医学科学院肿瘤医院原副院长石远凯，对一起作战的这些“战友们”的需求感同身受，他一路披荆斩棘、不断寻找新的药物和治疗方法，延长患者们生命的长度。他领导或参与了350余项抗肿瘤药物及相关临床研究，是承担我国自主研发抗肿瘤新药临床试验最多的主要研究者，他说：“所有的成绩都是以时间为代价积累出来的。”他为我国抗肿瘤新药临床研发和应用、肿瘤内科的学科发展做了大量开拓性工作，从青春到白发，脚踏实地率领团队在肿瘤内科治疗发展史上写下了无悔的奉献篇章。

自 测 题

一、名词解释

肿瘤　异型性　分化　原位癌　转移　癌　肉瘤

二、填空题

1. 肿瘤的扩散包括________和________。
2. 肿瘤常见的转移途径有________、________和________。
3. 肿瘤的生长方式有________、________和________。
4. 肿瘤的异型性表现为________和________两个方面。

三、单项选择题

1. 肿瘤细胞分化程度越高
   A. 恶性程度越高　B. 转移越早
   C. 恶性程度越低　D. 对放射治疗越敏感
   E. 预后越差
2. 关于肿瘤性增生的特点下列不正确的是
   A. 致瘤因素去除后生长停止
   B. 具有异常的代谢和功能
   C. 能遗传给子代细胞
   D. 与机体不协调，有害无益
   E. 细胞形态幼稚
3. 下列哪种恶性肿瘤来源于间叶组织
   A. 腺癌　B. 印戒细胞癌
   C. 鳞状细胞癌　D. 横纹肌肉瘤
   E. 尿路上皮癌
4. 肿瘤的异型性是指
   A. 癌和肉瘤的区别
   B. 肿瘤实质与间质的不同
   C. 瘤细胞的形态不一致
   D. 瘤间质多少的差异
   E. 肿瘤与其来源组织在细胞形态和组织结构上的差异
5. 诊断恶性肿瘤的主要依据是
   A. 肿瘤有出血、坏死　B. 肿瘤的异型性
   C. 肿瘤的大小　D. 肿瘤的肉眼形态
   E. 肿瘤有溃疡形成
6. 下列哪项是来源于上皮组织的恶性肿瘤
   A. 乳头状瘤　B. 囊腺瘤
   C. 脂肪瘤　D. 腺癌
   E. 骨肉瘤
7. 以下不属于癌前病变的是
   A. 肝硬化　B. 慢性萎缩性胃炎
   C. 子宫平滑肌瘤　D. 结直肠家族性腺瘤性息肉病
   E. 乳腺纤维囊性变
8. 肺转移性癌指的是
   A. 肺癌转移至肝
   B. 肺癌转移至肺
   C. 肝癌和肺癌同时转移到他处
   D. 肝癌和肺癌互相转移
   E. 他处的癌转移到肺
9. 肿瘤的扩散方式概括起来有
   A. 浸润血管　B. 浸润淋巴管
   C. 浸润器官全层　D. 直接蔓延和转移
   E. 浸润邻近组织
10. 下列哪些符合鳞状细胞癌的特征
    A. 多经淋巴转移
    B. 呈浸润性生长
    C. 无鳞状上皮的部位也可发生
    D. 可有角化珠形成
    E. 以上均符合
11. 来源于三个胚层组织的肿瘤称为
    A. 癌肉瘤　B. 混合瘤
    C. 畸胎瘤　D. 错构瘤
    E. 胚胎瘤
12. 下列哪项不是肉瘤的特征
    A. 多见于青少年　B. 瘤细胞呈巢状
    C. 多经血行转移　D. 切面呈鱼肉状

E. 瘤细胞间有网状纤维

13. 肉瘤的主要转移途径是

A. 直接蔓延　　B. 血行转移

C. 淋巴转移　　D. 种植性转移

E. 医源性转移

14. 下列哪项是来源于上皮细胞的肿瘤

A. 毛细血管瘤　　B. 淋巴管瘤

C. 乳头状瘤　　D. 畸胎瘤

E. 神经鞘瘤

15. 癌前病变是指

A. 早期浸润癌

B. 良性肿瘤病变

C. 类似肿瘤的瘤样病变

D. 有可能癌变的良性病变

E. 上皮内瘤变

16. 癌和肉瘤的区别不包括

A. 肿瘤的异型性大小

B. 肉眼病变特点

C. 瘤细胞镜下排列特点

D. 网状纤维分布部位

E. 组织来源

17. 良性肿瘤的异型性表现为

A. 瘤细胞多形性

B. 瘤细胞核的多形性

C. 瘤实质及间质排列紊乱

D. 病理性核分裂象

E. 核质比例异常增大

18. 下列哪一种不属于真正的肿瘤

A. 霍奇金病　　B. 白血病

C. 畸胎瘤　　D. 动脉瘤

E. 类癌

19. 下列哪项是恶性肿瘤细胞的形态特点

A. 核大　　B. 多核

C. 核仁大　　D. 有核分裂

E. 有病理性核分裂象

20. 下列均属于癌前病变，但应除外

A. 乳腺纤维囊性变

B. 十二指肠溃疡

C. 黏膜白斑

D. 结直肠家族性腺瘤性息肉病

E. 小腿慢性溃疡

21. 肿瘤血行转移最常见的部位是

A. 肺、胸膜、脑　　B. 肺、肾、胃、脾

C. 肝、腹膜、骨、肾　　D. 肝、肺

E. 肝、腹膜、脑

22. 下列哪种不是恶性肿瘤

A. 无性细胞瘤　　B. 精原细胞瘤

C. 畸胎瘤　　D. 淋巴瘤

E. 白血病

23. 肿瘤的基本结构是

A. 血管　　B. 实质和间质

C. 淋巴管　　D. 神经纤维

E. 结缔组织

四、简答题

1. 列举肿瘤性增生与非肿瘤性增生的区别。
2. 列举良性肿瘤和恶性肿瘤的区别。
3. 列举恶性肿瘤对机体的影响。

（佘佐亚）

第5章

心血管系统疾病

学习目标

1. 素质目标　培养学生“医者大爱、仁心仁术”的道德准则；初步养成珍视生命、关爱患者、爱岗敬业的职业观念；培养精益求精的工匠精神。

2. 知识目标

（1）掌握　动脉粥样硬化的基本病理变化；冠状动脉粥样硬化性心脏病的病理变化及类型；高血压的基本病理变化及类型；风湿病的基本病理变化及各器官病变与临床病理联系。

（2）熟悉　动脉粥样硬化的病因及发病机制；主动脉粥样硬化、脑动脉粥样硬化及肾动脉粥样硬化的临床病理联系；原发性高血压的病因及发病机制；二尖瓣狭窄及二尖瓣关闭不全的临床病理联系。

（3）了解　原发性高血压的预后；主动脉瓣狭窄及主动脉瓣关闭不全的临床病理联系。

3. 能力目标　能说出心绞痛与心肌梗死的联系和区别；能解释原发性高血压的内脏改变；能明确风湿病发病原因及临床特点。

心血管系统由心脏、动脉、毛细血管和静脉组成，是维持血液循环、血液和组织液之间物质交换的基本结构，其主要功能是完成体内物质运输，保证机体新陈代谢的不断进行。此外，心血管系统还具有重要的内分泌功能。我国心血管系统疾病的发病率，尤其是原发性高血压、动脉粥样硬化和冠状动脉性心脏病的发病率和病死率近年来显著升高，应引起高度重视。

第1节　动脉粥样硬化

案例 5-1

患者，男，60岁。因心前区剧痛，并向左肩、左上肢放射2天就诊。入院后3天，患者突然呼吸急迫、咳粉红色泡沫痰，经强心等抢救无效死亡。尸检发现，心脏体积无明显增大，左冠状动脉开口狭窄，前降支可见半月形狭窄，左心室前壁及室间隔前部有数处灰黄色梗死灶。主动脉及其分支有粥样硬化病变。镜下观，冠状动脉和主动脉均见动脉粥样硬化病变，冠状动脉病变处可见血栓形成。肺质地较实，切面可挤出泡沫状的血性液体。

问题：1. 死者可能患什么疾病？
2. 死亡原因是什么？

考点：动脉粥样硬化的概念

动脉硬化（arteriosclerosis）是泛指非炎症因素引起的原发性动脉壁增厚、变硬及弹性降低的一类动脉疾病。主要包括动脉粥样硬化、动脉中膜钙化和细动脉硬化三种类型，其中动脉粥样硬化最常见、最重要。

脂质代谢障碍，导致脂质在动脉内膜下沉积并形成斑块，使动脉壁增厚、变硬，管腔狭窄，称为动脉粥样硬化（atherosclerosis，AS），是心血管系统常见疾病。病变最常累及主动脉、冠状动脉、脑底动脉、肾动脉及四肢动脉等大、中动脉。其特征性病变是粥样斑块形成。临床上常因动脉管腔狭窄而继发相应的组织、器官缺血、缺氧和坏死等，当动脉粥样硬化发生于心、脑等重要器官时，常造成严重后果，甚至危及患者的生命。

一、病因及发病机制

动脉粥样硬化的病因较多，迄今为止尚未完全阐明。大量临床、流行病学调查及实验研究资料表明，它是多种因素作用于不同环节所致，主要因素为高脂血症、高血压、糖尿病和不良生活习惯等，这些因素被称为易患因素或危险因素。

1. 高脂血症 是指血浆总胆固醇（TC）和三酰甘油（TAG）的异常升高，这是动脉粥样硬化发生的重要危险因素。

（1）血脂升高的原因 引起血中脂质水平升高的因素很多，包括外源性摄入过多和内源性合成过多两个方面。多食动物性脂肪的人群，血中总胆固醇含量较高，动脉粥样硬化的发病率亦会相应较高，进食过多的动物脂肪和高胆固醇食物是外源性摄入过多的主要原因。糖尿病、甲状腺功能减退症、肾病综合征等疾病，能引起血中脂质的升高，其动脉粥样硬化的发病率较高。因此，减少高脂、高胆固醇物质的摄入，积极治疗能引起血脂增高的疾病，有利于预防动脉粥样硬化的发生。

（2）脂蛋白的类型及作用 血中的胆固醇和三酰甘油并不是以游离的形式存在，而是与血浆蛋白和磷脂结合构成亲水性脂蛋白。按血浆脂蛋白的密度不同可将其分为四类：乳糜微粒（CM）、极低密度脂蛋白（VLDL）、低密度脂蛋白（LDL）和高密度脂蛋白（HDL）。因血中LDL的胆固醇含量最高，且分子量较小，易于氧化，故容易透过动脉内膜受损区而沉积于动脉内膜下。血中的VLDL降解后形成LDL，因此LDL与VLDL的升高与动脉粥样硬化的发病密切相关。血中的HDL是胆固醇的逆向转运载体，能促使过多的胆固醇从肝外转运至肝脏进行降解和排泄，从而降低血中胆固醇的量。此外，HDL还能抑制LDL与血管内皮细胞受体结合，减少胆固醇在动脉内膜下的沉积。因此，HDL对动脉粥样硬化的发生有拮抗作用。

2. 高血压 虽然高血压和动脉粥样硬化各自为独立的疾病，但前者能促进后者提早发生，并能加重其病变程度。高血压患者与同年龄、同性别的血压正常者相比，其动脉粥样硬化的发生概率高4倍，且发生早、程度重。可能与高血压时，血流对血管壁的机械性压力和冲击作用较大，动脉内膜容易受损有关。这不仅使血中的脂蛋白更容易于透入内膜，同时，内膜下的胶原纤维暴露，可引起血小板聚集，而聚集的血小板释放生长因子，刺激动脉中膜平滑肌细胞（SMC）大量增生并移入内膜，吞噬和分解脂蛋白，并产生胶原纤维、弹性纤维等，最终形成具有特征性的粥样斑块。

3. 吸烟 是发生心肌梗死主要的、独立的危险因素。吸烟可使血中具有拮抗动脉粥样硬化的HDL降低，并使血液中的一氧化碳浓度明显升高，损害血管内皮细胞和刺激内膜胶原纤维增生，从而促进动脉粥样硬化的发生。此外，烟草中的一种糖蛋白，能激活凝血因子Ⅶ及某种致突变物质，刺激内皮细胞释放生长因子，诱导血管壁SMC增生，并促使附壁血栓的形成，在动脉内膜上形成机化斑块。

链 接 吸烟与动脉粥样硬化的关系

吸烟与动脉粥样硬化的关系十分密切。烟叶的不完全燃烧可产生尼古丁、多环芳香烃、酚、一氧化碳等有毒有害物质，通过多种途径引起动脉粥样硬化。①吸烟使血中的胆固醇、三酰甘油、LDL升高，并能进一步使LDL氧化形成氧化型LDL，而后者可通过损伤血管内皮细胞及平滑肌细胞形成动脉粥样斑块。②吸烟能降低HDL中的胆固醇，抑制前列环素生成，从而引起动脉收缩、管壁增厚、管腔狭窄和血流缓慢。③吸烟产生的超氧阴离子能降低一氧化氮的生物活性，导致动脉内皮损伤。④吸烟产生的尼古丁可通过促进内皮细胞分泌肿瘤坏死因子，抑制内皮细胞生长，促进动脉粥样硬化的形成。⑤吸烟能诱导血浆纤维蛋白原水平升高，导致凝血系统功能紊乱。⑥吸烟影响花生四烯酸代谢，减少前列环素生成。⑦吸烟产生的尼古丁可活化中性粒细胞，促进其与内皮细胞黏附，进而内皮细胞释放细胞黏附因子等炎症介质。当动脉粥样硬化斑块表面出现临床上不易发现的小溃破和血栓时，吸烟患者的动脉内皮细胞快速释放组织纤溶酶原，促进动脉血栓形成。

4. 糖尿病和高胰岛素血症 糖尿病患者较无糖尿病患者的动脉粥样硬化的发病率高2倍。由于糖代谢紊乱，患者血液中HDL水平降低，减弱了对LDL的拮抗作用。同时，血糖的升高可使LDL糖基化，这些经过修饰的LDL能促进血液中单核细胞移入血管内膜，吞噬其中的胆固醇后转变为泡沫细胞。此外，血中胰岛素水平的升高与动脉粥样硬化的发生也有着密切的关系。临床资料表明，血中的胰岛素水平越高，其发生冠状动脉性心脏病的概率也就越高。

5. 其他因素 动脉粥样硬化的发生还与遗传、年龄、性别和肥胖等因素有关。①动脉粥样硬化的发生有明显的家族倾向，提示本病的发生与遗传有关。家族中若有较年轻时患动脉粥样硬化者，其后代患病的概率比无这种情况的家族高出5倍。②动脉粥样硬化的检出率及病变的严重程度随着年龄的增长而增加，说明其发生与年龄有关。③血中雌激素能升高血中HDL水平并降低胆固醇含量，所以女性在绝经前比同龄的男性动脉粥样硬化的发病率低，而在绝经后这种性别差异消失。④肥胖者易患高脂血症、高血压和糖尿病，间接促进动脉粥样硬化的发生。

动脉粥样硬化的发病机制比较复杂，目前仍争议较大。血中脂质的升高为动脉粥样硬化发生的物质基础，而动脉管壁的结构和功能的改变等，则能促进动脉粥样硬化的发生。由于上述诸多因素的共同作用，推动动脉粥样硬化的发生和发展。

考点：动脉粥样硬化的病因

二、基本病理变化

动脉粥样硬化的病变主要累及全身的弹性动脉和肌性动脉，即大动脉（如主动脉）和中动脉（如冠状动脉、脑底动脉等），其特征性病变是粥样斑块的形成。根据病变的发展过程可将其分为以下几个阶段。

1. 脂纹与脂斑 这是本病的早期病变。肉眼观，内膜表面有淡黄色条纹或斑点，平坦或稍突起，条纹宽为1～2mm、长短不一，斑点呈帽头针大小（图5-1）。镜下观，可见病灶内有大量的泡沫细胞聚集。该细胞体积较大，呈圆形或梭形，胞质内还有较多大小不等的脂质空泡（图5-2）。泡沫细胞通常是由中膜迁入内膜的平滑肌细胞及来自血液的单核细胞吞噬沉积的脂质转化而来。

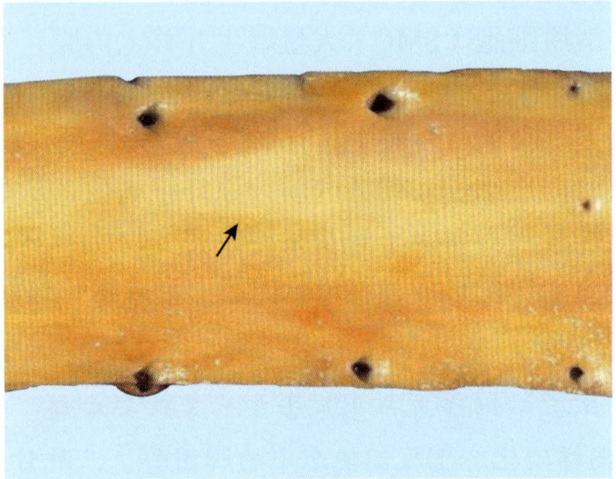

图5-1 脂纹脂斑（肉眼观）
主动脉内膜表面有淡黄色条纹或斑点，平坦或稍突起（↑）

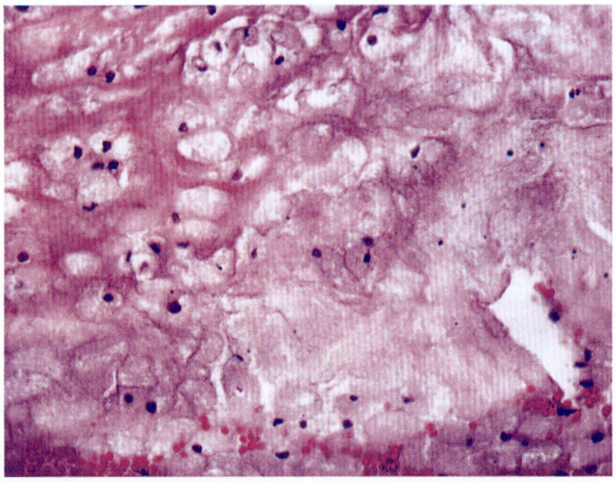

图5-2 脂纹脂斑（镜下观，40×10，HE染色）
病灶中见大量泡沫细胞聚集

脂纹与脂斑阶段的病变对机体无明显影响，由于尚未发生纤维组织增生，当去除病因后该病变即可消退。脂纹与脂斑病变十分常见，根据尸检观察，主动脉脂纹检出率9岁以下儿童占10%，10～19岁则达到近50%。

2. 纤维斑块 脂纹与脂斑进一步发展即演变成纤维斑块。肉眼观，为突起于内膜表面的淡黄色或灰黄色斑块（图5-3）。随着其表层的胶原纤维不断增厚和玻璃样变性，脂质被埋于深层，呈瓷白色。镜下观，斑块表层是由大量胶原纤维、平滑肌细胞、弹性纤维及蛋白聚糖形成的厚薄不一的纤维帽。纤维帽之下可见数量不等的泡沫细胞、平滑肌细胞及炎症细胞。

图5-3 纤维斑块（肉眼观）
剖开胸主动脉内膜表面可见散在不规则隆起的斑块，呈瓷白色

3. 粥样斑块 亦称粥瘤。随着病变的发展，纤维斑块深层组织因缺血、缺氧而发生坏死、崩解，崩解物与脂质混合成粥样物质而形成粥样斑块（图5-4）。切面可见斑块表面为纤维帽，深层为黄色的粥样物质。镜下观，纤维帽的胶原纤维呈玻璃样变性，SMC埋于细胞外基质中，深层为无定形坏死物质，内含大量胆固醇结晶（HE染色为针状或菱形空隙）（图5-5），可见钙盐沉积。斑块底部和边缘常出现肉芽组织，外周见少量淋巴细胞浸润和泡沫细胞。病变严重者，斑块下的中膜呈不同程度的萎缩、变薄，内弹力板可发生断裂。

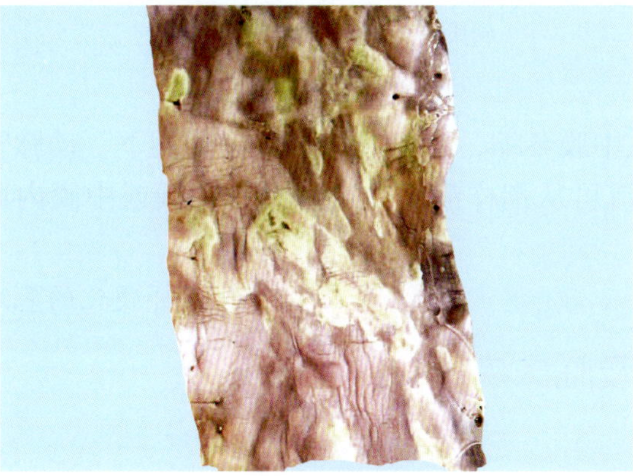

图5-4 粥样斑块（肉眼观）
主动脉内膜上有淡黄色或灰黄色斑块，明显隆起于内膜表面，有粥样溃疡形成

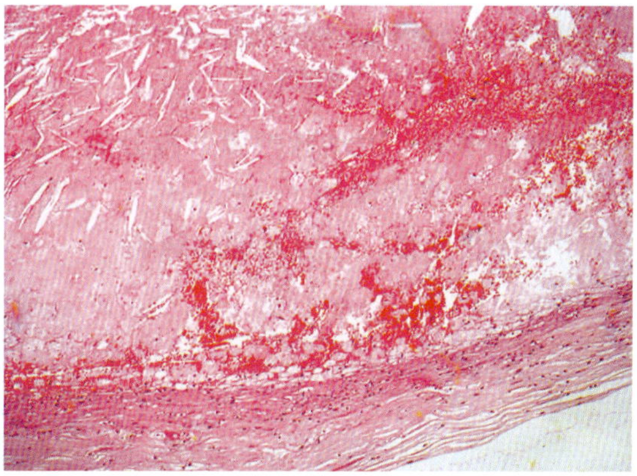

图5-5 粥样斑块（镜下观，10×10，HE染色）
斑块表面为玻璃样变性的纤维帽，深层为无定形坏死物质，其中有大量胆固醇结晶

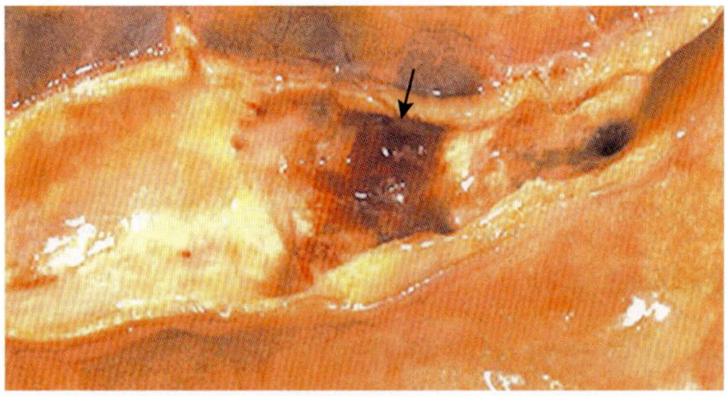

图5-6 粥样斑块内出血（肉眼观）
粥样斑块内出血形成血肿，斑块体积增大，内膜面呈暗红色（↑）

4. 粥样斑块的继发性病变 粥样斑块形成后，可出现如下继发性病变。

（1）斑块内出血 斑块边缘或基底部的新生毛细血管的管壁较薄，容易破裂出血而形成血肿，使斑块的体积增大并隆起，最终被肉芽组织机化（图5-6）。若中动脉（如冠状动脉和脑动脉）粥样斑块内的出血量较大时可导致管腔完全闭塞，或因斑块内出现腔隙样破裂，血管内的血液流入斑块内，也可形成斑块内出血。

（2）血栓形成 由于斑块表面形成的溃疡破坏血管内膜的完整性及光滑性，在斑块溃疡处易继发血栓形成，加重血管腔的狭窄程度（图5-7）。若发生在中动脉（如冠状动脉和脑动脉），还可导致动脉管腔的阻塞使其血流完全中断而引起脏器的梗死。继发形成的血栓可被机化，使斑块体积增大，也可脱落形成栓子而引起相应器官的栓塞。

（3）斑块破裂 因斑块表面的纤维帽较薄，容易发生破裂。斑块破裂后形成粥样溃疡，粥样物质进入血流成为栓子可引起栓塞，同时在斑块破裂处易继发血栓形成。斑块破裂常发生于腹主动脉下段、髂动脉和股动脉等处。

（4）钙化 多见于老年患者，常发生于陈旧性的粥样斑块中。在纤维帽和粥样斑块内有钙盐沉积，致使动脉壁变硬、变脆（图5-8）。

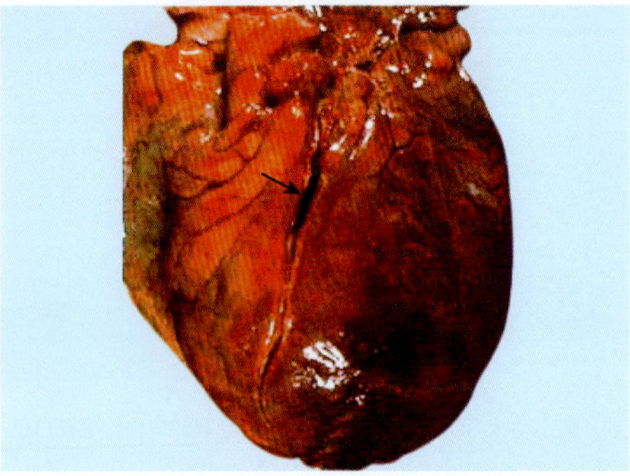

图5-7 粥样斑块继发血栓形成（肉眼观）
左冠状动脉前降支粥样斑块表面继发血栓形成（↑），导致管腔阻塞

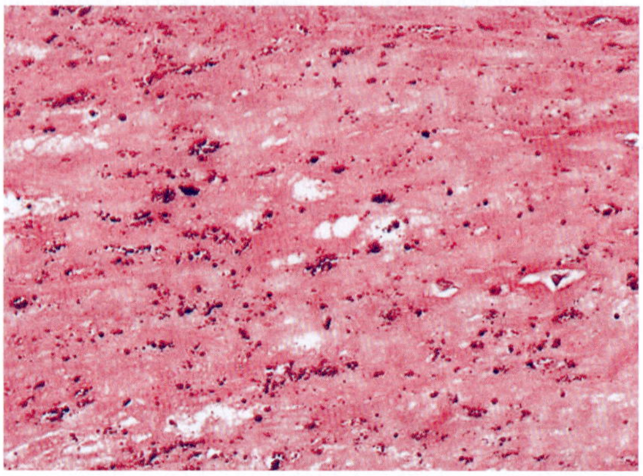

图5-8 粥样斑块钙化（镜下观，40×10，HE染色）
钙盐沉积在粥样斑块内，呈紫蓝色

（5）动脉瘤形成 因动脉内弹力板分离、断裂及中膜萎缩，在血管内压力的作用下，动脉管壁局限性向外膨出，形成动脉瘤（aneurysm）。此外，血流可从粥样溃疡处进入动脉中膜或中膜内血管破裂，致使动脉中膜撕裂，形成夹层动脉瘤。

考点：动脉粥样硬化的基本病变

三、各器官的病变及临床病理联系

（一）主动脉粥样硬化

病变易发生于主动脉后壁及其分支开口处，病变的严重程度依次为腹主动脉、胸主动脉、主动脉弓和升主动脉。严重者主动脉内膜可广泛受累，布满不同发展阶段的病变。内膜表面粗糙不平，管壁变硬，弹性降低，管腔也因此变形。病变在腹主动脉，常见溃疡、钙化、出血及动脉瘤（图5-9）等继发性改变。由于主动脉管腔较大，一般不引起症状，但若继发动脉瘤，一旦动脉瘤破裂即可导致危及生命的大出血。

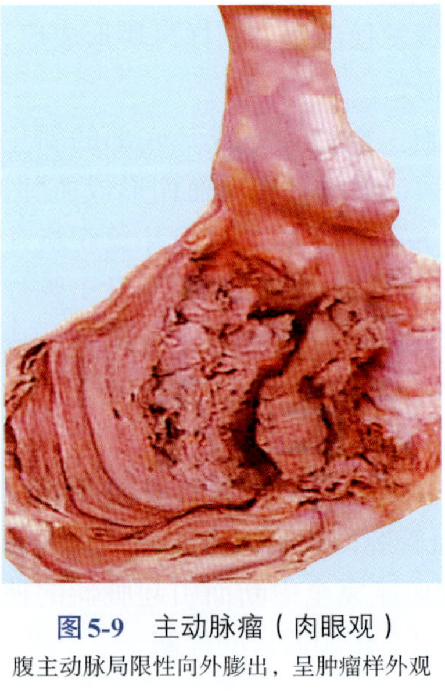

图5-9 主动脉瘤（肉眼观）
腹主动脉局限性向外膨出，呈肿瘤样外观

考点：主动脉粥样硬化病变特点

（二）冠状动脉粥样硬化

冠状动脉粥样硬化是动脉粥样硬化中对人类威胁最大的疾病，但其发病一般较主动脉粥样硬化晚10年。冠状动脉狭窄在35～55岁阶段发展最快，以每年平均8.6%的速度递增。

冠状动脉粥样硬化最易发生于左冠状动脉的前降支，其次为右冠状动脉主干，再次是左旋支及左冠状动脉主干。病变主要是粥样斑块形成，呈多发性和节段性，近端病变重于远端，靠近心肌一侧的病变较重。早期的斑块呈节段性分布，进而互相融合。横切面上斑块多呈新月形，致使管腔不同程度狭窄（图5-10），有时继发血栓形成，使管腔狭窄程度加重甚至完全闭塞。一般将冠状动脉管腔的狭窄程度分为四级：Ⅰ级狭窄在25%以下，Ⅱ级狭窄在25%～50%，Ⅲ级狭窄在50%～75%，Ⅳ级狭窄在75%以上。

冠状动脉粥样硬化常可伴发冠状动脉痉挛或出现继发性病变，造成急性心肌供血中断，心肌因缺血、缺氧而发生心绞痛、心肌梗死等，是心源性猝死的常见原因。

考点：冠状动脉粥样硬化的病变特点

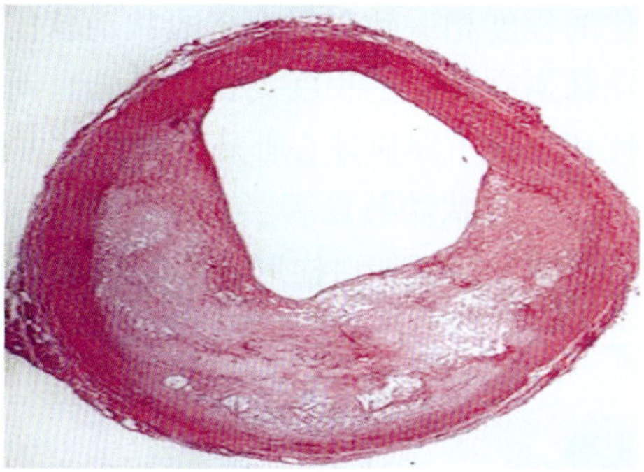

图5-10 冠状动脉粥样硬化（镜下观，10×10，HE染色）

冠状动脉粥样斑块呈新月形，管腔狭窄，斑块表面继发血栓形成

（三）脑动脉粥样硬化

脑动脉粥样硬化的发生晚于冠状动脉粥样硬化，多在40岁以后才出现。病变以颅内动脉起始部、基底动脉、大脑中动脉和大脑动脉环（威利斯环，Willis环）为主（图5-11），并随着病变的发展向远端及较小分支延伸。发生病变的动脉内膜不规则增厚，血管弯曲，管壁变硬，管腔变狭窄甚至闭塞。由于脑动脉中膜较薄，故透过外膜及中膜可看见成串排列的黄色粥样斑块。

图5-11 脑动脉粥样硬化（肉眼观）

大脑动脉环发生粥样硬化，血管僵直，管壁变硬

脑动脉粥样硬化发生后可引起以下继发性病变：①脑萎缩：由于管腔狭窄，脑供血长期不足，造成营养不良性脑萎缩，表现为脑沟变宽，脑回变窄，皮质变薄，严重的脑萎缩患者智力减退，甚至痴呆。②脑梗死：斑块处继发血栓形成导致管腔阻塞，使相应的脑组织供血中断，引起脑梗死，形成软化灶。③脑出血：若形成脑内小动脉瘤，在血压突然升高时，可使小动脉瘤破裂而发生脑出血。

考点：脑动脉粥样硬化的病变特点

（四）肾动脉粥样硬化

肾动脉粥样硬化多发生于肾动脉开口处或肾动脉主干近侧端。粥样硬化病变导致动脉管腔狭窄，相应区域的肾组织缺血，可引起肾性高血压。若动脉内并发血栓形成而致血管腔阻塞，则造成供血区域的肾梗死。梗死灶机化后留下较大的瘢痕，多个瘢痕使肾脏的体积缩小，质地变硬，表面凹凸不平，称为动脉粥样硬化性固缩肾。

（五）四肢动脉粥样硬化

下肢动脉粥样硬化比上肢多见且严重。由于肢体小动脉的吻合支丰富，较大的动脉发生粥样硬化才出现明显后果。较大动脉的粥样硬化病变使管腔明显狭窄时可导致肢体供血不足，行走时出现间歇性跛行。当动脉管腔严重狭窄时，若并发血栓形成或斑块内出血，可使肢体局部发生缺血性坏死，甚至发展为坏疽。

第2节 冠状动脉性心脏病

冠状动脉性心脏病（coronary artery heart disease，CHD）是指冠状动脉疾病引起的心肌供血不足或中断的一类缺血性心脏疾病，简称冠心病。

考点：冠状动脉性心脏病的概念

一、病 因

1. 冠状动脉粥样硬化 是冠心病最常见的原因。冠状动脉粥样硬化的程度一般多与主动脉粥样硬化的程度相一致，但由于冠状动脉比其他所有血管都靠近心室，承受收缩压的冲击最早、最大，冠状动脉粥样硬化的程度要比其他器官同口径的血管严重。只有当冠状动脉引起心肌缺血、缺氧而致功能性和（或）器质性心脏病变时，才可称为冠心病。

2. 冠状动脉痉挛 在心脏猝死的尸检中发现，部分病例的冠状动脉粥样硬化斑块并未完全阻塞管腔，合并继发病变如血栓形成者也仅见于1/3病例，故认为冠状动脉痉挛也是心脏供血中断的重要原因之一。近年来，由于心血管造影技术的广泛应用，研究人员已经证实冠状动脉痉挛可引起心绞痛和心肌梗死。

3. 冠状动脉炎症 亦可引起冠状动脉狭窄甚至管腔完全闭塞，如结节性多动脉炎、巨细胞性动脉炎等。

二、类　型

根据冠状动脉狭窄引起心肌缺血的轻重缓急及所引起心肌损伤的程度，冠心病可表现为心绞痛、心肌梗死、心肌硬化和冠状动脉性猝死四种临床类型。

（一）心绞痛

心绞痛（angina pectoris）是冠状动脉供血不足和（或）心肌耗氧骤增，致心肌急性、暂时性缺血、缺氧所引起的以胸痛为特点的临床综合征。典型表现是阵发性胸骨后或心前区疼痛或压榨感，并可放射至左肩和左臂尺侧。其发作常有明显的诱因，如劳累、情绪激动、紧张、寒冷和暴饮暴食等，但亦可在无明显诱因作用下发生。临床上将其分为以下几种主要类型。

1. 稳定型心绞痛 又称轻型心绞痛，指心绞痛的部位、性质、持续时间、发作次数及诱因等在3个月内保持稳定。一般情况下不发作，可稳定数月，仅在体力活动过度、心肌耗氧量明显增多时发作。稳定型心绞痛多是由心肌的供氧量与耗氧量暂时失去平衡引起的。

2. 不稳定型心绞痛 是一种进行性加重的心绞痛。可在体力活动时发作，亦可在休息时发作，以进行性加重、发作频率和持续时间不断增加为主要特征。该类患者大多数有一支较大的冠状动脉近端显著狭窄，重症病例常有冠状动脉主干和多支冠状动脉狭窄。镜下观，病变处因多数心肌细胞坏死而引起弥漫性心肌纤维化，常伴有左心室不同程度的扩张及心力衰竭。

3. 变异型心绞痛 又称Prinzmetal心绞痛。多数在休息时发作，无明显诱因，仅少数患者在工作中发病。发作时心电图见ST段升高。血管造影证实，该型心绞痛可见冠状动脉痉挛，直至管腔狭窄。这种血管痉挛大多发生在已有明显狭窄的冠状动脉，有时亦可见于冠状动脉无明显病变者。

因心绞痛的发生存在情绪激动等诱发因素，故在临床上，护理心绞痛患者时，稳定患者情绪，缓解心绞痛和防止心绞痛再发作显得尤为重要。

考点：心绞痛概念、诱因及临床特征

（二）心肌梗死

心肌梗死（myocardial infarction）是指由于冠状动脉供血中断，引起供血区部分心肌持续性缺血、缺氧而发生的坏死。临床表现为剧烈、持久的胸骨后疼痛。大多数心肌梗死是由冠状动脉急性阻塞所致，病因中多与冠状动脉粥样硬化有关。本病多发生于中、老年人，冬春季节发病率较高，常有诱发因素存在。

1. 病因 冠状动脉粥样硬化是引起心肌梗死的主要原因。心肌梗死常发生在动脉粥样硬化继发以下改变：①血栓形成或斑块内出血：常引起冠状动脉管腔急性阻塞，是心肌梗死最多见的原因。②持久性痉挛：在冠状动脉硬化的基础上发生持久性痉挛，可使其血流进一步减少，甚至中断。③过劳：过度的体力劳动或运动使心脏负荷过重，心肌耗氧量相对增加。④冠状动脉灌流量减少：大失血、休克等使冠状动脉灌流量急剧减少。

2. 部位及范围

（1）部位　心肌梗死的部位与被阻塞的冠状动脉供血区域一致。由于左冠状动脉前降支病变最常见，故约50%的心肌梗死发生在其供血区，即左心室前壁、心尖部和室间隔前2/3；约25%的心肌梗死发生在右冠状动脉供血区，即左心室后壁、室间隔后1/3和右心室大部分；左冠状动脉旋支阻塞引起的左心室侧壁梗死则较为少见。心肌梗死极少累及心房。

（2）范围　心肌梗死的范围大小与受阻冠状动脉分支的大小及阻塞部位有关。根据梗死的心肌所占心壁厚度的不同，将心肌梗死分为两型：①心内膜下心肌梗死：指梗死范围限于心内膜下方，病变累及心室壁内侧1/3的心肌，并波及肉柱和乳头肌。②透壁性心肌梗死：也称区域性心肌梗死，梗死累及心室壁2/3以上，甚至全层。

考点：心肌梗死的概念、病因及病变特点

3. 形态变化　心肌梗死属贫血性梗死，其形态变化是一个动态演变的过程。

（1）肉眼观　梗死灶的形态不规则，呈地图形。一般于梗死6小时后肉眼方能辨认，梗死灶呈苍白色，8～9小时后逐渐进展为黄色或土黄色，干燥、质地较硬（图5-12）。第4天后，在梗死灶周围出现充血出血带。1周后，由于肉芽组织的增生，梗死心肌发生机化而呈红色，5周后梗死灶转变为瘢痕组织，成为陈旧性梗死灶而呈灰白色。

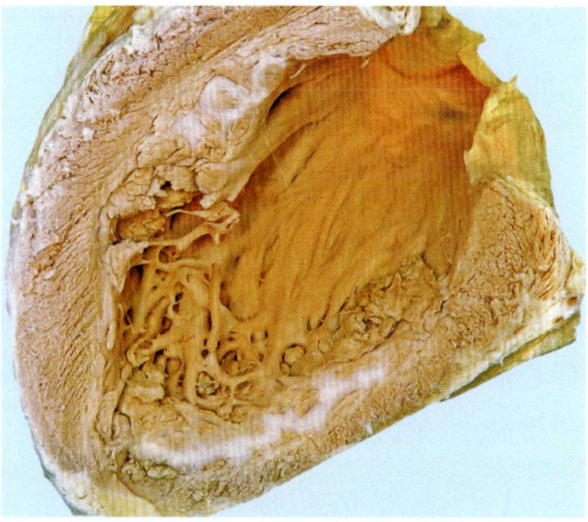

图5-12　心肌梗死（肉眼观）

左心室前壁及室间隔大部分发生梗死，梗死灶呈土黄色

（2）镜下观　心肌梗死4小时以后细胞核消失，呈现贫血性梗死的早期改变。6小时后梗死灶及其周围可见中性粒细胞浸润。1周后可见肉芽组织长入，5周后可完全被机化形成瘢痕组织。

4. 生化改变　心肌梗死后，数分钟内即可出现胞质内糖原颗粒的减少和消失。肌红蛋白在心肌梗死的早期迅速从肌细胞中释出，进入血液后从尿中排出体外。因此急性心肌梗死时，能较早地从血液和尿中检测出肌红蛋白的升高。心肌梗死6～12小时后，细胞内的天冬氨酸氨基转移酶、乳酸脱氢酶（LDH）及肌酸磷酸激酶（CPK）均可透过细胞膜进入血液，使血中这些酶的浓度明显升高。临床上，及时检测血清中这些酶的变化，有助于心肌梗死的早期诊断。其中尤以CPK对心肌梗死的临床诊断参考意义最大。

5. 合并症及后果

（1）心脏破裂　这是心肌梗死的严重合并症，多发生于心肌梗死初期1～3天或1周内。主要是梗死灶周围的中性粒细胞和单核细胞释出的蛋白水解酶，以及坏死心肌内的溶酶体酶溶解坏死心肌所致。好发于左心室前壁下1/3处，心脏破裂后血液流入心包腔，造成急性心脏压塞而致患者死亡。亦可见室间隔破裂，左心室内的血液流入右心室，导致急性右心衰竭；若梗死累及左心室乳头肌，则可使其断裂致急性二尖瓣关闭不全，导致急性左心衰竭。

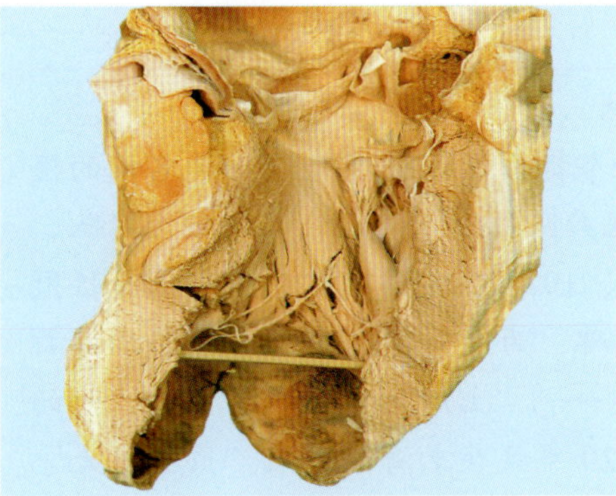

图5-13　室壁瘤（肉眼观）

左心室前壁陈旧性梗死，瘢痕组织向外膨出形成室壁瘤

（2）室壁瘤　因梗死区的坏死组织或瘢痕组织难以承受心室内的压力，致使心室壁向外膨出而形成（图5-13）。常见于心肌梗死的愈合期，少数见于急性期。多发生于左心室前壁近心尖处，此时患者易发生心力衰竭或形成附壁血栓。

（3）附壁血栓形成　多发生在左心室。因心肌梗死波及心内膜时使之粗糙，加之当心室颤动时出现涡流，故局部易形成附壁血栓。形成的血栓可被机化，也可部分被溶解后脱落形成栓子，随血液流动引起远处器官的栓塞。

（4）心力衰竭　心肌梗死后造成心肌收缩力显著减弱甚至完全丧失，引起不同程度的心力衰竭，这是冠心病患者的主要死亡原因之一。

（5）心源性休克　当心肌梗死的范围达40%时，心室收缩力极度减弱，导致心排血量严重不足，血压下降，引起休克。

（6）心律失常　是心肌梗死最常见的早期并发症。常发生的心律失常有期前收缩、传导阻滞和心室颤动等。

链 接　CHD患者的饮食护理

CHD患者每天应保证必需的热量和营养供应，但饮食宜清淡，以易消化、产气少、含适量维生素的食物为宜，如青菜、水果和豆制品等。宜少食多餐，避免因过饱而加重心脏负担，忌烟、酒。少吃高胆固醇食物，如动物内脏、蛋黄、肥肉和巧克力等，有心功能不全和高血压者需限制钠盐的摄入，并应完整记录出入水量。

（三）心肌硬化

广泛的心肌纤维化称为心肌硬化（cardiac myosclerosis）。冠状动脉粥样硬化引起管腔狭窄，使心肌长期慢性缺血，心肌细胞萎缩，间质纤维组织增生，导致心肌硬化。肉眼观，心脏的体积增大，所有心腔扩张，伴有多灶性白色纤维条索，心壁的厚度可保持正常。镜下观，心肌发生广泛而多灶性的纤维化，尤以心内膜下最为明显。

（四）冠状动脉性猝死

冠状动脉性猝死（sudden coronary death）是心脏性猝死中最常见的一种，多发生于39～49岁的男性，冬、春季节好发。通常将发病后6小时以内的死亡称为猝死（sudden death）。冠状动脉性猝死中，半数患者生前无症状，夜间死于睡眠中，翌晨才被发现。部分患者存在诱发因素，如饮酒、吸烟、运动、激动等。发病时，患者突然昏倒，四肢肌肉抽搐，大小便失禁；或突然发生呼吸困难，口吐白沫，大汗淋漓，很快昏迷。出现上述症状后迅速死亡，或在1小时至数小时内死亡。

冠状动脉性猝死多发生在冠状动脉粥样硬化的基础上，多数病例有1支或2支以上的冠状动脉中、重度粥样硬化并致其管腔狭窄，部分病例有继发性病变存在，如血栓形成或斑块内出血等。但少数病例冠状动脉仅有轻度，甚至无动脉粥样硬化病变，推测其发生可能与冠状动脉痉挛有关。此型患者可以存活，被称为原发性心搏骤停型冠心病。

医者仁心

当代心脏病学之父——陈灏珠

陈灏珠，中国当代心脏病学主要奠基人之一，是中国第一个提出“心肌梗死”医学名词的医生。他无私奉献、医德高尚、医术精湛，先后参加过抗美援朝医疗队、贵州省威宁县巡回医疗队、云南通海抗震救灾医疗队。他科研创新、求实进取、不断突破，1973年在国内首先施行选择性冠状动脉造影，获得成功，这是我国冠心病诊断史上的一个里程碑，为冠心病的介入和外科治疗打下了基础。2009年，陈灏珠荣膺上海市科学技术奖励的最高奖——“上海市科技功臣奖”，他的获奖感言是：“勤学获新知，深思萌创意，实干出成果。”2020年荣获上海市首届“医德之光”荣誉称号，他说：“医生最重要的要医德高尚，对待患者要如亲人”。

第3节　原发性高血压

案例 5-2

患者，男，68岁。突发头痛、神志不清、左侧肢体瘫痪3小时急诊入院。3小时前患者在活动中突然出现头痛，继而摔倒在地，神志不清。在送往医院途中大、小便失禁，并呕吐1次，为少许咖啡色物，左侧肢体不动，无抽搐发作。有原发性高血压史16年，最高血压180/120mmHg，平时服用复方降压片，血压控制在140/90mmHg。查体：体温36.5℃，脉搏60次/分，呼吸16次/分，血压200/100mmHg。意识不清，压眶有反应。面色红，皮肤黏膜无瘀点、瘀斑。双眼向右凝视，左侧鼻唇沟变浅，口角下垂，颈抵抗（+）。双肺呼吸音清，心界不大，心律齐，心尖部可闻及Ⅱ级收缩期杂音（BSM），腹平软，肝、脾肋下未及，左侧上下肢弛缓性瘫痪，肌力0级，左侧巴宾斯基征（+），布鲁津斯基征（+）。

问题： 1. 患者有哪些疾病?

2. 请说出诊断依据。

高血压（hypertension）是一种以体循环动脉血压持续升高为主要临床表现的慢性心血管疾病，是严重危害中、老年人健康的常见病。

正常人的血压因生理状况不同而有一定的波动幅度。40岁以后收缩压和舒张压均随年龄的增长而有所升高，但是，舒张压的升高不明显。目前高血压的诊断标准如下：在未使用降压药物的情况下，非同日3次测量血压，收缩压≥140mmHg和（或）舒张压≥90mmHg可诊断为高血压。①正常血压：收缩压＜120mmHg 和舒张压＜80mmHg。②正常高值：收缩压120～139mmHg和（或）舒张压80～89mmHg。

高血压分为两类，其中大部分是无明显器质性病变作为原因的独立性疾病，称为原发性高血压，亦称高血压病，约占高血压的90%。少部分则是由某些疾病（如慢性肾小球肾炎、肾动脉狭窄、肾上腺瘤和垂体肿瘤等）引起，高血压是这些疾病的一个症状，故称为症状性高血压或继发性高血压，约占高血压的10%。本节只叙述原发性高血压，继发性高血压将在相关疾病中讨论。

原发性高血压是我国最常见的心血管疾病，发病率为18.8%，多发生于35～40岁后的中、老年人，无性别差异，发病率随年龄的增长而增高。基本的病理变化为细、小动脉硬化，多数病程长，症状时轻时重，不易坚持治疗。发展到晚期时，常引起心、脑、肾及视网膜病变，并出现相应的临床症状，严重者可因心、脑、肾病变而死亡。

考点： 高血压的概念及判断标准

一、病因及发病机制

原发性高血压的病因及发病机制尚未完全明了，一般认为并非单一因素引起，而是多种因素综合作用的结果。高血压的主要影响因素包括遗传因素（高血压家族史）、年龄、超重与肥胖、高钠低钾膳食、吸烟、过量饮酒、运动量不足、长期精神紧张、空气污染等。

1. 遗传因素　在原发性高血压患者中有家族史者高达95%，双亲均为原发性高血压患者与无原发性高血压家族史者相比，前者的原发性高血压患病率高出2～3倍，表明遗传因素在原发性高血压发病中起着一定的作用。近年来的研究发现，血压正常者的血管紧张素基因仅偶见缺陷，而原发性高血压患者在该基因上有相同的变异。原发性高血压患者的后代可获得父母的血管紧张素基因的拷贝，易患原发性高血压。

2. 饮食因素　高盐、低钾饮食可导致血压升高。其机制主要是：①摄钠过多导致水钠潴留，使循环血量增加。②高钠使血管壁对血管升压物质的敏感性增高，导致管壁痉挛，管腔狭窄，外周阻力增大。同时，钾能促进机体对钠的排泄，钙对钠有拮抗作用，故对某些原发性高血压患者可适当地补充钾和钙。

链 接 原发性高血压的饮食疗法

治疗原发性高血压可采用饮食疗法，包括：①减少食盐及含盐高的调料的用量，少食用盐腌食品。②减少脂肪类食物的摄入量，适当补充蛋白质。③多吃蔬菜和水果。④多食用含钾和钙高的食物，如绿叶菜、豆制品、鲜奶等。⑤限制饮酒，日乙醇摄入量男性低于30g，女性低于15g。

3. 精神心理因素 高血压发病与长期精神紧张、焦虑、高负荷压力等因素显著相关。在应激状态下，心率、血压、体温、肌肉紧张度、代谢水平等均可能发生显著变化。长期或慢性、反复出现、不可预期的应激因素往往是导致高血压的重要因素。焦虑、抑郁状态可增加高血压的患病风险。

4. 肾脏因素 长期中枢神经系统功能紊乱引起全身的细小动脉痉挛，使肾脏血流量减少。肾小球的球旁细胞在缺血的刺激下分泌肾素增多，肾素释放入血液，激活血管紧张素原，使血管紧张素增多。血管紧张素既能使细小动脉痉挛，又能使肾上腺皮质分泌醛固酮，导致水钠潴留，血容量增多，同时使血管壁对各种血管收缩物质的敏感性增高，促进和维持高血压。

5. 神经内分泌因素 一般认为，细动脉的交感神经纤维兴奋性增强是导致原发性高血压发生的主要神经因素。交感神经节后纤维释放的缩血管递质（神经肽Y及去甲肾上腺素）增加，或舒血管递质（降钙素基因相关肽及P物质）减少，均可引起高血压。此外，血管内皮细胞具有一定的分泌功能，一些血管活性因子如内皮素和血管内皮细胞衍生的舒张因子等，在原发性高血压发生中的作用也备受人们关注。

考点：原发性高血压的病因

二、类型及病理变化

根据原发性高血压的起病缓急和病程进展情况，可分为缓进型高血压（chronic hypertension）和急进型高血压（accelerated hypertension）两型。

考点：原发性高血压的类型及病变特点

（一）缓进型高血压

缓进型高血压又称良性高血压（benign hypertension），起病隐匿，进展缓慢，病程可达十几年或数十年，多发生于中、老年人，约占原发性高血压的95%。缓进型高血压的病变主要累及全身的细、小动脉，晚期出现心、脑、肾、视网膜等损伤，依据病变发展的过程可将其分为三个时期。

1. 功能障碍期（一期） 此期为缓进型高血压的早期阶段，主要表现为全身细动脉和小动脉的间歇性痉挛使血压升高，痉挛缓解后血压又可恢复正常，故血压处于波动状态。全身血管及器官无器质性病变，患者常无明显症状，偶有头晕、头痛等。可持续多年，经适当休息和治疗，可完全治愈。若病情发展，血管持续痉挛，则发展为二期高血压。

2. 血管病变期（动脉硬化期、二期） 此期主要病变是全身的细、小动脉发生硬化，但两者发生硬化的机制不同。

（1）细动脉玻璃样变性 由于细动脉管壁痉挛由间歇性逐渐变为持久状态，血管内压持续升高，管壁缺氧，内膜的通透性增高，致使血浆蛋白渗入内皮下间隙。同时，血压增高的机械性刺激和细动脉长期痉挛，使内皮细胞和平滑肌细胞合成基底膜物质增多。渗入的血浆蛋白与增多的基底膜物质互相融合、凝固而形成均质、红染、无结构的玻璃样物质，使细动脉管壁增厚变硬，失去弹性，管腔变狭窄（图5-14）。

（2）小动脉胶原纤维、平滑肌等增生 主要累及肾叶间动脉、弓形动脉和脑的小动脉等肌性动脉。由于小动脉长期处于高压状态，其内膜下亦有血浆蛋白渗入，内膜弹性纤维和胶原纤维弥漫性增生。此外，中膜平滑肌细胞增生，弹性纤维、蛋白多糖增加，导致中膜增厚。上述变化导致小动脉管壁增厚变硬，管腔不同程度狭窄。

细、小动脉硬化，使外周阻力持续增加，血压持续升高并相对稳定，舒张压常持续在110mmHg以上，休息后不缓解。心、脑、肾等器官发生轻度器质性病变。

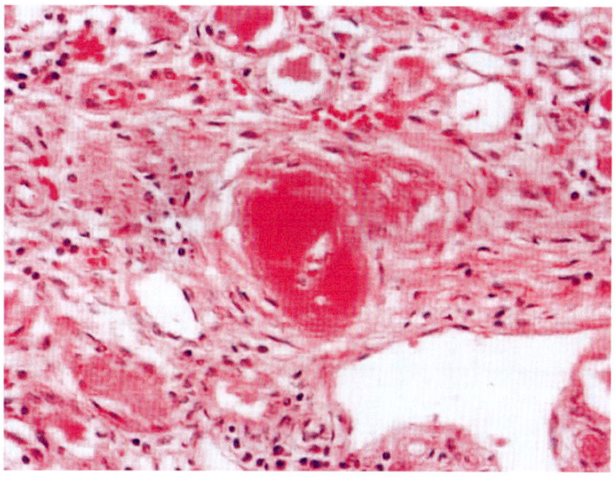

图5-14 脾细动脉管壁玻璃样变性（镜下观，10×10，HE染色）

细动脉发生玻璃样变性，管壁增厚，管腔狭窄

3. 器官病变期（内脏病变期、三期） 为高血压晚期。随着病变的进一步发展，体内多数器官受累，其中最重要的是心、脑、肾和视网膜。

（1）心脏的病变 由于血压持续升高，外周循环阻力增大，左心室的后负荷加重，导致左心室代偿性肥大。心脏的重量增加，大多在400g以上，严重者可达900～1000g。肉眼观，左心室壁明显增厚，可达1.5～2.0cm，乳头肌和肉柱明显增粗，但心腔的扩张不明显，这种不伴有心腔扩大的心脏肥大称为向心性肥大（图5-15）。镜下观，心肌纤维增粗、增长，有较多分支，核大而深染。左心室的这种代偿作用可维持较长的时间。晚期，肥大的心肌逐渐出现供血不足，致使其收缩力量下降，心腔扩张，这种伴有心腔扩大的心脏肥大称为离心性肥大，是心脏失代偿的结果，患者常有心力衰竭的临床表现。

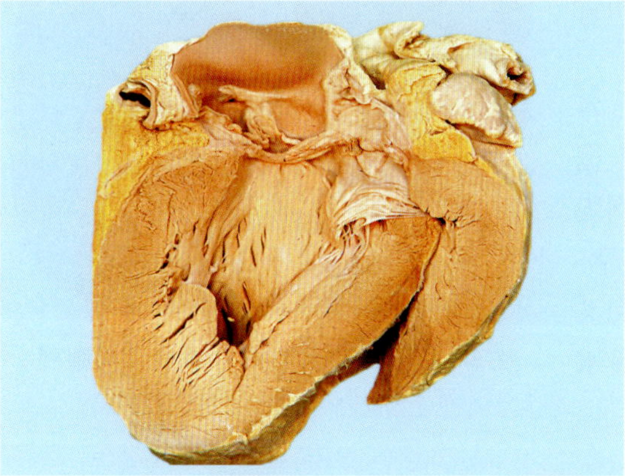

图5-15 向心性肥大（肉眼观）

心脏增大，左心室壁肥厚，肉柱增粗，心腔无扩大

原发性高血压导致心脏体积增大，左心室肥大、心腔扩张等形态变化和相应的功能改变，并出现一系列的临床表现，称为高血压心脏病。患者常有心悸，心电图显示左心室肥大和心肌劳损，严重者可发生心力衰竭。在原发性高血压的中、晚期，冠状动脉常发生动脉粥样硬化，进一步加重心肌供血不足，可促进和加重心力衰竭。

（2）脑的病变

1）脑水肿：由于脑内细、小动脉发生广泛痉挛和硬化，局部组织缺血、缺氧，毛细血管通透性增高，引起急性脑水肿和颅内压升高。患者可出现剧烈的头痛、呕吐、视物模糊、心悸、多汗等，甚至出现意识障碍、抽搐等症状，称为高血压危象（hypertensive crisis）或高血压脑病（hypertensive encephalopathy）。高血压危象可发生在原发性高血压的各个时期，发生后可在短时间内使病情显著恶化，血压急剧升高，若不及时救治可导致死亡。

2）脑软化：由于脑内细、小动脉的硬化，管腔狭窄，脑组织因缺血而发生梗死，常为多发性小软化灶，多发生于壳核、尾状核、视丘、脑桥和小脑。镜下观，软化灶内脑组织呈液化性坏死改变，周围有胶质细胞增生及少量的炎症细胞浸润。后期，坏死组织被吸收，由胶质细胞增生而修复。由于软化灶较小，一般不引起严重后果。

3）脑出血：是原发性高血压最严重的并发症。好发于基底核、内囊，少数发生在大脑白质、小脑和脑桥等处。出血导致局部血肿形成，范围较大时，血液可流入侧脑室（图5-16）。脑出血的原因主要有：①脑内小动脉痉挛时，局部脑组织缺血、缺氧，酸性代谢产物堆积，使血管壁的通透性增加引起漏出性出血。②由于脑内细、小动脉壁变硬、变脆，局部膨出形成动脉瘤，当血压骤然升高时动脉瘤破裂

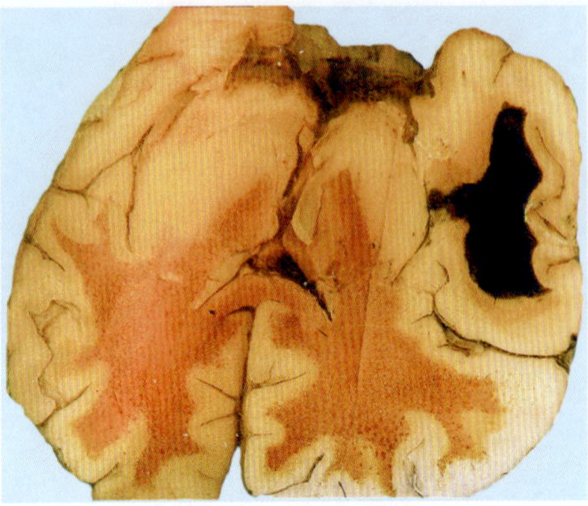

图5-16 脑出血（肉眼观）
左侧内囊出血形成血肿，同侧侧脑室受累

出血。③供应基底核区域（尤其是豆状核）血液的豆纹动脉从大脑中动脉呈直角分出，在大脑中动脉较高压力的血流冲击下，极易在已有病变的基础上破裂出血。

若出血累及内囊，患者可出现对侧肢体瘫痪及感觉丧失。出血较多时易形成血肿，出血区域的脑组织被完全破坏，颅内压升高可形成脑疝。出血范围较大时，血液可破入侧脑室致患者昏迷甚至猝死。多数脑出血患者发生死亡，幸存者其坏死的脑组织逐渐溶解、液化、吸收，最终由增生的胶质细胞和胶原纤维包绕，形成囊腔。

（3）肾脏的病变　双侧肾脏弥漫性受损。肉眼观，双侧肾脏对称性缩小，重量减轻，质地变硬，表面凹凸不平，呈细颗粒状，称为原发性颗粒性固缩肾（图5-17）。因肾小球入球小动脉玻璃样变性，管壁增厚，管腔狭窄，造成肾小球缺血、缺氧而变性、坏死，最后发生纤维化、玻璃样变性。相应的肾小管萎缩、消失，并出现局部间质纤维化（图5-18）。残存的相对正常的肾小球与肾小管则分别发生代偿性肥大和扩张。临床上早期可无明显症状；晚期，随着病变的肾单位越来越多，肾脏的血流量减少，肾小球滤过率降低，导致肾衰竭。患者出现水肿、蛋白尿和管型尿，严重者可发展为尿毒症。

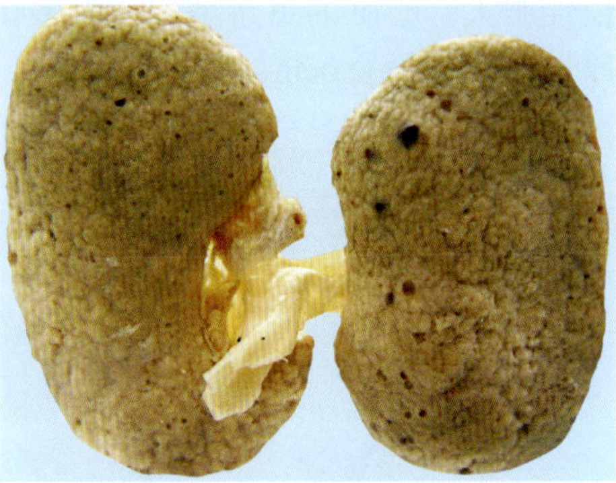

图5-17 原发性颗粒性固缩肾（肉眼观）
肾体积缩小，质硬，表面呈细颗粒状

（4）视网膜的病变　视网膜血管的变化与原发性高血压各期细、小动脉的病变相一致。临床上可通过对眼底的检查，根据视网膜血管的变化判断原发性高血压的病变程度，一般将视网膜（眼底）的改变分为四级：①一级眼底：视网膜中央动脉痉挛。②二级眼底：动脉变细，颜色苍白，反光增强，有动、静脉交叉压迫现象。③三级眼底：眼底渗出、出血。④四级眼底：视盘水肿（图5-19）。临床表现主要为视力急剧减退，视物模糊。

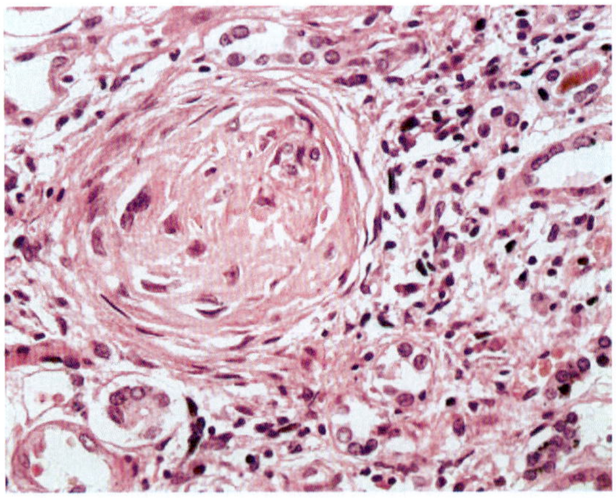

图5-18 原发性颗粒性固缩肾（镜下观，40×10，HE染色）
肾小球纤维化、玻璃样变，间质纤维化，肾小管萎缩消失，部分肾小球代偿性肥大

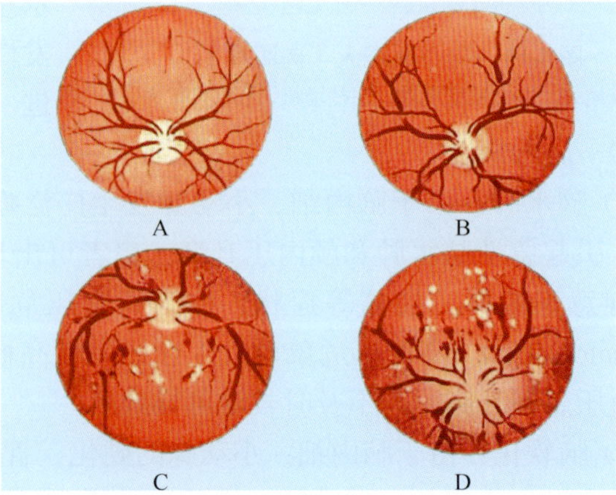

图5-19 高血压眼底改变（肉眼观）
A. 一级眼底；B. 二级眼底；C. 三级眼底；D. 四级眼底

（二）急进型高血压

急进型高血压又称为恶性高血压（malignant hypertension），发病率占原发性高血压的1%～5%，

多数患者一发病即为恶性高血压，亦有少部分由良性高血压转变而来。好发于青少年，起病急骤，病情进展迅速。

病变主要累及心、脑和肾等脏器，以坏死性细动脉炎和增生性小动脉硬化为突出改变。坏死性细动脉炎表现为细动脉内膜和中膜发生纤维蛋白样坏死。血管壁组织坏死，血浆成分易渗入管壁，使其极度增厚，管腔高度狭窄。增生性小动脉硬化表现为动脉内膜显著增厚，内弹力膜分裂，管壁平滑肌细胞增生肥大，胶原纤维增多，使血管壁呈同心圆状增厚，似洋葱皮状。

临床上，患者血压显著升高，舒张压持续在130mmHg以上，可发生高血压脑病。多数患者在1年内死于尿毒症、脑出血或心力衰竭。

第4节　风　湿　病

案例 5-3

患者，女，16岁，学生。因发热、游走性关节痛、皮肤红斑3天入院。入院前6天开始发热、畏寒、体温达39.5℃，不规则热型，伴全身疲乏，食欲减退、大量出汗和心慌等。入院前5天出现双膝和踝关节发热、肿痛，行走困难。入院前3天，四肢内侧和躯干出现红斑。患者3年前曾有类似发病4次。查体：体温39℃，脉搏138次/分，血压正常。双下肢内侧和躯干见环状红斑，心尖搏动位于左锁骨中线外侧第6肋间，心浊音界向两侧扩大。二尖瓣区可闻及三级吹风样收缩期杂音和隆隆样舒张早期杂音。红细胞沉降率50mm/h，抗链球菌溶血素O抗体700U，咽喉部拭子培养有溶血性链球菌生长。X线检查，心脏向左下扩大。

问题： 1. 患者可能诊断为何种疾病?

2. 请说出诊断依据。

风湿病（rheumatism）是一种与A组乙型溶血性链球菌感染有关的超敏反应性炎症性疾病。病变主要累及全身结缔组织，为结缔组织病的一种。最常侵犯心脏、关节、皮肤及血管等处，以心脏病变引起的后果为最重。急性期又称为风湿热，临床上除有心脏、关节、皮肤等受损的症状和体征外，常伴有发热、血清抗链球菌溶血素O抗体（简称抗O抗体）升高和红细胞沉降率加快等。

我国风湿病的发病率约为20.05/10万，现有风湿性心脏病患者约250万人。风湿病可发生于任何年龄，始发年龄多为5～15岁，6～9岁为发病高峰。以冬、春季多发，寒冷、潮湿和病毒感染可能参与诱发本病。风湿病的病程较长，常反复发作，急性期过后，可遗留慢性心脏损害，多在20～40岁时形成风湿性心脏病。

考点： 风湿病的概念

一、病因及发病机制

（一）病因

风湿病的病因和发病机制至今尚未完全阐明。一般认为与A组乙型溶血性链球菌感染有关，是由A组乙型溶血性链球菌抗原致敏所引起的超敏反应性疾病。其根据有：①大多数患者在发病前2～3周，有A组乙型溶血性链球菌感染史，如扁桃体炎、咽喉炎等。②95%的风湿热患者血清中提示有链球菌感染的抗O抗体滴定度升高。③应用抗生素预防和治疗链球菌感染，可减少本病的发生及复发。

但风湿病的发生并非是链球菌感染直接引起的，而是由与链球菌感染有关的超敏反应所致。其理由是：①本病并非发生在链球菌感染的当时，而是在感染后的2～3周内，这与抗体形成所需的时间一致。②在患者的血液和风湿病灶中，未发现链球菌。③风湿病的主要病理变化不是链球菌感染所引起的化脓性炎症，而是胶原纤维发生纤维蛋白样坏死，与其他的结缔组织超敏反应性疾病极为相似。

（二）发病机制

关于风湿病的发病机制，普遍认为主要与交叉免疫反应有关。链球菌的细胞壁上存在着多种抗原成分，其中的M蛋白和C多糖与机体结缔组织中的某些成分具有共同抗原性，当机体针对链球菌菌体成分（抗原）产生的抗体作用于链球菌时，也同时作用于机体自身的结缔组织，即发生交叉免疫反应，从而导致结缔组织损伤，引起风湿病发生。

感染链球菌的人很多，但只有1%～3%的人发病，说明机体的免疫状态在风湿病发病机制中具有重要作用。

二、基本病理变化

风湿病病变主要累及全身结缔组织，特征性病理变化是形成阿绍夫小体。按其典型病变的发展过程可分为三期。

1. 变质渗出期 以结缔组织基质发生黏液样变性和纤维蛋白样坏死为主要改变。病变处的胶原纤维水肿，基质内蛋白多糖增多，进而胶原纤维断裂、崩解成为无结构的细颗粒状物质，后者与基质蛋白多糖、免疫球蛋白等混合在一起，有时还有纤维蛋白沉积。因病灶的染色反应与纤维蛋白染色相似，故称为纤维蛋白样坏死。病灶内还有少量浆液渗出，并有淋巴细胞、中性粒细胞和单核细胞浸润。此期病程持续1个月左右。

2. 增生期（肉芽肿期） 此期的主要病变是形成具有特征性的阿绍夫小体，又称风湿小体（Aschoff body）。阿绍夫小体是一种肉芽肿，多发生在心肌间质的小血管旁、心内膜下和皮下结缔组织内，在心包脏层、关节和血管等处少见。

阿绍夫小体需在显微镜下方能看见，一般略呈梭形，中心部是纤维蛋白样坏死，附近出现大量由巨噬细胞演变而来的风湿细胞，外周有少量的成纤维细胞、淋巴细胞和单核细胞浸润（图5-20）。风湿细胞体积较大，呈圆形或多边形，胞质丰富，略呈嗜碱性，有一个或多个胞核，核大，核膜清楚，染色质集中于核中央，以细丝延至核膜。因切片的角度不同，胞核为毛虫状（纵切）或枭眼状（横切），胞核呈枭眼状的风湿细胞也被称为枭眼细胞（图5-21）。阿绍夫小体和风湿细胞对风湿病具有病理诊断意义。此期病程2个月左右。

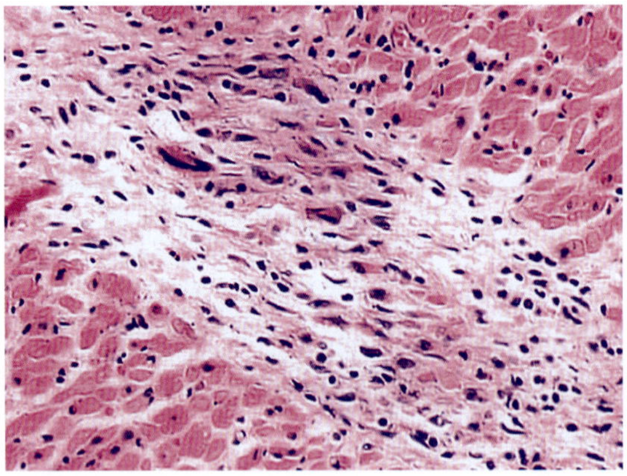

图5-20 阿绍夫小体（镜下观，10×10，HE染色）
阿绍夫小体略呈梭性，主要由纤维蛋白样坏死、风湿细胞、成纤维细胞等组成

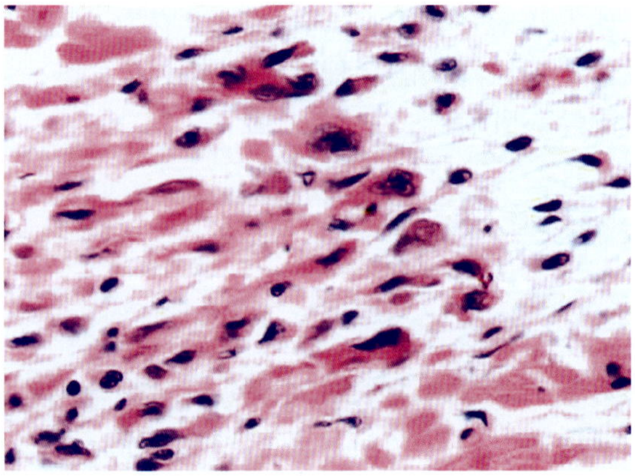

图5-21 风湿细胞（镜下观，40×10，HE染色）
风湿细胞体大，圆形或多边形，胞质丰富，略呈嗜碱性，有一个或多个胞核，核大，核膜清楚，胞核为毛虫状或枭眼状

3. 瘢痕期（愈合期） 阿绍夫小体中的纤维蛋白样坏死物质逐渐被吸收，细胞成分亦逐渐减少，其中的风湿细胞、成纤维细胞等演变为纤维细胞，产生胶原纤维，继而发生玻璃样变性，使整个阿绍夫小体变为梭形小瘢痕灶。此期病程2～3个月。

风湿病的自然病程为4～6个月，但由于病变反复发作，常见不同阶段的病变同时存在，瘢痕的形成也越来越多，最终使器官的结构破坏和功能障碍。发生在浆膜的风湿病变不具有特征性，主要表现为浆膜的浆液性和（或）纤维蛋白性炎症。

考点：风湿病分期及病变特点

三、重要器官的病变及临床病理联系

（一）风湿性心脏病

风湿病对心脏的损害最严重，大约1/3的风湿病患者有心脏损害，急性期称为风湿性心脏炎，静止期称为慢性风湿性心脏病。病变可累及心内膜（风湿性心内膜炎）、心肌（风湿性心肌炎）和心外膜（风湿性心外膜炎），若心脏各层都受累，则称为风湿性全心炎，但每层的病变程度有所不同，并常以某一层的病变为主。

1. 风湿性心内膜炎（rheumatic endocarditis） 主要侵犯心脏瓣膜，其中以二尖瓣受累最为常见，其次是二尖瓣和主动脉瓣同时受累，三尖瓣和肺动脉瓣一般不被累及。此外，腱索和左心房内膜也可发生风湿性病变。

病变早期，瓣膜内的结缔组织发生黏液样变性、纤维蛋白样坏死，并有浆液渗出及炎症细胞浸润，导致瓣膜肿胀增厚。病变进一步发展，可在瓣膜闭锁缘上形成白色血栓（赘生物）。

肉眼观，赘生物呈单行串珠状排列，直径1～2mm，灰白色，附着牢固，不易脱落（图5-22）。

病变后期，赘生物逐渐被机化，形成灰白色瘢痕。由于风湿病变常反复发作，瘢痕的形成越来越多，致使瓣膜增厚、变硬、卷曲、缩短、钙化；瓣叶之间发生纤维性粘连，腱索增粗、缩短，从而导致瓣膜口狭窄和（或）关闭不全，形成心瓣膜病。

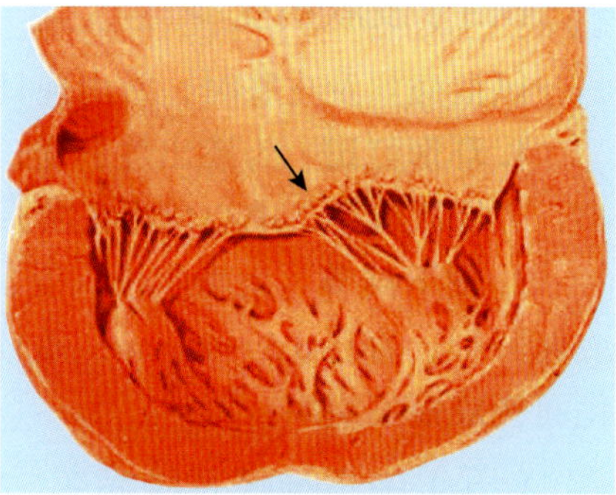

图5-22 赘生物（肉眼观）
二尖瓣游离缘上的赘生物呈灰白色，排列成串珠状（↑）

2. 风湿性心肌炎（rheumatic myocarditis） 常与风湿性心内膜炎合并发生，也可单独存在。主要侵犯心肌间质的结缔组织，具有风湿病的典型病变。早期，以渗出性病变为主；中期，特征性的阿绍夫小体形成，多位于小血管旁，呈弥漫性或局限性分布，常见于左心室后壁、室间隔、左心房及左心耳等处；晚期，梭形小瘢痕形成。

部分患儿渗出性病变特别明显，心肌间质水肿并有弥漫性淋巴细胞、浆细胞浸润，严重者可引起急性心力衰竭。

轻微的风湿性心肌炎可无明显症状，病变较重且广泛时，影响心肌收缩力，临床上表现为心率加快，第一心音低钝等，但成年患者较少引起心力衰竭。若病变累及传导系统，可出现传导阻滞。

链 接 亚急性感染性心内膜炎

亚急性感染性心内膜炎（subacute infective endocarditis，SIE）远较急性感染性心内膜炎多见。主要由毒力较弱的草绿色链球菌引起（约占75%），多发生于青壮年，病程在6周以上，可迁延数月甚至1～2年。常发生于已有心脏病变（如风湿性心脏病、先天性心脏病等）的心瓣膜。

病变常累及二尖瓣和主动脉瓣，导致瓣膜增厚、变形或发生溃疡甚至穿孔，瓣膜上有赘生物形成。赘生物的大小不一，单个或多个，形状不规则，色灰黄、污秽，干燥质脆，含有细菌团，容易脱落成为栓子而引起栓塞和败血症。

3. 风湿性心包炎（rheumatic pericarditis） 风湿病时，心包亦常被累及。风湿性心包炎多数为风湿性全心炎的一部分，也可单独发生。病变主要侵犯心包脏层，为浆液性或浆液纤维蛋白性炎症。心包腔内有大量浆液渗出时形成心包积液，致使叩诊时心界扩大，听诊时心音遥远。若有大量纤维蛋白渗出，因心脏不断搏动牵拉心包脏、壁两层间渗出的纤维蛋白而呈绒毛状，故称“绒毛心”，听诊时可闻及心包摩擦音。恢复期，渗出的浆液和纤维蛋白可被溶解吸收。若渗出的纤维蛋白较多，不能被完全吸收，则发生机化而致心包的脏、壁两层发生粘连，使心包腔部分或全部闭锁，严重者可形成缩窄性心包炎。

（二）风湿性关节炎

风湿病急性期，约有75%的患者可发生风湿性关节炎（rheumatic arthritis）。病变多累及大关节，常见于膝、踝、肩、腕、肘等关节，各关节常先后、反复受累，呈游走性、多发性。受累关节局部有红、肿、热、痛和功能障碍，关节腔内可有浆液及纤维蛋白渗出，有时在关节周围的结缔组织中可见少数的阿绍夫小体。急性期后，关节腔内的渗出物被完全吸收，关节形态及功能均恢复正常。

（三）风湿性动脉炎

风湿性动脉炎（rheumatic arteritis）可发生于冠状动脉、肾动脉、肠系膜动脉、脑动脉、主动脉和肺动脉等处。急性期，血管壁发生黏液样变性和纤维蛋白样坏死，淋巴细胞浸润，并可有阿绍夫小体形成。病变后期，病灶纤维化而形成瘢痕，可导致管壁增厚，管腔狭窄，有时并发血栓形成。

（四）皮肤病变

风湿病累及皮肤时，常出现具有临床诊断意义的环形红斑及皮下结节。

1. 环形红斑 为渗出性病变，多发生于儿童，见于躯干和四肢皮肤，呈环形或半环形，2～3cm大小，边缘淡红色，中心色泽正常，持续1～2天消退。

2. 皮下结节 为增生性病变，多见于肘、腕、膝、踝等关节附近的伸侧面皮下。皮下结节呈圆形或椭圆形，直径0.5～2.0cm，质较硬、活动、无压痛，可单发或多发，持续数天至数周后，逐渐纤维化而变成瘢痕组织。

（五）中枢神经系统病变

中枢神经系统病变多发生于5～12岁的女患儿。病理变化主要为风湿性动脉炎和皮质下脑炎，可发生神经细胞变性、胶质细胞增生和胶质结节形成。皮质下脑炎多发生于大脑皮质、基底核、丘脑及小脑皮质等处。当锥体外系受累时，患儿出现肢体和头面部不自主运动，称为小舞蹈症（chorea minor）。

考点：重要器官的病变及临床病理联系

第5节　心瓣膜病

案例 5-4

患者，女，28岁。因心慌、心悸伴下肢水肿10余年，加重15天急诊入院。2年前患者有膝、肘、肩、踝等关节疼痛史，继而出现心慌、心悸，剧烈活动及体力劳动后加剧，伴有下肢及面部水肿，以后病情反复发作，曾多次住院治疗。近半月来症状加重，因咳嗽、气促、咳铁锈色痰及上腹胀痛而急诊入院。

过往史：常有咽痛、扁桃体炎的病史。

查体：体温36.4℃，呼吸18次/分，脉搏120次/分，血压100/70mmHg，心律不齐，心尖区可闻及Ⅳ级收缩期吹风样杂音及舒张期隆隆样杂音，叩诊心界扩大。

实验室检查：抗链球菌溶血素O抗体800U（正常＜500U），红细胞沉降率40mm/h（正常＜20mm/h）。

问题： 1. 诊断为何种疾病，有何根据？

2. 患者重要器官可有哪些病变？

心瓣膜病（valvular heart disease）是心脏瓣膜受各种致病因素损伤，或先天发育异常所形成的器质性病变，是临床上常见的慢性心脏病之一。其中，大多数为风湿性心内膜炎和感染性心内膜炎的结局，少数由主动脉粥样硬化、梅毒性主动脉炎瓣膜钙化或先天发育异常所致。心瓣膜病主要表现为瓣膜口狭窄和（或）关闭不全，最常发生于二尖瓣，其次是主动脉瓣，可单独发生，也可合并存在。若在一个瓣膜上既有狭窄又有关闭不全，称为瓣膜双病变，两个或两个以上的瓣膜同时或先后受累，则称为联合瓣膜病。

瓣膜口狭窄的主要原因是相邻瓣膜的互相粘连、瓣膜增厚及弹性减低、瓣膜环硬化和缩窄等。当瓣膜开放时不能充分敞开，致使血流通过障碍。瓣膜口关闭不全多由瓣膜增厚、变硬、卷曲、缩短所致，或由于瓣膜的破裂、穿孔，亦可是腱索融合、增粗和缩短，致使瓣膜关闭时不能完全闭合，造成部分血液反流。

考点：心瓣膜病的概念及原因

一、二尖瓣狭窄

（一）病因

二尖瓣狭窄的主要病因为风湿性心内膜炎，其次是感染性心内膜炎。正常人二尖瓣开放时，其面积大约5cm^2。二尖瓣狭窄时，其瓣口面积可缩小到1～2cm^2，严重时甚至仅为0.5cm^2，只能通过探针。

（二）类型

根据二尖瓣狭窄的程度，在病理上可将其分为三型：①隔膜型：病变最轻。瓣膜轻度增厚，仍有弹性，瓣叶轻度粘连，瓣膜口轻度狭窄。②增厚型：病变较重。瓣膜明显增厚，弹性减弱，瓣叶间明显粘连，瓣膜口明显狭窄。③漏斗型：病变最重。瓣膜极度增厚，完全失去弹性，瓣叶广泛粘连，瓣膜口明显缩小如鱼口状，常伴有显著关闭不全（图5-23）。

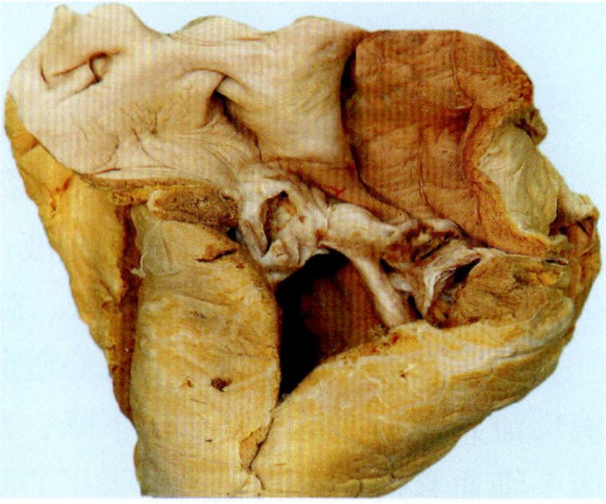

图5-23　二尖瓣狭窄（肉眼观）
二尖瓣增厚，瓣叶粘连，左心房扩大

（三）血流动力学及心脏形态的改变

二尖瓣狭窄可引起血流动力学及心脏形态的改变。早期，由于二尖瓣口的狭窄，心脏舒张时，血流从左心房流入左心室受阻，致使舒张末期左心房内的血液滞留过多，加上由肺静脉回流的血液，使左心房舒张末期的血容量较正常增多，导致左心房代偿性扩张。左心房的心肌加强收缩以克服狭窄的瓣膜口的阻力把血液排入左心室，久而久之，左心房代偿性肥大。后期，左心房代偿失调，出现心房明显扩张，血液淤积在左心房内，致使肺静脉血液回流受阻，出现肺淤血、肺水肿、肺组织内漏出性出血等病变。肺静脉压的升高可通过神经反射引起肺内小动脉收缩，使肺循环阻力加大，导致肺动脉压力升高。由于肺动脉高压，右心室排血受阻，导致右心室代偿性肥大及晚期发生肌源性扩张。当右心室高度扩张时，右房室孔扩大，可出现三尖瓣相对关闭不全，心脏收缩时，一部分血液自右心室反流至右心房，导致右心房淤血、扩张，从而进一步引起体循环淤血。因左心室流入的血液量减少，心室腔一般无明显变化，甚至缩小。

影像学检查，早期显示左心房扩大。晚期呈现“三大一小”特征，即左心室相对萎缩变小，其余三腔均增大，使心脏呈倒置的梨形，称为“梨形心”。听诊时，在心尖部可闻及舒张期隆隆样杂音。

考点：二尖瓣狭窄的类型、血流动力学及心脏形态的改变

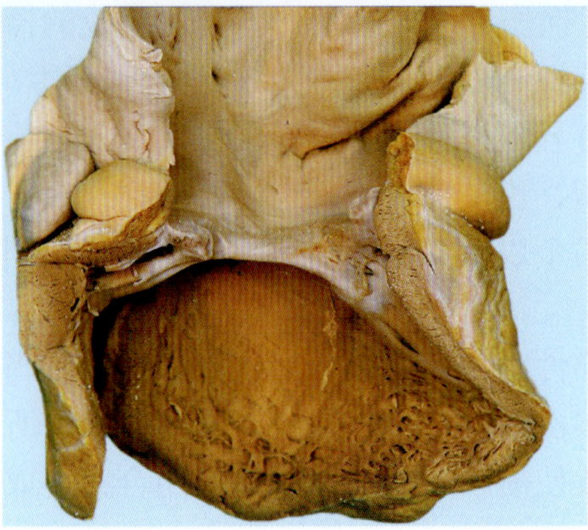

图5-24 二尖瓣关闭不全（肉眼观）
瓣膜增厚，瓣叶粘连、变形，左心房、左心室扩大

二、二尖瓣关闭不全

引起二尖瓣关闭不全的原因与二尖瓣狭窄基本相同。其血流动力学和心脏的改变是：在心脏收缩期，左心室的部分血液通过关闭不全的二尖瓣口反流至左心房，加上从肺静脉回心的血液，使左心房在舒张末期的血液量增多而致其内压升高，久之，左心房代偿性肥大和扩张。当心脏舒张时，左心房将多于正常的血液排入左心室，从而加大了左心室的负担，导致左心室逐渐肥大和扩张（图5-24）。以上变化长期存在，最终使左心房和左心室均发生代偿失调（即左心衰竭），继而依次出现肺淤血、肺动脉高压、右心室和右心房的代偿性肥大、右心衰竭及体循环淤血。

与二尖瓣狭窄不同的是，二尖瓣关闭不全时，四心腔均可增大，X线检查示心脏呈“球形心”。听诊时，心尖区可闻及收缩期吹风样杂音。

考点：二尖瓣关闭不全血流动力学及心脏形态的改变

三、主动脉瓣关闭不全

主动脉瓣关闭不全的病因多为风湿性或细菌性主动脉炎，少数亦可由梅毒性主动脉炎引起。

在心脏舒张期，因主动脉瓣关闭不全，主动脉内的部分血液反流至左心室。此时左心室同时接纳左心房的血液和主动脉反流的血液，使其负担加重，左心室发生代偿性肥大。以后左心室发生肌源性扩张，依次引起左心房肥大扩张、肺淤血、肺动脉高压、右心肥大、右心衰竭和体循环淤血等改变。

由于左心室的血量增多，心脏收缩时的排血量也增加，故收缩压升高。由于舒张期主动脉部分血液反流到左心室，故舒张压下降，致使脉压增大。患者可出现颈动脉扑动、水冲脉、血管枪击音及甲床毛细血管搏动等现象。舒张压的降低使冠状动脉供血不足，可出现心绞痛。听诊时，在胸骨左缘第三、四肋间可闻及舒张期杂音。

考点：主动脉瓣关闭不全的血流动力学及心脏形态的改变

四、主动脉瓣狭窄

主动脉瓣狭窄主要由风湿性主动脉瓣膜炎引起，少数可见于先天性发育异常或动脉粥样硬化时的主动脉瓣钙化。

主动脉瓣狭窄时左心室排血受阻，使其发生代偿性肥大，心室壁肥厚，而心腔不扩张（即向心性肥大）。晚期，由于代偿失调，致左心室肌源性扩张，继而出现左心房肥大扩张、肺淤血、右心衰竭和体循环淤血等。

听诊时在主动脉瓣区可闻及收缩期吹风样杂音。由于左心室明显肥厚扩张，X线检查示心脏呈“靴形心”。严重狭窄时，可因心排血量极度减少，血压降低，引起冠状动脉灌注不足，发生心绞痛；大脑供血不足发生晕厥。

考点：主动脉瓣狭窄的血流动力学及心脏形态的改变

自 测 题

一、名词解释

风湿病　冠心病　动脉瘤　原发性颗粒性固缩肾

二、填空题

1. 风湿病的基本病变分为________、________、________

三个期。

2. 粥样斑块的继发性变化有________、________、________、________、________。

3. 原发性高血压常见死因有________、________、________。

4. 心肌梗死的合并症及后果有________、________、________、________、________、________。

5. 动脉粥样硬化主要累及的血管是________。其基本病变包括________、________、________和________。

6. 风湿性心脏病最常受累的瓣膜是________，其次是________。

7. 可使左心室壁增厚的心脏病有________、________、________、________等。

8. 缓进型高血压可分为________、________、________三个时期。

9. 风湿病的变质性病变以________为特征，增生性病变以________为特征。

10. 冠状动脉粥样硬化好发于________。

三、单项选择题

1. 良性高血压晚期会引起
   A. 继发性颗粒性固缩肾
   B. 肾水样变性
   C. 原发性颗粒性固缩肾
   D. 肾凹陷性瘢痕
   E. 肾盂积水

2. 原发性高血压脑出血最常由哪条动脉破裂引起
   A. 基底动脉　B. 大脑后动脉
   C. 大脑中动脉　D. 大脑前动脉
   E. 豆纹动脉

3. 动脉粥样硬化主要发生在
   A. 细、小动脉　B. 大、中动脉
   C. 中、小动脉　D. 小动脉
   E. 细动脉

4. 关于风湿病的叙述中哪一项不正确
   A. 是累及全身结缔组织的超敏反应性疾病
   B. 心脏病变对患者危害最大
   C. 慢性心瓣膜病严重影响心脏功能
   D. 风湿性关节炎常可导致关节畸形
   E. 皮下结节和环形红斑对风湿病的诊断有意义

5. 关于慢性风湿性心脏病的描述中哪一项错误
   A. 瓣膜硬化　B. 瓣叶粘连
   C. 腱索增粗、缩短　D. 瓣膜增厚、卷曲
   E. 瓣膜穿孔

6. 关于风湿病的描述哪项错误
   A. 抗生素的广泛应用降低了风湿病的发病率
   B. 抗体滴定度增高提示本病是由溶血性链球菌直接作用引起的
   C. 多见于温带、亚热带
   D. 是一种结缔组织病
   E. 早期咽部培养溶血性链球菌阳性率达70%～90%

7. 关于慢性心瓣膜病的叙述哪项错误
   A. 多由风湿性和亚急性感染性心内膜炎引起
   B. 可为瓣膜狭窄和（或）瓣膜关闭不全
   C. 二尖瓣最常受累，其次是主动脉瓣
   D. 可引起血流动力学和心脏形态的变化
   E. 一般不会同时累及两个以上的瓣膜

8. 冠状动脉粥样硬化最常累及的动脉分支是
   A. 右冠状动脉主干　B. 左冠状动脉主干
   C. 右冠状动脉内旋支　D. 左冠状动脉左旋支
   E. 左冠状动脉前降支

9. 血管壁玻璃样变性常见于
   A. 慢性肾小球肾炎　B. 风湿性心脏病
   C. 原发性高血压　D. 动脉粥样硬化
   E. 冠心病

10. 原发性高血压早期心脏的特征性改变是
    A. 左心室紧张性扩张　B. 左心室向心性肥大
    C. 左心室离心性肥大　D. 左心室肌源性扩张
    E. 弥漫性心肌纤维化

11. 患者，女，58岁。既往有原发性高血压史，于3小时前骑自行车途中突感心前区疼痛，休息片刻后症状缓解回家。应考虑诊断为
    A. 高血压心脏病　B. 稳定型心绞痛
    C. 不稳定型心绞痛　D. 变异型心绞痛
    E. 急性心肌梗死

12. 患者，男，72岁。夜间睡眠中突感心前区疼痛，持续半小时不能缓解，继之出现呼吸困难不能平卧，应考虑诊断为
    A. 稳定型心绞痛　B. 劳累性心绞痛
    C. 变异型心绞痛　D. 急性心肌梗死
    E. 高血压心脏病

13. 患者，男，69岁。因活动后心悸、气短、下肢水肿两周，近3个月来夜间不能平卧，以心力衰竭入院。既往冠状动脉造影示三支血管病变，最可能的诊断是
    A. 高血压心脏病
    B. 冠状动脉粥样硬化性心脏病
    C. 风湿性心脏病
    D. 急性心肌炎
    E. 慢性肺源性心脏病

14. 患者，男，60岁。原发性高血压史10年，1小时前突发胸骨后持续压榨性疼痛，舌下含服硝酸甘油不能缓解，心电图显示：未见异常Q波及ST段偏移，V_1～V_3导联见高耸T波，最大可能为
    A. 心绞痛　B. 气胸
    C. 心包炎　D. 急性心肌梗死
    E. 高钾血症

15. 患者，男，60岁。身高160cm，较肥胖，嗜咸食，近两年常感到头晕头痛，血压：170/110mmHg。尸检：心脏重500g；切片检查全身细小动脉管壁增厚，管腔狭窄，HE染色示管壁呈嗜伊红半透明均匀样改变。该患者生前患何种疾病

A. 动脉粥样硬化　B. 心肌梗死

C. 原发性高血压　D. 脑出血

E. 糖尿病

16. 患者，女，33岁。活动后有心悸、气促，近日病情加重，并有四肢水肿，呼吸困难，咳粉红色泡沫痰。体检：心尖区闻及舒张期隆隆样杂音。既往史：12岁时咽喉肿痛后出现膝、踝、腕等大关节肿痛，此后多次反复发作。患者最可能的诊断是

A. 风湿性关节炎　B. 感染性心内膜炎

C. 心瓣膜病　D. 风湿性二尖瓣狭窄

E. 风湿性二尖瓣关闭不全

四、简答题

1. 如何区别高血压和高血压病?
2. 简述动脉粥样硬化的基本病理变化及主要合并症。

（王桂秋）

第6章 呼吸系统疾病

学习目标

1. 素质目标 树立正确的学习态度，逐步养成实事求是、科学严谨的工作作风。

2. 知识目标

（1）掌握 慢性阻塞性肺疾病的概念；慢性支气管炎的概念、病因及病理变化；肺气肿的概念、类型、病理变化、临床病理联系；慢性肺源性心脏病的概念、心脏的病理变化及临床病理联系；大叶性肺炎及小叶性肺炎的概念、病因、病理变化、临床病理联系。

（2）熟悉 病毒性肺炎；支气管扩张症的概念、病因、病理变化。

（3）了解 支原体肺炎。

3. 能力目标 能运用所学呼吸系统疾病知识，对该类患者进行深入的护理评估。

呼吸系统由呼吸道和肺组成。呼吸道包括鼻、咽、喉、气管、支气管和肺，呼吸道以喉环状软骨为界分为上呼吸道、下呼吸道两部分。

呼吸系统常见的疾病有以下几类：①感染性疾病：主要是由病原体引起的呼吸道炎性疾病，如流行性感冒、支气管炎、肺炎和肺结核等。②慢性阻塞性肺疾病。③限制性肺疾病：如呼吸窘迫综合征、肺尘埃沉着病和弥漫性肺间质纤维化等。④肿瘤：如鼻咽癌、喉癌和肺癌等。

链 接　雾霾与呼吸系统疾病的关系

随着空气质量的恶化，近些年雾霾天气出现增多，对人体造成极大危害，尤其是对呼吸系统疾病高发的老年群体危害更明显。其中危害健康的主要是直径小于10μm的气溶胶粒子，引起急性鼻炎和急性支气管炎等疾病。对于支气管哮喘、慢性支气管炎、慢性阻塞性肺气肿和慢性阻塞性肺疾病等慢性呼吸系统疾病患者，雾霾天气可使病情急性发作或急性加重。如果长期处于这种环境还会诱发肺癌。

第1节　慢性阻塞性肺疾病

慢性阻塞性肺疾病（chronic obstructive pulmonary diseases，COPD）是一种以不可逆的气流受限为特征的破坏性肺部疾病，气流受限通常呈进行性发展并与肺对有害刺激物的炎症反应有关。COPD是可以预防和治疗的慢性气道炎症性疾病，主要表现为肺实质与小气道受到损害后，导致慢性不可逆性气道阻塞、呼气阻力增加，甚至肺功能不全。

考点：COPD的概念

COPD与慢性支气管炎和肺气肿密切相关，其病理改变主要表现为慢性支气管炎及肺气肿的病理变化。当慢性支气管炎和（或）肺气肿患者肺功能检查出现气流受限并且不能完全可逆时，则诊断为COPD；如患者只有慢性支气管炎和（或）肺气肿，而无气流受限，则不能诊断为COPD，而视为COPD的高危期。支气管哮喘虽也有气流受限，但支气管哮喘是一种特殊的气道炎症性疾病，其气流受限具有可逆性，因而不属于COPD。

COPD的预防主要是避免发病的高危因素、急性加重的诱发因素，以及增强机体免疫力。戒烟是预防COPD的重要措施，也是最简单易行的措施，在疾病的任何阶段戒烟都有益于防止其发生和发展。控制职业和环境污染，减少有害气体或有害颗粒的吸入，可减轻气道和肺的炎症反应。积极防治婴幼儿和儿童期的呼吸系统感染，可能有助于减少以后COPD的发生。

一、慢性支气管炎

慢性支气管炎（chronic bronchitis）是发生于气管、支气管黏膜及其周围组织的慢性非特异性炎症。临床主要表现为长期反复咳嗽、咳痰或伴有喘息症状。每年连续发病至少3个月，持续2年以上即可诊断。病情持续多年可并发肺气肿和肺源性心脏病。本病为常见病、多发病，中、老年人群患病率可达15%～20%。

（一）病因及发病机制

慢性支气管炎往往是多种因素长期综合作用所致，常见病因如下。

1. 病毒和细菌感染 凡能引起上呼吸道感染的病毒和细菌都与慢性支气管炎的发生和复发密切相关。鼻病毒、腺病毒和呼吸道合胞病毒是致病的主要病毒。而上呼吸道的常驻菌中，肺炎链球菌（肺炎双球菌）、流感嗜血杆菌、肺炎杆菌、奈瑟球菌等是导致慢性支气管炎急性发作的主要病原菌。

2. 吸烟 对慢性支气管炎的发病起重要作用，吸烟者比不吸烟者的患病率高2～10倍，吸烟时间越久，日吸烟量越大，患病率越高。香烟烟雾中含有焦油、尼古丁和镉等有害物质，能损伤呼吸道黏膜，降低局部抵抗力，烟雾还能引起小气道痉挛，从而增加气道阻力。戒烟可使病情减轻。

3. 空气污染与过敏 工业粉尘、烟雾等造成的大气污染也是引起慢性支气管炎的重要原因。过敏与慢性支气管炎的发病也有一定的关系，尤其喘息型慢性支气管炎患者往往有过敏史。

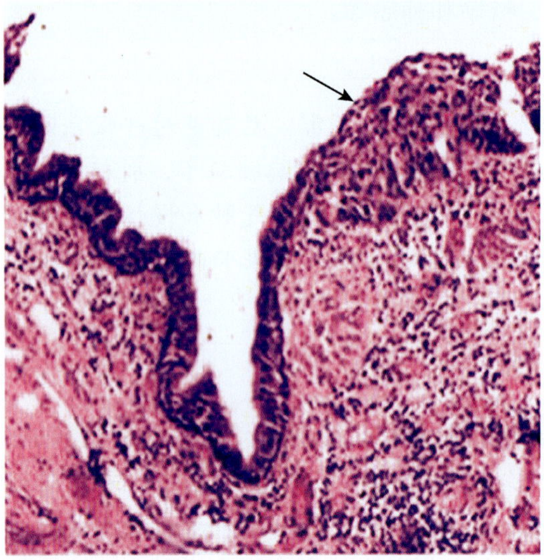

图6-1 慢性支气管炎（镜下观，10×10，HE染色）
支气管假复层纤毛柱状上皮发生鳞状上皮化生（↑）

4. 其他因素 机体抵抗力降低，呼吸系统防御功能受损及神经内分泌功能失调是发病的内在因素。部分患者的副交感神经功能亢进，导致黏液分泌增多，小气道反应性增强。老年人呼吸道防御功能降低，单核吞噬细胞系统吞噬作用减弱也是原因之一。

考点：慢性支气管炎的概念、病因

（二）病理变化

慢性支气管炎的基本病变是以黏液腺增生为特征的慢性炎症。病变常起始于较大的支气管，随着病情进展，可累及较小的支气管和细支气管，受累的细支气管越多，气道阻力增高和肺组织受损的程度也越严重。主要病变如下。

1. 呼吸道纤毛-黏液系统受损 假复层纤毛柱状上皮细胞的纤毛粘连、倒伏，甚至脱失，细胞变性、坏死及增生，可变为立方形或扁平细胞，重者可发生鳞状上皮化生（图6-1），甚至非典型增生。

2. 腺体增生肥大 黏膜下腺体增生肥大和浆液腺上皮发生黏液腺化生，杯状细胞增多（图6-2）。分泌的黏液过多，并潴留在支气管腔内，易形成黏液栓，造成气道的完全或不完全性阻塞。久之，黏膜和腺体萎缩，黏液分泌减少，痰量减少甚至无痰。

3. 支气管壁炎症反应 管壁充血、水肿，淋巴细胞、浆细胞浸润。

4. 支气管壁损伤 管壁纤维组织增生，平滑肌束断裂、萎缩。但喘息型患者平滑肌束可增生、肥大，致管腔变窄。软骨可发生变性、萎缩、钙化或骨化。

慢性支气管炎反复发作，可向下发展形成细支气管炎和细支气管周围炎。两者是引起慢性阻塞性肺气肿的病变基础。

考点：慢性支气管炎的病理变化

（三）临床病理联系

由于炎症反复刺激气道黏膜及分泌物增多，黏液潴留，患者主要表现为咳嗽、咳痰，一般为白色黏液泡沫痰。在急性发作期，咳嗽加重，并出现脓痰或黏液脓痰，痰不易咳出。由于支气管痉挛或支气管狭窄及黏液、渗出物阻塞可引起喘息。双肺有干啰音和（或）湿啰音。如果黏膜和腺体萎缩，导致分泌物减少，则痰量减少甚至无痰。病程较长者可致肺气肿。

考点：慢性支气管炎的临床病理联系

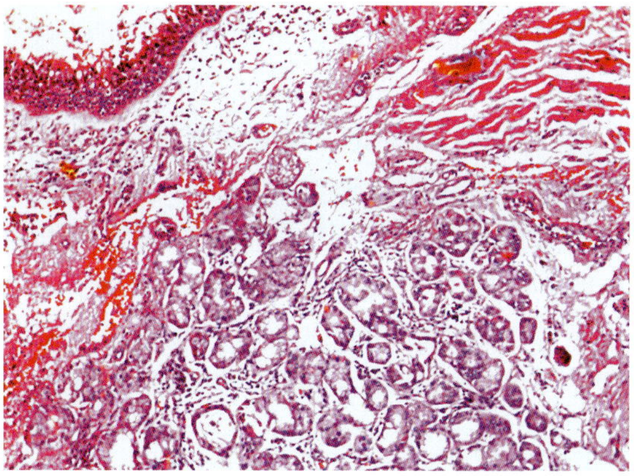

图6-2 慢性支气管炎（镜下观，10×10，HE染色）
黏膜腺体增生、肥大，浆液腺上皮发生黏液腺化生，杯状细胞增多

链 接 啰音

啰音是呼吸音以外的附加音，正常不存在。分为如下两类。

1. 干啰音　气管、支气管或细支气管狭窄或不完全阻塞，气流吸入或呼出时发生湍流所致。根据音调高低可分为高调干啰音和低调干啰音，哮鸣音属高调干啰音。呼吸道狭窄或不完全阻塞的原因有炎症致黏膜充血水肿、分泌物增多；支气管平滑肌痉挛；管腔内异物或肿瘤阻塞；管壁被管外肿大的淋巴结或纵隔肿瘤等压迫。

2. 湿啰音　是由于吸气时气体通过呼吸道内的液体如渗出液、痰液、血液、黏液和脓液等，形成的水泡破裂所产生的声音，故又称水泡音。

二、肺　气　肿

肺气肿（pulmonary emphysema）是指呼吸性细支气管、肺泡管、肺泡囊和肺泡等末梢肺组织因过度充气呈持久性扩张，并伴有肺泡间隔破坏，以致肺组织弹性减弱、容积增大的一种肺疾病。

链 接 肺的组成及功能分部

肺组织主要由肺实质和肺间质组成。肺实质包括肺内的各级支气管及其末端的肺泡，根据肺实质的功能，又可分为导气部和呼吸部两部分。自肺叶支气管到终末细支气管，是输送气体的通道而无气体交换的作用，属于肺的导气部；呼吸性细支气管以下直至肺泡，属末梢肺组织，均能进行气体交换，故称肺的呼吸部。肺间质是指肺内结缔组织及其中的血管、神经和淋巴管等结构。

（一）病因及发病机制

1. 病因　肺气肿常继发于其他阻塞性肺疾病，尤以慢性支气管炎最为多见。阻塞性肺气肿常与慢性支气管炎同时存在。此外，吸烟、大气污染和肺尘埃沉着病也是常见的发病原因。

2. 发病机制　目前认为，肺气肿的发生主要与以下因素有关。

（1）阻塞性通气障碍　慢性支气管炎时，因慢性炎症使管壁平滑肌等组织破坏，以及纤维组织增生，管壁增厚，管腔狭窄，加之管腔内黏液分泌，黏液栓形成，使小支气管和细支气管发生不完全阻塞，肺的排气不畅，残气量增多。

（2）呼吸性细支气管和肺泡壁弹性降低　正常时，细支气管和肺泡壁上的弹性纤维具有支撑作用，并通过弹性回缩力排出末梢肺组织里的残余气体。长期慢性炎症破坏大量的弹性纤维，导致细支气管和肺泡的弹性回缩力减弱，气体排出减少。

（3）α_1-抗胰蛋白酶活性降低　α_1-抗胰蛋白酶（α_1-AT）广泛存在于组织和体液中，对弹性蛋白酶有抑制作用。小气道炎症时，中性粒细胞和巨噬细胞可释放多量弹性蛋白酶并生成大量氧自由基，氧自由基能使α_1-AT失活，削弱了对弹性蛋白酶的抑制作用，故弹性蛋白酶数量增多、活性增强，过多地降解细支气管和肺泡壁上的弹性蛋白，破坏肺的组织结构，使肺泡回缩力减弱。遗传性α_1-AT缺乏的家族，肺气肿的发病率比一般人高15倍。

以上因素的综合作用，使细支气管和肺泡内的残气量不断增多，肺泡最终破裂融合成含气的大囊泡，形成肺气肿。

（二）类型

根据病因和病变特点不同，将肺气肿分为慢性阻塞性肺气肿、间质性肺气肿、代偿性肺气肿、老年性肺气肿。

1. 慢性阻塞性肺气肿　最多见。其发生与大气污染、吸烟和慢性支气管炎关系密切，是由小气道阻塞，通气障碍引起。可分为三型，即腺泡中央型、腺泡周围型和全腺泡型。

2. 间质性肺气肿　是由肺内压急骤升高，造成肺泡或细支气管壁过度扩张、破裂，空气进入肺间质引起，可继发于阻塞性肺气肿，还可以发生于百日咳、白喉和慢性支气管炎等疾病的剧烈咳嗽，以及胸部创伤、肋骨骨折、爆炸时的气浪和高压下的人工呼吸等。气体常在肺小叶间隔与肺膜连接处形成串珠状小气泡，气泡也可沿细支气管和血管周围的组织间隙扩展至肺门、纵隔，甚至可在颈部和上胸部皮下形成皮下气肿。

3. 代偿性肺气肿　是指肺萎陷、肺叶切除后残余肺组织的肺泡代偿性过度充气、膨胀。多见于实变病灶（如肺结核和硅肺）周围的肺组织。病灶旁肺组织因受到局部病变的损伤或纤维瘢痕组织的牵拉，出现过度充气，形成病灶旁肺气肿。此外，由于一部分肺组织失去呼吸功能，其邻近的部分肺泡或其他部分的肺泡扩大形成肺气肿。这是一种代偿反应，一般不伴有气道和肺泡壁的破坏，故属于非真性肺气肿。

4. 老年性肺气肿　是指老年人肺组织发生退行性改变，肺的弹性回缩力减弱，使肺残气量增多，容积增大，又称老年性肺过度充气。一般临床上无明显症状，不引起肺心病。也属于非真性肺气肿。

考点：肺气肿的概念、类型

（三）病理变化

肉眼观，双肺显著增大，边缘钝圆，灰白色，肺组织柔软，弹性差，指压后留有压痕，切面肺组织呈蜂窝状（图6-3）。镜下观，肺泡扩张，间隔变窄，肺泡孔扩大，肺泡间隔断裂，扩张的肺泡融合成较大的囊腔（图6-4）。肺小动脉内膜呈纤维性增厚。小支气管和细支气管可见慢性炎症细胞浸润。

考点：肺气肿的病理变化

（四）临床病理联系

进行性加重的呼吸困难是肺气肿的重要临床特征。患者常在慢性咳嗽、咳痰等慢性支气管炎症状的基础上，出现逐渐加重的呼气性呼吸困难、气促、胸闷、发绀等症状。重症患者由于双肺过度扩张，含气量增多，肋间隙加宽，胸廓前后径加大，呈桶状，称为桶状胸。语颤减弱，叩诊呈过清音，心浊音界缩小或消失，肝浊音界下降，胸透显示肺透光度增加，膈肌下降。最终可并发肺源性心脏病。

考点：肺气肿的临床病理联系

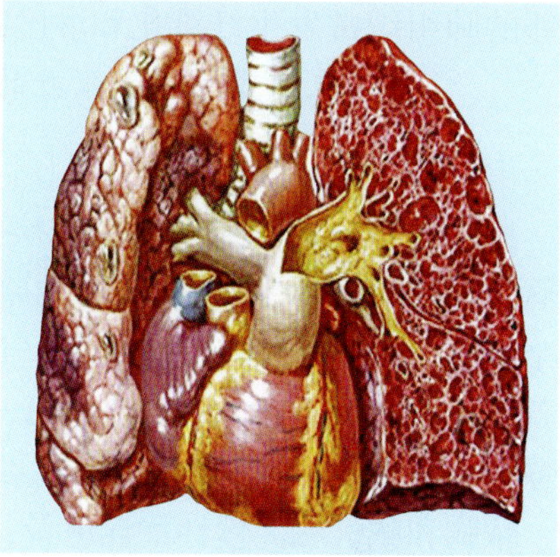

图6-3　肺气肿（肉眼观）
双肺显著增大，边缘钝圆，灰白色，肺组织柔软，弹性差，切面肺组织呈蜂窝状

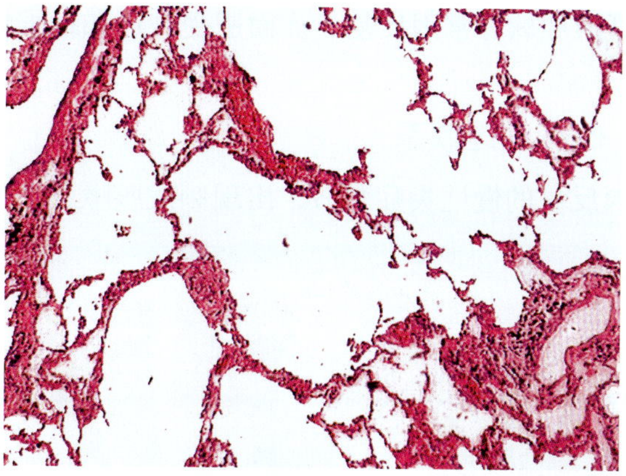

图6-4　肺气肿（镜下观，10×10，HE染色）
肺泡扩张，间隔变窄，肺泡孔扩大

三、支气管扩张症

支气管扩张症（bronchiectasis）是指肺内支气管腔持久性扩张伴管壁纤维性增厚的一种慢性疾病。临床表现为慢性咳嗽、大量脓痰或反复咯血等症状。

考点：支气管扩张症的概念

（一）病因及发病机制

支气管扩张症多继发于慢性支气管炎、麻疹和百日咳后的支气管肺炎、肺结核病等。

支气管扩张症的发病机制，包括以下几个方面。

1. 呼吸道反复感染　感染损坏支气管壁的重要支撑结构（如平滑肌、胶原纤维、弹性纤维和软骨等），削弱支气管的回缩能力，且感染导致管腔阻塞，阻塞又加重感染。

2. 支气管周围组织的牵拉作用增大　支气管周围肺组织的慢性炎症和纤维化，对管壁的牵拉作用增大。

3. 支气管内压增高　由于患者用力吸气和长期咳嗽，导致支气管内压增高。

4. 遗传因素　少数支气管扩张症与遗传因素有关，可能因支气管壁的平滑肌、软骨和弹性纤维发育不全，管壁结构薄弱和弹性较差而引起支气管扩张，如巨大气管-支气管扩张症。

儿童的支气管较成人的管腔小，易阻塞，加之呼吸道感染又频繁，故更容易发生支气管扩张。

（二）病理变化

肉眼观，病变可累及单侧或两侧肺，下叶多于上叶，由于左下叶支气管较细长，引流较差，故左下叶多于右下叶。病变常累及段支气管以下和直径大于2mm的中、小支气管，有时甚至肺内的各级支气管均受累。病变支气管呈圆柱状或囊状扩张。扩张的支气管腔内常含有黄绿色脓性或黏液脓样渗出物，常因继发腐败菌感染而带恶臭，有时有血性渗出物。扩张的支气管周围肺组织常发生程度不等的肺萎陷、纤维化或肺气肿（图6-5）。

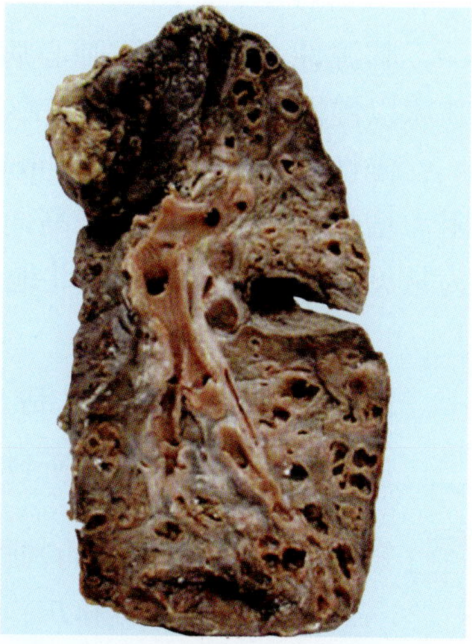

图6-5　支气管扩张症（肉眼观）
支气管腔呈弥漫性扩张，直达肺膜下

镜下观，支气管壁呈慢性炎症改变并有不同程度的组织结构破坏。支气管黏膜上皮增生伴鳞状上皮化生，可有糜烂及小溃疡形成。支气管壁增厚，黏膜下血管扩张充血和炎症细胞浸润，管壁的平滑

肌、弹性纤维和软骨常因反复炎症而遭受破坏和纤维化。相邻的肺组织常发生纤维化和淋巴组织增生。

考点：支气管扩张症的病理变化

（三）临床病理联系

患者因反复的慢性炎症刺激，出现频发咳嗽和大量脓痰。感染急性发作时，黄绿色脓痰明显增加。支气管壁的血管遭受炎症破坏可致咯血，严重的大咯血可因失血过多或血块阻塞气道危及生命。若支气管引流不畅，痰不易咳出，可感到胸闷、憋气，并发胸膜炎时可有胸痛。少数并发肺脓肿、脓胸和脓气胸。慢性重症患者，肺功能严重障碍，稍活动即有气急、发绀，伴有杵状指（图6-6），晚期可并发慢性肺源性心脏病。

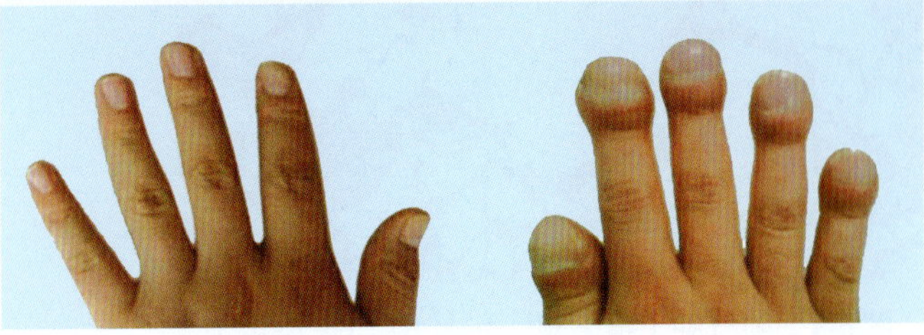

图6-6　杵状指

左为正常手指，右为杵状指

考点：支气管扩张症的临床病理联系

链 接　杵状指

杵状指（趾）亦称鼓槌指（趾），表现为手指或足趾末端增宽、增厚，呈杵状膨大。其发病机制可能与肢体末端慢性缺氧、代谢障碍及中毒性损害有关。缺氧时末端肢体毛细血管增生扩张，血供增加，软组织增生，导致末端膨大。

支气管扩张症通过支气管造影能确诊，但近年来逐渐被高分辨率CT所取代。

第 2 节　慢性肺源性心脏病

案例 6-1

患者，男，56岁。慢性咳嗽、咳痰18年，痰多呈白色黏液状，有时为黄色脓痰。近3个月来明显感到气急，胸闷，呼吸困难。查体：桶状胸，腹部膨隆，腹水征阳性，双下肢凹陷性水肿。X线显示肺部透光度增加，膈肌下降，心影明显增大。

问题：1. 患者可能有哪些疾病？

2. 患者的疾病是如何发生、发展的？

肺源性心脏病简称肺心病（cor pulmonale）。根据起病缓急和病程长短，可分为急性和慢性两类，临床以慢性多见。本节重点叙述慢性肺源性心脏病。

慢性肺源性心脏病（chronic cor pulmonale，CCP）是慢性肺疾病、肺血管及胸廓病变引起肺循环阻力增加、肺动脉压力升高而导致的以右心室肥厚、扩张为特征的心脏病，简称慢性肺心病。我国较为常见，尤其以华北和东北地区较多见。患病年龄多在40岁以上，随着年龄增长患病率增高。

考点：慢性肺源性心脏病的概念

（一）病因及发病机制

慢性肺循环阻力增大所致的肺动脉高压是慢性肺源性心脏病发生的关键环节。

链 接　肺动脉高压的判断标准

临床上测定肺动脉压，如在静息时肺动脉平均压≥20mmHg，即为显性肺动脉高压；若静息时肺动脉平均压＜20mmHg，而运动后肺动脉平均压＞30mmHg，则为隐性肺动脉高压。

1. 肺疾病　慢性支气管炎并发阻塞性肺气肿最为多见，占80%～90%，其次为支气管哮喘、支气管扩张症、肺尘埃沉着病、慢性纤维空洞性肺结核、弥漫性肺间质纤维化等。以上疾病能引起阻塞性通气障碍，减少气体交换面积，导致换气功能障碍，动脉血氧分压下降，二氧化碳分压升高，引起肺小动脉痉挛；缺氧还能导致肺血管构型改建，使肺小动脉中膜肥厚，无肌细动脉肌化；加之肺气肿等使肺血管数目减少，均导致肺循环阻力增加和肺动脉高压，继而右心室肥大、扩张。

2. 胸廓运动障碍性疾病　较少见。严重的脊柱弯曲、胸膜广泛粘连及胸廓成形术后造成的严重胸廓畸形等，不仅可引起限制性通气障碍，还可压迫较大的肺血管并造成肺血管扭曲，导致肺循环阻力增加，肺动脉压力升高。

3. 肺血管疾病　很少见。主要见于原发性肺动脉高压、广泛或反复发作的多发性肺小动脉栓塞（如虫卵、肿瘤细胞栓子）及肺小动脉炎等，直接引起肺动脉高压，从而引起右心室肥大、扩张。

（二）病理变化

慢性肺源性心脏病的病变表现在肺和心脏两方面。

1. 肺部病变　具有原有疾病（如慢性支气管炎、肺气肿等）的病理变化。此外，还有肺小动脉的变化，表现为：①肌性小动脉中膜肥厚、内膜下出现纵行肌束，无肌细动脉肌化。②肺小动脉炎，肺小动脉弹性纤维和胶原纤维增生，以及肺小动脉血栓形成和机化。③肺泡壁毛细血管数量因肺气肿和肺泡间隔纤维化而显著减少。

2. 心脏病变　以右心室的病变为主。右心室壁增厚，心腔扩张，心尖钝圆，主要由右心室构成，心脏重量增加（有达1300g者）。右心室内乳头肌和肉柱显著增粗，室上嵴增厚，通常以肺动脉瓣下2cm处右心室肌壁厚度超过5mm（正常3～4mm）作为病理诊断肺源性心脏病的标准（图6-7）。镜下观，心肌细胞肥大、核增大深染。也可见缺氧所致的肌纤维萎缩、肌浆溶解、横纹消失，以及间质水肿和胶原纤维增生等现象。

考点：慢性肺源性心脏病心脏的病理变化

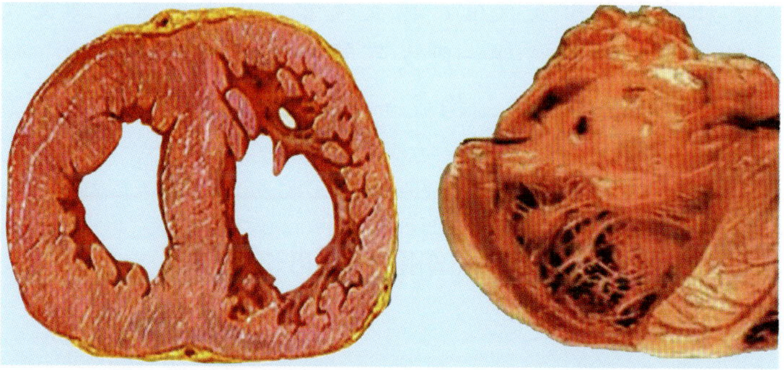

图6-7　慢性肺源性心脏病心脏病变（肉眼观）

左图为水平切面，右图为冠状切面。显示右心室肥大，心室壁增厚，乳头肌和肉柱显著增粗

（三）临床病理联系

慢性肺源性心脏病发展缓慢，临床表现除原有肺疾病的症状和体征外，主要是逐渐出现的呼吸功能不全和右心衰竭的症状和体征。常表现为呼吸困难、发绀、心悸、气急、肝大、全身淤血和下肢水肿。病情严重者出现头痛、烦躁不安、抽搐、嗜睡甚至昏迷，称为肺性脑病。这主要是由缺氧和二氧化碳潴留、呼吸性酸中毒出现脑水肿所致。受凉、上呼吸道感染、慢性支气管炎急性发作、肺炎及劳累等能诱发慢性肺源性心脏病急性发作。每次急性发作都会进一步加重心、肺功能的损害，最后导致呼吸、循环衰竭。

考点：慢性肺源性心脏病的临床病理联系

第3节 肺 炎

案例 6-2

患者，男，42岁。3天前淋雨后感头痛、畏寒，继而出现高热，咳嗽，咳出的痰呈铁锈色，并感右侧胸痛、气急、胸闷，不能平卧。查体：体温39℃，脉搏112次/分，呼吸26次/分，白细胞13×10^9/L，中性粒细胞86%。X线检查：右肺下叶见大片密度增高的阴影。

问题：1. 患者可能有何种疾病？

2. 患者的痰为什么是铁锈色的？

3. 该病有哪些病理变化？

一、概 述

肺炎（pneumonia）是指肺的急性渗出性炎症，是呼吸系统的多发病、常见病。

根据病因，肺炎可分为感染性（如细菌性、病毒性、支原体性、真菌性、寄生虫性）肺炎、理化性（如放射性、吸入性和类脂性）肺炎，以及超敏反应性（如过敏性和风湿性）肺炎。

根据炎性渗出物的成分，可分为浆液性肺炎、纤维蛋白性肺炎、化脓性肺炎和出血性肺炎等。

根据病变部位和范围，可分为大叶性肺炎、小叶性肺炎和间质性肺炎。该分类在很大程度上反映了致病因子的性质和炎症的特征。大叶性肺炎，95%以上由肺炎链球菌感染所致，表现为纤维蛋白性炎；小叶性肺炎，绝大多数为化脓菌感染，主要为化脓性炎；间质性肺炎，由病毒和支原体感染引起，表现为非化脓性炎。

链 接 肺的解剖结构

主支气管进入肺内，依次分为叶支气管、段支气管、小支气管、细支气管、终末支气管、呼吸性支气管、肺泡管、肺泡囊、肺泡。每一段支气管及其所属的肺组织，称支气管肺段，简称肺段。每一细支气管及其分支与相连的肺泡，构成一个肺小叶。肺小叶均呈圆锥状，底朝向肺表面，尖端指向肺门。

二、细菌性肺炎

（一）大叶性肺炎

大叶性肺炎（lobar pneumonia）是主要由肺炎链球菌引起的以肺泡内弥漫性纤维蛋白渗出为主的炎症。病变起始于肺泡，并迅速扩展至一个大叶的大部或整个大叶。本病可发生于任何年龄，但多见于青壮年。临床上起病急、寒战、高热、胸痛、咳嗽、咳铁锈色痰和呼吸困难，并有肺实变体征及白细胞增高等。经5～10天，体温下降，症状消退。

1. 病因及发病机制 95%以上的大叶性肺炎由肺炎链球菌引起，以Ⅲ型毒力最强。少数由肺炎杆菌、金黄色葡萄球菌、溶血性链球菌和流感嗜血杆菌等引起。当机体受寒、感冒、醉酒、麻醉和过度疲劳时，呼吸道的防御功能削弱，机体抵抗力降低，细菌侵入肺泡，在其中繁殖，引起肺组织的超敏反应，肺泡间隔毛细血管扩张，通透性增高，浆液和纤维蛋白原大量渗出，细菌和炎症也可沿肺泡间孔（Cohn孔）或呼吸性细支气管迅速向邻近肺组织蔓延，波及部分或整个肺大叶。若带菌的渗出液经叶支气管播散，则可导致炎症在大叶与大叶之间蔓延。

2. 病理变化及临床病理联系 大叶性肺炎病变主要表现为肺泡内的纤维蛋白性炎，常发生在单侧肺，多见于左肺下叶（图6-8），也可同时或先后发生于两个以上肺叶，病程一般分为四期。

考点：大叶性肺炎的概念、病因、病理变化及临床病理联系

（1）充血水肿期　为发病第1～2天的变化。肉眼观，病变肺叶肿大，重量增加，呈暗红色（图6-9）。

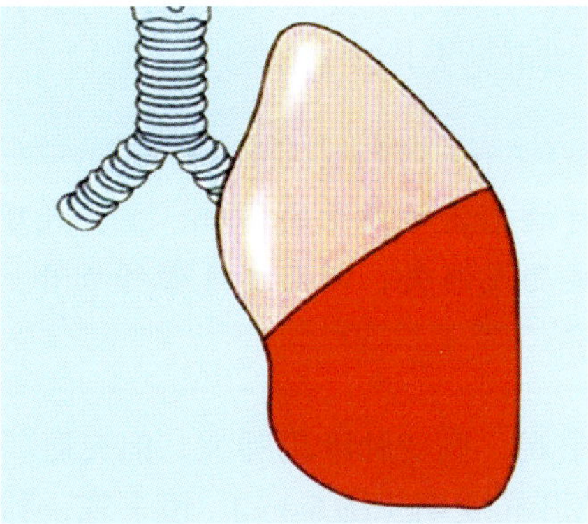

图6-8　大叶性肺炎发病部位（示意图）

图6-9　大叶性肺炎充血水肿期（肉眼观）
左肺下叶充血、肿胀

镜下观，肺泡壁毛细血管弥漫性扩张充血，肺泡腔内有较多的浆液渗出，可见少量红细胞、中性粒细胞和巨噬细胞（图6-10）。渗出液中常可检出肺炎链球菌。

此期患者因毒血症，可有畏寒、寒战、高热和血中白细胞计数增高等临床表现，还常有咳嗽。X线检查，病变肺叶呈淡薄均匀的阴影。

（2）红色肝样变期　为发病后第3～4天的变化。肉眼观，病变肺叶肿大，重量增加；切面呈灰红色，质实如肝脏，故称红色肝样变期（图6-11）。镜下观，肺泡壁毛细血管仍扩张充血，肺泡腔内充满大量红细胞和纤维蛋白，以及少量的中性粒细胞、巨噬细胞。纤维蛋白丝连接成网并常穿过肺泡间孔与邻近肺泡中的纤维蛋白网相接，有利于限制细菌的扩散，并有利于吞噬细胞吞噬病原菌（图6-12）。本期渗出物中仍能检出较多的肺炎链球菌。

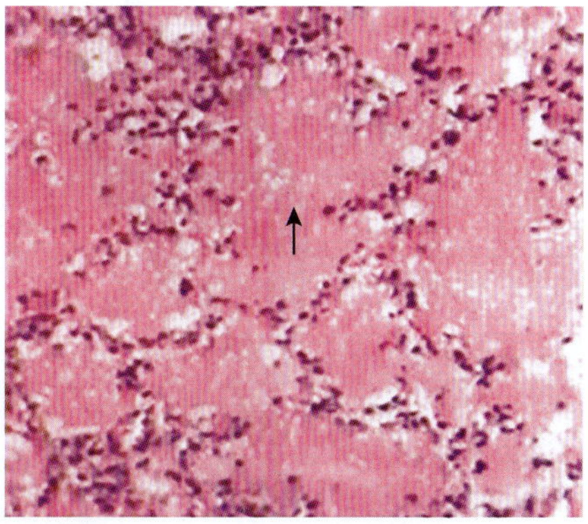

图6-10　大叶性肺炎充血水肿期（镜下观，40×10，HE染色）
肺泡壁血管扩张充血，肺泡腔内充满大量浆液（↑）、少量红细胞和白细胞

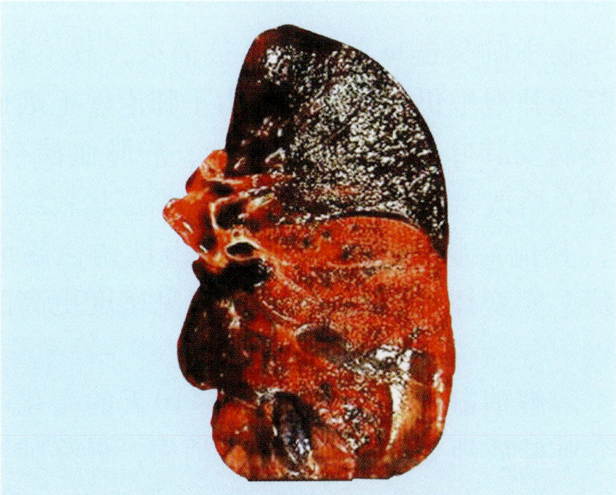

图6-11　大叶性肺炎红色肝样变期（肉眼观）
病变在左肺下叶，肺叶肿大，色灰红，质实如肝

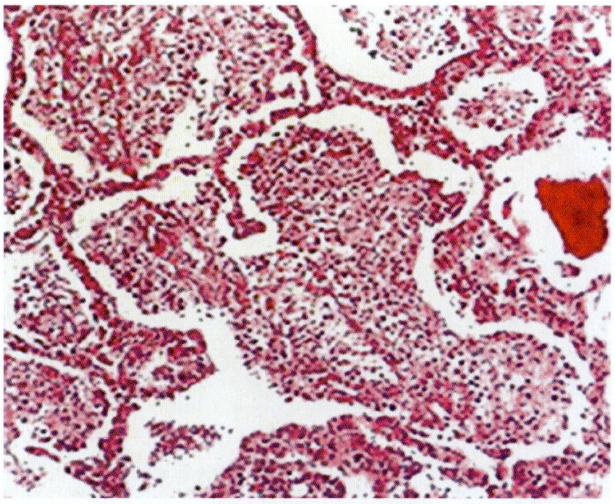

图6-12　大叶性肺炎红色肝样变期（镜下观，40×10，HE染色）
肺泡壁毛细血管扩张、充血，肺泡内充满大量红细胞、纤维蛋白及少量白细胞

若病变范围较广，由于肺泡换气和通气功能下降，动脉血中氧分压降低，患者可出现发绀等缺氧症状。肺泡腔内的红细胞被巨噬细胞吞噬，崩解后形成棕褐色的含铁血黄素混入痰中，使痰呈铁锈色。由于病变波及胸膜，引起纤维蛋白性胸膜炎，可有胸痛，并随呼吸或咳嗽而加重。由于肺泡腔被红细胞和纤维蛋白充填，患者可有语颤增强等实变体征。X线可见大片致密阴影。

链　接　肺实变体征

肺实变体征是指肺泡由正常时的空虚变为病变时的充实所产生的体征，主要表现为：病变部位语颤增强，叩诊呈浊音或实音，听诊肺泡呼吸音减弱或消失，闻及支气管呼吸音，X线呈密度增高阴影。

（3）灰色肝样变期　发病后第5～6天的变化。肉眼观，病变肺叶仍肿大，但充血消退，故肺的颜色由红色逐渐变为灰白色，质地仍坚实如肝，故称灰色肝样变期（图6-13）。镜下观，肺泡腔内纤维蛋白渗出较前显著增多，纤维蛋白网中有大量中性粒细胞，红细胞则大多崩解消失，肺泡壁毛细血管受压，管腔变小或闭塞。相邻肺泡中纤维蛋白丝经肺泡间孔互相连接的情况更为多见（图6-14）。

图6-13　大叶性肺炎灰色肝样变期（肉眼观）

左肺下叶肿大，色灰白，组织致密，质实如肝

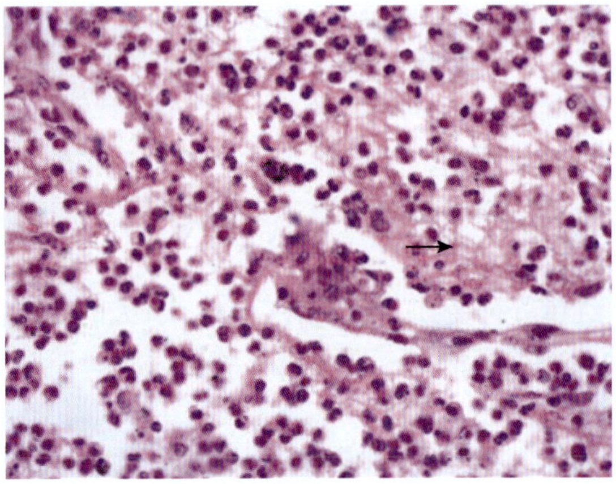

图6-14　大叶性肺炎灰色肝样变期（镜下观，40×10，HE染色）

肺泡腔内充满大量白细胞及纤维蛋白（↑），肺泡壁毛细血管受压而呈贫血状态

渗出物中肺炎链球菌已大多被消灭，故不易检出。此期虽病变肺泡中仍无气体，但由于肺泡壁毛细血管受压，流经病变肺叶的血液大量减少，静脉血掺杂减少，缺氧状况有所改善，故发绀和呼吸困难症状较红色肝样变期轻，其他症状也开始减轻，痰由铁锈色逐渐变成黏液脓痰，实变体征更明显，X线可见密度更高的大片阴影。

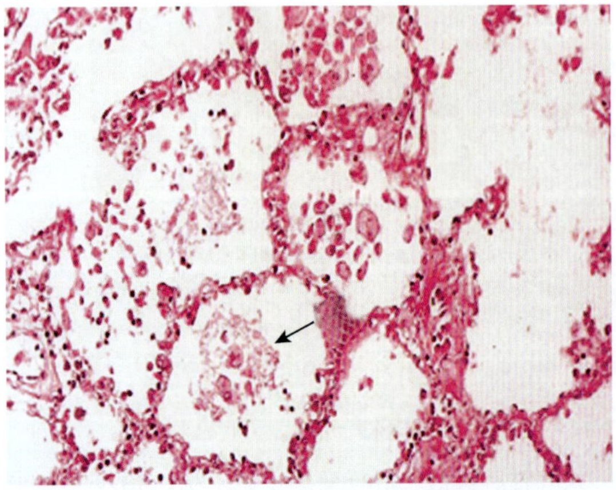

图6-15　大叶性肺炎溶解消散期（镜下观，40×10，HE染色）

肺泡腔内的白细胞开始崩解、破坏，释放的蛋白溶解酶使纤维蛋白被溶解液化（↑），肺泡腔又逐渐趋于空虚状态

（4）溶解消散期　发病后第7～10天的变化。肉眼观，病变肺叶质地变软，实变病灶消失，最终肺组织可完全恢复正常。胸膜渗出物被吸收或轻度粘连。镜下观，肺泡腔内中性粒细胞变性坏死，释放出大量蛋白溶解酶，使渗出物中的纤维蛋白被溶解液化，渗出物逐渐减少直至消失，肺泡腔又重新充气（图6-15）。

此期病原菌被吞噬消灭，临床上表现为体温下降。

由于液化的渗出物主要经咳嗽咳出，故患者咳出大量稀薄痰。X线检查见病变区阴影逐渐变淡，面积减小，直至消失。肺内炎症要完全消散，功能恢复正常，需1～3周。

上述病变的发展演变是一个连续过程，各期之间并无绝对界线，同一肺叶的不同部位可呈现不同阶段的病变。其典型经过，只是在未经及时治疗的患者才能见到。现今由于临床上常在疾病早期应用抗生素，病程缩短，典型的四期病变已不多见甚至不出现。

3. 结局及并发症　大叶性肺炎的预后很好，经积极治疗绝大多数能痊愈。由于病变过程中并无肺组织的破坏，部分患者甚至可自愈。若感染的细菌毒力较强，或治疗不及时或机体抵抗力较差，可发生以下并发症。

（1）败血症或脓毒败血症　见于严重感染时，细菌侵入血液大量生长繁殖所致，有时还可并发化脓性脑膜炎、急性细菌性心内膜炎等。

（2）感染性休克　严重的肺炎链球菌或金黄色葡萄球菌感染引起严重的中毒症状和微循环衰竭时可发生休克，是大叶性肺炎最严重的并发症，病死率较高。

（3）肺脓肿及脓胸　多见于由金黄色葡萄球菌引起的肺炎。由于肺组织被破坏而形成脓肿，若脓肿穿破肺膜，则导致脓胸。

（4）肺肉质变　由于中性粒细胞渗出过少，释放出的蛋白酶不足以溶解肺泡腔内的纤维蛋白，而由肉芽组织予以机化。肉眼观，病变部位肺组织变成褐色肉样纤维组织，称为肺肉质变，又称机化性肺炎（图6-16）。肺失去正常的功能，患者可死于呼吸衰竭，或继发慢性肺源性心脏病。

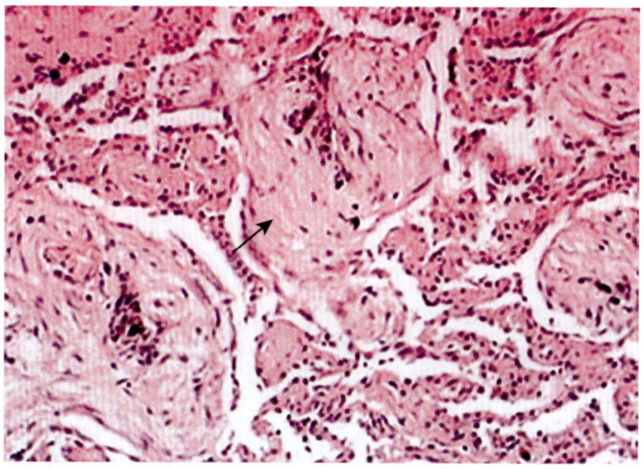

图6-16　大叶性肺炎肺肉质变（镜下观，40×10，HE染色）

肺泡腔内纤维蛋白机化（↑），病变处肺组织被纤维组织取代

（二）小叶性肺炎

案例 6-3

患儿，男，2岁。咳嗽、咳痰、气喘7天。体格检查：体温39℃，脉搏160次/分，呼吸30次/分。X线检查两肺下叶见灶状阴影。

问题： 1. 初步诊断是什么？依据是什么？

2. 依据病变特点与大叶性肺炎如何鉴别？

小叶性肺炎（lobular pneumonia）是伴有细支气管受累的小叶范围内肺组织的急性化脓性炎症，因其病变常以细支气管为中心，故又称为支气管肺炎。本病很常见，主要发生于小儿和年老体弱及久病卧床者。

考点： 小叶性肺炎的概念

1. 病因及发病机制　小叶性肺炎大多由细菌感染引起，凡能引起支气管炎的病原菌几乎都能引起本病。最常见的为致病力较弱的肺炎链球菌，其次为葡萄球菌、流感嗜血杆菌、肺炎杆菌、链球菌、铜绿假单胞菌和大肠埃希菌等。

在诱因作用下，如传染病、营养不良、恶病质、昏迷、麻醉和手术后等，机体抵抗力下降，呼吸系统防御功能受损，细菌从上呼吸道侵入通常处于无菌状态的细支气管及末梢肺组织生长繁殖引起支气管炎，进而引起小叶性肺炎。因此，小叶性肺炎常是某些疾病的并发症，如手术后肺炎、麻疹后肺炎、吸入性肺炎、坠积性肺炎等均为小叶性肺炎，而原发感染者少见，且往往为多种细菌的混合感染。

2. 病理变化　以细支气管为中心的化脓性炎症是本病的特征病变。病灶常散布于两肺各叶，尤以两肺下叶和背侧多见（图6-17）。

肉眼观，两肺表面和切面散在分布灰黄色实变病灶，下叶多见，病灶大小不等，直径多在1cm以内，形状不规则，病灶中央常见病变细支气管的断面（图6-18）。严重者，病灶互相融合甚至累及全叶，形成融合性小叶性肺炎，一般不累及胸膜。

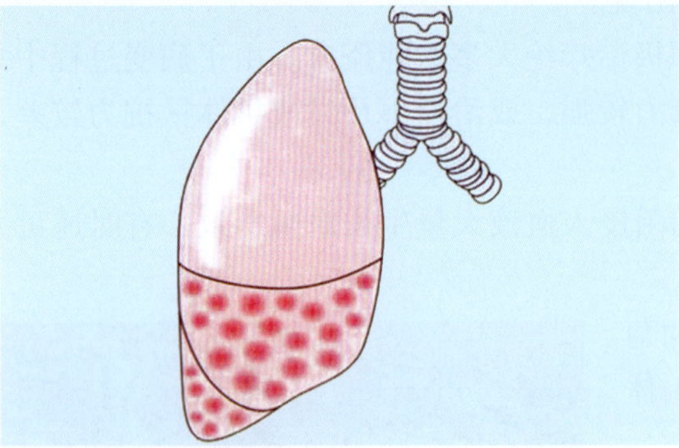

图6-17 小叶性肺炎发病部位（示意图）

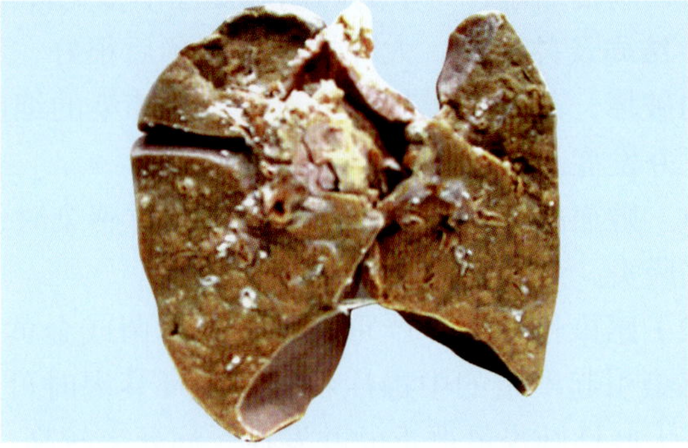

图6-18 小叶性肺炎（肉眼观）

肺内散在分布灰黄色实变病灶，下叶多见，病灶大小不等，形状不规则，直径多在1cm以内

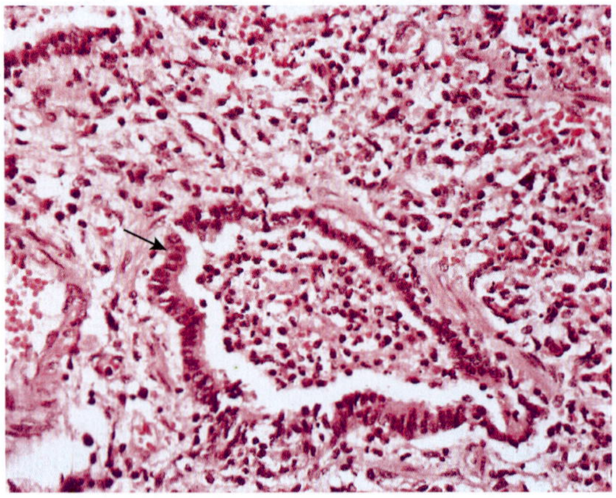

图6-19 小叶性肺炎（镜下观，10×10，HE染色）

肺组织被破坏，肺泡腔内充满脓液，病灶中央有一发炎的细支气管（↑），管腔内被大量脓液充填

镜下观，早期，病变细支气管黏膜充血、水肿，表面附着黏液性渗出物，周围肺组织可无明显改变或仅表现轻度肺泡充血。随着病情进展，病灶内的细支气管腔及其周围的肺泡腔内出现较多的中性粒细胞、少量红细胞和脱落的肺泡上皮细胞，但纤维蛋白一般较少，而病灶周围肺组织充血，可有浆液渗出，并常伴有不同程度的代偿性肺气肿（图6-19）。

考点：小叶性肺炎的病理变化

3. 临床病理联系及结局 小叶性肺炎因常并发于其他疾病，临床症状和体征易被原发病掩盖，故起病隐匿。临床上可表现为发热、咳嗽、痰呈黏液脓性或脓性。因病灶一般较小且散在分布，故除融合性小叶性肺炎外，一般不出现呼吸困难，肺实变的体征也常不明显。由于病变区细支气管和肺泡内含有渗出物，听诊可闻及湿啰音。X线检查可见散在分布的灶状阴影。

经及时治疗，本病大多可痊愈。婴幼儿、老年人和体弱者并发症多见，预后较差。常见并发症有心力衰竭、呼吸衰竭、脓毒血症、肺脓肿及脓胸等。支气管破坏较重且病程较长者，可引起支气管扩张症。

考点：小叶性肺炎的临床病理联系

三、病毒性肺炎

病毒性肺炎（viral pneumonia）是因上呼吸道病毒感染向下蔓延所引起的肺间质的渗出性炎症，比小叶性肺炎少见。由于其病因、病理变化和临床表现与大叶性肺炎、小叶性肺炎等典型的细菌性肺炎不同，故又称为原发性非典型肺炎。

（一）病因

引起肺炎的常见病毒有腺病毒、呼吸道合胞病毒、流感病毒、麻疹病毒和巨细胞病毒等，以腺病毒最为多见，除流感病毒外，其余病毒性肺炎均多见于儿童。

（二）病理变化

病毒性肺炎的病理变化表现为间质性肺炎。

肉眼观，病变常不明显，肺组织因充血、水肿而体积轻度增大。镜下观，肺泡间隔明显增宽，肺间质内血管充血、水肿，以及淋巴细胞、单核细胞浸润。肺泡腔内一般无渗出物或仅有少量浆液（图6-20）。

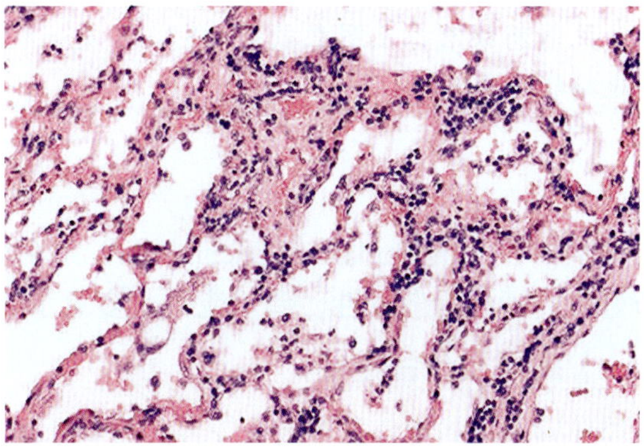

图6-20　病毒性肺炎（镜下观，10×10，HE染色）
肺泡间隔明显增宽，充血、水肿，以及淋巴细胞、单核细胞浸润，肺泡腔内少有或无渗出物

病变较重者，常有支气管、细支气管上皮的灶性坏死，但麻疹病毒侵犯肺部，支气管上皮和肺泡上皮也可增生，甚至形成多核巨细胞，故有麻疹巨细胞肺炎之称。有时肺泡腔内渗出较多，渗出物发生浓缩并受空气挤压，形成一层红染的膜样物附于肺泡内表面，称为透明膜（图6-21）。在支气管上皮和肺泡上皮内常可见到病毒包涵体。病毒包涵体多呈圆形或椭圆形，约红细胞大小，嗜酸性染色，其周围常有一清晰的透明晕（图6-22）。不同病毒导致的肺炎，病毒包涵体出现的部位不同，巨细胞病毒性肺炎和腺病毒性肺炎出现在增生的上皮细胞核内，而呼吸道合胞病毒肺炎则出现在增生的上皮细胞胞质内。查见病毒包涵体是病理诊断病毒性肺炎的重要依据。

考点：病毒性肺炎的概念和病理变化

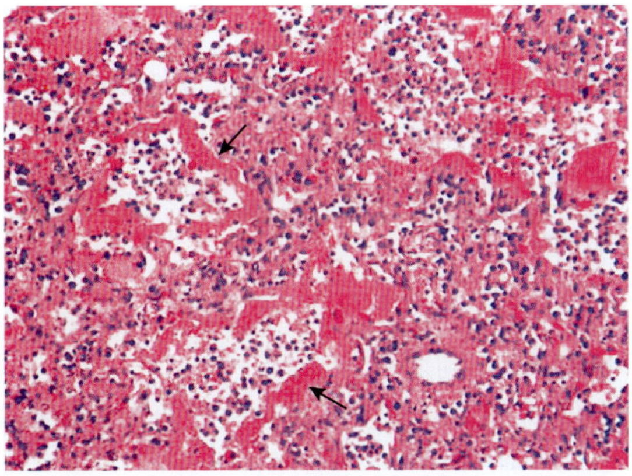

图6-21　病毒性肺炎透明膜（镜下观，10×10，HE染色）
在肺泡内表面可见一层红染的半透明的膜样物（↑）

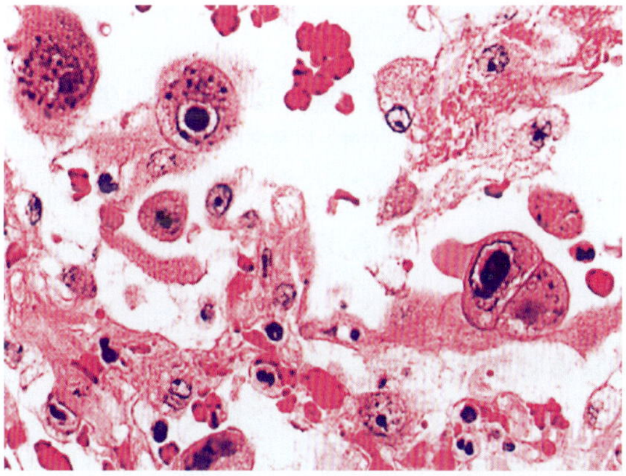

图6-22　病毒性肺炎包涵体（镜下观，40×10，HE染色）
病毒包涵体呈圆形或卵圆形，约红细胞大小，嗜酸性染色，其周围常有一清晰的透明晕

（三）临床病理联系

症状轻重不等，除因病毒血症而引起的发热、全身中毒症状外，还常表现为咳嗽、剧烈干咳，严重者呼吸困难、发绀，甚至并发呼吸衰竭、心力衰竭。

链 接 严重急性呼吸综合征

2002 年底到 2003 年初，在全世界 30 多个国家和地区发生了传染性非典型肺炎的流行，临床上表现为严重急性呼吸综合征（severe acute respiratory syndrome，SARS），可能是由变异的冠状病毒（SARS 病毒）感染所致。该病毒来自动物，离开人体后可存活 3 ～ 6 小时，主要通过近距离飞沫传播、接触患者的分泌物及密切接触传播，是一种新出现的病毒，人群不具有免疫力，普遍易感。以发热、干咳、胸闷为主要症状，严重者出现快速进展的呼吸衰竭。可伴有头痛、全身酸痛、胸痛、腹泻，抗菌药物治疗无明显效果。SARS 是一种新的呼吸道传染病，极强的传染性与病情的快速进展是此病的主要特点。

四、支原体肺炎

支原体肺炎（mycoplasmal pneumonia）是由肺炎支原体引起的发生于肺间质的渗出性炎症。秋、冬季节好发，通常为散发性，偶尔流行。多见于20岁以下的青少年，发病率随年龄增长而减少。

（一）病因及传播途径

支原体肺炎的病原体是肺炎支原体，存在于患者的上呼吸道内，经飞沫传播而导致正常人感染。

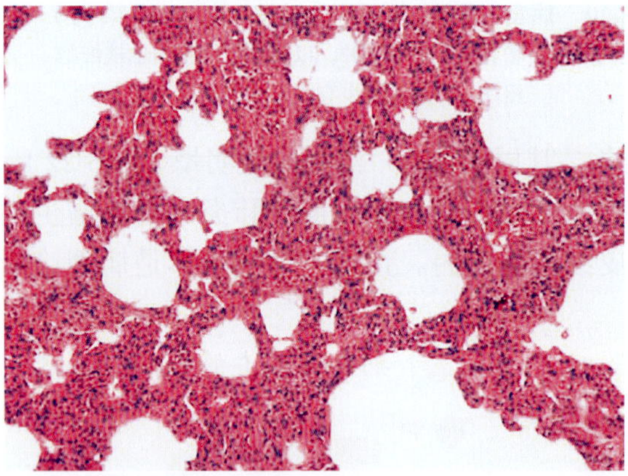

图6-23 支原体肺炎（镜下观，10×10，HE染色）
肺泡间隔明显增宽，组织充血、水肿，以及淋巴细胞、单核细胞浸润

（二）病理变化

支原体肺炎与病毒性肺炎的病理变化基本相同，主要表现为间质性炎症，即肺泡间隔明显增宽，肺间质内血管充血、组织水肿，以及淋巴细胞、单核细胞浸润（图6-23）。肺泡腔内一般无渗出物，严重病例，肺泡可受累，出现浆液、纤维蛋白、红细胞、巨噬细胞。

（三）临床病理联系

患者起病较急，多有发热、头痛、咽痛、顽固和剧烈咳嗽、气促、胸痛，咳痰常不明显。听诊可闻及干、湿啰音。血中白细胞轻度升高，以淋巴细胞和单核细胞增多为主，X线显示肺部有斑点、片状或模糊阴影。痰、鼻分泌物及咽拭子能培养出肺炎支原体。血清支原体IgM抗体的测定有诊断价值。

（四）预后

支原体肺炎预后良好，绝大多数患者1～2周内可痊愈。

考点：支原体肺炎的概念和病变特点

医者仁心

敢医敢言，生命至上——“共和国勋章”获得者钟南山

钟南山是国家呼吸系统疾病临床医学研究中心主任，他提出的防控策略和防治措施挽救了无数生命，他在 SARS 和新冠疫情防控中作出了巨大贡献。2003 年在抗击非典中，钟南山院士第一时间站在前沿，和他的研究团队日夜攻关，坚持实事求是，面对公众发声，总能以医者的专业和担当传递信心和安全感。2019 年末，新冠肆虐，钟南山提出：“抗击疫情，医生就是战士，我们不冲上去谁冲上去？”他始终扛着医者的担当，在疫情面前，他再次选择迎难而上，面对未知病毒，临危受命，在疫情防控及科研攻关等方面作出了杰出贡献。2020 年 9 月 8 日，由于他的杰出表现，他在北京被授予“共和国勋章”。钟南山一直强调：科学只能实事求是，不能明哲保身，否则受害的将是患者。

自 测 题

一、名词解释

COPD 肺肉质变 小叶性肺炎 慢性肺源性心脏病

二、填空题

1. 大叶性肺炎是主要由________引起的，以________为主要病变特征的肺组织的急性炎症。病变始于________，可迅速扩展到一个________乃至整个________。
2. 大叶性肺炎按病变的发展过程可分为四期________、________、________、________。
3. 慢性阻塞性肺疾病主要与________和________疾病有关。
4. 小叶性肺炎是以________为中心的________炎。
5. 肺气肿根据病因和病变特点，可以分为________、________、________、________等类型。
6. 病理组织学诊断病毒性肺炎的重要依据是________。

三、单项选择题

1. 慢性支气管炎患者咳痰的病变基础是
   A. 支气管黏膜上皮变性、坏死、脱落
   B. 腺体增生、肥大，黏膜上皮的杯状细胞增多
   C. 气管壁充血、水肿和淋巴细胞、浆细胞浸润
   D. 气管壁瘢痕形成
   E. 软骨萎缩、纤维化、钙化和骨化
2. 慢性支气管炎最常见的并发症是
   A. 肺炎 B. 支气管扩张症
   C. 肺气肿 D. 肺脓肿
   E. 肺肉质变
3. 尸检发现，肺体积增大，边缘钝圆，色灰白，质软而缺乏弹性，指压后遗留压痕。死者患有何种疾病
   A. 肺癌 B. 硅肺
   C. 肺气肿 D. 肺结核
   E. 以上都不是
4. 肺气肿时肺泡间隔的病变主要是
   A. 炎症 B. 纤维化
   C. 破坏 D. 水肿
   E. 变窄
5. 下列哪一项不符合大叶性肺炎
   A. 病变累及一个大叶
   B. 纤维蛋白性炎
   C. 可发生肺肉质变
   D. 常发生呼吸衰竭
   E. 多由肺炎链球菌引起
6. 铁锈色痰常见于大叶性肺炎的
   A. 充血水肿期 B. 红色肝样变期
   C. 灰色肝样变期 D. 溶解消散期
   E. 肺肉质变
7. 长年咳嗽、痰多，患者可能有
   A. 慢性支气管炎 B. 肺癌
   C. 肺结核 D. 肺脓肿
   E. 脓胸
8. 小叶性肺炎不具有下列哪种特征
   A. 以细支气管为中心
   B. 属急性化脓性炎症
   C. 主要由病毒引起
   D. 又称为支气管肺炎
   E. 病灶散在分布
9. 患者，男，45岁。反复咳嗽、咳脓痰8年，偶咯血，体检左下肺背部闻及湿啰音，杵状指。诊断应首先考虑
   A. 大叶性肺炎 B. 支气管扩张症
   C. 慢性支气管炎 D. 慢性肺心病
   E. 支气管哮喘
10. 引起大叶性肺炎肺肉质变的主要机制是
    A. 肺泡间隔纤维化
    B. 肺泡腔内渗出物机化
    C. 细支气管黏膜肉芽组织增生
    D. 肺间质内结缔组织增生
    E. 肺泡内透明膜形成
11. 诊断慢性肺心病的主要依据是
    A. 肺间质弥漫纤维化
    B. 肺小动脉中膜增厚
    C. 肺动脉狭窄
    D. 肺动脉高压及右心室肥大体征
    E. 肺部听诊有啰音
12. 小叶性肺炎的病理特点是
    A. 肺泡间隔毛细血管扩张充血
    B. 以细支气管为中心的肺的化脓性炎
    C. 支气管腔内大量黏液分泌
    D. 肺实变明显
    E. 肺泡腔内有大量纤维蛋白及中性粒细胞
13. 引起大叶性肺炎的主要病原菌是
    A. 肺炎链球菌 B. 溶血性链球菌
    C. 金黄色葡萄球菌 D. 肺炎杆菌
    E. 大肠埃希菌
14. 大叶性肺炎的病变属于
    A. 化脓性炎 B. 浆液性炎
    C. 纤维蛋白性炎 D. 出血性炎
    E. 假膜性炎
15. 大叶性肺炎灰色肝样变期，肺泡腔内的渗出物主要是
    A. 大量浆液

B. 大量纤维蛋白和中性粒细胞
C. 大量纤维蛋白和红细胞
D. 大量中性粒细胞和红细胞
E. 大量浆液及红细胞

16. 大叶性肺炎发展过程中，病变肺组织呈贫血状态见于
A. 充血水肿期 B. 红色肝样变期
C. 灰色肝样变期 D. 溶解消散期
E. 以上均不见

17. 病毒性肺炎以哪种病毒引起最常见
A. 腺病毒 B. 麻疹病毒
C. 流感病毒 D. 呼吸道合胞病毒
E. 巨细胞病毒

18. 病毒性肺炎属于
A. 支气管肺炎 B. 大叶性肺炎
C. 小叶性肺炎 D. 间质性肺炎
E. 融合性肺炎

19. 最常引起慢性肺心病的疾病是
A. 肺癌
B. 肺结核
C. 慢性支气管炎并发肺气肿
D. 大叶性肺炎
E. 支气管哮喘

20. 大叶性肺炎不会发生
A. 肺脓肿 B. 脓胸
C. 肺肉质变 D. 肺褐色硬变
E. 败血症

21. 肺泡上皮细胞内出现包涵体常见于
A. 杆菌性肺炎 B. 球菌性肺炎
C. 支原体肺炎 D. 病毒性肺炎
E. 真菌性肺炎

22. 确诊支原体肺炎的依据是
A. 患者为儿童或青少年
B. 血清中支原体抗体IgM阳性
C. 发热、头痛、咽痛、剧烈干咳
D. 病变表现为间质性肺炎
E. X线显示肺部有斑点、片状或模糊阴影

23. 有关慢性肺心病的描述错误的是
A. 肺无肌细动脉肌化
B. 体循环淤血
C. 多由慢性阻塞性肺气肿引起
D. 肺淤血
E. 肺动脉高压是发病的基本环节

24. 最常见的肺气肿类型是
A. 间质性肺气肿 B. 老年性肺气肿
C. 代偿性肺气肿 D. 慢性阻塞性肺气肿
E. 退行性肺气肿

25. 慢性肺源性心脏病的病理诊断标准是肺动脉瓣下2cm处心室壁厚度超过
A. 1mm B. 2mm
C. 3mm D. 4mm
E. 5mm

26. 慢性肺源性心脏病病变最突出的是
A. 左心房 B. 左心室
C. 右心房 D. 右心室
E. 主动脉

27. 小叶性肺炎的病灶中央或边缘常有发炎的
A. 动脉 B. 静脉
C. 淋巴管 D. 细支气管
E. 淋巴结

28. 与支气管扩张症发生无关的是
A. 支气管反复感染损伤管壁支撑结构
B. 周围肺组织病变的牵拉
C. 剧烈咳嗽时管腔内压力增高
D. 遗传因素
E. 肺泡内气体增多

29. 诊断慢性支气管炎的标准是
A. 每年发病连续5月、持续≥4年
B. 每年发病连续4月、持续≥3年
C. 每年发病连续3月、持续≥2年
D. 每年发病连续2月、持续≥1年
E. 每年发病连续1月、持续≥半年

30. 下列哪项不是肺气肿的体征
A. 桶状胸 B. 过清音
C. 心界缩小 D. 呼吸音减弱
E. 胸部扁平

31. 肺气肿时以下部位均因过度充气、含气量过多而膨大，但应除外
A. 呼吸性细支气管 B. 细支气管
C. 肺泡管 D. 肺泡囊
E. 肺泡

32. 与支气管哮喘无关的是
A. 超敏反应
B. 长期发作可引起肺气肿
C. 主要由支气管痉挛引起
D. 气道高反应性
E. 主要由肺心病引起

33. 与小叶性肺炎不相符的临床特点是
A. 常为多种细菌感染 B. 起病隐匿
C. 实变体征不明显 D. 多发生于青壮年
E. 预后差

34. 与COPD发生有关的疾病是
A. 大叶性肺炎 B. 支气管扩张症
C. 慢性支气管炎 D. 慢性肺心病
E. 支气管哮喘

35. 慢性支气管炎的病变不包括
   A. 支气管黏膜上皮变性、坏死、脱落
   B. 腺体增生、肥大，杯状细胞增多
   C. 软骨萎缩、纤维化、钙化和骨化
   D. 肉芽肿形成
   E. 支气管壁充血、水肿和淋巴细胞、浆细胞浸润
36. 引起支气管哮喘的主要原因是
   A. 支气管黏膜水肿
   B. 支气管黏膜杯状细胞增多
   C. 支气管痉挛
   D. 支气管腔内黏液增多
   E. 支气管壁慢性炎症细胞浸润
37. 最常引起慢性肺心病的疾病是
   A. 慢性阻塞性肺气肿　B. 肺动脉栓塞
   C. 胸廓畸形　D. 肺结核
   E. 肺癌
38. 引起肺炎最常见的病原体是
   A. 病毒　B. 支原体
   C. 真菌　D. 寄生虫
   E. 细菌
39. 与肺肉质变发生关系最密切的是
   A. 含铁血黄素沉积
   B. 中性粒细胞渗出过少
   C. 细菌毒力过强
   D. 病程太长
   E. 单核细胞渗出过少
40. 下列哪项不属于大叶性肺炎灰色肝样变期的特点
   A. 病变肺叶肿胀
   B. 肺泡壁毛细血管扩张充血
   C. 切面呈颗粒状
   D. 胸膜表面有纤维蛋白渗出
   E. 肺泡腔内充满中性粒细胞和纤维蛋白
41. 病毒性肺炎的主要诊断依据是
   A. 淋巴细胞、单核细胞浸润
   B. 间质性肺炎
   C. 透明膜形成
   D. 肺泡壁毛细血管扩张
   E. 上皮细胞内出现病毒包涵体
42. 引起肺气肿最主要的原因是
   A. 吸烟　B. 空气污染
   C. 小叶性肺炎　D. 慢性支气管炎
   E. 硅肺

四、简答题

1. 简述慢性肺心病的病理变化。
2. 列表比较大叶性肺炎、小叶性肺炎、间质性肺炎的异同点。

（袁宏伟）

第7章
消化系统疾病

学习目标

1. 素质目标　通过学习本章内容树立珍视生命、关爱患者、爱岗敬业的职业观，具有良好的职业道德修养，树立实事求是、严谨的学习态度，不断提高主动获取知识的动力和能力。

2. 知识目标

（1）掌握　消化性溃疡的病变及并发症、肝炎的临床病理类型及各型肝炎的病变特点、肝硬化的概念、肝硬化的临床病理联系。

（2）熟悉　消化性溃疡的病因和发病机制、病毒性肝炎的基本病理变化。

（3）了解　肝硬化的发病机制。

3. 能力目标　能观察和描述胃溃疡、病毒性肝炎、肝硬化的病理变化特点。能运用所学知识对患者进行初步评估。

第1节　胃　　炎

胃炎（gastritis）是发生于胃黏膜的一种炎症性疾病，为常见病，分为急性胃炎和慢性胃炎两种类型。

一、急性胃炎

（一）病因

急性胃炎病因较为明确，可由手术、创伤、药物、吸烟或腐蚀性液体等理化因素所引起，也可由病原微生物感染所致。

（二）类型

根据病理变化的不同，通常分为以下四种类型。

1. 急性刺激性胃炎（acute irritated gastritis）　也称单纯性胃炎，主要由暴饮暴食、食用过热或刺激性食物所致。病变胃黏膜充血、水肿，有时可见糜烂。因常伴有胃黏液分泌亢进，故又有急性卡他性胃炎（acute catarrhal gastritis）之称。

2. 急性出血性胃炎（acute hemorrhagic gastritis）　主要与服用某些药物如水杨酸类药物、肾上腺皮质激素及过度饮酒等有关。此外，严重创伤、烧伤及手术引起的应激反应也可诱发。病变以胃黏膜糜烂和出血为特征，亦可见浅表溃疡形成。

3. 腐蚀性胃炎（corrosive gastritis）　大多由吞服强酸、强碱或其他腐蚀性液体引起。病变多较严重，胃黏膜坏死、脱落，可累及深层组织甚至穿孔。

4. 急性感染性胃炎（acute infectious gastritis）　临床上较少见，可由金黄色葡萄球菌、链球菌或大肠埃希菌等经血行播散引起败血症或脓毒血症后所致，也可由外伤直接感染引起。此型胃炎病变严重，可表现为胃黏膜弥漫性化脓性炎。

二、慢性胃炎

案例 7-1

患者，女，58岁。间断性上腹部隐痛伴腹胀、反酸、嗳气2年余。行胃镜检查，显示：胃窦部黏膜苍白，皱襞明显变浅，部分消失，黏膜下血管清晰可见。取病变部位组织活检，见胃黏膜明显变薄，黏膜下腺体变小、减少，固有层内有大量淋巴细胞、浆细胞浸润并伴肠上皮化生。临床诊断：慢性萎缩性胃炎。

问题： 1. 慢性萎缩性胃炎有何病变特点？

2. 患者为什么会出现上腹部隐痛、不适及反酸、嗳气等症状？

（一）病因

慢性胃炎的病因及发病机制较为复杂，尚未完全阐明。主要有以下致病因素。

1. 幽门螺杆菌（Helicobacter pylori，HP）感染 可导致胃黏膜的损伤。

2. 长期慢性刺激 如急性胃炎反复多次发作、滥用水杨酸类药物、不良饮食或生活习惯，如喜食热烫或辛辣等刺激性食物、过度饮酒、吸烟等。

3. 十二指肠液反流 碱性肠液和胆汁反流可引起胃黏膜屏障的破坏。

4. 自身免疫损伤。

（二）类型

根据病理变化的不同，慢性胃炎常分为浅表性、萎缩性、肥厚性和疣状等四种类型。

1. 慢性浅表性胃炎（chronic superficial gastritis） 又称慢性单纯性胃炎，临床上最常见，国内胃镜检出率可高达20%～40%。

胃镜见，病变多位于胃窦部，呈灶性或弥漫性分布，黏膜充血、水肿、淡红色（正常为橘红色），表面有灰白色或灰黄色分泌物，可见散在糜烂和小灶性出血。

显微镜观察，病变主要累及黏膜层上1/3即黏膜浅层，黏膜充血、水肿，可见坏死脱落的上皮细胞，固有层内有淋巴细胞、浆细胞浸润，有时可见少量嗜酸性粒细胞和中性粒细胞浸润，腺体无破坏或减少（图7-1）。

本型胃炎多数可治愈，少数转变为慢性萎缩性胃炎。

2. 慢性萎缩性胃炎（chronic atrophic gastritis） 有逐年增多的趋势，可能与胃黏膜活检增多相关。本病以胃黏膜萎缩变薄、黏膜下腺体减少甚至消失并常伴有肠上皮化生为特征。

胃镜见，黏膜变薄，皱襞变浅或消失，表面呈细颗粒状，灰色或灰绿色，与周围正常黏膜分界清楚，黏膜下小血管清晰可见，可伴渗出、糜烂。

显微镜观察：①胃黏膜变薄，胃小凹变浅，黏膜下腺体变小、减少，并可见散在囊状扩张。②黏膜全层有淋巴细胞、浆细胞浸润，尤以固有层为甚，并可伴淋巴滤泡形成。③急性活动期可见黏膜糜烂和较多中性粒细胞浸润，病程较长者黏膜内可见增生的纤维组织（图7-2）。④肠上皮化生（图7-3）和假幽门腺化生。病

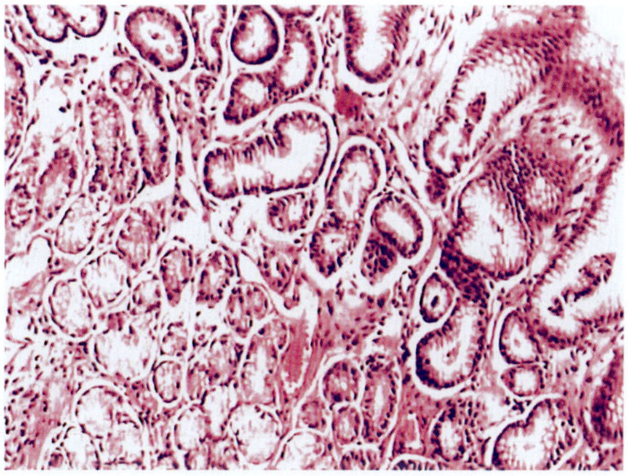

图7-1 慢性浅表性胃炎（镜下观，10×10，HE染色）

病变累及黏膜层上1/3，黏膜充血、水肿，固有层有淋巴细胞、浆细胞浸润

灶处胃黏膜上皮被肠型腺上皮替代，出现分泌黏液的杯状细胞、有纹状缘的黏膜上皮吸收细胞和潘氏（Paneth）细胞等，称为肠上皮化生。胃体和胃底部腺体的壁细胞和主细胞消失，由类似幽门腺的黏液分泌细胞所取代，称为假幽门腺化生。

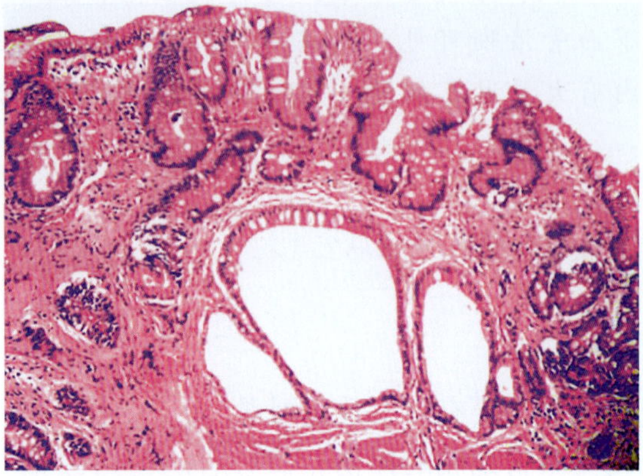

图 7-2 慢性萎缩性胃炎（镜下观，40×10，HE 染色）

胃黏膜变薄，腺体变小、减少，可见杯状细胞，固有层大量炎症细胞浸润，黏膜肌增生肥厚

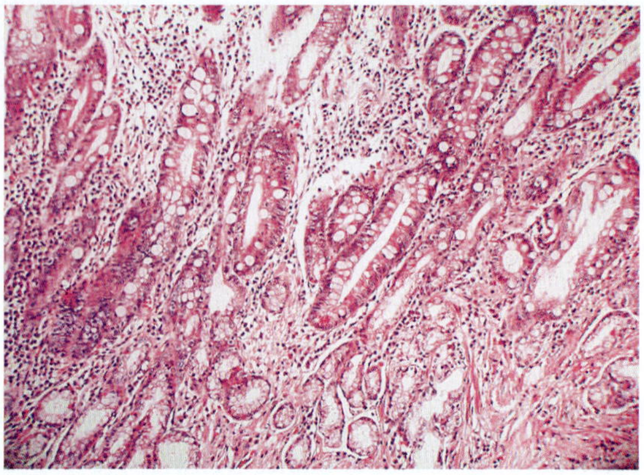

图 7-3 慢性萎缩性胃炎（镜下观，40×10，HE 染色）

胃黏膜上皮被肠型腺上皮替代，出现较多杯状细胞，固有层大量慢性炎症细胞浸润

胃黏膜充血、水肿和黏膜下腺体萎缩、减少或消失，导致胃酸和胃酶分泌减少，患者可有无规律性上腹隐痛、上腹饱胀不适（餐后尤甚）、反酸、嗳气、呕吐等消化不良的表现。

链 接 慢性萎缩性胃炎的分型

Riede 在 1989 年将慢性萎缩性胃炎分为 A、B、C 三型。A 型与自身免疫有关，多伴有恶性贫血，病变主要在胃体和胃底，又称自身免疫性胃炎，我国少见。B 型又称单纯性萎缩性胃炎，病变主要在胃窦部，与 HP 感染关系密切，我国多见。C 型又称反流性胃炎，与碱性的肠液反流至胃内，对胃黏膜的化学刺激有关。

3. 肥厚性胃炎（hypertrophic gastritis） 又称巨大肥厚性胃炎、梅内特里耶（Menetrier）病，原因不明。胃镜见病变好发于胃底及胃体，黏膜皱襞粗大，加深变宽，状如脑回，皱襞上常有横裂、糜烂，并可见较多的疣状小结。显微镜观察：①腺体增生、肥大，腺管延长。②黏膜表面黏液分泌细胞数量增加。③胃小凹高度增生、下延甚至可达黏膜肌层。④黏膜固有层内炎症细胞浸润不明显。患者常伴原因不明的低蛋白血症。

4. 疣状胃炎（gastritis verrucosa） 以胃黏膜表面呈现痘疹样隆起病灶为特征，发病原因不明。胃镜见病变常位于胃窦部，病灶呈圆形或椭圆形，直径大多小于10mm，高约2mm，多数隆起中央凹陷糜烂，色淡红或覆有黄色薄膜。显微镜观察，隆起中央凹陷处的黏膜上皮变性、坏死和脱落，伴有中性粒细胞浸润和纤维蛋白样物质渗出。

考点：慢性胃炎的类型及病变特点

第 2 节 消化性溃疡

案例 7-2

患者，男，38 岁。突然上腹部剧痛，并放射到肩部，呼吸时疼痛加重 3 小时，急诊入院。20 多年前开始上腹部疼痛，以饥饿时明显，伴反酸、嗳气，有时大便隐血（+），5 年前疾病发作时解柏油样大便。入院前 3 小时突然上腹部剧痛，放射到右肩部，面色苍白，大汗淋漓入院。

问题：1. 可能的诊断是什么？依据是什么？
2. 导致此病理过程的原因和机制是什么？
3. 患者发生出血的原因和机制是什么？

消化性溃疡（peptic ulcer）是以胃和（或）十二指肠黏膜形成慢性溃疡为特征的消化系统疾病，常简称溃疡病，为消化系统常见病、多发病。临床上，患者可有周期性、节律性的上腹部疼痛，伴反酸、嗳气等症状。本病多见于20～50岁的成年人，冬、春季节易发，常反复发作而呈慢性经过。十二指肠溃疡较胃溃疡多见，前者约占70%，后者约占25%，两者并存时称为复合性溃疡，约占5%。

一、病因及发病机制

本病病因与发病机制尚未完全阐明，目前认为主要与以下因素有关。

1. 胃液的消化作用　消化性溃疡是胃酸、胃蛋白酶对胃和十二指肠黏膜组织自我消化的结果。正常情况下，由于胃和十二指肠黏膜的防御屏障作用，胃液不会对胃和十二指肠的黏膜进行消化，只有当胃酸分泌过多或屏障作用减弱、抗消化能力降低时，胃或十二指肠黏膜才会被胃酸和胃蛋白酶消化而形成溃疡。

2. 黏膜抗消化能力降低

（1）幽门螺杆菌（HP）感染　HP能破坏胃、十二指肠黏膜屏障功能，降低黏膜的抗消化能力，有利于H^+逆向弥散到黏膜内而引起溃疡的发生。

（2）药物损伤　若长期服用一些药物（如吲哚美辛、布洛芬等），可导致胃黏膜损伤，降低黏膜的抗消化能力，也可促使溃疡的形成。

链　接　正常胃和十二指肠黏膜的防御屏障

正常的胃和十二指肠黏膜的防御屏障包括：①黏液屏障：主要起隔离和中和作用，防止胃液对黏膜的自我消化。②黏膜屏障：黏膜上皮细胞具有较强的再生能力，其脂蛋白能保护黏膜不被胃液所消化，从而能保证表面上皮的完整性和屏障功能。丰富的黏膜血液循环可清除有害因子，提供营养物质，以保证屏障功能的发挥。若各种因素造成上述防御屏障破坏，则可导致消化性溃疡的发生。

3. 神经、内分泌功能失调　机体长期处于精神过度紧张或焦虑状态，可导致大脑皮质功能失调，引起自主神经功能紊乱，最终通过胃酸分泌的增多而促使溃疡形成。

链　接　自主神经功能紊乱与消化性溃疡发生的关系

自主神经功能紊乱与消化性溃疡的发生关系密切，自主神经功能紊乱引起胃酸分泌增多的机制不尽相同。若迷走神经的兴奋性增高，则可使胃酸分泌过多，这与十二指肠溃疡的发生有关。若迷走神经兴奋性降低，使胃蠕动减弱，胃排空延迟而致胃潴留，通过刺激胃窦分泌胃泌素，促使胃酸分泌增多，这与胃溃疡的发生有关。

4. 遗传因素　O型血的人群，胃溃疡的发病率高于其他血型1.5～2.0倍，提示其发生与遗传因素有一定的关系。

5. 其他因素　环境因素、不良饮食习惯和吸烟等因素，也与消化性溃疡的发生有关。

考点：消化性溃疡的病因及发病机制

链 接 对消化性溃疡发病机制的新认识

长期以来，人们普遍认为消化性溃疡的发生是由胃酸的大量分泌所致，“无酸就无溃疡”的观点几乎成为共识。但后来发现有很多问题是无法解释的：①胃溃疡患者胃酸水平往往正常或低于正常。②十二指肠溃疡患者有50%以上无高胃酸分泌。③很多人有高胃酸分泌而无溃疡。于是越来越深刻地认识到，胃、肠黏膜防御屏障的破坏也是导致消化性溃疡的主要原因。

二、病理变化

胃溃疡与十二指肠溃疡的病变相似。

（一）肉眼观

1. 胃溃疡 常位于胃小弯一侧，越近幽门越多见，尤好发于胃窦部。溃疡通常只有一个，直径多在2cm以内，呈圆形或卵圆形，边缘整齐，状如刀切，底部平坦、干净，深浅不一，浅者仅累及黏膜下层，深者可达肌层甚至浆膜层。由于溃疡底部瘢痕组织牵拉，黏膜皱襞呈放射状向溃疡处集中（图7-4），周围黏膜可有轻度水肿。因胃的蠕动，切面上溃疡的贲门侧较深，边缘耸直呈漏斗状或潜掘状（图7-5）。

图7-4 胃溃疡（肉眼观）

溃疡呈卵圆形，边缘整齐，底部平坦、较深，周围黏膜水肿，黏膜皱襞呈放射状向溃疡集中

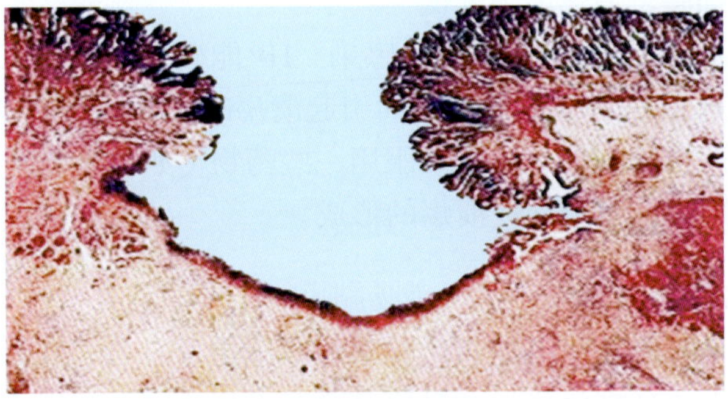

图7-5 胃溃疡切面（肉眼观）

溃疡贲门侧（图的右侧）边缘耸直呈漏斗状或潜掘状

2. 十二指肠溃疡 常发生于球部，以前壁或后壁多见，溃疡常小而浅，直径多在1cm以内，故较易愈合。

（二）镜下观

溃疡底部由内向外大致由四层组织构成：①渗出层：由多少不等的炎性渗出物，如中性粒细胞、纤维蛋白等构成。②坏死层：由坏死的细胞、组织碎片和渗出的纤维蛋白构成。③肉芽组织层：由新鲜的肉芽组织构成。④瘢痕层：由肉芽组织转变为瘢痕组织。在瘢痕组织中可见小动脉管壁因增生性内膜炎而增厚、管腔狭窄或有血栓形成，这种血管改变可防止血管破裂、出血，但同时可引起局部供血不足，不利于组织再生和溃疡修复。溃疡底部可见神经节细胞和神经纤维变性或增生，有时可形成创伤性神经瘤，这可能与患者疼痛症状有关（图7-6）。

考点：消化性溃疡的病理变化

三、临床病理联系

消化性溃疡病程较长，易反复发作。典型临床表现如下。

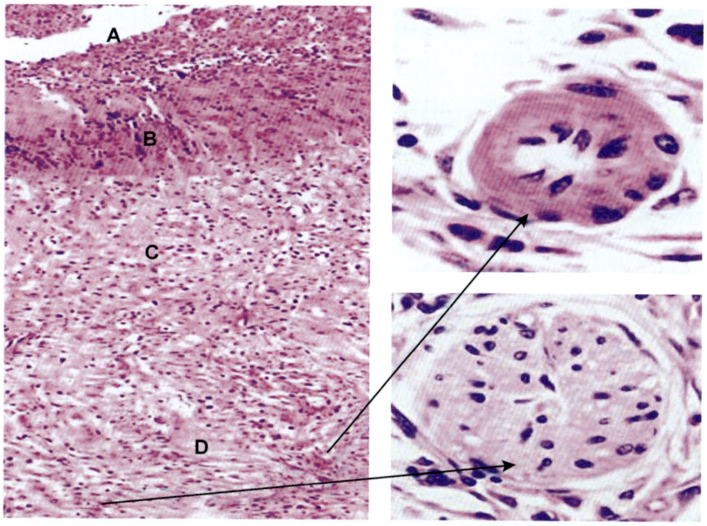

图7-6　胃溃疡（镜下观，左图10×10，右图40×10，HE染色）
左图示溃疡底部，A为渗出层，B为坏死层，C为肉芽组织层，D为瘢痕层
右上图示溃疡底部增生性小动脉炎，右下图示神经纤维球状增生

1. 上腹部疼痛　由于胃酸刺激溃疡局部的神经末梢，患者可表现为长期性、周期性和节律性的上腹部疼痛。十二指肠溃疡常表现为空腹痛、饥饿痛或夜间痛，而胃溃疡则常表现为餐后痛。疼痛常因精神刺激、过度疲劳、饮食不规则或气候骤变等诱发或加重。

2. 反酸、嗳气　幽门括约肌痉挛，或溃疡底部瘢痕挛缩致幽门狭窄，使胃内容物排空延迟，潴留食物发酵、产气，以及胃酸产生增多等，患者常有反酸、嗳气等症状。

链 接　消化性溃疡的辅助检查

消化性溃疡的诊断常需要借助一些辅助检查。若为胃溃疡，可做X线钡餐检查，钡剂进入胃后充填溃疡而呈现龛影征象。在十二指肠溃疡，X线钡餐检查常常难以看到典型的龛影。无论是胃溃疡还是十二指肠溃疡，胃镜检查都是最为有效和常用的检查方法，通过胃镜可直接观察到溃疡，并可取病变组织做活组织检查，有助于消化性溃疡的最后确诊。

考点：消化性溃疡的临床病理联系

四、结局及并发症

（一）结局

通过积极治疗，病因消除，渗出物及坏死组织被吸收、排出，溃疡由肉芽组织增生修复，然后由相邻黏膜上皮再生，覆盖溃疡表面而愈合。

（二）并发症

1. 出血　为最常见的并发症，发生率为10%～35%。少量出血时，患者大便隐血试验阳性。若溃疡底部大血管被腐蚀破裂，可发生大出血，患者出现柏油样大便，有时伴呕血，呕吐物呈咖啡样，严重者可因失血性休克而死亡。

2. 穿孔　发生率为5%左右。由于十二指肠壁较薄，其溃疡更易发生穿孔。急性穿孔后，胃内容物漏入腹腔引起急性腹膜炎，严重者可发生休克。患者出现剧烈腹痛，检查时有腹部压痛、反跳痛和腹肌紧张（如板状）等体征。若为慢性穿孔，则穿透前已与相邻组织、器官发生粘连、包裹，形成局限性腹膜炎。

3. 幽门梗阻 约有3%的患者发生。早期由于充血、水肿或反射性痉挛可出现功能性梗阻；晚期因溃疡愈合、瘢痕收缩可形成器质性梗阻。由于幽门狭窄，胃内容物通过困难，继发胃扩张，患者可出现胃潴留，反复呕吐，严重者可引起水、电解质失衡和营养不良。

4. 癌变 十二指肠溃疡几乎不发生癌变，癌变多见于长期胃溃疡患者，但癌变率很低，通常不超过1%。其癌变主要是由溃疡边缘的黏膜上皮或腺体在反复破坏和再生过程中受到致癌因素的作用所致。

考点：消化性溃疡的并发症

链 接 良、恶性溃疡的鉴别

由于坏死组织脱落，胃癌常常有溃疡形成，通常称为癌性溃疡或恶性溃疡，而消化性溃疡常称作良性溃疡，两者的区别见表7-1。

表7-1 良、恶性溃疡的区别

区别点	良性溃疡（胃溃疡）	恶性溃疡（溃疡型胃癌）
外观	圆形或卵圆形	不规则形或火山口状
大小	直径常＜2cm	直径常＞2cm
深度	较深	较浅
边缘	平整、不隆起	不规则、常隆起
底部	较平坦、干净	凹凸不平，出血、坏死
周围黏膜	黏膜皱襞向溃疡集中	黏膜皱襞中断、不完整

第3节 病毒性肝炎

案例 7-3

患者，男，38岁。于一年前患急性肝炎后反复发作，久治不愈。近半年来又出现明显头晕、乏力、尿黄、眼黄、厌食及右上腹部疼痛等症状，劳累后加剧，遂入院治疗。查体：巩膜黄染，肝区压痛，肝肋下3cm，脾未及。血清学检查：HBsAg阳性，肝功能异常。经治疗，病情无明显好转，遂行肝穿刺活检，镜下见肝细胞广泛坏死，多为重度碎片状坏死和大范围的桥接坏死，小叶内纤维组织增生，肝小叶结构不清，坏死区及汇管区大量淋巴细胞浸润。临床诊断：重度慢性肝炎。

问题：1. 病毒性肝炎的基本病变是什么？其临床病理类型有哪些？

2. 如何解释该患者所出现的临床症状？

病毒性肝炎（viral hepatitis）是由肝炎病毒引起的以肝细胞变性、坏死为主要病变的一种炎症性传染病。

考点：病毒性肝炎的概念

一、病因、发病机制及传播途径

（一）病因及发病机制

引起病毒性肝炎的病毒类型主要有甲型肝炎病毒（HAV）、乙型肝炎病毒（HBV）、丙型肝炎病毒（HCV）、丁型肝炎病毒（HDV）、戊型肝炎病毒（HEV）和庚型肝炎病毒（HGV）六种。但各型肝炎病毒所引起的肝损害机制不尽相同，至今尚未完全明了。一般认为，甲型和丁型肝炎主要是因病毒在肝细胞内复制直接损伤肝细胞，而乙型肝炎的发生则与人体对病毒的细胞毒性免疫反应有关。HBV在肝细胞内复制后释放入血时改变了肝细胞膜的抗原性，病毒激发的免疫反应（以细胞免疫为主）在消灭病毒的同时，导致肝细胞的损伤。由于机体免疫反应的强度和感染的病毒数量、毒力的不同，肝细胞损伤的程度及类型也不同，因而表现出不同的临床病理类型。对丙型、戊型肝炎的发病机制目前了解很少，一些研究提示，可能有免疫系统的参与，肝细胞的损伤主要与免疫反应有关。

各型病毒性肝炎之间无交叉免疫。HDV与HBV联合感染或重叠感染可加重病情，易发展为慢性肝炎及重型肝炎，尤以HDV重叠感染于慢性乙型肝炎者更为多见。HAV或HBV重叠感染也使病情加重，甚至可发展为重型肝炎。

（二）传播途径

不同类型的病毒性肝炎其传播途径有所不同。由于HAV和HEV主要存在于消化道内，故甲型、戊型肝炎主要经口从消化道传播，并且可出现暴发性流行；HBV、HCV、HDV和HGV主要存在于血液和体液中，因此，乙型、丙型、丁型和庚型肝炎常通过输血（包括血液制品）、注射或密切接触等途径传播，也可通过母婴垂直传播或经性行为传播。

考点：病毒性肝炎的传播途径

二、基本病理变化

各型病毒性肝炎的病变基本相同，都是以肝细胞的变性、坏死为主，同时伴有不同程度的炎症细胞浸润、肝细胞再生和纤维组织增生。

（一）肝细胞变性

1. 细胞水肿 在病毒性肝炎中最常见。镜下观，肝细胞明显肿大，胞质疏松呈网状、半透明，称为胞质疏松化。进一步发展，肝细胞肿大呈球形，胞质几乎完全透明，称为气球样变。肝窦可因肝细胞肿胀而受压变窄（图7-7）。

2. 嗜酸性变 多累及单个或几个肝细胞，散在分布。镜下观，胞质水分脱失，呈强嗜酸性染色，胞核浓染，细胞体积变小。

（二）肝细胞坏死

1. 嗜酸性坏死 多由嗜酸性变发展而来，除胞质更加浓缩外，胞核也浓缩甚至消失。最终形成深红色均一浓染的圆形小体，称为嗜酸性小体（图7-8）。

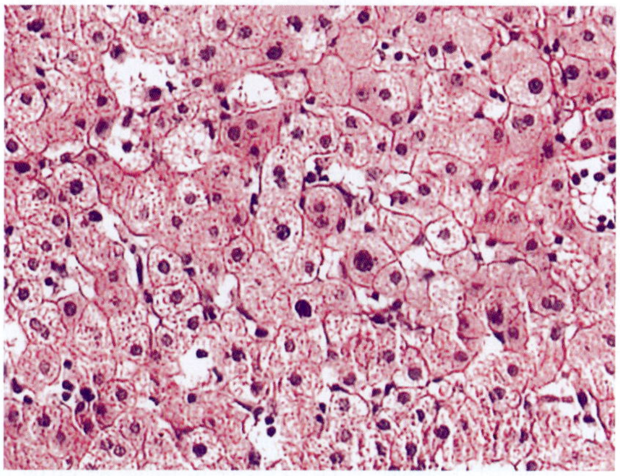

图7-7 肝细胞水肿（镜下观，40×10，HE染色）
肝细胞体积增大，胞质疏松淡染，肝窦受压变窄，甚至消失

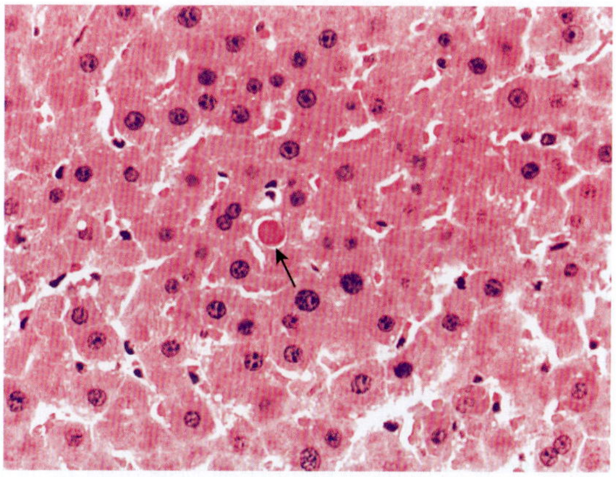

图7-8 嗜酸性小体（镜下观，40×10，HE染色）
嗜酸性小体为深红色均一浓染的圆形小体（↑）

2. 溶解性坏死 高度气球样变的肝细胞最终可发生溶解性坏死。根据肝细胞坏死的范围及分布特

点，可分为以下四种类型。

（1）点状坏死 是指单个或几个相邻的肝细胞的坏死，在小叶内散在分布（图7-9），多见于急性普通型肝炎。

（2）碎片状坏死 是指肝小叶周边界板处的肝细胞所发生的灶性坏死，多见于中、重度慢性肝炎（图7-10）。

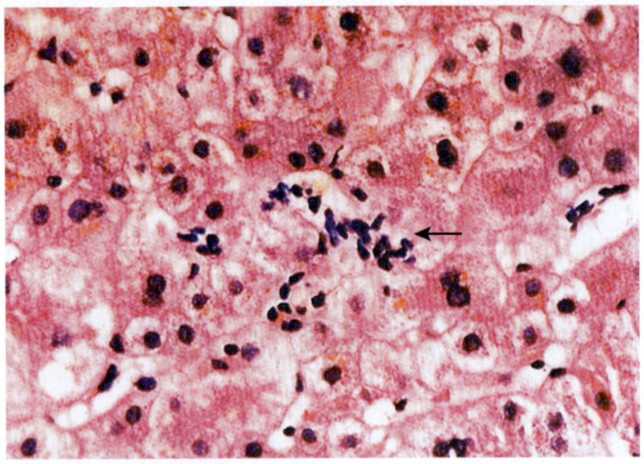

图7-9 点状坏死（镜下观，40×10，HE染色）
相邻的几个肝细胞溶解性坏死，局部炎症细胞浸润（↑）

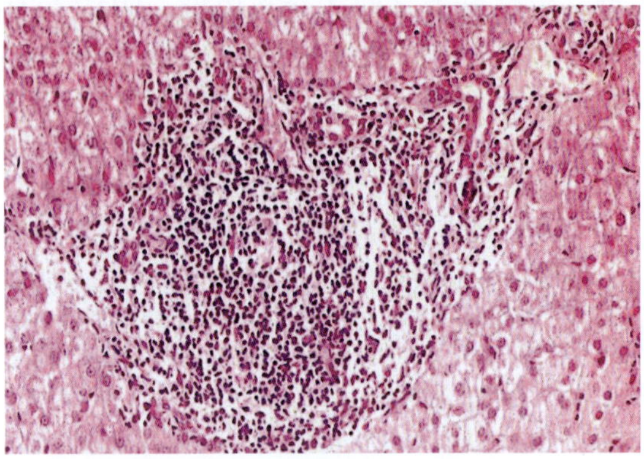

图7-10 碎片状坏死（镜下观，40×10，HE染色）
肝小叶界板处肝细胞发生灶性坏死，大量炎症细胞浸润

（3）桥接坏死 是指中央静脉与中央静脉之间、中央静脉与汇管区之间或汇管区与汇管区之间的肝细胞呈带状或条索状坏死，常见于中、重度慢性肝炎（图7-11）。

（4）大片坏死 是指肝细胞的坏死几乎累及整个肝小叶且相邻的坏死灶相互融合成片块状（图7-12），常见于重型肝炎。

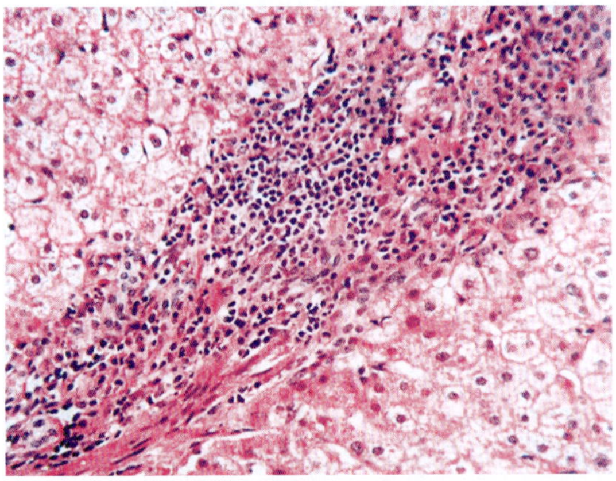

图7-11 桥接坏死（镜下观，40×10，HE染色）
坏死区呈带状分布，大量慢性炎症细胞浸润

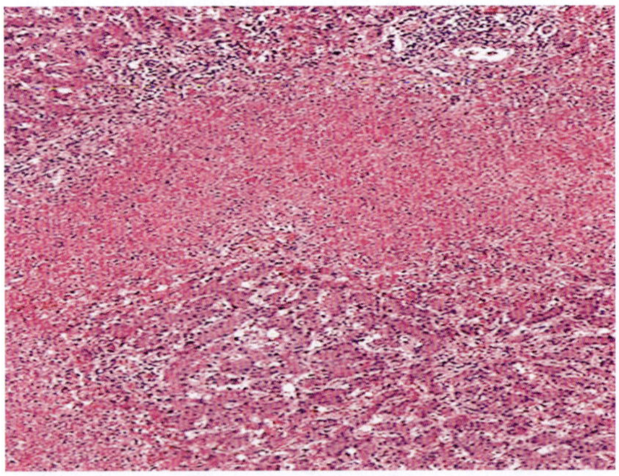

图7-12 大片坏死（镜下观，10×10，HE染色）
肝细胞弥漫性坏死，肝小叶大部或全部受累，坏死灶融合成大片

（三）炎症细胞浸润

在肝小叶内或汇管区常有不同程度的炎症细胞浸润，主要是淋巴细胞和单核细胞，有时也可见少量浆细胞及中性粒细胞等。

（四）肝细胞再生

肝细胞坏死后可由邻近的肝细胞通过直接或间接分裂而再生修复，在急性肝炎的恢复期或慢性肝炎表现更为明显。再生的肝细胞胞体较大，胞质略呈嗜碱性，核大而深染，可见双核。坏死严重时，原小叶网状支架塌陷，再生肝细胞可呈团块状排列，称为结节状再生。

（五）间质反应性增生及小胆管增生

1. 肝巨噬细胞增生 增生的细胞呈梭形或多角形，胞质丰富，可脱入肝窦内成为游走的吞噬细胞，参与炎症反应。

2. 间叶细胞及成纤维细胞增生 间叶细胞存在于肝间质内，具有多向分化潜能，可分化为组织细胞，参与损伤的修复。

3. 小胆管增生 慢性且坏死较重的病例，在坏死灶内或汇管区可见小胆管增生。

再生与增生均属修复范畴，但有时反而使病情更趋复杂，如反复发生严重坏死的病例，由于大量纤维组织增生，可进一步发展为肝纤维化甚至肝硬化。

考点：肝细胞变性坏死的类型及特点

三、类型及临床病理联系

（一）普通型病毒性肝炎

1. 急性（普通型）肝炎 临床上最常见。又可分为黄疸型和无黄疸型两种。黄疸型肝炎的病变略重，病程较短，多见于甲型、丁型和戊型肝炎。无黄疸型多见于乙型肝炎，部分为丙型肝炎，我国以无黄疸型肝炎居多。此两型肝炎的病变基本相同，故一并叙述。

（1）病理变化 肉眼观，肝脏体积增大，包膜紧张，质地较软，表面光滑。镜下观，肝细胞以变性改变为主，表现为胞质疏松化和气球样变，肝窦受压变窄（图7-13），可见散在的点状坏死与嗜酸性小体。肝小叶内及汇管区有少量炎症细胞浸润。黄疸型的坏死灶稍多、稍重，毛细胆管管腔中常有淤胆和胆栓形成。

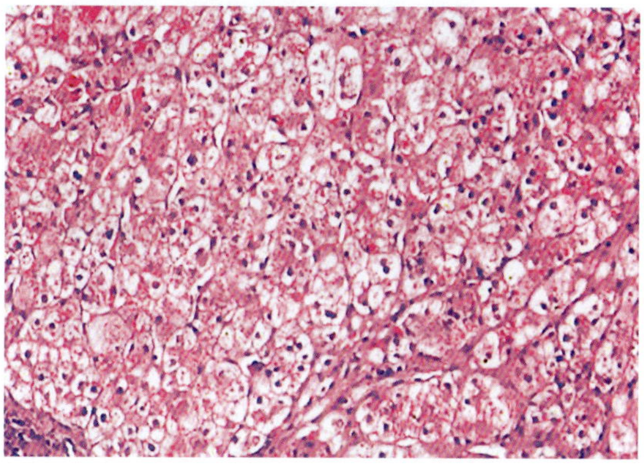

图7-13 急性（普通型）肝炎（镜下观，40×10，HE染色）

肝细胞肿大，胞质疏松、淡染或呈气球样；肝窦变窄、消失

（2）临床病理联系 患者可有肝大、肝区疼痛或压痛等表现，与肝细胞广泛变性、肿胀，致使肝脏体积增大，包膜紧张有关。由于肝细胞坏死，细胞内的酶释放入血，故血清丙氨酸氨基转移酶等升高，同时还可引起多种肝功能异常。肝细胞坏死较多时，由于胆红素的摄取、结合和分泌发生障碍，加之毛细胆管受压或有胆栓形成等可引起黄疸。

（3）结局 本型肝炎患者大多在半年内逐渐恢复，点状坏死的肝细胞可完全再生修复。乙型、丙型肝炎恢复较慢，乙型肝炎5%～10%、丙型肝炎约70%可发展为慢性肝炎。极少数可恶化为重型肝炎。

2. 慢性（普通型）肝炎 急性肝炎病程持续半年以上者即为慢性肝炎。其中乙型肝炎占绝大多数（约80%）。根据炎症、坏死和纤维化程度，将慢性肝炎分为轻、中、重三型。

（1）轻度慢性肝炎 肝细胞以变性及点灶状坏死为主，偶见轻度碎片状坏死，汇管区慢性炎症细胞浸润，周围有纤维组织增生，肝小叶结构完整。

（2）中度慢性肝炎 肝细胞变性、坏死明显，有中度碎片状坏死和特征性的桥接坏死。小叶内有纤维间隔形成，但小叶结构大部分保存。

（3）重度慢性肝炎 肝细胞坏死严重且广泛，以重度碎片状坏死和大范围的桥接坏死为主。肝细胞不规则再生，小叶内可见较多纤维间隔形成，导致小叶结构破坏。晚期可进一步发展为肝硬化。若在原慢性肝炎的基础上出现新鲜的大片坏死，又可转变为重型肝炎。

（二）重型病毒性肝炎

本型较少见，患者病情严重。根据起病缓急及病变程度，可分为急性重型肝炎和亚急性重型肝炎两种。

1. 急性重型肝炎 少见，起病急骤，发展迅猛，病死率高。临床上又称为暴发型、电击型或恶性肝炎。

（1）病理变化 肉眼观，肝脏体积显著缩小，以左叶为甚，重量减至600～800g，质地柔软，被膜皱缩。切面呈红色（出血）或黄色（淤胆），也可为红黄相间的斑纹状，故称为急性红色（或黄色）肝萎缩（图7-14）。

镜下观，肝细胞坏死严重且广泛，坏死面积常大于等于肝实质的2/3，坏死多从肝小叶中央开始，迅速向四周蔓延，仅小叶周边部残留少数变性的肝细胞。肝窦明显扩张、充血甚至出血，肝巨噬细胞增生、肥大，并吞噬细胞碎屑及色素。小叶内及汇管区有大量淋巴细胞和单核细胞为主的炎症细胞浸润。残留肝细胞无明显再生（图7-15）。

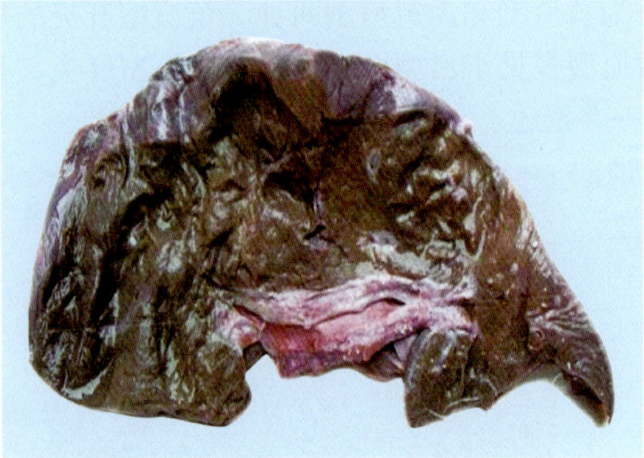

图7-14 急性红色肝萎缩（肉眼观）
肝脏体积明显缩小，被膜皱缩，质地变软，呈红褐色

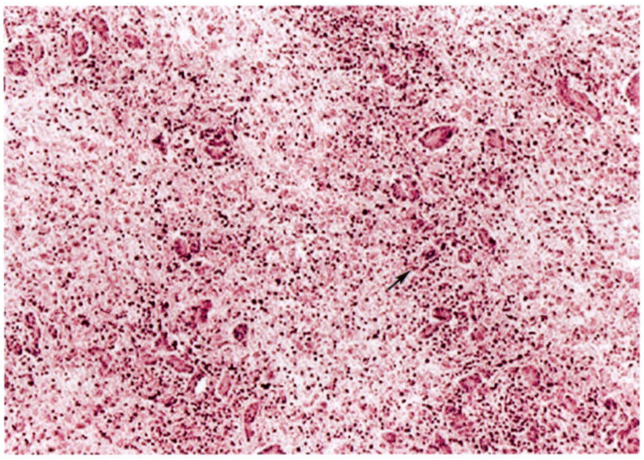

图7-15 急性重型肝炎（镜下观，10×10，HE染色）
肝细胞大片坏死、溶解，仅小叶周边残存少量肝细胞（↑）

（2）临床病理联系 由于大量肝细胞迅速溶解坏死，可导致①黄疸：由胆红素大量入血引起。②出血倾向：由凝血因子合成障碍所致。③肝性脑病：肝衰竭，对各种代谢产物的解毒功能发生障碍所致。此外，由于胆红素代谢障碍及血液循环障碍等，还可导致肾衰竭（肝肾综合征）。

（3）结局 本型肝炎大多数在短期内（10天左右）死亡，肝衰竭为其主要死因，其次为消化道大出血、急性肾衰竭、弥散性血管内凝血等。如能度过急性期，少数病例可转变为亚急性重型肝炎。

2. 亚急性重型肝炎 多数是由急性重型肝炎迁延而来，少数病例可由急性（普通型）肝炎恶化进展而来。本型病程较长，可达数月。

肉眼观，肝脏体积不同程度缩小，被膜皱缩，质地软硬程度不一，病程较长者可形成大小不等的结节。切面上坏死区及小岛屿状再生结节交错可见，坏死区呈红褐色或土黄色，再生结节呈黄绿色（淤胆）。

镜下观，病变特点是既有大片的肝细胞坏死，又有肝细胞结节状再生。由于坏死区网状纤维支架塌陷和胶原化，再生肝细胞失去原有的依托而呈不规则的结节状，致使小叶原有的结构和功能被破坏。小叶内外均可见明显的以淋巴细胞、单核细胞为主的炎症细胞浸润，小叶周边部小胆管增生并可有胆汁淤积形成胆栓。病程较长的陈旧性病变区见明显的纤维结缔组织增生。

此型肝炎如治疗及时可停止进展，并有治愈的可能。病程迁延较长（如1年）者，则可发展为坏死后肝硬化。

考点：病毒性肝炎的类型及病变特点

第4节 肝 硬 化

案例 7-4

患者，男，64岁。因突然呕血1小时入院。入院后又呕鲜血约500ml，头晕、乏力，次晨解柏油样大便2次，每次约150g。患者有乙型肝炎病史多年，确诊肝硬化1年余。查体：左侧颈部见2处蜘蛛痣，巩膜不黄，有肝掌，腹膨软，肝肋下未及，脾肋下3cm，腹部移动性浊音阳性。实验室检查：肝功能异常。乙型肝炎标志物测定：HBsAg阳性、HBcAg阳性、抗HBc阳性。胃镜检查：食管中下段静脉中到重度曲张。住院后因再次大出血抢救无效死亡。尸检：食管中下段静脉丛曲张破裂，腹腔内清亮液体2000ml，肝脏灰红色，重量585g，表面布满大小近似的结节，直径小于1cm，镜下见假小叶形成，包绕假小叶的纤维间隔宽窄较一致，有少量慢性炎症细胞浸润。临床诊断：门脉性肝硬化并食管中下段静脉丛曲张破裂。

问题：1. 何谓肝硬化？

2. 门脉性肝硬化有哪些病变特点？门静脉高压症表现在哪些方面？

3. 门脉性肝硬化患者的腹水是如何形成的？

一、概 述

肝硬化（liver cirrhosis）是一种由多种原因引起的以肝细胞弥漫性变性坏死、纤维组织弥漫性增生和肝细胞结节状再生为特征的慢性肝病，这三种病变常反复交错进行，致肝小叶结构破坏和血液循环途径改建，使肝脏变形、变硬。本病为常见病，发病年龄多在20～50岁，无性别差异，早期可无明显症状，晚期则有一系列不同程度的门静脉高压症和肝功能障碍的表现。

肝硬化的分类方法至今尚未统一。按形态特点可将肝硬化分为大结节型、小结节型、大小结节混合型及不全分割型四型。我国常采用病因、病变特点及临床表现相结合的综合分类方法，分为门脉性肝硬化、坏死后肝硬化、胆汁性肝硬化、淤血性肝硬化、寄生虫性肝硬化和色素性肝硬化等，其中以门脉性肝硬化最常见，其次为坏死后肝硬化和胆汁性肝硬化，其他类型较少见。

考点：肝硬化的概念

二、门脉性肝硬化

门脉性肝硬化（portal cirrhosis）是指门静脉高压所致的临床表现特别突出的肝硬化，相当于国际形态学分型中的小结节型肝硬化，在各型肝硬化中最常见。

（一）病因及发病机制

1. 病因 较多，尚未完全阐明，主要与以下因素有关。

（1）病毒性肝炎 流行病学、临床和病理形态等多方面资料均证实，病毒性肝炎尤其是乙型、丙型肝炎是引起门脉性肝硬化的主要原因。患者肝细胞的HBsAg阳性率高达76.7%。

（2）慢性酒精中毒 是肝硬化的重要原因。酒精（乙醇）在机体内能产生对肝细胞有毒性作用的乙醛，使肝细胞变性、坏死，进而发展为肝硬化。

（3）营养不良 动物实验表明，用缺乏胆碱或甲硫氨酸类的食物长期饲喂动物，其肝脏磷脂合成发生障碍，可经脂肪肝发展为肝硬化。

（4）毒物 某些化学物质如四氯化碳、辛可芬等的长期作用，可导致肝细胞变性、坏死而引起肝硬化。

2. 发病机制 在各种致病因素长期独立或交互作用下，肝细胞反复发生弥漫性变性、坏死，致肝小叶内原有的网状支架塌陷和胶原化，肝细胞呈结节状再生，汇管区的成纤维细胞不断增生并分泌产生胶原纤维，向肝小叶内延伸，分割小叶，并与小叶内的胶原纤维连接，包绕原有的或再生的肝细胞团，形成假小叶，最终使肝小叶结构破坏和肝内血液循环改建而形成肝硬化。

考点：门脉性肝硬化的病因

（二）病理变化

1. 肉眼观 早期肝脏体积可正常或略增大，重量增加，质地正常或稍硬。晚期肝脏体积明显缩小，重量减轻（由正常的1500g减至1000g以下），硬度增加，表面呈颗粒状或小结节状，大小近似，直径多在0.15～0.50cm，通常不超过1.0cm（图7-16）。切面见圆形或卵圆形的小结节，周围被灰白色纤维组织条索包绕，结节呈黄褐色（脂肪变性）或黄绿色（淤胆），弥漫分布于全肝（图7-17）。

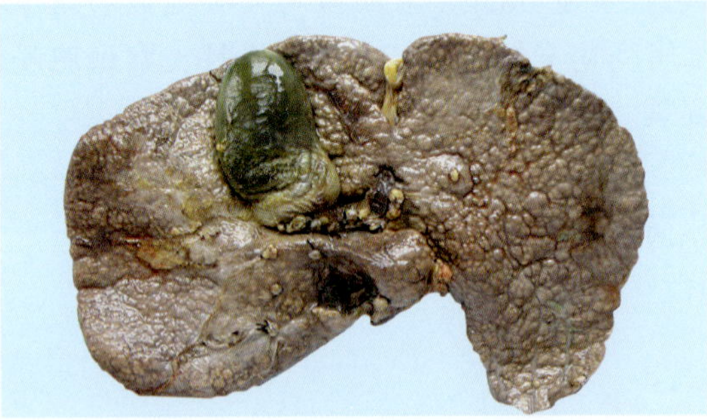

图7-16 门脉性肝硬化（肉眼观）

肝体积缩小，表面有大小近似、密集的小结节

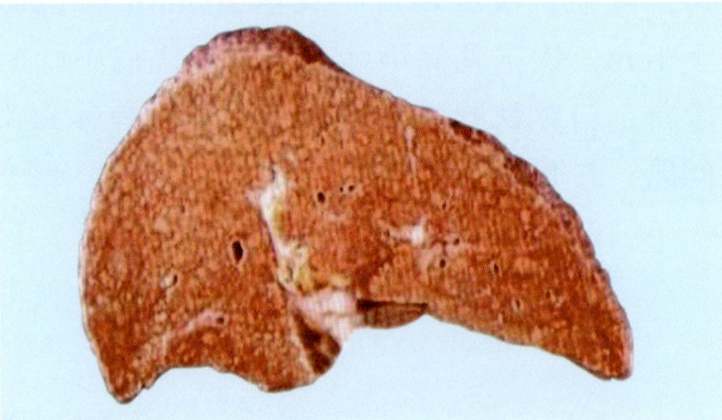

图7-17 门脉性肝硬化（肉眼观，切面）

肝切面弥漫分布大小近似、圆形或卵圆形的小结节

2. 镜下观 正常肝小叶结构被破坏，被结节状的肝细胞团所取代。由于肝细胞结节状再生或肝小叶被增生的纤维组织分割、包绕形成大小近似、圆形或卵圆形的肝细胞团，称为假小叶（图7-18）。假小叶是肝硬化的特征性病变，具有病理诊断意义，其特点有：①假小叶内肝细胞排列紊乱，可有变性、坏死和再生现象。再生的肝细胞体积较大，胞质丰富，核大深染，常见双核。②中央静脉缺如、偏位或有两条以上。③假小叶外周包绕的纤维间隔宽窄较一致，有少量慢性炎症细胞浸润，可见小胆管受压淤胆，亦可见新生的细小胆管和无管腔的假胆管（图7-19）。

考点：门脉性肝硬化的病理变化

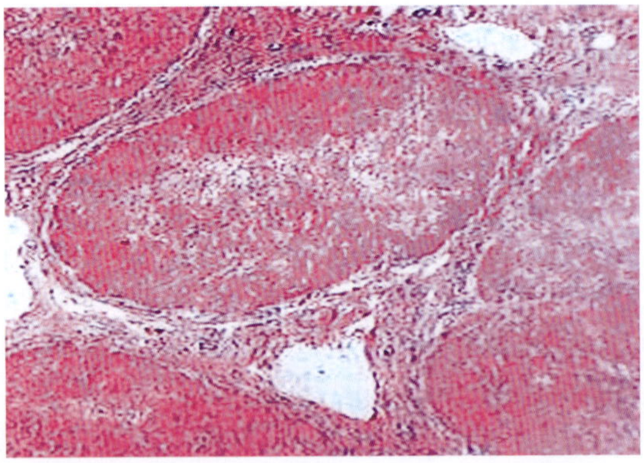

图7-18 假小叶（镜下观，10×10，HE染色）

肝小叶的正常结构被破坏，假小叶形成，假小叶周围有增生的纤维组织包绕

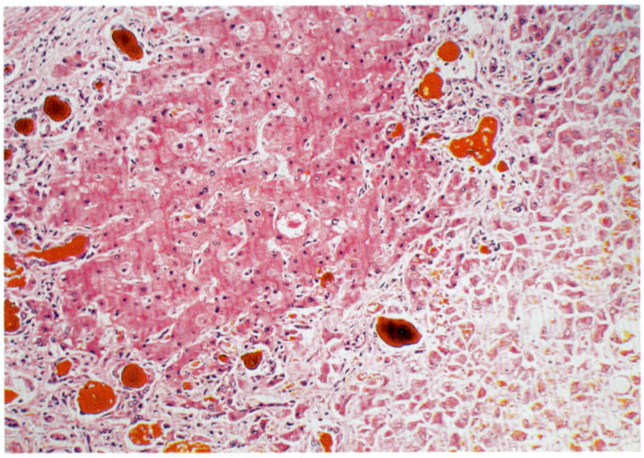

图7-19 门脉性肝硬化（镜下观，40×10，HE染色）

肝细胞坏死严重，小胆管增生，胆汁淤积

（三）临床病理联系

1. 门静脉高压症 由肝小叶结构被破坏，肝内血液循环途径被改建所致。主要发生机制是：①窦性阻塞：肝内广泛的结缔组织增生，肝窦闭塞或窦周纤维化，使门静脉循环受阻。②窦后性阻塞：假

小叶压迫小叶下静脉，使肝窦内血液流出受阻，从而阻碍门静脉血液流入肝窦。③窦前性阻塞：肝动脉小分支与门静脉小分支在汇入肝窦前形成异常吻合，使压力高的动脉血流入门静脉。

早期，由于机体的代偿作用，患者可无明显临床表现；晚期因代偿失调，患者常出现以下临床症状和体征。

（1）脾肿大　见于70%～85%患者。由于脾静脉回流受阻，脾脏因淤血而肿大。肉眼观，脾体积增大，重量增加，质地变硬，包膜增厚，切面呈褐红色。镜下观，脾窦扩张，窦内皮细胞增生、肿大，脾小体受压萎缩。患者可出现脾功能亢进，表现为血细胞破坏增多，患者抵抗力降低，有贫血、出血倾向。

（2）胃肠淤血、水肿　胃、肠静脉血回流受阻，导致胃肠道淤血、水肿，患者出现消化、吸收功能障碍，从而出现腹胀、食欲不振等症状。

（3）腹水　为晚期主要表现，量较大时患者腹部可出现明显膨隆（图7-20）。腹水形成原因主要有：①门静脉高压使门静脉回流受阻，毛细血管流体静压升高，因淤血性缺氧又使毛细血管壁的通透性增大，故液体漏入腹腔。②由于肝脏合成白蛋白能力减弱，患者出现低蛋白血症，从而使血浆胶体渗透压降低，引起腹水形成。③由于肝脏对醛固酮、抗利尿激素的灭活作用降低，使血中水平升高，导致水钠潴留而促使腹水形成。

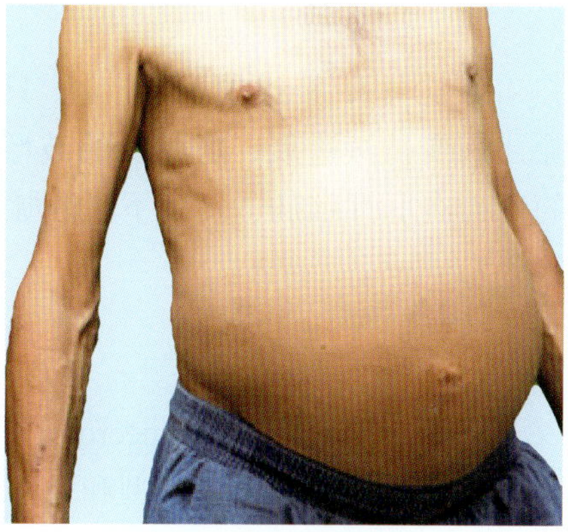

图7-20　肝硬化腹水

患者腹腔内大量腹水形成，导致腹部呈球形隆起

侧支循环形成：因门静脉回流受阻，部分门静脉血经代偿性扩张的门-体静脉吻合支直接注入上、下腔静脉回到右心。主要的侧支循环（图7-21）和并发症有：①食管下段静脉丛曲张：曲张的静脉丛破裂可致大出血，是肝硬化患者常见的死亡原因之一。②直肠静脉（痔静脉）丛曲张：曲张的静脉丛破裂可引起便血，长期便血可导致贫血。③脐周及胸、腹壁静脉网曲张：胸、腹壁浅静脉曲张，脐周静脉网高度扩张，可形成“海蛇头”现象（图7-22）。

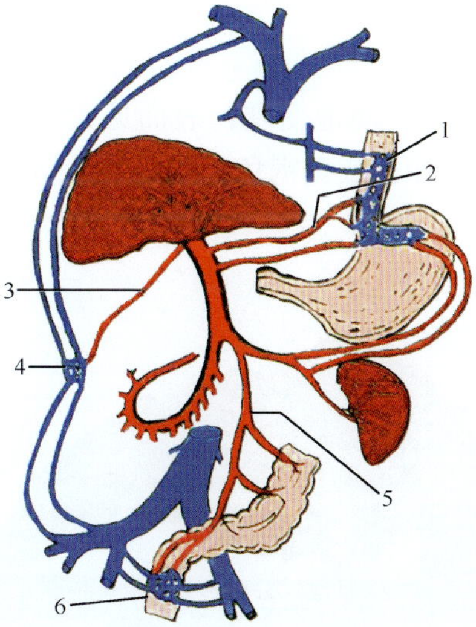

图7-21　门静脉高压症侧支循环（模式图）

1. 食管下段静脉丛；2. 胃冠状静脉；3. 附脐静脉；4. 脐周静脉；5. 肠系膜下静脉；6. 直肠静脉丛

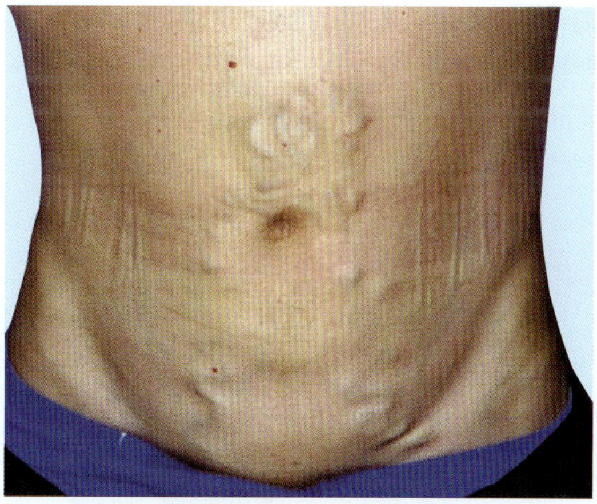

图7-22　“海蛇头”现象

脐周及胸、腹壁静脉网曲张

2. 肝功能障碍　主要是大量肝细胞长期反复被破坏的结果。当肝脏的代偿能力逐步减弱甚至丧失时，患者可出现一系列肝功能不全的表现。

（1）蛋白质合成障碍　肝脏是合成蛋白质的主要场所，肝细胞受损后，合成蛋白质的能力降低，血浆蛋白减少。一些未经肝细胞处理而直接进入体循环的抗原性物质，又可刺激免疫系统合成球蛋白增多，故出现血清白/球蛋白比值下降甚至倒置现象。

（2）出血倾向　由于肝脏合成凝血因子减少，加之脾肿大、脾功能亢进，对血小板的破坏过多，患者可出现鼻出血、牙龈出血，以及皮肤、黏膜和皮下出血等。

（3）胆色素代谢障碍　主要与肝细胞变性、坏死及胆汁淤积有关。患者常有肝细胞性黄疸的表现。

（4）对激素的灭活作用减弱　由于肝脏对雌激素灭活作用减弱，体内雌激素水平升高，患者可有肝掌（手掌大、小鱼际部位因血管扩张、充血而呈红色）和颈、面、胸等处皮肤出现红色的蜘蛛痣（小动脉末梢扩张所致）。此外，部分男性患者可出现睾丸萎缩、乳腺肥大，女性患者出现月经不调、不孕等。

（5）肝性脑病　为肝功能不全最严重的后果，也是导致肝硬化患者死亡的重要原因。

（四）预后

肝脏具有强大的代偿能力，只要治疗及时，病情可在长时期内处于相对稳定状态。但若病因未消除，病变持续进展，肝结构的破坏进一步加重，可导致肝衰竭，最终可因一系列并发症而死亡。常见的死因有肝性脑病、食管下段静脉丛曲张破裂大出血、继发肝癌及感染等。

考点：门脉性肝硬化的临床病理联系

三、坏死后肝硬化

坏死后肝硬化（postnecrotic cirrhosis）是指在肝细胞大片坏死的基础上发生的肝硬化，相当于国际形态学分型中的大结节型和大小结节混合型肝硬化。

（一）病因及发病机制

1. 病毒性肝炎　多由亚急性重型肝炎（乙、丙型多见）迁延数月至一年以上，逐渐转变而来。若慢性肝炎反复发作，且坏死严重时，也可发展为本型肝硬化。

2. 药物及化学物质中毒　某些药物或化学物质可引起肝细胞严重而广泛的坏死，继而出现结节状再生和纤维组织弥漫性增生，最后发展成为坏死后肝硬化。

（二）病理变化

1. 肉眼观　肝脏体积明显缩小，尤以左叶为甚，重量减轻，质地变硬，表面见大小不等的结节，最大的直径可达5.0～6.0cm，小的仅在0.5～1.0cm，结节呈黄绿色或黄褐色（图7-23）。切面见结节周围的纤维间隔较宽，厚薄不均（图7-24）。

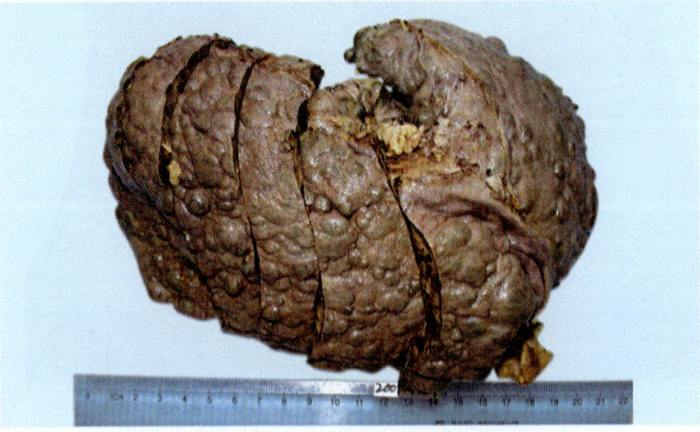

图7-23　坏死后肝硬化（肉眼观）
肝脏变形，质地变硬，表面有大小不等的结节，色变浅

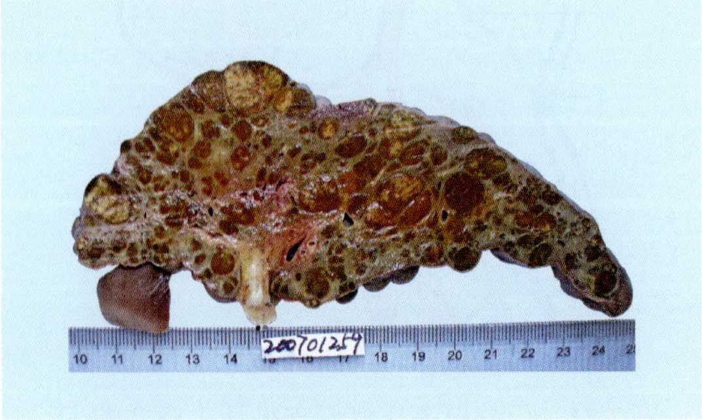

图7-24　坏死后肝硬化（切面，肉眼观）
结节较大，纤维间隔较宽，厚薄不均，呈黄绿色

2. 镜下观　可见特征性的假小叶形成。①正常肝小叶结构被破坏，取而代之的是大小不等、形态不一的假小叶，大的中间可见包绕有一个或几个正常肝小叶，小的仅见几个肝细胞。②假小叶内肝细胞常有不同程度的变性、坏死。③假小叶周围的纤维间隔较宽且宽窄不均，内见炎症细胞浸润及小胆管增生（图7-25）。

（三）结局

坏死后肝硬化发展较快，病程较短，因肝细胞坏死较严重，故肝功能障碍较门脉性肝硬化出现较早且重，但门静脉高压症出现较晚并较轻。此外，其癌变率较高。

四、胆汁性肝硬化

胆汁性肝硬化（biliary cirrhosis）是指因胆道阻塞，胆汁淤积而引起的肝硬化，相当于国际形态学分型中的不全分割型肝硬化。较少见，可分为原发性与继发性两类。

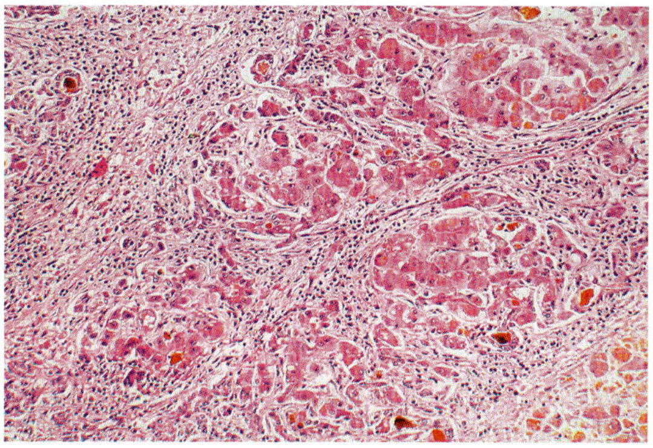

图7-25　坏死后肝硬化（镜下观，40×10，HE染色）
假小叶大小、形态不一，纤维间隔较宽，宽窄不等，小胆管增生

原发性胆汁性肝硬化原因未明，在我国少见，可能与自身免疫反应有关。继发性胆汁性肝硬化可能与胆管系统的阻塞及胆道的上行性感染有关。

1. 病理变化　肉眼观，早期肝体积常增大，表面光滑或呈细颗粒状，中等硬度；晚期体积缩小，表面可呈结节状，硬度增加，肝脏常被胆汁染成深绿或绿褐色；切面结节较小，结节周围包绕的纤维间隔较窄。

镜下观，原发性者肝小叶间胆管上皮细胞可发生变性、坏死，周围有淋巴细胞浸润，继而小胆管破坏并出现淤胆，最后纤维组织增生，侵入且不完全分割、包绕小叶而形成假小叶。继发性者肝细胞因胞质内胆色素沉积而变性、坏死，表现为肝细胞肿大，胞质疏松呈网状，核消失，称网状或羽毛状坏死。坏死区可出现胆管破裂，胆汁外溢，形成"胆汁湖"。汇管区炎症细胞浸润，小胆管及纤维组织增生，增生的纤维组织不完全分割、包绕再生的肝细胞结节形成假小叶，最终致肝硬化。

2. 临床病理联系　临床上患者可表现为长期的阻塞性黄疸，以及由胆汁刺激而引起的皮肤瘙痒等。

自　测　题

一、名词解释

消化性溃疡　病毒性肝炎　假小叶　肝硬化

二、填空题

1. 根据病变的不同，慢性胃炎常分为________、________、________、________四种类型。
2. 慢性萎缩性胃炎的主要病变特征是________和________。
3. 溃疡底部镜下由浅入深依次为________、________、________、________四层。
4. 消化性溃疡的并发症包括________、________、________、________。
5. 病毒性肝炎的基本病变包括________、________、________、________、________。
6. 肝硬化的特征性病变是________。
7. 门静脉高压症常见的侧支循环途径为________、________、________。

三、单项选择题

1. 下列病变中癌变可能性较大的是
   A. 急性出血性胃炎　B. 急性腐蚀性胃炎
   C. 慢性浅表性胃炎　D. 慢性萎缩性胃炎
   E. 慢性肥厚性胃炎
2. 慢性萎缩性胃炎好发于
   A. 胃窦部　B. 胃大弯
   C. 胃小弯　D. 贲门
   E. 胃底部
3. 慢性萎缩性胃炎与慢性浅表性胃炎的主要区别是
   A. 病变部位不同　B. 黏膜厚度不同
   C. 黏膜颜色不同　D. 炎症细胞浸润程度不同
   E. 黏膜腺体萎缩
4. 近年来发现大多数消化性溃疡患者在胃窦部黏膜可检出
   A. 大肠埃希菌　B. 幽门螺杆菌
   C. 沙门氏菌　D. 痢疾杆菌
   E. 衣原体
5. 胃溃疡的好发部位是
   A. 贲门部　B. 胃底
   C. 胃窦　D. 胃大弯

E. 胃大弯近幽门部

6. 胃溃疡的大体形态下列哪项错误

A. 呈圆形或椭圆形

B. 直径＞2cm

C. 边缘整齐

D. 溃疡附近黏膜皱襞呈放射状向溃疡集中

E. 底部平坦、洁净

7. 消化性溃疡主要临床表现是

A. 恶心、呕吐　B. 反酸、嗳气

C. 食欲不振　D. 腹胀不适

E. 浑身乏力

8. 下列哪项不是胃溃疡的并发症

A. 穿孔　B. 出血

C. 腹水　D. 癌变

E. 幽门梗阻

9. 消化性溃疡最常见的并发症是

A. 出血　B. 穿孔

C. 幽门梗阻　D. 癌变

E. 以上均不是

10. 消化性溃疡患者出现柏油样大便，是因为

A. 溃疡出血　B. 溃疡穿孔

C. 幽门梗阻　D. 癌变

E. 食管下段静脉丛曲张破裂

11. 消化性溃疡患者出现剧烈腹痛及腹膜刺激征，可能是

A. 出血　B. 穿孔

C. 幽门梗阻　D. 幽门痉挛

E. 肠扭转

12. 十二指肠溃疡好发于

A. 十二指肠升部　B. 十二指肠降部

C. 十二指肠球部　D. 十二指肠水平部

E. 十二指肠下段

13. 关于十二指肠溃疡下列描述哪项错误

A. 溃疡较浅　B. 溃疡较小

C. 溃疡易穿孔　D. 溃疡易癌变

E. 患者常有饥饿痛

14. 病毒性肝炎是一种

A. 变质性炎　B. 纤维蛋白性炎

C. 化脓性炎　D. 出血性炎

E. 增生性炎

15. 急性（普通型）肝炎的坏死多为

A. 碎片状坏死　B. 凝固性坏死

C. 桥接坏死　D. 大片坏死

E. 点状坏死

16. 对急性（普通型）肝炎肝细胞病变的描述中，下列哪项不正确

A. 气球样变　B. 胞质疏松化

C. 嗜酸性变　D. 点状坏死

E. 脂肪变性

17. 我国最常见的肝硬化类型是

A. 门脉性肝硬化　B. 坏死后肝硬化

C. 寄生虫性肝硬化　D. 胆汁性肝硬化

E. 淤血性肝硬化

18. 门脉性肝硬化晚期，肝功能严重障碍可导致

A. 脾肿大　B. 腹水

C. 肝性脑病　D. 食管下段静脉丛曲张

E. 胃肠淤血水肿

19. 门静脉高压症最危险的并发症是

A. 腹水

B. 脾功能亢进

C. 肝性脑病

D. 食管下段静脉丛曲张破裂出血

E. 胃肠道淤血

20. 我国门脉性肝硬化的常见原因是

A. 慢性酒精中毒　B. 营养不良

C. 毒物中毒　D. 病毒性肝炎

E. 药物中毒

21. 下列哪项不属于门静脉高压症的表现

A. 脾肿大

B. 肝大

C. 食管下段静脉丛曲张

D. 痔静脉丛曲张

E. 腹水

22. 下列哪项的门静脉高压症最显著

A. 门脉性肝硬化　B. 坏死后肝硬化

C. 血吸虫性肝硬化　D. 胆汁性肝硬化

E. 淤血性肝硬化

23. 下列哪项不是假小叶的特征

A. 肝细胞围绕中央静脉排列成放射状

B. 小叶周围有纤维间隔包绕

C. 小叶内缺少中央静脉

D. 小叶内出现汇管区

E. 小叶内中央静脉偏位或有两条以上

四、简答题

1. 简述慢性萎缩性胃炎的病理特点。
2. 消化性溃疡的病变特点有哪些？用所学病理知识解释其临床表现并说出其并发症。
3. 简述门脉性肝硬化时门静脉高压症和肝功能障碍的主要临床表现。
4. 试述门脉性肝硬化腹水形成的机制。

（杨志鹤）

第8章

泌尿系统疾病

学习目标

1. 素质目标　具有辩证思维，具有吃苦耐劳、团结协作、勇于创新的精神；具有主动帮助患者、用所学医学知识为患者减轻病痛的能力。

2. 知识目标

（1）掌握　肾小球肾炎和肾盂肾炎的概念、类型、病理变化及临床病理联系。

（2）熟悉　肾盂肾炎的病因及发病机制。

（3）了解　肾小球肾炎的病因及发病机制。

3. 能力目标　能辨识和描述急性弥漫增生性肾小球肾炎、新月体性肾小球肾炎、慢性硬化性肾小球肾炎及慢性肾盂肾炎常见病变的大体特点。能开展泌尿系统常见疾病的健康教育。

泌尿系统由肾、输尿管、膀胱和尿道组成。肾是人体的重要排泄器官，通过泌尿排泄体内的代谢产物及毒物，同时调节水、电解质及酸碱平衡，维持内环境的相对稳定。肾还能分泌肾素、促红细胞生成素等生物活性物质，参与血压的调节、促进红细胞的生成。维生素D_3经肾脏转化酶的作用转变为有活性的1, 25-二羟维生素D_3，参与钙磷代谢的调节。

肾的解剖生理单位称肾单位，由肾小球及其所属的肾小管构成，是肾的基本结构和功能单位。肾小球由中央的血管球和周围的肾小囊构成，是尿液的滤过结构。流经肾小球的血液通过肾小球毛细血管内皮细胞、基底膜、肾小囊脏层上皮细胞（此三层结构称为滤过膜）滤过至肾小囊形成原尿（图8-1，图8-2），再经各段肾小管重吸收形成终尿。成人每天约有1800L血液流经肾脏，经肾小球滤过和肾小管的重吸收形成约1.5L的终尿。

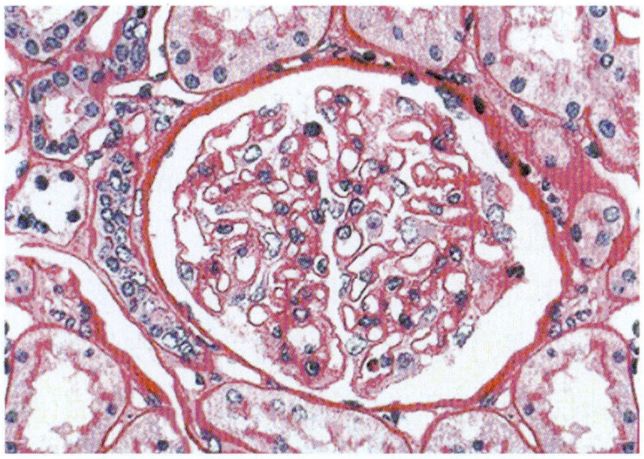

图8-1　正常肾小球（光镜模式图）

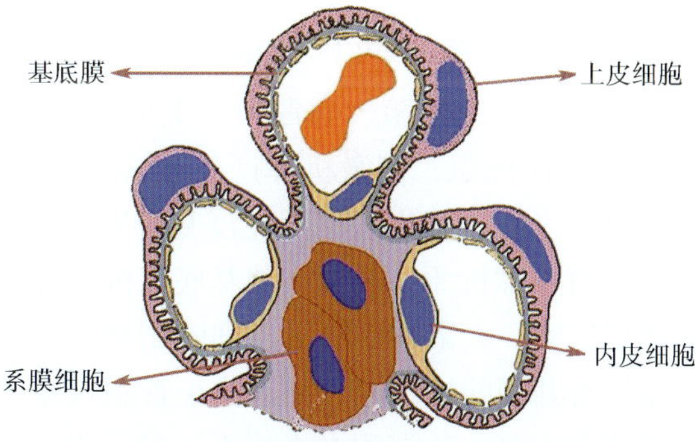

图8-2　肾小球超微结构（电镜模式图）

第1节　肾小球肾炎

肾小球肾炎（glomerulonephritis，GN）是一组以肾小球损害为主的疾病，主要临床表现为血尿、蛋白尿、水肿和高血压。肾小球肾炎可分为原发性和继发性两种类型，原发性肾小球肾炎是指原发于肾脏的独立性疾病，即肾为唯一或主要受损的脏器。多数类型是抗原抗体反应引起的免疫性疾病；继发性肾小球肾炎常继发于其他疾病或为全身性疾病的一部分，如狼疮性肾炎、紫癜性肾炎、糖尿病肾病等。本节介绍常见的几种原发性肾小球肾炎。

考点：肾小球肾炎的概念

一、病因及发病机制

肾小球肾炎的病因和发病机制目前尚未阐明。大部分类型肾小球肾炎的发生可能与Ⅲ型超敏反应（即由抗原抗体结合形成免疫复合物沉积于肾小球）导致的肾小球损伤有关。

（一）引起肾小球肾炎的抗原

1. 内源性抗原 ①肾小球固有成分可作为抗原，如肾小球基底膜抗原，足细胞、内皮细胞和系膜细胞的细胞膜抗原。②非肾小球抗原，如DNA、甲状腺球蛋白、肿瘤抗原等。

2. 外源性抗原 如细菌、病毒、真菌和螺旋体等生物性抗原成分，以及药物、外源性凝集素和异种蛋白等。

（二）免疫复合物形成

机体针对上述抗原成分产生相应的抗体，主要为IgG、IgA和IgM抗体，抗原抗体反应引起肾小球内免疫复合物形成或沉积。

1. 原位免疫复合物形成 相应的抗体与肾小球内固定的或植入的抗原成分在肾小球原位结合，形成免疫复合物。免疫复合物在肾小球肾炎的发病机制中起主要作用。由于抗原性质不同引起的抗体反应各异，肾小球肾炎的类型也不相同。引起原位免疫复合物形成的抗原主要有以下三种。

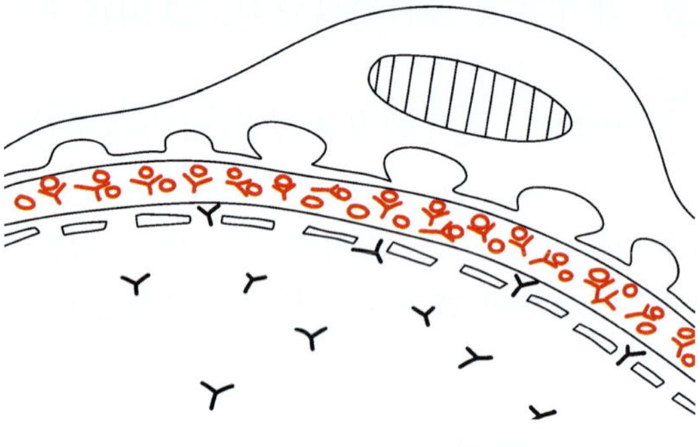

图8-3 免疫复合物沉积于基底膜内（电镜模式图）

（1）肾小球基底膜抗原 肾小球基底膜在感染或某些因素的作用下，结构发生改变而具有了抗原性，可刺激机体产生抗自身肾小球基底膜抗体；或某些细菌、病毒的成分与肾小球基底膜有共同的抗原性，刺激机体产生的抗体可与肾小球基底膜发生交叉反应。由此引起的肾炎称抗肾小球基底膜肾炎。抗体与基底膜抗原发生反应，免疫复合物沉积于基底膜内（图8-3）。用免疫荧光法可见免疫复合物沿肾小球毛细血管基底膜呈连续的线性荧光。抗肾小球基底膜肾炎属自身免疫性疾病，较少见。

（2）植入性抗原 细菌、病毒和寄生虫等感染的产物和某些药物等进入机体后，与肾小球某一成分结合形成植入性抗原，刺激机体产生相应抗体，抗原、抗体在肾小球内原位结合形成免疫复合物，引起肾小球肾炎。免疫荧光法显示免疫复合物在肾小球内呈现不连续的颗粒荧光。

（3）其他肾小球抗原 除肾小球基底膜抗原外，肾小球内的其他成分也可以引起原位免疫复合物形成。动物模型证实，大鼠肾小管上皮细胞刷状缘抗原（Heymann抗原）与人肾小囊脏层上皮细胞（足细胞）膜抗原具有共同的抗原性。用近曲小管刷状缘成分免疫大鼠，使其产生抗刷状缘抗体，发生交叉免疫反应后形成免疫复合物沉积在上皮下区域，引起肾小球肾炎，此种肾炎称海曼（Heymann）肾炎，其病变与人膜性肾小球肾炎相似。目前已知Heymann抗原是一种分子量330kDa的糖蛋白（GP330），在人类，肾小球的GP330主要由足细胞合成，合成后集中在足突底部表面与毛细血管基底膜相邻处。抗体与足突底部的GP330抗原结合，在毛细血管表面（即上皮下）形成多数小丘状免疫复合物（图8-4）。免疫荧光法显示，免疫复合物在肾小球内沿肾小球毛细血管基底膜处呈现不连续的颗粒状荧光。

2. 循环免疫复合物沉积 内源性非肾性抗原或外源性抗原刺激机体产生相应抗体，抗原、抗体在血液循环中结合形成免疫复合物，随血液循环流经肾脏时沉积在肾小球，从而引起肾小球肾炎。免疫荧光法显示，沿基底膜或系膜区域出现不连续的颗粒状荧光。

不同类型的肾小球肾炎免疫复合物形成和沉积的部位不同。应用电镜和免疫荧光法可见电子致密物沉积于系膜区、内皮细胞与基底膜之间（内皮下）、足细胞与基底膜之间（上皮下）或基底膜内（图8-5）。

图8-4　免疫复合物沉积于上皮下（电镜模式图）

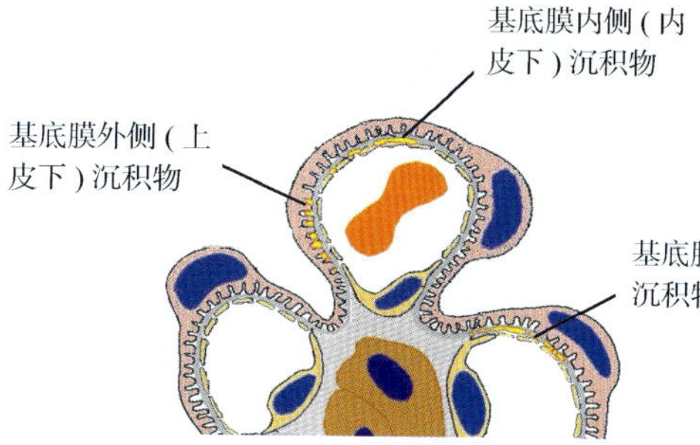

图8-5　肾小球电子致密物沉积部位（电镜模式图）

（三）免疫复合物形成和沉积导致肾小球肾炎的机制

免疫复合物无论是通过血液循环沉积还是肾小球原位形成都不直接引起肾小球损伤，主要是通过各种炎症介质的释放导致肾小球受损而发生肾炎。其中激活补体系统，产生多种生物活性物质，在肾炎的发生中起重要作用。

补体在激活过程中产生C3a和C5a片段，可激发肥大细胞、嗜碱性粒细胞释放组胺、5-HT等血管活性物质，使毛细血管通透性增加。C5a还具有趋化作用，能吸引中性粒细胞。补体的激活可使细胞溶解破坏。中性粒细胞、巨噬细胞、淋巴细胞、自然杀伤细胞和血小板等可产生多种蛋白溶解酶、血管活性物质等，参与肾小球肾炎的变质、渗出和增生等病理变化过程。

此外，细胞免疫在肾小球肾炎的发生发展过程中也发挥了一定作用，某些肾小球肾炎并未见到免疫复合物沉积。在人类和实验动物性肾小球肾炎的肾小球内可见激活的巨噬细胞、T细胞，两类细胞均可释放细胞因子，刺激系膜细胞增生，增加系膜基质，导致肾小球硬化。

二、基本病变

肾小球肾炎的类型较多，病变复杂，但仍表现出变质、渗出和增生的炎症病理过程。

1. 变质性改变　免疫复合物在肾小球的沉积可引起多种炎症介质（如补体、各种蛋白溶解酶和细胞因子）的释放，导致基底膜通透性增加、肾小球固有细胞变性，甚至毛细血管壁发生纤维蛋白样坏死。

2. 渗出性改变　常有白细胞渗出，主要为中性粒细胞及单核细胞。渗出的中性粒细胞释放蛋白水解酶，破坏内皮细胞、上皮细胞及基底膜，引起滤过膜通透性增加，红细胞漏出，肾小球内有时可见纤维蛋白渗出，渗出的红细胞和液体可随尿液排出，表现为血尿。

3. 增生性改变　肾小球内细胞数量增多，增生的细胞主要为系膜细胞、内皮细胞及肾小囊壁层上皮细胞等。各型肾小球肾炎终末期时，渗出的血浆蛋白、增多的系膜基质及胶原纤维等与肾小囊融合，使病变肾小球成为红染的玻璃样变性的小球，加之间质纤维化，导致肾小球硬化。

考点：肾小球肾炎的基本病变

三、临床病理联系

不同类型肾小球肾炎根据其临床表现并结合其他检查结果、临床经过等，可表现为下列临床综合征。

1. 急性肾炎综合征　发病急，常表现为血尿、蛋白尿、少尿，伴高血压和水肿。重症可出现氮质血症甚至肾衰竭。病理类型主要为急性弥漫增生性肾小球肾炎。

2. 急进性肾炎综合征　发病急，病情进展快，在出现急性肾炎综合征后迅速发生少尿甚至无尿，伴氮质血症，并可发展为急性肾衰竭。常见于新月体性肾小球肾炎。

3. 慢性肾炎综合征　病程长，逐渐发展为慢性肾功能不全。表现为多尿、夜尿、低比重尿、贫血、高血压、氮质血症和尿毒症。见于慢性硬化性肾小球肾炎，一般为各型肾炎的终末阶段。

4. 肾病综合征　主要表现为大量蛋白尿、高度水肿、低蛋白血症及高脂血症等一组症状，简称“三高一低”。可见于膜性肾小球肾炎、轻微病变性肾小球肾炎等类型。

5. 反复发作性或持续性血尿　发病或急或缓，常表现为肉眼血尿或镜下血尿，一般无肾小球肾炎的其他症状，常见于IgA肾病。

6. 隐匿性肾炎综合征　患者无症状，仅有镜下血尿或蛋白尿。常见于系膜增生性肾小球肾炎。

考点：肾小球肾炎的各种临床综合征

四、病理类型

原发性肾小球肾炎的病理形态学分类，主要依据光学显微镜检查、免疫荧光或免疫组织化学及电子显微镜检查的综合所见。常见肾小球肾炎类型见表8-1。

表8-1　几种常见肾小球肾炎比较

类型	光镜	电镜	免疫荧光	临床表现	预后
急性弥漫增生性肾小球肾炎	系膜细胞、内皮细胞增生	上皮下有驼峰状突起	毛细血管壁粗颗粒状沉积	儿童、青少年多发，急性肾炎综合征	多数预后较好
新月体性肾小球肾炎	壁层上皮细胞增生，形成新月体	基底膜不规则增厚、断裂缺损	IgG和C3沿毛细血管壁呈线状沉积	急进性肾炎综合征	新月体形成越多、预后越差
膜性肾小球肾炎	弥漫性基底膜增厚	足细胞的足突融合，基底膜增厚	IgG、C3沿毛细血管壁呈颗粒状沉积于肾小球病变部位	肾病综合征	慢性肾功能不全
轻微病变性肾小球肾炎	近曲小管上皮细胞脂肪变性、玻璃样变性	足细胞的足突融合	IgM和C3沉积	肾病综合征	预后较好，激素治疗效果好
慢性硬化性肾小球肾炎	肾小球纤维化、玻璃样变性	多无特异性发现	多无特异性发现	慢性肾炎综合征	慢性肾功能不全

临床上根据临床表现，通常将肾小球肾炎分为急性、急进性、慢性、隐匿型肾小球肾炎和肾病综合征。肾小球肾炎的临床表现和病理类型之间存在一定的联系，如弥漫增生性肾小球肾炎、新月体性肾小球肾炎分别相当于临床上急性肾小球肾炎和急进性肾小球肾炎，但并无肯定的对应关系。一种病理类型可呈多种临床表现，而一种临床表现又可源自多种病理类型。因此，病理分型必须通过肾穿刺活检才能确定。

（一）急性弥漫增生性肾小球肾炎

案例 8-1

患儿，男，7岁。因眼睑水肿、少尿4天入院。2周前曾发生皮肤脓疱疮，已治愈。体格检查：眼睑水肿，心肺（–），血压128/93mmHg。实验室检查：尿常规示红细胞（++），尿蛋白（++）；24小时尿量350ml，尿素氮11.4mmol/L。B超检查：双肾对称性增大。

问题： 1. 患儿为何种疾病？

2. 肾脏有哪些主要的病理变化？

3. 根据病理变化解释患者出现的一系列临床表现。

急性弥漫增生性肾小球肾炎（acute diffuse proliferative glomerulonephritis）是指以肾小球毛细血管

内皮细胞和系膜细胞肿胀、增生为主要改变的肾小球肾炎，简称急性肾炎（acute nephritis）。儿童、青少年多发，是临床最常见的肾小球肾炎类型。

1. 病因及发病机制　本病的发生与A组乙型溶血性链球菌感染有关，多数患者在扁桃体炎、咽喉炎和皮肤化脓等链球菌感染1～2周后发病，故也称链球菌感染后肾小球肾炎。发病机制是链球菌或其他病原体的抗原成分使机体产生相应的抗体，抗原、抗体在血液循环中形成免疫复合物，沉积于肾小球内引起肾小球肾炎。因此，临床上通过预防链球菌感染可有效减少本病的发生。

考点：急性弥漫增生性肾小球肾炎的病变特点

2. 病理变化

（1）肉眼观　双侧肾脏体积增大，包膜紧张，表面光滑，充血变红，有时在肾的表面和切面可见散在出血点，故有大红肾（图8-6）和蚤咬肾之称（图8-7）；切面见肾皮质增厚，皮髓质分界清楚。

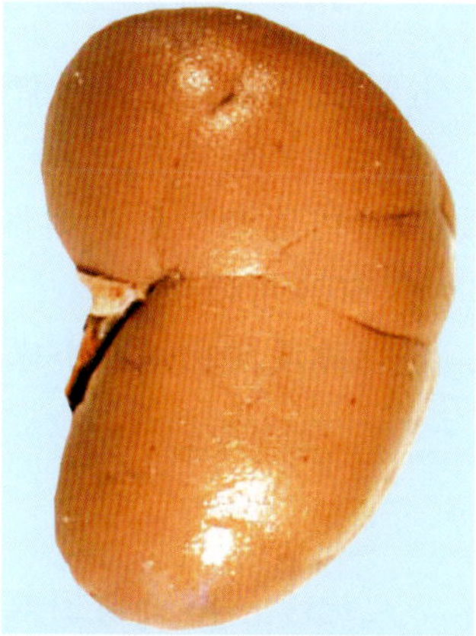

图8-6　大红肾（肉眼观）
肾脏肿大，表面充血变红

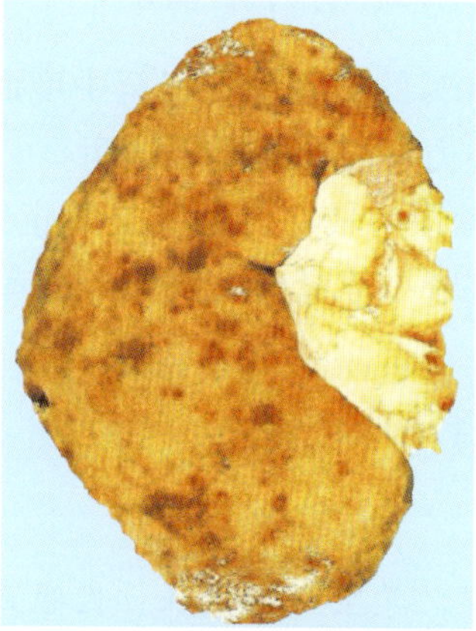

图8-7　蚤咬肾（肉眼观）
肾脏表面散布较多大小不等的出血点

（2）镜下观　①肾小球弥漫受累：双侧肾脏绝大多数肾小球系膜细胞、内皮细胞明显肿胀、增生，肾小球内细胞数量显著增多，可见多少不等的中性粒细胞和单核细胞浸润（图8-8）。增生的细胞使毛细血管管腔受压变窄，甚至闭塞。②肾小管的继发病变：较轻。由于肾小球缺血，所属肾小管上皮细胞肿胀，管腔内常有透明管型、红细胞管型等。③肾间质的改变：血管扩张、充血、伴水肿及炎症细胞浸润。

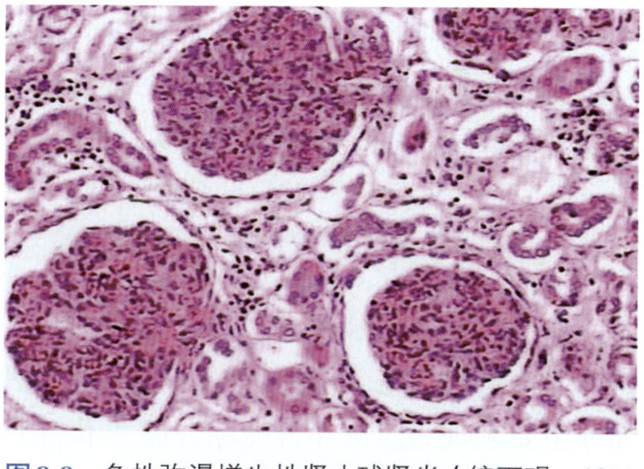

图8-8　急性弥漫增生性肾小球肾炎（镜下观，10×10，HE染色）
肾小球增大，内皮细胞增生

（3）电镜观　基底膜外侧或上皮细胞下有呈驼峰状的电子致密物沉积（图8-9）。

（4）免疫荧光　IgG和补体C3呈颗粒状荧光沉积在肾小球毛细血管壁（图8-10）。

3. 临床病理联系　本型肾炎起病急，临床主要表现为急性肾炎综合征。

（1）尿的变化　①少尿或无尿：由于肾小球内皮细胞肿胀、增生，压迫毛细血管使其管腔狭窄，血流受阻，使肾小球滤过率明显降低，但肾小管病变轻，重吸收无明显障碍。②血尿、蛋白尿：为肾小球毛细血管受损，通透性增高所致。③管型尿：由滤出至肾小管内的蛋白质、红细胞和白细胞凝集而成，可表现为透明管型、红细胞管型、白细胞管型和颗粒管型，随尿液排出形成管型尿。

（2）水肿　患者一般轻至中度水肿，首先从疏松组织如眼睑部开始，再蔓延到面部甚至波及全身。主要是由少尿引起水钠潴留及超敏反应引起毛细血管通透性增加所致。

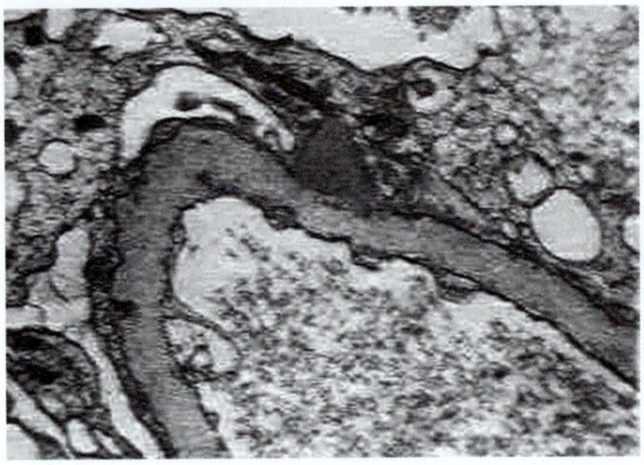

图8-9 急性弥漫增生性肾小球肾炎（电镜观）
基底膜外侧驼峰状电子致密物沉积

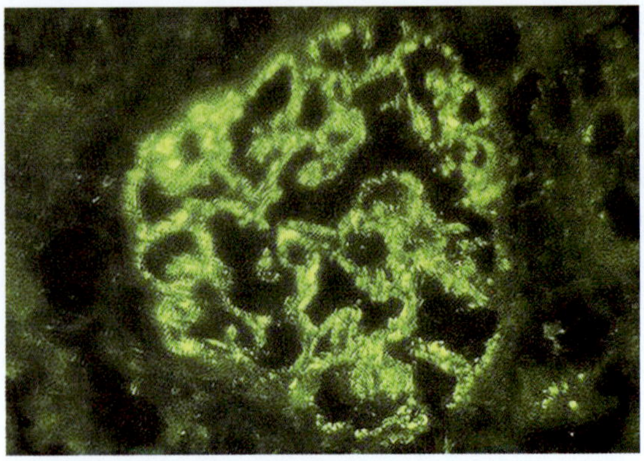

图8-10 急性弥漫增生性肾小球肾炎（免疫荧光）
肾小球毛细血管壁上颗粒状荧光

（3）高血压　约70%的患者出现轻至中度血压升高，主要原因可能与水钠潴留引起的血容量增加有关，严重者可导致心力衰竭及高血压脑病。

4. 结局　多数患者预后较好，尤其是儿童患者。少数患者可逐渐发展为慢性硬化性肾小球肾炎，极少数演变为新月体性肾小球肾炎。但成人患者预后较差，仅60%可以治愈。

考点：急性弥漫增生性肾小球肾炎的临床病理联系

（二）新月体性肾小球肾炎

案例 8-2

患者，女，15岁，学生。因呕吐、肉眼血尿、少尿7天就诊。40天前因双脚“脚癣”并发感染，当地用庆大霉素治疗（用量不详）。体格检查：血压160/95mmHg，眼睑及双下肢水肿。实验室检查：尿常规红细胞（++++），尿蛋白（++），24小时尿量100ml；尿素氮16.2mmol/L（正常值＜9mmol/L），肌酐934.8μmol/L（正常值＜178μmol/L）。B超检查：双肾对称增大。肾穿刺组织见8个肾小球，均有新月体形成，为细胞-纤维性新月体，大部分新月体与血管球粘连，肾小囊明显变窄，个别毛细血管壁可见坏死。

问题：1. 请问患者为何种疾病?
2. 描述肾脏的病理变化。
3. 根据病理变化解释患者出现的一系列临床表现。

新月体性肾小球肾炎（crescentic glomerulonephritis）是指以肾小囊壁层上皮细胞增生形成新月体为特征的肾小球肾炎。发病急，进展快，又称为急进性肾小球肾炎（rapidly progressive glomerulonephritis）。临床主要表现为急进性肾炎综合征。本病少见，好发于青壮年。

1. 病理变化

（1）肉眼观　双肾弥漫性肿大，颜色苍白（图8-11）；切面皮质增厚，纹理模糊，皮髓质分界尚清，皮质可见散在点状出血。

（2）镜下观　肾小球毛细血管壁断裂、出血和大量纤维蛋白进入肾小囊腔内，刺激肾小囊壁层上皮细胞增生形成新月体（图8-12）。早期新月体的成分主要是增生的肾小囊壁层上皮细胞，其间混有单核细胞、中性粒细胞和纤维蛋白，称为细胞性新月体。而后增生的细胞转化为成纤维细胞，并产生胶原纤维，形成细胞和纤维共存的细胞-纤维性新月体。后期，细胞成分完全被纤维组织取代，形成纤维性或硬化性新月体。肾间质纤维化，肾小管萎缩。

（3）电镜观　基底膜缺损和断裂，可有电子致密物沉积（图8-13）。

（4）免疫荧光　与病因有关，可表现为颗粒状、不连续的线性荧光（图8-14）或阴性。

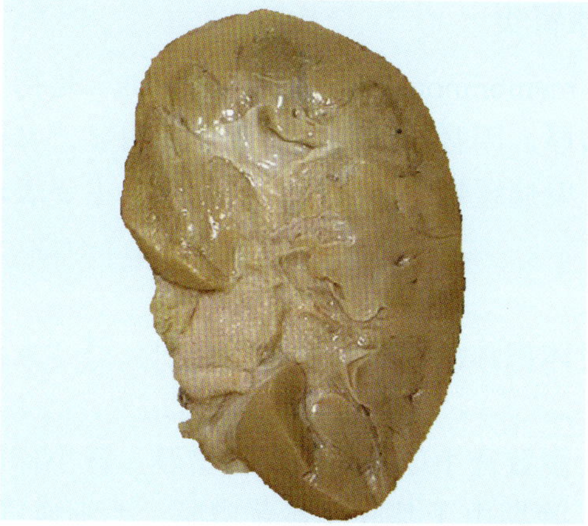

图8-11　新月体性肾小球肾炎（肉眼观）
肾脏弥漫性肿大，呈苍白色

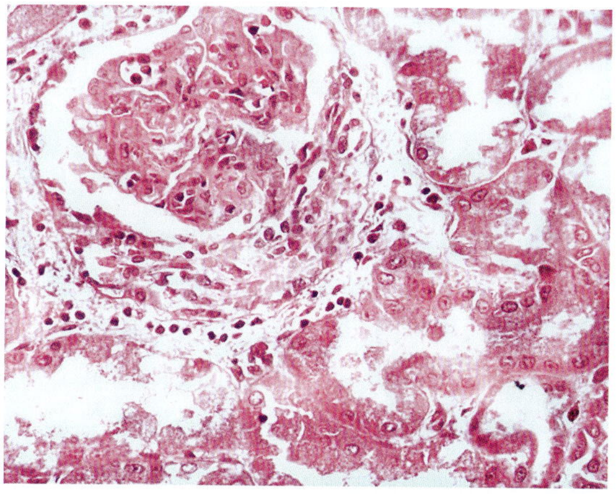

图8-12　新月体性肾小球肾炎（镜下观，40×10，HE染色）
右侧大部分肾小囊壁增厚，呈新月体状

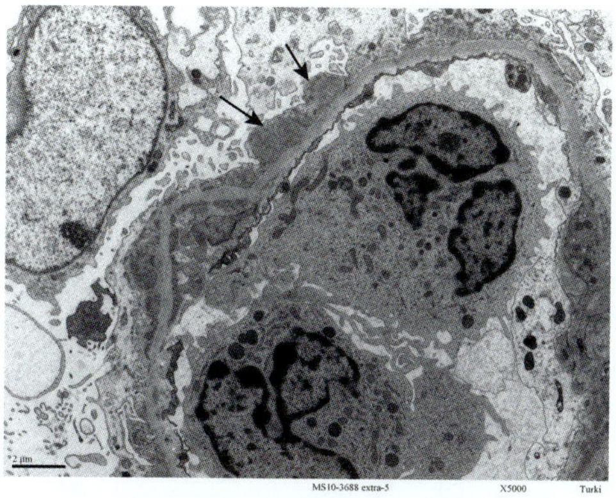

图8-13　新月体性肾小球肾炎（电镜观）
基底膜缺损和断裂，有电子致密物沉积

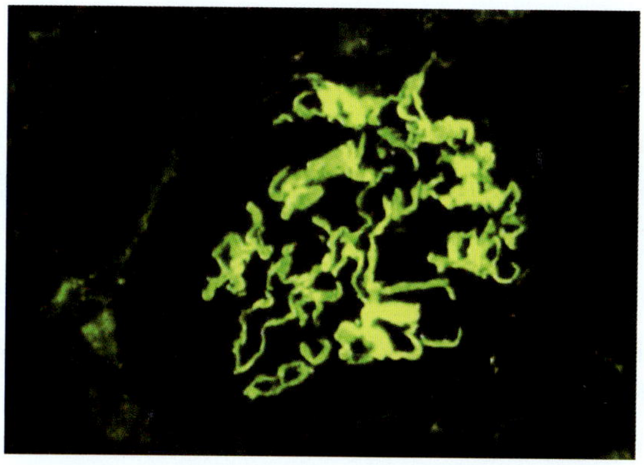

图8-14　新月体性肾小球肾炎（免疫荧光）
基底膜断裂，呈不连续的线性荧光

考点：新月体性肾小球肾炎的病理变化

2. 临床病理联系　临床表现为急进性肾炎综合征。

（1）血尿、蛋白尿　肾小球毛细血管纤维蛋白样坏死，基底膜断裂，通透性明显增加导致红细胞大量漏出，可出现明显血尿。因蛋白滤过增多，重吸收减少，也可有蛋白尿。

（2）少尿、无尿、氮质血症　大量的新月体形成阻塞肾小囊，血浆不能滤过，严重影响肾小球功能，可迅速出现少尿甚至无尿。血中含氮代谢产物不能滤过排出，在体内潴留出现氮质血症。短期内还可发展为急性肾衰竭、尿毒症。

（3）水肿　由于少尿、无尿导致水钠潴留，患者可有轻度水肿。

（4）高血压　由于大量肾小球发生纤维化、玻璃样变性，导致肾缺血，使肾素、血管紧张素增多，血压升高。

3. 结局　若形成新月体的肾小球不超过全部肾小球的50%，患者预后较好。反之，预后较差，可发生急性肾功能不全，需做透析或肾移植治疗。

考点：新月体性肾小球肾炎的临床病理联系

链 接　肾移植

肾移植又称换肾，是将某一个体的肾脏移植到丧失肾功能患者体内的过程，是目前治疗终末期肾病最主要和最有效的治疗方法。成功的肾移植可显著改善持续透析患者的生存质量，维持治疗的费用更低，存活率也更高。

（三）膜性肾小球肾炎

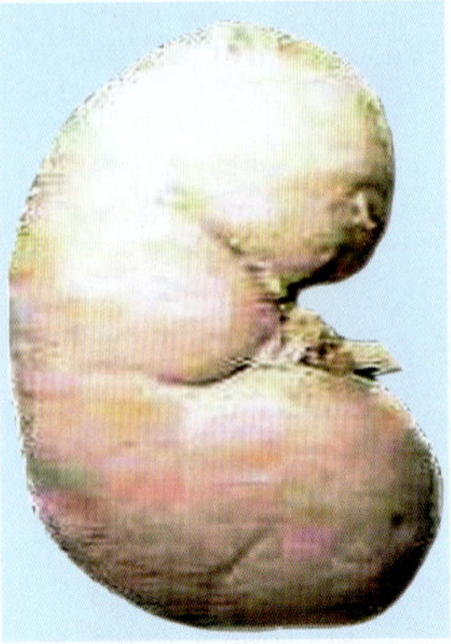

图 8-15 膜性肾小球肾炎（肉眼观）
肾弥漫性肿大，颜色苍白

膜性肾小球肾炎（membranous glomerulonephritis）是指肾小球毛细血管基底膜弥漫性增厚，因肾小球内炎症变化不明显，又称膜性肾病。青、中年人多见。发病缓慢，病程较长，临床上主要表现为肾病综合征。

1. 病理变化

（1）肉眼观　双肾体积弥漫性增大，颜色苍白，呈“大白肾”外观（图 8-15）。

（2）镜下观　绝大多数肾小球基底膜明显增厚。肾小球内细胞无增生，也无渗出现象。晚期由于基底膜显著增厚，毛细血管腔变窄，大部分肾小球缺血发生纤维化和玻璃样变性（图 8-16）。

（3）电镜观　毛细血管基底膜外侧的上皮下有小丘状沉积物，大小相似，分布均匀，基底膜增生形成钉状突起插入沉积物之间。银染显示，基底膜上有钉状突起与基底膜垂直相连，形如“梳齿”。

（4）免疫荧光　沉积物呈颗粒状（IgG+C3）。

考点：膜性肾小球肾炎的病理变化

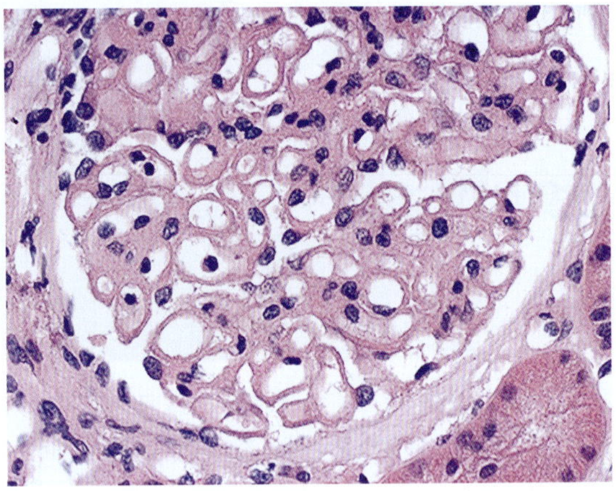

图 8-16 膜性肾小球肾炎（镜下观，40×10，HE 染色）
基底膜显著增厚，部分毛细血管腔狭窄、闭塞

2. 临床病理联系　膜性肾小球肾炎是引起成人肾病综合征最常见的原因，典型的临床表现为“三高一低”，即大量蛋白尿、高度水肿、高脂血症和低蛋白血症。

（1）大量蛋白尿　基底膜严重损伤，通透性明显增高，大量血浆蛋白（包括大分子蛋白）由肾小球滤过所致，可引起严重的非选择性蛋白尿。

（2）低蛋白血症　大量蛋白质从尿液丢失，导致血浆蛋白明显降低。

（3）高度水肿　血浆蛋白的显著降低，使血浆胶体渗透压下降；加之肾缺血，肾素-血管紧张素-醛固酮系统活性增强，水钠潴留，出现全身性高度水肿。

（4）高脂血症　机制未完全明了，可能与低蛋白血症刺激肝合成脂蛋白增多有关。

3. 结局　病变轻者，经治疗可逐渐缓解。但多数反复发作，对肾上腺皮质激素治疗不敏感，发病后十年左右进展至慢性肾功能不全。

考点：膜性肾小球肾炎的临床病理联系

（四）轻微病变性肾小球肾炎

案例 8-3

患儿，男，6 岁。3 天前全身明显水肿入院。体格检查：精神欠佳，面色苍白，全身水肿（凹陷性）。体温 37.3℃，脉搏 102 次 / 分，呼吸 28 次 / 分，血压 115/80mmHg。实验室检查：尿量 920ml/24h，尿比重 1.020，尿蛋白（+++），血白蛋白 22g/L，胆固醇 4.62mol/L，三酰甘油 2.5mmol/L。入院后经肾上腺皮质激素等治疗，症状全部消失，各项检查恢复正常，住院 25 天痊愈出院。

问题：1. 请根据病史做出诊断。

2. 有哪些诊断依据？

轻微病变性肾小球肾炎（minimal change glomerulonephritis）是指光镜下肾小球无明显改变或病变轻微的肾小球肾炎，因肾小管上皮细胞脂肪变性，又称脂性肾病，是引起儿童肾病综合征的最常见原因。本病发病可能与T细胞免疫功能异常有关。

1. 病理变化

（1）肉眼观 肾脏增大，颜色苍白；切面皮质增厚，呈黄白色条纹状（因肾小管上皮细胞脂肪变性）。

（2）镜下观 肾小球基本正常，近端肾小管上皮细胞内有脂质空泡及大量玻璃样小体。

（3）电镜观 肾小球基底膜和系膜无显著变化，足突融合消失或变扁平。治疗后，足突可恢复（图8-17）。

（4）免疫荧光 肾小球内无免疫球蛋白和补体沉积。

考点： 轻微病变性肾小球肾炎的病理变化

2. 临床病理联系 临床表现为肾病综合征。尿内蛋白成分主要是小分子的白蛋白，为选择性蛋白尿。

3. 结局 本病多见于儿童，预后好，90%以上患者经激素治疗可痊愈，少数病例可发生肾功能不全。

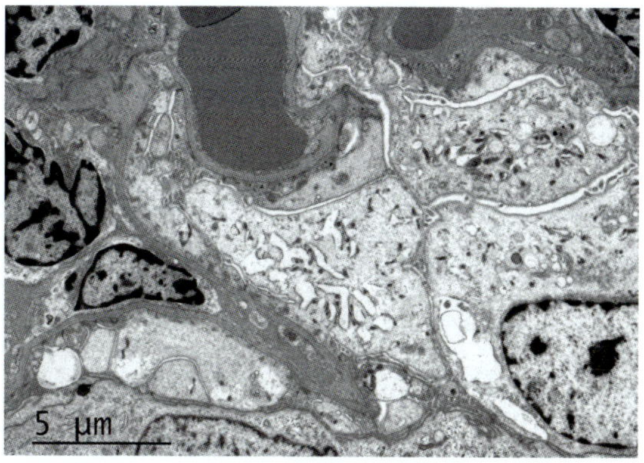

图8-17 轻微病变性肾小球肾炎（电镜观）
足突变扁平，融合消失

（五）慢性硬化性肾小球肾炎

案例8-4

患者，男，32岁。4年前因感冒出现眼睑、面部和下肢水肿，少尿，尿中有蛋白、红细胞、白细胞及颗粒管型，治疗后基本恢复正常。约1年前，又出现少尿和颜面、下肢水肿，并伴恶心、呕吐和血压升高。近20天来，全身水肿加重，伴气急入院。患者住院后采用抗感染、降血压、利尿、低盐和低蛋白饮食等治疗，病情未见好转，并出现左侧胸痛，可听见心包摩擦音，频繁呕吐，呼出气有尿味，精神极差，最终出现昏迷、抽搐、呼吸心搏骤停，抢救无效死亡。

问题： 1. 请作出诊断。
2. 描述患者的肾脏病理变化。
3. 根据病理变化解释患者出现的一系列临床表现。

慢性硬化性肾小球肾炎（chronic sclerosing glomerulonephritis）是各种类型肾小球肾炎的终末阶段，临床上常称为慢性肾炎（chronic nephritis）。病变呈进行性发展，大多数肾小球纤维化和玻璃样变性。多见于成人，预后差，最终发展为慢性肾衰竭。

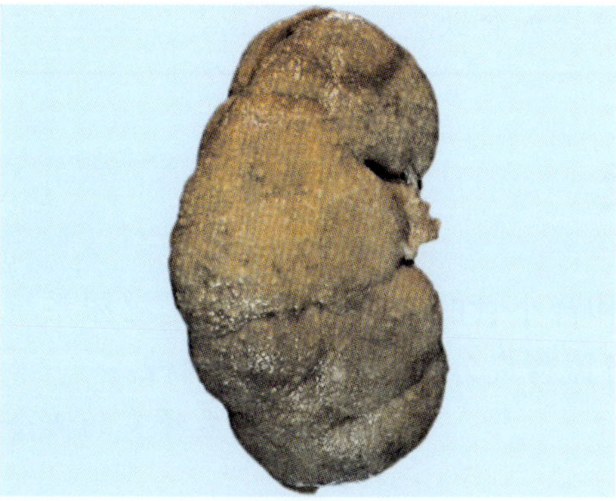

图8-18 慢性硬化性肾小球肾炎（肉眼观）
肾体积缩小，质地变硬，表面呈细颗粒状

1. 病理变化

（1）肉眼观 双肾对称性缩小，重量减轻，质地变硬，表面呈均匀的细颗粒状，称为继发性颗粒性固缩肾（图8-18）；切面皮质变薄，皮髓质分界不清。

（2）镜下观 大量（＞50%）肾小球纤维化、玻璃样变性。硬化肾小球所属肾小管萎缩、消失。残留肾单位常呈代偿性肥大，表现为肾小球体积增大，肾小管扩张。间质纤维组织增生并有大量淋巴细胞、浆细胞浸润。由于肾间质纤维化，纤维化、玻璃样变性和代偿性肥大的肾小球相互靠拢，称为肾小球集中（glomerular concentration）。间质内小动脉硬化，管壁

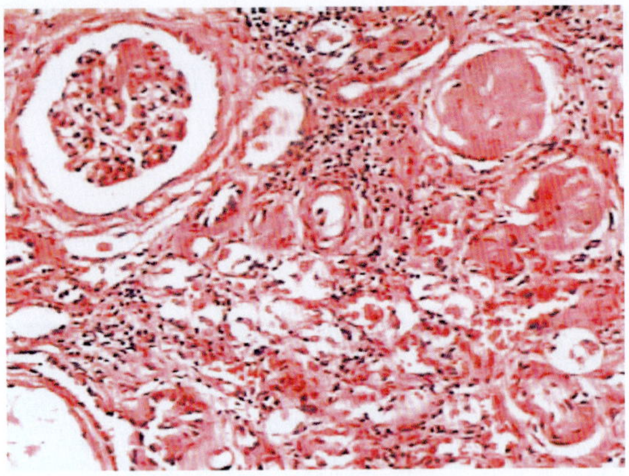

图8-19 慢性硬化性肾小球肾炎（镜下观，20×10，HE染色）

图右上方肾小球玻璃样变，左上方肾小球代偿性肥大，间质纤维组织增生，慢性炎症细胞浸润，肾小球集中

增厚，管腔狭窄（图8-19）。

考点：慢性硬化性肾小球肾炎的病理变化

2. 临床病理联系 慢性硬化性肾小球肾炎由其他类型肾小球肾炎发展而来，较早阶段仍有其他肾炎的表现，后期均表现为慢性肾炎综合征。

（1）尿的变化 多尿、夜尿、低比重尿，是由于大量肾单位结构破坏，功能丧失。残存起代偿作用的肾小球血流快，滤过率增高，肾小管内尿液流速快，重吸收不足。尿液溶质少，比重下降，常固定在1.010左右。因代偿的肾单位结构、功能相对正常，故蛋白尿、血尿和管型尿都不如早期明显。

（2）高血压 大多数肾小球纤维化、玻璃样变性，导致肾缺血，肾素、血管紧张素增多，患者出现高血压。高血压又促使细、小动脉硬化，使肾缺血加重，血压持续增高。

（3）贫血 由于肾脏结构大量破坏，促红细胞生成素减少，加之代谢产物潴留，抑制骨髓造血和红细胞破坏增多，患者常有贫血。

（4）氮质血症、电解质代谢及酸碱平衡紊乱 随病变进展，残存肾单位进行性减少，代谢废物大量潴留，血中非蛋白氮含量增高，称为氮质血症；患者还可出现酸中毒和钠、钾、钙、磷等电解质紊乱的表现。

3. 结局 病程长短不一，早期合理治疗，病情可稳定多年。晚期预后不佳，常因慢性肾功能不全导致的尿毒症、高血压引起的脑出血和心力衰竭，以及机体抵抗力降低继发感染而死亡。有效的治疗手段是血液透析和肾移植。

考点：慢性硬化性肾小球肾炎的临床病理联系

链 接 慢性肾炎患者的饮食护理

慢性肾炎患者的饮食护理十分重要，特别要注意蛋白质和水、盐的摄入。低蛋白饮食可减缓肾功能损害的发展，摄入的蛋白质60%以上应为优质蛋白如鸡蛋、瘦肉、鲜牛奶等。摄入蛋白质的同时，必须有充足的热量摄入，每天126～147kJ/kg。蛋白质摄入量为：严重水肿伴低蛋白血症患者每天1g/kg，中、轻度水肿患者每天0.5～0.6g/kg。轻度水肿，尿量＞1000ml/d，不用过分限水，钠盐限制在3g/d以内，包括含钠食物及饮料，如香肠、咸肉、罐头食品等。严重水肿伴少尿，摄水量限制在1000ml/d内，进无盐饮食，用糖、醋、葱等调味以增加食欲。

第2节 肾盂肾炎

肾盂肾炎（pyelonephritis）是指由细菌引起的肾盂、肾间质和肾小管的化脓性炎症，是泌尿系统的常见病。可发生于任何年龄，女性多见，是男性的9～10倍。肾盂肾炎分为急性和慢性两种。

考点：肾盂肾炎的概念

一、病因及发病机制

肾盂肾炎由细菌直接感染所致，主要是革兰氏阴性菌，以大肠埃希菌最多见，占85%，其他有变形杆菌、产气杆菌、葡萄球菌等。感染途径有以下两种。

1. 上行性感染　肾盂肾炎的感染多是上行性感染引起的。首先引起尿道炎或膀胱炎，细菌再沿输尿管或输尿管周围的淋巴管上行到肾盂。病变开始于肾盂、肾盏，可累及一侧或两侧肾。

正常情况下，排尿对泌尿系统有冲洗自净作用，膀胱黏膜白细胞及产生的抗体具有抗菌作用，细菌不易在泌尿系统繁殖而呈无菌状态。因此，上行性感染常有诱因存在。

（1）尿道阻塞　泌尿系统结石、前列腺增生、妊娠子宫压迫等引起的尿道阻塞时，可致尿流不畅、尿液潴留，有利于细菌感染、繁殖。

（2）医源性因素　导尿、膀胱镜检查及其他尿道手术引起的尿路黏膜损伤为细菌感染提供了条件。

（3）尿液反流　由于先天发育异常，输尿管进入膀胱的角度接近垂直，输尿管在膀胱壁内走行的距离较短，当膀胱壁收缩时受到的挤压作用减弱，尿液易反流至膀胱内。

女性尿道较男性尿道短，易发生上行性感染。男性前列腺液含有抗菌物质，对侵入尿道的细菌有杀灭作用，故男性发病率较低。

2. 血源性感染　细菌从身体某处感染灶侵入血流，随血流到达肾脏，引起肾盂肾炎，如细菌性心内膜炎等，病原菌多为葡萄球菌。病变一般开始于肾脏皮质部分，两侧肾脏常同时受累。

考点：肾盂肾炎的病因及感染途径

二、类　型

依据肾盂肾炎的临床表现和病理变化不同，可将其分为急性和慢性两型。急性肾盂肾炎常由单一细菌引起，而慢性肾盂肾炎常为多种细菌混合感染所致。

（一）急性肾盂肾炎

案例 8-5

患者，女，36 岁，清洁工人。发热，肾区疼痛，尿频、尿急伴恶心、呕吐、食欲不振 3 天入院。体格检查：急性病容，体温 38.5℃，脉搏 114 次 / 分，呼吸 25 次 / 分，血压正常。尿液常规：蛋白（++），查见白细胞及管型。尿培养：大肠埃希菌生长。B 超检查：双肾肿大，右肾更明显。

问题：1. 请作出诊断，描述患者肾脏的镜下病理变化。

2. 根据病理变化解释患者临床表现。

急性肾盂肾炎（acute pyelonephritis）是肾盂、肾间质和肾小管的急性化脓性炎症。

考点：急性肾盂肾炎的病变特点

1. 病理变化

（1）肉眼观　单侧肾或双侧肾体积增大、充血、质软。表面散在大小不等的黄白色脓肿，脓肿周围是紫红色充血带（图 8-20）。肾盂黏膜充血、水肿，表面有脓性渗出物覆盖，有时可见小出血点。

（2）镜下观　肾盂黏膜充血、水肿，大量中性粒细胞浸润和向表面渗出。肾间质形成脓肿或条索状化脓病灶。肾小管上皮细胞的坏死、崩解，管腔内见大量脓细胞（图 8-21）。血源性感染首先引起皮质内形成多发性小脓肿，进而破入肾小管，蔓延至肾盂。早期肾小球常无病变，严重时大量肾组织破坏可累及肾小球。

2. 临床病理联系　急性肾盂肾炎一般无明显的肾单位病变，故肾功能损害的表现少见。

（1）感染中毒症　患者发病急骤，有发热、寒战、外周血中性粒细胞增多等症状。

（2）肾区疼痛　肾肿大，包膜紧张，肾周围神经受刺激所致。

（3）尿液变化　①脓尿：化脓性病灶破入肾小管及肾盂表面化脓，因而尿中可查出脓细胞。②菌尿：尿液培养可找到致病菌。③蛋白尿：由于细胞、脓液进入肾小管，患者可出现不同程度的蛋白尿。④管型尿：细胞、蛋白质等成分在肾小管内凝固而成。⑤血尿：化脓性炎引起毛细血管通透性增高，导致红细胞漏出随尿液排出，形成血尿。

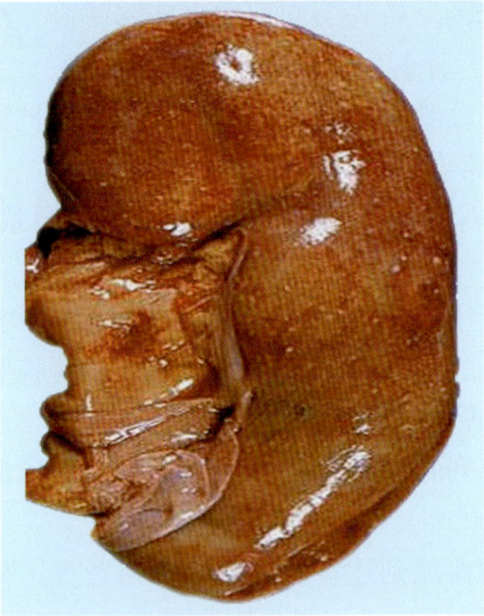

图8-20 急性肾盂肾炎（肉眼观）
肾肿大，表面散布较多灰白、灰黄色的小脓肿

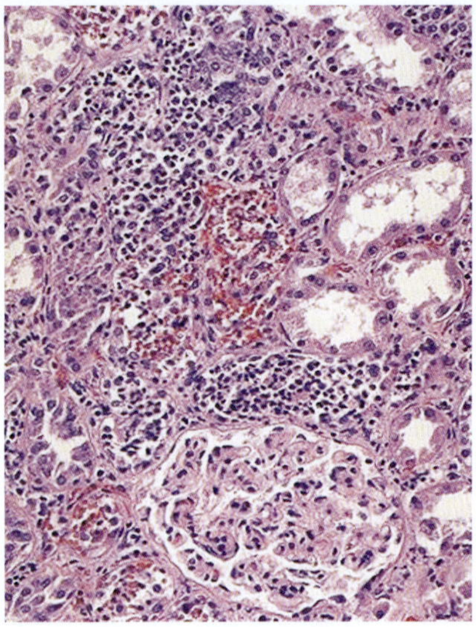

图8-21 急性肾盂肾炎（镜下观，10×10，HE染色）
肾间质组织坏死，大量中性粒细胞浸润，脓肿形成

（4）尿路刺激征　也称膀胱刺激征，由于尿路的急性炎症对膀胱和尿道黏膜的刺激，患者出现尿频、尿急、尿痛等症状。

考点：急性肾盂肾炎的临床病理联系

3. 结局及并发症　急性肾盂肾炎如及时彻底治疗，细菌被消灭，大多可短期内症状消失而痊愈。治疗不彻底或尿路阻塞未消除，反复发作则转为慢性肾盂肾炎。

部分患者可出现并发症：①急性坏死性肾乳头炎：见于糖尿病患者或尿路阻塞患者，肾乳头因缺血和化脓发生坏死。②肾盂积脓：当出现尿路高位阻塞时，脓性渗出物不能排出而积聚于肾盂肾盏中。③肾周脓肿：化脓性炎侵破肾包膜，扩展至肾周组织，形成肾周脓肿。

（二）慢性肾盂肾炎

慢性肾盂肾炎（chronic pyelonephritis）多为急性肾盂肾炎反复发作逐渐迁延而来，但也有的患者临床上急性肾盂肾炎的表现不明显，隐性进展至慢性阶段，甚至有的难以明确细菌感染及尿路阻塞。慢性肾盂肾炎发病可能是细菌感染后，由迟发性出现抗肾小管成分的细胞性自身免疫异常引起。

考点：慢性肾盂肾炎的病变特点

1. 病理变化

（1）肉眼观　单肾或双肾体积缩小、变硬，表面高低不平，有不规则凹陷性瘢痕，又称瘢痕肾（图8-22）。如双肾受累，则不对称性缩小。切面可见肾包膜增厚，皮、髓质界线不清，肾乳头萎缩，肾盂、肾盏变形，肾盂黏膜增厚、粗糙。

（2）镜下观　病变呈不规则灶性或片状分布，以肾间质和肾小管受累最为严重。肾间质纤维化，大量淋巴细胞和单核细胞浸润，淋巴滤泡形成。部分肾小管萎缩、坏死、消失。部分肾单位代偿性肥大，肾小管扩张，管腔内充满红染的胶样管型，形似甲状腺滤泡，称为甲状腺样变。晚期，肾小球发生萎缩、纤维化、玻璃样变性。动脉内膜高度增厚，管腔狭窄（图8-23）。肾盂、肾盏均有慢性炎症，可见淋巴细胞、浆细胞浸润，有的黏膜上皮破坏，因纤维增生而增厚，上皮甚至鳞状化生。

2. 临床病理联系　临床表现的特征之一是肾小管功能障碍与肾小球功能障碍的不一致性。因肾小管病变早而严重，其浓缩功能降低，多尿、夜尿症状出现早而明显，蛋白尿较轻。患者常有低钾血症、低钠血症和代谢性酸中毒的表现。急性发作时，患者表现为腰痛、发热、脓尿、菌尿等。晚期由于肾单位损害，亦有高血压、氮质血症和贫血等，与慢性硬化性肾小球肾炎的临床表现相似。

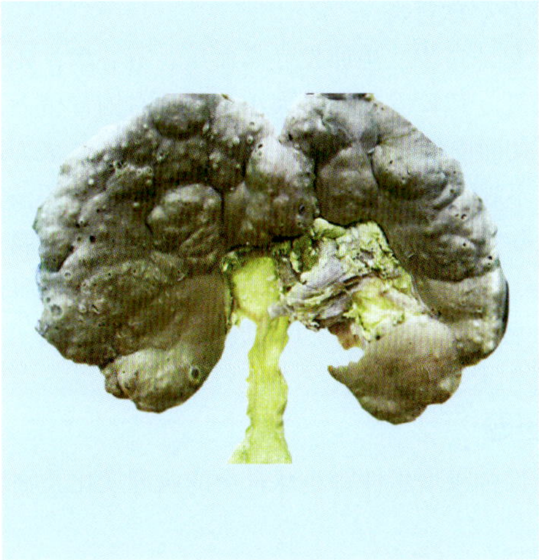

图8-22　慢性肾盂肾炎（肉眼观）

肾体积缩小、变硬，表面凹凸不平，有不规则凹陷性瘢痕形成

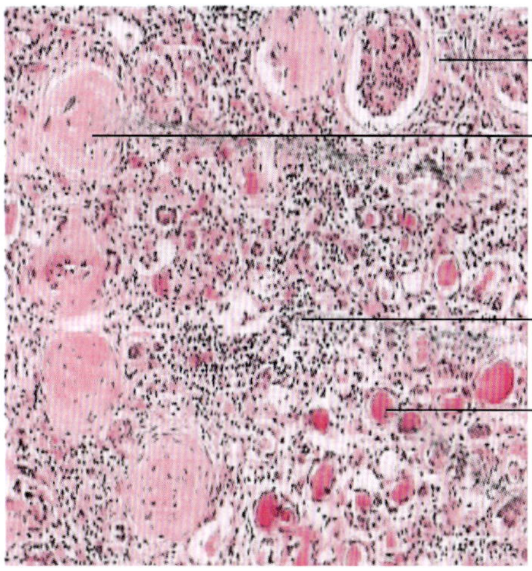

图8-23　慢性肾盂肾炎（镜下观，10×10，HE染色）

3. 结局　病程较长，常反复急性发作。若能及时有效治疗可控制病变发展；若病变广泛并累及双肾者，患者多死于慢性肾衰竭、尿毒症，也可因严重高血压死于心力衰竭。

考点：慢性肾盂肾炎的临床病理联系

医者仁心

泌尿大医——臧美孚

有这样一位“大医”，他从事泌尿外科工作近60年，耄耋之年仍在临床一线坐诊，他就是原北京协和医院泌尿外科主任，令无数患者转危为安的知名教授——臧美孚。自1960年以优异成绩毕业分配到北京协和医院后，臧美孚即选定泌尿外科为专业研究方向，他曾成功完成万例前列腺增生等离子微创手术，创立了难治性前列腺炎、性功能障碍等泌尿疾病速效体外3D导融技术。臧美孚是国内泌尿外科领域的泰斗级人物。臧美孚认为，为患者解除病痛是责任，救死扶伤是医生的天职，自己只不过用了一辈子去坚持履行这份责任而已。

自　测　题

一、名词解释

肾病综合征　急性肾炎综合征　继发性颗粒性固缩肾　新月体

二、填空题

1. 免疫复合物引起肾小球肾炎的发病机制包括________和________两个方面。
2. 大红肾见于________，大白肾见于________，原发性颗粒性固缩肾见于________，继发性颗粒性固缩肾见于________，瘢痕肾见于________。
3. 慢性肾小球肾炎的镜下主要改变为部分肾小球________、________，部分肾小球________。

三、单项选择题

1. 急性肾小球肾炎的病变属于
   A. 渗出性炎　　B. 增生性炎
   C. 出血性炎　　D. 变质性炎
   E. 化脓性炎
2. 急性弥漫增生性肾小球肾炎增生的主要细胞是
   A. 血管周细胞
   B. 肾小囊壁层上皮细胞
   C. 肾小囊脏层上皮细胞
   D. 毛细血管内皮细胞
   E. 系膜细胞和毛细血管内皮细胞
3. 急性弥漫增生性肾小球肾炎最主要的改变是
   A. 肾小球壁层细胞增生
   B. 肾小球毛细血管内皮细胞和系膜细胞增生
   C. 肾小球纤维化和玻璃样变性
   D. 肾小管上皮细胞变性
   E. 肾小管内出现管型
4. 下列关于急进性肾小球肾炎的描述哪项最为正确

A. 肾小球急性炎症　B. 新月体形成
C. 肾小球增大　D. 肾小管坏死
E. 甲状腺滤泡样结构

5. 新月体性肾小球肾炎最明显的病变是
A. 肾小囊壁层上皮细胞明显增生
B. 肾小球毛细血管内皮细胞明显增生
C. 肾小球毛细血管间质细胞明显增生
D. 淋巴细胞明显增生
E. 脓肿形成

6. 患儿，女，4岁。临床表现为肾病综合征，肾穿刺活检光镜下肾小球无明显变化，肾小管上皮细胞内有大量脂质沉积。此肾炎属于
A. 急性弥漫增生性肾小球肾炎
B. 系膜增生性肾小球肾炎
C. 急进性肾小球肾炎
D. 轻微病变性肾小球肾炎
E. 膜性肾小球肾炎

7. 患者，女，56岁。患原发性高血压、冠心病，死于急性心肌梗死。尸检发现两肾大小不等，右侧肾稍大，表面光滑，切面皮髓质分界清楚。左肾明显缩小，表面高低不平，有不规则的凹陷性瘢痕，切面皮髓质分界不清，有的肾乳头萎缩，肾盂变形，黏膜粗糙。此肾的病变属于
A. 高血压固缩肾　B. 动脉粥样硬化性固缩肾
C. 慢性肾盂肾炎　D. 动脉栓塞后肾硬化
E. 左肾先天发育不全

四、简答题

1. 简述急性弥漫增生性肾小球肾炎的病理变化及临床病理联系。
2. 简述慢性硬化性肾小球肾炎的病理变化及临床病理联系。
3. 简述肾盂肾炎常见的感染途径及诱因。试分析为什么肾盂肾炎好发于成年女性。

（吴　蒙）

第9章 女性生殖系统及乳腺疾病

学习目标

1. 素质目标　树立人文关怀意识，初步形成“以人为本，服务至上”的正确理念。

2. 知识目标

（1）掌握　子宫颈癌和乳腺癌的病因、病理类型和特点。

（2）熟悉　子宫颈疾病、子宫体疾病和卵巢上皮性肿瘤等疾病的临床病理特点。

（3）了解　葡萄胎、侵袭性葡萄胎和绒毛膜上皮癌的病理变化及鉴别要点，乳腺增生症的病理形态特点。

3. 能力目标　熟悉女性生殖系统及乳腺疾病的病变特征，具有针对该类患者开展临床护理工作的能力。

第1节　子宫颈疾病

一、慢性子宫颈炎

案例 9-1

患者，女，42岁，农民。腰骶部疼痛、下腹坠胀、白带增多1月余。妇检见子宫颈肥大、分泌物增多，子宫颈口有一带蒂的小肿物。

问题： 1. 患者为何种疾病？

2. 慢性子宫颈炎有哪些类型？

慢性子宫颈炎是发生于子宫颈黏膜的慢性非特异性炎症性疾病，为育龄期妇女最常见的妇科疾病。多由急性子宫颈炎未及时治愈反复发作转变而来，也可无急性子宫颈炎病史而直接发生慢性子宫颈炎，主要累及子宫颈外口及子宫颈阴道部。临床主要症状为白带增多，偶尔出现血性白带，性交后出血，伴下腹坠胀、腰骶部疼痛等症状。

考点：慢性子宫颈炎的概念

（一）病因及发病机制

常见致病菌有葡萄球菌、链球菌、大肠埃希菌、厌氧菌等，沙眼衣原体、淋球菌、单纯疱疹病毒等感染也可引起。分娩、流产或手术等机械因素是慢性子宫颈炎的常见诱因。此外，雌激素水平过高，刺激子宫颈分泌过多的黏液性分泌物，或月经过多，改变了阴道内酸性环境，损伤子宫颈黏膜上皮等也成为感染的条件。

（二）类型及病理变化

考点：慢性子宫颈炎的类型及病变特点

常见的病理变化为子宫颈黏膜充血、水肿，间质内有淋巴细胞和浆细胞浸润。根据病变特点，将慢性子宫颈炎分为以下几种类型。

1. 子宫颈管黏膜炎 或称子宫颈管炎。肉眼观，子宫颈阴道部外观光滑，仅见子宫颈外口有脓性分泌物堵塞；若子宫颈管黏膜增生向外口突出，可使子宫颈口充血发红。镜下观，病变局限于子宫颈管黏膜及黏膜下组织，组织充血、水肿，慢性炎症细胞浸润，结缔组织增生。

2. 子宫颈息肉（cervical polyp） 由于慢性炎症刺激，子宫颈黏膜、腺体和间质纤维结缔组织呈局限性增生，形成向表面突起、根部带有细蒂的肿物。肉眼观，息肉可单发或多发，红色，大小多在1cm之内。镜下观，息肉由增生的腺体、结缔组织构成，伴有充血、水肿和慢性炎症细胞浸润，表面被覆单层柱状上皮或鳞状上皮。

考点：子宫颈息肉的概念

3. 子宫颈肥大 由于炎症长期刺激，子宫颈结缔组织和腺体明显增生致子宫颈增大。若结缔组织增生明显，则子宫颈变硬，但表面光滑。

4. 子宫颈腺囊肿 在慢性子宫颈炎的病程中，部分子宫颈腺腔口被黏膜或化生的鳞状上皮覆盖阻塞，或腺管被周围增生的结缔组织或形成的瘢痕压迫，使腺体分泌物引流受阻，黏液潴留形成囊肿，又称纳氏囊肿或纳博特囊肿（Nabothian cyst）。囊肿常为多个突出子宫颈的小囊泡，内含无色黏液。

（三）防治及护理原则

观察白带量、颜色、性状，了解有无腰酸、下腹或腰骶部疼痛等。嘱患者注意个人卫生，保持外阴清洁，禁止盆浴。指导妇女定期做妇科检查，发现子宫颈炎症及时予以治疗，治疗前常规进行子宫颈刮片细胞学检查，以排除癌变可能。

链 接 “子宫颈糜烂”与子宫颈柱状上皮异位

子宫颈柱状上皮异位是一种生理现象。在子宫颈内，有两种不同类型的细胞，靠近阴道的是鳞状上皮细胞，靠近子宫的是柱状上皮细胞，两种上皮在外观上是不同的，两者交界处称为鳞柱交界区。鳞柱交界区容易受雌激素的影响。在青春期之前，卵巢功能没有完善，雌激素低下，柱状上皮就靠内侧些；青春期以后，柱状上皮在雌激素的影响下，更多地朝外侧发展，因此，在妇检时更多的柱状上皮在子宫颈口被发现；绝经以后，女性雌激素水平下降，柱状上皮又开始向内退回。因此，以往所谓的子宫颈糜烂，实际上是柱状上皮外翻，即柱状上皮异位，是过去对子宫颈生理现象的一种错误认识。

二、子宫颈癌

案例 9-2

患者，女，43岁，已婚。子宫颈炎病史多年，反复不愈，近3个月来有接触性出血，妇检见子宫颈黏膜潮红、粗糙，部分呈乳头状突起，质脆易出血，有脓性白带伴特殊臭味。

问题： 1. 本例最可能的疾病是什么？

2. 若要明确诊断需做何种检查？

子宫颈癌（cervical cancer）是发生于子宫颈黏膜或腺体的恶性肿瘤，为女性生殖系统常见的恶性肿瘤之一。发病年龄多见于40～60岁，45岁左右为高峰期。近年来，由于我国广泛开展防癌普查及妇科门诊进行常规细胞学检查，使许多癌前病变和早期癌得到早期治疗，子宫颈癌的预后大为改善，病死率明显降低，已成为可以治愈的恶性肿瘤之一。

（一）病因及发病机制

子宫颈癌的病因及发病机制目前尚不十分清楚，一般认为与早婚、多产、子宫颈裂伤、包皮垢刺激和感染等多种因素有关，尤其与人乳头状瘤病毒（HPV）的感染密切相关。根据HPV感染与子宫颈癌发生危险性的高低关系，HPV分为高危型和低危型。常见的高危型HPV包括16、18、31、33、35、39、45、51、52、56、58、59和68型等。其中16型和18型最常见，约70%的子宫颈癌与它们相关。

（二）类型和病理变化

子宫颈癌的组织学类型主要为鳞状细胞癌，占80%～95%，腺癌占10%～20%，其他类型癌很少见。

1. 鳞状细胞癌　根据发展过程可分为原位癌、早期浸润癌及浸润癌。

（1）原位癌　子宫颈上皮全层细胞发生非典型增生，但癌细胞尚未突破基底膜，称为子宫颈原位癌（图9-1）。若异常增生的细胞在原位癌的基础上延伸到子宫颈内腺体，异型性更明显，但上皮和腺体基底膜完整，称为原位癌累及腺体。

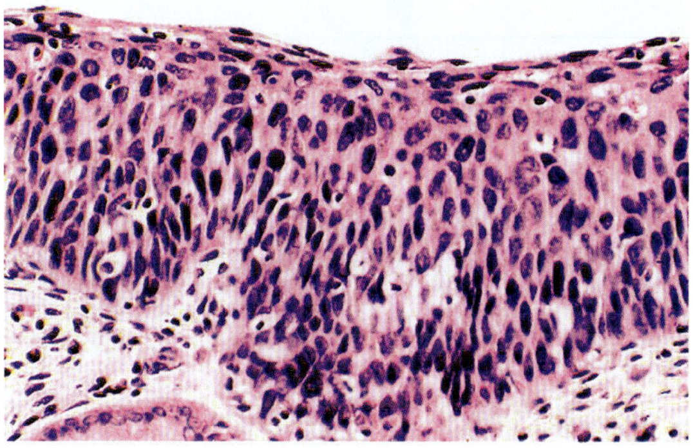

图9-1　子宫颈原位癌（镜下观，40×10，HE染色）
细胞异型性明显，累及全层，但尚未突破基底膜

（2）早期浸润癌　又称微灶浸润型鳞状细胞癌，癌细胞突破基底膜向下浸润，但浸润深度不超过基底膜下5mm，无血管浸润和淋巴转移。原位癌和早期浸润癌都属早期癌，多数无明显症状，预后良好。

（3）浸润癌　癌细胞突破基底膜向下浸润，其浸润深度超过基底膜下5mm，常有临床症状。肉眼观，主要表现为糜烂型、内生浸润型、溃疡型、外生菜花型（图9-2）。镜下观，按分化程度分为三型：①高分化鳞癌：约占20%，癌细胞主要为多角形，有角化珠即癌珠形成。②中分化鳞癌：约占60%，癌细胞主要为大梭形或卵圆形，无明显角化，核分裂象和细胞异型性较明显。③低分化鳞癌：约占20%，癌细胞多呈小梭形，似基底细胞，异型性和核分裂象都很明显。

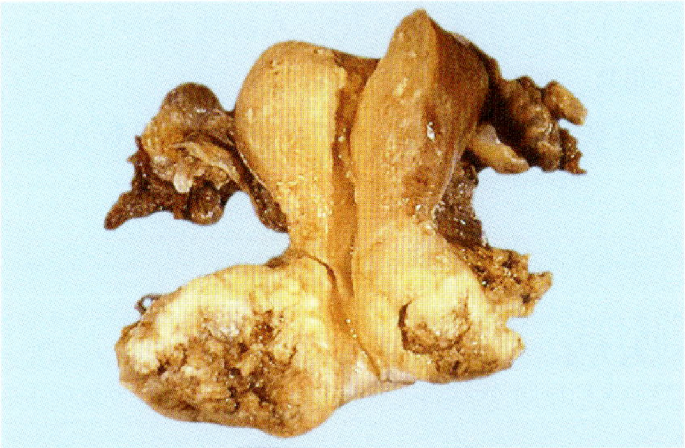

图9-2　子宫颈癌（外生菜花型，肉眼观）
表面呈菜花状突起，局部出血坏死

2. 腺癌　癌细胞起源于子宫颈管黏膜上皮和腺体。肉眼观，形状与鳞癌基本相同。镜下观，大多数为高分化或中分化腺癌。腺癌对化疗、放射治疗敏感性较差，转移早，预后差。

考点：子宫颈癌的类型及病变特点

（三）扩散

子宫颈癌主要扩散途径为直接蔓延和淋巴转移，血行转移较少。

1. 直接蔓延　子宫颈癌向上浸润破坏整个子宫颈段，但很少侵犯子宫体；向下浸润累及阴道穹隆及阴道壁；向两侧侵入输尿管、阔韧带、子宫旁及盆壁组织。肿瘤压迫输尿管引起肾盂积水。晚期可侵犯膀胱和直肠（图9-3）。

2. 淋巴转移　是子宫颈癌最重要和最常见的转移途径。首先通过子宫颈旁淋巴结，转移至闭孔、髂外淋巴结，然后转移至髂总、深腹股沟或骶前淋巴结，晚期可转移至锁骨上淋巴结。

3. 血行转移　很少见，晚期转移至肺、骨、肝等处。

考点：子宫颈癌的扩散途径

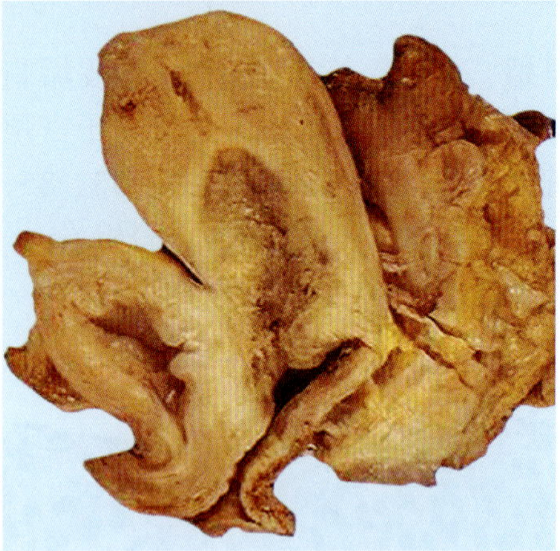

图9-3 子宫颈癌直接蔓延（肉眼观）
癌组织向前累及膀胱，向后侵及直肠

（四）临床病理联系

早期多无自觉症状，与慢性子宫颈炎无明显区别，检查时可仅见局部黏膜粗糙。随着病情的发展，患者有接触性出血、阴道排液增多等临床表现。晚期癌组织破溃、坏死、继发感染，有大量恶臭白带。癌组织浸润、压迫盆腔内神经时，可出现下腹部及腰骶部疼痛。当癌组织侵入膀胱及直肠时，可分别引起子宫膀胱瘘和子宫直肠瘘。

（五）防治与护理原则

白带是否增多，有无特殊腥臭味；有无下腹及腰骶部疼痛、排尿困难、血尿等症状，若有则需做进一步检查。对有出血、疼痛者，进行止血、止痛等对症处理。给患者宣传有关子宫颈癌的医学知识，消除恐惧心理，使患者积极配合治疗。

链 接　子宫颈癌临床分期（FIGO，2018）

国际妇产科联盟（FIGO）对子宫颈癌进行临床分期，可以较好地反映肿瘤的严重程度和浸润范围，对制订治疗方案，评估预后具有十分重要的意义。

Ⅰ期：肿瘤严格局限于子宫颈（扩展至子宫体将被忽略），可进一步分为ⅠA（ⅠA1、ⅠA2）、ⅠB（ⅠB1、ⅠB2、ⅠB3）。

Ⅱ期：子宫颈肿瘤侵犯超出子宫，但未达盆壁且未达阴道下1/3，可进一步分为ⅡA（ⅡA1、ⅡA2）、ⅡB。

Ⅲ期：肿瘤扩展到骨盆壁和（或）累及阴道下1/3和（或）导致肾盂积水或肾无功能者和（或）侵犯盆腔和（或）腹主动脉旁淋巴结，可进一步分为ⅢA、ⅢB、ⅢC（ⅢC1、ⅢC2）。

Ⅳ期：肿瘤侵犯膀胱或直肠黏膜（病理证实）或肿瘤播散超出真骨盆，可进一步分为ⅣA、ⅣB。泡状水肿不能分为Ⅳ期。

第2节　子宫体疾病

一、子宫内膜增生

子宫内膜增生（endometrial hyperplasia）是指由于内源性或外源性雌激素增高而引起的子宫内膜的过度增生。本病常发生在青春期和围绝经期妇女。临床表现为月经过多、不规则子宫出血、经期延长或绝经后流血等，是妇科的常见病之一。

考点：子宫内膜增生的概念

（一）病因及发病机制

由于青春期卵巢尚未发育成熟，围绝经期卵巢功能逐渐衰退，卵巢-垂体-下丘脑之间功能失调，垂体前叶分泌的卵泡刺激素及黄体生成素的比例失调。卵巢内仅有不同程度的成熟卵泡而无排卵，故无黄体生成，孕激素分泌缺乏，体内雌激素水平升高而使内膜过度增生。另外，精神应激、环境和气候变化等也与本病的发生有关。

（二）类型及病理变化

子宫内膜过度增生是子宫内膜增生的基本病理变化。肉眼观，子宫内膜呈弥漫性或局灶性增厚，其厚度常超过5mm，表面光滑或有小息肉形成，质地柔软、湿润似天鹅绒，有的质地较硬，但不脆。

镜下观，根据细胞形态及腺体结构特点，子宫内膜增生可分为三种类型。

1. 单纯性增生　表现为局部或弥漫性子宫内膜腺体增多、密集，间质增生、致密，腺体结构不规则，有的腺腔扩张呈囊状。腺上皮呈高柱状或假复层，细胞无异型性（图9-4）。单纯性增生大约有1%可发展为子宫内膜癌。

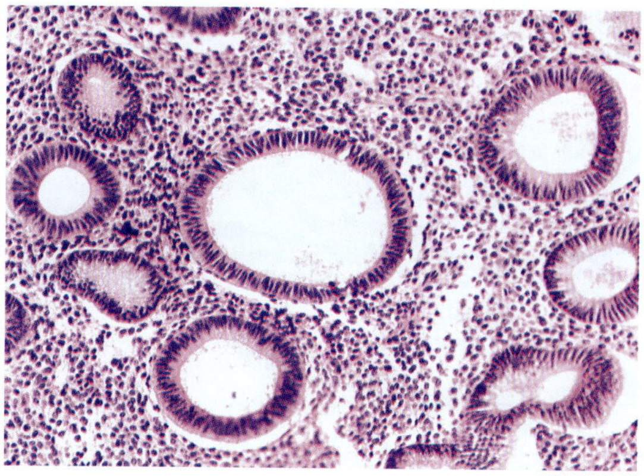

图9-4　子宫内膜单纯性增生（镜下观，10×10，HE染色）
间质密集，腺体增多、扩张，细胞无异型性

2. 复杂性增生　表现为腺体增生明显，形态多样，呈“背靠背”状。腺上皮增生形成乳头突入腺腔或形成套管状，细胞无异型性。复杂性增生大约有3%可发展为子宫内膜癌。

3. 非典型增生　为癌前病变，表现为腺体排列拥挤，结构复杂，腺腔内可有乳头或生芽。腺上皮细胞出现异型性，核大、深染，核分裂象易见，有时很难与高分化子宫内膜癌鉴别。非典型增生约有1/3患者5年内可发展为子宫内膜腺癌。

考点：子宫内膜增生的类型及病变特点

二、子宫内膜异位症

考点：子宫内膜异位症的概念

子宫内膜异位症（endometriosis）是指在子宫内膜以外的组织出现子宫内膜腺体和间质。子宫内膜可异位于子宫肌层，也可异位于子宫外。其病因及发病机制尚不明了。临床上患者主要表现为痛经、月经紊乱和局部结节。

（一）子宫内子宫内膜异位症

子宫内膜腺体和间质出现在子宫肌层称为子宫内子宫内膜异位症。临床上较常见，多发生于育龄期妇女。

肉眼观，可分为弥漫型和局灶型。子宫内膜弥漫异位在子宫平滑肌中者称为子宫腺肌症，子宫呈均匀增大；局灶性者称为子宫腺肌瘤，子宫呈不规则增大，以子宫后壁多见，呈球形。切面可见增厚的子宫肌壁内散在分布大小不等的出血灶或腔隙，可有血性浆液或巧克力样液。

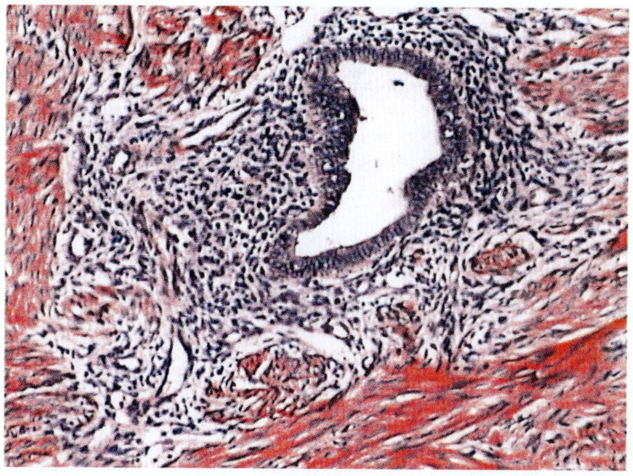

图9-5　子宫内子宫内膜异位症（镜下观，10×10，HE染色）
子宫肌层见子宫内膜腺体和间质

镜下观，子宫肌壁内出现岛状分布的子宫内膜腺体和间质，周围平滑肌细胞增生、肥大（图9-5），可见陈旧性出血和含铁血黄素沉积。

临床上，患者有子宫增大、月经过多、痛经等表现。

（二）子宫外子宫内膜异位症

子宫内膜腺体和间质出现在子宫以外的组织或器官称为子宫外子宫内膜异位症。可见于卵巢、子宫阔韧带、直肠子宫陷凹、盆腔腹膜等处，但以卵巢最为多见，一般发生于卵巢的表面，多为双侧性。青年妇女好发，主要症状为痛经。

肉眼观，由于异位的子宫内膜随月经周期变化，反复出血，在局部形成囊腔，称为子宫内膜异位囊肿。因囊内含巧克力色样黏稠液体，故又称为巧克力囊肿。囊肿可破裂，引起腹腔出血和附近组织

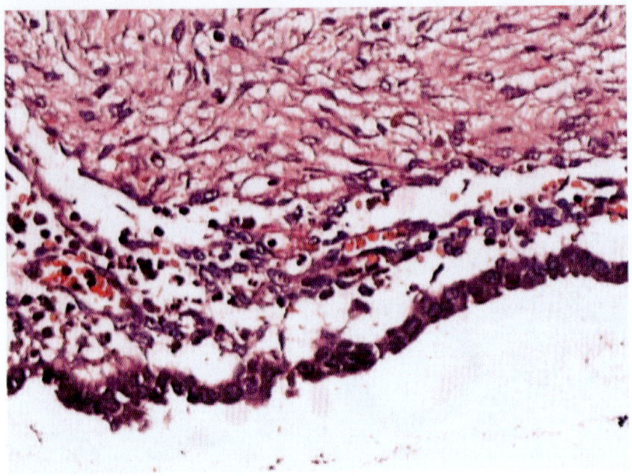

图9-6 卵巢子宫内膜异位症（镜下观，10×10，HE染色）
囊壁上可见典型的子宫内膜腺体和间质

粘连。镜下观，在囊壁内可找到典型的子宫内膜腺体及间质（图9-6）。

考点：子宫外子宫内膜异位症的概念及病变特点

三、子宫内膜癌

子宫内膜癌（endometrial carcinoma）是发生于子宫内膜上皮及腺体的恶性肿瘤，又称为子宫体癌，多数发生在绝经期后，患者平均年龄为55岁，其发生主要与雌激素长期持续作用有关。

（一）病理变化

1. 肉眼观 子宫内膜癌分为弥漫型和局限型。①弥漫型：子宫内膜弥漫性增厚，表面粗糙，灰白色，质脆，常伴有出血、坏死和溃疡。②局限型：多发生在子宫底和子宫角，呈息肉状或乳头状突向子宫腔，可不侵及子宫肌壁。

2. 镜下观 主要为腺癌，可有腺样结构形成或呈实体状，腺体极性消失，排列紊乱（图9-7），细胞异型性明显，核分裂象易见，有病理性核分裂象。肿瘤可呈现高、中、低分化。

（二）扩散

子宫内膜癌生长较缓慢，可多年局限在子宫腔内，扩散发生较晚，以直接蔓延和淋巴转移为主，晚期可通过血行转移至肺、肝、骨等处。

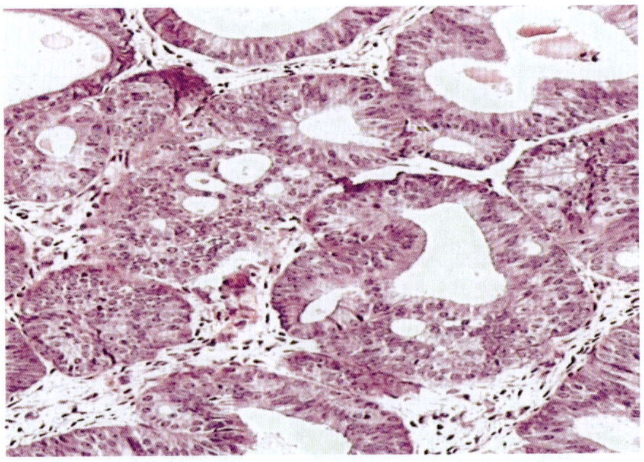

图9-7 子宫内膜癌（镜下观，10×10，HE染色）
腺体形态不一，大小不等，极性消失，排列紊乱

（三）临床病理联系

早期可无症状，患者最主要的临床症状为阴道分泌物增多，呈淡红色，严重时有不规则阴道流血。继发感染时分泌物呈脓性，有腥臭味。当侵犯盆腔神经时，可有下腹部和腰骶部疼痛。刮取子宫内膜组织做病理学检查可明确诊断。若能做到早发现、早诊断、早治疗，可提高患者的生存率。

第3节 妊娠滋养细胞疾病

案例 9-3

患者，女，26岁。已婚，孕1产0，平素月经规律，停经61天到医院就诊。妇科超声：子宫腔内弱强回声，5.6cm×5.5cm×5.0cm，其内可见较多小囊泡样回声。血中人绒毛膜促性腺激素（HCG）明显升高。妇科检查：子宫颈轻度紫蓝着色，子宫增大如孕12周大小。

问题：1. 本例最可能的疾病是什么？

2. 妊娠滋养细胞疾病有哪几种，它们之间的区别是什么？

妊娠滋养细胞疾病（gestational trophoblastic disease，GTD）是一组以胎盘滋养细胞异常增生为病变特点的疾病，包括葡萄胎、侵蚀性葡萄胎、绒毛膜上皮癌。

考点：葡萄胎、侵蚀性葡萄胎、绒毛膜上皮癌三者的区别

一、葡　萄　胎

葡萄胎（hydatidiform mole）又称水泡状胎块，是以绒毛间质高度水肿，滋养细胞不同程度增生为特征的一种良性胎盘绒毛疾病。多见于20～30岁，经产妇多于初产妇。我国的发病率约为1/1238次妊娠。引起葡萄胎的原因尚不明确。临床主要表现为闭经或阴道排出水泡状物。分为完全性葡萄胎和部分性葡萄胎两种。

考点：葡萄胎的概念

（一）病理变化

1. 肉眼观　绒毛水肿，形成直径在数毫米至2cm、大小不等、壁薄含清亮液体的成串的囊泡，状似葡萄，故称葡萄胎（图9-8）。完全性葡萄胎无胎儿和胎盘。部分性葡萄胎可见部分胎盘组织。

2. 镜下观　组织学结构有三个特点：①绒毛间质水肿。②滋养细胞不同程度增生。③间质内血管减少或消失（图9-9）。完全性葡萄胎呈弥漫性改变。部分性葡萄胎则为局灶性改变，部分绒毛水肿，滋养层细胞常为局灶性或轻度增生，有时还可见胎儿成分。

考点：葡萄胎的病理变化

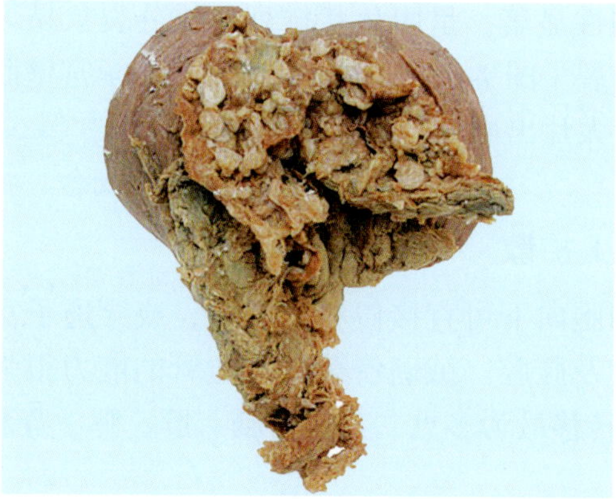

图9-8　葡萄胎（肉眼观）
绒毛水肿，形成壁薄含清亮液体的成串囊泡，状似葡萄

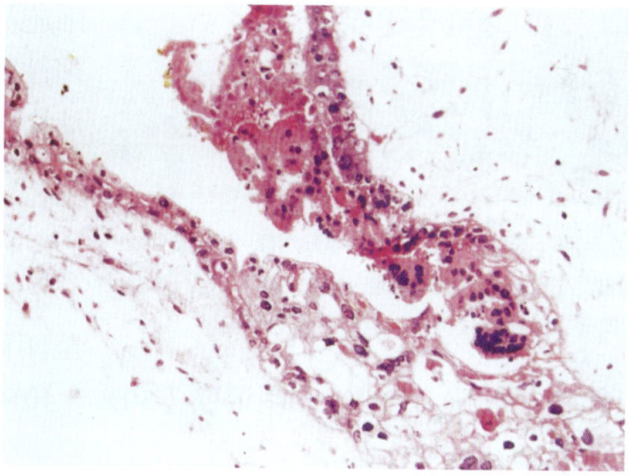

图9-9　葡萄胎（镜下观，10×10，HE染色）
绒毛间质水肿，滋养层细胞增生，间质内血管消失

（二）临床病理联系

临床上由于水泡状胎块充满子宫腔，致子宫明显增大，与妊娠月份不符。多数患者停经后发生不规则阴道流血，有时可自然排出水泡状组织。因滋养细胞高度增生，产生大量人绒毛膜促性腺激素（HCG），使血清、尿中HCG明显增高。超声波检查可进一步明确诊断。经彻底刮宫后80%～90%葡萄胎患者可痊愈。完全性葡萄胎约15%可发展为侵蚀性葡萄胎，2%～3%可发展为绒毛膜上皮癌。部分性葡萄胎约4%发展为侵蚀性葡萄胎，一般不发展为绒毛膜上皮癌。

二、侵蚀性葡萄胎

侵蚀性葡萄胎（invasive mole）是指葡萄胎组织侵入子宫肌层甚至子宫外，因其生物学行为似恶性肿瘤，又称为恶性葡萄胎。

1. 病理变化　肉眼观，水泡状绒毛局限性浸润子宫肌层，造成出血、结节性坏死。镜下观，可见完整的水泡状绒毛出现在子宫肌壁内（区别于葡萄胎），滋养层细胞增生、浸润，细胞异型性显著，绒毛间质水肿。

2. 临床病理联系　临床上，多次清宫后，患者血、尿HCG持续阳性，阴道持续或间断性不规则出血。若滋养细胞侵入血管，可经血行转移至肺、脑等器官，或转移至阴道壁或外阴等处，形成转移结节。因侵蚀性葡萄胎刮宫不易清除，需进行化学药物治疗，治疗效果较好。即使已有转移，经综合治疗也多能治愈，仅少数有复发。

考点：侵蚀性葡萄胎的病变特点

三、绒毛膜上皮癌

绒毛膜上皮癌（choriocarcinoma）是一种来源于胎盘绒毛膜上皮的具有很强侵袭性的高度恶性肿瘤，简称绒癌。病理特点是滋养细胞高度增生，不形成绒毛或水泡状结构，肿瘤广泛侵入子宫肌层或转移至其他脏器及组织。约50%的绒癌发生于葡萄胎，25%发生于流产，22.5%发生于正常分娩，2.5%发生于异位妊娠。发病年龄以30岁左右居多，病因不明。

（一）病理变化

肉眼观，肿瘤呈结节状，暗红色，形似血肿，常深藏在子宫壁内，也可突入子宫腔，破溃时形成溃疡。镜下观，癌组织中无绒毛结构（可与侵蚀性葡萄胎区别），肿瘤由分化不良的细胞滋养细胞及合体滋养细胞构成，细胞异型性显著，呈团片状排列，核分裂象易见，有病理性核分裂（图9-10）。肿瘤常广泛侵犯子宫壁肌层，病灶周围有大片出血、坏死。

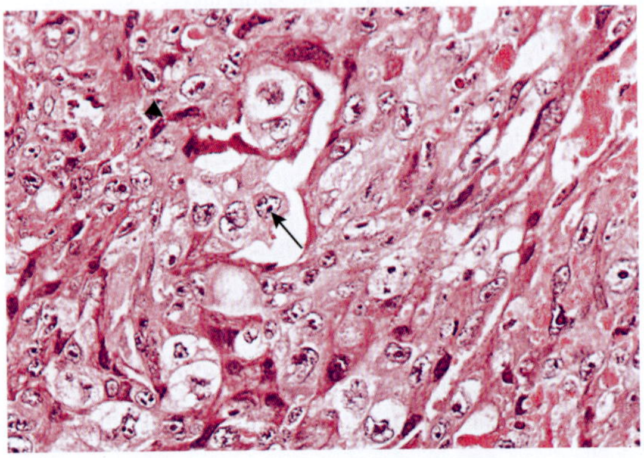

图9-10 绒毛膜上皮癌（镜下观，40×10，HE染色）
细胞滋养细胞（↑）及合体滋养细胞（▲）高度增生，异型性明显，呈团片状排列，组织中未见绒毛

考点：绒毛膜上皮癌的概念、病变特点

（二）扩散

癌细胞向下可直接侵犯子宫颈，或穿透子宫壁蔓延至阔韧带及腹腔。绒癌侵袭破坏血管的能力很强，极易发生血行转移，以肺（50%）和阴道壁（30%～40%）转移最为多见，其次为脑、肝、脾、肾和肠。

（三）临床病理联系

因癌细胞分泌HCG，故血、尿HCG显著升高。癌组织侵袭血管能力强，造成患者出现阴道持续不规则流血，引起贫血，甚至休克。癌组织穿透子宫壁，可引起腹腔内大出血。当发生肺、脑、肝、肾等器官转移时，可出现相应的临床表现，如咯血、头痛、呕吐等。绒癌的治疗，以化疗为主、手术为辅。

（四）防治与护理原则

观察有无子宫增大、不规则阴道流血，有无疼痛、咯血、血尿等症状，HCG浓度的变化情况。对有阴道出血、疼痛的患者，进行止血、止痛等对症处理，及时给予抗感染、提高机体抵抗力的药物。保持个人卫生，注意室内空气流通。宣传与滋养细胞疾病发病有关的因素，指导患者积极治疗葡萄胎，定期接受随访。

链 接 绒癌的诊断

许多患者主诉常是转移瘤的症状，如不仔细检查易造成误诊。产后、流产后或葡萄胎后阴道持续不规则出血、子宫大而软、血或尿HCG持续阳性，或一度阴性后又转为阳性，应想到绒癌的可能。X线检查肺部有转移阴影出现，多可确定诊断。不典型的病例，诊断有一定困难，尤其与侵蚀性葡萄胎难以鉴别，还需依靠血、尿HCG测定和X线检查，最后需根据病理检查才能确定诊断。

第4节　卵巢上皮性肿瘤

卵巢肿瘤是最常见的女性生殖系统肿瘤之一，其中卵巢上皮性肿瘤是最常见的卵巢肿瘤，绝大多数来源于卵巢的表面上皮，以囊腺瘤最为多见，包括浆液性和黏液性两种，依生物学行为又可分为良性、交界性和恶性三种。

一、浆液性肿瘤

考点：浆液性肿瘤的病变特点

（一）良性浆液性囊腺瘤

良性浆液性囊腺瘤是卵巢浆液性肿瘤中最常见的一种，约占60%，好发于20～40岁，以单侧居多，也可双侧发生（约占20%）。肉眼观，肿瘤直径一般为5～10cm，多为圆形或卵圆形囊肿，表面光滑；切面囊内充满淡黄色清亮浆液，可为单房或多房，其中以单房多见，内壁光滑；多房者，内壁可见乳头形成，称为良性乳头状浆液性囊腺瘤。镜下观，囊内壁衬以单层立方状或柱状上皮。约25%的乳头状囊腺瘤间质内可见钙盐沉积形成的砂粒体。良性浆液性囊腺瘤的恶变率约为35%，有乳头形成者可达50%。

（二）交界性浆液性囊腺瘤

交界性浆液性囊腺瘤约占卵巢浆液性肿瘤的10%，其生物学行为和形态结构介于良、恶性浆液性囊腺瘤之间。

肉眼观，与良性浆液性乳头状囊腺瘤相似，但乳头状突起往往比良性者丰富而广泛，常布满整个囊内表面，双侧发生率较高。镜下观，主要表现为上皮细胞层次增多，可达2～3层，乳头增多密集或有微乳头状突起，细胞和细胞核有一定异型性，核分裂象易见，无间质浸润。

预后较好，10年生存率为75%～95%。有腹腔转移者预后差。

（三）浆液性囊腺癌

浆液性囊腺癌约占卵巢浆液性肿瘤的30%，为卵巢恶性肿瘤中最常见的类型，约半数为双侧性。患者以40～60岁最多。

肉眼观，肿瘤直径为5～30cm，表面光滑或有乳头形成，多数为多房性，囊内含浑浊液体。乳头呈灰白色，较均细，质软，常侵犯包膜并有出血、坏死。镜下观，细胞有明显异型性，核分裂象常见，乳头分支多或呈实心团块，上皮细胞增生，常达3层以上，包膜和间质均有浸润，砂粒体较多见。

临床上早期可无自觉症状，因其生长较快，短期内下腹部可触及肿块。有外生乳头的良性及交界性肿瘤都可以有盆腔或腹腔腹膜的种植，但浆液性囊腺癌发生种植性转移更为多见，多数患者就诊时已有转移。

二、黏液性肿瘤

（一）黏液性囊腺瘤

黏液性囊腺瘤是卵巢上皮性肿瘤中较常见的一种肿瘤，好发于30～50岁。主要来源于卵巢表面上皮，向子宫颈内膜上皮分化，多数为单侧。

肉眼观，囊性肿块大小不一，一般直径15～30cm。圆或卵圆形，表面光滑，常为多房性，内含胶冻状黏液。囊内壁光滑，很少有乳头（图9-11）。镜下观，上皮为单层高柱状上皮，核位于基底部，大小、形状比较一致，

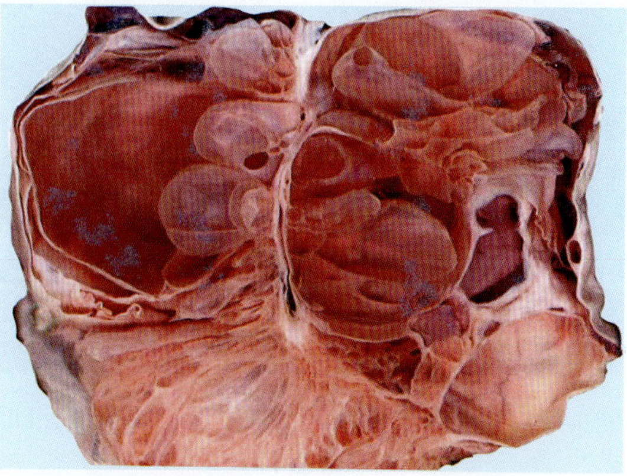

图9-11　卵巢黏液性囊腺瘤（肉眼观）

肿瘤呈囊状，多房性，内含胶冻样黏液，囊内壁光滑

染色质纤细，无明显核仁，亦无核分裂象。间质为纤维结缔组织。

临床表现为腹胀或下腹部触到肿块，发展较慢。较大的肿瘤常有蒂，易发生蒂扭转而致出血、坏死，出现急性下腹痛的症状。

（二）交界性黏液性囊腺瘤

交界性黏液性囊腺瘤的生物学行为和形态结构介于良、恶性黏液性囊腺瘤之间，5年存活率为95%～98%。

肉眼观，与良性黏液性囊腺瘤相似。镜下观，囊内壁和乳头上皮复层化达2～3层，上皮细胞轻度或中度非典型增生，核分裂象少见。

良性及交界性黏液性囊腺瘤偶尔可自行穿破，使黏液性上皮种植在腹膜上继续生长并分泌黏液，形成腹膜假黏液瘤。

（三）黏液性囊腺癌

年龄多在40～60岁，单侧多见，约20%为双侧性。

肉眼观，肿瘤体积常较大，囊性或囊实性，表面光滑，常与周围器官粘连。多为多房性伴有实性区域，实性区表面呈乳头状，色灰白，质地松脆，常有出血、坏死。镜下观，腺体密集，形状不规则，腺体上皮多超过3层，上皮细胞异型性明显，核仁清晰可见，病理性核分裂象易见。间质较少，可见包膜及间质浸润。

卵巢黏液性囊腺癌可直接蔓延至阔韧带、输卵管和子宫；浸润包膜的癌细胞可向腹腔或盆腔内脱落，形成种植性转移；癌细胞浸入淋巴管可导致淋巴转移，转移部位以盆腔、腹腔腹膜及各器官浆膜层为主，也可转移至大网膜、阑尾及对侧卵巢等。黏液性囊腺癌的5年存活率为46%～70%。

考点：黏液性肿瘤的病变特点

第5节 乳腺疾病

一、乳腺增生症

乳腺增生性病变（proliferative breast disease）多见于30～40岁女性。目前认为，由于卵巢内分泌失调，引起黄体素水平低下，雌激素水平升高，引起乳腺实质和间质不同程度增生而导致本病。本病的病理改变复杂多样、名称繁多，本节主要介绍两种需与肿瘤性病变相鉴别的病理类型。

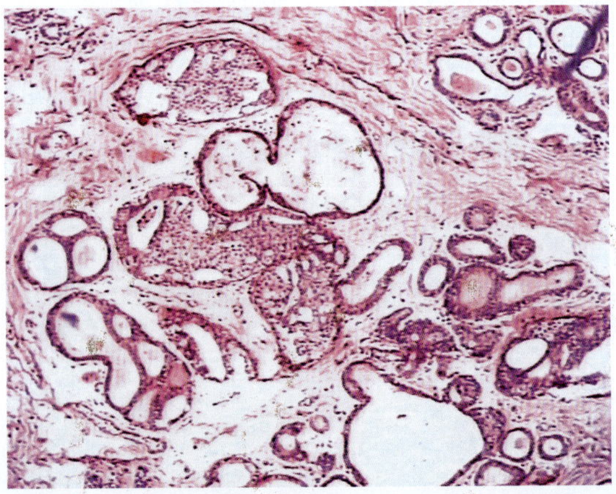

图9-12 乳腺纤维囊性变（镜下观，10×10，HE染色）

小导管和腺泡扩张，部分上皮呈乳头状增生，间质纤维组织增生

（一）乳腺纤维囊性变

乳腺纤维囊性变是一组非肿瘤性病变，以小叶末梢导管和腺泡扩张、间质纤维组织和上皮不同程度增生为特点。病理变化可分为非增生型和增生型两种。

1. 非增生型纤维囊性变 肉眼观，常为双侧，呈多灶小结节性分布，边界不清，病灶常呈囊状，囊肿大小不一，大的囊肿因含有半透明的浑浊液体，外表面呈蓝色，故称为蓝顶囊肿。镜下观，囊肿被覆的上皮可为柱状或立方上皮，但多数为扁平上皮，亦可上皮完全缺如，仅见纤维性囊壁。囊肿上皮常可见大汗腺化生，细胞体积较大，胞质嗜酸性，其顶部可见典型的顶浆分泌小突起，形态和大汗腺的上皮相似（图9-12）。

2. 增生型纤维囊性变 病变以囊肿形成、间质纤维增生及末梢导管和腺泡上皮增生或伴有非典型增生为主要特征。由于细胞增生，上皮层次增多，乳头形成并突入囊内，乳头顶部相互吻合而成筛状结构。若增生的上皮伴有非典型增生时，有演化为乳腺癌的可能，应视为癌前病变。

考点：乳腺纤维囊性变的病理分型

（二）硬化性腺病

硬化性腺病（sclerosing adenosis）的主要病变是：①小叶末梢导管上皮、肌上皮和间质纤维组织增生。②小叶中央或小叶间的纤维组织增生。③小叶腺泡受压、扭曲变形，但一般无囊肿形成。④若腺泡明显受挤压，管腔消失，则成为细胞条索，组织似浸润性小叶癌。硬化性腺病一般认为与癌关系不大，但组织图像易与乳腺癌混淆，须进行鉴别诊断。

二、乳 腺 癌

案例 9-4

患者，女，50岁。已婚育，绝经后一年。一年前左乳外上象限发现一质硬无痛性肿块，直径约2.0cm，稍微活动，未诊治。肿块渐大、渐硬，半年前出现乳头内陷并固定。2个月前左乳皮肤红、肿、热、痛，左乳头可挤出少许褐色液体。

问题：1. 该病的可能诊断是什么？

2. 乳腺癌的病理类型有哪些？

乳腺癌（breast cancer）是起源于乳腺导管上皮和腺泡上皮的恶性肿瘤，是女性常见的恶性肿瘤之一，发病率居女性恶性肿瘤的首位。目前，通过采用综合治疗手段，乳腺癌已成为疗效最佳的实体肿瘤之一。肿块多位于乳腺外上象限，其次在乳腺中央区和其他象限。

（一）病因及发病机制

乳腺癌的病因及发病机制目前尚未完全明确，可能与下列因素有关。

1. 激素分泌紊乱 乳腺癌的发生可能与雌激素水平过高，引起乳腺导管上皮增生有关。也有人认为乳腺癌的发生与雌激素和孕激素的平衡失调关系更为密切。

2. 遗传因素 有乳腺癌家族史的人群乳腺癌发病风险为健康人群的5.33倍。

3. 环境因素 与环境和长时间大量接触放射线等因素相关。

链 接 雌、孕激素受体与乳腺癌治疗和预后的关系

正常乳腺上皮具有雌激素受体（ER）及孕激素受体（PR）。乳腺癌的癌细胞可有ER和（或）PR（称为阳性），也可没有ER和（或）PR（称为阴性），临床上检测ER和PR，对治疗和估计预后具有重要意义。ER、PR阳性者，内分泌治疗有效率高；ER、PR阴性者，内分泌治疗疗效低，但化疗敏感性高于阳性者。ER、PR阳性者，转移发生较晚，复发率较低，5年生存率较高，预后好。

（二）类型和病理变化

1. 导管癌 多见，来源于乳腺导管系统，包括导管内癌和浸润性导管癌。

（1）导管内癌 又称导管原位癌，占乳腺癌的20%～25%，可发生于各级导管。癌细胞局限于乳腺小叶终末导管内，管壁基底膜完整。肉眼观，肿块小，边界较清楚，质软、切面呈灰白或灰黄色。部分癌组织中央可发生坏死，挤压出粉刺样物，又称为粉刺癌。镜下观，癌细胞在扩张的导管内排列成实性团块，中央常出现坏死，是导管内原位癌的特征性变化，常作为确诊的依据。

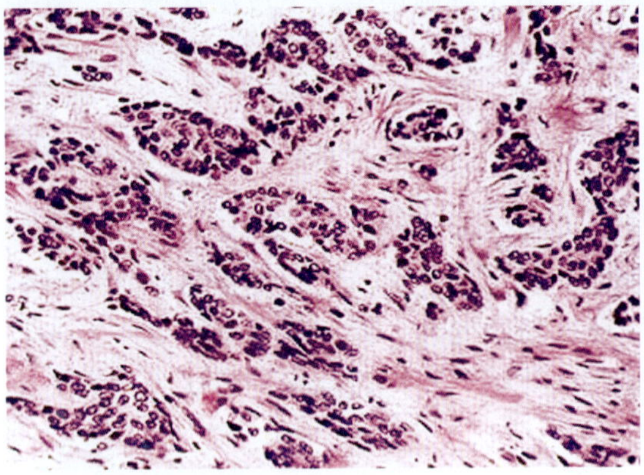

图9-13 乳腺单纯癌（镜下观，10×10，HE染色）
癌细胞呈团块状排列，实质和间质大致相等

（2）浸润性导管癌　导管内癌的癌细胞突破基底膜向间质浸润即为浸润性导管癌，是乳腺癌最常见类型，约占乳腺癌的70%。肉眼观，肿块常为单个，边界不清而呈蟹足状，切面质硬，色灰白，有砂粒感。镜下观，根据实质与间质的比例分为：①单纯癌：实质与间质大致相等（图9-13）。②硬癌：实质少，间质成分多而致密，质硬。③不典型髓样癌：实质成分多，间质少，间质中无淋巴细胞浸润。

2. 乳腺小叶癌　少见，来自于小叶终末导管及腺泡，包括小叶原位癌和浸润性小叶癌。

（1）小叶原位癌　癌细胞局限于管泡内，未穿破基底膜。肉眼观，无明显肿块，常在乳腺切除标本中偶然发现。镜下观，小叶结构紊乱，癌细胞呈实体排列，充满管泡。25%～30%可发展为浸润癌。手术切除预后好。

（2）浸润性小叶癌　小叶原位癌的癌细胞突破基底膜侵及间质。临床可触及肿块。肉眼观，肿块往往边界不清，灰白色，质柔韧似橡胶样。镜下观，典型者癌细胞呈列兵式样单行线状浸润于纤维间质中，或环状排列于正常导管周围。此型预后较差。

考点：小叶癌的类型及病变特点

3. 特殊类型癌　类型繁多，组织结构特殊，如髓样癌、黏液癌、佩吉特病、乳头状癌、腺样囊腺癌、大汗腺癌、鳞状细胞癌等。

考点：导管癌的类型及病变特点

（三）扩散

乳腺癌的扩散包括直接蔓延和转移。

1. 直接蔓延　乳腺癌可向乳腺周围组织浸润，累及乳头、皮肤、筋膜、胸肌，甚至肋骨。

2. 转移

（1）淋巴转移　是乳腺癌最常见的转移途径，首先转移到同侧腋窝淋巴结，以后可进一步转移到锁骨上、下淋巴结。肿块位于乳腺内上象限时，癌细胞可经乳内动脉旁淋巴结转移至纵隔淋巴结。

（2）血行转移　晚期患者癌细胞可侵入体静脉，转移至肺、骨、肝、脑等处，形成转移癌结节。

考点：乳腺癌的扩散途径

（四）临床病理联系

早期常无症状，或为无痛性肿块。晚期，若肿块位于乳头下方，由于有大量纤维组织增生并牵拉乳头，可致乳头下陷。由于乳腺真皮层淋巴管被癌细胞阻塞，淋巴回流受阻导致皮肤水肿，而毛囊、汗腺处的皮肤受皮肤附件的牵拉不发生肿胀而相对凹陷，故肿块表面的皮肤呈橘皮样外观（图9-14）。

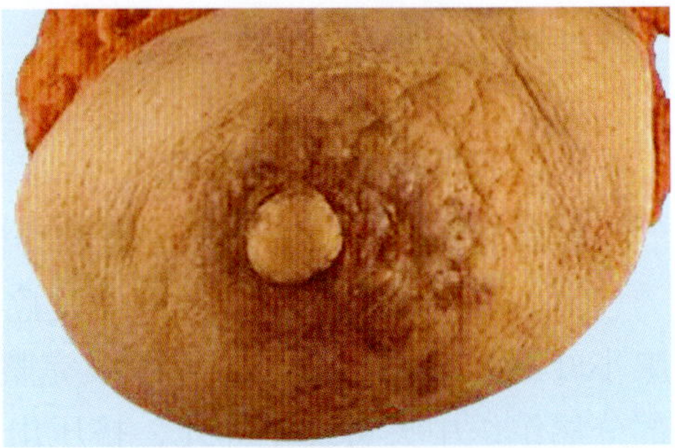

图9-14 乳腺癌（肉眼观）
乳头凹陷，肿块表面皮肤呈橘皮样外观

（五）防治及护理原则

观察乳房的形状，有无包块；观察乳房皮肤和周围组织的关系，有无乳头内陷、乳头溢液情况。注意乳头及周围皮肤有无红、肿、痛、痒、糜烂、湿疹样改变及橘皮样外观等。给患者宣讲有关乳腺疾病的医学知识，消除患者焦虑情绪，树立信心。合理饮食，注意卫生，保持充足睡眠和休息，定期乳房检查，及时就诊。

链 接　乳腺癌的高危因素

乳腺癌的高危因素：①有肿瘤家族史，尤其是家族中有乳腺癌史。②未哺乳或哺乳不正常。③终身未生育或高龄生育。④一侧已患乳腺癌。⑤月经初潮早于13岁，绝经年龄迟于55岁。⑥营养过剩，中年后明显肥胖。⑦目前正持续使用避孕药或过去10年曾使用过避孕药。⑧一天饮酒两杯以上者。⑨曾经在儿童时期或青少年时期接受过胸部放射线照射治疗者。

医者仁心

乳腺外科专家——黄汉源教授

黄汉源生前是北京协和医院乳腺外科教授，北京协和医院乳腺外科首席专家，澳大利亚大学医学院荣誉研究员。在治疗乳腺癌方面有几十年的经验。他曾说过："手术刀一握就是一天，一握就是一年，一握就是几十年。"凭着这种对医术精益求精、锲而不舍的精神，他创下过50分钟内完成乳腺癌治疗手术的记录，完成了上万例乳腺癌手术，正确诊断率高达98%。"从医者，不应退休，因为年龄越大经验越丰富；从医者，没有周末，因为越到周末患者越多。"秉承这种服务患者的精神，黄汉源教授花甲之年选择退休不退岗。他90岁高龄因病去世，去世前几天仍坚守在手术台旁。

自　测　题

一、名词解释

子宫颈息肉　原位癌累及腺体　葡萄胎　乳腺单纯癌

二、填空题

1. 慢性子宫颈炎常见的病理类型有________、________、________、________。
2. 子宫颈浸润癌的肉眼类型有________、________、________、________。
3. 子宫内膜增生可分为________、________和________三种类型。
4. 子宫内膜异位症包括________和________。
5. 葡萄胎镜下诊断依据为________、________和________。
6. 绒癌镜下具有诊断特征的两种细胞是________和________。绒癌大多经________转移。
7. 卵巢上皮性肿瘤可分为________和________两类，而每一类又可进一步分为________、________和________。
8. 乳腺癌最常发生的部位是________。病理类型主要有________、________、________等三种，而导管癌包括________和________两型。

三、单项选择题

1. 以下哪项不是慢性子宫颈炎的类型
   A. 子宫颈肥大　B. 宫颈上皮内瘤变
   C. 子宫颈息肉　D. 子宫颈腺囊肿
   E. 子宫颈管黏膜炎
2. 子宫颈原位癌累及腺体属于
   A. 早期浸润癌　B. 浸润癌
   C. 原位癌　D. 中度非典型增生
   E. 重度非典型增生
3. 下列哪一项最能体现子宫颈原位癌的特征
   A. 发生于子宫颈黏膜上皮
   B. 一种早期癌
   C. 未发生转移
   D. 是一种基底细胞癌
   E. 癌组织累及上皮全层，但未突破基底膜
4. 关于子宫颈癌的描述下列哪项是错误的
   A. 鳞状细胞癌为主
   B. 也可有腺癌
   C. 早期浸润癌已突破基底膜
   D. 原位癌主要靠肉眼确诊
   E. 淋巴道是主要的转移途径
5. 子宫颈癌最常发生于
   A. 鳞柱交界区　B. 子宫颈内口
   C. 子宫颈前唇　D. 子宫颈后唇
   E. 子宫颈管
6. 子宫颈早期浸润癌是指
   A. 癌细胞未突破基底膜
   B. 癌细胞突破基底膜，但浸润深度未超过5mm
   C. 癌细胞突破基底膜，但浸润深度未超过7mm
   D. 癌细胞未突破基底膜，但已经累及腺体
   E. 癌细胞突破基底膜，但没有淋巴转移

7. 子宫外子宫内膜异位症最常见于
A. 子宫阔韧带 B. 子宫直肠窝
C. 卵巢 D. 子宫肌壁
E. 外阴
8. 下列哪项不是子宫内膜增生的病变
A. 腺体呈分泌期改变
B. 腺体数目增多
C. 腺体呈囊状扩张
D. 腺体大小不等
E. 间质细胞增生
9. 诊断绒毛膜上皮癌最可靠的依据是
A. 可见绒毛，其上皮细胞异型性大
B. 浸润子宫肌层
C. 常出血、坏死，形成暗红色结节
D. 常形成广泛转移
E. 实质由非典型增生的细胞滋养细胞及合体滋养细胞构成
10. 下列哪一项不是葡萄胎病变的特点
A. 绒毛间质血管充血
B. 绒毛间质高度水肿
C. 绒毛膜滋养细胞增生
D. 绒毛间质血管消失
E. 肉眼观肿块呈水泡状
11. 下列哪项不是绒癌的特点
A. 常与妊娠有关
B. 瘤组织出血、坏死明显
C. 绒毛细小、间质少
D. 癌细胞异型性明显
E. 易经血行转移到肺、阴道等处
12. 侵蚀性葡萄胎与绒癌的主要区别是
A. 上皮高度增生、有异型性
B. 侵犯肌层和血管
C. 有葡萄状物
D. 有出血、坏死
E. 有阴道转移结节
13. 乳腺癌最常发生的部位是
A. 外上象限 B. 内上象限
C. 外下象限 D. 内下象限
E. 乳头部
14. 乳腺癌最常见的类型为
A. 导管内癌 B. 小叶原位癌
C. 浸润性导管癌 D. 浸润性小叶癌
E. 髓样癌
15. 乳腺癌的癌前病变是
A. 纤维腺瘤 B. 乳腺结构不良
C. 硬化性乳腺病 D. 乳腺导管上皮大汗腺化生
E. 乳腺增生型纤维囊性变
16. 光镜下见子宫颈黏膜上皮全层非典型增生并延伸到腺体，病理性核分裂象多见，但病变尚未突破基底膜，应诊断为
A. 重度非典型增生 B. 原位癌
C. 原位癌累及腺体 D. 早期浸润癌
E. 浸润癌

四、简答题

1. 简述慢性子宫颈炎的类型及病变特点。
2. 试以子宫颈鳞状细胞癌为例说明上皮非典型增生、原位癌、早期浸润癌及浸润癌的病理组织学特点及其演变关系。
3. 试从病理角度比较葡萄胎、侵蚀性葡萄胎和绒毛膜上皮癌的异同点。
4. 请从病理角度解释乳腺癌时乳头下陷和橘皮样外观产生的原因。
5. 试述乳腺癌的扩散途径。

（卢碧燕）

第10章 内分泌系统疾病

学习目标

1. 素质目标　培养不懈探索、团结协作的科学态度。

2. 知识目标

（1）掌握　甲状腺肿瘤和糖尿病的主要病理变化。

（2）熟悉　甲状腺肿的主要病理变化。

（3）了解　甲状腺炎的病理变化。

3. 能力目标　学会运用内分泌系统疾病的基本知识，具备为患者提供健康教育和护理评估的能力。

内分泌系统包括内分泌腺和散在于各系统或组织的内分泌细胞。内分泌腺主要包括垂体、甲状腺及胰岛等。当内分泌系统的组织和细胞发生增生、炎症或肿瘤时，可引起激素分泌增多或减少，导致功能亢进或减退，使靶器官发生增生、肥大或萎缩等改变，并出现相应的临床症状及体征，称为内分泌疾病。

第1节　甲状腺疾病

一、甲状腺炎

甲状腺炎（thyroiditis）一般分为急性、亚急性和慢性三种。急性甲状腺炎是由细菌感染引起的急性化脓性炎症。亚急性甲状腺炎一般认为是与病毒感染有关的炎症。慢性甲状腺炎（尤其慢性淋巴细胞性甲状腺炎）是一种自身免疫性疾病。

考点：甲状腺炎的病变特点

（一）亚急性甲状腺炎

亚急性甲状腺炎（subacute thyroiditis）是一种与病毒感染有关的巨细胞性或肉芽肿性炎症，又称肉芽肿性甲状腺炎或巨细胞性甲状腺炎。临床上起病较急，主要表现为发热、甲状腺肿大伴有压痛，严重者可有甲状腺功能减退症，病程一般为6周至6个月，多数为2～3个月，可自行缓解痊愈，少数患者可复发。

肉眼观，甲状腺轻度肿大，可呈结节状，质地较硬，与周围组织常有粘连；切面灰白色或灰黄色，可见坏死或纤维化病灶。镜下观，病变呈灶性分布，部分滤泡上皮变性、坏死，胶质外溢，刺激局部异物巨细胞反应，形成类似结核结节的肉芽肿病变，并有多少不等的中性粒细胞、巨噬细胞、淋巴细胞及浆细胞浸润。愈复期巨噬细胞消失，滤泡上皮再生，间质纤维化及瘢痕形成。

（二）慢性甲状腺炎

慢性甲状腺炎（chronic thyroiditis）可分为两种类型，即慢性淋巴细胞性甲状腺炎和慢性纤维性甲状腺炎。

1. 慢性淋巴细胞性甲状腺炎（chronic lymphocytic thyroiditis）　又称桥本甲状腺炎（Hashimoto

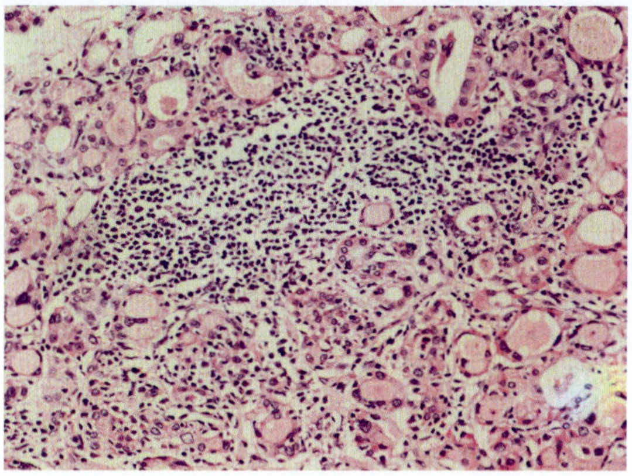

图10-1 慢性淋巴细胞性甲状腺炎（镜下观，10×10，HE染色）
甲状腺实质广泛破坏，有淋巴滤泡形成

thyroiditis），是一种自身免疫性疾病，患者血清中可检出高效价的抗甲状腺自身抗体。中年女性较多见，患者常有甲状腺肿大，晚期有甲状腺功能减退症的表现。

肉眼观，双侧甲状腺呈弥漫性对称性肿大，质韧如橡胶，有时可稍呈结节状肿大，切面呈灰白或灰黄色。镜下观，甲状腺实质广泛破坏，滤泡萎缩、破坏，间质有大量的淋巴细胞及数量不等的嗜酸性粒细胞浸润，形成淋巴滤泡（图10-1）。病变晚期甲状腺组织内有明显的纤维组织增生。

2. 慢性纤维性甲状腺炎（chronic fibrous thyroiditis）也称慢性木样甲状腺炎（Riedel thyroiditis）或Riedel甲状腺肿，罕见，病因尚不清楚。主要见于中年女性，本病进展缓慢，早期症状不明显，晚期表现为甲状腺功能减退，由于纤维组织增生及瘢痕形成可出现声音嘶哑、呼吸或吞咽困难等压迫症状。

肉眼观，病变可累及一侧甲状腺或甲状腺的一部分，表面呈结节状，质硬似木样，与周围组织明显粘连，切面呈灰白色。镜下观，甲状腺滤泡明显萎缩，小叶结构消失，大量纤维组织增生，伴有玻璃样变性，并有少量淋巴细胞浸润。

二、甲状腺肿

甲状腺肿是由于体内缺碘或某些致甲状腺肿因子引起的甲状腺非肿瘤性增生、肿大的一类疾病。根据有无甲状腺功能亢进症，可将甲状腺肿分为弥漫性非毒性甲状腺肿和弥漫性毒性甲状腺肿。

（一）弥漫性非毒性甲状腺肿

弥漫性非毒性甲状腺肿（diffuse nontoxic goiter）又称单纯性甲状腺肿，是由于缺碘使甲状腺激素分泌不足，促甲状腺激素（thyroid stimulating hormone，TSH）分泌增多，甲状腺滤泡上皮增生，胶质堆积而使甲状腺肿大，一般不伴甲状腺功能亢进症。本病主要是颈部甲状腺肿大，一般无临床症状，少数患者后期可引起压迫、窒息、吞咽和呼吸困难。

1. 病因及发病机制

（1）缺碘　是引起甲状腺肿的主要原因。地方性甲状腺肿是由于水、土壤和食物中缺碘；散发性甲状腺肿多见于青春期、妊娠期和哺乳期，由于对碘的需求量增加而相对缺碘。

由于碘摄入不足，甲状腺素合成减少，通过负反馈机制，垂体TSH分泌增多，促使甲状腺滤泡上皮持续增生并合成大量甲状腺球蛋白；但由于缺碘，合成的甲状腺球蛋白不能充分碘化，致使大量胶样物质堆积在滤泡腔内，使滤泡扩张，甲状腺体积增大。

（2）致甲状腺肿因子的作用　①水中大量钙和氟可引起甲状腺肿，因其既可影响肠道碘的吸收，又可使甲状腺滤泡上皮细胞膜的钙离子增多，进而抑制甲状腺素的分泌，引起甲状腺肿。②硫氢酸盐、过氯酸盐等可妨碍碘向甲状腺聚集，进而影响甲状腺素的合成。③长期大量食用某些食物（如卷心菜、木薯、菜花等）可引起甲状腺肿，如卷心菜中的有机氰化物可影响碘化物的氧化，使甲状腺素合成受到影响，继而引起甲状腺代偿性增大。④久服某些药物（如对氨基水杨酸、磺胺类及硫脲类药物等）可妨碍甲状腺激素的合成和释放，导致血中甲状腺素减少，引起甲状腺肿大。

2. 病理变化　根据非毒性甲状腺肿的发展过程，一般分为三个时期。

（1）增生期　又称弥漫性增生性甲状腺肿（diffuse hyperplastic goiter）。肉眼观，甲状腺弥漫性、对称性中度增大，表面光滑无结节。镜下观，甲状腺滤泡上皮增生呈立方或低柱状，伴新生的小滤泡形成，滤泡内胶质含量少，间质充血。

（2）胶质贮积期 又称弥漫性胶样甲状腺肿（diffuse colloid goiter）。由于长期缺碘，滤泡上皮持续增生，合成大量甲状腺球蛋白不能碘化而以胶质堆积在滤泡腔内。肉眼观，甲状腺弥漫性、对称性显著增大，重达200～300g，表面光滑无结节，切面棕褐色，半透明胶冻状。镜下观，部分滤泡增生，部分滤泡扩张，腔内充满大量胶质，上皮因受压而变扁平（图10-2）。

（3）结节期 又称结节性甲状腺肿（nodular goiter）。由于甲状腺内不同部位滤泡上皮增生与复旧变化不一致，形成不规则结节。肉眼观，甲状腺不对称性、结节状增大，结节大小不一，切面结节分界清楚，但无完整包膜（图10-3）。部分区域由于生长过快，营养相对不足，可继发出血、囊性变或钙化。镜下观，滤泡大小不一，部分滤泡上皮呈柱状增生，可有乳头状形成，腔内充满胶质；部分滤泡上皮萎缩；间质纤维组织增生，包绕滤泡形成大小不等的结节状病灶。

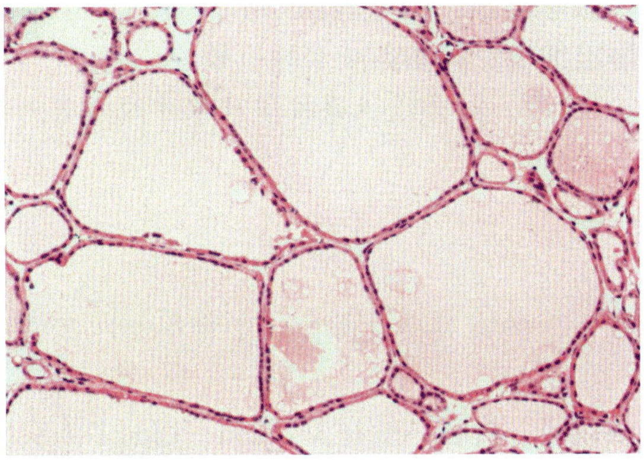

图10-2 弥漫性胶样甲状腺肿（镜下观，40×10，HE染色）

部分滤泡增生，甲状腺滤泡显著扩大，腔内充满胶质

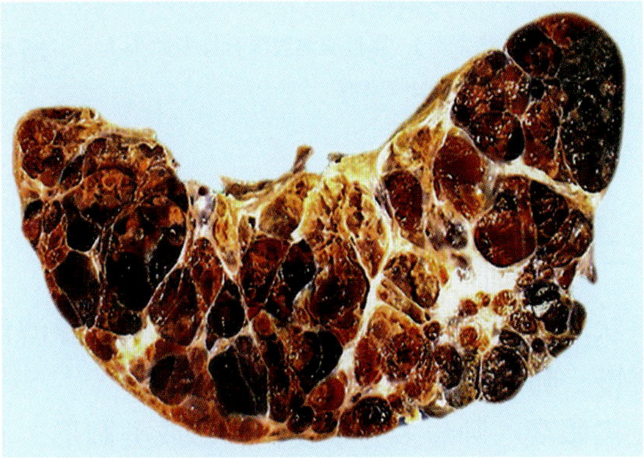

图10-3 结节性甲状腺肿（肉眼观）

甲状腺肿大，切面结节大小不等、分界清楚

考点： 甲状腺肿的病理变化

3. 临床病理联系 早期无临床症状；后期由于肿大的甲状腺压迫气管、食管和喉返神经，患者可出现呼吸困难、吞咽困难和声音嘶哑。一般无功能异常。

（二）弥漫性毒性甲状腺肿

弥漫性毒性甲状腺肿（diffuse toxic goiter）是指伴有甲状腺素分泌过多的甲状腺肿大。由于甲状腺素作用于全身各组织，引起相应的症状和体征，临床上称为甲状腺功能亢进症（hyperthyroidism），简称甲亢。因约有1/3的患者有眼球突出，故又称突眼性甲状腺肿（exophthalmic goiter）。多见于20～40岁女性，临床除甲状腺肿大外，基础代谢率、吸碘率，以及T_3、T_4均升高，神经兴奋性增高，表现出心悸、多汗、多食、消瘦、脉搏快、手震颤等症状。

1. 病因及发病机制 可能与自身免疫有关，因患者血中免疫球蛋白增高，并有多种抗甲状腺的自身抗体，有些抗体（如甲状腺刺激免疫球蛋白、甲状腺生长刺激免疫球蛋白）有类似TSH的作用，可引起甲状腺滤泡上皮增生、甲状腺素分泌过多，从而引起毒性甲状腺肿。本病患者多有家族史，提示可能与遗传有关。

2. 病理变化 肉眼观，甲状腺弥漫性、对称性肿大，体积可达正常的2～4倍，质地较软，切面灰红色，分叶状，胶质含量少，质似肌肉。镜下观：①滤泡上皮增生呈高柱状，有的呈乳头状突入滤泡腔内，也可见小滤泡形成。②滤泡腔内胶质稀少，靠近滤泡边缘有许多大小不一的吸收空泡。③间质血管丰富、充血，淋巴组织增生并可形成淋巴滤泡（图10-4）。病程长者，间质有纤维组织增生。

除甲状腺病变外，患者可有全身淋巴组织增生，胸腺和脾脏增大，心脏肥大、扩张，心肌和肝细

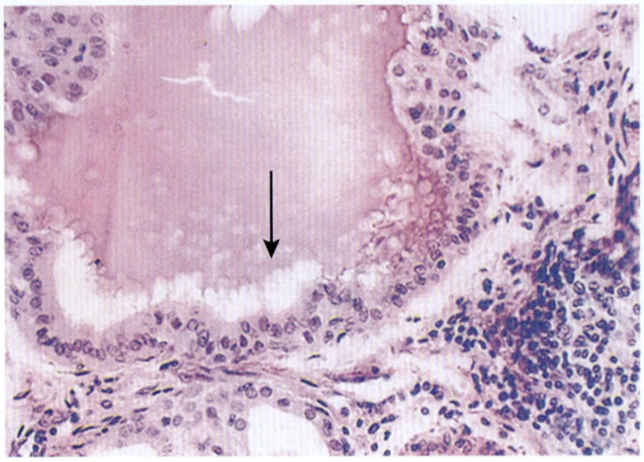

图 10-4 弥漫性毒性甲状腺肿（镜下观，40×10，HE染色）

滤泡上皮增生呈高柱状（↑），靠近滤泡边缘有许多大小不一的吸收空泡

胞可出现变性、坏死及纤维化，部分患者有眼外肌水肿、球后纤维脂肪组织增生。

考点：弥漫性毒性甲状腺肿的病理变化

3. 临床病理联系 临床上患者主要表现为甲状腺肿大、甲状腺功能亢进和眼球突出三大症状。

（1）甲状腺肿大 由甲状腺滤泡上皮增生所致。严重时，可出现压迫症状。

（2）甲状腺功能亢进 患者血中T_3、T_4升高，致使基础代谢率和中枢神经兴奋性增高，出现心悸、多汗、多食易饥、消瘦、脉搏加快、手震颤、易激动等症状。

（3）眼球突出 由眼外肌水肿、球后纤维脂肪组织增生、淋巴细胞浸润和黏液水肿所致。

考点：弥漫性毒性甲状腺肿的临床病理联系

三、甲状腺肿瘤

（一）甲状腺腺瘤

甲状腺腺瘤（thyroid adenoma）是甲状腺滤泡上皮发生的常见良性肿瘤。中青年女性多见，肿瘤生长缓慢，随吞咽活动上下移动。

1. 肉眼观 肿瘤多为单发，圆形或类圆形，有完整包膜，直径一般在3～5cm，切面多为实性，色暗红或棕黄，可并发出血、囊性变、钙化和纤维化，常压迫周围组织（图10-5）。

2. 镜下观 根据肿瘤组织形态学特点，可将甲状腺腺瘤分为以下几型。

（1）单纯型腺瘤 最多见。肿瘤包膜完整，肿瘤组织由大小较一致、排列拥挤、内含胶质、与成人正常甲状腺相似的滤泡构成（图10-6）。

图 10-5 甲状腺腺瘤（肉眼观）

肿瘤呈类圆形，有完整包膜；切面为实性，色棕黄

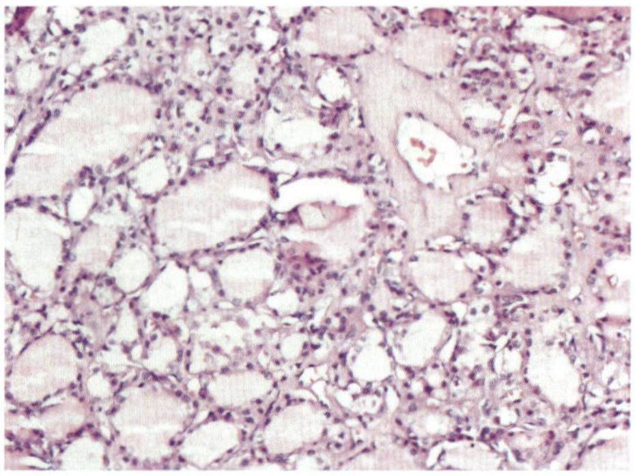

图 10-6 甲状腺腺瘤（镜下观，10×10，HE染色）

滤泡排列较紧密，腔内胶质丰富，滤泡上皮细胞大小一致

（2）胶样型腺瘤 肿瘤组织由大滤泡或大小不一的滤泡组成，滤泡内充满胶质，并可互相融合成囊。肿瘤间质少。

（3）胎儿型腺瘤 主要由小而一致、仅含少量胶质或没有胶质的小滤泡构成，上皮细胞为立方形，似胎儿甲状腺组织，间质呈水肿、黏液样，此型易发生出血、囊性变。

（4）胚胎型腺瘤 瘤细胞小，大小较一致，分化好，呈片状或条索状排列，偶见不完整的小滤泡，无胶质，间质疏松呈水肿状。

（5）滤泡性腺瘤　一般将单纯型腺瘤、胶样型腺瘤、胎儿型腺瘤、胚胎型腺瘤统归为滤泡性腺瘤。

（6）嗜酸性细胞腺瘤　较少见，瘤细胞大而多角形，核小，细胞质丰富并呈嗜酸性，内含嗜酸性颗粒。电镜下见嗜酸性细胞内有丰富的线粒体。瘤细胞排列成索网状或巢状，很少形成滤泡。

考点：甲状腺腺瘤的病变特点

链 接　结节性甲状腺肿与甲状腺腺瘤的鉴别要点

结节性甲状腺肿常为多发结节，无完整包膜；滤泡大小不一致，一般比正常大；周围甲状腺组织无压迫现象，与结节内病变相似。而甲状腺腺瘤一般单发，有完整包膜；滤泡一般较小，但大小一致；周围甲状腺组织有压迫现象，组织结构正常。

（二）甲状腺癌

甲状腺癌（thyroid carcinoma）是发生于甲状腺组织的恶性肿瘤，女性较多见。各型甲状腺癌的生长规律有很大差异，有的生长缓慢似腺瘤，有的短期内生长较快并浸润周围组织而引起临床症状；有的原发灶很小，而转移灶较大，首先表现为颈部淋巴结肿大而就诊。

1. 乳头状癌　是甲状腺癌最常见的类型，约占60%。可发生于儿童及青少年，30～40岁女性多见。肿瘤生长慢，恶性程度低，预后较好，但颈部淋巴结转移较早。肉眼观，肿瘤一般呈圆形，直径2～3cm，无包膜，质地较硬，切面灰白。肿瘤常伴有出血、坏死、纤维化、钙化和囊性变，囊腔内可见乳头。镜下观，癌细胞呈乳头状排列，乳头分支多，乳头中心血管丰富（图10-7）；间质内常见同心圆状钙化小体，即砂粒体，有助于诊断。

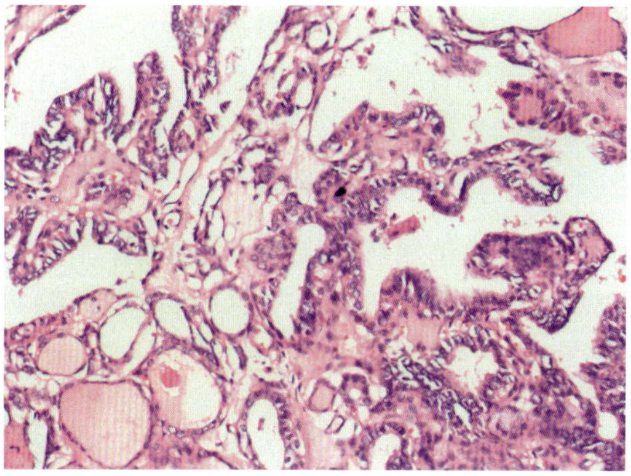

图10-7　甲状腺乳头状癌（镜下观，10×10，HE染色）
癌组织主要呈乳头状，乳头分支多，间质内见砂粒体形成

2. 滤泡癌　较常见，占甲状腺癌的20%～25%，多发生于40岁以上的女性。恶性程度较乳头状癌高，早期易发生血行转移，预后差。肉眼观，肿瘤呈结节状，包膜不完整，分界较清楚，切面灰白，质地较软。镜下观，滤泡分化程度不等，分化好的滤泡癌很难与腺瘤区别，须多处取材，应特别注意是否有包膜和血管侵犯加以鉴别；分化差的滤泡癌，癌细胞呈实性巢片状，异型性明显，滤泡少而且不完整。

3. 髓样癌　由滤泡旁细胞（即C细胞）发生的恶性肿瘤，属于胺前体摄取及脱羧系统细胞肿瘤（APUD瘤），占甲状腺癌的5%～10%。40～60岁为高发期，部分为家族性常染色体显性遗传。90%的肿瘤分泌降钙素，产生严重腹泻和低钙血症，有的还分泌其他多种激素和活性物质。肉眼观，肿瘤单发或多发，可有假包膜，切面灰白或黄褐色，质实而软。镜下观，癌细胞呈圆形或多边形，实性巢状、乳头状、滤泡状排列，间质常有淀粉样物质沉积。

4. 未分化癌　较少见，多发生于50岁以上，女性较多见。生长快，早期即可发生浸润和转移，恶性程度极高，预后差。肉眼观，肿瘤较大，形状不规则，无包膜，广泛浸润破坏，切面灰白，常有出血、坏死。镜下观，癌细胞大小、形态和染色深浅不一，核分裂象多见。

考点：甲状腺癌的类型及病理特点

第2节　糖　尿　病

糖尿病（diabetes mellitus）是由于体内胰岛素绝对不足或相对不足（靶细胞对胰岛素的敏感性降

低，或胰岛素本身存在结构上的缺陷）而引起糖、脂肪和蛋白质代谢紊乱的一种全身性慢性代谢性疾病，以持续血糖升高和糖尿为主要特征，故称糖尿病。临床上主要表现为多饮、多食、多尿和体重减轻（即“三多一少”），严重者出现酮症酸中毒、肢体坏疽，甚至失明和肾衰竭。本病的发病率不断升高，已成为世界性的常见病。

一、病因及发病机制

糖尿病按其病因分为原发性糖尿病（primary diabetes mellitus）和继发性糖尿病（secondary diabetes mellitus）两大类。原发性糖尿病多见，又分为胰岛素依赖型糖尿病和非胰岛素依赖型糖尿病两种。

（一）原发性糖尿病

1. 胰岛素依赖型糖尿病 又称1型糖尿病或幼年型糖尿病，约占10%，多见于青少年，起病急，病情重，进展快。其发病是在遗传易感性的基础上，由病毒感染或某些化学毒物所引起的自身免疫反应，使胰岛B细胞（也称胰岛β细胞）损伤，胰岛素分泌绝对不足，引起糖尿病。该型糖尿病患者血中胰岛素显著降低，易发生酮症酸中毒，治疗依赖胰岛素。

2. 非胰岛素依赖型糖尿病 又称2型糖尿病或成年型糖尿病，约占90%，起病缓慢，进展较慢。其发病可能与肥胖致胰岛素分泌相对不足有关，或组织对胰岛素不敏感而发病。另外，营养过剩、缺乏运动、手术、感染、妊娠及精神刺激等均可成为本病的诱因。

（二）继发性糖尿病

继发性糖尿病是指胰腺的炎症、肿瘤、坏死等已知疾病引起胰岛破坏或某些内分泌疾病（如肢端肥大症、甲状腺功能亢进症）影响胰岛的功能状态所致，此类少见。

医者仁心

中国科学家首次合成牛胰岛素

早在1955年，胰岛素的化学结构就被测定出来，但尚未合成人工胰岛素，不能快速转化为治疗糖尿病的药物治疗手段。那时我国没有任何蛋白质合成方面的经验，而且胰岛素合成涉及有机合成、化学与生物分析、生物活性等方面，工作量之大、难度之高前所未有。我国科学家们立志要攻下这个科学高峰，他们不辞辛苦，夜以继日，团结协作，不惧危险，终于首次人工合成结晶牛胰岛素，为世界医学进步做出了重大贡献。

二、病理变化

1. 胰岛病变 不同类型的糖尿病其病理变化不同。1型糖尿病早期为非特异性胰岛炎，继而胰岛B细胞颗粒脱失、空泡变性、坏死、消失，胰岛变小、数目减少，纤维组织增生、玻璃样变性。2型糖尿病早期病变不明显，后期胰岛B细胞减少，常见胰岛淀粉样变性。

2. 血管病变 糖尿病患者血管病变非常广泛，从毛细血管到大中动脉均有不同程度病变。毛细血管和细、小动脉的内皮细胞增生，基底膜明显增厚，致血管壁增厚、管腔狭窄，形成细、小动脉硬化，有的血管壁发生纤维蛋白样坏死。大、中动脉发生粥样硬化，比非糖尿病患者出现得早且严重，可能与糖尿病伴发高胆固醇血症有关。临床出现主动脉、冠状动脉、下肢动脉和脑动脉等粥样硬化，引起冠心病、心肌梗死、脑萎缩、肢体坏疽等。

3. 肾病变 肾小球毛细血管壁和系膜区出现玻璃样物质沉积，使毛细血管腔狭窄或闭塞，进而导致肾小球硬化。肾小管上皮细胞水肿，晚期肾小管萎缩。出现肾间质水肿、炎症细胞（淋巴细胞和浆细胞等）浸润、纤维化和肾乳头坏死等改变。

4. 视网膜病变 早期表现为微小血管瘤形成和视网膜小静脉扩张，继而出现水肿、出血、微血栓形成等病变。视网膜病变可造成白内障或失明。

5. 神经系统病变 血管病变引起周围神经缺血性损伤，患者出现肢体疼痛、麻木、感觉丧失、肌肉麻痹等症状。

6. 其他组织或器官病变 可出现皮肤黄色瘤、肝脂肪变性和糖原沉积、骨质疏松、糖尿病性外阴炎及化脓性或真菌性感染等。

考点：糖尿病的病理变化

三、临床病理联系

糖尿病的典型症状为“三多一少”，即多饮、多食、多尿和体重减轻。

1. 多尿 血糖过高，超过肾糖阈值而引起糖尿，造成渗透性利尿。

2. 多饮 多尿造成水分丢失过多，血浆渗透压升高，刺激下丘脑口渴中枢使患者产生口渴感。

3. 多食 糖代谢障碍，引起脂肪和蛋白质分解代谢加强，以及血糖过高刺激胰岛素分泌，使患者产生饥饿感和食欲亢进。

4. 体重减轻 糖代谢障碍、ATP生成减少和负氮平衡导致患者消瘦、体重减轻和疲乏无力。

糖尿病需终身治疗，有效的治疗可延缓病情的发展。晚期患者常因心肌梗死、肾衰竭、脑血管意外或合并感染而死亡。

考点：糖尿病的临床病理联系

链 接 糖尿病的健康教育

糖尿病的健康教育包括糖尿病防治专业人员的培训、医务人员的继续医学教育、患者及其家属和公众的卫生保健教育。应对患者和家属耐心宣教，使其认识到糖尿病是终身疾病，治疗需持之以恒，了解糖尿病的基础知识和治疗控制要求，学会正确使用便携式血糖计测血糖，掌握服用降血糖药物的注意事项，学会胰岛素注射技术，进行科学体育锻炼和饮食控制，养成良好生活作息习惯，并在医务人员指导下长期坚持合理治疗，坚持随访，按需调整治疗方案。

自 测 题

一、名词解释

桥本甲状腺炎　突眼性甲状腺肿　砂粒体　糖尿病

二、填空题

1. 弥漫性非毒性甲状腺肿病理变化分为________、________、________三个时期。
2. 甲状腺癌的病理类型包括________、________、________、________。

三、单项选择题

1. 下列哪项是桥本甲状腺炎
   A. 急性甲状腺炎
   B. 亚急性甲状腺炎
   C. 慢性淋巴细胞性甲状腺炎
   D. 纤维性甲状腺炎
   E. 单纯性甲状腺肿
2. 关于慢性淋巴细胞性甲状腺炎的叙述，下列哪项错误
   A. 自身免疫性疾病
   B. 中年女性多见
   C. 甲状腺弥漫性对称性肿大
   D. 间质大量巨噬细胞浸润
   E. 甲状腺实质细胞广泛破坏
3. 关于弥漫性非毒性甲状腺肿的叙述，下列哪项错误
   A. 地方性甲状腺肿是由土壤中缺碘所致
   B. 增生期滤泡上皮呈立方状，小滤泡形成
   C. 胶质贮积期滤泡上皮呈柱状，滤泡充满胶质
   D. 结节期纤维组织增生，分隔滤泡组织形成不规则结节
   E. 食盐加碘是预防本病的重要措施
4. 关于弥漫性毒性甲状腺肿的叙述，下列哪项错误
   A. 属于自身免疫性疾病
   B. 甲状腺弥漫性对称性肿大
   C. 甲状腺滤泡上皮呈立方状

D. 滤泡腔内胶质稀薄，可见吸收空泡
E. 患者有甲状腺功能亢进和眼球突出表现
5. 关于甲状腺腺瘤的叙述，下列哪项错误
A. 中年男性多见　B. 肿瘤多单发
C. 圆形或类圆形　D. 包膜完整
E. 切面实性，暗红或棕黄色
6. 关于甲状腺乳头状癌的叙述，下列哪项错误
A. 甲状腺癌的最常见类型
B. 女性多见
C. 生长慢，恶性程度较低
D. 颈部淋巴结转移少见
E. 砂粒体有助于诊断
7. 关于甲状腺癌的叙述，下列哪项错误
A. 肿瘤包膜不完整
B. 常有坏死、出血，囊性变
C. 滤泡癌血行转移少见
D. 髓样癌可分泌降钙素
E. 乳头状癌可较早发生颈部淋巴结转移
8. 关于糖尿病病理变化的叙述，下列哪项错误
A. 2型糖尿病胰岛B细胞变性坏死
B. 血管病变广泛
C. 毛细血管基底膜增厚
D. 细动脉发生玻璃样变性
E. 大、中动脉发生粥样硬化
9. 关于糖尿病的临床表现，下列哪项错误
A. 主要特征是高血糖和糖尿
B. 主要临床表现是多饮、多食、多尿和体重减轻
C. 2型糖尿病主要发生于青少年
D. 1型糖尿病对胰岛素治疗敏感
E. 合理饮食，坚持运动，有效控制血糖
10. 甲状腺癌最常见的类型是
A. 乳头状癌　B. 滤泡癌
C. 髓样癌　D. 实性癌
E. 未分化癌

四、简答题

1. 弥漫性非毒性甲状腺肿与弥漫性毒性甲状腺肿有何不同?
2. 缺碘为何能引起甲状腺肿大?

（陈振华）

第11章 传染病及寄生虫病

学习目标

1. 素质目标　培养勇于担当、甘于奉献的家国情怀。

2. 知识目标

（1）掌握　结核病的基本病理变化和转化规律，原发性肺结核和继发性肺结核的病变特点和临床病理联系，细菌性痢疾、伤寒的病理变化和临床病理联系，细菌性痢疾、伤寒、肠结核的区别。

（2）熟悉　结核病、伤寒、细菌性痢疾、流行性脑脊髓膜炎、流行性乙型脑炎、尖锐湿疣、淋病、梅毒、艾滋病、血吸虫病的病因。

（3）了解　结核病、伤寒、细菌性痢疾、流行性脑脊髓膜炎、流行性乙型脑炎、尖锐湿疣、淋病、梅毒、艾滋病、血吸虫病的发病情况。

3. 能力目标　能应用病理知识，对大众进行传染病的健康教育。

传染病（infectious disease）是由各种病原体引起的能在人与人、动物与动物或人与动物之间相互传播的一类疾病。传染病在人群中发生和流行必须同时具备传染源、传播途径和易感人群三个因素。传染病的病原体主要是细菌、病毒等微生物，还有一部分是寄生虫。由寄生虫引起者也称寄生虫病。天花、霍乱、鼠疫、脊髓灰质炎等传染病曾严重危害人类的健康。随着一些疾病的疫苗相继研究成功，基因诊断技术和有效抗生素在临床治疗中的广泛应用，某些传染病得到了极大的控制甚至被消灭。但近几年来，由于种种原因，一些被控制的传染病又死灰复燃，如结核病、梅毒、淋病等；而一些新发传染病（如甲型H1N1流感、H7N9型禽流感等）的出现，使人类健康再次面临严重的威胁。

第1节　结　核　病

一、概　述

结核病（tuberculosis）是由结核杆菌引起的一种慢性肉芽肿性炎症性疾病。可侵及全身多种组织器官，以肺结核最为常见。其病变特征为结核结节形成并伴有不同程度的干酪样坏死。临床以低热、盗汗、消瘦、乏力等全身症状和咳嗽、咯血等呼吸系统表现为主。

结核病曾威胁整个世界，由于有效抗结核药物的发明和应用，其流行曾一度有下降趋势。但是近年来，由于耐药结核菌的产生和扩散，结核菌和人体免疫缺陷病毒的双重感染，以及结核病控制制度的不完善，结核病疫情又有所上升。因此，对结核病的控制已成为全球最紧迫的公共卫生问题之一。

考点：结核病的病因及传播途径

（一）病因、传播途径及发病机制

1. 病因　病原菌为结核杆菌，抗酸染色呈红色或橘红色（图11-1）。在干痰中能存活6～8个月，对紫外线、乙醇、湿热的抵抗力弱。

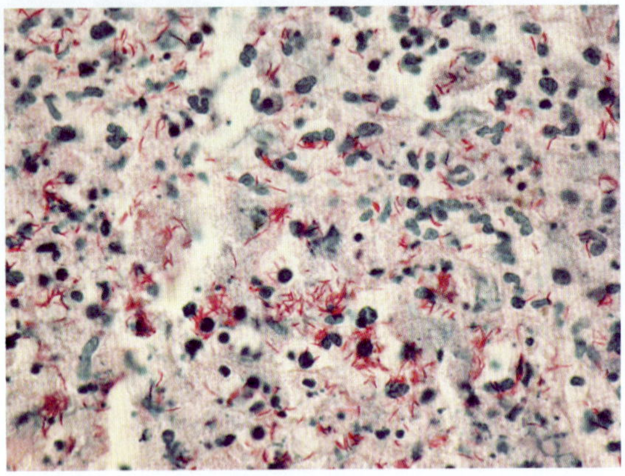

图11-1 结核杆菌（镜下观，40×10，抗酸染色）
结核杆菌被染成橘红色，呈小杆状

2. 传播途径 结核病主要经呼吸道传染，肺结核（尤其是空洞性肺结核）患者是主要传染源。结核病患者在说话、咳嗽和打喷嚏时，从呼吸道排出的含结核杆菌的微滴（其中直径小于5μm的微滴可进入肺泡），被健康人吸入可引起肺结核。经消化道和皮肤等其他传播途径传染罕见。

3. 发病机制 结核杆菌的致病性与其荚膜、脂质和蛋白质有密切关系。荚膜可以抵抗吞噬细胞的吞噬。脂质和蛋白质可促使单核细胞增生形成结核结节，激发机体产生迟发型超敏反应，引起组织坏死和全身中毒症状。

结核病的免疫以细胞免疫为主，同时也出现超敏反应。侵入机体的结核杆菌可被巨噬细胞吞噬，细菌的脂质可抵抗溶菌酶的溶解而继续繁殖，巨噬细胞遭到破坏，释放大量的结核杆菌在肺泡引起炎症，而少量的结核杆菌进入血液向全身扩散。结核杆菌还可使T细胞致敏，当致敏的淋巴细胞再次接触结核杆菌时，可释放多种淋巴因子，使巨噬细胞聚集在细菌周围，吞噬杀灭细菌，并转化成上皮样细胞，后者形成多核巨细胞，即朗汉斯（Langhans）巨细胞。细菌中的脂质可抑制蛋白酶对组织的溶解，使病灶组织溶解不完全，形成干酪样坏死。

机体对结核杆菌的反应取决于感染菌的毒力、数量和机体的抵抗力。当菌量多，毒力强，机体抵抗力低，超敏反应强时，病灶以渗出和坏死为主，局部病变恶化。当菌量少，毒力弱，机体抵抗力强时，病灶以增生为主，形成具有诊断意义的结核结节，疾病向好转、痊愈方向发展。

（二）基本病理变化

1. 渗出为主的病变 在结核病的早期或当机体抵抗力低下，感染的菌量多、毒力强或超敏反应较强时，常发生渗出为主的病变。多发生在疾病早期或病变恶化时，表现为浆液性或浆液纤维蛋白性炎。此期好发于肺、浆膜、滑膜、脑膜等部位，病灶组织充血、水肿，白细胞浸润。病变早期以中性粒细胞为主，很快被巨噬细胞取代。渗出物可完全被吸收，病变也可向增生或坏死方向转变。

2. 增生为主的病变 当机体抵抗力较强，感染的菌量少、毒力弱时，常发生增生为主的病变。此期形成结核病的特征性病理变化即结核结节（tubercle）。肉眼观，单个结核结节不易看见，几个结节融合成较大结节时才能见到，这种融合结节呈圆形，稍隆起于器官表面，界线清楚，粟粒大小，呈黄白色。镜下观，典型的结核结节中央是干酪样坏死，周围为上皮样细胞、朗汉斯巨细胞，外周为淋巴细胞和成纤维细胞（图11-2）。吞噬结核杆菌的巨噬细胞逐渐转化为上皮样细胞，呈梭形或多角形，边界不清，胞质丰富淡染，核呈圆形或椭圆形，染色质少，核内有1～2个核仁。多个上皮样细胞可融合或核分裂而胞质不分裂形成朗汉斯巨细胞，该细胞体积大，胞质丰富，核数目多少不等，排列在胞质周围呈花环状、马蹄状或聚集在胞体一侧（图11-3）。

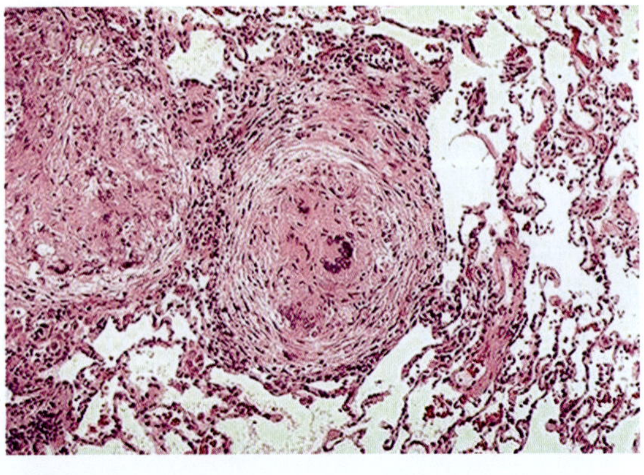

图11-2 结核结节（镜下观，10×10，HE染色）
结核结节呈圆形或卵圆形，中央有轻微的干酪样坏死，周围见上皮样细胞和朗汉斯巨细胞

3. 变质为主的病变 当机体抵抗力低下，感染的菌

量多、毒力强或超敏反应强时，常发生变质为主的病变，可发生在渗出或增生性病变的基础上。强烈的超敏反应导致组织细胞变性、坏死。但细菌的某些菌体成分使坏死组织不被炎症细胞释放的蛋白溶解酶溶解，从而形成凝固性坏死。肉眼观，坏死组织因脂质多而呈淡黄色，细腻均匀，质地较实，状似奶酪，称为干酪样坏死。干酪样坏死对结核病病理诊断具有一定的意义。镜下观，坏死组织为红染无结构的颗粒状物（图11-4）。

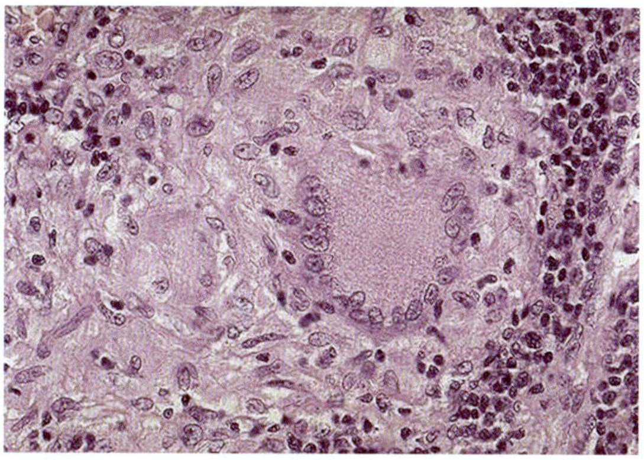

图11-3 朗汉斯巨细胞（镜下观，40×10，HE染色）
细胞体积大，核排列成花环或马蹄状，数目不等，细胞质丰富淡染

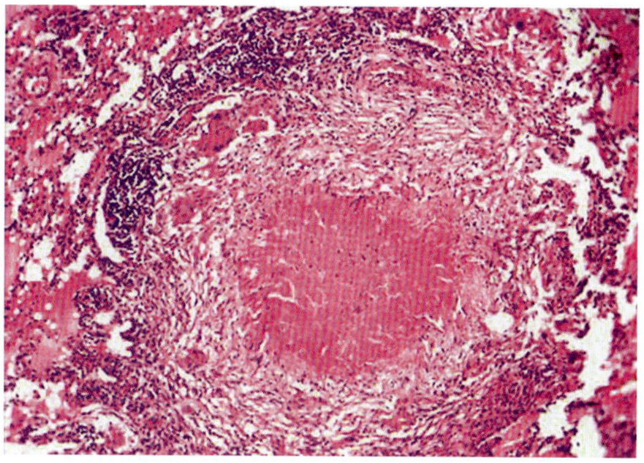

图11-4 干酪样坏死（镜下观，10×10，HE染色）
结节中央的干酪样坏死物红染，无结构，呈细颗粒状

干酪样坏死灶内含有结核杆菌，可随液化的坏死物排出，造成病菌播散而致病情恶化或疾病传播。

以上三种病变往往同时存在，但以某一种为主，可相互转化，构成了结核病的复杂性和难治性。

考点：结核病的基本病理变化

（三）转归

1. 转向愈合

（1）吸收消散　是渗出性病变的主要愈合方式，渗出性病变可经附近的淋巴管、微静脉吸收，病灶缩小或消散。小的干酪样坏死及小范围的增生性病变也可被吸收、消散或缩小。肺结核病时，X线检查呈云雾状阴影，边缘模糊，密度不均。随着渗出物的吸收，阴影逐渐缩小，甚至完全消失。

（2）纤维化、钙化　增生性病变转向愈合时，结节周围的上皮样细胞转变为成纤维细胞，长入结核结节中，结节纤维化，较小的干酪样坏死灶也可通过纤维化而愈合。X线检查显示，纤维化的病灶为边缘清楚、密度增高的条索状阴影。较大的干酪样坏死灶中的坏死物被病灶周围增生的纤维组织包裹，继而坏死物逐渐干燥或有钙盐沉积而钙化。X线检查，钙化灶为边缘清楚，密度明显增高的斑点或斑块状阴影。完全纤维化和钙化的病灶内无结核杆菌存活。被包裹的病灶中尚可有少量细菌存活，表现为临床痊愈，但当机体免疫力下降时，可复发。

2. 转向恶化

（1）浸润进展　疾病恶化进展时，在原有病灶的周围发生渗出性病变，病灶逐渐扩大，继发干酪样坏死。X线检查显示，原发病灶周围出现边缘模糊的絮状阴影。

（2）溶解播散　干酪样坏死可液化，液化的坏死物可通过自然管道排出，而在局部留下空洞。肺结核病时，X线检查见空洞为大小不等、形态不规则的透亮区。液化的干酪样坏死物内有大量的结核杆菌，可通过自然管道播散到其他部位，形成新的结核病灶，还可通过淋巴管和血液播散到全身，引起全身多个器官的结核病。

考点：结核病的转归

链 接 结核菌素试验

结核菌素试验又叫PPD试验。PPD称为结核菌素纯蛋白衍化物，是一种从结核菌中提取的分泌性蛋白质。将5IU PPD注入皮内（左前臂掌侧前1/3中央），以72小时为观察反应时间，48～96小时内皆可测量反应，记录方法是用测得的硬结横径毫米数×纵径毫米数表示，如有水泡、硬结、坏死和淋巴结炎时，应记录。

阴性反应：无反应或硬结平均直径＜5mm者。

阳性反应：硬结平均直径≥5mm。5～＜10mm为一般阳性；10～＜15mm为中度阳性；≥15mm或局部出现双圈、水泡、出血、坏死及淋巴管炎者均为强阳性，表明机体可能感染了结核杆菌且正在活动期，此时应行进一步检查如痰培养、痰找抗酸杆菌、气管镜活检等明确是否患有结核病。

二、肺 结 核

案例11-1

患儿，男，1岁零5个月。因发热20余天就诊。20余天前无明显诱因低热，纳差，活动少，盗汗明显。近2天轻咳，在当地给抗生素治疗无明显效果。二便基本正常。体检：体温37.7℃，脉搏105次/分，呼吸36次/分，体重7.5kg，神清，呼吸平稳，浅表淋巴结不大，营养欠佳，贫血貌，双肺呼吸音清，心率112次/分，律齐，未闻及杂音。腹软，肝、脾肋下未触及。四肢肌张力正常。辅助检查：肝、肾功能正常。血常规：白细胞9.5×10^9/L，红细胞2.7×10^{12}/L，血红蛋白80g/L，血小板255×10^9/L。二便常规正常。全胸片：双肺门影增浓。PPD试验（+）。

诊断：肺门淋巴结结核。

问题： 1. 患儿为何种疾病？有哪些诊断依据？

2. 用病理知识解释相应临床症状。

肺结核是指发生在肺组织、气管、支气管和胸膜的结核，包括肺实质的结核、气管、支气管结核和结核性胸膜炎，占各器官结核病总数的80%～90%。

（一）原发性肺结核

原发性肺结核病是指机体初次感染结核杆菌所发生的肺结核病。常见于儿童，偶见于未感染过结核杆菌的青少年或成人。

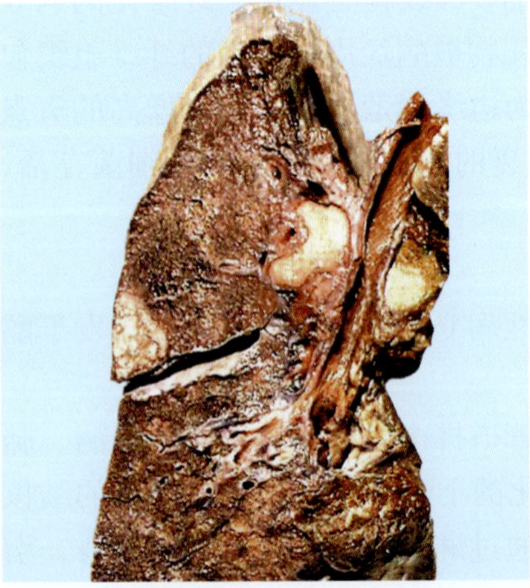

图11-5 肺结核原发综合征（肉眼观）
原发灶位于右肺上叶下部肺膜下，肺门淋巴结肿大并发生干酪样坏死，气管旁淋巴结已受累

1. 病理变化 结核杆菌被吸入肺泡后，在通气较好的上叶下部或下叶上部靠近胸膜处形成渗出性原发病灶，病灶呈圆形或卵圆形，大小多在1.0～1.5cm，色灰白，大部分病灶中央发生干酪样坏死。体内的结核杆菌可迅速侵入淋巴管，并随淋巴液引流到达所属肺门淋巴结，引起结核性淋巴管炎和淋巴结结核，表现为肺门淋巴结肿大和干酪样坏死。肺的原发病灶、结核性淋巴管炎和肺门淋巴结结核称为原发综合征（primary complex），为原发性肺结核病的特征性病变（图11-5），X线检查呈哑铃状阴影。

考点：原发综合征的概念及病变特点

2. 临床病理联系 原发性肺结核病的临床症状轻微，常无明显的体征，多数患儿仅表现结核菌素试验阳性。少数病变较重者可出现食欲减退、潮热和盗汗等中毒症状，但很少有呼吸道症状。

3. 转归 由于机体细胞免疫的建立，大多数的病灶可完全吸收或发生纤维化和钙化。少数患儿由于营养不良或同时患有其他传染病，病灶扩大，结核杆菌可通过淋巴、血液和支气管播散，引起粟粒性肺结核病或全身粟粒性结核病。

（二）血行播散性肺结核

血行播散性肺结核包括急性、亚急性和慢性三种类型。结核杆菌在短时间内一次或者反复多次大量侵入肺静脉经血液播散至双侧肺，引起急性血行播散性肺结核。表现为肺内均匀分布的大小、密度一致、灰白色、圆形、界线清楚的小结节（图11-6）。镜下主要为增生性病变，偶尔出现渗出、坏死为主的病变。亚急性和慢性血行播散性肺结核为结核杆菌间歇入血所致。病变弥漫分布于两肺的上中部，病灶大小不一、密度不等，小的如粟粒大小，大的直径可达数厘米，可有融合。

图11-6　急性血行播散性肺结核（肉眼观）
肺脏各叶散在分布均匀的黄白色的圆形病灶，分界清楚

（三）继发性肺结核

继发性肺结核病是指机体再次感染结核杆菌所引起的肺结核病，多见于成人。当机体免疫力下降时，体内原有的潜伏性结核病灶活动形成内源性再感染。也可见于外界结核杆菌再次侵入肺内发病形成外源性感染。继发性肺结核反复迁延进展者可出现肺毁损，毁损肺组织体积缩小，其内多发纤维厚壁空洞、继发性支气管扩张，或伴有多发钙化等，邻近肺门和纵隔结构牵拉移位，胸廓塌陷，胸膜增厚粘连，其他肺组织出现代偿性肺气肿和新旧不一的支气管播散病灶等。根据病变特点和临床经过，继发性肺结核可分为以下几种类型。

考点：继发性肺结核病的类型和病变特点

图11-7　浸润性肺结核（肉眼观）
病灶位于肺尖部，为渗出性病变，分界不清楚，可见结核结节

1. 浸润性肺结核　是临床最常见的活动性肺结核，病灶以渗出为主，伴有不同程度的干酪样坏死（图11-7）。X线显示锁骨下边缘模糊的絮状阴影。临床常有低热、疲乏、盗汗、咳嗽和咯血等症状，痰中可查出结核杆菌。早期及时合理治疗，多可吸收、纤维化和钙化而愈合。如病情进展恶化，则干酪样坏死不断扩大，坏死物经支气管排出，形成急性空洞。急性空洞大小不一、形状不规则，壁薄，洞壁坏死层内含有大量的结核杆菌，经支气管播散引起干酪性肺炎。急性空洞经治疗后，肉芽组织增生，形成瘢痕组织而愈合。如果空洞经久不愈，洞壁增厚，病灶广泛纤维化，随着机体免疫力的波动，病灶修复、恶化交替发生，发展为纤维空洞性肺结核。

2. 空洞性肺结核　空洞大小不等、形状不规则，多为干酪渗出病变溶解形成洞壁不明显、多个空腔的虫蚀样空洞；伴周围浸润病变的薄壁空洞，当引流支气管出现炎症伴阻塞时，可形成薄壁的张力性空洞。

3. 纤维空洞性肺结核　是成年人慢性肺结核的常见类型。由于痰中常含有结核杆菌，是重要的传染源，故又称开放性肺结核。病变有以下特点：①形成数个大小不等、形状不一的厚壁空洞，壁厚可达1cm，多位于肺上叶（图11-8）。镜下观，洞壁由内向外分为三层：内层为干酪样坏死物，内含大量的结核杆菌；中层为结核性肉芽组织；外层为纤维结缔组织（图11-9）。②空洞内的干酪样坏死物液化后通过支气管播散，广泛破坏肺组织，形成新旧不一、大小不等、病变类型不同的病灶，尤以肺下叶多见。病灶越往下越新鲜。③晚期肺组织广泛破坏，纤维组织大量增生，胸膜增厚并与胸壁粘连，肺叶或全肺收缩，肺功能严重受损甚至丧失。

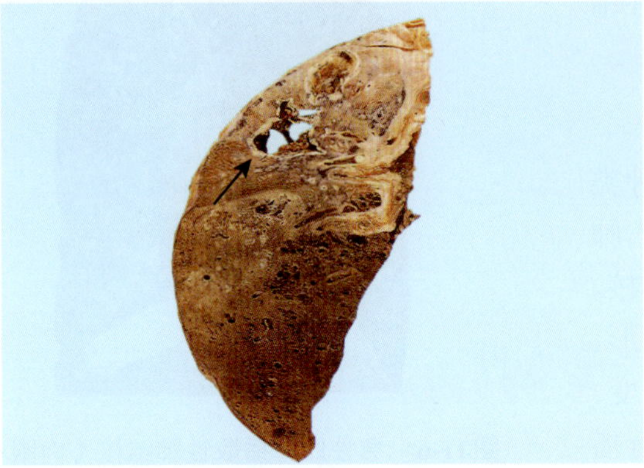

图11-8 纤维空洞性肺结核（肉眼观）
右肺上叶可见一不规则的厚壁空洞（↑）

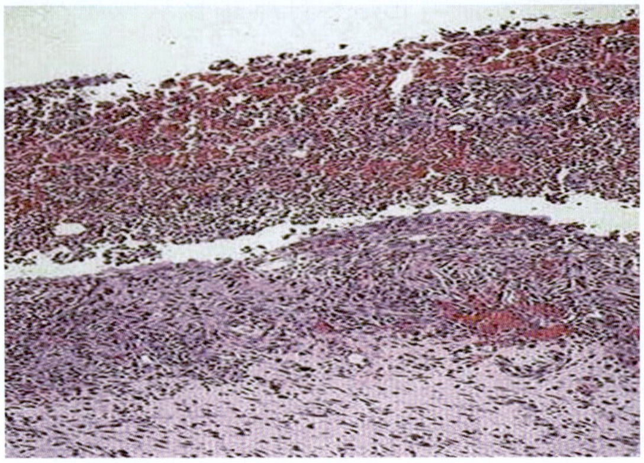

图11-9 纤维空洞性肺结核（镜下观，10×10，HE染色）
洞壁由内（上）向外（下）分为三层：内层为干酪样坏死物，中层为结核性肉芽组织，外层为纤维结缔组织

若干酪样坏死侵蚀到洞壁内的大血管，引起大咯血，可发生失血性休克，有时可因血凝块阻塞大气道引起窒息而死亡。空洞可突破胸膜引起气胸或脓气胸。严重者可因肺组织广泛纤维化导致肺动脉高压，引起慢性肺源性心脏病。带菌的痰液经咳出可引起喉结核，咽下则可引起肠结核。经临床有效治疗后，较小的空洞可通过纤维组织增生、收缩而闭塞。大的空洞，内壁的坏死组织脱落，肉芽组织逐渐被纤维瘢痕组织取代，表面再由支气管上皮增生覆盖，此时，空洞仍存在，但无结核杆菌，已属愈合，称为开放性愈合。

4. 干酪性肺炎 此型结核病病情危重，可由浸润性肺结核恶化而来，或由急、慢性空洞内的细菌经支气管播散所致。按病变范围可分为小叶性和大叶性干酪性肺炎。结核杆菌引起过强的超敏反应，使病灶发生大片干酪样坏死，病情呈急性进展，出现严重的毒性症状。肉眼观，病变肺叶实变，有灰黄色干酪样坏死（图11-10）。镜下观，肺内广泛干酪样坏死，肺泡腔内有大量浆液纤维蛋白性渗出物。大叶性干酪性肺炎影像呈大叶性密度均匀磨玻璃状阴影，逐渐出现溶解区，呈虫蚀样空洞，可出现播散灶。

5. 结核球 为纤维包裹孤立的干酪样坏死灶，多位于肺上叶，一般为单个，呈球形，界线清楚，直径2～5cm（图11-11）。可由浸润性肺结核的干酪样坏死灶或多个融合在一起的小型干酪样坏死灶经纤维组织包裹形成，也可因引流的支气管阻塞，空洞被干酪样坏死物填充而形成。由于有纤维包膜的存在，抗结核药难以进入病灶发挥作用，可恶化播散，临床多采取手术切除。X线检查上需与周围型肺癌鉴别。

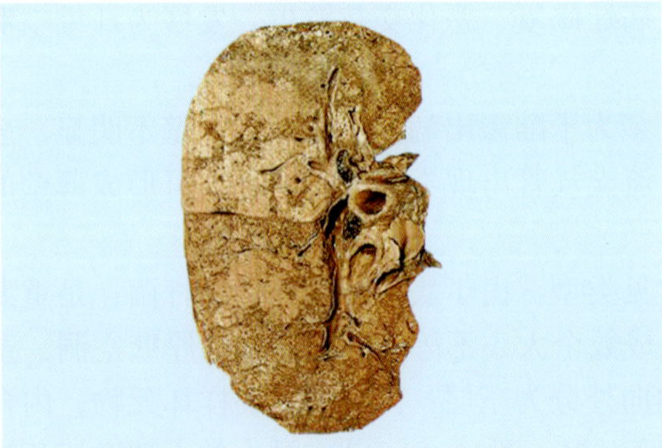

图11-10 干酪性肺炎（肉眼观）
病灶不规则片块状分布，呈黄白色，有干酪样坏死

图11-11 肺结核球（肉眼观）
左肺上叶有一巨大黄白色病灶，呈球形，边界清楚

（四）结核性胸膜炎

1. 湿性结核性胸膜炎　也称渗出性结核性胸膜炎，此型较常见，多见于青年人。由肺内的原发病灶或肺门淋巴结病灶中的结核杆菌播散至胸膜所致，病变广泛，一般累及病变肺的同侧胸膜。病变主要表现为浆液纤维蛋白性炎，可形成胸腔积液，有时伴有大量红细胞漏出而呈血性。经有效治疗后，渗出液一般可吸收。如渗出物中纤维蛋白较多，则不易吸收，可发生机化造成胸膜粘连和增厚。

2. 干性结核性胸膜炎　也称增生性结核性胸膜炎。由肺结核病灶直接向胸膜蔓延所致，病变局限，常发生于肺尖。病变以增生为主，少有胸腔积液。一般可通过纤维化而愈合。

（五）气管、支气管结核

气管、支气管结核指发生在气管、支气管的黏膜、黏膜下层、平滑肌、软骨及外膜的结核病，是结核病的特殊临床类型。主要表现为气管或支气管壁不规则增厚、管腔狭窄或阻塞，狭窄支气管远端肺组织可出现继发性不张或实变、支气管扩张及其他部位支气管播散病灶等。依据支气管镜下改变及组织病理学特征，分为Ⅰ型（炎症浸润型）、Ⅱ型（溃疡坏死型）、Ⅲ型（肉芽增殖型）、Ⅳ型（瘢痕狭窄型）、Ⅴ型（管壁软化型）和Ⅵ型（淋巴结瘘型）。

医者仁心

中国结核病防治事业开拓者吴绍青

吴绍青（1895—1980），安徽巢县（今巢湖市）人，中国结核病防治事业先驱、著名呼吸病学专家，著名医学教育家、国家一级教授。吴绍青教授为我国结核病防治事业做出了重要贡献，他说："如果我国结核病得到控制，我便不虚此生。"他首次提出"重点检查、查出必治、治必彻底"的结核病防治工作12字方针，创立我国第一个肺病中心诊所、第一个肺科教研室、第一个肺功能实验室；首次成功研制国产异烟肼，并首先研究异烟肼耐药性与致病力的关系，为我国结核病防治事业奉献终身。

原发性肺结核与继发性肺结核存在许多不同的特征，其区别见表11-1。

表11-1　原发性肺结核与继发性肺结核的区别

区别点	原发性肺结核	继发性肺结核
结核杆菌感染	初次	再次
发病人群	儿童	成人
特异性免疫力	无	有
起始病灶	上叶下部、下叶上部，靠近肺膜处	肺尖部
病变性质	以渗出和坏死为主	以肉芽肿形成和坏死为主
病理特征	肺原发综合征	病变多样，新旧并存，较局限，常有空洞
播散方式	淋巴、血液	支气管
病程	短，大多自愈	长，波动性，需积极治疗

三、肺外结核

肺外结核，除淋巴结结核是由淋巴播散所致、消化道结核可由咽下的食物或痰液直接感染、皮肤结核可通过损伤的皮肤感染外，其他各组织器官的结核病，多为原发性肺结核经血行播散所致。

（一）肠结核

肠结核分为原发性和继发性两型。原发性主要是由于饮用含结核杆菌的乳制品而致病，多见于小儿。可形成肠原发综合征：肠的原发性结核病灶、结核性淋巴管炎和肠系膜淋巴结结核。大多数肠结核继发于活动性空洞性肺结核病，由咽下大量含菌痰液所致。病变好发于回盲部，依病变特点的不同分为两型。

1. 溃疡型 此型较多见，结核杆菌侵入肠壁淋巴组织，形成结核结节，继而发生干酪样坏死并融合，黏膜处破溃形成溃疡。由于肠壁淋巴管呈环形分布，肠结核溃疡长径多与肠腔长轴垂直。溃疡边缘不规则，深浅不一，有时可达肌层或浆膜层。溃疡底部是干酪样坏死，其下为结核性肉芽组织（图11-12）。

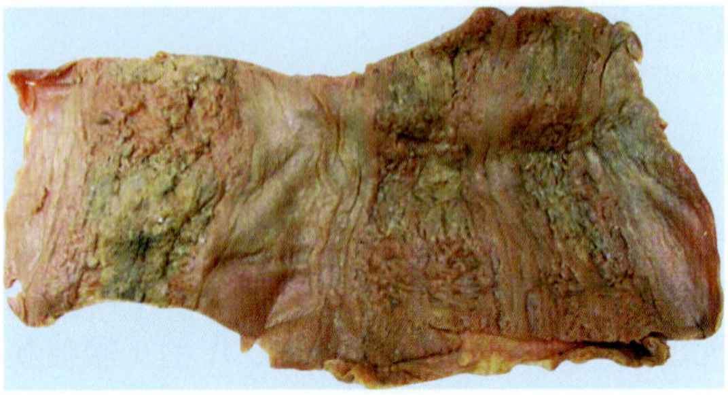

图11-12 溃疡型肠结核（肉眼观）
肠黏膜面有多个溃疡形成，溃疡的长轴与肠管长轴垂直

在病变修复过程中，大量纤维组织增生和瘢痕形成，使肠壁收缩变形而致肠腔狭窄。临床上常有腹痛、腹泻、营养障碍和结核中毒症状。溃疡边缘与基底的血管多有闭塞性动脉内膜炎，故出血少见。

2. 增生型 较少见，病变特征是大量结核性肉芽组织增生使肠壁局限性增厚和变硬，常见瘤样肿块突入肠腔引起狭窄和慢性不完全低位肠梗阻。右下腹可触及包块，临床需与肠癌相鉴别。

考点： 肠结核的类型和病变特点

（二）结核性腹膜炎

结核性腹膜炎多见于青少年，感染途径以腹腔内结核病灶直接蔓延为主，肠系膜淋巴结结核、输卵管结核、肠结核为常见的直接原发病灶。可分为干性、湿性和混合性，以混合性多见。

湿性结核性腹膜炎病变特点表现为大量浆液渗出，导致腹水，腹水为渗出液，呈草黄色，有时可为淡血性，偶见乳糜性腹水。干性结核性腹膜炎为大量纤维蛋白渗出，腹膜和肠系膜明显增厚，有结核结节形成。肠袢之间、肠管与其他邻近脏器粘连在一起，可发生肠梗阻，患者常出现腹腔包块和触诊时腹壁有柔韧感。两种病变同时存在即为混合性，临床上此型较多见。

考点： 结核性腹膜炎的病变特点

（三）结核性脑膜炎

结核性脑膜炎多见于儿童，主要由结核杆菌血行播散而来。在成人，还可见于骨关节结核和泌尿生殖系统结核病经血行播散至脑膜所致。部分患者可因脑实质结核病灶破溃，结核杆菌直接蔓延至脑膜而发病。

病变以脑底部最明显。肉眼观，脑膜充血，脑回变平，蛛网膜下腔积聚大量灰黄色浑浊而黏稠渗出物（图11-13）。镜下观，蛛网膜下腔可见由纤维蛋白、巨噬细胞、淋巴细胞组成的炎性渗出物，常见干酪样坏死，脑室脉络丛及室管膜偶见细小的灰白色结核结节。常有脑膜刺激征和颅内压增高的表现。脑脊液内可找到结核杆菌。渗出物机化后可使蛛网膜粘连，堵塞第四脑室中孔和外侧孔，影响脑脊液循环，引起脑积水。临床上可有头痛、喷射性呕吐等颅内高压的症状。

考点： 结核性脑膜炎的病变特点

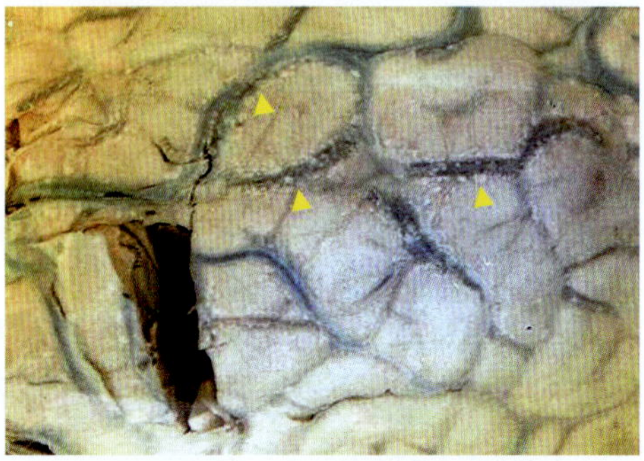

图11-13 结核性脑膜炎（肉眼观）
脑膜表面覆盖大量的黄白色渗出物，脑沟被渗出物充填而模糊不清（▲）

（四）泌尿系统结核病

肾结核常见于20～40岁男性，多为单侧性。主要由结核杆菌经血行播散而来，病变大多起于皮质和髓质交界处或肾乳头内。早期为肾皮质内多发性结核结节。随着病变的进展，早期的结核性肉芽肿发展为干酪样坏死，病灶侵入肾髓质并相互融合，干酪样坏死物从肾乳头处破入肾盂形成空洞，逐渐蔓

延至全肾（图11-14）。干酪样坏死物中的细菌随尿液排出，可感染输尿管和膀胱。输尿管黏膜发生结核性溃疡，形成肉芽肿，纤维组织增生，使管壁增厚，管腔狭窄，甚至阻塞，从而引起肾盂积水或积脓。

膀胱结核以膀胱三角最先受累，逐渐扩散至整个膀胱。溃疡可深至肌层。病变愈合后因广泛纤维化和瘢痕收缩，使膀胱失去伸张能力，膀胱容量显著减少。如病变影响到健侧输尿管口，造成狭窄或闭合不全，使对侧肾脏引流不畅，可引起肾盂积水。偶见结核溃疡穿透膀胱壁与邻近器官形成瘘，如结核性膀胱直肠瘘或膀胱阴道瘘。

考点：泌尿系统结核病的病变特征

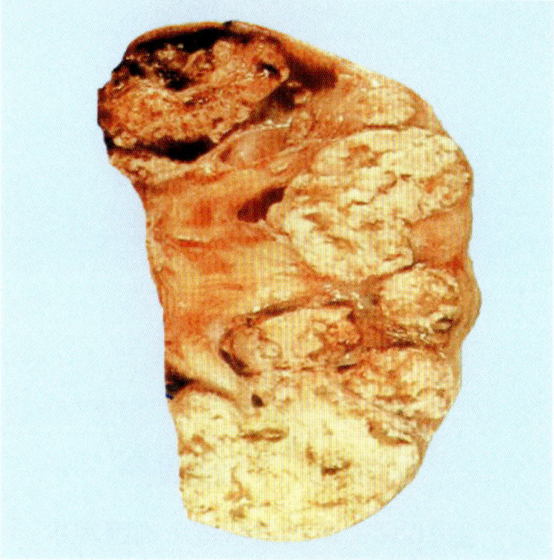

图11-14　肾结核（肉眼观）

病灶呈干酪样，累及整个肾脏，残存肾脏萎缩

（五）生殖系统结核病

男性生殖系统结核病多由泌尿系统结核直接蔓延而来，偶见感染。首先在前列腺、精囊中引起病变，再经输尿管蔓延至附睾和睾丸。病变主要为结核结节、干酪样坏死。临床上以附睾结核最为多见，是导致男性不育的重要原因之一。

女性生殖系统结核多由肺结核病灶内的细菌通过血行播散而来，也可由邻近器官的结核病蔓延而来。主要发生在输卵管，为女性不孕症的常见原因之一。输卵管结核可蔓延导致子宫内膜结核和卵巢结核。

考点：生殖系统结核病的病变特点

（六）骨与关节结核

骨与关节结核好发于儿童和青少年，多由血行播散所致。

1. 骨结核　多累及脊椎骨、指骨及长骨骨骺等处。早期病变发生于松质骨，形成小的结核病灶，逐渐发展为干酪样坏死型或增生型。

（1）干酪样坏死型　病灶骨质破坏形成干酪样坏死及死骨，坏死物液化后在骨旁组织聚集形成结核性脓肿，由于缺乏红、热等急性炎性反应，又称为冷脓肿或寒性脓肿。脓肿可向体表破溃形成经久不愈的窦道。

图11-15　脊椎结核（肉眼观）

椎体发生干酪样坏死（↑），邻近的椎间盘和椎体受累，脊柱弯曲

（2）增生型　少见，以形成结核性肉芽肿为病变特征，无明显的干酪样坏死和死骨形成，病灶内骨小梁被侵蚀、吸收和消失。

脊椎结核占全身骨结核的首位，其中以椎体结核占大多数，多发生于第10胸椎至第2腰椎。椎体常发生干酪样坏死，破坏邻近的椎间盘和椎体，引起椎体塌陷，造成脊柱后凸畸形，甚至压迫脊髓引起瘫痪（图11-15）。当病变穿破骨皮质，脓液汇集在椎体旁，形成椎旁脓肿；当椎旁脓肿的脓液聚集到一定量时，压力增高，穿破骨膜，沿肌筋膜间隙向下方流动，在远离病灶的部位形成冷脓肿，称为流注脓肿。

2. 关节结核　好发于一些负重大，活动多，易受伤的部位。如髋、膝、踝和肘关节。多继发于骨结核。当骨结核侵及邻近关节软骨和滑膜时，则形成关节结核。关节结核痊愈后，关节腔纤

图 11-16 淋巴结结核（肉眼观）
多个淋巴结肿大、融合

维性粘连造成纤维性强直而产生关节功能障碍。

考点：骨与关节结核的病变特点

（七）淋巴结结核

淋巴结结核以颈部淋巴结结核最为多见，其次是肺门、支气管旁和肠系膜的淋巴结。好发于儿童和青年。颈淋巴结结核的结核杆菌多来自肺门淋巴结和口腔、咽喉的结核病灶。早期可推动，随着病变发展，淋巴结与周围的组织粘连，各个淋巴结相互融合成团（图 11-16），形成欠活动的结节性肿块。晚期发生干酪样坏死、液化，形成寒性脓肿。脓肿破溃后，形成经久不愈的窦道。

考点：淋巴结结核的病变特点

链 接 结核病预防性化疗

预防性化学治疗主要应用于受结核菌感染易发病的高危人群。包括人类免疫缺陷病毒（HIV）感染者、痰涂片阳性肺结核患者的密切接触者、肺部硬结纤维病灶（无活动性）者、硅肺患者、糖尿病患者、长期使用糖皮质激素或免疫抑制剂者、吸毒者、营养不良者、35 岁以下结核菌素试验硬结直径≥ 15mm 者等。常用异烟肼 300mg/d，顿服 6～8 个月，儿童每日用量为 4～8mg/kg；或者利福平和异烟肼联用 3 个月，每日顿服或每周 3 次。

第 2 节 细菌性痢疾

案例 11-2

患者，女，36 岁。8 天前出现发热、腹痛、腹泻，最初为稀便，以后为黏液脓血便，偶见片状灰白色膜状物排出，有里急后重感，体温达 40℃。在当地经抗生素治疗，效果不佳。近 2 天病情加重，来院就诊。入院查体：体温 39.2℃，神志清，精神差，急性病容。腹平软，左下腹压痛，肠鸣音亢进。辅助检查：大便常规黏液（++），白细胞（+++），红细胞（+++）；大便培养：痢疾杆菌（+）。

问题：1. 患者是什么病？简述诊断依据。
2. 临床表现与病理变化有何联系？
3. 患者大便内为何出现灰白色膜状物？

细菌性痢疾（bacillary dysentery）简称菌痢，是由志贺菌（又称痢疾杆菌）引起的一种常见肠道传染病。病变主要在结肠，病变特点为大量纤维蛋白渗出并形成假膜，属假膜性炎。临床主要表现为腹痛、腹泻、里急后重、黏液脓血便等。本病全年散发，以夏秋季多见。好发于儿童。

一、病因、传播途径及发病机制

（一）病因及传播途径

1. 病因 痢疾杆菌为革兰氏阴性无鞭毛杆菌。按其抗原结构不同可分为福氏志贺菌、鲍氏志贺菌、宋氏志贺菌和痢疾志贺菌，我国以福氏志贺菌和宋氏志贺菌为主要流行菌群。各型痢疾杆菌均产生内毒素，引起全身毒血症，痢疾志贺菌还可产生外毒素。

2. 传播途径 细菌性痢疾患者及带菌者为本病的传染源。病原菌随粪便排出，直接或以苍蝇、蟑蝇等为媒介污染食物、水、生活用品等，经口从消化道传播感染健康人群。

考点： 细菌性痢疾的病因及传播途径

（二）发病机制

痢疾杆菌进入消化道后大部分被胃酸杀死，当细菌量大、致病力强或人体抵抗力下降时，细菌通过肠黏膜上皮细胞进入到黏膜固有层大量繁殖。菌体裂解后释放毒素，引起肠黏膜的炎症反应和全身毒血症。细菌在固有层易被单核吞噬细胞系统所吞噬，一般不侵入血流，故极少发生菌血症和败血症。

人群普遍易感，病后不产生稳定持久的免疫力，且各菌群间缺乏交叉免疫，易复发和重复感染。

二、病理变化及临床病理联系

细菌性痢疾主要累及大肠，尤以乙状结肠和直肠病变最显著。严重者可累及整个结肠和回肠末段。根据肠道病变特征和临床经过，可分为以下三种类型。

（一）急性细菌性痢疾

1. 病理变化　病变早期表现为急性卡他性炎，黏膜充血、水肿，中性粒细胞浸润，肠黏膜表面有大量黏液脓血性渗出物覆盖。病变进一步发展，形成本病特征性的假膜性炎，肠黏膜浅表组织坏死，大量纤维蛋白渗出。坏死组织、渗出的纤维蛋白、炎症细胞，以及红细胞和细菌一起形成膜样物质，称为假膜。假膜呈片状或糠皮样，灰白色，当受胆色素浸染或出血明显时，则呈灰绿色或红色（图11-17）。随病变的扩大，假膜融合成片。大约1周左右，假膜在中性粒细胞释放的蛋白水解酶的作用下溶解、脱落，形成大小不等、形状不规则的浅表溃疡。切面上溃疡呈口大底小的“V”形。溃疡一般局限于固有层，很少引起肠穿孔及大量肠出血。适当治疗后，周围健康组织再生修复溃疡。

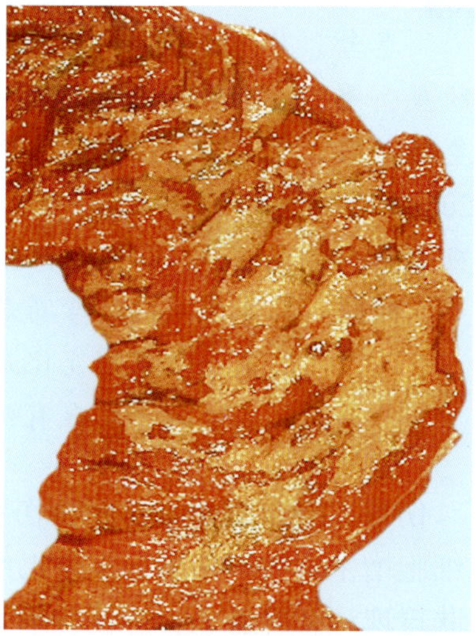

图11-17　急性细菌性痢疾（肉眼观）
肠黏膜表面散在分布较多灰白色的假膜，大者呈片块状，小者呈糠皮样

2. 临床病理联系　临床上，由于细菌毒素的吸收，患者常表现为发热、头痛、乏力等全身中毒症状。毒素作用于肠壁自主神经系统和炎症的刺激，使肠功能发生紊乱，肠蠕动失调和痉挛，患者有阵发性腹痛、腹泻和里急后重等症状，里急后重具有临床诊断意义。初期大便为混有黏液的稀便，随着病情的发展转为黏液脓血便，偶尔排出片状假膜。急性细菌性痢疾病程一般持续1～2周，适当治疗后，大多痊愈，少数病程迁延转为慢性。

考点： 细菌性痢疾的类型、病理变化及临床病理联系

（二）慢性细菌性痢疾

急性细菌性痢疾病程迁延超过2个月者即转为慢性细菌性痢疾。肠黏膜溃疡形成和组织修复交替进行，新旧病灶同时存在。慢性溃疡边缘黏膜过度增生形成息肉。由于肠壁反复损伤，肉芽组织和瘢痕组织形成，肠壁不规则增厚、变硬，甚至引起肠腔狭窄。

临床上出现不同程度的肠道症状。急性发作时，出现急性细菌性痢疾症状，但全身中毒症状不明显。少数慢性隐匿型患者临床无明显的症状和体征，但大便培养持续阳性，成为慢性带菌者。

（三）中毒性细菌性痢疾

中毒性细菌性痢疾多发生于2～7岁体质较好的儿童，可能与儿童神经系统发育不健全、胃酸少（杀菌能力低下）、特异体质（对细菌毒素产生强烈的超敏反应）有关。

中毒性细菌性痢疾起病急骤，病势凶险。结肠局部病变轻，仅有充血、水肿，以全身微循环功能

障碍为主要改变。临床以严重毒血症、休克和中毒性脑病为主要症状，肠道症状轻。短时间内可因脓毒症休克或呼吸衰竭而死亡。常由毒力较低的福氏或宋氏志贺菌引起。

链 接 细菌性痢疾患者的护理

①严格消毒隔离，饭前便后一定要洗手；急性期患者的餐具、衣被应煮沸消毒；尿、粪应加其量1/10的漂白粉搅拌后放置24小时再弃去。②饮食宜选择少渣、易消化、高热量、富营养的流质或半流质的食物。少油腻，忌牛奶、生冷及刺激性食品。③避免受凉，特别是腹部受凉，做好保暖。④起居有时，生活有规律，病情有反复时应注意适当休息，病情稳定时，应适当锻炼。⑤慢性细菌性痢疾病程较长，应注意避免任意调换抗菌药物，以免导致细菌对药物的耐受。

第3节 伤 寒

案例 11-3

患者，男，20岁。持续高热和腹泻8天，大便每天5～6次，偶尔有黏液，右下腹隐痛，伴食欲差、恶心、呕吐。入院查体：体温39℃，脉搏80次/分，呼吸24次/分，血压80/60mmHg。急性病容，表情淡漠，躯干背侧可见多个2～4mm大小、压之褪色的淡红色皮疹。肝脏右肋下2cm，脾脏左肋下1cm。实验室检查：白细胞未见升高，中性粒细胞70%，淋巴细胞30%，肥达反应H抗体效价1∶160，O抗体效价1∶320。大便常规见少许白细胞及脓细胞，培养无致病菌。

问题： 1. 本例疾病的诊断是什么？依据是什么？

2. 本病的病理变化是什么？

3. 本病的并发症有哪些？

伤寒（typhoid fever）是由伤寒沙门菌（伤寒杆菌）引起的一种急性传染病。病变特点为全身单核巨噬细胞增生，尤以回肠末端淋巴组织病变最为明显。临床表现主要为持续高热，相对缓脉，神志淡漠，皮肤玫瑰疹，脾肿大，中性粒细胞减少等。

本病全年均可发病，夏秋为多。以儿童和青壮年多见。人体对本病普遍易感，病后可获得持久的免疫力，再感染的可能性很小。

一、病因、传播途径及发病机制

（一）病因及传播途径

1. 病因 伤寒杆菌属于沙门菌属中的D群，革兰氏阴性菌。菌体裂解释放出的内毒素是致病的重要因素。该菌具有菌体O抗原、鞭毛H抗原和表面Vi抗原，三种抗原均能使人体产生相应的抗体，其中以O及H抗原的抗原性较强，用血清凝集试验（肥达反应）来检测血清中增高的抗体，有助于临床诊断。Vi抗体效价低，大多数带菌者Vi抗体阳性，有助于发现慢性带菌者。

2. 传播途径 伤寒患者与带菌者是本病的传染源。伤寒杆菌随粪便和尿液排出，污染饮用水、食物或以苍蝇和蟑螂为媒介污染食物经口从消化道感染。水源污染是本病传播的重要途径。

（二）发病机制

伤寒杆菌进入消化道后，大部分被胃酸破坏。当感染菌量较大或消化道防御屏障功能遭到损伤时，细菌在小肠内通过小肠黏膜上皮细胞侵入肠壁淋巴组织，再由淋巴管侵袭到肠系膜淋巴结。伤寒杆菌在淋巴组织中被巨噬细胞吞噬并在其中生长繁殖，再经胸导管进入血液，引起菌血症。进入血液的细菌很快被肝、脾、骨髓和淋巴结中的巨噬细胞吞噬并在其中大量繁殖，致使肝、脾、淋巴结肿大。此阶段属潜伏期，持续10天左右，患者无任何临床症状。此后，细菌和其释放的内毒素再次入血，引起败血症和毒血症。在胆囊中大量繁殖的伤寒杆菌随胆汁再次进入肠道，重复入侵肠壁的淋巴组织，使原已致敏的淋巴组织产生严重的超敏反应，致使肠黏膜坏死、脱落和溃疡形成。

考点：伤寒的病因及传播途径

二、病理变化及临床病理联系

伤寒是全身单核吞噬细胞系统的急性增生性炎症。增生的巨噬细胞吞噬功能活跃，胞质内含有被吞噬的伤寒杆菌、红细胞和坏死的细胞碎片，这种巨噬细胞称为伤寒细胞，是伤寒的特征性细胞。伤寒细胞常聚集成团，形成分界较清楚的结节状病灶，称为伤寒肉芽肿或伤寒小结（图11-18），是伤寒的特征性病变，具有病理诊断意义。

考点：伤寒肉芽肿的概念

（一）肠道病变

伤寒以肠道病变最为突出和常见，故临床上常称为肠伤寒。以回肠末端的集合淋巴小结和孤立淋巴小结的病变最具特征性。病变过程分为四期，每期约1周。

1. 髓样肿胀期　发病第1周。肉眼观，肠壁淋巴组织肿胀，突起于黏膜表面，质软，表面凹凸不平，形似脑的沟回，以集合淋巴小结变化最为典型（图11-19）。镜下观，肠壁淋巴组织内伤寒细胞增生，形成伤寒肉芽肿。

2. 坏死期　发病第2周。肠壁内增生的淋巴组织压迫周围血管，致使局部组织缺血，同时由于致敏后的淋巴组织发生超敏反应，病变肠黏膜发生坏死（图11-19）。

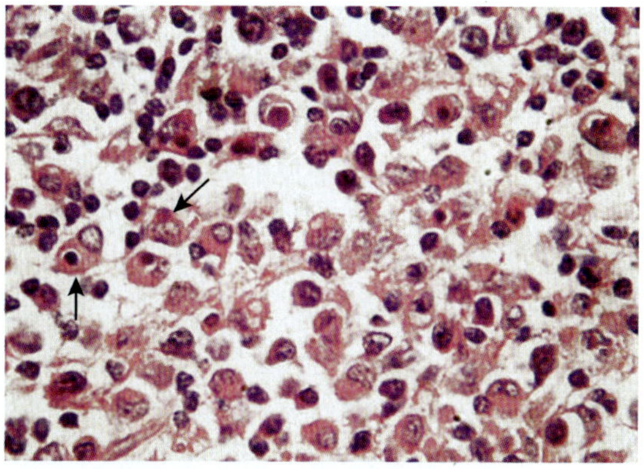

图11-18　伤寒肉芽肿（镜下观，40×10，HE染色）
大量伤寒细胞增生，胞质内可见吞噬的淋巴细胞、红细胞和组织碎片

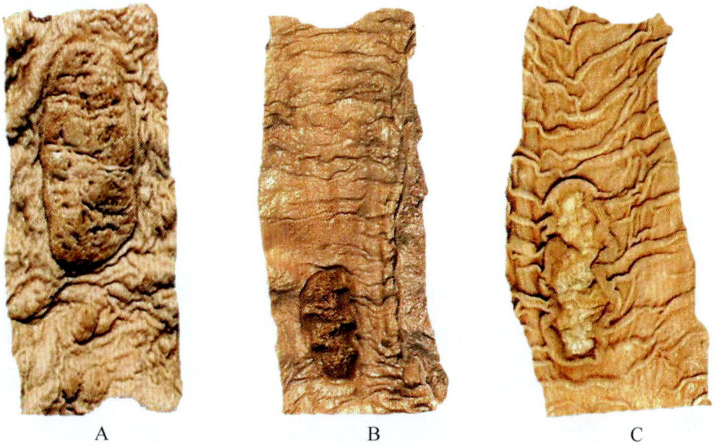

图11-19　伤寒肠道病变（肉眼观）
A. 髓样肿胀期，肠壁淋巴组织肿胀，突起于黏膜表面；B. 坏死期，病变肠黏膜发生坏死；C. 溃疡期，坏死的肠黏膜溶解、脱落，形成溃疡，溃疡长轴与肠管的长轴平行

3. 溃疡期　发病第3周。坏死的肠黏膜溶解、脱落，形成溃疡。集合淋巴小结处的溃疡长轴与肠管的长轴平行（图11-19），而孤立淋巴小结处发生的溃疡，其外形与淋巴小结形态一致，小而圆，此为肠伤寒溃疡的特点。溃疡深浅不一，浅至黏膜下层，严重者可达肌层和浆膜层，甚至穿孔。如累及血管可引起肠出血。

4. 愈合期 发病第4周。溃疡处长出的肉芽组织将其填补，溃疡周围的黏膜上皮再生进行覆盖愈合。由于病灶的长轴与肠管长轴平行，因此瘢痕收缩不会导致肠管狭窄。

（二）其他病变

由于巨噬细胞的增生使肠系膜淋巴结、肝、脾肿大。镜下观，可见伤寒肉芽肿和局灶性坏死。①心肌纤维可有细胞水肿，严重者可发生心肌坏死，心肌收缩力减弱，临床上出现相对缓脉。②细菌毒素可使脑神经细胞变性、坏死。③肾小管上皮细胞增生，并发生细胞水肿。④皮肤出现玫瑰疹，多见于胸、腹部，压之褪色。⑤腹直肌、膈肌和股内收肌发生凝固性坏死。⑥胆囊病变不明显，但伤寒杆菌可在胆汁中大量繁殖和长期存在，通过胆汁由肠道排出造成污染。即使患者已临床痊愈，但由于胆囊保留病菌而成为慢性带菌者或终身带菌者。骨髓可有伤寒肉芽肿形成及灶性坏死。

考点：肠伤寒的病变特征

三、结局及并发症

如无并发症，一般4～5周可自愈。病情较重时，可发生以下并发症。

1. 肠穿孔 是最严重的并发症，好发于回肠末段。穿孔后可引起弥漫性腹膜炎。

2. 肠出血 是较常见的并发症，严重时可发生出血性休克。

3. 支气管炎或支气管肺炎 通常为继发感染，多见于小儿。

第4节 流行性脑脊髓膜炎

案例 11-4

患者，男，18岁。因头痛5小时，呕吐、昏迷半小时来院就诊。5小时前开始头痛，半小时前出现喷射状呕吐、颈强直、全身酸痛、呼吸短促、昏迷。体格检查：体温39.8℃，脉搏128次/分，呼吸短促，瞳孔散大、对光反射消失，膝腱反射消失。血常规：白细胞$43.0\times10^9/L$，中性粒细胞0.92。经急救治疗无效于入院后2小时死亡。尸检摘要：双侧瞳孔散大（直径0.8cm），脑1460g，脑膜、脊髓膜血管扩张，左顶及右颞叶血管周围有黄白色的渗出物，脑底部有较多黄绿色液体。光镜下：蛛网膜下腔血管扩张，大量纤维蛋白渗出和中性粒细胞浸润，见革兰氏阴性球菌，部分神经元变性。

问题：1. 根据临床及尸检结果，请为该患者作出诊断并说明诊断依据。

2. 简述该病的临床病理联系。

流行性脑脊髓膜炎（epidemic cerebrospinal meningitis）是由脑膜炎奈瑟菌（脑膜炎双球菌）感染引起的脑脊髓膜的急性化脓性炎症，简称流脑。患者多为儿童及青少年。冬、春季好发，多为散发性，也可引起流行。临床主要表现为突发高热、头痛、呕吐、脑膜刺激征，以及皮肤、黏膜瘀斑、瘀点，严重者可出现脓毒症休克。

一、病因、传播途径及发病机制

考点：流行性脑脊髓膜炎的病因及传播途径

（一）病因及传播途径

1. 病因 脑膜炎奈瑟菌为革兰氏阴性菌，其菌毛可帮助细菌黏附至咽部黏膜上皮细胞表面，利于进一步侵入。其荚膜能抵抗白细胞的吞噬。

2. 传播途径 脑膜炎奈瑟菌存在于患者或带菌者的鼻咽部，通过咳嗽、打喷嚏等经飞沫从呼吸道传染。

（二）发病机制

病菌侵入人体后，大多数不发病，或仅有轻微上呼吸道感染症状。当机体免疫力低下或细菌毒力强时，细菌从鼻咽部入血，引起短暂的败血症。血液中的细菌迅速繁殖并释放内毒素，作用于小血管和毛细血管，引起坏死、出血，致使皮肤、黏膜出现瘀斑、瘀点。病情进一步发展时，细菌通过血脑屏障进入脑脊髓膜引起化脓性炎症。

二、病理变化

考点：流行性脑脊髓膜炎的分期及病变特点

根据病理变化和临床表现不同，将流行性脑脊髓膜炎分为三期。

1. 上呼吸道感染期 上呼吸道黏膜充血、水肿，分泌物增多，中性粒细胞浸润，临床上主要为上呼吸道感染症状。

2. 败血症期 主要病变为血管内皮损伤，细胞坏死，血栓形成，皮肤、黏膜局灶性出血，临床上表现为皮肤、黏膜的瘀斑、瘀点，血培养可呈阳性。

3. 脑膜炎症期 特征性病变为脑脊髓膜的化脓性炎症，以软脑膜和蛛网膜病变显著。肉眼观，脑脊髓膜血管高度扩张充血，蛛网膜下腔聚集大量脓性渗出物，覆盖脑沟、脑回，使其结构模糊不清，以大脑额叶、顶叶最为明显（图11-20）。由于渗出物阻塞，致脑脊液循环障碍，脑室出现不同程度的扩张。镜下观，蛛网膜血管高度扩张充血，蛛网膜下腔间隙增大，其内含有大量中性粒细胞、纤维蛋白和少量单核细胞、淋巴细胞（图11-21）。脑实质一般不受累及，邻近皮质可有轻度水肿和神经细胞变性。严重者脑实质炎症反应较重，可有充血、水肿、出血，甚至发生出血性梗死。

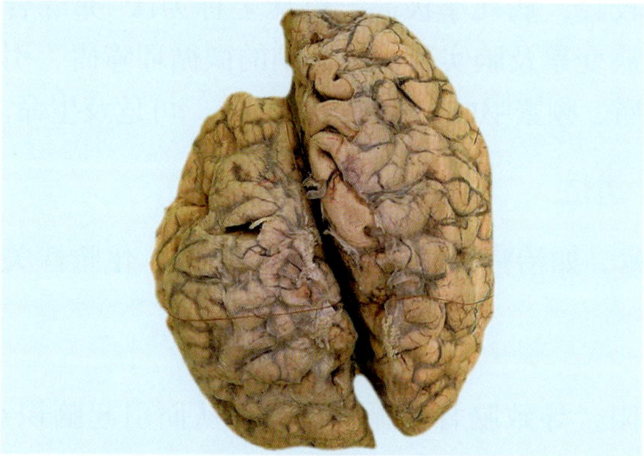

图11-20 流行性脑脊髓膜炎（肉眼观）

脑膜表面血管高度扩张充血，脑表面被覆大量灰白色脓性渗出物，脑沟被脓性渗出物充填而模糊不清

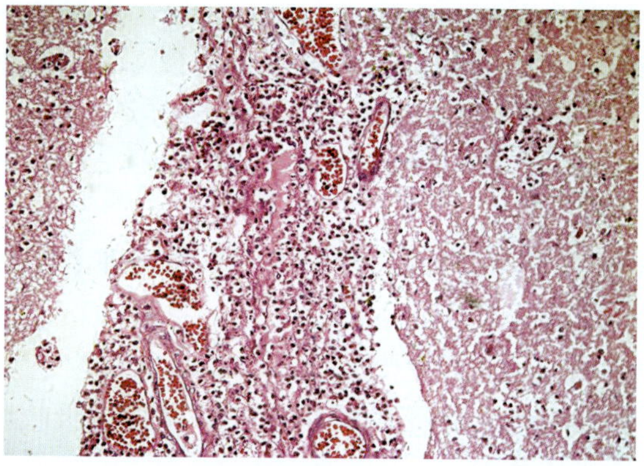

图11-21 流行性脑脊髓膜炎（镜下观，10×10，HE染色）

脑膜表面血管高度扩张充血，蛛网膜下腔内见大量的脓性渗出物

考点：流行性脑脊髓膜炎的临床病理联系

三、临床病理联系

典型的流行性脑脊髓膜炎具有以下临床表现。

（一）脑膜刺激征

脑膜刺激征是脑膜、脊髓膜受炎症刺激所表现的一组症状。

1. 颈项强直 由于炎症累及脊髓神经根周围的蛛网膜、软脑膜和软脊膜，脊神经根在椎间孔处受压，当颈部或背部肌肉运动时引起疼痛，颈部肌肉发生保护性痉挛而呈僵硬紧张状态。在婴幼儿，由于腰背部肌肉发生保护性痉挛而呈角弓反张。

2. 克尼格（Kernig）征阳性 表现为患者取仰卧位，下肢髋、膝关节屈曲成直角，然后被动慢慢伸直小腿，有阻抗，且伸直幅度小于135°（正常可达135°以上）并感疼痛，又称屈髋伸膝试验阳性。其由炎症波及腰骶节段神经后根，导致神经根肿大、受压所致。

3. 布鲁津斯基（Brudzinski）征阳性 表现为患者取仰卧位，被动前屈颈项时发生双下肢（髋、膝关节）自动屈曲。若压迫患者双侧面颊部，出现双上臂外展和肘部屈曲或叩击患者耻骨联合，出现双下肢屈曲和内收，也为阳性。其由小脑脑膜受炎症刺激所致。

（二）颅内压升高

由于脑膜血管扩张充血、蛛网膜下腔脓性渗出物的聚集，以及脓性渗出物阻塞蛛网膜颗粒，影响脑脊液吸收，导致颅内压升高。患者出现头痛、喷射性呕吐、视盘水肿“三联征”，小儿可出现颅缝增宽、前囟饱满等症状。

（三）脑脊液的变化

脑脊液的压力增高，外观浑浊，白细胞升高明显，以中性粒细胞为主，蛋白质含量增多，氯化物和含糖量减少。涂片或细菌培养可查见脑膜炎奈瑟菌。

（四）全身症状

由于细菌侵入血液并大量生长繁殖，患者有寒战、高热和皮肤、黏膜瘀斑、瘀点等败血症表现。取瘀点处渗出物涂片，可找到脑膜炎奈瑟菌。

少数患者病急，发展快，如不及时治疗，可危及生命，成为暴发型流脑，多见于儿童。根据病理临床特点，分为两型。①暴发型脑膜炎球菌败血症：由于大量内毒素释放入血，引起肾上腺皮质出血性坏死和急性肾上腺皮质功能衰竭，患者发生脓毒症休克和弥散性血管内凝血，表现为全身皮肤、黏膜广泛瘀斑、瘀点和循环衰竭，而脑膜炎的病变较轻，病死率极高，临床上称为沃-弗综合征（Waterhouse-Friderichsen syndrome）。②暴发性脑膜脑炎：病变累及脑实质，由于脑的微循环障碍，引起脑水肿，严重者形成脑疝，临床表现为突然高热、剧烈头痛、频繁呕吐、惊厥、昏迷等，可危及生命。

四、结局及后遗症

由于抗菌药物的广泛应用，早期合理治疗，多能痊愈。如治疗不当，可发生中耳炎、化脓性关节炎、肺炎等并发症。

本病的后遗症主要如下。

1. 脑积水 由于脑膜粘连，蛛网膜粒吸收脑脊液受阻，导致脑脊液循环障碍，从而引起脑积水，脑实质受压萎缩。

2. 脑神经受损 炎症累及颅底部，致使该处出颅的脑神经损害，引起相应的临床表现，如视力障碍、耳聋、斜视和面神经麻痹等。

3. 脑梗死 脑底部动脉炎使血管壁增厚，管腔狭窄甚至闭塞，脑组织因缺血发生坏死。

链 接 流脑疫苗

接种流脑疫苗是预防流行性脑脊髓膜炎的有效手段。目前广泛使用的两种疫苗分别是A群流脑疫苗和A+C群流脑疫苗。接种效果已证实A + C群流脑疫苗对＞2岁儿童和成人有85%～100%的短期效果。而＞2岁儿童或成人，接种1剂A+C群流脑疫苗可提供至少3年的保护作用，但对＜2岁儿童，疫苗接种后2～3年内，保护作用和特异性抗体水平迅速降低。

第5节 流行性乙型脑炎

流行性乙型脑炎（epidemic encephalitis B）是由乙型脑炎病毒感染引起的脑实质变质性炎症为主

要病变的急性传染病，简称乙脑。临床表现为高热、意识障碍、抽搐等。本病起病急，发展迅速，病情重，病死率高。多在夏、秋季流行，好发于儿童。

一、病因、传播途径及发病机制

（一）病因及传播途径

1. 病因　乙型脑炎病毒属虫媒病毒，为一种嗜神经性RNA病毒。对热抵抗力弱，56℃ 30分钟灭活，乙醚、1∶1000去氧胆酸钠及常用消毒剂均可灭活。

2. 传播途径　感染乙型脑炎病毒的人和家畜、家禽（如猪、牛、马、羊、鸡等）是本病的传染源，其中幼猪是乙型脑炎病毒传播环节中最重要的中间宿主或扩散宿主。蚊虫是流行性乙型脑炎的主要传播媒介，在我国主要是库蚊和伊蚊。

考点：流行性乙型脑炎的病因及传播途径

（二）发病机制

带病毒的蚊虫叮咬人后，乙型脑炎病毒侵入人体，先在皮下毛细血管内皮细胞及全身单核吞噬细胞系统复制，然后入血引起病毒血症。若机体免疫功能强，血脑屏障正常，病毒则不进入中枢神经系统，仅成为隐性感染。若免疫功能低下，或血脑屏障功能不健全，病毒则可侵入脑组织，造成脑实质和脑膜病变。

二、病理变化

病变范围广，可累及整个中枢神经系统，以大脑皮质、基底核和视丘最为严重，小脑皮质、延髓及脑桥次之，脊髓病变最轻。

（一）肉眼观

软脑膜血管充血，脑组织肿胀。切面可见弥漫或成群聚集的针尖或粟粒大小半透明软化灶。

（二）镜下观

流行性乙型脑炎的镜下病变较复杂，典型病变如下。

1. 血管病变　脑膜与脑实质小血管扩张、充血，血管内皮细胞损害，以淋巴细胞为主的炎症细胞围绕血管呈袖套状浸润，称为淋巴细胞套或血管套（图11-22）。

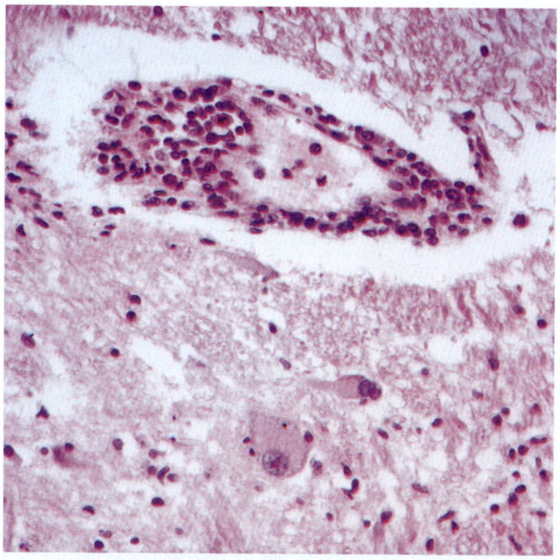

图11-22　淋巴细胞套（镜下观，40×10，HE染色）
淋巴细胞围绕血管呈袖套状浸润

2. 神经细胞变性坏死　病毒在神经细胞内复制，导致神经细胞变性，尼氏小体消失，细胞内出现空泡。重者细胞核固缩、溶解。在变性、坏死的神经细胞周围，常有增生的少突胶质细胞围绕，称为神经细胞卫星现象（图11-23）；此外，小胶质细胞、中性粒细胞侵入神经细胞内，称为噬神经细胞现象（图11-24）。

3. 软化灶形成　病变严重时，神经细胞局灶性坏死、液化，形成染色较浅、质地疏松、边界较清楚的坏死病灶，似筛网状，称为筛状软化灶（图11-25）。软化灶如不能修复则可引起后遗症。

4. 胶质细胞增生　小胶质细胞增生明显，起吞噬和修复作用，可聚集成群，形成小胶质细胞结节（图11-26），多位于坏死的神经细胞附近或小血管旁。

考点：流行性乙型脑炎的病变特点

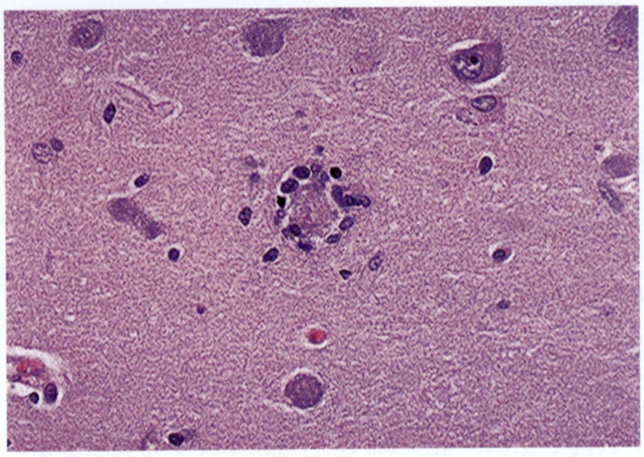

图 11-23 神经细胞卫星现象（镜下观，40×10，HE染色）

一个神经细胞被几个小胶质细胞围绕

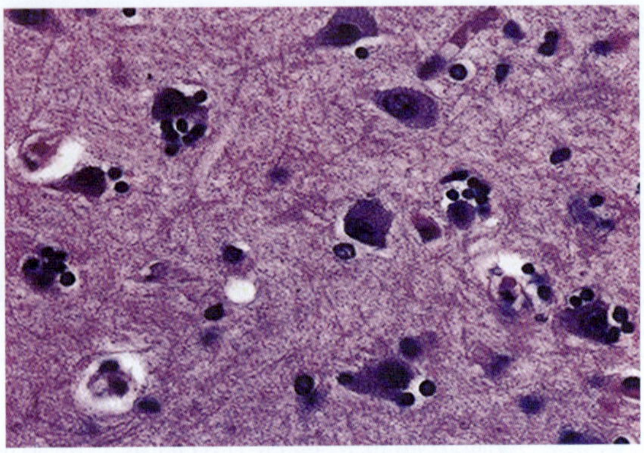

图 11-24 噬神经细胞现象（镜下观，40×10，HE染色）

小胶质细胞、中性粒细胞侵入多个神经细胞内

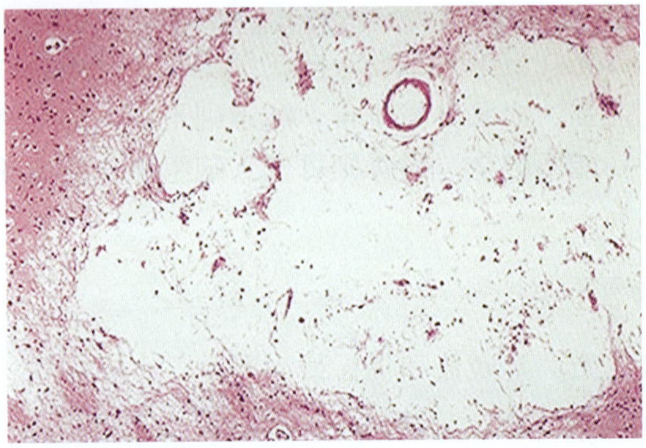

图 11-25 软化灶（镜下观，40×10，HE染色）

脑组织坏死、液化，质地疏松，淡染，呈筛网状

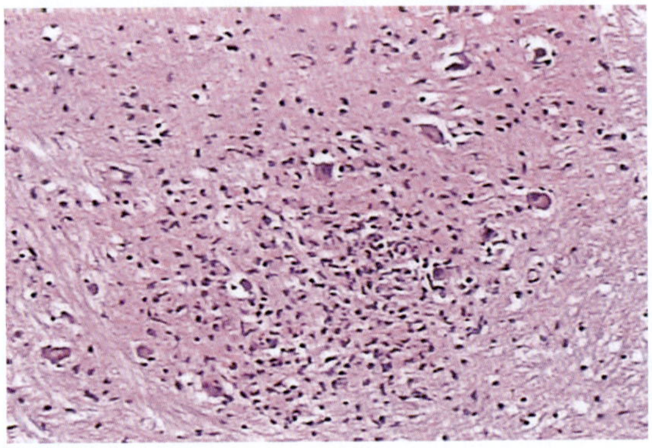

图 11-26 胶质细胞结节（镜下观，40×10，HE染色）

小胶质细胞增生，聚集呈结节状

三、临床病理联系

1. 神经细胞受损的表现 嗜睡和昏迷是神经细胞受损的早期症状，昏迷的深浅、持续时间的长短与病情的严重程度和预后密切相关。当运动神经元受损时，出现肌张力增高、浅反射消失、深反射亢进、肢体强直性瘫痪等临床表现。

2. 颅内压升高 脑血管扩张充血，血管内皮受损，血管壁通透性增高，导致脑水肿，引起颅内压升高，严重的颅内压升高可形成脑疝。如发生小脑扁桃体疝，延髓呼吸和心血管中枢受压而引发中枢性呼吸、循环衰竭，甚至死亡。

3. 脑膜刺激征 当炎症累及脑膜和脊髓膜时，可出现脑膜刺激征，但程度较轻。

4. 脑脊液变化 脑脊液的压力增高，外观透明或微浑，白细胞增多，以淋巴细胞为主，蛋白质含量轻度增高，糖含量正常或偏高，氯化物正常。

考点：流行性乙型脑炎的临床病理联系

四、结局及并发症

多数患者及时合理治疗后可痊愈，病情严重的患者可死于中枢性呼吸、循环衰竭。

支气管肺炎是本病最为常见的并发症，病情极重的患者可发生胃的应激性溃疡而导致上消化道大出血。

脑组织损害程度大的患者，可出现意识障碍、痴呆、肢体瘫痪、癫痫和精神失常等后遗症。

第6节　性传播疾病

性传播疾病（sexually transmitted disease，STD）是指主要通过性接触而传播的一类疾病。传统范围的性传播疾病只包括梅毒、淋病、软下疳、性病性淋巴肉芽肿和腹股沟肉芽肿等。近十年来，病种已有四类30余种，除传统范围的性传播疾病外还包括非淋菌性尿道炎、尖锐湿疣、生殖器疱疹、艾滋病、外阴阴道假丝酵母菌病、毛滴虫病等。本节重点介绍淋病、尖锐湿疣、梅毒、艾滋病。

一、淋　病

淋病（gonorrhea）是指由淋病奈瑟球菌（又称淋球菌）引起的泌尿系统和（或）生殖道的急性化脓性炎，是最常见的性传播疾病。临床上以尿痛、尿道口溢脓为主要表现。男女均可发病，以20～24岁年龄组最多见。

考点：淋病的病因及传播途径

（一）病因及传播途径

1. 病因　病原菌为淋病奈瑟球菌（俗称淋球菌），为严格的人体寄生菌，属革兰氏阴性菌。不耐干热，在干燥环境中仅可存活1～2小时。但在不完全干燥的环境或脓液能存活＞10小时，甚至数日。

2. 传播途径　通过性交直接传染或接触被患者分泌物污染的用品（衣物、床上用品、毛巾、浴盆、马桶等）间接传染。新生儿可通过产道感染，引起淋菌性结膜炎。

（二）发病机制

人是淋病奈瑟球菌的唯一天然宿主。病菌进入人体后黏附于泌尿生殖系统的黏膜上，对柱状上皮和移行上皮有特别的亲和力，进入细胞内繁殖，细胞溶解破裂后，再进入黏膜下层，中性粒细胞聚集于病变处，吞噬病菌引起局部急性炎症。当细菌进入尿道腺体和隐窝后，腺管开口和隐窝被阻塞，潜藏的细菌成为慢性淋病的主要病灶。

（三）病理变化及临床病理联系

1. 病理变化　肉眼观，病变组织充血、水肿，并有脓性渗出物形成。镜下观，黏膜充血，有溃疡形成，黏膜下中性粒细胞浸润。

2. 临床病理联系　由于炎性刺激，患者有尿频、尿急、尿痛等急性尿道炎症状，局部可有疼痛及烧灼感。病变继续发展，男性患者可波及附近的前列腺、附睾、精囊与膀胱，女性患者病变可波及前庭大腺、子宫内膜、输卵管，引起相应器官的慢性炎症。感染后如不及时治疗或治疗不彻底，转为慢性淋病。炎性瘢痕可导致尿道狭窄，造成排尿困难。

考点：淋病病变特点和临床病理联系

二、尖锐湿疣

尖锐湿疣（condyloma acuminatum）是由人乳头状瘤病毒（HPV）引起的皮肤黏膜良性疣状增生，最常发生于20～40岁年龄组。临床主要表现为粉红色或淡白色的乳头状疣或丘疹，局部可伴有瘙痒和灼痛。尖锐湿疣与子宫颈癌、外阴癌等生殖道肿瘤密切相关，已引起广泛重视。

（一）病因及传播途径

1. 病因　HPV属DNA病毒，在自然界广泛存在，抵抗力强，能耐干热，长期存活。已从人体分离出200多个型别，导致尖锐湿疣最为常见的HPV是6型和11型。

2. 传播途径　人是唯一宿主，主要感染上皮细胞，性接触是最主要的传播途径，也可通过非性接触间接感染。新生儿可通过产道被感染而发生喉头疣。

考点：尖锐湿疣的病因及传播途径

（二）病理变化及临床病理联系

本病潜伏期一般为3个月。好发于温暖潮湿的黏膜与皮肤交界部位。女性好发于大小阴唇、阴道、尿道口、子宫颈和肛周。男性常见于龟头、冠状沟、尿道口和肛门附近。也可发生在身体其他部位如腋窝等。

1. 病理变化 HPV侵入皮肤、黏膜引起增生性病变。

肉眼观，初起形成散在、小而尖的突起，逐渐增大、增多，表面凸凹不平，呈粉红色、暗红色或污灰色，可互相融合形成鸡冠状或菜花状团块，顶端可角化或感染溃烂，根部有蒂，触之易出血（图11-27）。位于温度较低或干燥部位的疣常较小，呈扁平疣状。

镜下观，鳞状上皮呈乳头状瘤样增生，表皮角化不全，棘细胞明显增生，棘细胞层的中、表层可见特征性的挖空细胞（图11-28）。该细胞胞质淡染，核大而圆，染色深，核周有大空泡。真皮水肿，毛细血管扩张，周围有大量的炎症细胞浸润。

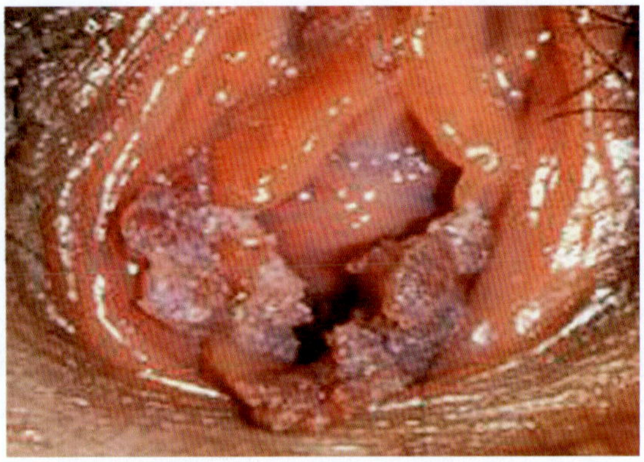

图11-27 尖锐湿疣（肉眼观）
阴道后联合有鸡冠状或菜花状突起，顶端小而尖，湿润，柔软，色红

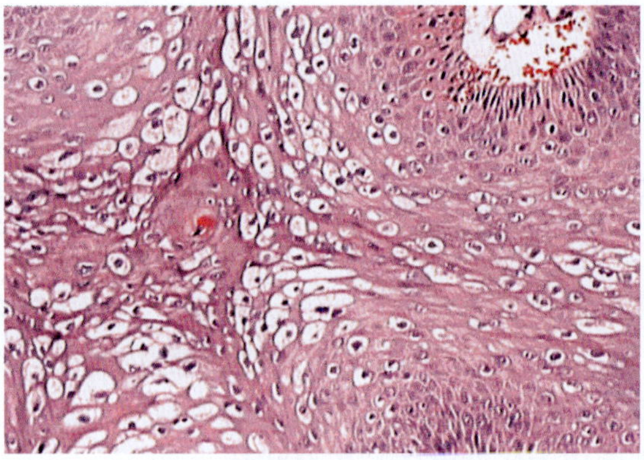

图11-28 尖锐湿疣（镜下观，40×10，HE染色）
鳞状上皮呈乳头状瘤样增生，表皮角化不全，棘细胞增生，棘细胞层中、表层内出现挖空细胞

应用免疫组织化学方法可检测HPV抗原，用原位杂交、聚合酶链反应（PCR）和原位PCR技术可检测HPV的DNA有助于诊断。

2. 临床病理联系 由于棘层细胞呈乳头状瘤样增生，临床上，尖锐湿疣主要表现为局部有淡红色或暗红色的小而尖的突起，或呈疣状颗粒，较大者可呈菜花状或鸡冠状。

考点：尖锐湿疣的病变特点及临床病理联系

三、梅　　毒

梅毒（syphilis）是由梅毒螺旋体引起的慢性传染病。早期病变主要侵害皮肤、黏膜，晚期可侵犯全身各脏器，尤其是心血管和中枢神经系统。临床上症状复杂，病程长，常反复发作。近年来，其发病率呈上升趋势。

（一）病因、传播途径及发病机制

1. 病因及传播途径

（1）病因 梅毒螺旋体又称苍白螺旋体，体外活力低，不易生存。对理化因素抵抗力极弱，对苯酚、青霉素、四环素、红霉素、砷剂等敏感。

（2）传播途径　梅毒患者是梅毒的唯一传染源。梅毒分为先天性和后天性两种，前者通过胎盘感染胎儿，后者主要经性接触传播，少数经输血、接吻、妇科检查等方式传播。

2. 发病机制　梅毒螺旋体通过破损的皮肤、黏膜进入人体，感染后第6周，血清出现特异性抗体及反应素，有血清学诊断价值。随着抗体的增多，病变部位的梅毒螺旋体数量减少，以致早期梅毒病变可不治自愈。若治疗不及时或不合理，播散到全身的梅毒螺旋体常难以完全消灭，导致复发梅毒、晚期梅毒的发生。隐性梅毒患者表现为感染后梅毒螺旋体在体内终身潜伏，仅有血清反应阳性，而无症状和病变；或在二、三期梅毒活动，局部病变消失而血清反应阳性。

考点：梅毒的病因及传播途径

（二）基本病变

1. 闭塞性动脉内膜炎和小血管周围炎　闭塞性动脉内膜炎表现为小动脉内皮细胞及内膜纤维组织增生，管壁增厚，管腔狭窄闭塞。小血管周围炎表现为小血管周围有大量的单核细胞、淋巴细胞和浆细胞浸润。浆细胞恒定出现是本病的特征之一（图11-29）。血管炎的病变见于各期梅毒。

2. 树胶样肿　又称梅毒瘤，是一种由细胞介导的迟发型超敏反应引起的肉芽肿。肉眼观，边界清楚，呈灰白色，大小不一，质坚韧，有弹性，似树胶状（图11-30）。镜下观，似结核结节，中央为凝固性坏死组织，类似干酪样坏死，但坏死不彻底，弹性纤维仍保存，周围有淋巴细胞、浆细胞浸润，而上皮样细胞及朗汉斯巨细胞少见。树胶样肿可被吸收、纤维化，形成瘢痕而使器官变形，但很少钙化。树胶样肿仅出现在三期梅毒，常见于皮肤、黏膜、肝、骨和睾丸。

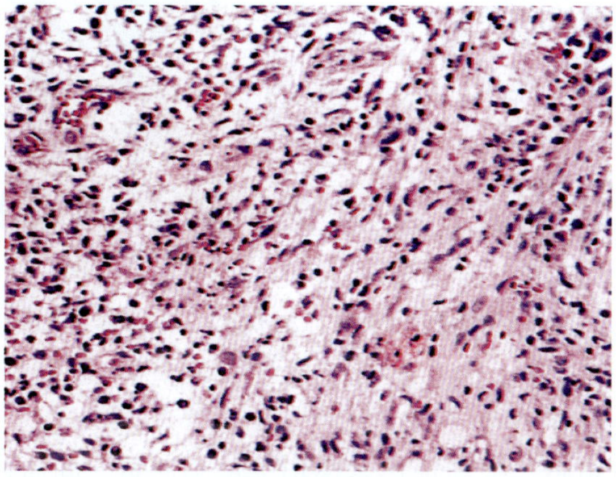

图11-29　梅毒血管炎（镜下观，40×10，HE染色）
小血管壁及其周围大量淋巴细胞、单核细胞和浆细胞浸润，血管腔狭窄或闭塞

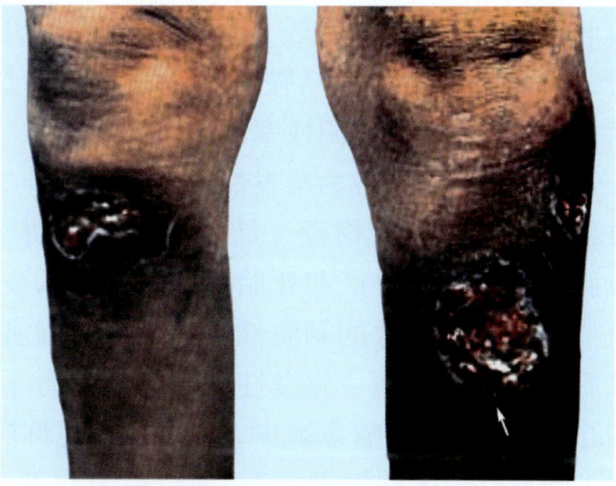

图11-30　梅毒树胶样肿（肉眼观）
双下肢胫前上段皮肤组织坏死，溃疡形成，质韧，有弹性，状如树胶

考点：梅毒的病变特点

（三）类型及分期

1. 后天性梅毒　按病程分为三期：一、二期梅毒称早期梅毒，传染性极强；三期梅毒又称晚期梅毒，常侵犯内脏，也称内脏梅毒。

（1）一期梅毒　主要症状为硬下疳，为梅毒螺旋体在侵入处发生的最初病变。潜伏期平均3周。病变常见于阴茎包皮、冠状沟、阴唇等处，也可发生于如唇、舌、肛周等生殖器以外部位。病变初起时为单个暗红色斑丘疹或丘疹，逐渐增大，很快表面破溃，形成溃疡。肉眼观，典型硬下疳呈圆形或卵圆形，表面糜烂，基底呈细颗粒状伴少量浆液性分泌物，其中有大量梅毒螺旋体，皮损界线清楚，触之如软骨样硬度，无疼痛（图11-31）。镜下观，为溃疡底部闭塞性动脉内膜炎及血管周围炎。梅毒

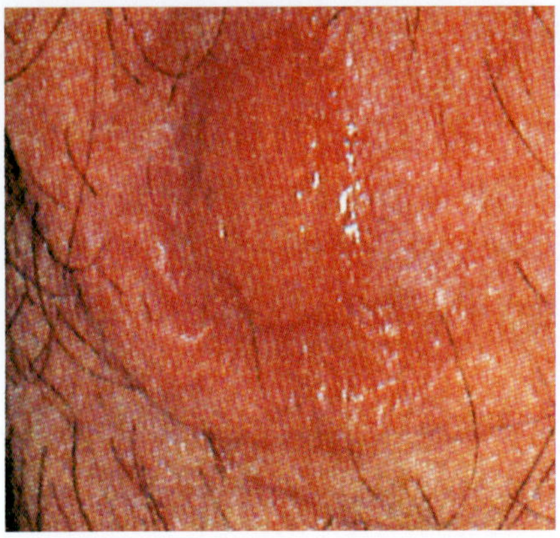

图 11-31 外阴硬下疳（肉眼观）
局部皮肤红、肿，表面有渗出和溃疡形成，质硬

螺旋体可沿淋巴管进入淋巴结内繁殖，1～2周后，局部淋巴结肿大，但彼此不融合，呈非化脓性增生性改变。硬下疳可于2～6周后自行愈合，肿大的局部淋巴结消退，但体内螺旋体仍继续繁殖，可发展为二期梅毒。

（2）二期梅毒 硬下疳发生7～8周后，潜伏于体内的螺旋体大量繁殖，进入血循环，引起全身广泛性皮肤、黏膜梅毒疹为主要特征的改变，伴全身性非特异性淋巴结肿大。梅毒疹常发生于躯干两侧、肩、臀和四肢内侧等处，呈铜红色、褐红色，分布广泛对称（图 11-32）。镜下观，病变为以淋巴细胞和浆细胞浸润为主的非特异性炎，伴有闭塞性血管内膜炎和小血管周围炎。皮肤梅毒疹内含有梅毒螺旋体，因此此期梅毒传染性极强。皮肤、黏膜病变可不经治疗自然消退而进入潜伏状态。

（3）三期梅毒 常在感染后4～5年发生，病变侵犯内脏器官，尤其是心血管和中枢神经系统。①心血管梅毒：以梅毒性主动脉炎为主，损害主动脉瓣的瓣膜环部，导致主动脉瓣关闭不全。管壁弹性纤维的广泛破坏，形成主动脉瘤。患者常死于主动脉瘤破裂。②中枢神经梅毒：病变广泛，主要为脊髓痨和麻痹性痴呆。③其他器官病变：肝的树胶样肿使肝呈结节样肿大。若发生纤维化，则可因瘢痕收缩使肝脏呈分叶状。骨梅毒主要累及鼻骨、颅骨、长骨、肩胛骨，鼻骨受累时形成马鞍鼻。三期梅毒病灶中梅毒螺旋体少，传染性小，梅毒血清反应阳性率低。

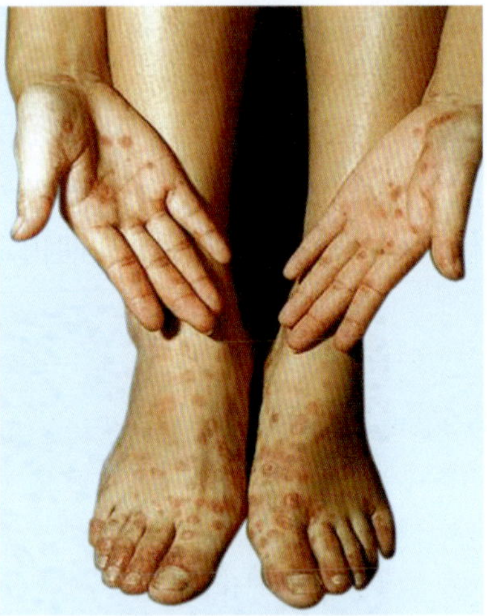

图 11-32 梅毒疹（肉眼观）
手和足广泛对称分布的褐红色斑疹

2. 先天性梅毒 可分为早发性和晚发性两种。

（1）早发性先天性梅毒 是胎儿或婴儿期发病的先天性梅毒。可造成胎儿的流产、早产和死胎。突出病变为皮肤、黏膜出现多种梅毒斑疹、大疱和大片的剥脱性皮炎，内脏损害广泛。病变脏器呈淋巴细胞及浆细胞浸润、弥漫性纤维化和发育不良等改变。肺发生弥漫性纤维化、间质血管床减少，而呈灰白色称白色肺炎。

（2）晚发性先天性梅毒 为2岁以后发病者。以角膜、骨和神经系统损害最为严重。间质性角膜炎、哈钦森（Hutchinson）齿即楔形齿（因牙及牙釉质发育不全，致使切牙边缘中央呈锯齿状缺损，上宽下窄，牙体呈圆柱状，如图11-33）和神经性耳聋构成晚发性先天性梅毒的三大标记性损害，具有诊断意义。

考点：梅毒的类型及分期

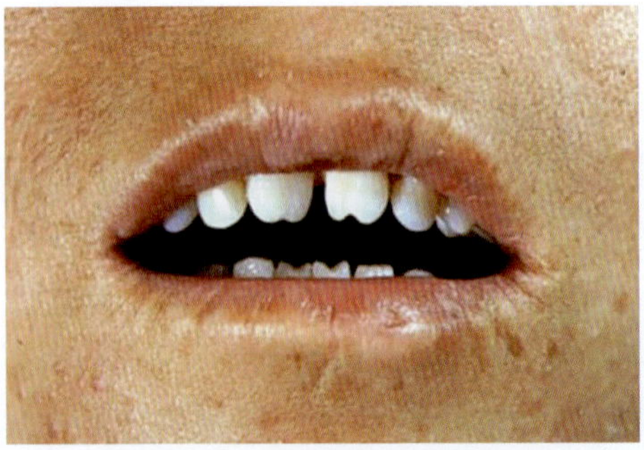

图 11-33 梅毒楔形齿（肉眼观）
切牙边缘中央呈锯齿状缺损

四、艾 滋 病

艾滋病是获得性免疫缺陷综合征（acquired immunodeficiency syndrome，AIDS）的简称，是由人类免疫缺陷病毒（human immunodeficiency virus，HIV）感染引起的以全身严重免疫缺陷为主要特征的致命性传染病。传播迅速，潜伏期长，临床主要表现为发热、全身淋巴结肿大、腹泻、神经系统症状，以及继发严重的机会性感染和卡波西（Kaposi）肉瘤等，病情险恶，病死率高。

（一）病因、传播途径及发病机制

1. 病因及传播途径

（1）病因　艾滋病的病原体HIV属逆转录病毒，具有嗜淋巴细胞和嗜神经性，主要感染$CD4^+$ T细胞。艾滋病患者及病毒携带者的血液、精液、阴道分泌物、唾液、眼泪、尿、母乳等体液，以及脑、皮肤、淋巴、骨髓等组织内均存在HIV。

（2）传播途径　艾滋病患者及病毒携带者是本病的传染源。传播途径包括：①性接触传播：是最主要的传播途径。②输血或血制品传播。③通过注射针头或医用器械等传播。④母婴垂直传播。⑤其他途径：器官或组织移植等。

2. 发病机制　HIV进入人体后，病毒表面的包膜蛋白GP120与$CD4^+$T细胞的受体CD4分子结合，HIV的膜与$CD4^+$T细胞的膜融合，核心部分进入细胞，在逆转录酶的作用下，HIV的RNA逆转录为前病毒DNA，然后整合到宿主细胞核的染色体中，复制形成大量新病毒颗粒，这些新病毒颗粒以芽生的方式释放，再感染其他细胞。HIV还可以侵袭单核吞噬细胞系统的细胞。HIV在宿主细胞内大量复制而导致细胞溶解和破裂，免疫系统平衡遭到破坏发生免疫缺陷，最终发生机会感染和肿瘤。

考点：艾滋病的病因及传播途径

（二）病理变化

1. 淋巴组织的变化　早期淋巴组织增生，淋巴结肿大，伴浆细胞浸润；晚期淋巴结结构破坏，呈现出一片荒芜，最后淋巴细胞消失。

2. 继发性感染　同一患者表现为多种混合感染同时存在，特别是多发性条件致病性感染，可累及各器官，其中以肺、消化道、皮肤黏膜、中枢神经系统继发感染最常见，50%患者有肺部机会性卡氏肺孢子虫感染，但由于严重免疫缺陷，炎症反应不典型。

3. 恶性肿瘤　1/3的患者常伴有卡波西肉瘤。该肿瘤起源于血管内皮，广泛累及内脏，以下肢多见。肉眼观，肿瘤呈暗蓝色或紫棕色结节（图11-34）。镜下观，由成片的梭形细胞构成毛细血管样腔隙，其内有红细胞（图11-35）。少数患者可并发非霍奇金淋巴瘤（如脑原发性淋巴瘤）。

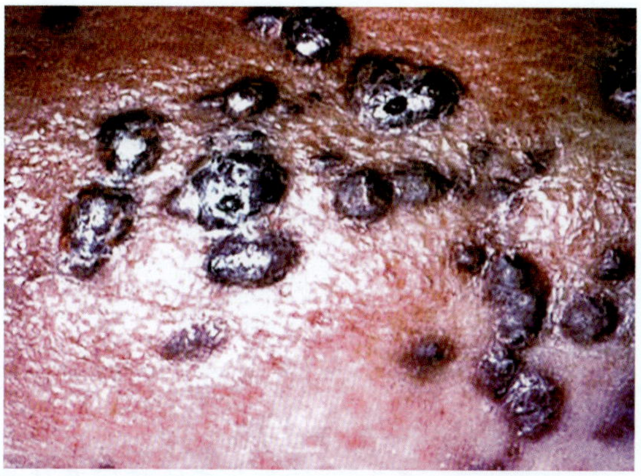

图11-34　卡波西肉瘤（肉眼观）
皮肤表面有多个呈暗蓝色或紫棕色的结节

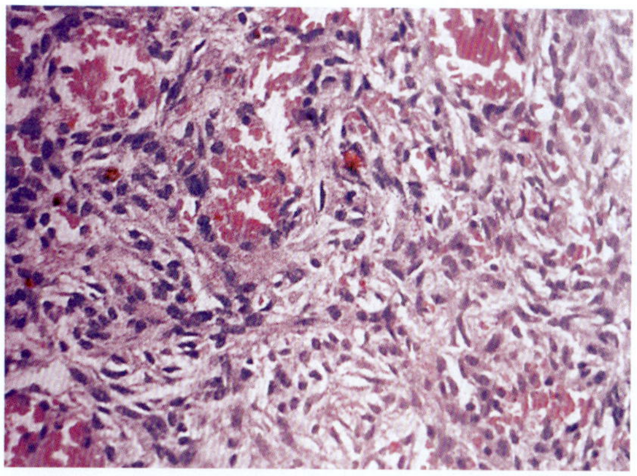

图11-35　卡波西肉瘤（镜下观，40×10，HE染色）
瘤细胞呈梭形，围成裂隙样毛细血管腔，腔内有红细胞

4. 中枢神经系统病变　脑组织是艾滋病最常累及的组织之一，HIV对神经细胞有亲和力，能侵犯神经系统，引起脑组织的破坏，包括神经胶质细胞的灶性坏死，血管周围炎症细胞浸润和脱髓鞘改变等。

考点：艾滋病的病理变化

链 接 艾滋病的“鸡尾酒疗法”

对于艾滋病的抗病毒治疗，开始是单用一种抗病毒药物如齐多夫定等，因容易产生耐药，影响疗效。1995年美籍华人科学家何大一首先提出将两大类（一类为核苷类逆转录酶抑制剂及非核苷类逆转录酶抑制剂，另一类为蛋白酶抑制剂）中的3种或3种以上药组合在一起使用，即为“鸡尾酒疗法”，因其与鸡尾酒配制形式相似而得名。此方法可使血浆中的病毒明显减少，甚至可以达到检测不出的水平，并且可以长期维持这一疗效，被破坏的人类免疫功能获得恢复或部分恢复。不足之处为不能彻底清除HIV、毒副作用较大、需长期服药、价格昂贵，且需经常调整药物组合，否则也会产生耐药性等。

（三）临床病理联系

从感染HIV到发病有一个完整的自然过程，临床上分为四期。

1. 急性感染期 患者出现发热、全身不适、皮疹、肌肉酸痛和淋巴结肿大等，是HIV侵袭人体后对机体的刺激所引起的反应。这些症状可以自行缓解。在感染2～6周后，血清HIV抗体可呈现阳性反应。

2. 潜伏期 感染者可以没有任何临床症状，但血清中可检测出HIV抗体和HIV核心蛋白和包膜蛋白抗体，具有传染性。此期可持续2～10年。

3. 艾滋病前期 开始出现与艾滋病有关的症状和体征，主要表现为持续性全身浅表淋巴结肿大、全身不适、肌肉疼痛、周期性低热和各种特殊性或复发性的非致命性感染。

4. 艾滋病期 是艾滋病的终期，机体的免疫功能全面崩溃，发生各种致命性机会性感染和恶性肿瘤，患者出现各种严重的综合病症，直至死亡。

考点：艾滋病的临床病理联系

第7节 血吸虫病

案例 11-5

患者，女，36岁，渔民，自幼生长在南方。近2年来，经常腹痛、腹泻，稀便，有时便中带血。体检：较消瘦，腹部膨隆，肝未触及，脾脏明显增大，下缘在季肋下5cm。腹部移动性浊音阳性。辅助检查：白细胞25×10^9/L，嗜酸性粒细胞占10%，肝功能正常，大便检出血吸虫卵。

问题： 1. 请问该患者为何种疾病？依据何在？

2. 用病理知识解释患者的临床症状、体征，并说明各种病变间的关系。

血吸虫病（schistosomiasis）是由血吸虫寄生于人体引起的一种地方性寄生虫病。在我国，长江流域及以南的水稻作物区是主要流行区域。主要病变为虫卵在肝和肠引起的肉芽肿。

考点：血吸虫病的病因及传播途径

一、病因、传播途径及发病机制

（一）病因及传播途径

1. 病因 我国的血吸虫病由日本血吸虫引起。其生活史包括成虫、虫卵、毛蚴、母胞蚴、子胞蚴、尾蚴和童虫等阶段，只有尾蚴具有感染性。

2. 传播途径 受感染的人、畜是血吸虫病的传染源。人、畜接触含有尾蚴的水体（常称为疫水）而感染。

（二）发病机制

虫卵随受感染的人、畜粪便排入水中，孵化成毛蚴，在中间宿主钉螺体内发育成为尾蚴，并从螺体中逸出，游弋于水中，当人、畜接触含有尾蚴的水体（常称为疫水）时，尾蚴穿过皮肤或黏膜侵入体内，脱去尾部变成童虫，随血液流经心、肺至全身，肠系膜上、下动脉内的童虫可穿过小静脉随血流抵达门静脉，发育后雌、雄虫体合抱，再从门静脉移行到肠系膜静脉寄生产卵，含毛蚴的虫卵进入肠腔，随粪便排出体外，重演生活周期。

链 接　常用的药物灭螺方法

杀灭钉螺是控制和防止血吸虫病传播、感染的有效措施之一。世界卫生组织推荐使用的灭螺化学药为氯硝柳胺，但用氯硝柳胺灭螺，钉螺常常离水上爬，逃避药物作用，而且该药对鱼类有毒害作用，且价格昂贵。最近研究人员发现，从槟榔中提取的生物碱——槟榔碱，能与许多化学或植物灭螺药合用，降低植物或化学灭螺药剂量，即使灭螺药浓度过低，无杀螺效果，加入槟榔碱，灭螺效果显著增强。研究证明，槟榔碱能降低钉螺对药物刺激的敏感性，抑制钉螺上爬，提高钉螺病死率，并减轻杀螺药物对鱼苗的毒性，其作用与局部麻醉药普鲁卡因相似。

二、基本病理变化

血吸虫发育阶段的尾蚴、童虫、成虫和虫卵等均可引起病变，但虫卵的危害最大。

1. 尾蚴引起的损害　尾蚴借其头腺分泌的溶组织酶和机械性运动钻入皮肤或黏膜，引起尾蚴性皮炎。尾蚴分泌的毒素使局部皮肤出现红色小丘疹，奇痒。镜下观，毛细血管充血、出血，早期为嗜酸性粒细胞浸润，晚期为单核细胞浸润。数日后，皮疹消退。

2. 童虫引起的损害　童虫的代谢产物或死亡虫体蛋白分解产物及其移行时的机械性损伤，可引起血管炎和血管周围炎，以肺组织受损最明显。临床表现为发热，一过性咳嗽，痰中带血等症状。童虫表面有特殊抗原表达，可产生相应的免疫反应，同时巨噬细胞、嗜酸性粒细胞也参与免疫反应，人体对再次感染尾蚴有免疫力。

3. 成虫引起的损害　成虫的表面含有宿主的抗原，可以逃避免疫攻击，对机体的损害相对较轻。临床主要表现为发热、贫血、嗜酸性粒细胞增多、肝脾大等。成虫可吞噬红细胞，红细胞的血红蛋白在虫体内珠蛋白酶作用下分解成血红素样色素，该色素呈黑褐色，被肝脾增生的单核巨噬细胞所吞噬。

4. 虫卵引起的损害　虫卵随血流沉积于肝、结肠、直肠和肺引起虫卵肉芽肿，导致血管纤维化是本病的主要病变。成熟虫卵中毛蚴分泌可溶性虫卵抗原（SEA），导致虫卵结节形成。未成熟的虫卵，因卵中的毛蚴不成熟，不分泌毒性分泌物，引起的病变轻微。

（1）急性虫卵结节　成熟的毛蚴分泌的SEA致敏T细胞，后者产生各种淋巴因子，吸引嗜酸性粒细胞和巨噬细胞聚集到虫卵周围形成肉芽肿。肉眼观，为灰黄色粟粒大小的结节。镜下观，结节中央可见一至数个成熟虫卵，SEA与其抗体形成的免疫复合物（抗原抗体复合物）附着于虫卵表面，形成放射状嗜酸性均质棒状物（称何博礼现象）（图11-36）。虫卵周围出现无结构坏死区和大量嗜酸性粒细胞聚集，状似脓肿，称为嗜酸性脓肿（图11-37）。

（2）慢性虫卵结节　急性虫卵结节经过10天左右，随着卵内毛蚴衰老或死亡，SEA分泌量减少，脓肿和坏死细胞被单核细胞、上皮样细胞和淋巴细胞所取代，肉芽组织增生，酷似结核病变，称为假结核结节。最后，结节纤维化，其中卵壳碎片和死亡、钙化的虫卵可长期存留（图11-38），这是病理学诊断血吸虫病的依据。

考点：血吸虫病的基本病理变化

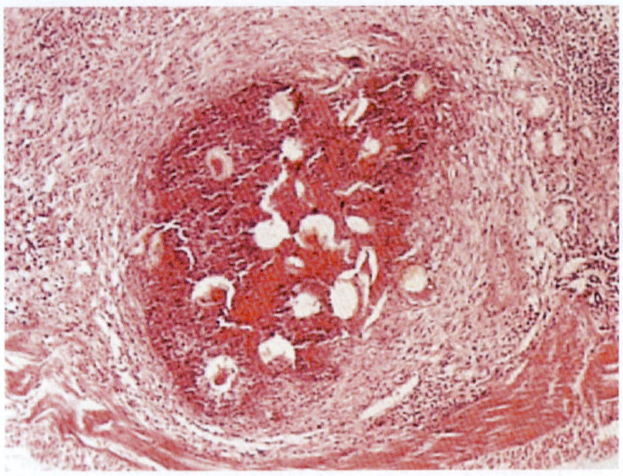

图 11-36 急性虫卵结节（镜下观，40×10，HE 染色）

结节中央有数个成熟的虫卵，虫卵周围见大量嗜酸性粒细胞浸润

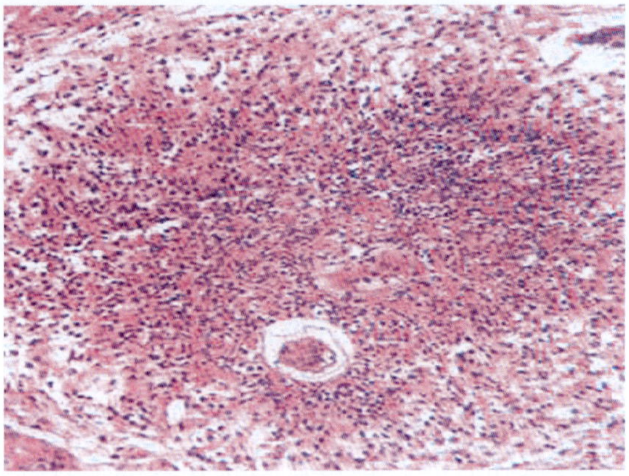

图 11-37 嗜酸性脓肿（镜下观，20×10，HE 染色）

虫卵周围组织坏死，大量嗜酸性粒细胞浸润，状似脓肿

三、重要器官的病变及临床病理联系

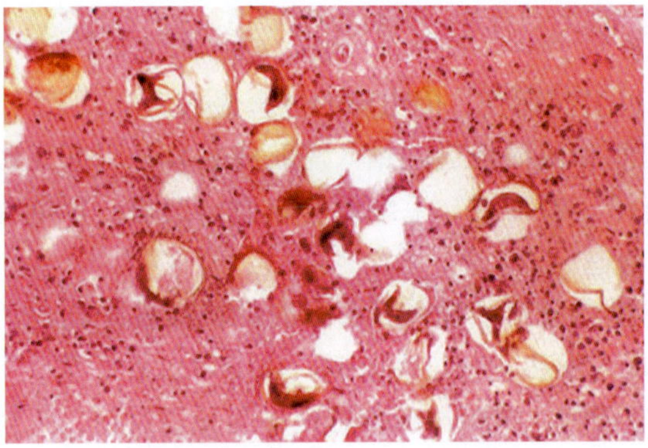

图 11-38 慢性虫卵结节（镜下观，40×10，HE 染色）

虫卵死亡，卵壳破碎，部分虫卵钙化

（一）结肠

病变主要累及乙状结肠和直肠。虫卵在肠壁黏膜下层和固有层内沉积，形成急性虫卵结节。肉眼观，肠黏膜充血、水肿，表面有灰黄色细颗粒状病灶。严重者，虫卵结节向肠腔穿破，病灶坏死组织脱落形成边缘不规则的浅表性溃疡，虫卵可由此排入肠腔，虫卵粪检阳性。临床表现为腹痛、腹泻和脓血便。慢性期，虫卵反复沉积，肠黏膜形成新旧不一的虫卵结节，肠黏膜反复形成溃疡、修复，黏膜增生形成息肉（图 11-39），最终导致肠壁增厚变硬、肠腔狭窄，虫卵难以排入肠腔，故虫卵粪检阴性。患者可出现肠梗阻等，少数患者可并发绒毛状腺瘤和腺癌。

（二）肝

虫卵引起的病变主要在汇管区。早期肝大，表面呈粟粒状灰白或灰黄色结节。镜下观，汇管区内有多数虫卵结节形成。晚期，以汇管区慢性虫卵结节和纤维化为特征，门静脉分支周围与门静脉区纤维组织增生，导致血吸虫性肝硬化。增生的纤维组织沿门静脉分支呈树枝状分布，又称为干线型肝纤维化，肝小叶结构一般不被破坏，不形成假小叶。肉眼观，肝体积缩小，质地变硬，表面起伏不平，有散在浅沟纹，形成不规则的微隆起区（图 11-40）。门静脉周围纤维化，导致门静脉阻塞，同时由于虫卵本身的压迫、静脉内膜炎和静脉内血栓形成等，造成窦前性阻塞，形成门静脉高压。临床上出现脾大、腹水和食管下段静脉丛曲张等。

（三）脾

早期略肿大，系成虫代谢产物引起巨噬细胞增生所致。晚期由于门静脉高压引起脾淤血，脾体积显著增大。肉眼观，青紫色，包膜增厚，质韧；切面暗红色，可见散在黄褐色含铁小结，主要由陈旧性出血灶伴有铁质和钙盐沉积及纤维组织增生构成。偶见多数陈旧性梗死灶。镜下观，脾窦扩张充血，脾髓纤维化，脾小体萎缩减少，巨噬细胞增生，并吞噬血吸虫色素。临床上患者有贫血、血小板和白细胞减少等脾功能亢进症状。

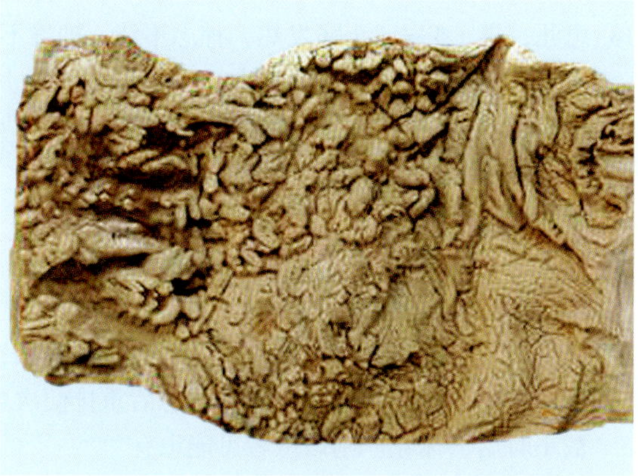

图11-39　慢性肠血吸虫病（肉眼观）
黏膜增生，表面呈颗粒状突起，有息肉形成

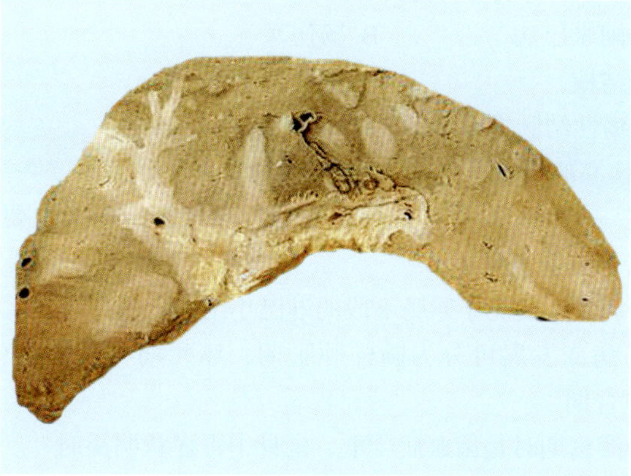

图11-40　肝血吸虫病（肉眼观）
肝体积缩小，门静脉主干分支周围纤维组织增生，呈灰白色树枝状

（四）肺

肺血吸虫病是常见的异位血吸虫病，多见于急性血吸虫病患者。病变主要为间质性粟粒状虫卵肉芽肿，周围肺泡腔内有渗出。呼吸道症状大多轻微，X线所见类似粟粒性肺结核。

（五）脑

病变以顶叶和颞叶为多，虫卵肉芽肿多分布于大脑灰白质交界处。急性型主要表现为脑膜脑炎症状，慢性型多表现为癫痫发作。

（六）其他部位

严重感染病例，少数血吸虫虫卵可在肠系膜及腹膜后淋巴结、皮肤、心包、肾及子宫颈等处有沉着。

考点：重要器官的病变特点及临床病理联系

自　测　题

一、名词解释

结核结节　肺原发综合征　结核球　伤寒小结

二、填空题

1. 肺结核原发综合征包括________、________和________三种病变。
2. 结核病的病原菌是________，主要经________传染。
3. 根据机体初次感染和再次感染结核杆菌的反应不同，肺结核病可分为________和________两类。
4. 按照病变发展过程，可将肠伤寒分为________、________、________和________四期。
5. 细菌性痢疾可分为________、________和________三种。
6. 流行性脑脊髓膜炎是一种________炎症；流行性乙型脑炎是一种________炎症。

三、单项选择题

1. 关于原发性肺结核的描述，下列哪项是错误的
   A. 指初次感染结核杆菌而在肺内发生的病变
   B. 原发综合征形成
   C. 原发灶及淋巴结不发生干酪样坏死
   D. 可发生血行播散到各器官
   E. 多见于儿童
2. 关于继发性肺结核的描述，下列哪一项是正确的
   A. 多发生于儿童
   B. 肺门淋巴结常有明显结核病变
   C. 病变易循血行播散
   D. 肺内未愈合的病变易沿支气管播散
   E. 病变易引起淋巴播散
3. 结核结节主要由什么细胞构成
   A. 浆细胞
   B. 淋巴细胞
   C. 成纤维细胞
   D. 类上皮细胞和朗汉斯巨细胞

E. 巨噬细胞

4. 下列哪种疾病最易引起肠管狭窄

A. 肠阿米巴病　　B. 肠伤寒

C. 肠结核　　D. 细菌性痢疾

E. 溃疡性结肠炎

5. 关于伤寒的描述下列哪一项是错误的

A. 是一种以单核吞噬细胞系统的巨噬细胞增生为主要特征的急性炎症

B. 肠病变主要见于回肠下段的淋巴小结

C. 肠病变发展可分为髓样肿胀期、坏死期、溃疡期、愈合期

D. 肠溃疡期时是菌血症严重、全身中毒症状明显时

E. 伤寒主要由伤寒杆菌引起

6. 细菌性痢疾的好发部位是

A. 结肠上段　　B. 回肠

C. 直肠和乙状结肠　　D. 空肠

E. 横结肠

7. 结核病变中，易查见结核杆菌的是

A. 结核结节　　B. 纤维化病灶

C. 结核球　　D. 液化的干酪样坏死物

E. 淋巴结

8. 临床上称为开放性肺结核的是

A. 原发性肺结核　　B. 浸润性肺结核

C. 局灶性肺结核　　D. 慢性纤维空洞性肺结核

E. 结核球

9. 肠伤寒常见的并发症是

A. 肠穿孔、支气管肺炎、脑膜炎

B. 肠出血、中毒性心肌炎、脑膜炎

C. 胆囊炎、脑炎、支气管肺炎

D. 肠出血、肠穿孔及支气管肺炎

E. 脑炎、肠穿孔及支气管肺炎

10. 艾滋病的英文缩写是

A. ARDS　　B. AIDS

C. HIV　　D. HBV

E. HVD

11. 艾滋病传染途径不包括

A. 性接触　　B. 血及血制品传染

C. 母婴传染　　D. 日常生活接触传染

E. 体液传播

12. 血吸虫虫卵对人体的危害主要是

A. 引起皮炎　　B. 引起血管炎

C. 分解血红蛋白　　D. 形成虫卵结节

E. 贫血

13. 患儿，男，4岁。头痛发热，神志不清，抽搐不止，皮肤有大片瘀斑。尸检见脾大，双侧肾上腺大片出血，脑膜充血，在脑膜的血管周围有少量中性粒细胞浸润，根据临床和尸检所见，诊断为

A. 流行性出血热　　B. 结核性脑膜炎

C. 化脓性脑膜炎　　D. 流行性乙型脑炎

E. 暴发型流行性脑脊髓膜炎

14. 患者，女，24岁。发热、头疼、乏力、食欲不振和末梢白细胞增多。腹痛、腹泻，里急后重排便次数增多。数小时后，休克。则该患者可能患有

A. 神经炎　　B. 肝炎

C. 肺炎　　D. 肾炎

E. 细菌性痢疾

15. 患者，男，35岁。持续高热，相对缓脉，检查发现脾大、白细胞减少、皮肤出现玫瑰疹。则该患者可能有

A. 肺炎　　B. 肝炎

C. 伤寒　　D. 肾炎

E. 脑膜炎

16. 如果进一步确诊需要做什么检查

A. X线检查　　B. 血常规

C. CT　　D. 血液中找到伤寒杆菌

E. 尿常规

17. 某婴儿前囟饱满，角弓反张，脑脊液检查中发现有细菌，则此儿患有

A. 乙型脑炎　　B. 精神病

C. 遗传性病　　D. 分子病

E. 流行性脑脊髓膜炎

18. 若患儿有流行性乙型脑炎，那么其传播途径主要是

A. 借飞沫呼吸道传染

B. 粪便污染水源和食物经口传染

C. 输血输入乙型脑炎病毒

D. 带病毒的蚊虫叮咬经皮肤入血

E. 苍蝇作为媒介污染食物经口传染

四、简答题

1. 结核病的基本病变是什么？

2. 流行性乙型脑炎与流行性脑脊髓膜炎有何不同？

3. 简要比较肠结核（溃疡型）、肠伤寒（溃疡期）、急性细菌性痢疾肠道溃疡的病变特征。

（王晓蔚）

下篇
病理生理学

第12章 疾病概论

学习目标

1. 素质目标　培养学生具备遵守医学基本道德规范及伦理原则的职业素养；具有关心、尊重患者的职业操守。

2. 知识目标

（1）掌握　疾病的概念，疾病发展中的共同规律，疾病的转归。

（2）熟悉　健康的概念，疾病的原因和发生的条件，疾病的经过。

（3）了解　亚健康的概念。

3. 能力目标　具备初步判断脑死亡的能力，具有对亚健康人群进行健康教育的能力。

第1节　健康与疾病的概念

健康与疾病是一种动态平衡的关系，是生命活动现象的对立统一体（图12-1）。但健康与疾病并不是非此即彼的关系，还存在着第三种状态——亚健康。

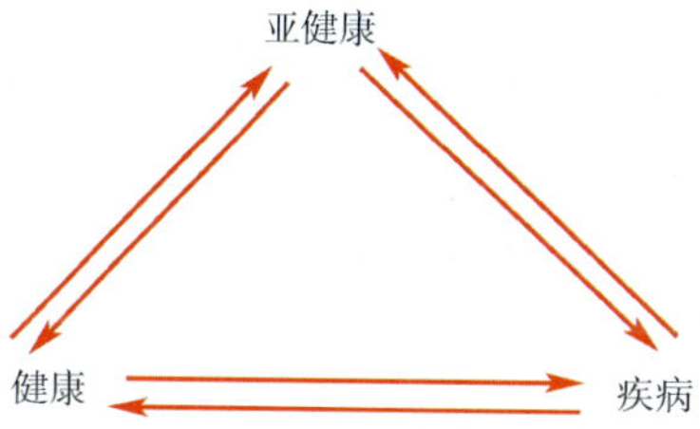

图12-1　健康、疾病和亚健康的关系（示意图）

一、健康的概念

世界卫生组织关于健康的定义是：“健康不仅是没有疾病和病痛，而且是躯体上、精神上和社会适应或交往上处于完好状态。”

躯体结构、功能、代谢的正常状态，为躯体上的完好状态。人的情绪、心理、学习、记忆及思维等处于正常状态，为精神上的完好状态。人的行为与社会道德规范相吻合，能在社会中担任合适的角色，保持良好的人际关系，此时称为社会适应上的完好状态。同时，心理健康与身体健康相互影响。

另外，不同地区、不同年龄的人群中健康的标准也略有不同。随着经济的发展、社会的进步，保障个人和大众的健康，是每个人义不容辞的责任。

二、亚健康的概念

亚健康是介于健康与疾病之间的一种临界状态，又称机体的第三状态。75%的人群处于亚健康状态。以中年人多见。

亚健康状态处于动态变化中，积极采取健康的生活方式等，亚健康可转化为健康；如长期处于亚健康状态，且未予积极应对，其可转化为疾病。因此，及早进行疾病预防，促使亚健康向健康转化，不容忽视。

三、疾病的概念

疾病是在一定的致病因素作用下，因机体自稳态调节紊乱而发生的异常生命活动过程。

患病时，患者会出现一系列临床表现，导致机体与环境间的协调障碍，从而影响健康和劳动力。疾病过程中，患者主观感受的异常现象，称为症状，如恶心、头痛等。通过各种检查方法在患病机体发现的客观存在的异常，称为体征，如心脏杂音等。

考点：健康和疾病的概念

第 2 节　疾病原因及发生的条件、疾病发展过程中的共同规律

一、疾病原因

疾病的原因，指引起某种疾病必不可少的，且决定该疾病特异性的因素。如病毒性肝炎的病因就是肝炎病毒感染，无肝炎病毒感染，机体就不会患病毒性肝炎。总之，没有病因就不可能发生疾病，故疾病的防治中也强调对病因的处理。

病因种类繁多，目前大多数疾病的病因不十分明确。依其来源，病因可分为外源性病因和内源性病因。

（一）外源性病因

1. 生物性因素　是最常见、最重要的病因。包括各种病原体，如细菌、病毒、立克次体、真菌及寄生虫等。病原体通过特定的入侵门户和定位进入机体，并与被侵个体相互作用才能引起疾病。

2. 物理性因素　包括机械力、温度、电流、电离辐射、大气压等，这些因素的作用强度、持续时间及部位，决定了疾病的发生及严重程度。

3. 化学性因素　包括强酸、强碱及毒物等。多数化学因素对机体的损伤有一定的选择性，如一氧化碳中毒时，其与氧气竞争血红蛋白的结合位点，优先合成碳氧血红蛋白，而碳氧血红蛋白不具有携氧能力，从而造成机体缺氧。

4. 营养性因素　包括营养过剩或营养不足。各种营养物质摄入过多可导致营养过剩；摄入不足则引起营养不良。

（二）内源性病因

1. 免疫性因素　免疫功能低下或缺陷、免疫反应过强或自身免疫反应等均可对机体造成影响。如人类免疫缺陷病毒感染，导致获得性免疫缺陷综合征；某些食物或花粉等，可引起支气管哮喘等超敏反应性疾病；机体对自身抗原发生免疫反应，可导致自身组织损伤或自身免疫性疾病，如类风湿关节炎等。

2. 遗传性因素　包括基因突变或染色体畸变。基因突变包括基因点突变、缺失、插入或倒位等类型。染色体畸变包括数目和结构畸变。遗传因素对机体的作用，表现为遗传性疾病和遗传易感性。

（1）遗传性疾病　指由于亲代生殖细胞中遗传物质的缺陷遗传给子代所造成的直接致病作用，如血友病、红绿色盲等。

（2）遗传易感性　由于某种遗传上的缺陷，使后代具备某种遗传素质，易发生某种疾病的倾向。表现为一定环境下，由遗传因素所决定的不同个体患病的风险。

3. 先天性因素　指能够损害胚胎或胎儿发育的因素，如孕早期风疹病毒可损害胚胎，引起先天性心脏病。有些先天性疾病是可遗传的，如多指（趾）、唇裂等。有些先天性疾病不遗传，如先天性心脏病等。

4. 心理因素　人既是生物学领域的动物，更是社会范畴的生物。长期的工作压力、不良的人际关系、焦虑、悲伤及愤怒等情绪变化，突发事件的打击，均在疾病发生发展中起到重要作用，这些因素可引起精神障碍性疾病，如抑郁障碍等，也可作用于器官或系统，导致躯体疾病。

考点：引起疾病的原因

二、疾病发生的条件

疾病发生的条件是指促使或减缓疾病发生、发展的因素。条件本身不引起疾病，但可影响病因对机体的作用。例如，结核杆菌是导致结核病的病因，在生活条件及习惯良好、自身营养充足的人群，一定量的结核杆菌入侵，并不一定引起结核病，反之抵抗力差的人群，即使少量结核杆菌入侵，亦可导致结核病。

值得一提的是，原因或条件在不同疾病中可独立存在或相互转化。①某些疾病中，并不需要条件存在，即可引起疾病，如机械暴力、高温、大量毒物等。②某一因素，对于一种疾病可能是病因，而对另一种疾病则是条件，如营养不良是营养不良症的病因，又是某些疾病发病的重要条件，如结核病。

诱因是促使疾病发生的因素，属于条件范畴，如寒冷、劳累等可诱发心绞痛。

三、疾病发展过程中的共同规律

疾病发展过程中的共同规律，是指各种疾病发展过程中普遍存在的共同的规律，归纳为以下四种。

（一）机体的稳态紊乱

机体的内稳态平衡是维持机体正常生命活动和健康所不可缺少的，是生物体内各种自我调节的结果。自稳态调节中，反馈机制起着重要作用。例如，碘不足首先引起甲状腺分泌甲状腺素减少，不能满足机体的需要，机体通过反馈机制，使垂体促甲状腺素分泌增多，加强合成甲状腺激素的能力，以维持机体正常生命活动。但如果长期缺碘，上述反馈机制不能发挥作用而导致机体稳态失衡，引起甲状腺功能减退、增生、肿大，表现为地方性甲状腺肿。

（二）疾病过程中的因果转化

在原始病因作用下，机体所产生的结果可作为新的病因，新的病因又引起新的结果，如此交替转化，称为因果转化。

很多疾病发展到一定程度后，即使原始病因已不存在，通过因果转化仍可推动疾病的发展。因果转化常常加重病情，导致恶性循环。例如，失血性休克中组织血液灌流进行性下降的过程，是因果转化导致恶性循环的典型案例。因此，及时发现并阻断恶性循环，有利于疾病向康复方向发展。

（三）损伤与抗损伤的斗争

生物体可对各种损伤做出抗损伤的反应，这是维持生存的必要条件。损伤与抗损伤反应贯穿于疾病的始终，其力量的对比决定着疾病的发展方向与转归。如机体受创伤时，出现组织坏死，有效循环血量减少等损伤变化，同时，也出现白细胞增加、微动脉收缩、心排血量增加等抗损伤反应。损伤轻时，经抗损伤反应及合理治疗，机体很快恢复健康；损伤较重时，病情可转向恶化。

损伤与抗损伤之间可相互转化，无严格界限。如失血性休克早期，微循环的收缩有助于血压的维持，如收缩持续过久，则加重组织的缺血缺氧，导致更严重的损伤。因此，在疾病防治中，应支持抗损伤反应，减轻或消除损伤反应，预防抗损伤向损伤的转化。

（四）局部与整体的关系

疾病常可表现为机体的局部反应或整体反应，也可两者兼有。局部和整体之间可相互影响、相互转化。例如，肺结核，局部表现为咳嗽、咯血等肺部的变化，全身反应为低热、盗汗、乏力、消瘦等，当全身状态良好时，可加快肺部的康复，反之，肺部病情可恶化。有些局部改变也是全身性疾病的表现，如糖尿病患者下肢溃烂等，是全身性持续高血糖的反应，单纯局部治疗溃疡，不控制血糖，并不能达到预期的效果。因此，要正确认识局部与整体的关系，从而给予有效处理。

考点：疾病发展过程中的共同规律

医者仁心

共和国医者——周舒

周舒，中共党员，中国病理生理学的领航者、中西医结合事业的倡导者和实践者，坚持数十年钻研理论与技术。她带头组建病理生理学实验室，行遍大江南北，不断找寻病症背后的规律。她坚持用事实完善理论，用理论为患者带来光明，将病理生理学理论与实践紧密结合，将传统与现代相结合，让古老的医学焕发出青春的活力，拯救了无数生命，对患者负责，为人民造福，这就是作为医者的承诺。

第3节 疾病的经过和转归

一、疾病的经过

疾病的发生、发展是一个动态过程，一般将疾病的经过分为四期。

1. 潜伏期 指从病因作用于人体到最初症状（非典型症状）出现前的时期，此期患者没有临床症状。不同疾病的潜伏期长短不一，某些疾病无潜伏期，如毒蛇咬伤等。

2. 前驱期 指从疾病出现最初症状到典型症状出现前的时期。此期多为非特异性症状，如全身不适、疲乏无力、头晕头痛等，往往成为患者就诊信号，易误诊，应仔细鉴别诊断。

3. 症状明显期 指疾病出现典型症状的时期。此期的典型症状可为疾病的诊断提供依据，是诊断、治疗疾病最重要的时期。

4. 转归期 指疾病走向的终结时期，是疾病的最后阶段，包括康复和死亡。

考点：疾病的经过

二、疾病的转归

（一）康复

1. 完全康复 指病因去除，疾病所致的损伤完全消失，机体的功能、代谢和形态结构完全恢复正常。

2. 不完全康复 指疾病所致的损伤已得到控制，主要症状已消失，机体通过代偿机制维持相对正常的生命活动，但基本病理改变并未完全恢复，可留有后遗症。

（二）死亡

死亡是生命活动的终止。临床上一般根据有无心跳、呼吸和神经反射来判断机体是否死亡。随着医学复苏技术的普及与提高、器官移植工作的开展，人们对死亡的概念又有了新的认识。目前认为，死亡是指机体作为一个整体功能永久性停止。脑干以上全脑功能发生不可逆的永久性停止称为脑死亡。脑死亡是判断机体死亡的一个重要标志。

脑死亡的判断标准：①自主呼吸停止：是临床判断脑死亡的首要指标。②不可逆性深昏迷。③脑干神经反射消失：如瞳孔散大并固定、瞳孔对光反射、角膜反射、吞咽反射等消失。④脑电波消失：脑电图表现为零电位。⑤脑血液循环完全停止。

脑死亡一旦确立，就意味着在法律上已具备死亡的合法依据。其意义表现为：①可准确判断死亡时间，适时终止复苏，节约医疗资源，减轻社会和家庭负担。②有利于开展器官移植。

考点：脑死亡的判断标准

链 接　脑死亡与“植物状态”的区别

脑死亡是指包括脑干在内的全脑功能丧失的不可逆转的状态。植物状态是指由于大脑皮质受到严重损害或处于突然抑制状态，对环境毫无反应，完全丧失对自身和周围的认知能力，但能保留躯体生存的基本功能，如新陈代谢、生长发育，且呼吸、脉搏、血压、体温可以正常。

自　测　题

一、名词解释

健康　疾病　脑死亡　完全康复

二、填空题

1. 疾病的经过一般可分为________、________、________和________四期。
2. 疾病发生发展过程中的共同规律有________、________、________、________。
3. 疾病的转归有________、________。
4. 康复包括________和________。

三、单项选择题

1. 疾病是指
   A. 在致病因子的作用下，躯体、精神及社会等方面处于不良状态
   B. 在致病因子的作用下出现的共同的、成套的功能、代谢和形态结构的变化
   C. 在病因作用下，因机体自稳调节紊乱而发生的异常生命活动过程
   D. 机体与外环境间的协调发生障碍的异常生命活动
   E. 生命活动中的表现形式，体内各种功能活动进行性下降的过程
2. 关于疾病原因的概念，下列哪项是正确的
   A. 引起疾病发生的致病因素
   B. 引起疾病发生的体内因素
   C. 引起疾病发生的体外因素
   D. 引起疾病发生的体内外因素
   E. 引起疾病发生并决定疾病特异性的因素
3. 最常见的致病因素是
   A. 生物性因素　B. 理化性因素
   C. 营养性因素　D. 遗传性因素
   E. 免疫性因素
4. 死亡是指
   A. 心跳停止
   B. 呼吸停止
   C. 各种反射消失
   D. 机体作为一个整体的功能永久性停止
   E. 体内所有细胞解体死亡
5. 下列哪项是判断脑死亡的首要指标
   A. 瞳孔散大或固定　B. 脑电波消失
   C. 自主呼吸停止　D. 脑干神经反射消失
   E. 不可逆性深昏迷
6. 临床上疾病的诊断依据主要存在于
   A. 潜伏期　B. 前驱期
   C. 症状明显期　D. 转归期
   E. 以上都不是
7. 疾病的发展过程不包括
   A. 潜伏期　B. 前驱期
   C. 症状明显期　D. 转归期
   E. 濒死期
8. 判断死亡的标志是
   A. 生物学死亡　B. 生理性死亡
   C. 病理性死亡　D. 自然死亡
   E. 脑死亡

四、简答题

1. 引起疾病的原因有哪些？
2. 说出脑死亡的判断标准及意义。

（万小娟）

第13章 水、电解质代谢紊乱

学习目标

1. 素质目标　树立人文关怀意识，树立“以人为本，服务至上”的正确理念。

2. 知识目标

（1）掌握　脱水、钾代谢紊乱的概念、病因、类型和临床病理联系，各类水肿的特点及对机体的影响。

（2）熟悉　水肿原因及发生机制，钾代谢紊乱的防治。

（3）了解　水肿的分类，水中毒的病因、对机体的影响及防治的病理生理基础。

3. 能力目标　具有针对水、电解质代谢紊乱患者开展临床护理工作的能力，初步熟悉临床补液的护理原则。

体液是由机体内的水与溶解于其中的电解质、非电解质等共同组成的。体液的相对恒定对维持细胞的正常功能、机体的新陈代谢等生命活动是非常重要的。许多疾病和外界环境的剧烈变化常引起水、电解质代谢紊乱，如不能得到及时纠正，将引起严重后果，甚至危及生命。

第1节　脱　　水

案例 13-1

患儿，女，8岁。曾因呕吐、腹泻1天到当地医院就诊。给予静脉滴注葡萄糖500ml，回家后病情无明显好转，并出现发热、烦躁、少尿，今来院就诊。查血清钠150mmol/L，给予静脉滴注5%葡萄糖补液治疗，尿量逐渐增多。2天后出现头晕、嗜睡、脉搏细弱、血压下降、尿量减少等表现，查血清钠125mmol/L。

问题： 患儿先后各出现了什么类型的脱水？为什么？

一、体液的正常代谢

（一）体液的含量和分布

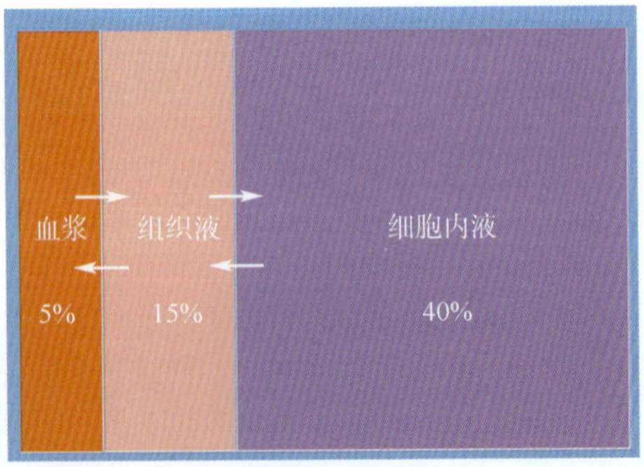

图13-1　正常成人体液分布与交换（示意图）

正常成人体液量约占体重的60%，其中2/3（约占体重的40%）分布于细胞内，称为细胞内液。其余1/3（约占体重的20%）分布于细胞外，称为细胞外液。细胞外液中约3/4（约占体重的15%）分布于细胞间隙内，称为组织液或组织间液；其余约1/4（约占体重的5%）则在血管中不断地循环流动，即为血浆（图13-1）。体液的含量和分布可因年龄、性别、胖瘦不同而异，新生儿体液量占体重的80%，婴幼儿占70%，肥胖者体液占体重的比例比瘦者少。

考点： 细胞内液和细胞外液的概念

（二）体液的电解质平衡和渗透压

细胞内液和细胞外液的电解质组成有很大的差异。细胞外液中主要的阳离子是Na^+，主要的阴离子是Cl^-。细胞内液中主要的阳离子是K^+，主要的阴离子是HPO_4^{2-}和蛋白质离子。

血浆和组织液的电解质的主要区别是血浆中蛋白质含量较高，这与蛋白质不易透过毛细血管壁进入组织液有关。

细胞内、外液的渗透压基本相等，通常血浆渗透压在280～310mmol/L，在此范围内属于等渗。

（三）水的生理功能和水平衡

水是机体中含量最多的组成成分，是维持人体正常生理活动的必需物质之一。水具有促进物质代谢、调节体温、润滑等作用。正常人每日水的摄入和排出处于动态平衡（表13-1）。

表13-1 正常人每日水的摄入与排出

摄入（ml）	排出（ml）
食物水 1000	尿液 1500（最低尿量500，可变尿量1000）
饮水 1200	皮肤 500
代谢水 300	呼吸 350
—	粪便 150
合计 2500	合计 2500

（四）电解质的生理功能和钠平衡

机体的电解质分为有机电解质和无机电解质两部分。无机电解质主要有K^+、Na^+、Cl^-、HCO_3^-等，具有维持体液的渗透压、酸碱平衡，维持神经、肌肉的兴奋性，参与新陈代谢等生理功能。

正常成人体内钠总量为40～50mmol/kg体重，其中约有50%存在于细胞外液，40%～45%存在于骨骼，其余存在于细胞内。血清Na^+浓度的正常范围为130～150mmol/L。钠的主要摄入途径是消化道，90%经肾随尿排出，小部分由汗液排出。

（五）体液的交换和渗透压的调节

1. 体液的交换 细胞内液、血浆、组织液之间的水、电解质不断进行交换，保持动态平衡。

（1）血浆与组织液之间的交换 血浆与组织液之间有毛细血管壁相隔，毛细血管壁的通透性较大，正常情况下二者之间交换迅速，并保持动态平衡，主要受毛细血管血压、组织液胶体渗透压、血浆胶体渗透压、组织液静水压的影响。

（2）细胞内液与组织液之间的交换 细胞内液与组织液之间有细胞膜，细胞膜为半透膜，允许水自由通过。正常情况下细胞内、外液渗透压相等，使细胞内、外水的交换保持动态平衡。当某些原因使细胞内、外液渗透压不等时，主要靠水的移动保持动态平衡。

2. 渗透压的调节 细胞外液容量和渗透压相对稳定是在神经及神经-体液调节下，主要通过肾脏的功能来实现的。细胞外液渗透压主要受下丘脑垂体后叶释放的抗利尿激素的调节，而细胞外液的容量则主要受肾上腺皮质激素醛固酮与心房钠尿肽等激素的调节。

考点：渗透压的调节

（1）抗利尿激素（ADH） 是下丘脑视上核神经细胞分泌的一种激素，其分泌主要受细胞外液渗透压、血容量和血压的调节。它的主要作用是加强肾远曲小管和集合管对水的重吸收，减少水的排出。

链 接　ADH与尿崩症的关系

尿崩症是由于下丘脑-神经垂体病变引起ADH分泌不足（中枢性尿崩症），或肾脏对ADH反应缺陷（肾性尿崩症）而致的内分泌疾病。其临床主要特点是烦渴、多饮、多尿、低比重尿。

（2）醛固酮（ALD）　是肾上腺皮质球状带分泌的一种盐皮质激素。它的分泌主要受肾素-血管紧张素系统和血浆Na^+、K^+浓度的调节。其主要作用是促进肾小管对Na^+主动重吸收和对K^+的分泌。

（3）心房钠尿肽（ANP）　由心房肌细胞合成和释放。循环血量增多、摄入钠过多时，均可刺激其释放。心房钠尿肽具有明显的促进氯化钠和水排出、拮抗肾素-血管紧张素-醛固酮系统的作用。

二、脱水的类型

脱水（dehydration）是指机体体液容量明显减少，并出现一系列功能、代谢变化的病理过程。根据细胞外液渗透压的不同，将脱水分为高渗性脱水、低渗性脱水和等渗性脱水。

考点： 脱水的概念、类型及其区别

（一）高渗性脱水

1. 概述　高渗性脱水（hypertonic dehydration）是指失水多于失钠，使细胞外液呈高渗状态的脱水。其特点为血清钠浓度大于150mmol/L，血浆渗透压高于310mmol/L，细胞内液量和细胞外液量均减少，所以又称低容量性高钠血症。

2. 原因及发生机制

（1）水摄入减少　①水源缺乏：如沙漠迷路、海上失事等。②饮水困难：常见于咽喉或食管疾病伴吞咽困难、昏迷或精神病患者丧失口渴感而缺乏必要的护理等。

（2）水丢失过多　①经皮肤失水：高热大量出汗和甲状腺功能亢进时，可通过皮肤丢失大量低渗液体（汗中含氯化钠0.25%）。②经肾失水：尿崩症时由于ADH产生和释放减少，或远曲小管、集合管对ADH反应性降低，肾排出大量低渗尿；糖尿病患者、使用甘露醇、高渗葡萄糖及静脉输入高蛋白营养液等产生渗透性利尿。③经消化道失水：见于严重呕吐、腹泻等可导致等渗或含钠量低的消化液丢失。④经呼吸道失水：各种原因引起的过度通气，如癔症和代谢性酸中毒，通过呼吸道的不感蒸发使失水增多。

以上情况，如果没有及时得到水分的补充，又由于皮肤和呼吸道的蒸发，使体内水的丢失大于钠的丢失，造成高渗性脱水。

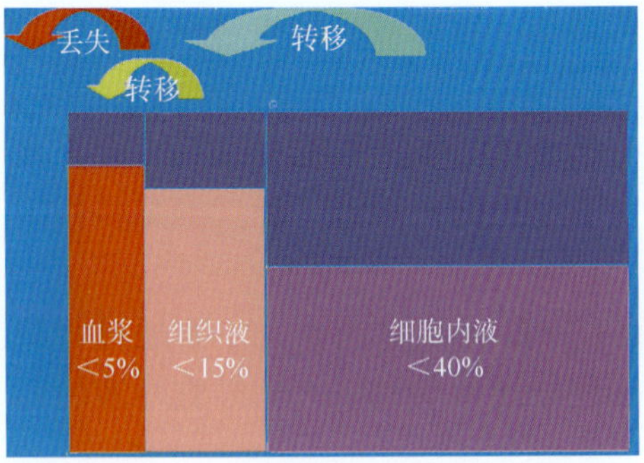

图13-2　高渗性脱水体液变化（示意图）

3. 对机体的影响　由于失水多于失钠，血钠浓度和血浆渗透压增高，导致细胞内液向细胞外转移，从而引起机体发生一系列的变化（图13-2）。

（1）口渴　因血浆渗透压升高，刺激口渴中枢，产生口渴感。

（2）少尿　由于血浆渗透压升高，刺激渗透压感受器，ADH分泌增加，肾小管对水的重吸收增加，使尿量减少。早期因血容量减少不明显，故ALD分泌增多不明显。但晚期或严重者，因血容量减少后，可激活肾素-血管紧张素-醛固酮系统，与ADH共同作用，使肾小管重吸收水、钠增多，尿量减少，加上细胞内液向细胞外液转移，有利于循环血量的恢复。

（3）细胞脱水　因细胞外液渗透压升高，相对低渗的细胞内液向细胞外液转移，补充减少的细胞外液，造成细胞内脱水。如脑细胞脱水，可产生中枢神经系统症状，使患者出现烦躁、肌肉抽搐、嗜

睡、昏迷，甚至死亡。

（4）脱水热 严重患者，尤其是婴幼儿，皮肤蒸发的水分减少，造成散热减少，以及体温调节紊乱，致使体温升高，称为脱水热。

轻度高渗性脱水，通过代偿使细胞外液容量得到一定程度的补充，不易出现循环衰竭。

（二）低渗性脱水

1. 概述 低渗性脱水（hypotonic dehydration）是指失钠大于失水，使细胞外液呈低渗状态的脱水。其特点是血清钠浓度小于130mmol/L，血浆渗透压低于280mmol/L，以细胞外液减少为主，又称低容量性低钠血症。

2. 原因及发生机制 低渗性脱水多为临床治疗不当所致，如体液丢失后只补水而未补钠。

（1）经肾丢失 如ALD分泌减少或肾脏疾病使肾小管对ALD反应性下降，或长期使用高效利尿药（如呋塞米）等，使肾小管重吸收钠减少。

（2）肾外丢失 ①反复呕吐、长期胃肠减压引流性肠梗阻，以致大量钠随消化液而排出。②大创面的慢性渗液，如烧伤、手术后广泛渗液。③等渗性脱水治疗时补充水分过多。

3. 对机体的影响 由于钠的丢失多于水的丢失，细胞外液呈低渗状态，从而使细胞外液向相对高渗的细胞内转移，由此引起机体发生一系列的变化（图13-3）。

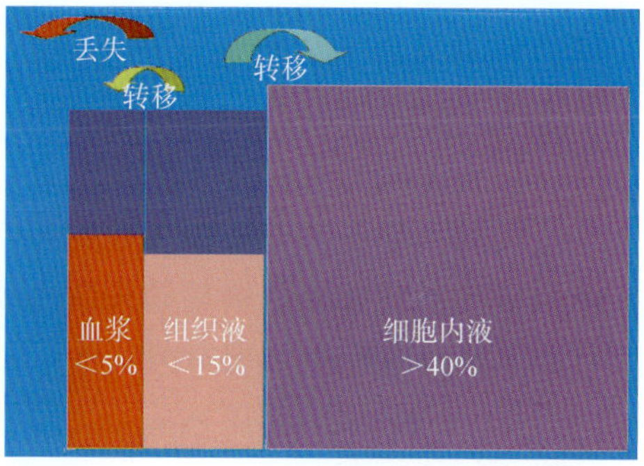

图13-3 低渗性脱水体液变化示意图

（1）休克 细胞外液向细胞内转移，导致有效循环血量显著降低，患者可发生循环衰竭，出现血压下降，容易导致休克的发生。

（2）脱水征 由于组织液明显减少，患者可有眼窝凹陷、皮肤弹性降低、婴幼儿囟门内陷等组织脱水的临床表现，称为脱水征。

（3）低渗尿 细胞外液低渗，导致ADH分泌减少，使肾小管对水重吸收减少，早期出现多尿和低渗尿。但在晚期循环血量显著降低时，ADH释放增多，可出现少尿。

（4）口渴不明显 由于细胞外液呈低渗，抑制口渴中枢，口渴感不明显。

（5）细胞水肿 由细胞外液向细胞内转移所致。脑细胞水肿可引起脑功能障碍，患者表现为神志恍惚、嗜睡，甚至昏迷。

（三）等渗性脱水

1. 概述 等渗性脱水（isotonic dehydration）是指水、钠等比例丢失或经机体调节后体液渗透压维持在正常范围的脱水。其特点为血清钠浓度为130～150mmol/L，血浆渗透压为280～310mmol/L，以细胞外液减少为主。

2. 原因及对机体的影响 任何等渗液体的大量丢失所造成的血容量减少，短期内均属等渗性脱水，可见于大量呕吐、肠瘘等。体液丧失在感染区或软组织内，如胸腔、腹腔或腹膜后感染等。由于体液的渗透压无明显变化，机体的细胞内、外液均有减少，但以细胞外液减少为主（图13-4）。若未及时治疗，患者可通过不感蒸发和呼吸等途径不断丢失水分而转变为高渗性脱水；若仅补水而未补钠，则可转变为低渗性脱水。因此，等渗性脱水兼有高渗性脱水和低渗性脱水的特点，本身无特异的临床表现。

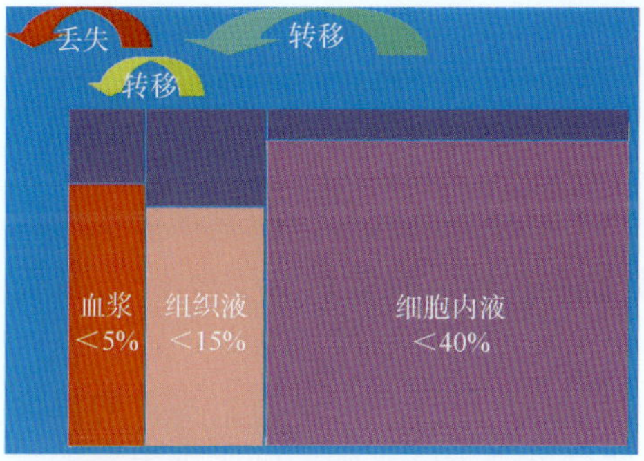

图13-4 等渗性脱水体液变化示意图

高渗性脱水、低渗性脱水和等渗性脱水的发生原因及治疗原则不同，处理不当将加重病情，因此，应注意区别（表13-2）。

表 13-2 三型脱水的比较

比较项	高渗性脱水	低渗性脱水	等渗性脱水
血浆渗透压	＞310mmol/L	＜280mmol/L	280～310mmol/L
血清钠浓度	＞150mmol/L	＜130mmol/L	130～150mmol/L
发病原因	水摄入不足或丧失过多	体液丧失而单纯补水	水和钠等比例丧失而未补充
体液变化特点	细胞外液高渗，细胞内液丧失为主	细胞外液低渗，细胞外液丧失为主	细胞外液等渗，以后高渗，细胞内外液均有丧失
对机体的影响	口渴、尿少、脑细胞脱水	脱水征、休克、脑细胞水肿	较轻，可有口渴、尿少、脱水征、休克

链 接 脱水的五大补液原则

1. 根据脱水程度的轻重，确定补液总量。

2. 根据脱水性质、有无酸中毒及低血钾等，确定补液种类。

3. 补液时，一般按先快后慢，先浓后淡，先盐后糖，见尿补钾的原则进行。补液总量应按规定速度补完。

4. 补液量应包括 3 个组成部分：累积损失、继续损失和生理需要量。

5. 补液的关键在于第 1 个 24 小时，重度脱水、低血容量性休克和严重酸中毒，首先要扩容纠酸，继而补充累积损失、继续损失和生理需要量。待血液循环和肾功能恢复后，机体可进行自身调节。纠正脱水过程中，注意补钾。

医者仁心

水电解质通道和诺贝尔化学奖

2003 年诺贝尔化学奖授予美国科学家彼得·阿格雷和罗德里克·麦金农，分别表彰他们发现细胞膜水通道，以及对离子通道结构和机制研究作出的开创性贡献。阿格雷在原课题蛋白质精制过程中，意外发现其掺杂了 5%～10% 的“污染蛋白质”。他没有简单丢弃这个“污染蛋白质”，而是花了四年的时间去研究，最终证实了“水通道蛋白”这个新蛋白质的存在。与因为机缘巧合而发现了水通道蛋白的阿格雷不同，麦金农对自己所寻找探索的东西有着明确的想法。他所寻找的东西是细胞之间进行信息交换的离子通道。由于目标明确，孜孜不倦地研究，麦金农仅用两年时间就获得了世界第一张离子通道的高清晰度照片，并第一次从原子层次揭示了离子通道的工作原理。

第 2 节 水 肿

案例 13-2

患者，女，58 岁。有慢性支气管炎病史 20 余年，近几年病情加重，已并发慢性肺源性心脏病，5 天前感冒后出现呼吸困难、胸闷、心慌等症状，并有明显水肿。

问题：1. 该患者是何种类型的水肿？

2. 其水肿的发生机制是什么？

过多的液体在组织间隙或体腔内积聚称为水肿（edema）。水肿不是独立的疾病，而是多种疾病的一种重要病理过程。如水肿发生于体腔内，则称为积液或积水，如胸腔积液、腹腔积液（腹水）、脑积水等。

考点：水肿的概念

按水肿波及的范围可分为全身性水肿和局部性水肿；按发生部位可分为脑水肿、肺水肿等；按发生原因可分为心性水肿、肾性水肿、肝性水肿和营养不良性水肿等。

一、原因及发生机制

正常人的体液容量和组织液容量是相对恒定的，这种恒定主要依赖于血管内外和体内外液体交换的动态平衡。若平衡被破坏，则发生水肿。

考点：水肿的原因及发生机制

（一）血管内外液体交换失平衡——组织液容量增多

正常情况下组织液和血浆之间不断进行液体交换，使组织液的生成和回流保持动态平衡。这种平衡主要受毛细血管血压、组织液胶体渗透压（组织液生成的力量）和血浆胶体渗透压、组织液静水压（组织液回流的力量）等因素即有效滤过压的影响。有效滤过压=（毛细血管血压+组织液胶体渗透压）-（血浆胶体渗透压+组织液静水压）。正常时机体动脉端毛细血管血压约30mmHg，静脉端毛细血管血压约10mmHg，组织液静水压约1mmHg，血浆胶体渗透压约25mmHg，组织液胶体渗透压约8mmHg。因此，毛细血管动脉端的有效滤过压约为（30+8）-（25+1）=12mmHg，毛细血管静脉端的有效滤过压约为（10+8）-（25+1）=-8mmHg（图13-5）。可见，正常时组织液的生成多于回流，多余的这部分液体通过淋巴系统回流到血液循环，保持组织液生成与回流的动态平衡。

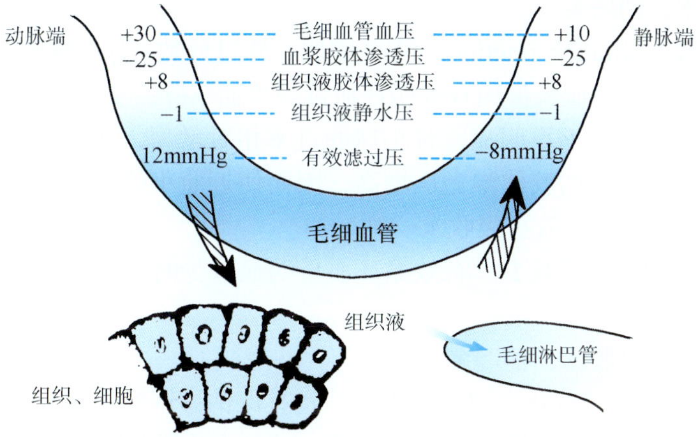

图13-5 组织液的生成与回流示意图

此外，淋巴回流不仅可把组织液送回体循环，而且可把毛细血管漏出的少量蛋白质重吸收进入体循环，从而使组织液的胶体渗透压维持正常。上述因素同时或相继失调，均可导致水肿的发生。常见的因素如下。

1. 毛细血管血压升高 局部静脉受压或阻塞使有效滤过压正值增大，组织液生成大于回流，可引起局部淤血、水肿。

2. 血浆胶体渗透压降低 血浆胶体渗透压主要取决于血浆白蛋白的含量。当血浆白蛋白减少时，可使血浆胶体渗透压下降，组织液生成大于回流，产生水肿。常见原因有：①蛋白质合成减少：见于肝硬化和严重营养不良等。②蛋白质丢失过多：见于肾病综合征等大量蛋白质从尿中排出。③蛋白质消耗过多：见于恶性肿瘤及某些慢性消耗性疾病（如结核病等）。

3. 微血管壁通透性增加 正常时，毛细血管只允许微量蛋白质滤出，因而在毛细血管内外形成很大的胶体渗透压梯度。当微血管壁通透性增高时，血浆蛋白从毛细血管、微静脉壁滤出增加，使血管内胶体渗透压降低而组织液的胶体渗透压升高，有效滤过压正值增大，组织液生成大于回流，产生水肿。可见于感染、烧伤、冻伤和昆虫叮咬等。

4. 淋巴回流受阻 当淋巴干道被阻塞或受压迫时，含有蛋白的水肿液在组织间隙中积聚而形成淋巴性水肿。如丝虫病时，淋巴管被丝虫堵塞，引起下肢和阴囊水肿；恶性肿瘤发生转移时瘤细胞阻塞淋巴管，可引起局部水肿。

（二）体内外液体交换失平衡——水钠潴留

正常人水、钠的摄入量和排出量处于动态平衡状态，从而保持体液量的相对恒定。这种平衡的维持依赖于肾的结构和功能，以及体液的容量及渗透压调节。肾小球的滤过率和肾小管的重吸收功能保持动态平衡，称为球-管平衡。而肾小球滤过的水、钠总量，仅有0.5%～1.0%排出体外，99.0%～99.5%被肾小管重吸收。当某些因素导致球-管平衡失调时，即可发生水钠潴留，这是水肿发生的重要因素。

1. 肾小球滤过率降低

（1）肾小球病变　如急性肾小球肾炎，肾小球毛细血管内皮细胞肿胀、增生和炎性渗出物阻塞，使肾小球滤过率降低。慢性肾小球肾炎因大量肾单位破坏，使肾小球滤过膜面积明显减少，导致肾小球滤过率降低。

（2）有效循环血量减少　如充血性心力衰竭、肝硬化伴腹水和肾病综合征等，使有效循环血量减少、肾血流量下降，以及继发于此的交感-肾上腺髓质系统、肾素-血管紧张素系统兴奋，使肾入球小动脉收缩，肾血流量进一步减少，加重肾小球滤过率的降低。

2. 近曲小管重吸收水、钠增多

（1）肾小球滤过分数（filtration fraction，FF）增加　滤过分数=肾小球滤过率/肾血浆流量。充血性心力衰竭、肾病综合征时，肾血流量随有效循环血量减少而下降，交感神经兴奋，使肾小动脉收缩，由于出球小动脉比入球小动脉收缩更明显，肾小球滤过率相对增高，即滤过分数增加。血浆中的非胶体成分被滤出，出球小动脉血液的胶体渗透压增高，因而使近曲小管周围来自出球小动脉的毛细血管血液的胶体渗透压增高，使近曲小管重吸收水、钠增加。

（2）心房钠尿肽（ANP）分泌减少　有效循环血量明显减少时，ANP分泌、释放减少，近曲小管对水、钠的重吸收增加。

3. 远曲小管和集合管重吸收水、钠增多

（1）醛固酮（ALD）增多　ALD作用于肾小管，具有保钠排钾的作用。ALD增多可由分泌增加或灭活减少所致。例如，充血性心力衰竭、肝性腹水等，因有效循环血量减少，肾血流量减少，使肾素-血管紧张素-醛固酮系统激活，ALD分泌增加；肝病患者肝灭活ALD的功能减弱。

（2）抗利尿激素（ADH）分泌增加　ADH加强肾远曲小管和集合管对水的重吸收。各种原因引起的有效循环血量减少，可通过容量感受器引起抗利尿激素分泌增加；同时激活肾素-血管紧张素-醛固酮系统，使ALD分泌增加，导致水钠潴留。

ALD和ADH增多，使肾远曲小管和集合管重吸收水、钠增多，是导致水钠潴留，引起水肿的重要因素。

在不同类型的水肿发生发展中，常常是多种因素先后或同时发挥作用，同一因素在不同的水肿发生机制中所处的地位也不同。因此，在临床医疗实践中，必须对不同的患者进行具体分析，选择最适宜的治疗、护理方案，同时应注意与低渗性脱水、水中毒相区别（表13-3）。

表13-3　低渗性脱水、水肿、水中毒比较

比较项	低渗性脱水	水肿	水中毒
细胞外液量	减少	增多	增多
细胞外液渗透压	降低	变化不明显	降低
细胞内液量	增多	变化不明显	增多

二、各类型水肿的特点及对机体的影响

（一）病变特点

水肿的组织或器官体积增大，重量增加，颜色苍白，弹性降低，切面有液体流出。皮下水肿是全身或局部水肿的重要体征。

链 接　判断水肿的方法

当皮下组织有过多的液体积聚时，皮肤肿胀，弹性差，皱纹变浅，用手指局部按压时可出现凹陷，称为凹陷性水肿，又称显性水肿。若指压无凹陷，为非凹陷性水肿，常见于甲状腺功能减退时发生的黏液性水肿。实际上，全身性水肿患者，在出现凹陷之前已有组织液的增加，并可达原体重的10%，称为隐性水肿。体重的变化能敏感地反映细胞外液容量的变化，因而动态测量患者体重的增减，是判断水肿消长最有价值的指标。

（二）对机体的影响

除炎性水肿液具有稀释毒素，输送营养物质等抗损伤作用外，其他水肿对机体都有不同程度的不利影响。其影响的大小取决于水肿的部位、程度、发生速度和持续时间。

水肿可引起细胞营养障碍。水肿液积聚，营养物质在细胞与毛细血管间的弥散距离增大，组织细胞获取营养物质减少；同时水肿液还可以压迫微血管，影响组织、细胞代谢。因此，发生水肿的组织功能降低，抵抗力减弱，易发生感染，创伤不易愈合，修复时间延长。

发生在重要器官和部位的水肿，可引起严重后果，甚至危及生命。如喉头水肿可引起窒息，肺水肿可引起呼吸衰竭，脑水肿可引起脑疝等。

（三）常见的水肿类型

1. 心性水肿　是指右心衰竭引起的全身性水肿。水肿早期出现于身体下垂部位，起床活动者以脚踝内侧和胫前较明显，仰卧者表现为骶部水肿，严重时可波及全身，并伴有胸腔积液、腹水。

发生机制：①毛细血管血压增高：因心肌收缩力下降，心排血量减少，使有效循环血量减少和体循环静脉回流障碍，导致静脉淤血，毛细血管血压升高。②血浆胶体渗透压下降：右心衰竭导致消化道淤血，对蛋白质的消化和吸收功能降低；肝淤血时，肝合成白蛋白减少；水钠潴留造成血液稀释。这些因素可使血浆胶体渗透压下降。③淋巴回流受阻：右心衰竭时，体静脉压升高，可导致淋巴液回流受阻。④水钠潴留：因心排血量减少，肾血流量减少，导致肾小球滤过率降低；同时使ADH、ALD分泌增加，肾小管重吸收水、钠增加。右心衰竭导致肝淤血时，肝功能障碍使ALD和ADH灭活减少，进一步促进水钠潴留。

2. 肝性水肿　是由肝硬化、重型病毒性肝炎、慢性肝炎等引起。主要表现为腹水，水肿液为淡黄色、透明的漏出液。

发生机制：①肝合成血浆蛋白尤其是白蛋白减少，使血浆胶体渗透压降低。②肝对ALD和ADH的灭活减少，引起水钠潴留。③肝血窦淤血，窦内压增加，自窦壁漏出的液体部分经肝被膜漏入腹腔。④门静脉高压时，一方面肠壁毛细血管淤血，管壁通透性增高，血浆漏入腹腔；另一方面，静脉回流受阻，有效循环血量下降，引起肾小球滤过率降低，导致水钠潴留。

3. 肾性水肿　常见于肾病综合征和肾小球肾炎。病情较轻者仅表现为面部、眼睑等组织疏松部位水肿，严重者可发生全身性水肿，并伴胸腔积液、腹水。

发生机制：①肾小球滤过率降低：急性肾小球肾炎时，由于肾小球增生性病变压迫或阻塞肾小球毛细血管，肾小球滤过率降低；②血浆胶体渗透压降低：肾病综合征时有大量蛋白尿，血浆白蛋白随尿排出体外，引起血浆胶体渗透压降低，导致组织液生成过多，引起水肿；③超敏反应引起毛细血管

壁通透性增高，组织液生成大于回流。

考点：各型水肿的特点

第3节 水 中 毒

一、原因及发生机制

水中毒（water intoxication）是指水过量所致的稀释性低钠血症，血清钠浓度小于130mmol/L，血浆渗透压低于280mmol/L，又称高容量性低钠血症。

1. ADH分泌过多 各种病理原因导致的ADH分泌过多，使肾远曲小管和集合管重吸收水增强，肾排水能力降低，引起水中毒，如ADH分泌异常增多综合征。也可见于失血、休克、急性感染等应激刺激下，体内ADH分泌较多，尿量减少，在此情况下过多输入葡萄糖等不含电解质的溶液，就容易发生水中毒。

2. 肾功能障碍 急性肾衰竭的少尿、无尿期，肾脏的稀释和浓缩功能都发生障碍，此时水分摄入过多，容易发生水中毒。

3. 摄入水过多 由于肾脏具有强大的调节水平衡的能力，正常人摄入较多水时，一般不会发生水潴留，更不会引起水中毒。然而，口渴中枢受刺激所致饮水过多或精神性饮水过多，超过肾脏排水能力的最大极限时，可能发生水中毒。静脉输入含钠少或者不含钠的液体过多过快，超过肾的排水能力，也可以引起水中毒。尤其是婴幼儿，由于其水、电解质的调节功能尚未成熟，过多给予不含电解质的液体更易发生水中毒。

二、对机体的影响

1. 急性水中毒 由于肾排水减少和水摄入过多，细胞外液容量增多和血浆渗透压降低，水转移到细胞内，导致细胞内、外液的容量均增多，渗透压均降低。临床上水中毒常引起脑水肿，导致颅内高压，引起头痛、呕吐、视盘水肿、表情淡漠、嗜睡等中枢神经系统症状。严重者可致脑疝，甚至死亡。

2. 慢性水中毒 慢性水中毒表现为软弱无力、恶心、呕吐、嗜睡、体重明显增加、皮肤苍白而湿润。有时唾液、泪液增多。一般无凹陷性水肿。

三、防治的病理生理基础

临床上预防重于治疗。对容易发生ADH分泌过多情况者，如疼痛、失血、休克、创伤和大手术等；急性肾功能不全的患者和慢性心功能不全的患者，应严格限制入水量。对水中毒患者，应立即停止水分摄入，用利尿药促进水分排出，如20%甘露醇或25%山梨醇200ml快速静脉滴注，以减轻脑细胞水肿和增加水分排出。

第4节 钾代谢紊乱

案例13-3

患儿，男，2岁。腹泻1天，水样便，呕吐3次，呕吐物为所食牛奶，不能进食。伴有口渴、尿少、腹胀。

查体：精神萎靡，体温37℃，血压86/50mmHg，皮肤弹性减退，两眼凹陷，前囟下陷，心率快，肺无异常发现，腹胀，肠鸣音减弱，膝反射迟钝，四肢发凉。

实验室检查：血清K^+3.3mmol/L，Na^+140mmol/L。

问题：1. 该患儿发生何种水、电解质紊乱？

2. 诊断依据是什么？

钾是体内最重要的无机阳离子之一，正常成人体内钾总量为50～55mmol/kg。其中约有98%存在于细胞内，2%存在于细胞外。钾的摄入和排出处于动态平衡，且保持血清钾浓度在正常范围内。钾的主要来源是食物，90%经肾随尿排出。钾具有维持细胞新陈代谢、保持细胞静息膜电位、调节细胞内外的渗透压及调控酸碱平衡等多种生理功能。

正常血清钾浓度为3.5～5.5mmol/L。按血清钾浓度的高低，钾代谢紊乱分为低钾血症和高钾血症两大类。

一、低钾血症

血清钾浓度低于3.5mmol/L称为低钾血症（hypokalemia）。

（一）原因

1. 钾摄入不足　在正常饮食情况下，一般不会发生低钾血症。低钾血症主要见于不能进食或不愿进食的患者，如消化道梗阻、手术后禁食、过度节食减肥者等。

2. 钾丢失过多　是临床上常见的缺钾原因。

（1）经消化道丢失　呕吐、腹泻等引起的大量含钾消化液的丢失。

（2）经肾丢失　长期大量使用排钾利尿药（如氢氯噻嗪、呋塞米等）、原发性或继发性醛固酮增多等。

（3）经皮肤丢失　见于大量出汗等。

3. 细胞外钾转入细胞内

（1）碱中毒　碱中毒时，H^+从细胞内转移到细胞外，为维持离子平衡，K^+从细胞外进入细胞内，使血钾降低。

（2）过多使用胰岛素　糖尿病患者用胰岛素进行治疗时，糖原合成增加，促进细胞外K^+进入细胞内，导致血钾降低。

考点：低钾血症的概念、原因及对机体的影响

（二）对机体的影响

低钾血症时，机体功能代谢变化因个体不同有很大的差异，主要取决于血清钾降低的速度、程度和持续时间。血清钾降低越快、浓度越低，对机体影响越大。

1. 对神经-肌肉的影响　轻症可无症状或有倦怠和全身软弱无力，重者可出现肌肉松弛无力甚至弛缓性麻痹，常以下肢肌肉最为常见。胃肠道平滑肌麻痹表现为肠蠕动减少或消失，严重时可发生麻痹性肠梗阻。呼吸肌麻痹是低钾血症主要的死亡原因。

2. 对心肌的影响　血钾明显降低可引起心肌电生理异常改变，表现为心肌的自律性增高，兴奋性增高，传导性降低，收缩性增高。心电图对低钾血症的诊断有帮助，可见QRS波增宽，ST段压低，T波低平、增宽，U波增高，Q-T间期延长，并可出现心律失常（图13-6）。

3. 对酸碱平衡的影响　低血钾可引起代谢性碱中毒，同时发生反常性酸性尿。主要机制是细胞外液K^+浓度减少，经细胞内、外H^+-K^+交换，使细胞内K^+外流而细胞外H^+内移，血液因此而呈碱性。此时肾小管上皮细胞内K^+浓度降低，H^+浓度增高，肾小管上皮细胞K^+-Na^+交换减弱而H^+-Na^+交换增强，尿排K^+减少，排H^+增多，尿液因此而呈酸性，故称反常性酸性尿（图13-7）。

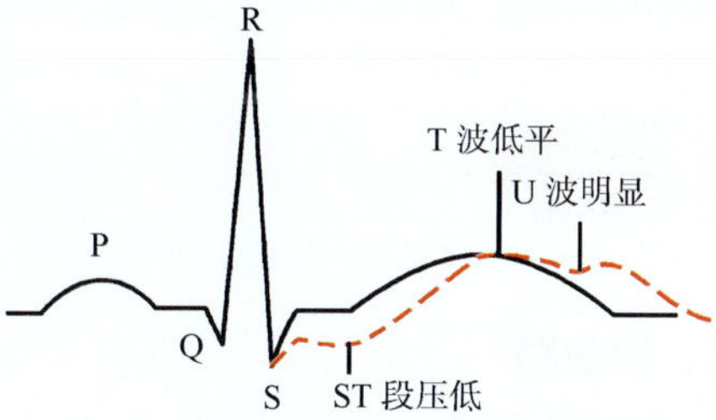

图13-6　低钾血症的心电图变化

——正常；----低钾血症

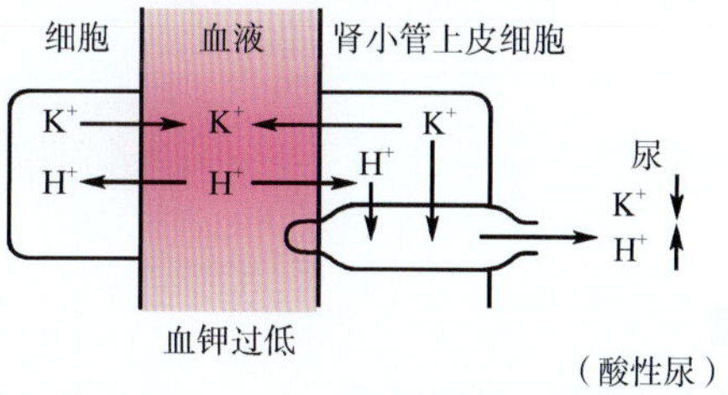

图13-7　低钾血症的反常性酸性尿

二、高钾血症

血清钾浓度高于5.5mmol/L称为高钾血症（hyperkalemia）。

（一）原因

1. 钾摄入过多 主要见于处理不当，如静脉输入过多钾盐或输入大量库存过久的血液。

2. 钾排出减少 肾脏排钾减少是引起高钾血症的主要原因。常见于急性肾衰竭的少尿期、肾上腺皮质功能不全或大量使用保钾利尿药（如螺内酯、氨苯蝶啶）等。

3. 细胞内钾转运到细胞外 ①酸中毒：酸中毒时细胞外H^+进入细胞内，细胞内K^+转移到细胞外。②组织分解：大量溶血、组织坏死等使细胞内钾大量释放到血液。

（二）对机体的影响

1. 对神经-肌肉的影响 当血钾增高不明显时，表现为四肢感觉异常、肌肉疼痛、震颤。血钾明显增高时，神经、肌肉呈抑制状态，表现为肌肉软弱无力甚至弛缓性麻痹。

2. 对心肌的影响 血钾升高可引起心肌电生理异常改变，使心肌的兴奋性在轻症增高、重症降低，自律性降低，传导性下降，收缩性减弱。高钾血症对机体的主要危害是引起严重心律失常甚至心搏骤停。心电图对高钾血症有诊断意义，表现为QRS波增宽，T波高耸，P波低平、增宽或消失，Q-T间期延长（图13-8）。

3. 对酸碱平衡的影响 高钾血症可引起代谢性酸中毒，同时发生反常性碱性尿。由于细胞外液K^+浓度升高，细胞内、外发生H^+-K^+交换，细胞外液K^+内移而细胞内液H^+外出，血液呈酸性。此时肾小管上皮细胞内K^+浓度增高，H^+浓度降低，使肾小管上皮细胞K^+-Na^+交换加强而H^+-Na^+交换减弱，尿排K^+增加，排H^+减少，尿液因此而呈碱性，故称反常性碱性尿（图13-9）。

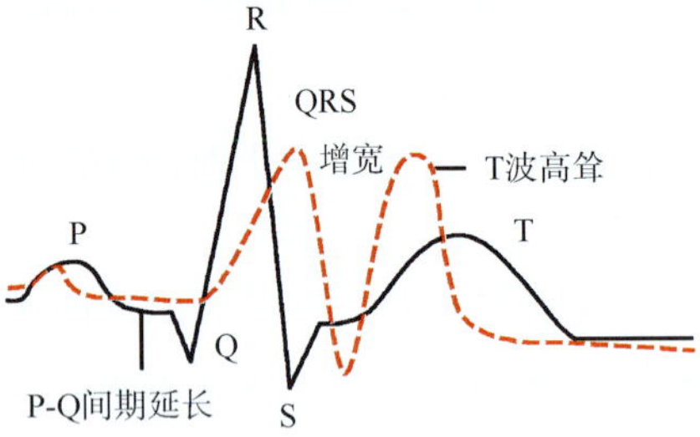

图13-8 高钾血症时心电图变化

——正常；----高钾血症

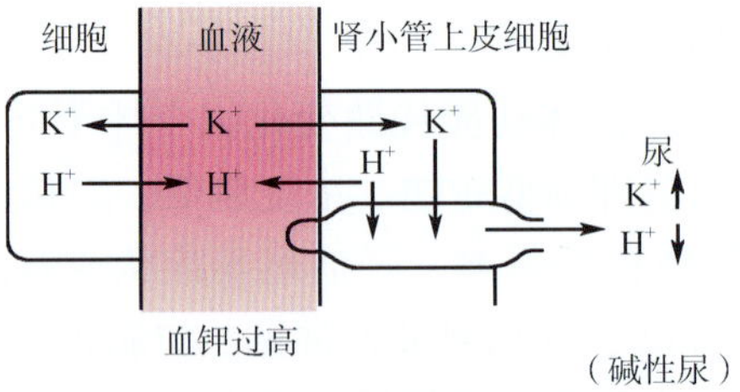

图13-9 高钾血症的反常性碱性尿

考点：高钾血症的概念、原因及对心肌的影响

（三）防治的病理生理基础

1. 防治原发病，消除原因。

2. 拮抗措施 应用钙盐和钠盐拮抗高钾血症的心肌毒性作用，必要时采取血液透析等。

3. 促使钾向细胞内转移 用葡萄糖和胰岛素静脉输入，促使糖原合成。或输入碳酸氢钠提高血液pH，使钾向细胞内转移，降低血钾浓度。

自 测 题

一、名词解释

脱水　高渗性脱水　水肿　高钾血症

二、填空题

1.根据细胞外液渗透压不同，脱水可分为________、

________和________三种类型。

2. 高渗性脱水时细胞内、外液均减少，但以________减少为主。

3. 低钾血症的原因之一是钾丢失过多，包括________、________和________丢失。

4. 急性重症高钾血症时，心肌兴奋性________，传导性________，自律性________，收缩性________。

三、单项选择题

1. 盛暑行军时，只大量饮水可发生
   A. 等渗性脱水　　B. 低渗性脱水
   C. 高渗性脱水　　D. 水中毒
   E. 水肿

2. 患者口渴、尿少、尿中钠高，血清钠＞150mmol/L，其水、电解质代谢紊乱的类型是
   A. 高渗性脱水　　B. 低渗性脱水
   C. 等渗性脱水　　D. 水肿
   E. 水中毒

3. 高热患者出汗多、呼吸增快，易出现
   A. 高渗性脱水　　B. 等渗性脱水
   C. 低渗性脱水　　D. 水中毒
   E. 低钠血症

4. 低渗性脱水的婴儿发生皮肤弹性降低、眼窝凹陷、前囟下陷，主要是由于
   A. 血容量减少　　B. 细胞内液减少
   C. 淋巴液减少　　D. 组织液减少
   E. 细胞外液减少

5. 下列哪一类水、电解质代谢紊乱早期易发生休克
   A. 低渗性脱水　　B. 高渗性脱水
   C. 水中毒　　D. 低钾血症
   E. 高钾血症

6. 低渗性脱水时体液丢失的特点是
   A. 细胞内、外液均减少，但以细胞内液减少为主
   B. 细胞内液并未丢失，主要是细胞外液明显减少
   C. 细胞内液无丢失，仅仅丢失血浆
   D. 细胞内液无丢失，仅仅丢失组织液
   E. 细胞内、外液均明显减少

7. 大量输入库存血会导致
   A. 高钠血症　　B. 高钾血症
   C. 高镁血症　　D. 高钙血症
   E. 高磷血症

8. 下列哪一项不是低钾血症的原因
   A. 长期使用排钾利尿药
   B. 代谢性酸中毒
   C. 禁食
   D. 肾上腺皮质功能亢进
   E. 代谢性碱中毒

9. 重度高钾血症时，心肌的
   A. 兴奋性↑、传导性↑、自律性↑
   B. 兴奋性↑、传导性↑、自律性↓
   C. 兴奋性↑、传导性↓、自律性↑
   D. 兴奋性↓、传导性↓、自律性↓
   E. 兴奋性↓、传导性↑、自律性↑

10. 反常性碱性尿常见于
   A. 乳酸酸中毒　　B. 呼吸性酸中毒
   C. 低钾性碱中毒　　D. 高钾性酸中毒
   E. 呼吸性碱中毒

11. 下列哪项因素不会导致血管内外液体交换失衡
   A. 毛细血管血压升高
   B. 血浆胶体渗透压下降
   C. 毛细血管壁通透性增加
   D. 肾小球滤过率增加
   E. 淋巴回流受阻

12. 下列哪项不是引起组织液生成增多的因素
   A. 毛细血管血压增高
   B. 组织液胶体渗透压增高
   C. 血浆胶体渗透压增高
   D. 毛细血管壁通透性增高
   E. 淋巴回流受阻

13. 急性肾小球肾炎时水肿发生的主要机制是
   A. 肾小球滤过率降低　　B. 肾小管重吸收增加
   C. 肾素释放增加　　D. 微血管壁通透性增加
   E. ALD、ADH增多

14. 患者，女，42岁。左侧乳腺癌根治术后引起同侧上肢水肿，其水肿发生的主要机制是
   A. 局部损伤使微血管壁通透性增高
   B. 失血使血浆胶体渗透压下降
   C. 局部淋巴结切除致淋巴回流障碍
   D. 静脉淤血引起毛细血管内压增高
   E. 局部组织产生炎性水肿

15. 患者，男，28岁。今晨出现腹泻，上午腹泻10次，米泔水样大便，无腹痛，无发热。
   查体：皮肤、口唇干燥、无弹性，眼窝内陷。血压80/50mmHg。患者可能出现了
   A. 高渗性脱水　　B. 低渗性脱水
   C. 等渗性脱水　　D. 水中毒
   E. 水肿

四、简答题

1. 简述高渗性脱水对机体的影响。
2. 简述水肿发生的机制。
3. 试述低渗性脱水易导致休克的原因。

（卢碧燕）

第14章 酸碱平衡紊乱

学习目标

1. 素质目标　培养学生严谨、求实的科学精神。
2. 知识目标
（1）掌握　酸碱平衡紊乱的概念，机体对酸碱平衡的调节，常用的酸碱平衡指标及意义，各类单纯型酸碱平衡紊乱的概念、原因及对机体的影响。
（2）熟悉　各类单纯型酸碱平衡紊乱的代偿调节及防治的病理生理基础。
（3）了解　混合型酸碱平衡紊乱的类型及特点。
3. 能力目标　学会运用酸碱平衡紊乱基本知识，具备为患者提供健康教育和护理评估的能力。

机体的正常代谢过程和生理活动，必须在适宜的体液酸碱度（动脉血pH 7.35～7.45，平均值7.40）环境中进行。正常机体具有调节酸碱物质含量和比例、维持血液pH在恒定范围内的功能，称为酸碱平衡（acid-base balance）。许多原因可引起酸碱负荷过度或调节机制障碍，破坏体液酸碱度的相对稳定性，即发生酸碱平衡紊乱（acid-base disturbance）。

考点：酸碱平衡紊乱的概念

第1节　概　　述

一、酸碱的概述

（一）酸碱的概念

凡能释放H^+的化学物质称为酸，如HCl、H_2SO_4、H_2CO_3、NH_4^+等；凡能接受H^+的化学物质则称为碱（alkali），如OH^-、HCO_3^-、NH_3等。

（二）体内酸、碱物质的来源

1. 酸的分类及来源

（1）挥发酸　体内糖、脂肪及蛋白质分解的终产物是二氧化碳（CO_2），CO_2与水结合形成碳酸，其分解后又释放出CO_2，经肺排出体外，因此碳酸又称为挥发酸，是体内产生最多的酸性物质。

（2）固定酸　是指不经肺呼出，只能经肾随尿排出的酸性物质，又称非挥发酸。固定酸主要来自蛋白质的分解代谢（磷酸、硫酸、尿酸）、糖酵解（甘油酸、丙酮酸、乳酸）、脂肪代谢（β-羟丁酸、乙酰乙酸）和摄入酸性食物或服用酸性药物（水杨酸、氯化铵）等。

2. 碱的来源　机体在物质代谢过程中可产生碱性物质，如氨基酸脱氨基所生成的氨。蔬菜、水果等食物中含的有机酸盐，如苹果酸盐、枸橼酸盐、草酸盐等经代谢也可生成碱性盐。

二、酸碱平衡的调节

机体对酸碱平衡的调节主要通过血液的缓冲系统、肺和肾，以及细胞调节来维持。

考点：血液缓冲系统对酸碱平衡的调节及特点

（一）血液缓冲系统的调节

血液缓冲系统由弱酸及其相对应的缓冲碱组成，反应迅速，但不持久。血液缓冲系统主要有碳酸氢盐缓冲系统（HCO_3^-/H_2CO_3）、磷酸盐缓冲系统（$HPO_4^{2-}/H_2PO_4^-$）、血浆蛋白缓冲系统（Pr^-/HPr）、血红蛋白（Hb^-/HHb）与氧合血红蛋白缓冲系统（$HbO_2^-/HHbO_2$），碳酸氢盐缓冲系统是最重要的缓冲系统，HCO_3^-与H_2CO_3的比值决定pH，正常为20/1，其缓冲能力最强，但不能缓冲挥发性酸。挥发性酸的缓冲主要靠血红蛋白与氧合血红蛋白缓冲系统缓冲。

（二）肺对酸碱平衡的调节

肺主要通过改变CO_2的排出量调节血浆中H_2CO_3的浓度，使HCO_3^-/H_2CO_3的值接近正常值，保持血中pH相对恒定。当体内CO_2增多或H^+浓度增高时，可刺激外周及中枢化学感受器兴奋，使呼吸加深加快，CO_2的排出量增多，降低血液中H_2CO_3的浓度。肺通气的调节作用较迅速，数分钟内起效，但调节有限度，持续深快呼吸会使呼吸肌疲劳，最终使肺通气量降低。

（三）肾对酸碱平衡的调节

肾脏主要调节固定酸，具体是通过肾小管上皮细胞泌H^+、泌NH_3、重吸收$NaHCO_3$及磷酸盐的尿液酸化、铵盐排出等过程，来调节血浆中的HCO_3^-的含量，从而维持HCO_3^-/H_2CO_3正常比例，使pH相对恒定。肾脏调节速度较慢，数小时后起作用，3～5天达高峰，但作用持久，有很强的排酸保碱效能。

（四）细胞调节

细胞内、外离子的交换是组织细胞对酸碱平衡调节的主要方式，如H^+-K^+、H^+-Na^+、Na^+-K^+的交换等。当细胞外液H^+浓度升高时，H^+向细胞内转移，同时K^+向细胞外转移，因此酸中毒时常伴有高血钾；当细胞外液H^+浓度降低时，H^+向细胞外转移，同时K^+向细胞内转移，因此碱中毒时常伴有低血钾。细胞的缓冲作用较强，但通常需要2～3小时才能发挥作用。

三、常用的酸碱平衡指标及意义

（一）pH

血液pH反映体液中的H^+浓度，其值以H^+的负对数表示，血液pH取决于HCO_3^-与H_2CO_3的浓度之比。血液pH低于7.35为酸中毒，高于7.45为碱中毒。但pH变化不能区分酸碱平衡紊乱的原因是呼吸性还是代谢性。pH处于正常范围内，可以表示：①酸碱平衡正常；②代偿性酸中毒或碱中毒，HCO_3^-与H_2CO_3的绝对值已发生改变，但二者的比值仍维持在20/1附近；③混合型酸碱平衡紊乱。

（二）动脉血二氧化碳分压

动脉血二氧化碳分压（$PaCO_2$）是指血浆中以物理溶解状态溶解的CO_2分子所产生的压力。其正常值为33～46mmHg，平均值为40mmHg。$PaCO_2$是反映呼吸性酸碱平衡紊乱的重要指标。$PaCO_2>$ 46mmHg，表示肺通气不足，CO_2潴留，见于呼吸性酸中毒或代偿后代谢性碱中毒；$PaCO_2<$ 33mmHg，表示肺通气过度，CO_2排出过多，为呼吸性碱中毒或代偿后代谢性酸中毒。

（三）标准碳酸氢盐和实际碳酸氢盐

标准碳酸氢盐（standard bicarbonate，SB）是指全血在标准条件下（温度38℃，血红蛋白氧饱和度为100%，$PaCO_2$为40 mmHg）所测得的血浆HCO_3^-含量。正常值为22～27mmol/L，平均值为24mmol/L。因排除呼吸因素影响，可作为判断代谢性酸碱中毒的指标，代谢性酸中毒患者SB降低，代谢性碱中毒时则SB升高。实际碳酸氢盐（actual bicarbonate，AB）是指隔绝空气的血液标本，在实际的$PaCO_2$、温度和血氧饱和度的条件下，测得的血浆HCO_3^-浓度。正常人，AB=SB。代谢性酸中毒时，两者都降低；代谢性碱中毒时，两者都升高。若SB正常，AB＞SB，有CO_2潴留，提示呼吸性酸中毒；反之，AB＜SB，CO_2呼出过多时，提示呼吸性碱中毒。

（四）缓冲碱

缓冲碱（buffer base，BB）是指动脉血液中具有缓冲作用的阴离子的总和，如HCO_3^-、HPO_4^{2-}、Hb^-、Pr^-等。正常值为45～52mmol/L，平均值为48 mmol/L，它是反映代谢性因素的指标，BB降低提示代谢性酸中毒，BB升高提示代谢性碱中毒。

（五）碱剩余

碱剩余（base excess，BE）是指在标准条件下，用酸或碱滴定全血至pH7.4时所用的酸或碱的量。正常值为0±3mmol/L。如需用酸滴定，表示血中碱量多于正常，BE用正值表示，即称为碱剩余，见于代谢性碱中毒；反之，如需用碱滴定，则表示碱缺失，表示血中缓冲碱减少，BE用负值表示，见于代谢性酸中毒。

（六）阴离子间隙

阴离子间隙（anion gap，AG）是指血浆中的未测定阴离子（undetermined anion，UA）与未测定阳离子（undetermined cation，UC）的差值，即AG=UA–UC。AG正常值为12～14mmol/L，平均值为12mmol/L。AG既可增高，也可降低，但增高的意义较大。目前多以AG＞16mmol/L作为判断是否有AG增高型代谢性酸中毒的指标。AG增高还可见于与代谢性酸中毒无关的情况，如脱水后使用大量含钠盐的药物、骨髓瘤患者释放出本周蛋白过多等。而AG降低在判断酸碱平衡紊乱方面意义不大，仅见于未测定阴离子减少或未测定阳离子增多时，如低蛋白血症等。

链 接　血气分析临床应用

血气分析是应用血气分析仪，通过测定人体血液的氧分压（PO_2）、二氧化碳分压（PCO_2）和酸碱度（pH），直接反映肺换气功能、氧合功能及机体酸碱平衡状况。其标本可以来自血液、尿液、脑脊液及各种混合气体等，临床应用最多的是血液。血液标本包括动脉血、静脉血和混合静脉血等，其中又以动脉血气分析的应用最为普遍。血气分析适用于低氧血症和呼吸衰竭、酸碱失衡等症状的诊断与鉴别，在急性呼吸衰竭诊疗、外科手术、抢救与监护过程中发挥着至关重要的作用。

第 2 节　单纯型酸碱平衡紊乱

案例 14-1

患者，男，65岁。因慢性肺源性心脏病5年，受凉后肺部感染3天入院。查体：慢性病容，消瘦，桶状胸，听诊肺部有湿啰音，X线检查示右心肥大。血气检查结果：pH7.2，$PaCO_2$ 70mmHg，AB 36mmol/L，SB 32mmol/L。

问题：判断患者发生了哪种类型的酸碱平衡紊乱。

单纯型酸碱平衡紊乱（simple acid-base disturbance）可分为代谢性酸中毒、呼吸性酸中毒、代谢性碱中毒和呼吸性碱中毒。

一、代谢性酸中毒

代谢性酸中毒（metabolic acidosis）是指细胞外液H^+增加和（或）HCO_3^-原发性减少，导致pH降低并可伴有一系列临床表现的酸碱平衡紊乱。根据AG的变化，可分为AG增高型（血氯正常）和AG正常型（血氯升高）两类。

（一）原因及发生机制

1. AG增高型代谢性酸中毒 特点是AG增高，血氯正常。

（1）乳酸酸中毒 常见于缺氧（休克、肺水肿、严重贫血等）、肝病（肝硬化、急性重型肝炎）等，无氧酵解增强，乳酸产生增多或利用障碍。

（2）酮症酸中毒 见于糖尿病、饥饿、酒精中毒等。体内动员大量脂肪使酮体（如β-羟丁酸和乙酰乙酸等）增多，超过外周组织的氧化能力及肾脏排出能力时可发生。

（3）固定酸排泄障碍 肾功能障碍时，肾小球滤过率降低，使硫酸、磷酸等固定酸在体内蓄积。

（4）水杨酸中毒 大量摄入或给予水杨酸制剂（如阿司匹林等）。

2. AG正常型代谢性酸中毒 特点是AG正常，血氯增高。常见于消化道丢失过多HCO_3^-，如严重腹泻、小肠与胆道瘘管和肠引流术等；肾小管酸中毒或应用碳酸酐酶抑制剂时重吸收HCO_3^-减少；高钾血症、氯盐类摄入过多，如氯化铵、盐酸精氨酸等。

考点：代谢性酸中毒的原因

（二）机体的代偿调节

1. 血液缓冲 代谢性酸中毒时，血浆中过量的H^+可立即与HCO_3^-和非HCO_3^-缓冲碱结合而被缓冲，使HCO_3^-及其他缓冲碱不断被消耗。当细胞外液大量的H^+进入细胞内液，细胞内液的K^+转移到细胞外液，造成细胞外液和血K^+浓度增高。

2. 肺的调节 血H^+浓度增高，兴奋颈动脉体和主动脉体化学感受器，反射性引起呼吸加深、加快，随着肺通气量的增加，CO_2排出增多，血液H_2CO_3随之下降，在一定程度上，可有利于维持HCO_3^-/H_2CO_3的值接近正常。

3. 肾脏调节 除肾功能障碍引起的代谢性酸中毒外，肾小管上皮细胞内碳酸酐酶、谷氨酰胺酶活性增强，肾小管泌H^+、泌NH_4^+及重吸收HCO_3^-增加，使血HCO_3^-浓度增加。

4. 细胞调节 酸中毒时细胞外的H^+进入细胞内，使细胞外的H^+降低，同时细胞内K^+逸出，造成细胞外液和血K^+浓度增高。

考点：代谢性酸中毒的代偿调节

（三）动脉血气变化

pH下降，SB、AB、BB值均降低，AB＜SB，BE负值增大，$PaCO_2$代偿性降低。

（四）对机体的影响

1. 心血管系统 代谢性酸中毒时，心血管系统受到严重影响，主要表现在以下3个方面。

（1）室性心律失常 与血K^+升高有密切关系。代谢性酸中毒影响细胞的H^+-K^+交换，另外肾小管上皮细胞泌H^+增多、排K^+减少。

（2）心肌收缩力减弱 Ca^{2+}是心肌兴奋-收缩耦联因子。在严重酸中毒时，由于H^+与Ca^{2+}竞争，使心肌收缩力减弱。

（3）心血管系统对儿茶酚胺反应性降低 H^+浓度增加可降低阻力血管对儿茶酚胺的反应性，引起血管扩张，使血压下降，甚至发生休克。

2. 中枢神经系统 代谢性酸中毒时，中枢神经系统功能障碍主要表现为抑制，可出现疲乏、无力、感觉迟钝等，严重时还可导致意识障碍、嗜睡、昏迷等。其发生机制可能与酸中毒时，谷氨酸脱羧酶活性增强，抑制性神经递质γ-氨基丁酸生成增多，以及影响氧化磷酸化导致ATP生成减少，脑组织能量供应不足等有关。

（五）防治的病理生理基础

1. 预防和治疗原发病是防治代谢性酸中毒的关键。

2. 纠正水、电解质代谢紊乱，恢复有效循环血量，改善肾功能。

3. 纠正酸中毒，补充碱性药物。$NaHCO_3$可直接补充HCO_3^-，因此，$NaHCO_3$是代谢性酸中毒补碱的首选药。

二、呼吸性酸中毒

呼吸性酸中毒（respiratory acidosis）是指血浆中H_2CO_3浓度发生增高，导致pH降低并可伴有一系列临床表现的酸碱平衡紊乱。可分为急性呼吸性酸中毒和慢性呼吸性酸中毒两种类型。

（一）原因及发生机制

1. CO_2排出障碍 临床以肺通气功能障碍所引起的CO_2排出障碍最为多见。

（1）呼吸中枢抑制 颅脑损伤、脑血管意外、脑炎、麻醉药或镇静催眠药过量等可引起呼吸中枢抑制。

（2）呼吸肌麻痹 急性脊髓灰质炎、重症肌无力、有机磷中毒、严重低钾血症等，呼吸运动减弱导致CO_2潴留。

（3）呼吸道阻塞 喉头水肿、痉挛，以及气管异物、分泌物、水肿液或呕吐物等堵塞呼吸道，可造成肺泡通气功能障碍而致急性呼吸性酸中毒。

（4）胸廓病变 胸廓或胸腔疾病（如严重气胸、大量胸腔积液、严重胸部创伤和某些胸廓畸形等），可影响肺的通气功能而使CO_2在体内潴留。

（5）肺部疾病 慢性阻塞性肺疾病、急性肺水肿、肺结核等，可因肺的通气功能障碍而使CO_2在体内潴留，导致呼吸性酸中毒。

（6）呼吸机使用不当 呼吸机的通气量设置过小，导致通气不足，CO_2排出困难。

2. CO_2吸入过多 较少见，主要见于环境通风不良的情况下吸入CO_2过量。

（二）机体的代偿调节

1. 细胞调节 是急性呼吸性酸中毒的主要代偿方式。

（1）细胞内、外H^+-K^+交换 H_2CO_3解离后释放出H^+和HCO_3^-，细胞外大量的H^+进入细胞内，与细胞内的K^+进行交换，而进入细胞内的H^+可被蛋白质缓冲，HCO_3^-则留在细胞外液发挥一定的代偿功能。

（2）红细胞内、外HCO_3^--Cl^-交换 血浆中急剧增加的CO_2可通过弥散作用进入红细胞，并在碳酸酐酶催化下很快生成H_2CO_3，进一步解离为H^+和HCO_3^-，H^+主要由血红蛋白缓冲，而HCO_3^-则自红细胞逸出，与血浆Cl^-发生交换，结果血浆HCO_3^-浓度相应增高。

2. 肺脏调节 呼吸性酸中毒多由肺通气功能障碍引起，因此呼吸系统往往不能发挥代偿调节作用。

3. 肾脏调节 是慢性呼吸性酸中毒的主要代偿方式。慢性呼吸性酸中毒时，随着$PaCO_2$升高和H^+浓度的增加，可使肾小管上皮细胞内的碳酸酐酶、谷氨酰胺酶活性增高，因而肾小管泌H^+、泌NH_4^+和重吸收HCO_3^-增加。

考点：呼吸性酸中毒的代偿调节

（三）动脉血气变化

pH降低，SB、AB、BB值升高，AB＞SB，BE正值增大，$PaCO_2$原发性升高。

（四）对机体的影响

1. 中枢神经系统 患者早期可出现持续头痛、焦虑不安，进一步发展可有精神错乱、谵妄、震颤、嗜睡、昏迷等肺性脑病的表现。其发生机制如下。

（1）高浓度的CO_2可直接引起脑血管扩张、脑血流量增加，造成颅内压增高、脑水肿等。

（2）CO_2是脂溶性的，能迅速通过血脑屏障，而HCO_3^-为水溶性的，通过血脑屏障极为缓慢，因而高浓度的CO_2可使脑脊液的pH显著降低且持续时间久。

（3）脑细胞能量代谢障碍，造成脑组织ATP供应不足及抑制性递质γ-氨基丁酸增多。

（4）高浓度的CO_2对中枢神经系统有显著的抑制效应，称为CO_2麻醉。

2. 心血管系统 与代谢性酸中毒相似，呼吸性酸中毒也可引起心律失常、心肌收缩力减弱，以及心血管系统对儿茶酚胺的反应性降低等。

（五）防治的病理生理基础

1. 防治原发病 慢性阻塞性肺疾病是引起呼吸性酸中毒最常见的原因，临床上应积极抗感染、解痉、祛痰等。急性呼吸性酸中毒应迅速去除引起通气障碍的原因。

2. 改善肺通气 尽快改善肺通气功能，保持呼吸道畅通，以利于CO_2的排出。必要时可做气管插管或气管切开并使用人工呼吸机改善通气。

3. 使用碱性药物 如pH过低，应在保证足够通气的前提下使用碱性药物。

4. 给氧 低浓度、低流量、持续性给氧。

三、代谢性碱中毒

代谢性碱中毒（metabolic alkalosis）是指血浆HCO_3^-浓度原发性升高，导致pH升高并可伴有一系列临床表现的酸碱平衡紊乱。

（一）原因及发生机制

1. H^+丢失过多

（1）经胃丢失 常见于幽门梗阻、高位肠梗阻等引起的剧烈呕吐和胃肠引流等导致的大量含HCl的胃液丢失等。

（2）经肾丢失 ①应用利尿药：使用呋塞米、依他尼酸等利尿药能抑制近球小管对Na^+和Cl^-的重吸收，起到排钾利尿作用。但同时也促进肾小管对H^+和K^+的排泌，肾小管重吸收HCO_3^-、Na^+相应增加，而Cl^-则以NH_4Cl形式从尿排出增多，发生低氯性碱中毒。②盐类皮质激素分泌过多：原发性盐类皮质激素过多，可增加肾脏远曲小管和集合管对Na^+和H_2O的重吸收，促进K^+和H^+的排出，导致H^+经肾的丢失，而$NaHCO_3$重吸收增加，引起代谢性碱中毒和低钾血症。

2. 缺钾 由于细胞外液K^+降低，细胞内K^+向细胞外转移，细胞外的H^+向细胞内转移，引起碱中毒；同时，肾小管上皮细胞K^+缺乏导致泌H^+增多，因而H^+-Na^+交换增加，HCO_3^-重吸收增加，发生代谢性碱中毒，而此时，尿液仍呈酸性，称为反常性酸性尿。

3. 碱性物质摄入过量 常为医源性因素所致，如消化性溃疡患者长期服用过多$NaHCO_3$，纠酸时输入大量碳酸氢钠，大出血患者输入大量库存血液（含抗凝剂枸橼酸盐）。

考点：代谢性碱中毒的代偿调节

（二）机体的代偿调节

1. 血液缓冲 大多数缓冲系统组成成分中，碱性成分远多于酸性成分。因此，血液对碱中毒的缓冲作用较小。

2. 肺脏调节 由于细胞外液的HCO_3^-浓度和pH增高，H^+浓度降低，对呼吸中枢有抑制作用，使呼吸运动变浅变慢、肺泡通气量和CO_2排出减少，$PaCO_2$升高，血浆H_2CO_3继发性升高，维持HCO_3^-与H_2CO_3比值接近正常。

3. 细胞调节 通过细胞内、外H^+-K^+交换调节，即细胞外液H^+浓度降低时，细胞内H^+逸出进行补充；细胞外K^+进入细胞内，使细胞外液K^+浓度降低。故碱中毒常伴有低钾血症。

4. 肾脏调节 血浆H^+减少和pH升高使肾小管上皮细胞内的碳酸酐酶和谷氨酰胺酶活性降低，引起肾小管泌H^+、泌NH_4^+减少，HCO_3^-重吸收也降低，血浆HCO_3^-浓度有所下降。因此，代谢性碱中毒时，肾泌H^+减少和HCO_3^-排出增加，使尿呈碱性。

（三）动脉血气变化

pH升高，SB、AB、BB值升高，AB＞SB，BE正值增大，$PaCO_2$继发性升高。

（四）对机体的影响

1. 中枢神经系统功能障碍 患者可有烦躁不安、谵妄、精神错乱等中枢神经系统兴奋性增高的表现。其发生机制可能与抑制性递质γ-氨基丁酸减少及缺氧有关。

2. 神经肌肉应激性增高 由于血液pH升高，引起血浆游离钙减少，神经肌肉的应激性增高，表现为手足抽搐、面部和肢体肌肉抽动、腱反射亢进、惊厥等。

3. 低钾血症 由于细胞内、外H^+-K^+交换，细胞外的K^+内移，同时，肾小管上皮细胞H^+-Na^+交换减少，而K^+-Na^+交换增强，肾排K^+增多，导致低钾血症。

（五）防治的病理生理基础

1. 治疗原发病 积极去除引起代谢性碱中毒的原因。

2. 纠正碱中毒 可给予等张或半张盐水治疗，以恢复有效循环血量，促进血液中过多的HCO_3^-从尿中排出。

3. 适当补充氯化钾 由失氯、失钾所致的代谢性碱中毒，还需补充氯化钾。

四、呼吸性碱中毒

呼吸性碱中毒（respiratory alkalosis）是指血浆中H_2CO_3浓度原发性减少，导致血液pH升高并可伴有一系列临床表现的酸碱平衡紊乱。分为急性呼吸性碱中毒和慢性呼吸性碱中毒两种类型。

（一）原因及发生机制

1. 低氧血症 如肺炎、肺水肿等疾病影响肺换气功能，或因吸入气氧分压过低等，动脉血氧分压（PaO_2）降低，反射性地引起呼吸中枢兴奋，呼吸深快，CO_2排出增多。

2. 精神性通气过度 如癔症发作、剧烈疼痛、哭闹等，导致通气过度，CO_2排出增多。

3. 中枢神经系统疾病 脑血管意外、脑炎、脑外伤及脑肿瘤等，若呼吸中枢受到刺激，可引起通气过度。

4. 某些药物 如水杨酸、氨等，可直接刺激呼吸中枢使通气增强。

5. 机体代谢旺盛 如甲状腺功能亢进、高热等，因机体代谢增强和体温升高可刺激呼吸中枢，引起通气过度。

6. 人工呼吸机使用不当 常因通气量过大而发生急性呼吸性碱中毒。

考点：呼吸性碱中毒的代偿调节

（二）机体的代偿调节

1. 细胞调节 是急性呼吸性碱中毒的主要代偿调节方式。一方面，血浆H_2CO_3降低，HCO_3^-浓度相对增高，通过H^+-K^+交换，H^+外逸，与HCO_3^-结合形成H_2CO_3，使血浆中H_2CO_3浓度有所增加；另一方面，血浆中部分HCO_3^-进入红细胞后，与红细胞内的H^+结合形成H_2CO_3并释放出CO_2，CO_2可自红细胞逸出，与血浆中的H_2O结合形成H_2CO_3，使血浆H_2CO_3浓度升高。由于红细胞内、外的HCO_3^--Cl^-交换，造成血Cl^-浓度增高。

2. 肾脏调节 是慢性呼吸性碱中毒的主要代偿方式，由于$PaCO_2$降低，血浆H^+浓度降低，肾小管上皮细胞内的碳酸酐酶、谷氨酰胺酶活性降低。因此，肾小管泌H^+、泌NH_4^+和重吸收HCO_3^-减少，血浆HCO_3^-浓度代偿性降低。

（三）动脉血气变化

pH升高，AB、SB、BB值降低，AB＜SB，BE负值增大，$PaCO_2$原发性降低。

（四）对机体的影响

1. 中枢神经系统功能障碍　患者易出现头痛、眩晕、易激动、抽搐等症状，严重者甚至意识不清。其机制可能除与γ-氨基丁酸含量减少、缺氧有关外，还与低碳酸血症引起的脑血管收缩、脑血流量减少有关。

2. 神经肌肉应激性增高　神经肌肉应激性增高与游离钙浓度降低有关。

3. 低钾血症　低钾血症与细胞外K^+内移及肾脏排K^+增多有关。

（五）防治的病理生理基础

1. 防治原发病　去除引起通气过度的原因。

2. 吸入含CO_2的气体　急性呼吸性碱中毒可吸入5% CO_2的混合气体或用纸罩于患者口鼻，使其吸入自己呼出的气体，提高$PaCO_2$和血中H_2CO_3浓度。

3. 对症处理　有反复抽搐的患者，可静脉注射钙剂；有明显缺钾者应补充钾盐；使用呼吸机的患者应及时调整吸气/呼气比例。

第3节　混合型酸碱平衡紊乱

机体同时存在两种或两种以上类型的酸碱平衡紊乱，称为混合型酸碱平衡紊乱（mixed acid-base disturbance）。混合型酸碱平衡紊乱可分为双重性混合型酸碱平衡紊乱和三重性混合型酸碱平衡紊乱。

一、双重性混合型酸碱平衡紊乱

1. 呼吸性酸中毒合并代谢性酸中毒　常见于慢性阻塞性肺疾病伴严重缺氧、心搏骤停、呼吸骤停、严重肺水肿及肺实变等，因CO_2蓄积导致呼吸性酸中毒伴有机酸产生增多而并发代谢性酸中毒。

2. 呼吸性碱中毒合并代谢性碱中毒　常见于低氧血症、高氨血症、发热等，因通气过度引起呼吸性碱中毒，此时如伴有严重的呕吐或利尿药使用不当可并发代谢性碱中毒。

3. 呼吸性酸中毒合并代谢性碱中毒　多见于慢性阻塞性肺疾病伴严重呕吐，在原有呼吸性酸中毒基础上合并代谢性碱中毒。另外，当心功能不全时使用排钾利尿药，易出现在原有呼吸性酸中毒基础上合并低钾性代谢性碱中毒。

4. 代谢性酸中毒合并呼吸性碱中毒　常见于糖尿病、肾衰竭及感染性休克伴有高热，在代谢性酸中毒的基础上，因通气过度而并发呼吸性碱中毒；慢性肝衰竭并发肾衰竭时，可因血氨升高引起通气过度，导致呼吸性碱中毒并发代谢性酸中毒；水杨酸及乳酸中毒时，可刺激呼吸中枢出现代谢性酸中毒合并呼吸性碱中毒。

5. 代谢性酸中毒合并代谢性碱中毒　常见于肾衰竭及糖尿病伴有剧烈呕吐，或剧烈呕吐伴有严重腹泻、低钾血症、脱水等。

二、三重性混合型酸碱平衡紊乱

由于同一患者不会同时出现呼吸性酸中毒和呼吸性碱中毒，因此，三重性混合型酸碱平衡紊乱只有两种类型，一种是呼吸性酸中毒合并代谢性酸中毒和代谢性碱中毒；另一种是呼吸性碱中毒合并代谢性酸中毒和代谢性碱中毒。

自 测 题

一、名词解释

酸碱平衡紊乱　代谢性酸中毒　呼吸性酸中毒

二、填空题

1. 血液pH的正常与否，取决于________与________的浓度比，平均为________。
2. 体内的酸性物质可分为________和________两类。
3. 机体酸碱平衡的维持是靠________、________、________和________的调节来完成。
4. 排泄固定酸的器官是________，排出挥发酸的器官是________。
5. 肺通过调节血浆________的浓度来维持机体的酸碱平衡。
6. 酸中毒常伴有________血钾，碱中毒常伴有________血钾。

三、单项选择题

1. 机体在分解代谢过程中产生的最多的酸性物质是
   A. 碳酸　B. 乳酸
   C. 丙酮酸　D. 磷酸
   E. 硫酸
2. 血液pH的高低取决于血浆中
   A. $NaHCO_3$浓度　B. $PaCO_2$
   C. PaO_2　D. HCO_3^-/H_2CO_3的值
   E. BE
3. 下列哪项不易引起代谢性酸中毒
   A. 糖尿病　B. 休克
   C. 呼吸、心搏骤停　D. 呕吐
   E. 腹泻
4. 治疗代谢性酸中毒的首选药物是
   A. 碳酸氢钠　B. 乳酸钠
   C. 三羟甲基氨基甲烷　D. 枸橼酸钠
   E. 葡萄糖酸钠
5. 纠正呼吸性酸中毒最根本的措施是
   A. 吸氧　B. 改善肺泡通气量
   C. 给予$NaHCO_3$　D. 抗感染
   E. 给予乳酸钠
6. 使用利尿药的过程中较易出现的酸碱平衡紊乱类型是
   A. 代谢性酸中毒　B. 代谢性碱中毒
   C. 呼吸性酸中毒　D. 呼吸性碱中毒
   E. 以上都不是
7. 直接反映血浆HCO_3^-的指标是
   A. pH　B. AB
   C. $PaCO_2$　D. BB
   E. BE
8. pH下降，BE负值增大可见于
   A. 代谢性酸中毒　B. 代谢性碱中毒
   C. 急性呼吸性酸中毒　D. 急性呼吸性碱中毒
   E. 慢性呼吸性酸中毒

四、简答题

1. 简述代谢性酸中毒的原因、血气指标变化。
2. 简述呼吸性酸中毒对机体的影响。

（陈振华）

第15章 发 热

学习目标

1. 素质目标　通过发热的学习，了解判断热型的方法，培养学生严谨的工作作风。

2. 知识目标

（1）掌握　发热、发热激活物、内生致热原的概念，发热与过热的区别，发热的时相及热代谢特点。

（2）熟悉　发热的机制、发热时机体的功能及代谢变化。

（3）了解　发热的防治。

3. 能力目标　根据患者的临床表现判断发热的原因和分型。能与患者及家属沟通，讲解发热的相关知识及危害，指导其配合治疗。

案例 15-1

患者，男，27 岁，工人。发热、咳嗽 4 天。患者 4 天前淋雨后，出现寒战、高热，体温达 40℃，伴咳嗽，咳白色黏痰，无痰中带血，无胸痛，无咽痛。在当地门诊口服退热止咳药及头孢克洛后无好转，体温在 38 ～ 40℃波动。查体：体温 38.5℃，脉搏 92 次 / 分，呼吸 20 次 / 分，血压 120/75mmHg。发育正常，急性病容。神清，无皮疹，浅表淋巴结无肿大，咽无充血，扁桃体无肿大，颈静脉无怒张，气管居中，胸廓无畸形，呼吸平稳，右上肺叩诊呈浊音，语颤增强，可闻及湿啰音，心界不大，心率 92 次 / 分，律齐，无杂音，腹软，无压痛，肝脾未扪及。实验室检查：血红蛋白 145g/L，白细胞 13.6×10^9/L，中性粒细胞 83%，淋巴细胞 17%。X 线检查可见右上肺有大片模糊阴影。

问题：1. 患者发热的原因是什么？

2. 该患者出现了哪些基本病理过程？

人和高等动物在正常生命活动中必须具有相对稳定的体温。正常人体温维持在37℃左右，昼夜上下波动不超过1℃。体温的相对恒定是体温调节中枢调控，机体产热和散热过程相对平衡的结果。在许多疾病尤其是感染性疾病的早期，发热既是疾病的一个重要信号，又是一个常见的病理过程。

发热是指机体在致热原的作用下，体温调节中枢调定点上移而引起的以调节性体温升高为主要表现的全身性病理过程。传统上把体温超过正常0.5℃定为发热。发热的本质特征是体温调定点上移，使体温在较高水平上波动。实际上，体温升高包括生理性体温升高和病理性体温升高。生理性体温升高见于运动、排卵后和妊娠时；病理性体温升高包括发热和过热。过热是由于体温调节障碍、散热障碍或者产热器官功能异常等引起的体温升高。过热不是调节性反应，而是体温调节失控或调节障碍的结果，发热和过热必须加以区别（表15-1）。

发热不是独立的疾病，是许多疾病的重要病理过程和临床表现。

考点：发热的概念

表 15-1 发热与过热的比较

比较项	发热	过热
原因	有致热原	无致热原
发生机制	调定点上移	调定点无变化，产热过多，散热障碍
防治原则	针对致热原	物理降温

第 1 节　原因及发生机制

外源性或内源性的物质刺激机体产生发热激活物，导致内生致热原（endogenous pyrogen，EP）产生并作用于体温调节中枢，使调定点上移而导致体温升高。

一、发热激活物

发热激活物是指能够激活体内产致热原细胞，使其产生并释放内生致热原的物质。它是引起发热的原因。发热激活物可来源于体外，也可由体内产致热原细胞产生和释放。

考点：常见的发热激活物

（一）外致热原

来自体外的致热物质称为外致热原。

1. 细菌　革兰氏阳性细菌和革兰氏阴性细菌的菌体、代谢产物及释放的毒素均是发热激活物。尤其是革兰氏阴性细菌细胞壁中的脂多糖（LPS），又称内毒素（endotoxin，ET），为最常见的发热激活物。另外，结核分枝杆菌的菌体及细胞壁中所含的肽聚糖，特别是多糖和蛋白质都属于致热物质。

2. 病毒　最常见的有流感病毒、麻疹病毒、柯萨奇病毒、严重急性呼吸综合征冠状病毒等，其机制主要是以全病毒体和其所含的血细胞凝集素引起发热。

3. 真菌　许多真菌如白假丝酵母菌、组织胞质菌、球孢子菌、副球孢子菌和新型隐球菌等感染常伴有发热，真菌全菌体及菌体内所含的荚膜多糖和蛋白质具有致热作用。

4. 螺旋体　钩端螺旋体、回归热螺旋体和梅毒螺旋体等均有明显致热作用，可能与螺旋体的代谢裂解产物入血或螺旋体内所含外毒素有关。

5. 疟原虫　疟原虫感染后，其潜隐子进入红细胞并发育成裂殖子，当红细胞破裂时，大量裂殖子和代谢产物（疟色素等）释放入血，引起发热。

医者仁心

青蒿素发现者——屠呦呦

屠呦呦，中国中医科学院首席科学家，终身研究员兼首席研究员，青蒿素研究开发中心主任，博士生导师。2015 年 10 月屠呦呦因发现青蒿素在治疗疟疾方面的应用获得诺贝尔生理学或医学奖，成为第一位获诺贝尔科学奖项的中国科学家。2017 年 1 月 9 日她获 2016 年度国家最高科学技术奖。2018 年 12 月 18 日，党中央、国务院授予屠呦呦同志改革先锋称号，颁授改革先锋奖章。2019 年 9 月 17 日，屠呦呦同志被授予“共和国勋章”。

（二）体内产物

1. 免疫复合物　对产生内生致热原细胞也有激活作用，如给家兔皮下注射青霉素致敏，再次静脉注射青霉素时，可引起家兔发热。然后将致敏的血清转移给正常家兔，再用特异性抗原攻击受血动物，可引起明显的发热反应，这表明免疫复合物可以作为发热激活物引起发热。

2. 类固醇　体内某些类固醇产物对人体有致热作用，如将睾酮的中间代谢产物本胆烷醇酮注射入人体内，可引起发热。某些周期性发热的患者，常找不到原因，但在血清学检测中发现类固醇等物质增多。

3. 其他物质 一些代谢产物如尿酸盐结晶、硅酸结晶及石胆酸等不仅可引起炎症反应，还可激活致热原细胞产生和释放内生致热原，引起发热。此外，炎性渗出物、坏死组织吸收也可促使内生致热原的产生和释放。

二、内生致热原

内生致热原（endogenous pyrogen，EP）是指在发热激活物的作用下，由产内生致热原细胞产生和释放的能引起体温升高的物质。产生内生致热原的细胞包括单核细胞、巨噬细胞、内皮细胞、淋巴细胞、神经胶质细胞、肾小球系膜细胞以及肿瘤细胞等。目前已明确的内生致热原主要有以下几种。

1. 白细胞介素-1（interleukin-1，IL-1） 是在激活物的作用下，由单核细胞、巨噬细胞、内皮细胞、星状细胞、胶质细胞及肿瘤细胞等多种细胞在发热激活物的作用下产生的多肽类物质。IL-1受体主要分布于最靠近体温调节中枢的下丘脑外侧。IL-1对体温调节中枢的活动有明显影响。

2. 肿瘤坏死因子（tumor necrosis factor，TNF） 是由巨噬细胞、淋巴细胞等产生的小分子蛋白质，它与IL-1有许多类似的生物学活性。TNF在体内和体外均能刺激IL-1的产生和释放。

3. 干扰素（interferon，IFN） 是一种具有抗病毒、抗肿瘤作用的糖蛋白，主要由单核细胞和淋巴细胞产生，是细胞对病毒感染的反应产物。实验显示，IFN可使脑内前列腺素E（prostaglandin E，PGE）含量升高。

4. 白细胞介素-6（interleukin-6，IL-6） 是一种由184个氨基酸组成的蛋白质，是由LPS、病毒、IL-1、TNF、血小板生长因子等诱导单核细胞、成纤维细胞和内皮细胞产生和释放的。它能与多种内生致热原相互作用。

考点：内生致热原的概念

三、发热时的体温调节机制

（一）体温调节中枢

脊髓、脑干、下丘脑、大脑边缘皮质等多个中枢神经系统部位参与体温的调节。目前认为，基本的体温调节中枢位于视前区-下丘脑前部（preoptic anterior hypothalamus area，POAH），该区含有温度敏感神经元，对来自外周和深部温度信息起到整合作用。主导体温正向调节，为正调节中枢。而中杏仁核、腹中隔和弓状核主要参与发热时的体温负向调节，限制体温过度升高，为负调节中枢。当致热信号传入中枢后，启动体温正、负调节机制，一方面使体温上升，另一方面通过负性调节限制体温过度升高。因此，正、负调节综合作用的结果决定调定点上移的水平及发热的幅度和时程。

（二）致热信号进入体温调节中枢的途径

血液循环中的内生致热原进入体温调节中枢的途径目前认为主要有以下三种。

1. 通过下丘脑终板血管器（OVLT） 位于第三脑室壁视上隐窝上方，紧邻POAH。此处的毛细血管属有孔毛细血管，内生致热原可能由此入脑。

2. 通过血脑屏障直接进入中枢 这是一种较直接的信号传递方式，在血脑屏障的毛细血管床部位存在着蛋白质分子的可饱和转运机制，推测其可将IL-1、IL-6和TNF等内生致热原特异性地转运入脑。另外，内生致热原也有可能从脉络丛渗入或易化扩散转运入脑。

3. 通过迷走神经向体温调节中枢传递发热信号 细胞因子可刺激肝巨噬细胞周围的迷走神经，将致热信号传入中枢。

考点：发热介质的作用

（三）发热中枢的调节介质及作用

内生致热原作用于体温调节中枢，引起中枢性发热介质释放，从而引起体温调定点上移。中枢性发热介质包括正调节介质和负调节介质。

1. 正调节介质

（1）PGE 实验中将PGE注入猫、鼠、兔等动物脑室内可以引起明显的发热反应，并且注射剂量越大，体温升高越明显。

（2）Na^+/Ca^{2+}值 实验中用0.9%氯化钠溶液灌注动物侧脑室时，可引起体温明显上升，但当加入氯化钙时，则可防止体温升高。这些资料表明，Na^+/Ca^{2+}值的改变在发热机制中可能起着重要的中介作用。内生致热原可能先引起体温调节中枢内的Na^+/Ca^{2+}值升高，再通过其他环节促使调定点上移。

（3）环磷酸腺苷（cyclic adenosine monophosphate，cAMP） 是调节细胞功能和突触传递的重要介质，在体温调节和发热反应中具有重要的作用。脑组织内有较高浓度的cAMP，并含有cAMP合成和降解的酶类。内生致热原引起的OVLT血管外周巨噬细胞PGE合成增多，而PGE透过室管膜细胞进入脑组织，使脑组织中的cAMP产生增多，促使体温调节中枢的调定点上移。

（4）促肾上腺皮质激素释放激素（corticotropin releasing hormone，CRH） 促肾上腺皮质激素释放激素脑内注射可引起动物体温升高。

2. 负调节介质

（1）抗利尿激素（antidiuretic hormone，ADH） 是一种9肽神经递质，是垂体后叶肽类激素，由下丘脑神经元合成。ADH参与体温负调节机制可能是下丘脑、腹中隔区和中杏仁核分泌ADH增多，抑制内生致热原引起的升温反应、减少内生致热原的生成和释放，以及降低毛细血管对内生致热原的通透性。

（2）α-黑素细胞刺激素（α-melanocyte stimulating hormone，α-MSH） 是一种13肽神经垂体激素，广泛分布于中枢神经系统，是效应最强的解热物。

（3）脂皮质蛋白-1（lipocortin-1） 是一种钙依赖性磷脂结合蛋白，主要存在于脑、肺等器官中。可明显抑制IL-1、IL-6、IL-8、CRH诱导的发热反应。

（四）体温调节方式

人体的体温调节由三个基本部分组成，即感受器、整合器和效应器。发热包括信息传递、中枢调节和发热效应三个基本环节。

1. 信息传递 在发热激活物的作用下，产致热原细胞合成和释放内生致热原，随血液循环通过血脑屏障到达下丘脑体温调节中枢。

2. 中枢调节 内生致热原以某种方式改变体温调节中枢的温度敏感神经元的化学环境，使冷敏神经元兴奋，热敏神经元抑制，引起体温调定点上移。此时，正常血液温度低于调定点水平，体温调节中枢发出冲动，引起调温效应器的反应。

3. 发热效应 体温调节中枢发出的冲动，一方面通过运动神经引起骨骼肌紧张度增高或寒战，使产热增加；另一方面通过交感神经系统引起皮肤血管收缩，使散热减少，产热大于散热，体温升高至调定点上移后相适应的水平。

第2节 发热的分期

案例15-2

患儿，男，3岁。因发热、咽部红肿2天，惊厥半小时入院。2天前下午，患儿畏寒，出现寒战和鸡皮疙瘩，皮肤苍白。晚9时开始发热，精神差，不能入睡。次日，患儿出现恶心、呕吐。入院前

0.5小时突发惊厥。查体：体温40.5℃、脉搏121次/分、呼吸25次/分、血压96/60mmHg。面红，急性病容，口唇干燥，嗜睡，咽部充血，双侧扁桃体Ⅱ度肿大。颈软，心率121次/分，律齐，双肺听诊可闻及湿啰音。血常规：白细胞$15.3 \times 10^9/L$，中性粒细胞80%，淋巴细胞16%，嗜酸性粒细胞2%，入院后立即物理降温、静脉输注抗生素及抗病毒药物，1小时后开始大量出汗，体温降至38.1℃。5天后治愈出院。

问题： 1. 患儿体温变化分哪几期？各期有何症状？

2. 患儿的治疗措施是否正确？

发热的临床经过可分为三个时相，即体温上升期、高温持续期、体温下降期。

（一）体温上升期（寒战期）

体温上升期是指调定点上移后，传出神经系统控制产热增加、散热减少，体温升至新调定点水平的一段时间。

1. 热代谢特点 产热增多，散热减少，产热大于散热，体温因而升高。

2. 临床表现 发冷、畏寒、皮肤苍白。由于寒战中枢兴奋，患者出现寒战和鸡皮疙瘩。

3. 体温升高的机制 在发热的开始阶段，由于调定点上移，血液温度低于调定点水平，原来的正常体温变成了“冷刺激”，中枢对“冷”信息起反应，正调节占优势。①产热增加：中枢指令到达产热器官，引起寒战和物质代谢加强，产热随之增加。寒战是由于屈肌和伸肌同时收缩，引起肌肉节律性收缩。其产热较高，可比正常高4～5倍。②散热减少：中枢指令经交感神经到达散热中枢，引起皮肤血管收缩和血流减少。由于皮肤温度下降，患者感到发冷或恶寒，可出现鸡皮疙瘩（经交感神经传出的冲动引起皮肤竖毛肌收缩所致）。

（二）高温持续期（高峰期）

1. 热代谢特点 产热和散热都增加，产热与散热在高调定点水平上维持新的动态平衡。

2. 临床表现 患者自觉酷热，皮肤颜色发红、干燥。

3. 体温维持在高水平的机制 当体温升高达到新的调定点水平时，便不再继续上升，而是在这个与新的调定点相适应的高水平上波动。此时体温调节中枢按正常的方式来调节产热和散热，所不同的是在一个较高的水平上进行调节。患者的中心体温已达到或略高于调定点的新水平，故下丘脑不再发出引起“冷反应”的冲动，皮肤血管由收缩转为舒张，浅层血管舒张使皮肤血流增多，皮肤发红，散热增加。由于温度较高的血液灌注使皮温增高，热感受器将信息传入中枢而使患者产生酷热感。高热时水分经皮肤蒸发较多，因而皮肤和口唇干燥。临床上根据此期体温上升的程度分为低热、中等热、高热及超高热。此期持续时间因发热原因而不同，从几小时（如疟疾）、几天（如大叶性肺炎、小叶性肺炎）到1周（如伤寒）。

（三）体温下降期（退热期）

1. 热代谢特点 散热增加，产热减少，散热大于产热。

2. 临床表现 体温下降，皮肤潮红，出汗或大汗，严重出现脱水、休克。

3. 体温下降的机制 由于发热激活物在体内被控制或消失，内生致热原及发热介质也被清除，调定点返回到正常水平。此时，由于血温高于调定点，热敏神经元兴奋，使交感神经的紧张性活动降低，皮肤血管进一步扩张，散热过程增强，产热过程抑制，体温开始下降，并降至与正常调定点相适应的水平。由于散热中枢的兴奋和高温对发汗中枢的刺激，汗腺分泌增加，引起大量出汗，严重者可致脱水。此期持续几小时或一昼夜（骤退），也可持续几天（渐退）。

不同疾病过程中，发热持续时间与体温变化规律不尽相同。将患者的体温按一定时间记录并绘制成曲线，称为热型。不同的热型可能与致病微生物的特异性和机体的反应性有关，热型有助于对疾病的诊断。

考点：分期及热代谢特点

第3节 机体的功能及代谢变化

除了各原发病所引起的组织器官改变以外，发热时机体还可出现一系列代谢和功能的变化。

一、功能的变化

1. 中枢神经系统 发热初期，神经系统兴奋性增高，特别是高热患者可能出现烦躁、谵妄、幻觉，有些患者出现头痛，这些症状可能与内生致热原的作用有关。高热可引起小儿全身或局部肌肉抽搐，称为高热惊厥，与小儿中枢神经系统尚未发育成熟有关。高热惊厥多在高热24小时内发生，发生率较高，约占儿童期惊厥的30%，且部分患儿可引起脑损伤，表现为智力滞后、癫痫等。

2. 循环系统 发热时心率加快，体温每升高1℃，心率增加10～20次/分，儿童增加更多。这是由交感-肾上腺髓质系统活动增强所致。心率在一定限度内加快可增加心排血量，但若心肌有损害或有潜在性病灶，患者可因心脏负荷加重而发生心力衰竭。在体温上升期，动脉血压可轻度上升，这是由于外周血管收缩使外周阻力增加，以及心率加快使心排血量增加的结果。在高温持续期，由于外周血管舒张，动脉血压可轻度下降。当体温骤降，特别是使用解热药而引起的体温骤降，可因大汗而脱水，有效循环血量减少，严重者可发生低血容量性休克，应及时预防。

3. 呼吸系统 发热时血温升高可刺激呼吸中枢并提高呼吸中枢对CO_2的敏感性，加上代谢增强，CO_2产生增多，使呼吸加深加快，有利于更多的热从呼吸道散失。但通气过度时，CO_2排出过多，可引起呼吸性碱中毒。

4. 消化系统 发热时，消化液分泌减少，各种消化酶活性降低，因而产生食欲减退、恶心、口腔黏膜干燥、腹胀、便秘等症状。这些可能与交感神经兴奋、副交感神经抑制和水分蒸发较多有关。因此，发热患者应注意消化道的护理，给予易消化、吸收的食物。

5. 泌尿系统 发热初期，患者可出现功能性少尿，可能与抗利尿激素分泌增多有关。发热时大量出汗和非显性蒸发，造成水分丢失也是少尿的原因。持续发热时，肾小管上皮细胞可发生变性，出现蛋白尿和管型尿。因肾小球毛细血管通透性升高，部分患者可有血尿。体温下降期尿量和尿比重可逐渐恢复正常。

6. 防御功能 内生致热原本身即是一些免疫调控因子，如IL-1可刺激T细胞、B细胞的增殖和分化，增强吞噬细胞的杀菌活性。IL-6可促进B细胞的分化，并促进肝细胞产生急性期蛋白，诱导细胞毒性T细胞（CTL）的生成。IFN是机体的一种主要抗病毒体液因子，除抗病毒外，还增强自然杀伤（NK）细胞与吞噬细胞的活性。TNF具有抗肿瘤活性，能增强吞噬细胞的杀菌活性，促进B细胞的分化，并诱导其他细胞因子的生成。一定程度的体温升高也可使吞噬细胞的吞噬活力增强。因此，发热时免疫系统的功能总体表现是增强的。但持续高热也可能造成免疫系统的功能紊乱，过度激活将引起它们的平衡关系紊乱。

考点：发热时机体功能的变化

二、代谢的变化

发热能使机体代谢加快。一般认为，体温每升高1℃，基础代谢率提高13%。如伤寒患者体温上升至39～40℃，其基础代谢率增高30%～40%。如果持续发热，营养物质消耗明显增加，如不能及时补充，则可造成自身物质的消耗，导致消瘦、营养不良或贫血等。

1. 糖代谢增强 发热时由于产热的需要，能量消耗大大增加，因而对糖的需求增多，糖的分解代谢加强，糖原储备减少。尤其是寒战时糖的消耗更大，乳酸的产量也增加，血中乳酸含量升高，这也是发热时肌肉酸痛的原因之一。肝糖原和肌糖原分解增加，血糖升高，甚至出现糖尿，糖原储备减少。

2. 脂肪代谢增强 发热时因为能量消耗增加，脂肪分解明显增加。由于糖原的消耗，机体动用脂肪储备，以补偿能量供应不足。在慢性发热时，脂肪分解加强，由于氧化不完全，可出现酮血症或酮尿症，加上血乳酸增多，还可以引起代谢性酸中毒。

3. 蛋白质代谢增强 发热时，在糖原和脂肪分解的同时，组织蛋白也可分解供能，其分解量可为正常人的3～4倍，从而引起血浆蛋白（尤其是白蛋白）含量明显减少，可呈负氮平衡，甚至出现氮质血症。对发热的患者，应给予易消化、吸收的食物，注意补充蛋白质，对于防止机体组织蛋白的过度消耗是有益的。

4. 水、电解质及酸碱代谢异常 在体温上升期和高温持续期，尿量常明显减少，氯化钠排出减少，可引起水钠潴留；而在体温下降期，尿量增多，出汗增加，钠、水排出增加。高温持续期的皮肤和呼吸道的水分蒸发及退热期的大量出汗可导致水分的大量丢失，严重者可引起脱水。另外，发热尤其是长期发热患者，由于组织分解加强，细胞内钾释放入血，血钾及尿钾增高；严重者酸性代谢产物增加，可以发生代谢性酸中毒，如伴有通气过度，还可以并发呼吸性碱中毒。

考点：发热时物质代谢的特点

第4节 防治的病理生理基础

发热是恒温动物在长期进化过程中获得的一种对致热刺激的防御性适应反应。发热有利有弊，一般来说，一定程度的发热有利于机体抵抗感染，使吞噬细胞能力增强，释放细胞因子，可强化机体的免疫反应。但发热时，机体能量消耗过多，可能诱发相关脏器的功能不全。高热甚至可引起一些组织细胞的形态改变。治疗时，对发热本身的治疗要针对病情，权衡利弊。对一些原因不清楚的发热，不能急于做降温处理，以免掩盖病情，延误诊治。

（一）明确原因，治疗原发病

发热是机体疾病的重要信号，应当首先寻找发热的原因，并针对病因进行积极治疗，以中断激活物的作用。

（二）常规处理原则

对于体温≤38.5℃的发热又不伴有其他严重疾病者，可不做降温处理。如过早处理，会掩盖病情，延误原发病的诊断与治疗。因此，对于一般发热的患者，主要应针对物质代谢的加强和大汗脱水等情况，采取以下措施。

1. 注意水盐代谢，补足水分，预防脱水。
2. 保证充足易消化的营养食物，包括维生素。
3. 监护心脏功能，在退热期或用解热药致大量排汗时，要防止休克的发生。

（三）必须及时解热的病例

1. 体温过高（39℃以上） 高热患者，尤其是达到41℃以上者，中枢神经系统和心脏将受到严重影响。此时，无论有无明显的原发病，都应当尽早降温。尤其对小儿高热，容易诱发惊厥，更应及早处置。

2. 心功能不全或心肌损害 发热时心跳加速，循环加快，增加心脏负担，容易诱发心力衰竭。因而对心功能不全者或有潜在心肌损害患者，必须及早降温。

3. 妊娠期 妊娠早期，发热有致胎儿畸形的危险；妊娠晚期，循环血量增多，心脏负担加重，发热会进一步增加心脏负担，有诱发心力衰竭的可能。

4. 恶性肿瘤 持久发热加重恶性肿瘤患者营养物质及能量的消耗。

（四）处理措施

1. 物理降温 在高热或情况紧急时，可采用物理方法降温，如用冰帽、冰袋冷敷头部，乙醇擦浴四肢大血管处促进散热等。

2. 药物解热 如应用阿司匹林、糖皮质激素等药物，可以通过抑制内生致热原的合成和释放，抑制免疫反应、炎症反应而发挥降热作用。

链 接 高热惊厥的处理

1. 一般治疗

（1）保持安静及呼吸道畅通：患儿侧卧或头偏向一侧，保持呼吸道通畅。

（2）严重者给氧，以减少缺氧性脑损伤。

2. 制止惊厥

（1）首选地西泮：静脉滴注，5 分钟内生效，但作用短暂，必要时 15 分钟后重复。肛门灌肠，同样有效。

（2）新生儿惊厥首选苯巴比妥静脉滴注。

（3）苯妥英钠：适用于癫痫持续状态，当地西泮无效时，可静脉滴注，最好有心电图监护。

3. 降低体温 在患儿前额、手心、大腿根处放置冷毛巾，并经常更换；保持毛巾的温度不要过高，或将热水袋中盛装凉水或冰水，外用毛巾包裹后放置于患儿的枕部、颈部、大腿根处。

自 测 题

一、名词解释

发热 发热激活物 过热 内生致热原

二、填空题

1. 发热可引起机体心率增快，通常体温每升高 1℃，心率增加约________次/分，儿童可增加得更快。
2. 发热介质分为________和________两类。
3. 发热可分为________、________和________三期。
4. 发热时物质分解代谢________，这是体温升高的基础。
5. 体温上升期出现的“鸡皮疙瘩”是经交感神经传出的冲动引起皮肤________收缩所致。

三、单项选择题

1. 以下哪项是中枢性正调节介质
   A. α-黑素细胞刺激素 B. 抗利尿激素
   C. 前列腺素 E D. 大分子蛋白
   E. 缓激肽
2. 发热初期神经系统兴奋性
   A. 降低 B. 增高
   C. 先降低后升高 D. 不变
   E. 先升高后降低
3. 高热惊厥多在发热几小时内发生
   A. 1 B. 2
   C. 24 D. 48
   E. 72
4. 发热时各种消化酶的活性
   A. 降低 B. 升高
   C. 不变 D. 先升高后降低
   E. 先降低后升高
5. 高热骤退时，患者最易发生的不良反应是
   A. 呼吸不规则 B. 大量出汗致虚脱
   C. 昏迷 D. 呕吐
   E. 水钠潴留

四、简答题

1. 体温升高是否等于发热？为什么？
2. 发热过程可分为哪三个时期？每个时期热代谢有什么特点？
3. 简述发热时中枢神经系统的变化。
4. 针对发热的原因及发生机制，对发热患者应采取哪些措施？

（余园媛）

第16章 缺 氧

学习目标

1. 素质目标　培养严谨求实的科学精神和医者仁心的人文护理理念。

2. 知识目标

（1）掌握　缺氧的定义、常用血氧指标和意义、机体对缺氧耐受性的影响因素、缺氧防治的病理生理基础。

（2）熟悉　缺氧的类型、原因和血氧变化特点。

（3）了解　缺氧对机体功能、代谢变化的影响。

3. 能力目标　通过缺氧的学习，能对临床缺氧患者进行正确分类并处理。

案例 16-1

患者，女，50 岁。因昏倒、不省人事 2 小时被送医院抢救。患者 2 小时前在某化肥厂浴室洗澡，因煤气管道泄漏，自觉头晕、头痛、全身乏力、呼吸困难。频繁呕吐，呈喷射状。查体：神志清，精神差，呼吸浅快，眼结膜水肿，嘴唇呈樱桃红色，颈静脉充盈，呼吸音粗，两肺广泛湿啰音，心率 120 次 / 分，节律整齐，心音低，白细胞 11.2×10^9/L，二氧化碳结合力（CO_2-CP）16mmol/L，X 线检查（后前位）见两肺小片状密度增强影，心电图表现为 T 波Ⅱ、Ⅲ、aVF 导联倒置，ST 段下降。

问题：请提出病理诊断，并简述其发生机制。

氧是生命活动不可缺少的物质，也是人体能量合成所必需的物质。成年人耗氧量约为250ml/min，剧烈活动后增加8～9倍。而正常机体内氧的储备大约为1.5L，一旦呼吸、心搏停止，数分钟内就可能导致患者死亡。

由于组织的供氧减少或组织利用氧障碍时，引起机体的功能、代谢和形态结构发生异常变化的病理过程称为缺氧（hypoxia）。缺氧在临床上极为常见，常用血氧指标反映组织供氧和耗氧量的情况。

考点：缺氧的概念

第 1 节　常用血氧指标及意义

1. 血氧分压（blood partial pressure of oxygen，PO_2）　是指溶解在血液中的氧所产生的张力。正常人动脉血氧分压（PaO_2）约为100mmHg，主要取决于吸入气体的氧分压和外呼吸功能状况。静脉血氧分压（PvO_2）约为40mmHg，反映组织摄取氧和利用氧的能力。

2. 血氧容量（blood oxygen capacity）　是指100ml血液中的血红蛋白在氧分压150mmHg，温度38℃时的最大带氧量，正常约为20ml/dl。血氧容量的高低反映了血液携带氧的能力，它的变化取决于血红蛋白的量和质（即与氧结合的能力）。

3. 血氧含量（blood oxygen content）　是指100ml血液的实际带氧量，包括血红蛋白结合氧和物理溶解氧，物理溶解氧仅0.3 ml/dl，可忽略不计。血氧含量取决于血氧分压和血氧容量。正常动脉血氧含量约为19ml/dl，静脉血氧含量约为14ml/dl。动-静脉血氧含量差反映组织细胞的摄氧能力。

4. 血氧饱和度（blood oxygen saturation） 是指血红蛋白与氧结合达到饱和程度的百分数，即血氧含量与血氧容量的百分比值。即血氧饱和度 =（血氧含量–溶解氧量）/ 血氧容量 ×100%。正常动脉血氧饱和度为95%～98%，静脉血氧饱和度为70%～75%，血氧饱和度的高低主要取决于血氧分压的高低，两者的关系可用氧离曲线来表示。

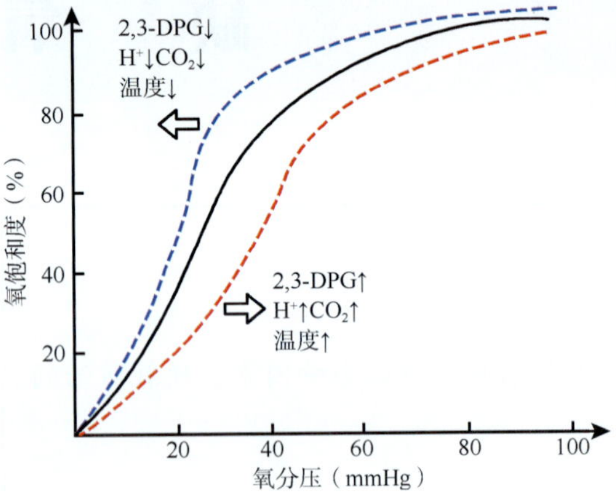

图16-1 氧合血红蛋白解离曲线及其影响因素

5. 氧离曲线 鉴于血红蛋白结合氧的生理特点，血氧分压与血氧饱和度之间的关系呈现S形曲线，称氧合血红蛋白解离曲线（氧离曲线）。当血液pH下降、温度升高、PCO_2升高或红细胞内2, 3-二磷酸甘油酸（2, 3-DPG）含量增多时，均可使血红蛋白与氧的亲和力降低，氧离曲线右移，使血液能释放出更多的氧供组织利用；反之，当血红蛋白与氧亲和力增高，氧离曲线左移，血液释放氧减少，引起组织缺氧（图16-1）。

考点： 常用血氧指标正常值及意义

第2节 缺氧的类型、原因及发生机制

正常情况下，组织细胞氧的供给和利用的过程是复杂的，受氧的摄取、携带、运输和内呼吸诸多因素的影响，其中任何一个环节发生障碍都可以引起机体缺氧。根据缺氧发生原因、发生环节和血氧变化的特点不同，可将缺氧划分为以下四种类型（图16-2）。

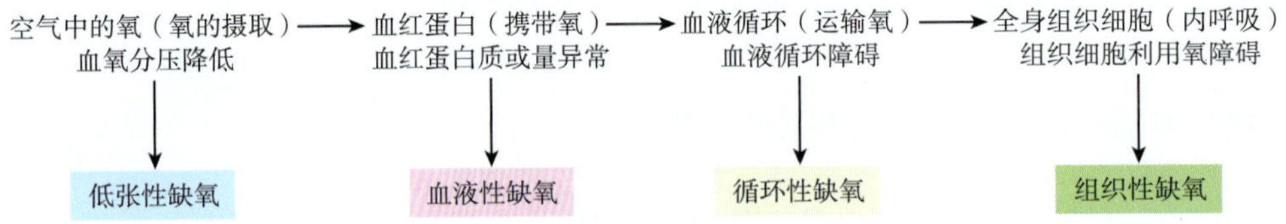

图16-2 缺氧发生的原因及其类型

一、低张性缺氧

以PaO_2降低，血氧含量减少，造成组织供氧不足为基本特征的缺氧为低张性缺氧（hypotonic hypoxia），又称为乏氧性缺氧。

（一）原因及发生机制

1. 吸入气氧分压过低 多发生于海拔3000m以上的高原、高空或通风不良的矿井、坑道内，吸入气氧分压过低，导致组织供氧不足，又称大气性缺氧。

2. 外呼吸功能障碍 当肺的通气和（或）换气功能障碍时，使血液流经肺部时不能获取足够的氧，供应组织细胞的氧减少，从而引起缺氧，又称呼吸性缺氧。

3. 静脉血分流入动脉血 多见于先天性心脏病，如室间隔或房间隔缺损伴有肺动脉高压时，出现右向左分流，未经氧合的静脉血掺入左心动脉血中，导致动脉血氧分压降低。

（二）血氧变化的特点

低张性缺氧时，动脉血氧分压、血氧含量和血氧饱和度均降低，由于血红蛋白无明显变化，故血氧容量一般正常。当动脉血氧分压下降时，血氧含量减少，弥散到组织内的氧减少，故动-静脉血氧含量差通常减小。但慢性缺氧时，组织利用氧的能力代偿性增强，则动-静脉血氧含量差也可无明显变化。

在低张性缺氧时，血液中的氧合血红蛋白减少，去氧血红蛋白增多。当毛细血管血液中去氧血红蛋白的平均浓度超过50g/L时，皮肤和黏膜呈现青紫色，称为发绀。

考点：低张性缺氧的概念、原因、血氧变化特点

案例 16-2

患者，男，56岁。患慢性阻塞性肺疾病十余年，近一周咳喘加重，明显发绀，烦躁，血气分析：pH 7.39，PaO_2 40mmHg，$PaCO_2$ 70mmHg。

问题：该患者属于哪种类型缺氧？除 PaO_2 外其他血氧指标会有何改变？

二、血液性缺氧

由于血红蛋白数量减少或者性质改变，血液携带氧的能力降低，导致血液携带的氧减少，血氧含量降低，或血红蛋白结合的氧不易释出所引起的缺氧称为血液性缺氧（hemic hypoxia）。这种类型的缺氧因动脉血氧分压正常，故又称等张性缺氧。

（一）原因及发生机制

1. 贫血 各种原因引起严重贫血时，血红蛋白数量减少，血液携带氧的能力降低，导致细胞的供氧不足，也称贫血性缺氧。

2. 一氧化碳中毒 一氧化碳（CO）是含碳化合物的不完全燃烧，与血红蛋白有很强的亲和力，它与血红蛋白的亲和力比氧大210倍。当吸入CO后，血红蛋白就迅速与之结合形成碳氧血红蛋白，而失去携带氧的能力。此外，CO还能抑制红细胞内的糖酵解，使2, 3-DPG生成减少，氧离曲线左移，不利于氧的释放，加重组织缺氧。

3. 高铁血红蛋白血症 血红蛋白中的二价铁，在氧化剂的作用下，可氧化成三价铁，形成高铁血红蛋白而失去携带氧的能力。当大量食用含较多硝酸盐的腌菜或不新鲜的蔬菜时，在肠道细菌作用下硝酸盐还原成亚硝酸盐，亚硝酸盐可使大量血红蛋白氧化为高铁血红蛋白。此外，磺胺类、过氯酸盐等氧化剂中毒时也可引起高铁血红蛋白血症。

4. 血红蛋白与氧的亲和力异常增高 某些因素可增加血红蛋白和氧的亲和力，使氧离曲线左移，氧不易释放，从而引起组织缺氧。如输入大量库存血时，血中2, 3-DPG含量低，氧离曲线左移，血红蛋白释放氧减少，使组织缺氧。

（二）血氧变化的特点

血液性缺氧时，因吸入气中氧分压和外呼吸功能正常，故动脉血氧分压、血氧饱和度正常。由于血红蛋白数量减少或性质的改变，血液携带的氧减少，血氧容量、血氧含量降低，动-静脉血氧含量差也低于正常。

严重贫血的患者皮肤、黏膜呈苍白色，其去氧血红蛋白不易达到50g/L，所以不会出现发绀。碳氧血红蛋白颜色鲜红，故CO中毒的患者皮肤、黏膜呈樱桃红色。高铁血红蛋白呈棕褐色，患者皮肤和黏膜呈咖啡色或类似发绀。因进食引起的高铁血红蛋白血症，皮肤和黏膜出现咖啡色或类似发绀的颜色，又称为肠源性发绀。

考点：血液性缺氧的概念、原因、血氧变化特点

三、循环性缺氧

循环性缺氧（circulatory hypoxia）是指循环障碍使组织供氧减少所引起的缺氧，又称低动力性缺氧。

（一）原因及发生机制

循环性缺氧可分为缺血性缺氧（ischemic hypoxia）和淤血性缺氧（congestive hypoxia）。

1. 缺血性缺氧 动脉血压降低或动脉阻塞造成的组织灌注量不足称为缺血性缺氧。例如，休克和心力衰竭患者可出现全身组织供血不足；动脉血栓形成、动脉炎或动脉粥样硬化造成的动脉阻塞可引起所供血的局部器官和组织缺血性缺氧。

2. 淤血性缺氧 静脉血液回流障碍引起的组织缺氧称为淤血性缺氧。例如，休克引起全身广泛的毛细血管床淤血，而静脉血栓形成或静脉炎可引起局部静脉回流障碍，造成局部组织淤血性缺氧。

（二）血氧变化的特点

单纯性循环性缺氧时，动脉血氧分压、血氧含量、血氧饱和度及血氧容量均正常。由于血流缓慢，流经组织毛细血管的时间延长，细胞从单位容量的血液中摄取较多的氧，所以静脉血氧含量降低，动-静脉血氧含量差增大。缺血性缺氧的患者，因组织的供血量不足，皮肤呈苍白色。淤血性缺氧的患者，由于血液淤滞，毛细血管血液中去氧血红蛋白增多，超过50g/L，因而引起发绀。

考点：循环性缺氧的概念、原因、血氧变化特点

四、组织性缺氧

在供氧正常的情况下，因组织细胞不能有效地利用氧而引起的缺氧，称为组织性缺氧（histogenous hypoxia），也称氧利用障碍性缺氧。

（一）原因及发生机制

1. 生物氧化过程障碍 主要见于氰化物、砷化物、硫化氢、磷等毒物引起的组织中毒，其中以氰化物中毒最为常见。氰化物能通过抑制细胞色素氧化酶，使其失去传递电子的功能，导致呼吸链中断，引起组织用氧障碍，又称组织中毒性缺氧。

2. 线粒体损伤 细菌毒素、严重缺氧、大剂量放射线可通过氧自由基生成过多引起线粒体损伤，导致氧的利用障碍。

3. 维生素缺乏 维生素B_1、维生素B_2、泛酸和烟酰胺等是呼吸链中许多脱氢酶的辅酶成分，当这些维生素严重缺乏时，生物氧化将发生障碍，致组织细胞利用氧障碍。

（二）血氧变化的特点

组织性缺氧时，动脉血氧分压、血氧容量、血氧含量、血氧饱和度均正常。由于组织利用氧障碍，故静脉血氧含量高于正常，动-静脉血氧含量差小于正常。同时毛细血管中氧合血红蛋白量高于正常，患者皮肤、黏膜呈玫瑰红色。

考点：组织性缺氧的概念、原因、血氧变化特点

链 接 发绀与缺氧的关系

发绀是缺氧患者常见的临床表现。当血液中去氧血红蛋白的含量达到或超过50g/L时，患者皮肤、黏膜呈青紫色，称为发绀。低张性缺氧和循环性缺氧时，易出现发绀。但要注意，缺氧的患者不一定出现发绀，如血液性缺氧和组织中毒性缺氧的患者；而出现发绀也不一定有缺氧，如真性红细胞增多症的患者。

临床上更常见的是混合性缺氧，即两种或两种以上类型的缺氧同时存在或相继出现。例如，失血性休克，既有由血红蛋白减少所致的血液性缺氧，又有由血流量减少所致的循环性缺氧，发生休克肺时，还可伴有低张性缺氧。因此要综合并且具体分析。

各型缺氧的血氧变化特点见表16-1。

表16-1 各型缺氧的血氧变化特点

缺氧类型	动脉血氧分压	血氧容量	动脉血氧含量	动脉血氧饱和度	动-静脉血氧含量差
低张性缺氧	↓	N或↑	↓	↓	↓或N
血液性缺氧	N	↓或N	↓	N	↓
循环性缺氧	N	N	N	N	↑
组织性缺氧	N	N	N	N	↓

注：↓，降低；↑，升高；N，不变。

第3节 机体的功能及代谢变化

缺氧对机体的影响，取决于缺氧发生的原因、速度、持续时间和机体的功能、代谢状态等。轻度和慢性缺氧以代偿性反应为主；重度和急性缺氧以损伤性变化为主。不同类型的缺氧所引起的机体变化既有共性，又各具特点。下面主要以低张性缺氧为例，说明缺氧对机体的影响。

一、呼吸系统的变化

（一）代偿性反应

动脉血氧分压低于60mmHg，可以刺激颈动脉体和主动脉体的外周化学感受器，反射性地引起呼吸加深、加快。通过呼吸运动增强，一方面使肺泡通气量增加，另一方面使胸腔负压加大，回心血量增多，增加肺血流量，从而有利于氧的摄取和运输。久居高原或慢性缺氧的人，由于外周化学感受器对缺氧刺激的敏感性降低，代偿性呼吸运动加强不明显，这是一种慢性适应性反应。

血液性缺氧、循环性缺氧及组织性缺氧的患者，如果不合并动脉血氧分压降低，呼吸系统的代偿不明显。

（二）损伤性变化

1. 高原肺水肿 少数人迅速抵达4000m以上高原地区后，短时间内可发生高原肺水肿，表现为头痛、胸闷、呼吸困难、咳粉红色泡沫痰、发绀、肺部有湿啰音等。其发病机制尚不清楚，可能与缺氧导致肺血管收缩、肺动脉高压，以及肺毛细血管通透性增高等因素有关。

2. 中枢性呼吸衰竭 当动脉血氧分压低于30mmHg时，缺氧可直接抑制呼吸中枢发生中枢性呼吸衰竭，表现为呼吸抑制、呼吸节律和频率不规则。

考点：缺氧时呼吸系统的变化

二、循环系统的变化

（一）代偿性反应

1. 心排血量增加 缺氧时，由于交感-肾上腺髓质系统的兴奋，血液中儿茶酚胺含量增多，作用于心脏肾上腺素受体，致心率增加、心肌收缩力增强。加之呼吸加深加快，胸廓呼吸运动增强，使回心血量增多，心排血量增加。

2. 血液重新分布 缺氧时，交感神经兴奋引起血管收缩，皮肤、内脏、骨骼肌和肾脏血管α受体密度较高，血管收缩明显，血流量减少；而心和脑的血管α受体密度较低，且受到乳酸、腺苷等代谢产物影响而出现血管扩张，血流量增多。血液的重新分布有利于保证重要脏器的生理功能。

3. 肺血管收缩 缺氧可使肺小动脉收缩，使缺氧肺泡血流量减少，有利于维持肺泡通气血流比例的正常。这是一种代偿性的保护机制。缺氧引起肺血管收缩的机制比较复杂，一般认为是多种因素综合作用的结果。

4. 毛细血管增生 长期缺氧引起血管内皮生长因子等基因表达增加，导致毛细血管增生。毛细血管数量的增加，有利于使血液中的氧弥散至细胞间的距离缩短，增加对组织细胞的供氧量。

（二）损伤性变化

1. 肺动脉高压 缺氧可引起肺血管收缩，肺循环阻力增加，导致肺动脉高压；另外，缺氧引起红细胞增多，使血液黏度增高，增加了肺血流阻力。肺动脉高压和肺血流阻力的增高，使右心室负荷增加、肥大而致肺源性心脏病。

2. 心肌舒缩功能降低 严重缺氧可使心肌能量代谢障碍，心肌细胞变性、坏死和凋亡，引起心肌舒缩功能降低，导致心功能不全。

3. 回心血量减少 缺氧严重时，大量酸性代谢产物在体内蓄积，直接扩张外周血管，引起血液淤积，导致有效循环血量减少，组织的供血、供氧量减少。

考点：缺氧时循环系统的变化

三、血液系统的变化

（一）代偿性反应

1. 红细胞增多 慢性缺氧时，肾脏产生大量促红细胞生成素，促使骨髓生成红细胞增多，从而使外周血中红细胞和血红蛋白增多，血液携带氧能力增强，能提高动脉血血氧容量和血氧含量，对增加组织供氧具有代偿意义。

2. 红细胞向组织释放氧的能力增强 缺氧时，血红蛋白与氧的亲和力降低，红细胞内糖酵解增强，中间代谢产物2, 3-DPG增多，氧离曲线右移，有利于氧合血红蛋白释放氧供组织利用。

（二）损伤性变化

1. 导致心功能障碍 缺氧时，由于血液中红细胞过度增多，血液黏度增加，血流阻力增大，易发生心力衰竭。

2. 加重缺氧程度 当动脉血的氧分压低于60mmHg时，由于氧离曲线过度右移，血液通过肺泡所结合的氧显著减少，使动脉血氧饱和度下降，导致供应组织的氧严重不足。

考点：缺氧时血液系统的变化

四、中枢神经系统的变化

中枢神经系统对缺氧十分敏感。正常人脑重约为1500g，仅为体重的2%左右，而脑血流量约占心排血量的15%，脑的耗氧量占全身总耗氧量的23%，但脑内氧的储存量却很少。因此，中枢神经系统对缺氧的耐受性很差，在缺氧时最易受损伤。

1. 急性缺氧 可表现为情绪激动，思维能力、记忆力与判断力下降，出现头痛、乏力、嗜睡等。严重者可出现烦躁不安、惊厥、昏迷，并可因呼吸和心血管运动中枢麻痹而死亡。

2. 慢性缺氧 可表现为易疲劳、精力不集中、嗜睡、轻度精神抑郁等症状。

缺氧引起中枢神经系统功能障碍的主要原因是脑细胞水肿、坏死，脑间质水肿及颅内压升高。

考点：缺氧时中枢神经系统的变化

五、组织细胞的变化

（一）代偿性反应

慢性缺氧时组织细胞可以通过增强利用氧的能力来发挥代偿适应作用。

1. 细胞利用氧的能力增强 缺氧时，细胞内线粒体数目增多，氧化还原酶活性增强，有利于能量代谢，增强了组织细胞利用氧的能力。

2. 无氧酵解增强 由于缺氧，三磷酸腺苷（ATP）生成减少，ATP/ADP值降低，可激活磷酸果糖激酶（糖酵解的限速酶），使糖酵解增强，在一定程度上补偿能量的不足。

3. 肌红蛋白增多 慢性缺氧可使肌肉中的肌红蛋白含量增多，以储备较多的氧，当氧分压进一步下降时，肌红蛋白将储备的氧释放供细胞利用。

4. 低代谢状态 缺氧使细胞的耗能过程减弱，细胞处于低代谢状态，能量消耗减少，有利于在缺氧状态下的生存。

（二）损伤性变化

1. 细胞膜的损伤 细胞膜是缺氧最早发生损伤的部位，主要表现为细胞内外离子及水的分布异常。由于缺氧，细胞能量生成不足，导致Na^+-K^+泵运转失灵和酸中毒，从而引起：①细胞内Na^+增加，细胞发生水肿。②K^+外流增多，使细胞内酶生成减少，能量代谢障碍。③Ca^{2+}内流增多，促进氧自由基的形成，加重对细胞的损伤。

2. 线粒体的损伤 使能量生成不足，这是组织、器官功能障碍的基础。

3. 溶酶体的损伤 缺氧使溶酶体膜的通透性增高，严重时可以使溶酶体膜破裂，溶酶体内蛋白水解酶释出，引起细胞本身及其周围组织的溶解和坏死。

综上所述，严重缺氧时，组织细胞氧化过程减弱，同时能量生成减少、乳酸生成增加，可发生代谢性酸中毒。细胞膜、线粒体及溶酶体的损伤，可导致细胞变性、坏死，器官功能衰竭。

考点：缺氧时组织细胞的变化

第4节 影响机体对缺氧耐受性的因素及防治的病理生理基础

一、影响机体对缺氧耐受性的因素

影响机体对缺氧耐受性的因素很多，可归纳为两方面，即基础代谢率的变化和机体的代偿能力的变化。

1. 基础代谢率 基础代谢率高的患者，如发热、甲状腺功能亢进症患者，由于机体代谢率高，耗氧多，对缺氧的耐受性较差。寒冷、体力活动等也可增加机体的耗氧量，使机体对缺氧的耐受性降低。体温降低、神经系统的抑制等则能降低机体的耗氧量，使机体对缺氧的耐受性增强，因此，低温麻醉用于临床可延长手术所必需的阻断血流的时间。

2. 机体的代偿能力 机体通过呼吸、循环、血液系统的代偿反应可增加组织的供氧量，并通过组织细胞的代偿性反应提高组织利用氧的能力。故有心、肺疾病和血液病的患者对缺氧的耐受性差。由于老年人的心、肺储备功能都降低，所以老年人对缺氧的适应能力下降。代偿能力是可以通过锻炼而提高的，因为轻度的缺氧刺激可以调动机体的代偿能力。

二、防治的病理生理基础

缺氧的主要治疗原则是病因治疗和纠正缺氧。可根据缺氧的临床表现来判断缺氧的类型及原因，并及时针对病因进行治疗。纠正缺氧的基本方法是氧疗，但需要预防吸入气氧分压过高而引起的氧中毒。

吸氧是治疗缺氧的主要方法，对各种类型的缺氧均有一定疗效，以低张性缺氧氧疗效果最佳。吸氧能提高肺泡气氧分压和动脉血氧分压，增加组织的供氧量。对于通气功能障碍引起的缺氧应采取低流量、低浓度、持续性吸氧。这类患者呼吸的兴奋主要靠缺氧对化学感受器的刺激，如缺氧得以减轻或纠正，必将减少通气量，使二氧化碳蓄积加重。对有右至左分流的患者，因吸入的氧不能与那些流入左心的静脉血液起氧合作用，故吸氧对改善其缺氧的效果不明显。血液性缺氧、循环性缺氧和组织性缺氧的共同特点是动脉血氧分压和动脉血氧饱和度正常。对于CO中毒的患者，吸入高浓度的氧后，氧可同CO竞争性地与血红蛋白结合，从而加速碳氧血红蛋白的解离和排出，疗效显著。

考点：吸氧治疗缺氧的机制

吸氧时要注意控制氧的浓度和吸入时间。由于吸入氧的浓度或压力过高，吸入氧的时间过长，可导致组织损伤，出现临床综合征，称为氧中毒。其肺部病理变化主要表现为肺充血、水肿、出血，肺泡内透明膜形成等，临床上出现咳嗽、呼吸困难等症状。中枢神经系统中毒症状主要表现为头晕、恶心、抽搐、晕厥等。目前对氧中毒尚无有效的治疗方法，应以预防为主。

自 测 题

一、名词解释

缺氧　发绀　血氧饱和度

二、填空题

1. 常用的血氧指标有________、________、________、________等。
2. 血氧含量取决于________与________两方面。
3. 毛细血管中去氧血红蛋白浓度超过________，使皮肤黏膜呈青紫色，称为发绀。

三、单项选择题

1. 缺氧是指
   A. 血液中氧分压下降引起的病理过程
   B. 吸入气中的氧不足引起的病理过程
   C. 血氧容量下降引起的病理过程
   D. 血氧含量下降引起的病理过程
   E. 对组织氧供不足（或）组织利用氧障碍引起的病理过程
2. 静脉血分流入动脉引起的缺氧属于
   A. 血液性缺氧　B. 低张性缺氧
   C. 组织中毒性缺氧　D. 淤血性缺氧
   E. 缺血性缺氧
3. 下列哪项引起的缺氧不属于血液性缺氧
   A. 高铁血红蛋白血症　B. 煤气中毒
   C. 支气管痉挛　D. 严重贫血
   E. 亚硝酸盐中毒
4. 下列哪项可使亚铁血红蛋白氧化成高铁血红蛋白，从而失去携带氧的能力
   A. 乳酸　B. 磷酸盐
   C. 肌酐　D. 亚硝酸盐
   E. 一氧化碳
5. 下列哪种情况不发生低张性缺氧
   A. 吸入大量氯气　B. 吸入大量一氧化碳
   C. 支气管炎　D. 气胸
   E. 服用过量催眠药
6. 对缺氧最敏感的器官是
   A. 脑　B. 肾
   C. 心　D. 肺
   E. 肝
7. 缺氧时心肌组织主要通过哪种方式来增加氧的供应量
   A. 扩张冠状动脉，增加冠状动脉血流量
   B. 增加肺泡通气量
   C. 增加血液携带氧的能力
   D. 增加组织氧化酶的活性
   E. 从血液中摄取氧量增加
8. 一氧化碳中毒的主要诊断依据是
   A. 现场有煤气味
   B. 现场环境分析
   C. 皮肤、黏膜呈樱桃红色
   D. 血液碳氧血红蛋白浓度增高
   E. 血红蛋白含量测定
9. 一氧化碳中毒的发病机制是
   A. 脑细胞中毒　B. 呼吸中枢受抑制
   C. 血红蛋白不能携氧　D. 血氧含量下降
   E. 大脑受抑制
10. 决定血氧饱和度最主要的因素是
    A. 二氧化碳分压　B. 血液温度
    C. 血液pH　D. 血氧分压
    E. 红细胞内2, 3-DPG

四、简答题

1. 失血性休克会发生哪一类型缺氧？为什么？
2. 简述影响机体对缺氧耐受性的因素。

（张秀娟）

第17章
弥散性血管内凝血

学习目标

1. 素质目标　培养关心、爱护患者和热爱本职工作的情感。
2. 知识目标
（1）掌握　弥散性血管内凝血的概念、病因；弥散性血管内凝血的分期与临床表现。
（2）熟悉　弥散性血管内凝血的发病机制、影响发生发展的因素；弥散性血管内凝血的分型。
（3）了解　弥散性血管内凝血的防治原则。
3. 能力目标　具备根据患者的临床表现判断弥散性血管内凝血发生、分期和预后的能力。

弥散性血管内凝血（disseminated intravascular coagulation，DIC）是一种由多种原因引起的以凝血功能失常为主要特征的复杂病理过程。在某些致病因子作用下，凝血因子或血小板被激活，大量可溶性促凝物质入血，此时，微循环中有纤维蛋白性微血栓或血小板团块形成，大量凝血因子被消耗，血小板减少，并有继发性纤维蛋白溶解（纤溶）过程加强。在临床上，DIC患者主要表现为出血、休克、脏器功能障碍和贫血等。

考点：弥散性血管内凝血的概念

案例 17-1

患者，女，25岁。妊娠 39^+ 周，伴下腹痛待产3小时入院。于妊娠8个月做产前检查时，诊断为轻度妊娠高血压综合征。体格检查：体温36.9℃，呼吸19次/分，脉搏86次/分，血压155/100mmHg，皮肤无出血点，心肺无异常。分娩经过：进入第二产程后，孕妇出现气促，在胎儿娩出后气促加重，呼吸29次/分，心率131次/分，发生大出血，量约1200ml以上，且流出血液不凝固，血压下降至91/60mmHg。

辅助检查：血常规，红细胞 1.46×10^{12}/L，血红蛋白49g/L，白细胞 10.0×10^9/L，血小板 44×10^9/L。尿常规，尿蛋白（+++）、红细胞（+）、白细胞（+）、颗粒管型（+）。凝血酶原时间（PT）24秒（正常14秒），凝血酶时间（TT）20秒（正常12秒），纤维蛋白原（Fg）0.97g/L（正常2～4g/L）。血浆鱼精蛋白副凝固试验（3P试验）阳性（+++）、外周血红细胞碎片＞6%、D-二聚体试验（乳胶法）阳性（++）。产后观察到注射部位有血肿、瘀斑。抽血化验病理活体检查报告：血中有羊水成分及胎盘组织细胞。

问题：1. 该患者发生了什么病理变化？为什么？
2. 促使该患者发生这种病理变化的因素有哪些？

第1节　概　　述

一、病因及发病机制

正常机体的血液呈液体状态，在心血管内流动不止。这是由于机体的凝血、抗凝血和纤维蛋白溶解系统处于动态平衡状态。其中以凝血过程和纤维蛋白溶解过程最为重要，两者保持着极为密切的关系。

引起DIC的原因众多，DIC的发生机制较为复杂，但其中以血管内皮细胞的损伤与组织损伤最为重要（表17-1）。

表17-1 DIC的常见病因

分类	主要疾病或病理过程
感染性疾病	细菌感染引起的败血症，内毒素血症，严重病毒感染等
广泛组织损伤	大面积烧伤、大手术、多发性创伤、脂肪栓塞等
肿瘤及血液病	各种实体肿瘤，各种血液、淋巴瘤
产科意外	羊水栓塞、胎盘早剥、死胎滞留
肝、胰、肾疾病	严重肝衰竭、急性出血坏死性胰腺炎、急进性肾炎
血管疾病	心室或大动脉瘤
其他	各种原因引起的休克、异型输血的输血反应、糖尿病、动物毒素等

DIC的本质是广泛的凝血激活、微血栓形成而引起的凝血功能紊乱。

1. 血管内皮细胞损伤，启动内源性凝血系统 细菌、病毒、螺旋体、高热、休克可使血管内皮细胞发生损伤，暴露胶原纤维，从而激活凝血因子Ⅻ，启动内源性凝血系统。另外，在激肽释放酶、纤溶酶或胰蛋白酶等酶的作用下，凝血因子Ⅻ或Ⅻa通过酶性水解而生成激肽释放酶原激活物，把血浆激肽释放酶原（prekallikrein）激活成激肽释放酶，后者又能反过来使凝血因子Ⅻ进一步活化，从而使内源性凝血系统的反应加速。

2. 组织因子释放，启动外源性凝血系统 在外科大手术、严重创伤、产科意外（如胎盘早剥、宫内死胎等）、恶性肿瘤或实质性脏器的坏死等情况下，大量促凝物质入血，尤以组织因子为甚，通过外源性凝血系统启动引起凝血。以宫内死胎为例，当胎儿的坏死组织在子宫内滞留超过5周，坏死的胎儿组织释放组织因子进入母体循环，启动外源性凝血系统，引起DIC。

3. 血细胞大量破坏，血小板被激活 ①红细胞大量破坏：大量异型输血、药物引起的免疫性溶血时，免疫复合物的形成对凝血起主要作用。红细胞大量破坏释出的ADP和红细胞素，激活血小板，促进凝血。②白细胞的破坏或激活：正常的中性粒细胞和单核细胞内有促凝物质。在内毒素血症或败血症时，内毒素可促使中性粒细胞合成并释放组织因子。③血小板被激活：内毒素、免疫复合物、颗粒物质、凝血酶等都可直接激活血小板，促进其聚集。

4. 其他促凝物质入血 一定数量的羊水、转移的癌细胞或其他异物颗粒进入血液可以通过表面接触使凝血因子Ⅻ活化，从而激活内源性凝血系统。如急性胰腺炎时，蛋白酶进入血液能促使凝血酶原变成凝血酶。蝰蛇的蛇毒含有一种蛋白酶，它可直接水解凝血酶原形成凝血酶。免疫复合物激活凝血因子Ⅻ或损伤血小板引起血小板聚集并释放促凝物质（如血小板因子等），引起DIC。

考点：弥散性血管内凝血的病因

二、影响DIC发生发展的因素

弥散性血管内凝血的诱发因素很多，应该引起警惕，尽可能及早采取相应的措施以防止、减轻或排除其作用。

1. 单核吞噬细胞系统功能障碍 单核吞噬细胞系统具有吞噬及清除循环血液中的凝血酶、其他促凝物质、纤维蛋白、纤维溶酶、纤维蛋白（原）降解产物（fibrin or fibrinogen degradation product，FDP）及内毒素等物质的作用。因此，单核吞噬细胞系统的严重功能障碍会促使DIC的形成。例如，由革兰氏阴性细菌引起的内毒素性休克，单核吞噬细胞系统可因吞噬大量坏死组织、细菌或内毒素而使其功能处于“封闭”状态；在严重的酮症酸中毒时，大量脂质也可“封闭”单核吞噬细胞系统，这时机体再与内毒素接触就易发生DIC。

2. 肝功能严重障碍 肝功能严重障碍时，肝脏合成某些抗凝物质如抗凝血酶Ⅲ（antithrombin Ⅲ，AT-Ⅲ）减少，产生和灭活凝血因子减少。肝炎病毒、某些药物、免疫复合物等均可激活凝血因子。如果肝细胞大量坏死，可释放组织因子样物质。这些因素均增加了血液的凝固性，加剧或促进DIC的形成。

3. 血液呈高凝状态 血液高凝状态有利于血栓的形成。高龄产妇或妊娠后期可有高凝状态。孕妇血液中血小板及凝血因子增多，而具有抗凝作用及纤溶活性的物质减少，使血液趋向高凝状态，到妊娠末期最为明显。因此，产科意外（如宫内死胎、胎盘早剥、羊水栓塞等）的DIC发生率较高。

酸中毒是引起血液高凝状态的一个重要因素。酸中毒可直接损伤内皮细胞，暴露胶原纤维，激活凝血因子Ⅻ，启动内源性凝血系统。酸中毒时，肝素的抗凝活性减弱而凝血因子的活性升高。因此，酸中毒是导致DIC发生、发展的一个重要诱因。

4. 微循环障碍 休克导致的严重微循环障碍，常有血流淤滞，血细胞聚集。低血容量导致肝、肾等脏器处于低灌流状态，无法及时清除某些凝血或纤溶产物，这也是促成DIC发生的因素。巨大血管瘤的毛细血管中血流极其缓慢，并出现涡流，再加上局部内皮细胞损伤与酸中毒，这些因素均有利于DIC的发生。

5. 其他因素 不恰当地应用纤溶抑制剂如6-氨基己酸、对羧基苄胺等药物造成纤溶系统的过度抑制、血液黏度增高会促进DIC形成。DIC的发生、发展还与促凝物质进入血液的数量、速度和途径有关。促凝物质入血少而慢时，若机体代偿功能（如吞噬功能等）健全，可不发生或仅表现为症状不明显的慢性型DIC；反之，超过机体代偿能力时，则可引起急性型DIC。

考点：DIC的诱因

案例 17-2

患者，男，75岁。因“阵发性左上腹胀两个月，伴进食后恶心、呕吐”入院。

入院诊断：幽门梗阻。实验室检查：血红蛋白82g/L，红细胞2.76×10^{12}/L，血小板90×10^{9}/L，凝血酶原时间（PT）11.4秒（正常对照14秒），凝血酶时间（TT）41.1秒（正常12秒）。

患者在完善术前各项检查及支持治疗后，在全身麻醉下行剖腹探查、胃-空肠吻合、空肠-空肠吻合术。术中出血约500ml，输少浆血300ml，无输血不良反应，无创面异常渗血，术后转入外科ICU行机械通气支持等治疗。

术后2小时起，患者反复出现上消化道出血、腹腔出血、伤口渗血等广泛性、弥漫性出血症状。术后3小时累计出血2200ml，并出现血压进行性下降、休克，立即予常规药物止血、输血、扩容、升压等对症治疗，患者出血无好转。实验室检查：血红蛋白70g/L，红细胞2.17×10^{12}/L，血小板77×10^{9}/L，凝血酶原时间22.6秒，凝血酶时间80.2秒，Fg 0.5g/L（正常2～4g/L），3P试验阳性。

问题：1. 该患者术后发生了什么病理变化？为什么？

2. 促使该患者发生这种病理变化的因素是什么？

第2节 分期及分型

一、分 期

DIC是一个病理过程，根据它的病理生理特点及发展过程，典型者可经过三期。

1. 高凝期 是DIC的发病初期，患者无明显临床症状。由于凝血系统被激活，多数患者血中凝血酶含量增多，导致微血栓的形成，此时的表现以血液高凝状态为主。此期实验室检查的特点为凝血时间和复钙时间缩短，血小板黏附性增高。

2. 消耗性低凝期 患者有不同程度的出血症状。由于凝血系统被激活和微血栓的形成，凝血因子、血小板消耗而减少，此时常伴有继发性纤溶功能增强，所以有出血的表现。实验室检查可见血小板数量和血浆纤维蛋白原含量明显减少，凝血和复钙时间明显延长。

3. 继发性纤溶亢进期 患者有不同程度的出血症状，严重者出现休克和多器官功能障碍综合征的临床表现。在凝血酶及凝血因子Ⅻa的作用下，纤溶酶原活化素被激活，从而使大量纤溶酶原变成纤溶酶；此时又有纤维蛋白降解产物的形成，它们均有很强的纤溶和（或）抗凝作用，所以此期出血十分明显。

考点：DIC的分期

链 接 常用衡量纤溶功能的指标

1. 凝血块或优球蛋白溶解时间 血浆中部分纤溶酶原（PLG）可被吸附在纤维蛋白原上。因DIC患者血浆中纤溶酶原激活物（PA）活性增高，使实验中凝血块或优球蛋白自发性溶解所需时间比正常明显减少，分别称为凝血块溶解时间缩短和优球蛋白溶解时间缩短。

2. 凝血酶时间 DIC在继发性纤溶亢进期，血浆中存在大量抗凝作用的成分，以同样剂量的凝血酶使患者血浆凝固所需的时间延长，称为凝血酶时间（TT）延长。

3. 3P试验 血浆鱼精蛋白副凝固试验的原理与DIC时血浆中存在X-FM复合物有关。该复合物由纤维蛋白降解产物中的X片段与纤维蛋白单体（FM）结合而成。如果血浆中存在X-FM复合物，则反映体内有继发性纤溶的过程。当DIC患者血浆加入硫酸鱼精蛋白后，由于X-FM被解离，游离FM重新发生聚集，使血浆出现丝状或絮状蛋白沉淀，此为3P试验阳性。

二、分 型

由于引起DIC的原因很多，其发生、发展速度也不相同，可将DIC分为以下几型。

（一）按发生发展的速度分型

当病因作用迅速而强烈时，DIC表现为急性型；相反，作用缓慢而持续时，表现为慢性型或亚急性型。

1. 急性型 DIC可在几小时或1～2天内发生，常见于严重感染、羊水栓塞、异型输血、严重创伤、急性移植排斥反应等。临床表现常以休克和出血为主，病情迅速恶化，分期不明显，辅助检查结果明显异常。此型占DIC的80%以上。

2. 亚急性型 DIC在数天内逐渐形成，常见于恶性肿瘤转移、宫内死胎等患者，表现介于急性型和慢性型之间。

3. 慢性型 常见于恶性肿瘤、结缔组织病、慢性溶血性贫血等疾病。由于机体有一定的代偿能力，单核吞噬细胞系统的功能也较健全，所以各种异常表现均轻微而不明显。病程较长，临床诊断较困难，常常以某脏器功能不全的表现为主，有时仅有辅助检查异常，往往在尸检时才被证实存在慢性型DIC。

（二）按代偿情况分型

在DIC发生、发展过程中，血浆血小板与凝血因子不断消耗，但是骨髓和肝可通过增加血小板和凝血因子的生成而起代偿作用。此时肝脏生成纤维蛋白原的能力可增加5倍，骨髓生成血小板的功能可增加10倍，因此根据凝血物质的消耗与代偿性生成增多之间的关系，可将DIC分为以下三型。

1. 代偿型 凝血因子和血小板的消耗与生成基本保持平衡状态。主要见于轻度DIC。患者可无明显临床表现或仅有轻度出血和血栓形成的症状。辅助检查无明显异常。如病情持续加重，则可转化为失代偿型。

2. 失代偿型　凝血因子和血小板的消耗超过生成。主要见于急性DIC。患者出血、休克等表现明显，辅助检查发现血小板、纤维蛋白原等均明显减少。

3. 过度代偿型　机体代偿功能较好，凝血因子和血小板的生成迅速，甚至超过消耗。主要见于慢性DIC后期或DIC恢复期。患者出血或栓塞症状可不明显，但与代偿型相似，在致病因子的性质和强度发生改变时，也可转化为典型的失代偿型。

至于局部型的DIC，主要是指局限于某一脏器的多发性微血栓症，但全身仍有轻度的血管内凝血存在，多见于静脉瘤、主动脉瘤、心脏室壁瘤、人造血管、体外循环、器官移植后的排斥反应等，此时常在病变局部有凝血过程的激活。因此严格地说，这是全身性DIC的一种局部表现。

考点：DIC的分型

第3节　机体的功能及代谢变化、防治的病理生理基础

一、机体的功能及代谢变化

DIC时，各种典型病理变化及临床表现主要发生在急性型、严重的DIC。形成这些表现的主要基础是凝血酶的生成增加、某些凝血因子的激活与消耗、纤维蛋白性血栓的形成及继发性纤溶的增强。因此，其病理与临床表现复杂多样，并随原发疾病的不同而异，但是在各种表现中尤以出血及微血管中微血栓的形成最为突出。

考点：DIC机体的功能及代谢变化

（一）出血

出血是DIC最常见也是最早被发现的临床表现，其发生可能与以下因素有关。

1. 凝血物质的消耗　广泛微血栓的形成消耗了大量的凝血因子和血小板，特别是纤维蛋白原，凝血酶原，凝血因子Ⅴ、Ⅷ、Ⅸ、Ⅹ和血小板普遍减少。因此，过去将DIC称为消耗性凝血病（consumptive coagulopathy）。

2. 继发性纤溶功能增强　DIC在凝血系统激活后，常有继发性纤溶系统的激活。①凝血过程中，凝血酶、凝血因子Ⅺa、凝血因子Ⅻa，以及激肽释放酶等都能使纤溶系统活化。②一些富含纤溶酶原激活物的器官（如子宫、前列腺、肺等）内形成大量微血栓而发生变性坏死，大量激活物释放入血而激活纤溶系统。③血管内皮细胞受损、缺氧、应激等也可激活纤溶系统，导致纤溶酶增多。④纤溶酶除能使纤维蛋白（原）降解外，还能水解凝血因子Ⅴ、Ⅷ和凝血酶原等，这些凝血因子的进一步减少，加重了凝血障碍和出血。

3. 纤维蛋白（原）降解产物的形成　凝血过程的激活及继发性纤溶过程的启动使血中纤溶酶增多，纤维蛋白（原）被降解。纤维蛋白在纤溶酶作用下形成FDP。FDP中的X、Y碎片可抑制纤维蛋白多聚体生成；Y、E碎片有抗凝血酶作用；D碎片抑制纤维蛋白单体聚合。大部分FDP均抑制血小板的黏附和聚集，因此，FDP可通过强烈的抗凝作用引起出血。

（二）器官功能障碍

DIC患者尸检或活检时，可发现微血管（特别是毛细血管与微静脉）内有微血栓形成，主要为纤维蛋白性血栓。

微血管中形成的微血栓，可阻塞微血管，严重时可造成实质脏器的局灶性坏死，甚至导致脏器功能衰竭。如果微血栓在肾脏形成，入球小动脉或肾小球毛细血管阻塞，引起双侧肾皮质坏死和急性肾衰竭，临床上表现为少尿或无尿、蛋白尿、血尿等。在肺部，可引起水肿、出血、呼吸困难，从而

导致呼吸衰竭。消化系统的病变可引起恶心、呕吐、腹泻、消化道出血。内分泌腺的病变常见者为肾上腺皮质出血性坏死造成的急性肾上腺皮质功能衰竭，称沃-弗综合征。垂体坏死可导致希恩综合征（Sheehan syndrome）。神经系统的病变可导致神志模糊、嗜睡、昏迷、惊厥等非特异症状。

由于凝血及纤溶的轻重程度不一，在不同的患者及病程的不同阶段可有不同的表现，此外，DIC范围大小不一所造成的后果也不同，轻者仅影响个别脏器的部分功能，重者可引起一个或多个脏器的功能衰竭即多器官功能衰竭，甚至造成死亡。

（三）休克

DIC，特别是急性DIC，常伴有休克。重度及晚期休克又可促进DIC的形成，二者互为因果，形成恶性循环。

DIC时，微血栓形成，使回心血量减少。补体和激肽系统激活，产生大量血管活性物质如激肽、组胺等，血管扩张、微血管通透性增强，加重休克。心内微血栓形成可直接影响心泵功能；肺内微血栓形成导致肺动脉高压，增加右心后负荷。

以上因素使血容量减少、回心血量降低、外周阻力下降及心泵功能降低，最终导致动脉血压明显下降及微循环障碍。

链 接　DIC与休克的关系

DIC和休克互为因果，二者互相作用、常致病情恶化。急性DIC时广泛的微血栓形成，使回心血量减少；DIC时发生的出血，使血容量减少；同时补体及激肽系统激活和FDP大量形成，造成微血管扩张及通透性增高；冠状动脉内的微血栓形成，使心泵功能障碍致心排血量减少；这些因素的共同作用引起休克的发生并促进休克的发展。休克晚期因微循环淤血，血流缓慢、停滞，血液浓缩并处于高凝状态；酸中毒持续加重，易于血栓形成；感染性休克病原微生物和毒素均可损伤血管内皮，激活凝血过程；严重的创伤性休克，组织因子入血，启动外源性凝血系统；休克时红、白细胞受损，易诱发DIC。

（四）贫血

DIC时红细胞在微血管内破坏过多而导致的溶血性贫血，称为微血管病性溶血性贫血，这种贫血除具备溶血性贫血的一般特征外，外周血涂片中发现有形态特殊的变形红细胞如裂体细胞，其外形呈盔甲形、星形、新月形等（图17-1），统称为红细胞碎片。这些碎片由于脆性高，故容易发生溶血。

目前认为，产生红细胞碎片的主要机制是微血管中纤维蛋白性血栓形成后，纤维蛋白丝在微血管腔内形成细网，当循环中的红细胞流过由纤维蛋白丝构成的网孔时，常会黏附、滞留或挂在纤维蛋白丝上（图17-2），由于血流的不断冲击，引起红细胞破裂，形成各种畸形的红细胞碎片。

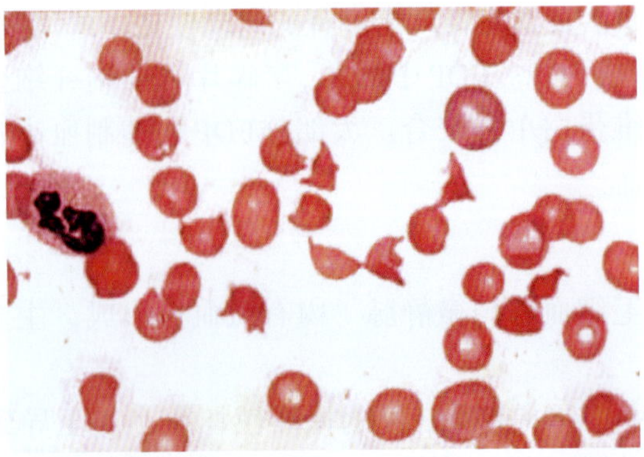

图17-1　微血管病性溶血性贫血血片中的裂体细胞（镜下观，40×10，瑞氏染色）

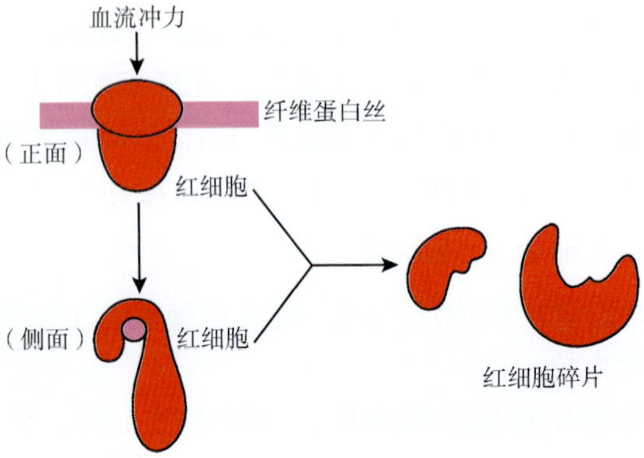

图17-2　红细胞碎片的形成机制（示意图）

二、防治的病理生理基础

1. DIC的诊断　尚无简单而准确的方法，主要根据病史、临床表现、辅助检查和治疗反应等综合判断。

2. DIC的防治原则

（1）治疗原发病　预防和迅速去除病因是防治DIC的根本措施。如积极控制感染、尽早清除宫内死胎、及时抢救休克等，对防治DIC具有决定性的作用。

（2）改善微循环　补充血容量、解除血管痉挛、应用阿司匹林稳定血小板改善微循环，在DIC的防治中具有重要作用。

（3）重建凝血与抗凝血的动态平衡　由于大量凝血因子及血小板被消耗，在病情控制或使用肝素治疗后，可酌情输入新鲜全血、新鲜血浆、血小板悬液及纤维蛋白原等。在抗凝基础上可慎用纤溶抑制药，以利于在凝血与抗凝血之间恢复动态平衡。

（4）严密观察病情　在临床工作中对容易发生DIC的疾病如感染性或创伤性休克、急性早幼粒细胞性白血病、晚期恶性肿瘤、产科意外、异型输血等，均应密切观察病情，定期测量血压、脉搏和尿量，严密观察患者的皮肤、黏膜或内脏出血情况，如有可疑必须及时做好相关的辅助检查，争取早期诊断并及早治疗。

考点：DIC的防治原则

自　测　题

一、名词解释

弥散性血管内凝血　纤维蛋白（原）降解产物（FDP）　微血管病性溶血性贫血　消耗性低凝期

二、填空题

1. 按临床经过可将DIC分为三型：________、________、________。
2. DIC的发展过程依次可分三期：________、________、________。
3. DIC发生最关键的环节是________。
4. 促进DIC发生、发展的因素有________、________、________、________。
5. 严重组织损伤引起DIC的主要机制是________。
6. DIC患者临床主要表现为________、________、________、________。
7. DIC时发生出血的病理生理学基础是________，其主要发生机制包括________、________、________。
8. DIC时血液凝固障碍的特点是先________，后转入________。
9. DIC高凝期，辅助检查可见凝血时间________，血小板黏附性________。
10. 在DIC晚期明显出血时，体内凝血与纤溶系统变化的特点是纤溶系统的活性________，凝血系统的活性________。

三、单项选择题

1. DIC的基本病理变化是
   A. 出血　B. 休克
   C. 器官功能衰竭　D. 微血栓形成
   E. 血管内皮细胞损伤
2. 在DIC发展过程中，最易受损的脏器是
   A. 肾　B. 心
   C. 脑　D. 肝
   E. 肺
3. DIC时血液凝固障碍的特点是
   A. 血液凝固性持续降低
   B. 高凝与低凝相互交替
   C. 先低凝后转入高凝
   D. 先高凝后转入低凝
   E. 血液凝固性持续增高
4. 妊娠末期的产科意外容易诱发DIC，这主要是由于
   A. 微循环血流淤滞
   B. 血液处于高凝状态
   C. 单核吞噬细胞系统功能低下
   D. 纤溶系统活性增高
   E. 胎盘功能受损
5. DIC发生出血主要是由于
   A. 血小板破坏过多

B. 凝血因子合成减少
C. 维生素K缺乏
D. 血管壁完整性受损
E. 凝血物质消耗过多

6. 严重创伤引起DIC的主要原因是
A. 大量红细胞和血小板受损
B. 凝血因子Ⅲ大量入血
C. 凝血因子Ⅻ被激活
D. 凝血因子X被激活
E. 直接激活凝血酶

7. 严重组织损伤引起DIC的主要机制是
A. 组织因子大量入血
B. 凝血因子Ⅻ被激活
C. 粒细胞破坏释出促凝物质
D. 血小板受损释出血栓素A_2
E. 纤溶活性物质减少

8. 微血管病性溶血性贫血的特点是
A. 红细胞呈圆盘状 B. 红细胞呈盔甲形、星形
C. 红细胞发育停滞 D. 红细胞显著皱缩
E. 红细胞膨胀、破裂

9. DIC与休克二者的关系是
A. DIC引起休克 B. 休克引起DIC
C. 互为因果 D. 互不相关
E. 必然共存

10. 在DIC晚期明显出血时，体内凝血与纤溶系统变化的特点是
A. 凝血系统被激活，纤溶系统受抑制
B. 纤溶系统被激活，凝血系统受抑制
C. 凝血与纤溶两个系统都被激活
D. 纤溶系统的活性远大于凝血系统的活性
E. 凝血系统的活性远大于纤溶系统的活性

11. DIC时，血小板和纤维蛋白原含量的增加可见于
A. 急性型DIC B. 慢性型DIC
C. 代偿型DIC D. 失代偿型DIC
E. 以上都不见

12. 关于急性型DIC的描述，下列哪项是错误的
A. 可在几小时或1～2天内发生
B. 常见于恶性肿瘤
C. 患者病情进展迅速
D. 临床多以休克和出血为主
E. 病变过程一般分期不明显

四、简答题

1. DIC的防治原则有哪些?
2. 肝功能严重障碍时为何容易诱发DIC？
3. 在何种情况下导致单核吞噬细胞系统功能障碍可诱发DIC？

（余园媛）

第18章 休 克

学习目标

1. 素质目标　树立珍视生命，关爱患者的人道主义精神和热爱本职工作的医德情感。
2. 知识目标
（1）掌握　休克的定义、原因、分类、分期及其发生机制。
（2）熟悉　休克时细胞损伤和重要器官的功能变化，休克各期的临床表现。
（3）了解　休克的病因学防治。
3. 能力目标　具有辨识休克患者临床表现的能力，提高对疾病的综合分析能力。

第1节 概 述

休克（shock）是机体在严重失血、失液、感染及创伤等强烈致病因素作用下，有效循环血量急剧减少，组织血液灌流量严重不足，以致机体细胞和各重要生命器官发生功能、代谢障碍及结构损伤的一个全身性病理过程。

休克是临床上常见的急危症，患者可出现烦躁、表情淡漠或神志不清、面色苍白、四肢厥冷、出冷汗、脉搏快而微弱、少尿或无尿、血压下降等临床表现，若未能及早发现，并采取积极正确的治疗措施，将造成严重后果，如败血症性休克的病死率可达65%～80%，而心源性休克的病死率可高达80%以上。

临床上，不论何种原因引起的休克，微循环动脉血灌流急剧减少，致重要生命器官因缺氧而发生功能和代谢障碍，是各型休克发生、发展的共同规律。治疗时应着重于尽快改善微循环，而不应单纯追求一个“满意”的血压。休克的恢复取决于微循环的改善，而不单纯取决于提高血压。

链 接　休克的认识过程

“shock”原意为震荡或打击。1731年由法国医生德兰（Dran）描述创伤引起的危重临床状态首次提出。随后人类对休克的认识经历了一个由浅入深、从现象到本质的过程。其间经历了症状描述阶段、急性循环衰竭的认识阶段、微循环学说的创立阶段、细胞分子水平研究阶段四个主要发展阶段。

早期人们发现休克是严重的血液循环障碍，认为上述表现是由血压降低引起的，将血压作为判断休克的标准，并将低血压看作是休克发生、发展的主要矛盾。再后来，通过对组织微循环的研究发现，休克时有明显的微循环障碍（包括缺血、淤血、微血栓形成等），组织器官的功能和代谢障碍是微循环灌流不足引起的。

案例 18-1

患者，男，30 岁。因雨季山体滑坡被石块砸伤左下肢 2 小时急诊入院。急性痛苦病容，面色苍白，四肢冷湿，血压 95/65mmHg，脉搏 100 次 / 分，呼吸 28 次 / 分，呼吸急促。神志清楚、烦躁不安。尿少、尿蛋白（+++）、红细胞（++）。左下肢小腿部明显肿胀，明显的骨折体征。

问题： 1. 该患者发生了何种病理过程？

2. 其发生的原因是什么？

第 2 节 原因及分类

休克发生的基本环节是重要器官的血液灌流量急剧减少，而组织的血液灌流量主要取决于微循环自身的状态和维持微循环灌流的动脉血压，后者的高低又取决于心排血量、血容量及其与血管容量的协调。因此，凡是能直接损害微循环及导致心排血量下降、血容量减少和血管容量增加的因素均可成为引起休克的原因。

一、按原因分类

导致休克发生的原因很多。根据原因的不同，休克可分为如下几类。

1. 失血性休克 由于短时间内大量失血，血容量和有效循环血量显著减少引起的休克，称为失血性休克。休克的发生主要取决于血容量丢失的速度和丢失的量。当短时间内失血量少于机体总血量的 10% 时，机体可通过代偿使血压和组织灌流量保持相对稳定；当失血量超过机体总血量的 20% 时即可发生休克；若失血量超过 50%，机体可迅速死亡。常见原因有外伤出血、消化性溃疡出血、门脉性肝硬化食管下段静脉丛曲张破裂出血、异位妊娠、产后出血和 DIC 等。

2. 失液性休克 各种原因引起体液大量丢失，使血容量和有效循环血量显著减少所导致的休克，称为失液性休克。常见原因有剧烈呕吐或腹泻、肠梗阻、大量出汗等。

3. 烧伤性休克 严重的大面积烧伤常伴有血浆大量外渗，造成有效循环血量减少，使组织灌流量不足，称为烧伤性休克。血浆外渗在烧伤发生后 36～48 小时达高峰，休克为大面积烧伤患者 48 小时内死亡的主要原因。此外，此型休克的发生还与疼痛有关。晚期若合并感染，可发展为感染性休克。

4. 创伤性休克 各种严重创伤导致剧烈的疼痛、大量的失血和失液、组织坏死而引起的休克，称为创伤性休克。多见于战争时期、自然灾害和发生意外事故时，如车祸、发生严重挤压伤和骨折等。

5. 感染性休克 由各种病原微生物（如细菌、病毒、衣原体、支原体等）引起严重感染所导致的休克，称为感染性休克。其中革兰氏阴性细菌感染引起的休克常见而严重，其发生主要与细菌内毒素释放入血有关。感染性休克常伴有败血症，又称败血症性休克。由细菌毒素入血所导致的休克称为脓毒症休克。

6. 过敏性休克 某些过敏体质的人可因注射某些药物（青霉素）、血清制剂或者疫苗后，甚至进食某些食物、接触某些物品（如花粉）而引起过敏性休克。这种休克属于 I 型超敏反应，由于 IgE 和抗原在肥大细胞表面结合，使组胺和缓激肽等血管活性物质入血，引起血管床容积扩张，毛细血管通透性增加，有效循环血量和回心血量减少，组织灌流量不足而引起休克。

7. 心源性休克 由于心脏疾病使心泵功能严重障碍，心排血量急剧减少，有效循环血量和组织灌流量下降而引起的休克，称为心源性休克。常见于大面积急性心肌梗死、弥漫性心肌炎、心室壁瘤破裂、严重心律失常等心脏疾病和心脏压塞、肺栓塞、张力性气胸等影响血液回流和心脏射血功能的心外阻塞性疾病。

8. 神经源性休克 由神经受到强烈刺激所导致的休克，称为神经源性休克。如高位脊髓麻醉或损伤、中枢镇静药使用过量、剧烈疼痛等，通过影响交感神经的缩血管功能，降低血管紧张性，使外周血管扩张、血管容量增加、有效循环血量相对不足，从而引起休克发生。这种休克的微循环灌流量正常，预后较好，常不需要治疗。

考点：休克按原因分类

二、按发生的起始环节分类

虽然导致休克发生的原因很多，但各种原因最终都是通过血容量减少、血管容量增加和心排血量降低三个起始环节导致休克发生。根据发生的起始环节不同，休克可分为如下几类。

1. 低血容量性休克 由于失血、失液、烧伤、创伤等导致血容量减少引起的休克，称为低血容量性休克，包括失血性休克、失液性休克、烧伤性休克、创伤性休克。由于大量体液丧失，血容量减少，回心血量不足，心排血量降低，组织微循环灌流量严重不足，从而引起休克。这类患者常出现中心静脉压、心排血量、动脉血压降低，而外周阻力增大的典型“三低一高”的临床表现。

2. 血管源性休克 由于小静脉和微血管扩张，大量血液淤滞在舒张的外周小血管内，使有效循环血量显著减少所导致的休克，称为血管源性休克。包括感染性休克、过敏性休克、神经源性休克，也称分布异常性休克。

3. 心源性休克 急性心泵功能衰竭，使心排血量急剧减少，有效循环血量严重不足所导致的休克，称为心源性休克。心排血量急剧减少是其发生的关键。心源性休克发生急骤，病死率高，预后差。常见于心肌梗死、心肌病、心律失常等，也可见于肺动脉栓塞、急性心脏压塞等。

三、按血流动力学分类

1. 低排高阻型休克 亦称低动力型休克，其血流动力学特点是心脏排血量低，而总外周血管阻力高。由于皮肤血管收缩，血流量减少，皮肤温度降低，故又称为冷休克。临床最为常见，低血容量性、心源性和大多数感染性休克均属本类。

2. 高排低阻型休克 亦称高动力型休克，其血流动力学特点是总外周血管阻力低，心脏排血量高。由于皮肤血管扩张，血流量增多，使皮肤温度升高，故亦称暖休克。常见于部分感染性休克、过敏性休克和神经源性休克。

3. 低排低阻型休克 血流动力学特点是心排血量减少，总外周阻力降低。常见于各型休克的晚期，实际上是机体失代偿的表现，患者的血压下降明显。

第 3 节 发生发展过程及机制

案例 18-2

患者，男，20 岁。在工地上不慎从高处坠落，事发后由他人救起，体检：面色苍白、脉搏细弱，四肢冷、出汗，左耻骨联合及大腿根部大片瘀斑、血肿。血压 65/50mmHg，心率 125 次 / 分，体温 36.8℃。伤后送医院，途中患者渐转入昏迷，皮肤瘀斑，最终死亡。

问题：1. 该患者应属何种休克？

2. 送院前患者处于休克哪一阶段？此阶段微循环变化的特点是什么？

3. 请从病理生理的角度提出抢救此患者的原则。

虽然导致休克的原因和始动环节不同，但微循环障碍是大多数休克发生的共同变化。微循环是指微动脉和微静脉之间的血液循环。典型的微循环由微动脉、后微动脉、毛细血管前括约肌、真毛细血管、直捷通路、动-静脉吻合支（动静脉短路）和微静脉七部分构成。

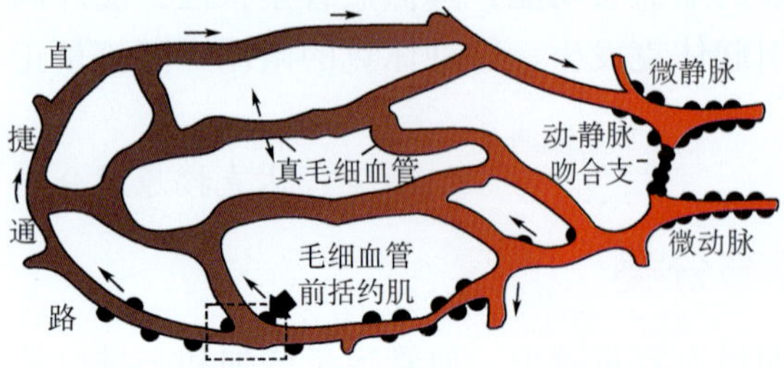

图18-1 正常微循环（示意图）

在微动脉和微静脉之间有三种血液通路（图18-1）。①直捷通路：血液由微动脉经直捷通路进入微静脉。直捷通路在结构和功能上是微动脉的延伸，经常处于开放状态使血液得以快速流过。这一通路的生理功能并不是进行物质交换，而是加速血液经过微循环进入微静脉。多见于骨骼肌。②动-静脉吻合支：血液绕过毛细血管网由微动脉直接进入微静脉。此类通路的血管壁有平滑肌，管口较粗，血流迅速，几乎完全不能进行物质交换。特殊情况下开放，平时关闭。如在环境温度升高时，皮肤动-静脉吻合支开放，皮肤血流量增加，有利于散热。吻合支开放时，进入微循环的血流基本上都经吻合支返回静脉，使流经真毛细血管的血液显著减少，从而减少了组织供氧。③迂回通路：即真毛细血管通路，为营养通路。血液通过微动脉、后微动脉、毛细血管前括约肌和真毛细血管，最后汇集于微静脉。真毛细血管在细胞间隙中互相连接成网络。由于真毛细血管壁薄，血流缓慢，故其成为血液和组织之间进行物质交换的场所。生理条件下，真毛细血管相互交替开放（仅20%左右的真毛细血管处于轮流开放状态），其功能受后微动脉和毛细血管前括约肌的控制。微动脉和毛细血管前括约肌舒张时，则受控的真毛细血管网开放；反之，当毛细血管前括约肌收缩时，其后的真毛细血管网关闭。

微循环的功能状态主要受神经和体液的调节。①交感神经兴奋、儿茶酚胺释放可引起小动脉、微动脉、微静脉、毛细血管前括约肌收缩，使微循环血量减少。②微血管壁上的平滑肌也受体液因素的影响，如儿茶酚胺、血管紧张素Ⅱ、抗利尿激素、血栓素A_2（TXA_2）和内皮素等可引起血管收缩；局部产生的血管活性物质，如组胺、激肽、腺苷、乳酸、前列腺素I_2（PGI_2）、肿瘤坏死因子（TNF）等可使血管扩张。在正常情况下，微血管平滑肌能有节律地收缩和舒张，保证正常灌流和物质交换。

休克的发生、发展过程是以循环功能的急剧变化和微循环障碍为基础的。心排血量减少、血容量降低和血管容量增加是其发生的始动环节，不同原因所致休克的始动环节虽有不同，但机体的反应却基本一致，即有效循环血量减少引起重要生命器官血液灌注不足和细胞功能紊乱。以典型的失血性休克为例，根据微循环的变化特点，大致可将休克过程分为三期。

医者仁心

人体微循环专家——修瑞娟

1983年，我国科学家修瑞娟教授在美国首次提出了微循环对组织细胞的“海涛式灌注”新理论，被世界誉为“修氏理论”，并被评为“1983年世界十大科技进展之一”。

修瑞娟通过对流行性脑脊髓膜炎（流脑）患儿甲皱微循环的观察，在世界上首先找到了流脑患者微血管自律运动的类型和规律。不久，一种可以扩张血管和抑制微血管痉挛的流脑特效药物“山莨菪碱”问世。自此掀开了微循环这个神秘世界的冰山一角，同时也打开了人类生命的“绿色之门”。由于她的成功，在美国期间，许多公司以高薪聘请她留美工作，她毅然决然回到祖国。她说：“我的事业在我的祖国，金钱不是我的追求，我要回到我的祖国去，我要让我的科研成果出在自己的国土上。”

一、休克早期（微循环缺血性缺氧期）

（一）微循环变化

在休克早期（也称休克代偿期）全身小血管，包括小动脉、微动脉、后微动脉、毛细血管前括约肌、微静脉、小静脉都持续收缩，总外周阻力升高。其中毛细血管前阻力（由微动脉、后微动脉、毛细血管前括约肌组成）增加显著，使大量毛细血管网关闭，以致微循环灌流量明显减少，微循环处于少灌少流、灌少于流的状态。同时，血液流经直捷通路或经开放的动-静脉吻合支迅速流入微静脉，加重组织的缺血缺氧，故该期称缺血性缺氧期（图18-2）。

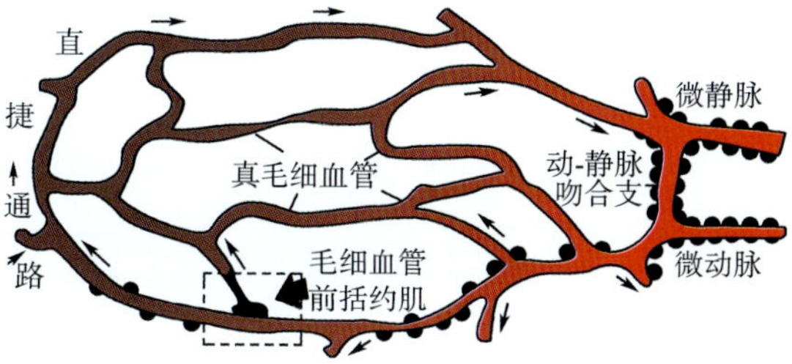

图18-2 休克早期微循环变化示意图

（二）微循环变化的机制

目前认为，交感-肾上腺髓质系统兴奋、儿茶酚胺释放量增加是休克早期器官血流动力学和微循环变化的基本机制。失血性休克时血容量减少，交感-肾上腺髓质系统兴奋、儿茶酚胺释放增加导致微循环血管持续痉挛，特别是微动脉和毛细血管前括约肌收缩更强烈。这是因为微动脉上交感神经末梢较多和毛细血管前括约肌对儿茶酚胺更敏感。结果使毛细血管前阻力明显大于后阻力，微循环灌流明显减少，而且灌少于流。其他类型休克也可导致应激性交感神经兴奋，儿茶酚胺分泌增多，同样出现微循环缺血。

除儿茶酚胺外，还有其他一些缩血管物质参与休克早期微循环的变化，如血管紧张素Ⅱ、TXA_2等。

（三）微循环变化的代偿意义

此期为代偿期，代偿意义表现在以下几个方面。

1. 维持动脉血压 ①回心血量增加：休克初期，儿茶酚胺等缩血管物质大量释放，使除心、脑以外的大多数组织和脏器的微静脉、小静脉等容量血管收缩，迅速而短暂地增加回心血量，以利于维持动脉血压，这种代偿机制起到“自身输血”的作用，是休克时增加回心血量的“第一道防线”。毛细血管前阻力比后阻力增加显著，使毛细血管内压降低，因而就有较多的组织间液进入毛细血管，致使回心血量增加，起到“自身输液”的作用，这是休克时增加回心血量的“第二道防线”。通过这一途径增加回心血量虽然比较缓慢，但其增加量较为可观。中度失血性休克的患者，其组织间液回流量可达50～120ml/h。②心排血量增加：除心源性休克外，休克早期，心肌一般未发生明显损伤，因此在交感-肾上腺髓质系统兴奋和儿茶酚胺释放量增加时，心率加快，心肌收缩力增强，加之回心血量增加，可使心排血量增加。③外周血管阻力升高：休克早期，大量缩血管物质的作用使外周血管收缩，总外周阻力升高。上述环节的变化均有利于动脉血压的调节、维持，因此，休克早期患者的血压无明显降低。

2. 保障心、脑血液供应 由于不同器官对儿茶酚胺的反应性不同，皮肤、腹腔内脏和骨骼肌的血管α受体密度高，对儿茶酚胺的敏感性高，血管明显收缩，血流量减少。同时，冠状动脉由于局部代谢产物的作用，脑血管因交感缩血管纤维分布少，α受体密度低，两者血流量均无明显改变。当全身循环血量减少时，机体血液的重新分布有利于保证心、脑等生命器官血液的优先供应，具有十分重要的意义。但也可加重皮肤、肾等组织器官的缺血缺氧，促使休克进一步发展。

考点：休克早期微循环变化的特点

（四）临床表现

临床表现主要如下：①由于外周血管收缩，皮肤血液灌流量显著减少，患者皮肤苍白、四肢厥冷；②交感神经兴奋，汗腺分泌增多，使手掌、颜面部皮肤出冷汗；③肾血流量减少而肾小管水、钠重吸收增多，尿量明显减少；④交感神经兴奋，心肌收缩力增强，心率增加，外周阻力增加，患者出现脉搏细速，脉压减小，由于组织、器官微循环障碍可发生在动脉血压明显降低之前，故休克早期脉压显著减小比血压下降更具有诊断价值；⑤由于血液重新分布，心、脑灌流仍可以正常，因此患者神志一般清楚，但常显烦躁不安（图18-3）。

此期是抢救的最好时期，一旦明确诊断，如能及时采取输血、输液等措施，则休克可停止发展，逐渐恢复。但由于此期血压不降，容易被忽略，如得不到有效治疗，则很快进入休克期。

考点：休克早期的临床表现

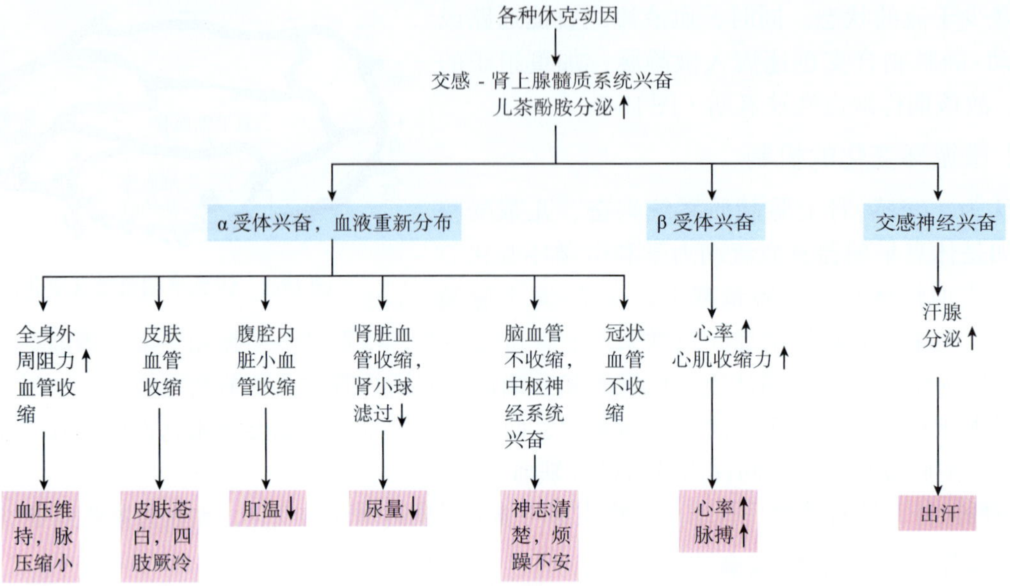

图 18-3 休克早期临床表现及发生机制（示意图）

二、休克期（微循环淤血性缺氧期）

（一）微循环变化

微动脉、后微动脉、毛细血管前括约肌扩张，微静脉持续收缩，致使毛细血管前阻力小于后阻力，毛细血管开放数目增多，微循环多灌少流，灌大于流，血液淤滞。同时，毛细血管内压显著升高，微血管壁通透性升高，血浆外渗，血液浓缩，黏度增加，血流速度缓慢，组织缺氧加剧（图 18-4）。故此期称为淤血性缺氧期，也称为休克失代偿期。

考点：休克期微循环变化的特点

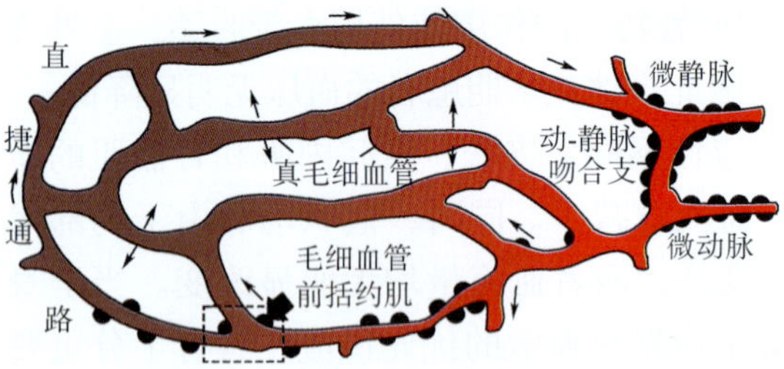

图 18-4 休克期微循环变化示意图

（二）微循环变化的机制

1. 乳酸酸中毒 在休克早期，微动脉、后微动脉、毛细血管前括约肌强烈收缩，致使组织微循环持续缺血、缺氧，这些部位细胞无氧酵解增强，乳酸大量堆积，引起代谢性酸中毒。在酸性环境中，微动脉、后微动脉和毛细血管前括约肌的耐受性较差，对儿茶酚胺的反应性降低，以致收缩逐渐减弱，甚至扩张。与前阻力血管的变化相比，微静脉在酸性环境中的耐受性较强，因而继续收缩，于是毛细血管网大量开放，血液淤滞在微循环中。

2. 代谢产物增加 由于长期的缺血、缺氧，组织内的某些代谢产物如组胺、激肽、腺苷等物质增多，可导致血管扩张和血管壁通透性增加。

3. 内毒素入血 除感染性休克外，其他类型休克患者肠道细菌产生的内毒素可通过缺血的肠黏膜而被吸收入血。内毒素通过激活激肽系统，间接引起血管扩张、血管壁通透性增高；同时，内毒素又能激活补体系统，促使肥大细胞、血小板、白细胞等释放组胺，促进微循环淤血的发生。

4. 血流动力学的改变 休克期由于血管扩张和血管壁通透性升高，血流动力学发生改变，导致白细胞边集，黏附于内皮细胞上，加大了毛细血管的后阻力。同时，红细胞发生聚集，血小板黏附、聚集，加之血浆外渗，血液黏度增加，都造成微循环血流缓慢、泥化、淤滞，使毛细血管后阻力明显增加，加剧微循环的淤血状态。

（三）对机体的影响

休克期尽管交感-肾上腺髓质更加兴奋，但由于终末血管床对儿茶酚胺的反应性降低，血液大量淤滞在微循环内，导致整个循环系统功能恶化，形成恶性循环，机体逐渐由代偿演变为失代偿。

1. 有效循环血量进行性减少　由于小动脉、微动脉扩张，真毛细血管网大量开放，血液被分隔并淤滞在内脏器官；血细胞黏附、嵌塞使静脉回流受阻，均可使回心血量急剧减少，有效循环血量进一步下降。

2.“自身输血”“自身输液”停止　由于酸中毒、组胺、缓激肽等作用，静脉系统容量血管扩张，“自身输血”停止，使回心血量减少。由于毛细血管后阻力大于前阻力，毛细血管内流体静压升高，不仅组织液进入毛细血管的缓慢“自身输液”停止，更引起血浆渗出到组织间隙。此外，由于组胺、缓激肽、前列腺素等的作用引起毛细血管壁通透性增加，进一步促进血浆外渗。血浆外渗致使血液浓缩，血液黏度增大，血细胞比容增大，微循环淤滞加重，有效循环血量进一步减少。因而快速补充循环血量，是治疗该期休克的关键措施之一。

3. 血压进行性下降　有效循环血量明显减少及外周阻力的降低，使血压进行性下降。

4. 心、脑血液灌流量减少　由于回心血量及有效循环血量进一步减少，动脉血压进行性下降。当平均动脉血压小于50mmHg时，心、脑血管对血流的自身调节作用丧失，使冠状动脉和脑血管血液灌流量减少，导致心脑组织缺血缺氧。

（四）临床表现

患者出现休克的典型症状（图18-5）。临床表现主要为①微循环淤血，回心血量减少、心排血量减少，使动脉血压进行性降低。②冠状动脉和脑血流灌流量减少，患者表情淡漠，反应迟钝或昏迷。肾微循环和血压下降，尿量减少或无尿。③皮肤微循环淤血，皮肤发绀或花纹状。休克期微循环的变化仍然处于“可逆性”阶段，只要得到及时正确的救治，患者仍可康复。否则，病情进一步恶化进入休克晚期。

考点：休克期的临床表现

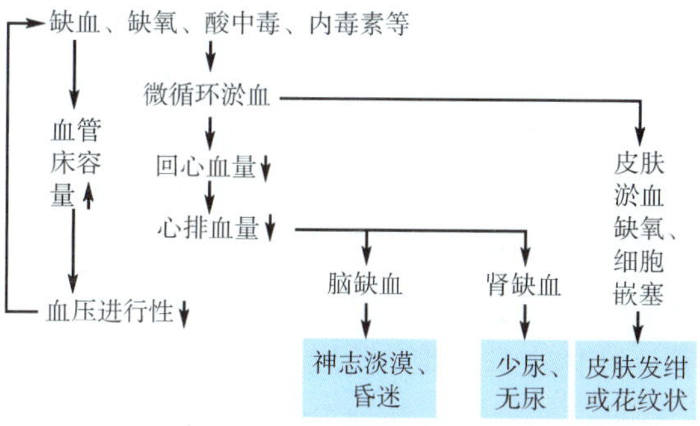

图18-5　休克期临床表现及发生机制（示意图）

三、休克晚期（微循环衰竭期）

（一）微循环变化

随着缺氧和酸中毒的进一步加重，微血管麻痹、扩张，对血管活性物质失去反应，微循环处于不灌不流的状态，故此期称为微循环衰竭期。因血流缓慢甚至停滞，血液浓缩，黏度高，加之血管内皮细胞损伤，容易发生弥散性血管内凝血（DIC），故此期也称为DIC期（图18-6）。

考点：休克晚期微循环变化的特点

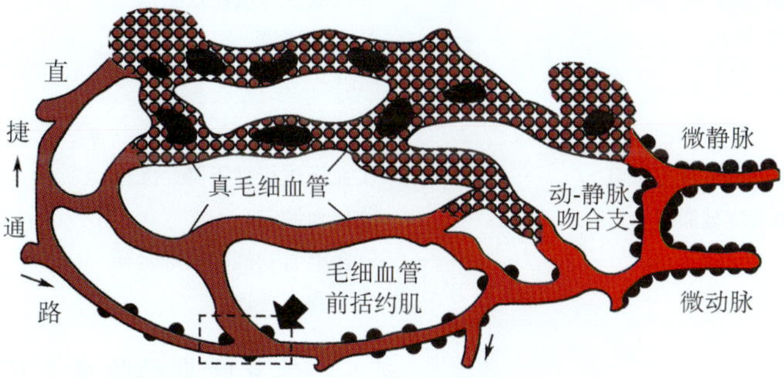

图18-6　休克晚期微循环变化（示意图）

（二）发生的机制

1. 血液黏度增加　由于血液进一步浓缩，血液黏度增加，红细胞聚集，血液处于高凝状态，加之血流速度缓慢或停滞，有利于凝血物质聚集和激活。

2. 血管内皮细胞损伤　缺氧、酸中毒和内毒素可使血管内皮细胞损伤，通过激活凝血因子Ⅻ，启动内源性凝血系统导致DIC的发生。

3. 组织因子释放入血 烧伤、创伤等原因引起的休克，由于组织受损释放出大量组织因子（凝血因子Ⅲ），可激活外源性凝血系统导致DIC。

4. 红细胞大量破坏 异型输血等情况所致的休克，红细胞大量破坏，释放出磷脂和ADP，促进凝血过程。

5. 促凝物质生成 休克过程中体内生成的大量促凝物质，如血小板活化因子、TXA_2等，可促进血小板和红细胞聚集，加速DIC形成。

应当指出，并不是所有休克患者都会发生DIC，在不同的休克患者和休克患者的不同脏器中，DIC形成的时期会有所不同，因为DIC发生与否及其发生早晚与致休克动因直接相关，但DIC一旦发生，必将进一步加重休克的病情，使其进入难治阶段。

（三）对机体的影响

1. 微血栓形成，阻塞微循环通道，进一步减少回心血量。

2. DIC时由于大量凝血因子的消耗及继发性纤溶亢进，患者易发生出血，使血容量减少，加重微循环障碍。

3. 凝血和纤溶过程的某些产物如纤维蛋白降解产物和某些补体成分，增加了血管通透性，加重了微血管舒缩功能紊乱。

4. 组织、器官因缺血、缺氧而发生梗死，加重了器官功能障碍，甚至发生多器官功能衰竭。

（四）临床表现

休克期的症状进一步加重，发展为休克难治期。可出现血管反应性进行性下降、DIC的表现（皮肤黏膜出现瘀斑、呕血、便血、尿血、毛细血管无复流等）和凝血功能实验室检查异常，以及重要脏器功能衰竭的表现（常先发生呼吸衰竭）。

以上休克发展的三期中，前两期是微循环的应激反应，只要得到及时合理控制和治疗，病情可以逆转，而第三期则由于微循环衰竭、DIC形成和微循环紊乱引起的继发改变，以及多器官功能障碍综合征，使休克进入难治阶段甚至不可逆转。休克发展过程中微循环变化的特点及患者的临床表现见表18-1。

表18-1 休克各期微循环变化及临床表现

分期	微循环变化	主要机制	临床表现
休克早期 （代偿期）	缺血为主 微循环： ①前阻力>后阻力 ②少灌少流 ③灌少于流	交感-肾上腺髓质系统兴奋 儿茶酚胺↑	①脉搏细速，脉压减小 ②血压接近正常，尿量减少 ③皮肤苍白、四肢厥冷 ④烦躁不安
休克期 （失代偿期）	淤血为主 微循环： ①前阻力<后阻力 ②多灌少流 ③灌多于流	乳酸酸中毒 局部代谢产物堆积	①血压下降，少尿或无尿 ②皮肤发绀或花纹状 ③神志淡漠
休克晚期 （难治期）	衰竭或DIC发生 微循环： ①不灌不流 ②血流停滞	微循环血流状态紊乱 凝血系统被激活	①血压进行性下降，无尿 ②出血倾向 ③多器官功能障碍综合征 ④嗜睡、昏迷

考点：休克晚期的临床表现

第4节 细胞损伤、代谢障碍与器官功能变化

休克时，细胞既可由微循环障碍引起继发性损伤，也可由休克动因，如内毒素作用造成原发性损伤，从而使细胞代谢、结构发生障碍。

一、细胞损伤

1. 细胞膜损伤 休克时，在缺氧、酸中毒、ATP减少及溶酶体酶释放等因素作用下，细胞膜最先受损，表现为通透性增加、细胞内外离子分布异常，细胞膜上离子泵功能也发生障碍，水、钠内流，造成细胞水肿。

2. 线粒体损伤 休克过程中，细胞的线粒体肿胀，嵴消失，造成氧化磷酸化障碍，能量生成进一步减少。

3. 溶酶体损伤 溶酶体膜在缺氧、酸中毒时稳定性降低，膜破裂释放出溶酶体酶，其主要危害是引起细胞自溶，组织损伤，并可产生心肌抑制因子等毒性多肽，加重休克的病理过程。

二、代谢障碍

1. 能量代谢障碍 严重的组织缺氧，使细胞的有氧氧化受到抑制，无氧酵解增强，ATP生成显著减少，并因此影响蛋白质的合成，从而影响一系列代谢活动。ATP含量的减少使细胞膜上Na^+-K^+泵转运失灵，钠进入细胞内，钾则外逸，导致血钠降低，血钾增高。

2. 酸中毒 休克时，糖酵解加强，乳酸堆积是造成局部酸中毒的主要原因。同时肝脏摄取乳酸进行代谢的能力降低，以及微循环障碍不能及时清除酸性产物，也加剧了酸中毒。

3. 高钾血症 休克时的缺血缺氧使ATP生成明显减少，细胞膜上的钠泵运转失灵，导致细胞内水钠潴留，细胞外K^+增多，引起高钾血症。此外，酸中毒可致细胞内外H^+-K^+交换而加重高钾血症。

三、器官功能变化

1. 肺功能的变化 在休克早期，休克动因通过延髓血管运动中枢间接兴奋呼吸中枢，使呼吸增强，甚至通气过度，从而引起低碳酸血症和呼吸性碱中毒。如果休克持续较久，肺组织可发生水肿、出血、血栓形成、肺萎陷，以及肺泡内透明膜形成等病理变化，称为休克肺，临床上表现为急性呼吸窘迫综合征（ARDS）。上述肺的病理改变可影响肺的通气功能，妨碍气体弥散，改变部分肺泡通气血流比例，引起进行性低氧血症和呼吸困难，从而导致呼吸衰竭甚至死亡。

2. 肾功能的变化 休克时常伴发急性肾衰竭，称为休克肾。临床表现为少尿、氮质血症、高钾血症及代谢性酸中毒等。休克患者如合并急性肾衰竭，往往预后不好，病死率也高。休克早期，由于肾血管收缩，肾血流量减少，肾小球滤过率降低，可发生功能性肾衰竭，不伴有肾小管坏死，表现为少尿、无尿、氮质血症等。休克晚期，肾小管持续缺血、缺氧而发生坏死，肾小球、肾间质毛细血管中由于微血栓形成而致滤过功能严重障碍，从而发生器质性肾衰竭，出现严重的内环境紊乱，使休克进一步恶化。

3. 心功能的变化 除心源性休克伴有原发性心泵功能障碍外，在其他类型休克的早期，由于冠状动脉本身的特点及机体的代偿作用，心泵功能一般无明显变化。但是，随着休克过程的发展，将会出现不同程度的心泵功能障碍，甚至发生心力衰竭，而且休克持续时间越长，心力衰竭越严重。在休克过程中，心功能障碍的发生机制为：①动脉血压降低和心率加快所引起的心室舒张期缩短，使冠状动脉血流量减少，心肌供血不足；②交感-肾上腺髓质系统兴奋引起的心率加快和心肌收缩力加强，使心肌耗氧量增加，加重心肌缺氧；③酸中毒及继发的高钾血症，通过影响心肌兴奋-收缩耦联过程，使心肌收缩力减弱；④心肌内DIC加重心肌组织微循环障碍；⑤内毒素、心肌抑制因子等多种毒性因子抑制心功能。

4. 脑功能的变化 脑组织耗氧量高，对缺氧极为敏感，只能通过葡萄糖的有氧氧化过程获得能量，而脑的含糖量很少，主要靠血液供应的葡萄糖提供能量，所以脑组织血液灌注量需要较多。在休克早期，血液重新分布和脑循环的自身调节，暂时使脑血流量基本正常，但由于交感神经兴奋，患者表现为烦躁不安。随着休克的发展，心排血量减少和血压的进行性下降，脑内DIC形成，不能维持脑的血供，患者可因脑血流量减少而出现神志淡漠、反应迟钝、嗜睡，甚至昏迷。严重者由于脑能量代谢障碍，可出现脑水肿和颅内高压。

5. 胃肠功能的变化 严重创伤时胃肠道功能发生明显障碍，主要表现为胃黏膜损害、应激性溃疡和肠缺血。休克时胃肠道因缺血、淤血及DIC形成，肠壁淤血水肿，使消化液分泌减少及胃肠蠕动减弱，消化功能明显障碍；持续的缺血，不仅可致胃糜烂而发生应激性溃疡，还可因肠道屏障功能受损和细菌的大量繁殖导致肠源性内毒素血症。临床表现为腹痛、消化不良、呕血和黑便等。

6. 肝功能的变化 休克时常有肝功能障碍，表现为血清中丙氨酸氨基转移酶、天冬氨酸氨基转移酶和胆红素增高，出现黄疸。其主要原因：①低血压和有效循环血量减少，腹腔血流减少，引起肝细胞缺血缺氧，严重者可导致肝细胞坏死；②休克时由于腹腔内脏的血管收缩，导致门静脉血流量减少，加重肝细胞的缺血性损伤；③肝内微循环障碍和DIC形成，引起肝细胞缺血缺氧；④在肠道产生的毒性物质经门静脉进入肝，加之肝本身毒性代谢产物的蓄积对肝细胞都有直接损害作用；⑤肝脏损伤导致黄疸，会使胆盐对内毒素的中和作用受影响，导致静脉血中内毒素水平升高。

7. 凝血功能的变化 休克患者常出现凝血-抗凝血平衡紊乱，部分患者出现DIC。休克时血液浓缩，血液黏度和纤维蛋白原增高，红细胞与血小板易于聚集，血液处于高凝状态及血流速度显著变慢，导致微血栓形成；休克时因缺氧、酸中毒及内毒素因素等使中性粒细胞被激活，产生大量促凝血物质，之后由于凝血因子耗竭继发纤溶亢进，形成DIC；同时，血管内皮受损，大量胶原暴露，内源性凝血系统被激活；休克时组织细胞损伤释放大量组织因子入血，从而激活外源性凝血系统。

开始时有微血栓形成，通常不易察觉而漏诊；以后由于凝血因子的大量消耗，继发性纤溶亢进的发生，患者可有较为明显和难以纠正的出血或出血倾向。

8. 免疫系统功能的变化 休克恶化时，脾、淋巴结等免疫器官内巨噬细胞增生，中性粒细胞浸润，中性粒细胞和单核/巨噬细胞的吞噬能力减弱，杀菌能力降低；淋巴细胞变性、坏死和凋亡，B细胞分泌抗体减少，机体特异性免疫功能下降，易导致感染扩散，引起菌血症甚至败血症，使休克难治，甚至死亡。

9. 多器官功能障碍综合征（multiple organ dysfunction syndrome，MODS） 是指在严重感染、失血、创伤或休克过程中，原无器官功能障碍的患者在短时间内相继出现两个或两个以上的重要器官功能障碍，机体内环境的稳定必须依靠临床干预才能维持的综合征。休克晚期常并发MODS。MODS是休克致死的重要原因，而且衰竭的器官越多，病死率也越高。

考点：休克重要器官的功能变化

第5节 防治的病理生理基础

一、病因学防治

针对引起休克的病因，采取积极措施，终止其作用，对防治休克具有十分重要的意义，如及时止血、输血、输液可防止低血容量性休克的发生；及早控制感染可防止感染性休克的发生。

二、发病学治疗

一旦休克发生，应争分夺秒对患者进行抢救。可根据休克发病环节及时终止恶性循环，关键环节是改善微循环，恢复组织的正常灌流量。

1. 纠正酸中毒 休克时由于组织灌流量严重不足，缺血、缺氧必然导致乳酸酸中毒。而酸中毒对休克发生、发展起着非常重要的作用，如酸中毒不纠正，不仅使微循环障碍加重和影响血管活性药物的疗效，同时也能通过H^+与Ca^{2+}的竞争作用，直接影响心肌收缩力。并且酸中毒还可导致高钾血症，对机体危害甚大，临床上应根据酸中毒的程度及时补碱纠酸。

2. 扩充血容量 各类休克都存在有效循环血量绝对或相对不足，最终导致组织灌流量减少。除心源性休克外，及时补充血容量是增加心排血量和改善组织灌流的根本措施。补液应遵循“需多少，补多少”的原则。补液量一定要充分，但又不能过量，否则可增加心脏负荷和产生肺水肿。动态观察静脉充盈程度、尿量、血压和脉搏等指标，可作为监护补液量多少的参考。有条件时应动态地监测中心静脉压（CVP）和肺动脉楔压（PAWP）。此外也应参考血细胞比容的变化决定输血与输液的比例，使血细胞比容维持在35%～40%范围较为合适。

3. 合理使用血管活性药物 血管活性药物分扩血管药物和缩血管药物。在纠正酸中毒的基础上，合理使用这两类药物对改善微循环和增加组织灌流量具有重要作用。对于低排高阻型休克，或应用缩血管药物后血管高度痉挛者，可使用血管扩张药。相反，在下述三种情况下可选用缩血管药物：①过敏性休克和神经源性休克患者使用缩血管药物是最佳的选择。②早期轻型休克或高排低阻型休克，在综合治疗基础上也可使用缩血管药物。③患者血压过低，又不能迅速扩容时可先用缩血管药物升压，以保证心脑血液供应。

4. 防治细胞损伤和器官功能衰竭 通过上述纠酸、扩容等措施改善微循环和增加组织灌流量是防治细胞损伤和器官功能衰竭的重要措施之一。此外，还可应用溶酶体稳定剂（如糖皮质激素）、能量合剂、吸氧等防止细胞损伤。同时，应针对不同器官功能障碍采取相应防治措施，如出现肺功能障碍时，应保持气道通畅，采用正压给氧，改善呼吸功能；如出现肾功能障碍时应尽早采取改善肾灌流量、利尿和透析等措施；如出现急性心功能障碍时应采取严格控制补液量、强心利尿、降低前后负荷等措施，以防止多器官功能障碍综合征的发生。

自 测 题

一、名词解释

休克　自身输液　自身输血　MODS　ARDS　休克肾

二、填空题

1. 休克发生的始动环节是________、________和________。
2. 休克时细胞代谢障碍表现为________、________、________。
3. 休克缺血性缺氧期微循环变化特点可归纳为________、________。
4. 休克淤血性缺氧期微循环变化的特点可归纳为________、________。

三、单项选择题

1. 休克的发生主要是由于
   A. 中枢神经系统在剧烈振荡与打击下由兴奋转入抑制
   B. 血管运动中枢麻痹，小动脉扩张，血压下降
   C. 交感-肾上腺髓质系统衰竭与麻痹
   D. 血容量减少，回心血量不足，心排血量减少
   E. 重要生命器官灌流不足和细胞功能代谢严重障碍
2. 成年人急性失血，一次失血量超过总血量的多少可能引起休克
   A. 15%　B. 20%
   C. 30%　D. 40%
   E. 50%
3. 失血性休克血压下降早期主要与下列哪项有关
   A. 交感-肾上腺髓质系统衰竭
   B. 低血容量引起回心血量不足、心排血量降低
   C. 血管紧张度下降、外周阻力降低
   D. 组织灌流不足、微循环血管大量扩张
   E. 细胞严重缺氧、能量代谢障碍
4. 正常微循环中经常开放的通路是
   A. 直捷通路　B. 迂回通路
   C. 营养通路　D. 动-静脉短路
   E. 以上都不是
5. 休克时交感-肾上腺髓质系统处于
   A. 强烈兴奋
   B. 先抑制后兴奋

C. 先兴奋后抑制，最后衰竭
D. 改变不明显
E. 强烈抑制
6. 休克缺血性缺氧期微循环灌流的特点是
A. 多灌少流，灌多于流
B. 少灌多流，灌少于流
C. 多灌多流，灌多于流
D. 少灌少流，灌少于流
E. 少灌少流，灌多于流
7. 休克缺血性缺氧期微循环的变化表现在
A. 毛细血管前阻力↑、毛细血管后阻力↑↑、毛细血管容量↓
B. 毛细血管前阻力↑↑、毛细血管后阻力↑、毛细血管容量↓
C. 毛细血管前阻力↑↑、毛细血管后阻力↑、毛细血管容量↑
D. 毛细血管前阻力↓、毛细血管后阻力↑、毛细血管容量↑
E. 毛细血管前阻力↑、毛细血管后阻力↑↑、毛细血管容量↑
8. 下列临床表现哪一项不是休克早期的表现
A. 脸色苍白　B. 四肢冰凉
C. 脉搏细速　D. 尿量减少
E. 昏迷
9. 休克淤血性缺氧期微循环灌流的特点是
A. 少灌少流，灌少于流
B. 少灌多流，灌少于流
C. 多灌少流，灌多于流
D. 多灌多流，灌多于流
E. 多灌多流，灌少于流
10. 休克难治期并发DIC后对组织灌流的影响是
A. 少灌少流，灌少于流
B. 多灌多流，灌少于流
C. 少灌少流，灌多于流
D. 不灌不流
E. 多灌少流，灌少于流
11. 休克时正确的补液原则是
A. 若血压正常不必补液
B. 补充丧失的液体，“失多少，补多少”
C. 补充先前丧失的液体和当天继续丧失的液体
D. “需多少，补多少”
E. “宁多勿少”
12. 休克早期发生的少尿是由于
A. 器质性肾衰竭　B. 肾前性肾衰竭
C. 慢性肾衰竭　D. 肾后性肾衰竭
E. 肾小管坏死
13. 失血性休克早期时最易受损的器官是
A. 心　B. 脑
C. 肾　D. 肺
E. 肝
14. 休克早期的临床表现不包括
A. 烦躁不安　B. 脉搏细数
C. 血压进行性下降　D. 面色苍白
E. 尿少或无尿
15. 休克早期“自身输液”作用主要是指
A. 静脉血管收缩，回心血量增加
B. 抗利尿激素减少，肾重吸收水增加
C. 醛固酮增多，肾钠、水重吸收减少
D. 毛细血管内压降低，组织液回流增多
E. 动-静脉吻合支开放，回心血量增加
16. 休克缺血性缺氧期的心脑灌流量
A. 明显增加　B. 明显减少
C. 无明显改变　D. 先减少后增加
E. 先增加后减少

四、简答题

1. 简述休克常见的病因。
2. 简述休克早期微循环的变化特点。
3. 休克为什么容易并发DIC？
4. 休克早期机体代偿的意义有哪些？

（刘昌明）

第19章 心功能不全

学习目标

1. 素质目标　树立珍视生命，关爱患者的人道主义精神和热爱本职工作的医德情感。
2. 知识目标
（1）掌握　心功能不全的概念、诱因，以及机体的功能、代谢变化。
（2）熟悉　心功能不全的病因、发病机制及心力衰竭时机体的代偿反应。
（3）了解　心功能不全的分类及防治的病理生理基础。
3. 能力目标　具有结合病因、发病机制对疾病综合分析和健康教育的能力。

血液在心血管中周而复始地循环流动，不断给全身的组织细胞提供氧气和营养物质，并及时带走各种代谢产物，使机体的新陈代谢不断进行，生命得以维持。血液循环的动力来自心脏协调的收缩和舒张，心脏的活动犹如水泵一样，故又称心泵功能。在各种致病因素的作用下，心脏的收缩和（或）舒张功能发生障碍，使心排血量绝对或相对下降，以致不能满足机体代谢需要的全身性病理过程或综合征，称为心功能不全（cardiac insufficiency）。

考点：心功能不全的概念

心功能不全包括代偿阶段和失代偿阶段，代偿阶段是否出现临床症状和体征，取决于机体的代偿程度。如果机体的代偿是完全的，患者可不出现症状和体征。心力衰竭（heart failure）属于心功能不全的失代偿阶段，因此，患者出现明显的临床症状和体征。两个阶段在发病学上的本质是相同的。

当心力衰竭呈慢性经过时，往往伴有血容量和组织液增多及静脉系统淤血，并可出现水肿，临床上称为慢性充血性心力衰竭。

案例 19-1

患者，女，66岁。风湿性心脏病史25年，因受凉后出现胸闷、气短、夜间不能平卧，双下肢水肿入院。体检：颈静脉怒张，肝颈静脉回流征阳性，双肺底可闻及散在湿啰音；心界向左、右扩大，心音低钝，心尖区闻及Ⅲ级舒张期隆隆样杂音；肝肋下3cm，双下肢水肿。

问题：1. 该患者为何种疾病？

2. 可能出现哪些病理变化？

第1节　原因、诱因及分类

一、原　因

心功能不全是指由不同病因引起的心脏舒缩功能障碍，使心输出量在循环血量与血管舒缩功能正常时不能满足全身代谢对血流的需要，主要表现为呼吸困难、乏力和水肿等。引起心肌收缩性降低的原因主要有以下几方面。

（一）原发性心肌损害

1. 心肌病变 常见的有心肌梗死、心肌缺血、心肌炎、心肌纤维化等心肌病变。由于原发性心肌纤维受到损害，心肌收缩性减弱。若心肌损害过于严重且发展迅速，可导致急性心力衰竭。

2. 心肌代谢障碍 见于缺血、缺氧、贫血、严重的维生素B_1缺乏、糖尿病性心肌病、心肌淀粉样变性等，可导致心肌能量代谢障碍，ATP供应不足，削弱心肌的舒缩功能，从而导致心功能不全的发生。

（二）心脏负荷过重

1. 前负荷过重 前负荷又称容量负荷，是指心室在收缩前所承受的负荷，相当于心室舒张末期容量或压力。导致左心室前负荷过重的原因，主要有二尖瓣或主动脉瓣关闭不全；导致右心室前负荷过重的原因，主要有肺动脉瓣或三尖瓣关闭不全及房（室）间隔缺损；导致左、右心室前负荷过重的原因，常见的有严重贫血、甲状腺功能亢进，以及维生素B_1缺乏引起的脚气性心脏病等。

2. 后负荷过重 后负荷又称压力负荷，是指心脏在收缩时所承受的负荷。左心室的后负荷过重，常见于高血压、主动脉瓣狭窄和主动脉狭窄等；右心室的后负荷过重，常见于肺动脉高压、肺动脉瓣狭窄、肺栓塞和慢性阻塞性肺疾病等。

（三）心肌舒张活动受限

心肌舒张活动受限可使心脏充盈不足，导致心排血量减少。例如，缩窄性心包炎、心脏压塞等，可引起心包顺应性降低，导致心肌舒张活动受限，从而发生心功能不全。

考点：心功能不全的原因

二、诱　　因

1. 感染 各种感染特别是呼吸道感染是心功能不全的重要诱因。感染可通过多种途径加重心脏负荷，削弱心脏的舒缩功能而诱发心功能不全。主要有：①感染时机体出现发热，使代谢率增高，加重心脏的负荷。②感染可产生毒素，能直接抑制心肌的舒缩功能。③交感神经的兴奋使心率加快，增加心肌耗氧量；同时，因心率加快使舒张期缩短而影响冠状动脉血液灌流。④呼吸道感染可使肺循环阻力增加，加重右心室负荷，并可通过引起呼吸功能障碍而诱发心力衰竭。

2. 酸碱失衡及电解质代谢紊乱 各种原因引起的酸中毒、高钾血症等，均可影响心肌的收缩功能而诱发心功能不全，其主要机制如下。

（1）酸中毒 ①H^+竞争性抑制Ca^{2+}与心肌肌钙蛋白的结合，抑制Ca^{2+}内流及肌浆网的Ca^{2+}释放，使心肌收缩力减弱。②H^+抑制肌球蛋白ATP酶活性，使心肌收缩功能障碍。③H^+使毛细血管括约肌松弛，而小静脉张力不变，致使微循环出现多灌少流现象，回心血量减少，心排血量下降。

（2）高钾血症 血清钾升高可抑制心肌细胞动作电位复极化期Ca^{2+}内流，使心肌的收缩性降低。还可引起心肌细胞传导性降低和传导缓慢，而造成心律失常，促使心功能不全的发生。

3. 心律失常 心动过速、心动过缓、频发室性期前收缩等，可诱发心功能不全，以心动过速最为常见。当成年人心率超过180次/分时，心肌耗氧量显著增加，心室舒张期缩短使其充盈不足，并使冠状动脉供血不足，从而诱发心功能不全。

4. 妊娠和分娩 妊娠（特别是晚期妊娠）及分娩可诱发心功能不全，其主要机制是：①妊娠期血容量明显增加，临近产期达到高峰，加重心脏的前、后负荷。②临产时，子宫收缩、精神紧张、腹内压增高等因素，可使静脉回流量增加和外周阻力增高，从而加重心脏的前、后负荷并增加心肌的耗氧量。

5. 输血和输液不当 输血或输液过多、过快可增加心脏的前负荷，从而诱发心功能不全。

6. 其他 过度劳累、精神紧张、情绪激动、饮酒过量、利尿药使用不当、创伤等，可诱发心功能不全。

考点：心功能不全的诱因

三、分　类

（一）按发生速度分类

1. 急性心力衰竭 起病急，发展迅速，心排血量在较短的时间内大幅度下降，机体往往来不及代偿。主要见于急性心肌梗死、严重的心肌炎等。临床上以急性左心衰竭多见。

2. 慢性心力衰竭 起病缓慢，机体有充分的时间动员代偿机制，又称慢性充血性心力衰竭。主要见于心瓣膜病、原发性高血压和肺动脉高压等。慢性心力衰竭是临床上常见的心力衰竭类型，且以慢性左心衰竭最为常见。

（二）按发生的部位分类

1. 左心衰竭 常见，主要因左心受损或负荷过重引起，是心力衰竭的主要类型，导致肺淤血、肺水肿。多见于冠心病、心肌病、原发性高血压、主动脉瓣狭窄或关闭不全、二尖瓣关闭不全等。

2. 右心衰竭 多见于肺栓塞、肺动脉高压、慢性阻塞性肺疾病、某些先天性心脏病（如法洛四联症）等，亦可继发于左心衰竭。其突出表现是体循环淤血、静脉压升高，导致下肢甚至全身水肿等。

3. 全心衰竭 左、右心室同时或先后发生衰竭，称为全心衰竭。常见于弥漫性心肌炎、心肌病和严重贫血等。也可由左心衰竭引起右心衰竭而成为全心衰竭。

（三）按心排血量的高低分类

1. 低输出量性心力衰竭 心力衰竭发生后，心排血量明显低于正常。常见于冠心病、心瓣膜病、原发性高血压、心肌炎和肺动脉高压等疾病引起的心力衰竭。

2. 高输出量性心力衰竭 心力衰竭发生后，心排血量较发病前（代偿阶段）有所下降，其值仍属正常甚至高于正常，但不能满足机体的需要（图19-1）。常继发于原来高动力循环状态的某些疾病，如甲状腺功能亢进症、严重贫血、妊娠、维生素B_1缺乏症和动-静脉瘘等。

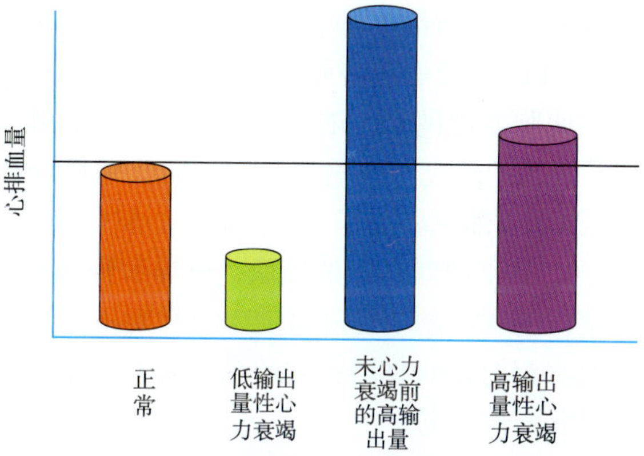

图19-1 低、高输出量性心力衰竭（示意图）

（四）按舒缩功能障碍分类

1. 收缩功能不全性心力衰竭（收缩性衰竭） 由于心肌细胞变性或坏死导致其收缩功能障碍。常见于高血压心脏病、冠心病等。

2. 舒张功能不全性心力衰竭（舒张性衰竭） 二尖瓣或三尖瓣狭窄、缩窄性心包炎、肥大性心肌病、心肌缺血等，均可使心肌的舒张功能受损。

临床上，心力衰竭发生时心肌的收缩和舒张功能障碍往往同时存在。舒张功能不全性心力衰竭是近年来备受关注的问题。

第2节　发病机制

心功能不全的发病机制较复杂，迄今尚未完全阐明。目前认为，各种病因通过削弱心肌舒缩功能引起心功能不全，是其基本的发病机制。

一、心肌收缩性减弱

心肌收缩性减弱是心功能不全发生的主要机制。导致心肌收缩性减弱的常见因素如下。

（一）心肌结构的破坏

严重的缺血、缺氧、炎症、中毒等均可造成大量心肌纤维变性、坏死，心肌收缩相关蛋白被分解破坏，心肌的收缩性随之减弱，导致心力衰竭的发生。

（二）心肌能量代谢障碍

心肌收缩是个主动的耗能过程，Ca^{2+} 的转运和肌丝的滑动都需要消耗ATP。心力衰竭时心肌的能量代谢障碍，主要涉及心肌的能量代谢过程中能量的生成和利用两个阶段。

1. 能量生成障碍 心肌活动所需要的能量几乎全部来自有氧氧化。临床上，引起心肌能量生成障碍常见的原因有：①冠状动脉粥样硬化、休克、严重贫血等可引起心肌缺血、缺氧，心肌细胞内能量生成不足，导致心肌收缩力减弱。②维生素 B_1 缺乏时，因丙酮酸氧化脱羧酶的辅酶减少，导致丙酮酸氧化脱羧障碍，不能转化为乙酰辅酶A，影响心肌能量的产生。③心肌过度肥大时，因单位体积心肌中的毛细血管数量减少及增粗的心肌纤维与毛细血管之间的距离加大，引起心肌供血相对不足和氧弥散障碍，致使心肌的能量生成不足。

2. 能量利用障碍 在心肌兴奋-收缩耦联过程中，心肌细胞生成的ATP被肌球蛋白头部的ATP酶水解，为心肌细胞收缩提供能量。高血压、心瓣膜病等引起的心力衰竭，主要是由于心肌负荷过重引起心肌过度肥大，致使其ATP酶的同工酶中活性最低的同工酶3增多，而活性最高的同工酶1减少，故ATP酶活性降低，使心肌能量利用发生障碍，导致心肌收缩性降低。

（三）心肌兴奋-收缩耦联障碍

正常情况下，心肌复极化时，心肌细胞肌浆网中的ATP酶被激活，使细胞中 Ca^{2+} 逆浓度差被摄取到肌浆网内储存。同时，另一部分 Ca^{2+} 从胞质内转运到细胞外，使心肌细胞内的 Ca^{2+} 浓度降低（$<10^{-7}$mol/L），故心肌舒张；在心肌除极化时，肌浆网向胞质内释放 Ca^{2+}，同时又有 Ca^{2+} 从细胞外进入胞质，使胞质内的 Ca^{2+} 浓度升高（$>10^{-5}$mol/L），引起心肌收缩。因此，在心肌兴奋-收缩耦联过程中，Ca^{2+} 转运的速度与数量是决定心肌收缩性的重要因素。任何影响 Ca^{2+} 转运、分布的因素都会影响心肌的兴奋-收缩耦联过程，从而导致心肌收缩性的减弱。

1. 肌浆网对 Ca^{2+} 的摄取、储存和释放障碍 心肌缺血时，ATP供应不足，或由于心肌过度肥大时肌浆网的ATP酶活性降低使ATP水解不足，致使心肌肌浆网对 Ca^{2+} 的摄取、储存发生障碍。同时，当心肌兴奋时，肌浆网释放的 Ca^{2+} 减少，导致心肌细胞除极化时胞质内的 Ca^{2+} 浓度降低（$<10^{-5}$mol/L），心肌收缩性减弱。

2. 细胞外 Ca^{2+} 内流障碍 Ca^{2+} 内流在心肌收缩活动中起重要作用，不仅可以直接升高胞内 Ca^{2+} 浓度，也可以触发肌质网释放 Ca^{2+}。长期的心脏负荷过重或心肌缺血缺氧时，都可以出现细胞外 Ca^{2+} 内流障碍，其发病机制是：①肥大的心肌细胞内去甲肾上腺素减少及消耗增多，导致去甲肾上腺素含量下降，细胞膜 Ca^{2+} 通道难以开放，导致 Ca^{2+} 内流减少。②过度肥大的心肌细胞膜上β受体密度相对减少，同时，酸中毒使心肌细胞膜β受体对去甲肾上腺素的敏感性降低，使细胞膜上的L型 Ca^{2+} 通道开放减少，Ca^{2+} 内流受阻。③细胞外液的 K^+ 与 Ca^{2+} 在心肌细胞膜上有竞争作用，在高钾血症时 K^+ 可阻止 Ca^{2+} 内流，导致细胞内 Ca^{2+} 浓度降低。

3. 肌钙蛋白与 Ca^{2+} 结合障碍 酸中毒时，H^+ 与 Ca^{2+} 竞争肌钙蛋白的结合位置，因 H^+ 与肌钙蛋白的亲和力远比 Ca^{2+} 大，H^+ 占据了肌钙蛋白上的 Ca^{2+} 结合位点，故使肌钙蛋白与 Ca^{2+} 结合发生障碍，导致心肌兴奋-收缩耦联受阻，心肌收缩性降低。

二、心室舒张功能障碍及顺应性降低

心室舒张是保证心室有足够的血液充盈的基本因素。若心室舒张功能障碍或顺应性降低，均可影响心室舒张期的充盈，从而影响心脏的射血功能，导致心排血量减少。目前，心肌舒张功能障碍的机制尚不完全清楚，可能与下列因素有关。

（一）心室舒张功能障碍

1. 钙离子复位延缓 常见于心肌缺血、缺氧所致的心力衰竭。心肌收缩后，产生正常舒张的首要因素是胞质内Ca^{2+}浓度要迅速从10^{-5}mol/L下降至10^{-7}mol/L，才能使Ca^{2+}与肌钙蛋白解离，肌钙蛋白恢复原来的构型。当肥大和衰竭的心肌细胞缺血、缺氧时，由于ATP供给不足或肌浆网Ca^{2+}-ATP酶活性降低，不能迅速将胞质内Ca^{2+}摄取入肌质网或向细胞外排出，使心肌细胞收缩后胞质内的Ca^{2+}浓度不能迅速降低至脱离肌钙蛋白的水平，导致心肌舒张延缓或不全，从而影响心脏的充盈。

2. 肌球-肌动蛋白复合体解离障碍 肌球-肌动蛋白复合体的解离也是一个需要消耗ATP的主动过程。由于肌钙蛋白与Ca^{2+}亲和力增加，Ca^{2+}难以脱离；或因心肌细胞内的ATP不足，肌球-肌动蛋白复合体解离障碍，肌动蛋白难以恢复原有的构型，从而影响心室的舒张和充盈。

（二）心室顺应性降低

心室顺应性是指心室在单位压力变化下所引起的容积改变量。当心室的顺应性下降时，心室的扩张充盈受限，进而导致心排血量减少。引起心室顺应性下降的原因较多，主要包括心肌肥大（心室壁增厚）和心肌炎症、水肿、纤维化、间质增生等。由于室壁增厚或室壁组成成分改变（如间质增生、纤维化等），心室的顺应性降低，导致心室充盈不足。

三、心脏各部分舒缩活动不协调

为保证心功能的稳定，心脏各部分（心房、心室）之间的舒缩活动保持高度协调的工作状态。一旦心房、心室舒缩活动的协调性遭到破坏，就会导致心泵功能紊乱而致心排血量下降。心肌梗死、心肌炎、传导阻滞等心脏疾病，可能使心脏各部分的舒缩活动在空间或（和）时间上产生不协调，导致心排血量下降。

总之，心力衰竭的发病机制颇为复杂，它的发生、发展是多种机制共同作用的结果。但由于心力衰竭的原因不同，上述机制在各种心力衰竭发生、发展中所起的作用也不尽相同。

第3节 机体的代偿反应

心力衰竭发生的关键环节是心排血量减少。当心脏负荷过重或心肌受损时，机体可动员各种代偿功能提高心排血量，以满足代谢需要。若通过代偿，心排血量能满足机体正常活动的需要而暂不出现心力衰竭的临床表现，称为完全代偿；心排血量仅能满足机体在安静状态下的需要，患者开始出现心力衰竭的临床表现，称为不完全代偿；心排血量不能满足机体在安静状态下的需要，有明显的心力衰竭表现，称为失代偿或代偿失调。当心脏泵血功能受损时，心排血量减少可通过多种途径引起神经-体液机制的激活，从而介导心内与心外的代偿反应，也是导致心功能不全发生与发展的关键途径。

考点：心力衰竭时机体的代偿反应

一、心脏代偿反应

1. 心率加快 是心脏本身发生的快捷而有效的代偿方式。主要原因是在心排血量减少或血压下降时，刺激主动脉弓和颈动脉窦的压力感受器，反射性引起心率加快。一定限度内的心率加快，可有效提高心排血量，并使舒张压升高，从而有利于冠状动脉的血液灌注。但当心率过快（成人超过180次/分）时，由于心脏的舒张期明显缩短，导致心室充盈不足和冠状动脉供血减少，并增加心肌的耗氧量。这样，不仅对机体没有代偿作用，反而使心排血量进一步下降，促使心力衰竭的发生。

2. 心脏扩张 伴有心肌收缩力增强的心腔扩大，称为心脏紧张源性扩张。这是对前负荷增加所发生的一种重要的代偿方式。根据弗兰克·斯塔林（Frank-Starling）定律，在一定的范围内，心肌的收缩力与心肌纤维的初长度成正比。当心室舒张末期容积增加时，心腔扩大，心肌纤维的初长度增加，使心肌收缩力增强，心排血量增加。当肌节的初长度增大到最适初长度（2.2μm）时，心肌产生最大的收缩力。但当心腔被过度扩大，肌节的初长度超过最适初长度时，心肌收缩力反而下降。这种不伴有收缩力增加的心腔扩大，称为心脏肌源性扩张。

3. 心肌肥大 是指心肌细胞体积的增大，是心脏长期处于压力或容量负荷过重的情况下，逐渐发展起来的一种慢性代偿机制。心肌细胞一般不增生，但当心肌肥大达到一定程度（成人心脏的重量超过500g），心肌细胞还可有数量上的增多。按照超负荷的原因和心肌反应的方式不同，心肌肥大有两种表现形式（图19-2）：①向心性肥大：主要是由于心脏在长期压力负荷过重（如高血压）的作用下，收缩期室壁张力持续增加，心肌肌节呈并联性增生，肌纤维增粗，室壁增厚，但心腔无明显扩大。②离心性肥大：是心肌长期容量负荷增加（如主动脉瓣关闭不全）的结果。心肌肌节呈串联性增生，心肌细胞长度增加，同时伴有心腔的扩大。

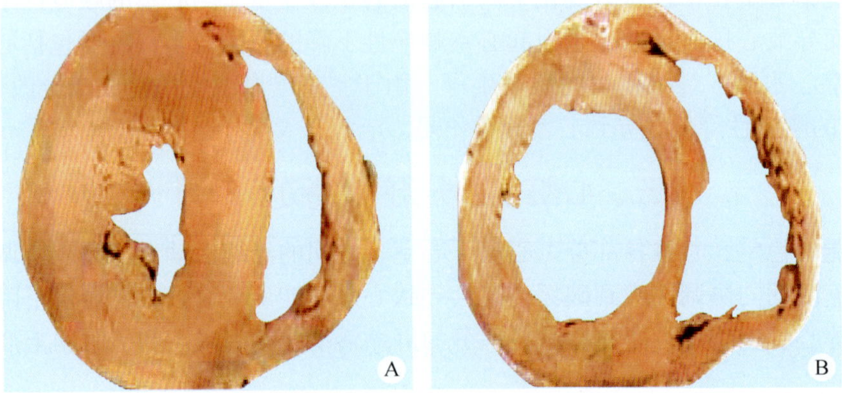

图19-2 向心性肥大和离心性肥大

A. 向心性肥大，左心室壁显著增厚，心腔未明显扩大；B. 离心性肥大，左心室壁增厚，心腔扩大显著

二、心外代偿反应

在心力衰竭发生时，除心脏本身发生功能和结构的代偿外，机体还会启动心外的多种代偿机制，以适应心排血量降低。

1. 增加血容量 是慢性心力衰竭时的主要代偿方式之一。血容量增加的机制有：①交感神经兴奋：当心排血量和有效循环血量减少时，交感神经兴奋，肾血管收缩，肾血流量减少，肾小球滤过率下降，水钠潴留，血容量增加；②肾素-血管紧张素-醛固酮系统（renin-angiotensin-aldosterone system，RAAS）激活：肾血流量减少可激活RAAS，促进远曲小管和集合管对钠、水的重吸收，使血容量增加；③抗利尿激素（antidiuretic hormone，ADH）分泌增多：随着钠的重吸收增加，ADH的分泌和释放也增加，血浆ADH水平增高，促进远曲小管和集合管对水的重吸收；④抑钠、水重吸收的激素减少：心功能不全时，PGE_2和ANP合成和分泌减少，钠、水重吸收增多，血容量增加。一定范围内的血容量增加可提高静脉回流量及心排血量，但长期过度的血容量增加可加重心脏负荷，可加重心力衰竭的发生。

2. 血流重新分布 心功能障碍时，交感-肾上腺髓质系统兴奋使皮肤、内脏器官的血管收缩，引起全身血流重新分布，使皮肤和内脏器官的血流量减少，而心、脑血流量不变或略增加，以保证重要器官的血液供应。但是，如果组织器官长期供血不足，可导致该脏器功能下降。而外周血管长期收缩，外周阻力增大也会导致心脏后负荷增加。

3. 红细胞增多 心功能障碍时，体循环淤血和血流缓慢可引起循环性缺氧；肺淤血、肺水肿又可引起低张性缺氧。缺血缺氧可刺激肾脏分泌促红细胞生成素（erythropoietin，EPO），促进骨髓造血功能，使红细胞增多，从而提高血液的携氧能力，但长期红细胞过多可引起血液的黏度增加，加重心脏的后负荷。

4. 组织细胞利用氧的能力增强　心功能障碍时，血液灌流不足而出现缺氧，组织、细胞中线粒体的数量增多，细胞色素氧化酶的活性增强，使组织细胞利用氧的能力增强。肌肉中的肌红蛋白含量增多，增加了肌肉组织对氧的储存和利用能力。

三、神经体液的代偿反应

神经-体液机制的激活是心功能减退时调节心内代偿和心外代偿的基本机制，但其长期的慢性激活会促进心室重构，加重心肌损伤并促使心功能持续恶化，持续恶化的心功能又进一步激活神经内分泌系统从而形成恶性循环。在神经-体液调节机制中，最重要的是交感-肾上腺髓质系统和肾素-血管紧张素-醛固酮系统（RAAS）的激活。

（一）交感-肾上腺髓质系统激活

心功能不全时，心排血量减少可以激活交感-肾上腺髓质系统，使血浆儿茶酚胺浓度升高。儿茶酚胺与心脏β受体结合使心肌收缩性增强、心率增快，心排血量增加，提高心脏本身的泵血功能；儿茶酚胺与α受体结合引起外周血管选择性收缩，血流重新分布以保障心、脑等重要器官的灌流。但交感-肾上腺髓质系统产生过度的兴奋会对机体产生不良的影响。如外周血管阻力增加，会加重心脏后负荷；内脏器官长时间供血不足会引起代谢、功能和结构改变等。

（二）肾素-血管紧张素-醛固酮系统激活

心排血量减少可以激活肾素-血管紧张素-醛固酮系统（RAAS）。血管紧张素Ⅱ（angiotensin Ⅱ，Ang Ⅱ）增加，可与去甲肾上腺素协同作用引起血管强烈收缩，明显影响血流动力学稳态。Ang Ⅱ可以升高肾灌注压，维持肾小球血流量和肾小球滤过率。醛固酮增加可引起水钠潴留，维持循环血量和心输出血量正常。但RAAS的过度激活对机体可产生很多不利的影响。例如，血管过度收缩会加重左心室后负荷；水钠潴留引起的血量增加使心室充盈压进一步升高。Ang Ⅱ可促进心肌和非心肌细胞肥大或增殖，醛固酮增加也可作用于心成纤维细胞，促进心室纤维化形成。

总之，通过以上代偿作用，可以在一定程度上满足机体代谢需要。但心脏的代偿功能有一定的限度，且每种代偿方式都有其潜在的不良影响。若原因持续作用或某些诱因使心负荷持续加重，就会出现失代偿，从而导致心力衰竭的发生。因此，心力衰竭的发生，就是心功能由完全代偿发展为不完全代偿，最终发展为失代偿的过程。

第4节　机体的功能及代谢变化

从血流动力学角度分析，心力衰竭时机体的代谢和功能变化可归纳为三个方面：肺循环淤血、体循环淤血和心排血量不足。其中，左心衰竭时出现肺循环淤血，右心衰竭时出现体循环淤血，全心衰竭时两者均出现。

考点： 心力衰竭时机体的功能及代谢变化

一、心排血量不足

心排血量的绝对或相对减少，是心力衰竭最具有特征性的血流动力学变化。心力衰竭初期，机体通过代偿可使心排血量维持正常或接近正常水平，但此时心脏的储备功能已经下降。若心肌的损伤继续加重或心脏的负荷继续增加，心功能则不能继续代偿，使心排血量明显下降，并出现一系列外周血液灌流不足的症状与体征。

1. 皮肤苍白或发绀 由于心排血量不足以及交感神经兴奋，皮肤血管收缩，血流量减少，患者皮肤苍白，皮温降低，出冷汗。严重时，因血流速度减慢，循环时间延长，致使静脉血液中去氧血红蛋白量增加，若其含量超过50g/L时，患者肢端皮肤呈现斑片状或网状青紫，称为发绀。

2. 疲乏无力、失眠、嗜睡 心力衰竭时，机体各部分肌肉的供血量减少，能量代谢水平降低，不能为肌肉的活动提供充足的能量。轻度心力衰竭时，由于代偿反应，特别是血流的重分布可使脑的血流量仍保持正常水平。但随着病情的加重，代偿失调，脑的血流量开始下降，中枢神经系统发生功能紊乱。患者可出现头痛、失眠、烦躁不安、眩晕等症状，严重者发生嗜睡，甚至昏迷。

3. 尿量减少 心力衰竭时，由于心排血量的下降，以及交感神经兴奋使肾动脉收缩，肾血流量减少，肾小球滤过率下降；同时肾小管的重吸收功能增强，导致尿量减少。尿量的变化在一定程度上可反映心功能状况，心功能改善时，尿量增加。

4. 心源性休克 轻度心力衰竭时，由于机体的代偿作用，心排血量虽有所下降，但动脉血压仍可保持相对正常。急性、严重心力衰竭时，如急性大面积心肌梗死、心肌炎等，由于心排血量急剧减少，动脉血压随之下降，组织灌流量显著减少，可引起休克。

二、肺循环淤血

肺循环淤血主要见于左心衰竭。左心排血量减少，使肺毛细血管楔压升高，导致肺循环淤血。严重的肺淤血可出现肺水肿，肺淤血和肺水肿共同的临床表现是呼吸困难，其是患者气短和呼吸费力的主观感觉。

左心衰竭时，由于心肌收缩功能减弱或容量负荷过重，左心室舒张末期压力升高。左心室舒张末期压力（left ventricular end diastolic pressure，LVEDP）正常值＜12mmHg。临床上可用肺动脉楔压（pulmonary artery wedge pressure，PAWP）来代替LVEDP反映左心室的功能状态。PAWP正常值＜18mmHg，若PAWP≥20mmHg可发生肺淤血，若PAWP≥30mmHg则可发生肺水肿。

（一）肺水肿

肺水肿是由左心衰竭引起肺淤血所致，主要有发绀、呼吸困难、咳嗽、咳粉红色泡沫痰等临床表现。肺水肿的发生机制如下。

1. 肺毛细血管血压升高 当左心衰竭发展到一定程度时，肺毛细血管血压急剧升高，若超过30mmHg，肺水肿即会发生。此外，左心衰竭患者若输液不当，也可加速肺水肿发生。

2. 肺毛细血管壁通透性增加 由于肺循环淤血，肺泡通气血流比例失调，使动脉血氧分压降低，缺氧使毛细血管壁通透性增加，血浆渗入肺泡形成肺水肿。同时，渗入到肺泡内的水肿液可稀释、破坏肺泡表面活性物质，导致肺泡的表面张力加大，肺泡毛细血管内的液体成分被吸入肺泡中，加重肺水肿。

（二）呼吸困难

呼吸困难是左心衰竭的主要临床表现，依据肺淤血和肺水肿的严重程度不同，呼吸困难可有不同的表现形式。

1. 劳力性呼吸困难 患者仅在体力活动时出现呼吸困难，休息后可减轻或消失，称为劳力性呼吸困难，为左心衰竭的最早表现。其原因是：①体力活动时回心血量增加，左心房内压升高，使肺淤血加重。②体力活动时心率加快，舒张期缩短，左心室充盈减少，使肺循环淤血加重。③体力活动时机体需氧量明显增加，而心力衰竭时左心室不能相应提高心排血量，使机体缺氧进一步加重，刺激呼吸中枢，使呼吸加深加快，出现呼吸费力。

2. 夜间阵发性呼吸困难 患者夜间入睡后突感气闷、气急被惊醒，被迫坐起，在端坐咳喘和吸入新鲜空气后缓解，称为夜间阵发性呼吸困难，是左心衰竭早期的典型表现。其发生机制如下：①患者平卧后，膈肌位置相对上移，胸腔容积减少，不利于肺通气。②入睡后，迷走神经相对兴奋，使支气管收缩，气道阻力增大。③入睡后，由于中枢神经系统处于相对抑制状态，反射的敏感性降低，只有当二氧化碳在血中积聚到一定浓度时，才能刺激呼吸中枢使通气增强，患者突感气闷而惊醒，并感到气促。若发作时伴有哮鸣音，则称为心性哮喘。

3. 端坐呼吸 患者在静息时已出现呼吸困难，平卧时加重而被迫采取端坐或半卧位以减轻呼吸困难的现象称为端坐呼吸。端坐呼吸提示心力衰竭已引起明显的肺循环淤血。其机制是：①端坐时因重力关系下肢血液回流减少，使肺淤血减轻。②端坐时膈肌位置相对下移，胸腔容量增大，肺活量增加，通气改善。③端坐时可减少下肢水肿液的吸收，使循环血量和回心血量减少，肺淤血减轻。

三、体循环淤血

体循环淤血是全心衰竭或右心衰竭的结果，主要表现为体循环静脉系统过度充盈，静脉压升高，相应的器官发生淤血、水肿和功能异常等。由于右心收缩功能减弱、容量负荷过重或顺应性下降，导致右心室舒张末期压力（right ventricular end diastolic pressure，RVEDP）增高。临床上常用中心静脉压（central venous pressure，CVP）来反映右心房内的压力，并估计RVEDP。当CVP＞12cmH_2O时，说明右心室射血功能降低，体循环发生淤血。

1. 静脉淤血和静脉压升高 右心衰竭时因右心室舒张末期压力升高，以及水钠潴留、血容量增多，致使上下腔静脉回流受阻，静脉充盈过度，压力升高。临床上表现为颈静脉怒张、臂-肺循环时间延长、肝颈静脉回流征阳性等。由于胃肠道淤血，患者常有消化不良、腹胀等消化功能异常的表现。

2. 全身性水肿 这是全心衰竭，特别是右心衰竭的主要表现之一。水钠潴留、体循环静脉压与毛细血管血压升高是全身性水肿发生的主要原因。临床上可表现为皮下水肿、胸腔积液、腹水等。

3. 肝大和肝功能异常 肝大是右心衰竭的早期表现之一。右心衰竭时肝大者占95%以上，主要是右心房内压力升高，肝静脉回流障碍，使肝淤血所致。肝脏肿大使肝包膜牵张，引起肝区疼痛。长期的淤血、缺氧还可使肝细胞发生变性、坏死，可导致肝功能异常，甚至因纤维组织增生而形成淤血性肝硬化。

第5节 防治的病理生理基础

积极治疗原发病，控制诱因，通过对神经-体液的调节，防治或延缓心肌重构的发展，提升心脏的泵血功能，缓解心力衰竭的症状，改善患者的生存质量。

1. 治疗原发病及消除诱因 采取有效的措施防治可能导致心功能不全的原发性疾病，如解除冠状动脉堵塞和痉挛，及时恢复心肌血供；高血压者积极控制血压。及时消除诱因，如控制感染、合理补液、避免过度紧张和劳累，纠正酸碱平衡紊乱和电解质紊乱等也是一个不可忽视的防治环节。

2. 调节神经-体液系统、改善心室重构 血管紧张素转换酶抑制药（angiotension converting enzyme inhibitor，ACEI），可以通过抑制循环和心脏局部的肾素-血管紧张素系统，延缓心室重构，可有效降低心力衰竭的病死率，对于不能耐受ACEI者，可用血管紧张素Ⅱ受体阻滞药（angiotensin Ⅱ receptor blocker，ARB）代替。此外，β受体阻滞药可防治交感神经对衰竭心肌的恶性刺激，改善慢性心功能不全患者的心脏功能，延缓和逆转心室重构；醛固酮受体拮抗药（螺内酯）可抑制醛固酮引起的心肌重构和心肌细胞外基质纤维组织增生，改善心脏功能。

3. 改善心肌的泵血功能

（1）改善心脏的舒缩功能 针对心肌收缩性的减弱，适当应用正性肌力药物（如洋地黄制剂），增强心肌收缩性，增加心排血量。对于心肌舒张功能障碍导致的心力衰竭，可合理使用改善心肌舒张性能的药物（如钙通道阻滞药、β受体阻滞药、硝酸酯类等），以改善心肌舒张功能。

（2）调整心脏前、后负荷　若前负荷过高，可通过使用静脉血管扩张药（如硝酸甘油）、利尿药（如氢氯噻嗪、呋塞米）等降低前负荷；若前负荷过低，则可通过扩容法等把前负荷提高到适当水平。如果是后负荷过高，则应使用扩血管药物（如肼屈嗪）来降低后负荷，以增加心排血量。

（3）心脏再同步治疗　从多方面纠正心脏电、机械不同步性，产生更为同步的双室收缩，增加心排血量，减轻心室的重构程度，改善心力衰竭患者的症状和生存质量，降低病死率。

4. 吸氧和改善心肌能量代谢　严重心力衰竭的患者，特别是左心衰竭的患者，因肺淤血导致血流速度减慢和肺换气功能障碍可引起机体缺氧。对于有呼吸困难且伴有低氧血症的患者，积极吸氧可改善组织的氧气供应。一些能量合剂、葡萄糖、肌苷、氯化钾等心肌能量药物具有改善心肌代谢的作用。

自 测 题

一、名词解释

心力衰竭　心脏离心性肥大　心脏向心性肥大　端坐呼吸

二、填空题

1. 心力衰竭发生过程中，心脏本身的代偿方式包括________、________、________。
2. 心力衰竭时，心排血量不足的临床表现主要有________、________、________和________。

三、单项选择题

1. 下列最符合心力衰竭概念的是
   A. 心肌收缩功能障碍
   B. 心排血量相对下降
   C. 心肌舒张功能障碍
   D. 心排血量不能满足机体需要
   E. 心排血量绝对不足
2. 维生素 B_1 缺乏引起心力衰竭的主要机制是
   A. 心肌兴奋-收缩耦联障碍
   B. 心肌能量储存障碍
   C. 心肌能量生成障碍
   D. 心肌能量利用障碍
   E. 心肌收缩蛋白大量破坏
3. 下列何种疾病可引起高输出量性心力衰竭
   A. 二尖瓣关闭不全　B. 病毒性心肌炎
   C. 维生素 B_1 缺乏　D. 高血压心脏病
   E. 心肌梗死
4. 贫血引起心力衰竭的主要机制是
   A. 心肌能量生成障碍
   B. 心肌能量利用障碍
   C. 心肌兴奋-收缩耦联障碍
   D. 心肌收缩蛋白破坏
   E. 心肌能量储存障碍
5. 导致心脏舒缩活动协调性失常最常见的原因是
   A. 各类心律失常　B. 心室顺应性降低
   C. 心肌能量代谢紊乱　D. 心室舒张势能减少
   E. 心室顺应性增高
6. 左心衰竭引起呼吸困难的病理生理基础是
   A. 肺静脉回流增多　B. 肺顺应性增强
   C. 肺动脉高压　D. 肺泡敏感性增加
   E. 左心室收缩功能减弱
7. 左心衰竭导致呼吸困难的主要环节是
   A. 二尖瓣狭窄　B. 左心房扩张
   C. 肺淤血、肺水肿　D. 肺动脉高压
   E. 平卧时静脉回流加速
8. 端坐呼吸的发生机制中下列哪项错误
   A. 平卧时回心血量增多
   B. 平卧时心脏指数增加
   C. 平卧时胸腔容积变小
   D. 深睡眠中神经反射敏感性降低
   E. 平卧时组织液回吸收增加
9. 左心衰竭患者不会出现下列哪一种表现
   A. 双肺湿啰音　B. 咳粉色泡沫痰
   C. 端坐呼吸　D. 颈静脉怒张
   E. 心性哮喘
10. 心肌收缩力达到最强的肌节长度是
   A. 1.5μm　B. 2.0μm
   C. 2.2μm　D. 2.4μm
   E. 3.6μm
11. 心脏向心性肥大形成的主要原因是
   A. 心脏收缩力增强　B. 冠状动脉血流量增加
   C. 心率加快　D. 心排血量增加
   E. 长期压力负荷增大
12. 心脏离心性肥大形成的主要原因是
   A. 心肌能量代谢障碍
   B. 心肌兴奋-收缩耦联障碍
   C. 心脏前负荷长期过重
   D. 心脏后负荷长期过重
   E. 心肌结构破坏
13. 下列哪项不是心力衰竭常见的诱因

A. 肋骨骨折　　B. 感染
C. 高钾血症　　D. 心律失常
E. 妊娠

14. 心力衰竭时出现能量利用障碍的最常见原因是
A. 心肌过度肥大
C. 维生素 B_1 缺乏
B. 心脏缺血缺氧
D. 肌浆网 Ca^{2+} 摄取能力减弱
E. 肌钙蛋白与 Ca^{2+} 结合障碍

15. 心力衰竭患者出现端坐呼吸的机制是
A. 端坐体位迷走神经兴奋性增高
B. 端坐时减轻肺淤血
C. 端坐时回心血量增多
D. 端坐时膈肌位置相应上移
E. 端坐时机体缺氧加剧

16. 左心衰竭患者出现劳力性呼吸困难的机制是
A. 体力活动时部分血液转移到躯体下半部
B. 体力活动时膈肌位置相对下移
C. 体力活动时机体需氧增加
D. 体力活动时迷走神经相对兴奋
E. 体力活动时神经反射敏感性降低

四、简答题

1. 简述心力衰竭的分类。
2. 心功能不全时，机体会出现哪些代偿反应？
3. 心力衰竭有哪些临床表现？

（刘昌明）

第20章 呼吸功能不全

学习目标

1. 素质目标　培养严谨求实的科学精神和敬佑生命、有专业责任感的职业操守。
2. 知识目标
（1）掌握　呼吸功能不全的定义、防治的病理生理基础。
（2）熟悉　呼吸功能不全的病因及发病机制。
（3）了解　呼吸功能不全时机体的功能及代谢变化。
3. 能力目标　通过呼吸功能不全的学习，能对不同类型呼吸功能不全患者进行正确处理。

案例 20-1

患者，女，31岁。因皮肤大面积烧伤入院。查体：神志清，血压80/60mmHg，脉搏100次/分，四肢多部位烧伤，面积约为体表总面积的50%。入院后5小时，血压降至60/40mmHg，经输液、输冻干血浆后上升至120/70mmHg，此时见全身水肿，胸片清晰。入院24小时后患者呼吸急促，30次/分，发绀，意识障碍，咳出淡红色泡沫痰，胸片显示弥散性肺浸润。血气检查：PaO_2 50mmHg，$PaCO_2$ 38mmHg。

问题： 1. 患者在入院24小时后出现了什么病理过程？
2. 患者入院24小时后 PaO_2 下降的机制是什么？
3. 纠正该患者缺氧的原则是什么？

呼吸是机体从外界摄取氧气并排出二氧化碳的过程，完整的呼吸包括三个基本环节：外呼吸、气体运输和内呼吸。

呼吸功能不全（respiratory insufficiency）是指由于外呼吸功能障碍，导致机体在静息状态下，动脉血氧分压（PaO_2）降低，或伴有动脉血二氧化碳分压（$PaCO_2$）升高的病理过程。呼吸衰竭（respiratory failure）是呼吸功能不全时机体失代偿阶段，指因外呼吸功能严重障碍，导致在静息呼吸状态下，PaO_2 低于60mmHg，或伴有 $PaCO_2$ 高于50mmHg，并出现一系列临床症状。

呼吸衰竭可按不同的标准进行分类：①按血气变化特点，分为Ⅰ型呼吸衰竭（仅有低氧血症）和Ⅱ型呼吸衰竭（低氧血症伴高碳酸血症）。②按主要发病机制的不同，分为通气性呼吸衰竭和换气性呼吸衰竭。③按原发病变部位，分为中枢性呼吸衰竭和外周性呼吸衰竭。④按病程快慢，分为急性呼吸衰竭和慢性呼吸衰竭。

考点：呼吸功能不全的概念

第1节　病因及发病机制

外呼吸包括肺通气和肺换气两个过程，因此，凡能引起肺通气和（或）肺换气功能障碍的任何疾病均可导致呼吸功能不全。

考点：呼吸功能不全的病因及发病机制

一、肺通气功能障碍

肺与外界环境之间的气体交换过程称为肺通气。判断肺通气功能的指标是肺泡通气量。正常成人静息时约为4L/min，除无效腔气量增加可直接减少肺泡通气量外，凡是能减弱呼吸的动力或增加胸壁与肺的阻力的任何原因，都可引起肺泡通气不足而导致呼吸衰竭。

在肺通气过程中，只有进入肺泡的气体才参与气体交换，而存在于解剖无效腔的气体不参与气体交换。

链 接　肺泡通气量及影响因素

肺泡通气量指单位时间内出入肺的气体量。肺泡通气量 =（潮气量 – 无效腔气量）× 呼吸频率。肺通气的正常进行，必须依赖于呼吸中枢、呼吸肌（主要是膈肌、肋间肌、胸大肌和胸小肌等）的运动、胸廓和肺的顺应性、呼吸道等因素的正常。因此，以上因素受损，均可影响肺泡通气量。

肺通气功能障碍，包括了限制性通气不足和阻塞性通气不足。

（一）限制性通气不足

吸气时肺泡扩张受限所引起的肺泡通气不足，称为限制性通气不足。常见原因如下。

1. 呼吸中枢受损或抑制　如脑外伤、脑血管意外、脑炎、电击等直接损害呼吸中枢；过量使用麻醉药、镇静催眠药、镇痛药等抑制呼吸中枢。

2. 呼吸肌运动障碍　如脊髓外伤、脊髓灰质炎、重症肌无力、多发性神经炎、严重低钾血症、肌肉萎缩等使呼吸肌运动障碍。

3. 胸廓或肺顺应性降低　在外力作用下，弹性组织的可扩张性，称为顺应性。弹性阻力越大，顺应性越小，反之，弹性阻力越小，顺应性越大。因此，顺应性表示胸廓与肺扩张的难易程度。①胸廓顺应性降低见于胸膜粘连、胸廓畸形等；②肺顺应性降低见于肺叶切除、肺不张、肺实变、肺淤血水肿、肺纤维化、气胸、胸腔积液等。肺泡Ⅱ型细胞分泌的表面活性物质具有降低肺泡表面张力的作用，当各种原因导致肺泡表面活性物质不足时，肺的顺应性也会降低。肺泡Ⅱ型细胞发育不全（如婴儿呼吸窘迫综合征）或受损（如急性呼吸窘迫综合征）可使肺泡表面活性物质合成或分泌不足；肺水肿、通气过度等可使肺泡表面活性物质破坏或消耗增加，均可使肺的顺应性降低。

（二）阻塞性通气不足

气道狭窄或阻塞，气道阻力增加所引起的肺泡通气不足，称为阻塞性通气不足。气道阻力是通气过程中主要的非弹性阻力。很多因素可直接影响气道阻力，如气道内径、长度、形态及气流速度等，其中最主要的是气道内径。管壁痉挛、肿胀或纤维化；管腔被黏液、渗出物、异物等阻塞；肺组织弹性降低，以致对气道管壁的牵引力减弱等，均可使气道内径变小或不规则而增加气流阻力，从而引起阻塞性通气不足。通常按阻塞部位不同，分为中央气道阻塞和外周气道阻塞。

1. 中央气道阻塞　指气管分叉处以上的气道阻塞。胸外和胸内的中央气道阻塞在吸气与呼气时变化特征是不同的。当阻塞位于胸外段（如喉头水肿、炎症、异物、肿瘤压迫等），吸气时气道内压小于大气压，气道阻塞加重（图20-1）；呼气时则因气道内压大于大气压而使阻塞减轻（图20-2）。故中央气道胸外阻塞的患者，表现为吸气性呼吸困难。当阻塞位于胸内段（如异物吸入），吸气时由于胸膜腔内压减小，使阻塞的气道有所扩张，阻塞减轻；呼气时由于胸膜腔内压增大而使阻塞的气道进一步受压，阻塞加重，表现为呼气性呼吸困难。

2. 外周气道阻塞　指气管分叉以下的气道阻塞。常见原因有慢性支气管炎、支气管哮喘等。吸气时由于胸膜腔内压减小可使阻塞的气道有所扩张，阻塞减轻（图20-3）；呼气时由于胸膜腔内压增大而使阻塞的气道进一步受压，阻塞加重，表现为呼气性呼吸困难（图20-4）。因此，只要气道阻塞发生在胸外，引起的是吸气性呼吸困难，而阻塞只要发生在胸内段，无论是中央还是外周气道阻塞，引起的都是呼气性呼吸困难。

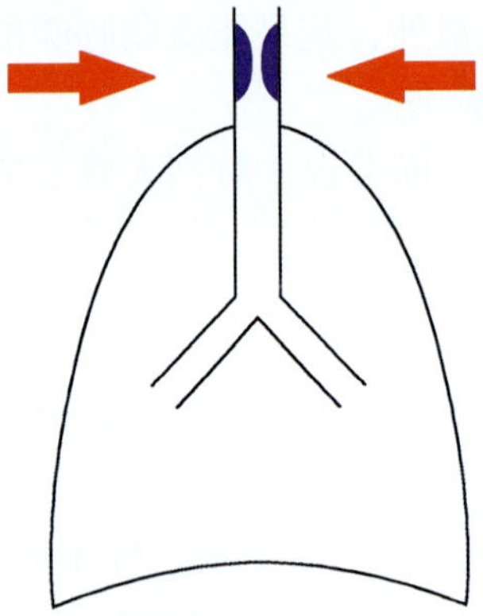

图 20-1 中央气道阻塞（吸气时示意图）
吸气时，管壁受压，阻塞加重

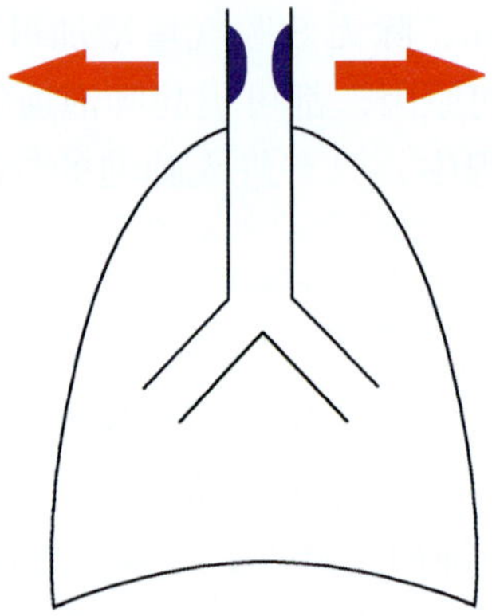

图 20-2 中央气道阻塞（呼气时示意图）
呼气时，管壁扩张，阻塞减轻

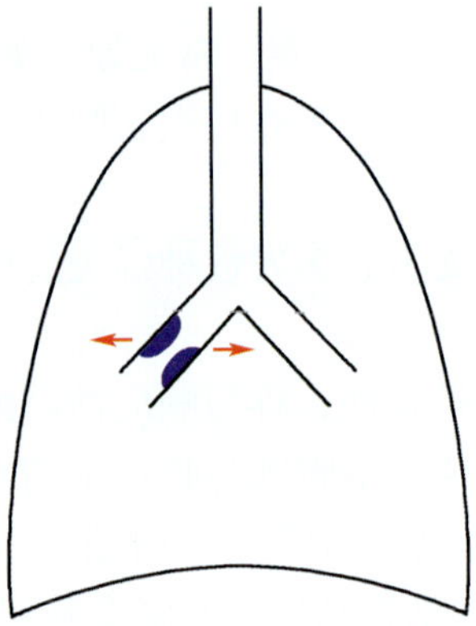

图 20-3 外周气道阻塞（吸气时示意图）
吸气时，胸膜腔内压减小，管壁扩张，阻塞减轻

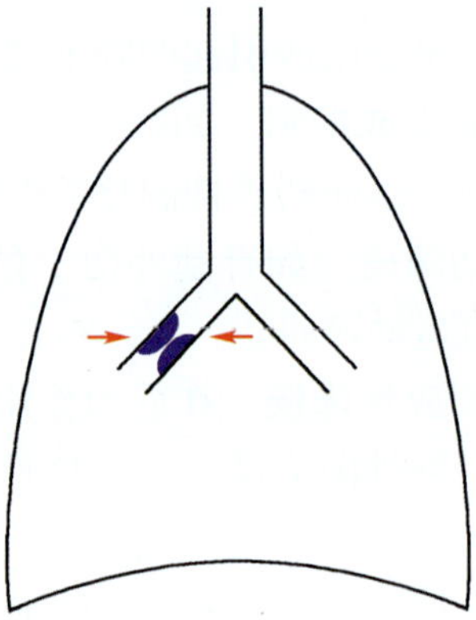

图 20-4 外周气道阻塞（呼气时示意图）
呼气时，胸膜腔内压增大，管壁受压，阻塞加重

肺通气功能障碍所致的呼吸衰竭，血气特点是 PaO_2 降低伴有 $PaCO_2$ 升高，引起Ⅱ型呼吸衰竭。

二、肺换气功能障碍

肺换气功能障碍指肺泡内气体与血液之间的气体交换障碍，主要包括弥散障碍、肺泡通气血流比例失调。

链 接 呼吸膜

呼吸膜，又称气血屏障，是肺泡与肺泡壁毛细血管网之间进行气体交换时，气体分子所通过的结构。其包括肺泡腔表面的液体层、Ⅰ型肺泡细胞、肺泡上皮基底膜、薄层结缔组织、毛细血管内皮基底膜、毛细血管内皮细胞。呼吸膜薄，平均厚度仅 0.5μm。

（一）弥散障碍

O_2 和 CO_2 通过呼吸膜进行交换的过程发生障碍，称为弥散障碍。常见原因如下。

1. 呼吸膜面积减少 正常成人呼吸膜总面积约 $80m^2$，有较大的功能储备。只有当呼吸膜面积减少超过总面积的一半时，才会发生换气功能障碍。通常见于广泛的肺叶切除、严重的肺实变、肺萎陷、肺气肿等病理情况。

2. 呼吸膜厚度增加 由于呼吸膜的平均厚度仅 0.5μm，故正常时气体弥散很快，但是在肺水肿、肺间质纤维化、肺泡内透明膜形成等病理情况下，弥散距离加大，气体弥散量减少。

由于CO_2在水中的溶解度比O_2大，故CO_2弥散速度比O_2大，单纯弥散障碍只引起PaO_2降低，不伴有$PaCO_2$升高，引起Ⅰ型呼吸衰竭。

（二）肺泡通气血流比例失调

肺换气功能的效率还与肺泡通气量与血流量的比值有关。正常成人在静息状态下，每分钟肺泡通气量（VA）约为4L，每分钟肺血流量（Q）约为5L，两者比值（VA/Q）为0.8（图20-5），此时肺换气效率最高。某些原因使肺内各部分通气血流比例严重失调，导致换气障碍，这是肺部疾病引起呼吸衰竭最常见和最重要的原因，主要有以下两种类型。

1. 部分肺泡通气不足 如肺不张、肺实变、慢性阻塞性肺气肿、肺水肿、肺间质纤维化、大量胸腔积液等，使部分肺泡通气减少甚至失去通气功能，而血流未相应减少，引起通气血流比例降低。此时，流经通气不足肺泡的静脉血未能充分氧合而掺杂到动脉血内，这种情况类似动-静脉短路，故称为功能性分流，又称静脉血掺杂，导致PaO_2降低（图20-6）。

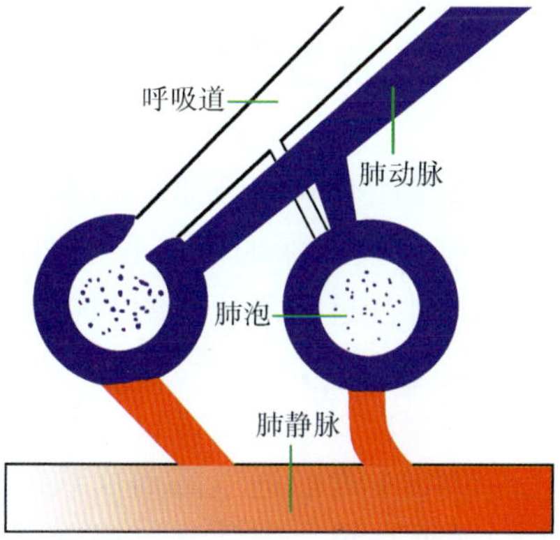

图20-5 肺泡通气血流比例正常情况（示意图）

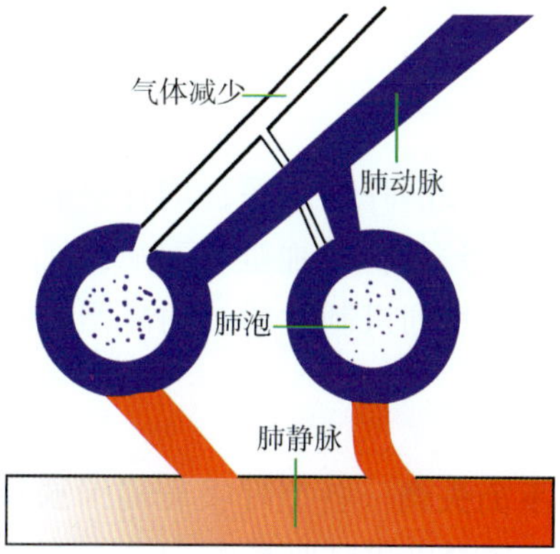

图20-6 功能性分流（示意图）

2. 部分肺泡血流不足 如肺动脉栓塞、肺血管收缩、肺气肿、弥散性血管内凝血（DIC）等使部分肺泡血流减少而通气基本正常，引起通气血流比例增高。此时该部分肺泡通气不能被充分利用，形成无效腔样通气，导致PaO_2降低（图20-7）。

3. 解剖分流增加 生理情况下，肺内部分的静脉血经支气管静脉和肺内极少数的动-静脉交通支直接流入肺静脉中，称为解剖分流。其血流量仅占心排血量的2%～3%，对PaO_2不会有大的影响。但在严重创伤、烧伤、休克等时，肺内微循环障碍，动-静脉短路开放，出现病理性的解剖分流，由于未经肺泡进行气体交换的静脉血掺杂到动脉血中，PaO_2降低（图20-8）。

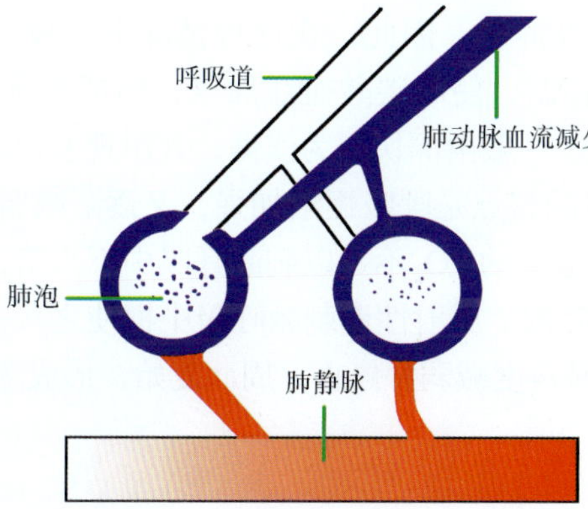

图20-7 无效腔样通气（示意图）

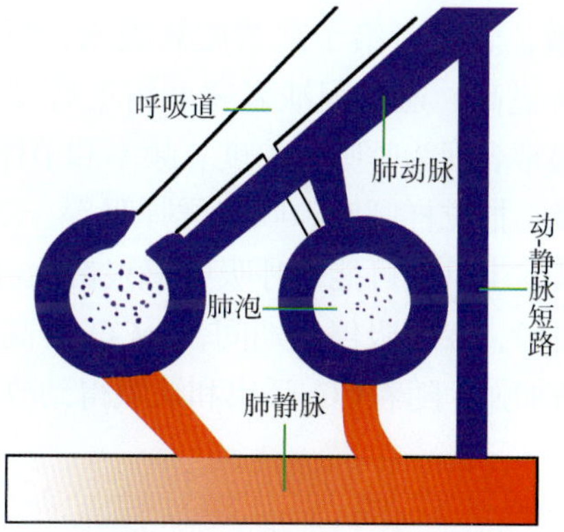

图20-8 解剖分流（示意图）

肺泡通气血流比例失调所致的呼吸衰竭，血气特点是PaO_2降低，$PaCO_2$可正常或降低，但严重时可升高。因此，肺泡通气血流比例失调多数表现为Ⅰ型呼吸衰竭。

临床上，单纯通气障碍或换气障碍所致呼吸衰竭较少见，往往是多种因素同时存在或相继产生作用。

链 接　急性呼吸窘迫综合征

急性呼吸窘迫综合征（acute respiratory distress syndrome，ARDS）是一种由急性肺损伤（呼吸膜损伤）引起的呼吸衰竭，常见于休克、大面积烧伤、败血症、吸入毒气、输液过量、体外循环及氧中毒等。其发生机制：①呼吸膜损伤，血管壁通透性增高，引起肺水肿，导致气体弥散障碍；②肺泡Ⅱ型上皮细胞损伤，表面活性物质生成减少，水肿液又使表面活性物质稀释，水肿液中的蛋白酶还破坏表面活性物质，使肺顺应性降低，引起肺萎陷，导致限制性通气不足；③肺水肿、肺萎陷及炎症介质生成增多引起支气管痉挛，导致肺内功能性分流；④炎症介质生成增多，还可引起肺血管收缩并促使DIC的发生，导致无效腔样通气。这些因素均导致肺泡通气血流比例失调。

第2节　机体的功能及代谢变化

无论何种类型的呼吸衰竭，均有缺氧的表现，Ⅱ型呼吸衰竭还有高碳酸血症的表现。

呼吸衰竭所致的低氧血症和高碳酸血症，早期机体可通过呼吸加深加快、心率加快、提高血液运输氧的能力等一系列机制代偿。病情严重时，机体代偿失调，则引起各系统代谢和功能紊乱。

一、酸碱平衡失调及电解质紊乱

1. 酸碱平衡失调　各型呼吸衰竭因缺氧，都会发生代谢性酸中毒。通气障碍所致的Ⅱ型呼吸衰竭，因CO_2潴留，还会发生呼吸性酸中毒；换气障碍引起的Ⅰ型呼吸衰竭，因缺氧可出现代偿性通气过度，使CO_2排出过多，所以在发生代谢性酸中毒的同时可并发呼吸性碱中毒。

2. 电解质紊乱　由于酸中毒时K^+向细胞外转移，可引起高血钾；代谢性酸中毒时，由于HCO_3^-降低，肾排Cl^-减少，可使血清Cl^-增高。

二、呼吸系统的变化

当PaO_2＜60mmHg时，刺激颈动脉体和主动脉体化学感受器，反射性增强呼吸运动。但缺氧对呼吸中枢有直接抑制作用，当PaO_2＜30mmHg时，对呼吸中枢的抑制作用大于反射性兴奋作用而使呼吸抑制。$PaCO_2$升高主要作用于中枢化学感受器，使呼吸中枢兴奋，呼吸加深加快，但当$PaCO_2$＞80mmHg时，反而抑制呼吸中枢。此时呼吸中枢兴奋的维持主要依赖低氧对主动脉体和颈动脉体化学感受器的刺激，若此时给予高浓度氧吸入，反而使呼吸抑制。因此，在这种情况下，吸入30%浓度的氧为宜，不可过高，避免因缺氧完全纠正后发生呼吸抑制，使高碳酸血症加重，病情恶化。

呼吸衰竭常表现为呼吸的深度、频率和节律的变化，一般由深快变为浅慢，并出现节律紊乱如潮式呼吸、间歇呼吸、抽泣样呼吸、叹气样呼吸等。潮式呼吸的特点是呼吸逐渐加强，又逐渐减弱，直至暂停，周而复始。其发生机制可能是呼吸中枢兴奋性过低时，血中的CO_2不足以刺激呼吸中枢兴奋，于是呼吸逐渐减弱乃至暂停，在呼吸停止期间，$PaCO_2$升高，PaO_2降低，反射性地刺激呼吸中枢使之兴奋，唤起呼吸的再现并逐渐加强。随着CO_2呼出和缺氧得到改善，呼吸再度减弱并停止，周而复始，形成潮式呼吸。

三、循环系统的变化

低氧血症与高碳酸血症对心血管的影响有协同作用。

一定程度的PaO_2降低和$PaCO_2$升高可兴奋心血管运动中枢，使心率加快，心收缩力加强，外周血管收缩，血压升高，加之呼吸运动增强使静脉回流增加，心排血量增加，并且由于缺氧，交感神经兴奋，皮肤、腹腔器官血管收缩，而心、脑血管因受局部组织代谢产物如腺苷等扩血管作用的影响，使血流增加，发生血流重分布，有利于保证心、脑的血液供应。

但是严重PaO_2降低和$PaCO_2$升高，则抑制心血管中枢，导致心率减慢，血压下降，心肌收缩力减弱等。

肺部疾病引起的呼吸衰竭常因心肌损害和肺动脉高压而并发肺源性心脏病，甚至右心衰竭。其主要发生机制是：①肺动脉高压：缺氧使肺小动脉收缩，肺动脉压升高；加之缺氧时红细胞增多，血液黏度增加，使右心室后负荷增加。肺小动脉长期收缩可引起肺血管壁平滑肌细胞和成纤维细胞肥大和增生，弹性蛋白和胶原蛋白合成增加，导致肺动脉管壁增厚和硬化，管腔变窄，最终形成肺动脉高压。②心肌损伤：缺氧、CO_2潴留、酸中毒及电解质紊乱均可直接损伤心肌细胞。

四、中枢神经系统的变化

中枢神经系统对缺氧最敏感。当PaO_2降至60 mmHg时，出现注意力不集中；当PaO_2降至40mmHg时出现疲劳、淡漠、嗜睡等皮质抑制症状及欣快、多语等皮质下中枢兴奋症状；缺氧进一步加重，出现谵妄、昏迷等临床表现；PaO_2低于20mmHg时，只需几分钟就可造成神经细胞的不可逆性损害。

CO_2潴留对中枢神经系统有明显的危害，当$PaCO_2 > 80$mmHg时，引起头痛、头晕、烦躁不安、言语不清、精神错乱、扑翼样震颤、嗜睡、昏迷等，临床上称为二氧化碳麻醉（carbon dioxide narcosis）。

由呼吸衰竭引起的脑功能障碍称为肺性脑病。Ⅱ型呼吸衰竭患者发生肺性脑病的机制主要如下。

1. CO_2潴留与酸中毒 CO_2潴留不仅抑制中枢神经系统功能，还可直接扩张脑血管、增加毛细血管壁通透性，导致脑间质水肿，甚至脑疝形成。同时CO_2潴留使脑脊液内碳酸浓度增加，酸中毒使脑细胞的损害进一步加重。

2. 缺氧 缺氧时，细胞能量生成障碍，Na^+-K^+-ATP酶功能障碍，水钠潴留导致引起脑细胞水肿。此外，缺氧、酸中毒导致脑血管内皮细胞损伤引起血管内凝血，均可导致肺性脑病的发生。

部分肺性脑病患者表现为兴奋、躁动，可能与代谢性碱中毒有关。

五、肾功能的变化

由于缺氧和CO_2潴留可引起肾小动脉收缩，肾血流量减少，肾小球滤过率降低。轻者尿中出现蛋白、红细胞、白细胞及管型等，严重者可出现少尿、氮质血症、代谢性酸中毒等急性肾衰竭的表现，多为功能性肾衰竭。

六、胃肠功能的变化

严重缺氧可使胃壁血管收缩，降低胃黏膜的屏障作用。CO_2潴留可增强胃壁细胞碳酸酐酶的活性，使胃酸分泌增多，故呼吸衰竭时常出现胃黏膜糜烂、坏死、溃疡、出血等。

考点：呼吸功能不全时机体的功能及代谢变化

第3节 防治的病理生理基础

一、防治原发病和诱因

呼吸衰竭的原因很多，应针对原发病进行预防。呼吸系统感染引起分泌物增多，阻塞呼吸道，是呼吸衰竭的常见诱因，应积极抗感染。

二、改善肺通气

1. 解除呼吸道阻塞，控制呼吸道感染。
2. 增强呼吸动力，可使用呼吸兴奋药等。
3. 掌握适应证，合理使用人工辅助通气。

三、合理给氧

呼吸衰竭时必定有严重缺氧，因此纠正缺氧，提高 PaO_2 水平是必要的。其目的在于短期内使 PaO_2 升至50～60mmHg，动脉血氧饱和度升至85%。

Ⅰ型呼吸衰竭只有缺氧而无 CO_2 潴留，可吸入较高浓度的氧，但一般不超过50%；Ⅱ型呼吸衰竭应低流量（1～2L/min）、低浓度（30%）持续给氧，使 PaO_2 上升到60mmHg即可。

给氧过程中如呼吸困难缓解，心率减慢，发绀减轻，表示给氧有效。若呼吸过缓或意识障碍加深，须警惕 CO_2 潴留加重，应给予呼吸兴奋药或辅助呼吸。

四、防治并发症

纠正水、电解质紊乱和酸碱失衡，预防感染等并发症的发生，维持重要器官的功能。注意加强身心护理，尤其是对气管切开和机械通气的患者更应加强心理护理，使患者配合治疗，促进呼吸功能恢复。

医者仁心

"人民英雄"国家荣誉称号获得者——张定宇

张定宇是中共党员，任武汉市金银潭医院（市医疗救治中心）院长、党委副书记。2020年8月11日，因在抗击新冠疫情中作出杰出贡献，被授予"人民英雄"国家荣誉称号。此外，其先后获第十二届"中国医师奖""敬业奉献好人""全国优秀共产党员""感动中国2020年度人物""全国道德模范"称号。

张定宇是一个战斗者，一个指挥者，也是一颗定心丸。他知道自己患上了渐冻症这一绝症，却要为患者、为社会燃起希望之光；他阻挡不了自己的病情，却用尽全力去把危重患者拉回来。他的双腿已经开始萎缩，但他站立的地方，是最坚实的阵地。面对突发的新冠疫情，在身患重疾的情况下冲锋在前，身先士卒，团结带领全院干部职工夜以继日战斗在抗击疫情最前沿，始终坚守在急难险重岗位上，以实际行动书写了对党和人民的忠诚。

自 测 题

一、名词解释

Ⅰ型呼吸衰竭　Ⅱ型呼吸衰竭　呼吸功能不全

二、填空题

1. 通气障碍分为________和________两种类型。
2. Ⅱ型呼吸衰竭既有________血症，又有________血症。
3. 肺泡表面活性物质减少引起________通气障碍。
4. 外周气道阻塞导致________性呼吸困难。

三、单项选择题

1. 呼吸衰竭是
   A. 血液不能携带氧的后果
   B. 外呼吸功能严重障碍的后果
   C. 内呼吸功能严重障碍的后果
   D. 肺通气障碍的后果
   E. 肺换气障碍的后果
2. 肺动脉栓塞患者发生呼吸衰竭是由于
   A. 功能性分流增加　B. 解剖分流增加
   C. 通气障碍　D. 弥散障碍
   E. 无效腔样通气
3. ARDS的主要发生机制是
   A. 急性肺水肿　B. 肺通气障碍
   C. 肺萎陷　D. 肺内DIC形成

E. 肺泡通气血流比例失调

4. Ⅱ型呼吸衰竭患者给氧应当
A. 高浓度、低流量　　B. 高浓度、高流量
C. 低浓度、高流量　　D. 低浓度、低流量
E. 浓度和流量都可以不考虑

5. 限制性通气不足见于
A. 中央气道阻塞
B. 外周气道阻塞
C. 肺泡扩张受限制
D. 肺泡膜面积减少、厚度增加
E. 肺泡通气血流比例失调

6. 阻塞性通气不足是由于
A. 肺顺应性降低　　B. 肺泡通气血流比例失调
C. 肺循环血流增加　　D. 气道狭窄
E. 肺泡扩张受限制

7. 气道阻力增加的主要因素是
A. 气道内径　　B. 气道长度和形态
C. 气体密度　　D. 气流速度
E. 气流形式

8. Ⅱ型呼吸衰竭血气诊断标准为
A. PaO_2＜60mmHg
B. PaO_2＜50mmHg
C. $PaCO_2$＞50mmHg
D. PaO_2＜60mmHg且$PaCO_2$＞50mmHg
E. PaO_2＜50mmHg且$PaCO_2$＞60mmHg

9. 慢性阻塞性肺疾病患者发生呼吸衰竭的关键是
A. 肺顺应性下降　　B. 肺换气减少
C. 肺泡表面张力增加　　D. 小气道阻塞
E. 肺组织弹性下降

10. 外周气道阻塞引起
A. 吸气困难为主
B. 呼气困难为主
C. 吸气和呼气都一样困难
D. 吸气和呼气都不困难
E. 胸痛为主

11. 以下因素不引起功能性分流增加的是
A. 肺萎陷
B. 肺实变
C. 慢性阻塞性肺气肿
D. 肺水肿
E. 肺栓塞

12. $PaCO_2$增高对呼吸的影响是
A. 兴奋
B. 抑制
C. 一定程度增高兴奋，过多增高抑制
D. 一定程度增高抑制，过多增高兴奋
E. 与PaO_2的高低有关

13. 无论哪型呼吸衰竭，均可以发生的酸碱平衡紊乱是
A. 呼吸性酸中毒　　B. 呼吸性碱中毒
C. 代谢性碱中毒　　D. 代谢性酸中毒
E. 代谢性碱中毒合并呼吸性酸中毒

14. 与肺性脑病发生无关的是
A. 缺氧　　B. 酸中毒
C. 脑水肿　　D. CO_2潴留
E. 脑外伤

15. 通气功能障碍时，血气变化的特点为
A. PaO_2正常，$PaCO_2$正常
B. PaO_2下降，$PaCO_2$下降
C. PaO_2下降，$PaCO_2$升高
D. PaO_2正常，$PaCO_2$升高
E. PaO_2下降，$PaCO_2$正常

四、简答题

1. 呼吸功能不全的发病机制是什么？
2. 呼吸功能不全的患者进行氧气治疗应注意什么？

（张秀娟）

第21章
肝性脑病

学习目标

1. 素质目标　具有科学的临床思维，高度的责任心、同理心和缜密的治疗行为；具有严谨认真的工作作风。

2. 知识目标

（1）掌握　氨中毒学说、假性神经递质学说、血浆氨基酸失衡学说的要点及肝性脑病的影响因素。

（2）熟悉　γ-氨基丁酸学说要点。

（3）了解　肝性脑病防治的病理生理基础。

3. 能力目标　能用肝性脑病的知识解释患者出现的临床表现；能指导肝功能不全患者进行合理的饮食避免诱发肝性脑病。

肝性脑病（hepatic encephalopathy，HE）是由严重肝脏疾病所致的以意识障碍为主的神经精神综合征。早期患者表现为人格改变、智力减退、意识障碍等精神神经症状，晚期发生不可逆性昏迷，甚至死亡。

链接　肝性脑病的分期

临床上根据肝性脑病患者精神神经症状的轻重程度，分为四期：①一期（前驱期）：轻度性格改变和行为异常，精神集中时间短，轻微扑翼样震颤。②二期（昏迷前期）：以意识错乱、睡眠障碍和行为异常为主，出现明显的扑翼样震颤。③三期（昏睡期）：以昏睡和精神错乱为主，昏睡可唤醒。④四期（昏迷期）：神志完全丧失，进入昏迷阶段不能唤醒，对疼痛刺激无反应。

案例 21-1

患者，男，53 岁。诊断为门脉性肝硬化伴腹水 3 个月，2 天前进食大量肉食后出现恶心、呕吐，进而出现烦躁不安、神志恍惚等神经精神症状，1 天前发生昏迷急诊入院。临床诊断：晚期肝硬化伴腹水；肝性脑病。

问题： 1. 对于前期出现的烦躁不安、睡眠障碍，患者是否可以服用镇静催眠药？为什么？

2. 分析患者进食高蛋白饮食发生昏迷的原因，应如何进行饮食护理？

第 1 节　病因及分类

一、病　　因

1. 严重肝脏疾病　主要见于晚期肝硬化、急性重型病毒性肝炎、急性中毒性肝炎、晚期肝癌、药物性肝病的急性或暴发性肝衰竭阶段、妊娠期急性脂肪肝等，其中以晚期肝硬化最为常见。

2. 其他 门-体静脉分流术后、严重胆道疾病等。

考点：肝性脑病的病因

二、分 类

（一）根据毒性物质进入体循环的途径分类

1. 内源性肝性脑病 多见于伴有广泛肝细胞坏死的重症肝病，如急性重型病毒性肝炎、严重中毒性或药物性肝炎等。由于肝功能严重障碍，毒性物质通过肝脏时未能完全被解毒即进入体循环。临床上常呈急性经过，无明显诱因，血氨大多正常。

2. 外源性肝性脑病 多见于各种慢性肝脏疾病，如门脉性肝硬化、晚期肝癌、门-体静脉分流术后等。因门静脉高压有侧支循环建立或行门-体静脉分流术，由肠道吸收入门静脉系统的毒性物质绕过肝脏未经解毒即进入体循环。临床上一般呈慢性经过，常有明显的诱因，血氨往往增高。

（二）根据发生速度分类

1. 急性肝性脑病 起病急骤、病情凶险，迅速发生昏迷，常在数日内死亡。此型相当于内源性肝性脑病，多见于急性重型病毒性肝炎或严重急性肝中毒。

2. 慢性肝性脑病 起病缓慢，病程长，常先有较长时间神经精神症状。有诱因存在时，病情往往急剧加重而发生昏迷。此型相当于外源性肝性脑病，多见于肝硬化。

第2节 发生机制

肝性脑病的发生机制尚未完全阐述清楚，多数学者认为其发生主要是毒性物质引起脑组织细胞的功能和代谢障碍所致。目前比较公认的学说，主要有氨中毒学说、假性神经递质学说、血浆氨基酸失衡学说、γ-氨基丁酸学说等。

一、氨中毒学说

肝性脑病的发生与血氨升高有密切关系。主要依据有：①大约80%肝性脑病患者血液及脑脊液中氨水平升高，且降血氨治疗有效。②肝硬化患者，如摄入大量高蛋白或口服铵盐等含氮物质，血氨浓度升高，可诱发肝性脑病；相反，若采取降血氨及限制高蛋白饮食措施可使病情好转。③动物实验证明，氨能引起异常的神经毒性症状。

（一）血氨升高的原因和机制

正常情况下，体内氨生成和清除保持动态平衡，其浓度不超过59μmol/L。氨清除不足或生成增多均可导致血氨水平升高，其中以前者最重要。

1. 氨清除不足 正常人体内氨清除的主要途径是在肝内经鸟氨酸循环合成尿素，然后经肾脏排出体外。这是一个需要多种酶参与的耗能过程（2分子氨经鸟氨酸循环生成1分子尿素，将消耗4分子ATP）。肝功能严重障碍时，肝内酶系统受损，ATP供给不足，导致由氨生成尿素过程障碍，引起血氨升高。此外，因门静脉高压形成侧支循环或行门-体静脉分流术，可使患者肠道吸收的部分氨绕过肝脏直接进入体循环，导致血氨升高。

2. 氨生成过多 血氨主要来源于肠道内含氮物质的分解，小部分来自肾、肌肉及脑。肝功能障碍引起氨生成增多的因素有：①肝硬化时，门静脉回流受阻，胃肠道因淤血、水肿而蠕动减弱，分泌消化液减少，致使肠道内未经消化的蛋白质等食物成分增多、细菌生长活跃，产氨增加。②肝硬化常并发上消化道出血，血液蛋白质在肠道细菌的作用下，可生成大量的氨。③肝硬化晚期常并发肾功能障碍而导致氮质血症，血中尿素含量增加，使大量尿素弥散至胃肠道，经肠道细菌尿素酶分解产氨增多。

④肝性脑病患者常有躁动不安等神经精神症状，致肌肉活动增多，肌肉组织中腺苷酸分解代谢增强，使产氨增多。

链 接 肠道pH与肠道氨吸收的关系

肠道中氨的吸收受肠道pH的影响。当肠道pH降低时，NH_3与H^+结合形成不易吸收的NH_4^+随粪便排出体外。实验证明，当结肠内pH降至5.0以下时，肠腔内氨不再被吸收，血氨反而向肠腔内排出，称为酸透析。反之，当肠道处于碱性环境时，肠道吸收氨增多，从而促使血氨增高。故肝性脑病患者不宜用碱性液体如肥皂液灌肠。

（二）血氨增高引起肝性脑病的机制

1. 干扰脑细胞能量代谢 脑细胞耗能较多，其能量来源主要依赖于葡萄糖的有氧氧化。由于氨进入脑内引起ATP生成减少、消耗增多，致使脑细胞活动所需的能量不足，兴奋活动不能维持，从而引起昏迷。氨干扰脑细胞的能量代谢主要是通过影响葡萄糖有氧氧化过程中的多个环节实现的（图21-1）。①氨能抑制丙酮酸脱羧酶的活性，使乙酰辅酶A生成减少，三羧酸循环过程停滞，ATP生成不足。②氨与α-酮戊二酸结合生成谷氨酸。一方面大量消耗脑内的α-酮戊二酸，使三羧酸循环不能正常进行，致ATP生成减少；另一方面又消耗大量的还原型辅酶Ⅰ（NADH），阻碍呼吸链中的递氢过程，致ATP生成不足。③氨与谷氨酸结合形成谷氨酰胺时也需要大量消耗ATP。

2. 干扰脑内神经递质间的平衡 脑内氨增多可使脑内兴奋性神经递质减少，抑制性神经递质增多，从而使脑内神经递质间的平衡失调，导致中枢神经系统功能紊乱（图21-1）。其机制为：①氨与谷氨酸结合生成谷氨酰胺增多，使谷氨酸（兴奋性神经递质）被消耗，谷氨酰胺（抑制性神经递质）增多。②氨抑制丙酮酸脱羧酶的活性，使乙酰辅酶A生成减少，以致乙酰辅酶A与胆碱结合生成乙酰胆碱（兴奋性神经递质）减少。③高浓度氨能抑制γ-氨基丁酸氨基转移酶的活性，使γ-氨基丁酸（抑制性神经递质）转化为琥珀酸的过程受阻，导致脑组织中γ-氨基丁酸蓄积增多。

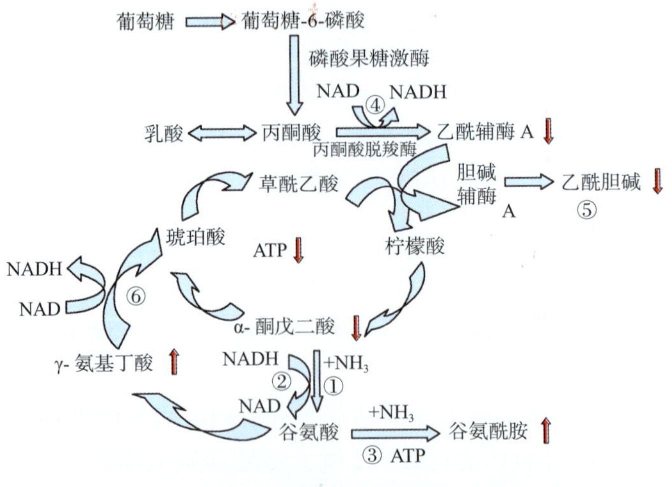

图21-1 氨对脑毒性作用机制（示意图）

①α-酮戊二酸减少，影响三羧酸循环；②NADH减少，阻碍呼吸链中的递氢过程；③谷氨酰胺合成时消耗大量ATP；④丙酮酸氧化脱羧障碍，乙酰辅酶A生成减少；⑤乙酰胆碱合成减少；⑥γ-氨基丁酸蓄积

3. 干扰神经细胞膜的离子转运 其机制有：①高浓度氨能干扰神经细胞膜上的Na^+-K^+-ATP酶的活性，影响复极化后细胞膜对离子的转运，从而使膜电位变化及兴奋性异常。②氨与K^+竞争通过细胞膜进入细胞内。因此，血氨升高可导致细胞外K^+浓度增高，神经细胞膜内外Na^+、K^+分布异常，从而使神经传达功能紊乱。

血氨升高与肝性脑病的发生有密切关系，但仍存在氨中毒学说难以解释的现象。①临床上约20%的肝性脑病患者血氨正常，而有些血氨明显增高的肝硬化患者，并不发生肝性脑病。②有些肝性脑病患者昏迷程度与血氨水平并非平行关系。③有些伴血氨升高的肝性脑病患者，经降血氨治疗后，昏迷程度及脑电图却无相应改变。由此可见，氨中毒学说并不能圆满解释肝性脑病的发生机制。

考点：氨中毒学说的要点

二、假性神经递质学说

（一）假性神经递质的产生

食物中的蛋白质在肠道内水解可产生各种氨基酸，其中芳香族氨基酸如苯丙氨酸和酪氨酸，经肠道细菌脱羧酶的作用，分别被分解生成苯乙胺和酪胺，再吸收进入门静脉系统。正常情况下，苯乙胺和酪胺在肝内单胺氧化酶作用下被氧化分解而解毒。当肝功能严重障碍或有门-体静脉侧支循环建立时，这些胺类物质不能被完全分解或由侧支循环绕过肝脏，经体循环直接进入脑组织。在脑干网状结构的神经细胞内，苯乙胺和酪胺分别在β-羟化酶作用下，生成苯乙醇胺和羟苯乙醇胺。这两种物质的化学结构与正常神经递质（去甲肾上腺素和多巴胺）相似（图21-2），但其生理效应仅为正常神经递质的1/100～1/10，不能完成正常神经递质的功能，故称为假性神经递质。

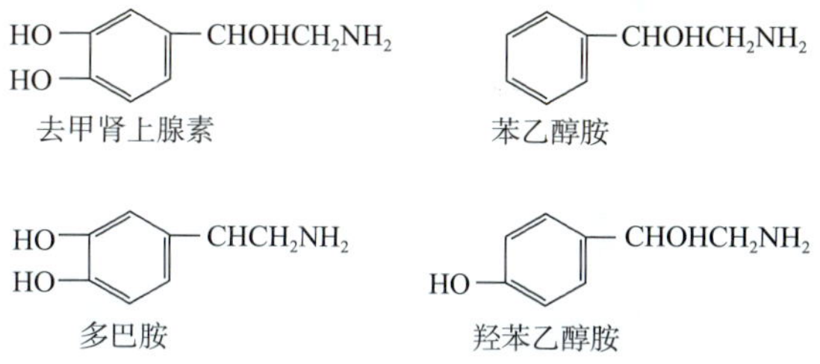

图21-2 正常神经递质与假性神经递质的区别

（二）假性神经递质的作用机制

脑干网状结构中的神经递质种类较多，其中去甲肾上腺素和多巴胺在维持脑干网状结构上行激动系统的唤醒功能上具有重要作用。当脑内假性神经递质（苯乙醇胺和羟苯乙醇胺）增多时，可竞争性取代正常神经递质（去甲肾上腺素和多巴胺）而被肾上腺素能神经元摄取、储存和释放。但其生理效应远较正常神经递质弱，导致脑干网状结构上行激动系统的唤醒功能不能维持，大脑皮质兴奋性降低，从而发生意识障碍乃至昏迷。

链 接　脑干网状结构上行激动系统的主要功能

脑干网状结构上行激动系统属非特异性上行投射系统，主要功能是维持和改变大脑皮质的兴奋性，使大脑保持觉醒状态。该系统损伤或阻断时，大脑皮质就从兴奋转入抑制，机体处于昏睡状态。

假性神经递质学说也有一定的片面性，仍然不能圆满解释肝性脑病的发生机制，尚在不断补充和发展中。

考点：假性神经递质学说的要点

三、血浆氨基酸失衡学说

正常情况下，血浆中支链氨基酸（branched chain amino acids，BCAA）含量多于芳香族氨基酸（aromatic amino acids，AAA），两者比值接近3.0～3.5。BCAA主要有缬氨酸、亮氨酸、异亮氨酸等；AAA主要为苯丙氨酸、酪氨酸、色氨酸等。肝性脑病患者血中氨基酸含量有明显的改变，表现为BCAA减少，AAA增多，其比值常下降至0.6～1.2。

（一）血浆氨基酸失衡的发生机制

肝功能障碍时，血浆中BCAA减少而AAA增多，比值下降。其发生机制：①肝功能严重障碍时，肝细胞对胰岛素和胰高血糖素清除灭活均不足，两者在血液中的浓度增高，但胰高血糖素增高更显著，导致血液中胰岛素与胰高血糖素比值降低。胰岛素增多能促进肌肉和脂肪组织摄取与利用BCAA，使血中BCAA含量降低；而胰高血糖素增多可使组织蛋白质分解代谢增强，大量AAA释放入血，致使血中AAA含量增高。②BCAA主要在肝外组织（骨骼肌）进行分解代谢，而AAA主要在肝脏进行分解代谢。肝功能严重障碍时，体内AAA降解、转化减少，从而使血浆AAA含量升高。

（二）血浆氨基酸失衡与肝性脑病

BCAA与AAA是由同一转运载体通过血脑屏障被脑细胞摄取，两者有竞争作用。肝功能严重障碍时，血浆中BCAA减少而AAA增多，使得AAA（主要是苯丙氨酸、酪氨酸和色氨酸）竞争性地进入脑内增多。

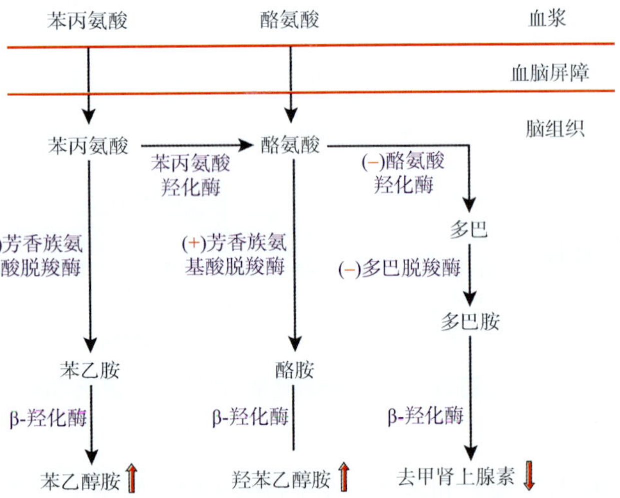

图21-3 正常神经递质合成障碍及假性神经递质生成过程（示意图）

当脑内苯丙氨酸和酪氨酸增多时，一方面增强AAA脱羧酶的活性，同时又抑制酪氨酸羟化酶和多巴脱羧酶的活性。前者使假性神经递质苯乙醇胺和羟苯乙醇胺在脑内形成增多，后者使正常神经递质多巴胺和去甲肾上腺素合成减少（图21-3）；当脑内色氨酸增多时，经色氨酸羟化酶的作用，生成5-羟色胺（5-HT）增多。5-HT不仅是中枢神经系统上行投射神经元的抑制性神经递质，还可作为一种假性神经递质而被肾上腺素能神经元摄取、储存和释放，从而干扰脑的正常生理活动。

血浆氨基酸失衡学说是在假性神经递质学说基础上的补充和发展，尚待进一步深入研究和验证。

考点：血浆氨基酸失衡学说的要点

四、γ-氨基丁酸学说

γ-氨基丁酸（γ-amino butyric acid，GABA）是体内最主要的抑制性神经递质。生理情况下，γ-氨基丁酸主要是在突触前神经元内由谷氨酸经谷氨酸脱羧酶作用脱羧而生成，并储存于囊泡内。当突触前神经元兴奋时，γ-氨基丁酸释放入突触间隙，与突触后神经元γ-氨基丁酸受体结合，引起膜对Cl^-通透性增高，使突触后膜发生超极化，从而产生突触后抑制效应。目前认为其与肝性脑病的发生有密切关系。

1. γ-氨基丁酸生成增多机制 正常情况下，由肠道吸收入血的γ-氨基丁酸主要在肝脏经转氨酶作用而被分解，且外周血中的γ-氨基丁酸不能通过血脑屏障进入脑内参与脑的生理功能。当肝脏功能严重障碍时，肠源性γ-氨基丁酸分解减少或通过侧支循环绕过肝脏，使其在血液中含量增多。

2. γ-氨基丁酸与肝性脑病 肝脏功能严重障碍时，血液中γ-氨基丁酸含量增多，且血脑屏障对γ-氨基丁酸的通透性增高，中枢神经系统神经元突触后膜γ-氨基丁酸受体密度增加。当大量γ-氨基丁酸入脑后即与突触后膜相应受体结合，发挥抑制作用，引起意识障碍乃至昏迷。

五、其　他

许多神经毒物可能参与肝性脑病的发生发展，如硫醇、短链脂肪酸、酚等。

1. 硫醇 是甲硫氨酸等含硫氨基酸经肠道细菌代谢而产生的一类有毒含硫化合物，正常情况下可经肝氧化分解而解毒。肝功能严重障碍时，血液中硫醇含量增高，通过抑制尿素合成、线粒体的呼吸过程、脑细胞Na^+-K^+-ATP酶活性等诱发肝性脑病。

2. 短链脂肪酸 是指含4～10个碳原子的脂肪酸。严重肝病患者，常因脂肪酸分解代谢能力降低、门-体静脉血液分流或血浆白蛋白含量降低（对短链脂肪酸的结合减少）而引起血液中短链脂肪酸含量增多。短链脂肪酸通过抑制脑细胞Na^+-K^+-ATP酶活性，干扰膜离子转运，影响神经冲动的传导而诱发肝性脑病。

3. 酚、吲哚和甲基吲哚 分别是酪氨酸、色氨酸经肠道细菌作用后的代谢产物，正常情况下可被肝脏解毒。严重肝病时，肝解毒功能降低，血液中酚、吲哚等含量增高而产生毒性作用，可能与肝性脑病的发生有一定关系。

综上所述，肝性脑病发生机制较为复杂，并非单一因素所致，往往是诸多因素综合作用的结果。其发生机制的学说，还需进一步深入研究，不断加以完善。

第3节 影响因素、防治的病理生理基础

一、影响因素

慢性肝性脑病患者，发病前大多数有明显的诱发因素。这些诱因可通过增加毒性物质的来源、血脑屏障的通透性及脑的敏感性，促进肝性脑病的发生发展。

1. 氮负荷增加 是肝性脑病最常见的诱发因素。肝硬化患者并发上消化道出血、摄入过量蛋白质、输血（尤其是库血）等可致外源性氮负荷过重时，通过促进血氨升高而诱发肝性脑病。继发肾功能不全所致的氮质血症、低钾性碱中毒、呼吸性碱中毒、便秘、感染等可引起内源性氮负荷过重，也常诱发肝性脑病。

2. 血脑屏障通透性增强 某些与肝性脑病发生相关的物质如γ-氨基丁酸及某些毒物，正常情况下不能通过血脑屏障。严重肝病患者合并高碳酸血症、高脂肪酸血症、感染及饮酒等可使血脑屏障通透性增高，上述毒物便可进入脑内诱发肝性脑病的发生。

3. 脑敏感性增高 严重肝功能障碍患者，体内各种神经毒性物质增多，导致脑对中枢神经抑制药物或氨等毒性物质的敏感性增高。使用镇静、止痛、麻醉和氯化铵等药物，易诱发肝性脑病。感染、缺氧、酸碱失衡及电解质代谢紊乱等也可增高脑敏感性而诱发肝性脑病。

考点：肝性脑病常见诱发因素

二、防治的病理生理基础

1. 消除诱因 对尚未发生或已经发生肝性脑病的严重肝功能障碍患者，预防和消除诱因非常重要。主要措施有：①严格控制蛋白质摄入量。②避免食用粗糙、质硬食物，以防食管下段曲张的静脉破裂出血造成循环血量减少和肠道内积血。③慎用镇静、止痛、麻醉等药物。④防治便秘，减少肠道毒物的吸收。⑤防治感染，防止肝功能损害、内源性氨产生增多、血脑屏障通透性增加及脑敏感性增高等。⑥其他：避免快速利尿和放腹水，注意水、电解质和酸碱平衡；避免饮酒、低血糖等。

2. 降低血氨 临床上常用降低血氨的措施有：①应用谷氨酸、精氨酸等药物。谷氨酸可与氨结合生成谷氨酰胺。精氨酸维持鸟氨酸循环，促进尿素合成，二者均可降低血氨。②口服乳果糖可使肠道pH降低，减少肠道产氨并有利于氨的排出。③口服抑制肠道细菌药物如新霉素等抑制肠道产氨。④动物实验证明，左旋多巴可促使肾排氨和尿素增加，有降低血氨的作用。

3. 促进神经传导功能恢复 目前多采用左旋多巴，它易于通过血脑屏障进入中枢神经系统，并转化为正常神经递质与脑内假性神经递质竞争，从而恢复正常的神经传导功能，促进患者清醒。

4. 纠正血浆氨基酸失衡 口服或静脉注射以BCAA为主的氨基酸混合液，有利于纠正血浆氨基酸的失衡，改善脑功能状态。

5. 肝移植 对于内科治疗无效的患者，可在采用人工肝支持治疗后行肝移植术，预后较好，5年生存率可达70%，最长已达13年。

总之，由于肝性脑病的发生机制复杂，应结合患者的具体情况，采取一些综合性治疗措施进行防治，这样才能获得满意的疗效。

医者仁心

七十年修炼仁心仁术，现代医圣——裘法祖

高超的医术能治愈人身体的疾病，高尚的医德却能抚慰人心灵的恐惧和创伤，裘法祖就是这么一个德技双馨的医生。从医近70年，裘法祖施行手术无数，每次手术前后，他一定要亲自清点每一件手术器械、每一块纱布，他的手术台被认为是最安全的手术台。2008年6月14日，裘法祖在武汉逝世。就在他辞世的18天之前，这位94的老年人一手拄着拐杖，一手举着X线片为在四川地震中受伤的患者诊断病情，成为人们心中最感人的画面。

自 测 题

一、名词解释

肝性脑病　假性神经递质

二、填空题

1. 肝性脑病发生机制的学说较公认的有________、________和________等。
2. 肝性脑病时血氨升高的主要原因为________和________，其中以________为主。
3. 肝性脑病患者血浆氨基酸失衡是指________氨基酸增多，________氨基酸减少。
4. γ-氨基丁酸属________性的神经递质，主要在________经转氨酶作用而被分解。

三、单项选择题

1. 肝性脑病的正确概念是指
   A. 肝脏疾病并发脑水肿
   B. 肝衰竭所致的昏迷
   C. 严重肝病所致的肾功能障碍
   D. 肝衰竭所致的神经精神综合征
   E. 肝衰竭所致的颅内高压综合征
2. 下述哪项不是氨对脑的毒性作用
   A. 干扰脑的能量代谢
   B. 使脑内兴奋性递质产生减少
   C. 使脑内抑制性递质产生增多
   D. 使脑的敏感性增高
   E. 抑制脑细胞膜的功能
3. 导致肝性脑病的假性神经递质是
   A. 苯乙胺和酪胺
   B. 苯乙胺和苯乙醇胺
   C. 酪胺和羟苯乙醇胺
   D. 苯乙醇胺和羟苯乙醇胺
   E. 多巴胺和去甲肾上腺素
4. 肝性脑病患者血中BCAA浓度降低的机制是
   A. BCAA合成蛋白质
   B. BCAA经肠道排出
   C. BCAA经肾脏排出
   D. BCAA进入中枢神经系统
   E. 骨骼肌对BCAA的摄取和分解增强
5. 患者，女，60岁。患乙型肝炎6年，昨天起家属发现其唤不醒而送医院。检查：深度昏迷，腱反射和肌张力亢进，扑翼样震颤不能引出，脑电图明显异常，最可能的诊断是
   A. 肝性脑病0期　　B. 肝性脑病一期
   C. 肝性脑病二期　　D. 肝性脑病三期
   E. 肝性脑病四期
6. 患者，女，36岁。慢性肝炎病史8余年。1天前进食烙饼后呕血约200ml，排黑便约100ml，2小时来意识障碍，不识家人。治疗中错误的是
   A. 静脉滴注支链氨基酸
   B. 肥皂水灌肠清除积血
   C. 硫酸镁导泻
   D. 静脉输入氨甲苯酸
   E. 限制蛋白饮食

四、简答题

1. 假性神经递质形成过程及引起肝性脑病的机制是什么？
2. 简述血氨升高对脑的毒性作用。

（吴　蒙）

第22章 肾功能不全

学习目标

1. 素质目标　培养学生关心、爱护患者的情感，以及热爱生命，珍惜生命的品质。

2. 知识目标

（1）掌握　急、慢性肾衰竭及尿毒症时机体的功能及代谢变化。

（2）熟悉　急性肾衰竭的病因、分类及发病机制；慢性肾衰竭的病因及发病机制、发展过程；尿毒症的病因及发病机制。

（3）了解　肾功能不全防治的病理生理基础。

3. 能力目标　能运用本章知识，分析病情，进行健康教育的指导。

肾功能不全（renal insufficiency）是指在各种原因作用下，肾功能发生严重障碍，代谢产物及毒物在体内蓄积，引起水、电解质和酸碱平衡紊乱，并伴有肾脏内分泌功能障碍的病理过程。临床表现常见高血压、贫血、出血、骨营养不良、昏迷等。

肾衰竭（renal failure）是肾功能不全的晚期阶段。临床应用中，肾功能不全与肾衰竭，往往属于同一概念，不加区别。根据病因与发病急缓，肾衰竭可分为急性和慢性两类。急、慢性肾衰竭发展到严重阶段时，均会出现尿毒症的最终表现。

本章着重论述急性肾衰竭、慢性肾衰竭和尿毒症。

考点：肾功能不全的概念

第1节　急性肾衰竭

案例22-1

患者，男，40岁。因严重烧伤就诊入院，全身烧伤面积达80%，其中Ⅲ度烧伤面积达24%，尿量280ml/d，非蛋白氮26mmol/L（正常值为14.3～25.0mmol/L），尿蛋白（+），尿沉渣镜检基本正常。

问题：患者是否有急性肾衰竭？由哪种原因引起？

急性肾衰竭（acute renal failure，ARF）是指各种原因在短期内引起肾的泌尿功能急剧障碍，导致代谢产物在体内迅速积聚，水、电解质和酸碱平衡紊乱，表现为氮质血症、高钾血症、代谢性酸中毒等，从而发生机体内环境严重紊乱的临床综合征。

一、病因及分类

依据急性肾衰竭尿量的变化，分为少尿型和非少尿型。依据发病环节，将其分为肾前性、肾性、肾后性三大类。

考点：急性肾衰竭的概念、病因及分类

（一）肾前性急性肾衰竭

肾前性急性肾衰竭由肾脏血液灌流量急剧减少所致。肾脏本身无器质性疾病，一旦恢复肾脏灌流量，肾功能便可恢复正常，故又称功能性肾衰竭。

临床常见于各型休克，有效循环血量减少，导致肾血液灌流量和肾小球滤过率（glomerular filtration rate，GFR）显著降低。出现少尿、氮质血症等表现。

（二）肾性急性肾衰竭

肾性急性肾衰竭由肾实质器质性病变所致，又称器质性肾衰竭。依据损伤的组织学部位其原因分为如下两类。

1. 急性肾实质病变 如急性肾小球肾炎、狼疮性肾炎等肾小球损伤；急性间质性肾炎、药物过敏等导致的间质性损伤；肾动脉粥样栓塞、肾动脉狭窄等肾血管病变。

2. 急性肾小管坏死 最重要、最常见的原因。导致急性肾小管坏死的因素主要如下。

（1）肾缺血和再灌注损伤 肾前性急性肾衰竭未及早得到有效的救治，肾脏持续缺血，可引起肾小管坏死；另外，复苏后的再灌注损伤也是主要因素之一。

（2）肾中毒 毒性物质经肾脏排泄时直接损伤肾小管，毒性物质包括内源性和外源性两类。

许多病理情况下，肾缺血和肾毒性物质常同时或相继发生作用，肾缺血时常有毒性产物蓄积，肾毒性物质则可引起局部血管痉挛，导致肾缺血。

链 接 肾毒性物质

1. 常见的内源性肾毒性物质 肌红蛋白、血红蛋白及尿酸等。如异型输血、挤压伤等时，肌红蛋白和血红蛋白阻塞并损害肾小管。

2. 常见的外源性肾毒性物质 ①药物（如氨基糖苷类抗生素、四环素族等）；②有机溶剂（如甲醇、乙二醇、四氯化碳等）；③重金属（砷、汞、铋、金、铀、铅等）；④生物性毒素（蛇毒、蕈毒、生鱼胆等）。

（三）肾后性急性肾衰竭

肾以下尿路（肾盏到尿道口）梗阻导致肾功能急剧下降，称肾后性急性肾衰竭。常见于双侧输尿管结石、盆腔肿瘤、前列腺增生等导致的尿路梗阻。梗阻引起梗阻上方压力增高，导致肾盂积水，肾间质压力、肾小球囊内压力均升高，使肾小球有效滤过压下降，引起GFR下降，出现少尿、氮质血症等表现。

肾后性急性肾衰竭早期无肾实质受损，及时解除梗阻，肾功能便迅速恢复。

考点： 急性肾衰竭的发病机制

二、发病机制

急性肾衰竭发病机制复杂，至今尚未完全明了，但其中心环节为GFR下降。肾前性和肾后性急性肾衰竭时，引起GFR降低的机制前面已阐述，此处着重围绕急性肾小管坏死引起的少尿型急性肾衰竭的发病机制，进行阐述。

（一）肾血流灌注减少

急性肾衰竭的初期，存在肾血流量灌注不足和肾内血液分布异常，其程度与肾形态学损害及功能障碍之间存在平行关系，故肾血管及血流动力学异常是急性肾衰竭初期GFR下降，出现少尿的主要机制。

1. 肾灌注压下降 当动脉血压低于80mmHg时，肾脏失去自身调节能力，肾灌注压下降，导致GFR下降，出现少尿。

2. 肾血管收缩　造成肾皮质血管收缩的因素如下。

（1）交感-肾上腺髓质系统兴奋　有效循环血量减少或毒物作用下，引起交感-肾上腺髓质系统兴奋，血中儿茶酚胺增加，肾入球小动脉对儿茶酚胺敏感而收缩，故而肾皮质缺血，使肾血流量减少，导致GFR下降。

（2）肾素-血管紧张素系统激活　肾皮质中肾素含量丰富，当肾素-血管紧张素系统激活后，使肾皮质缺血加重，GFR降低，引起少尿。

（3）肾内收缩及舒张因子释放失衡　①肾缺血或中毒，使血管内皮细胞损伤，引起血管内皮源性收缩因子分泌增多、血管内皮源性舒张因子释放减少；②肾脏受损时，前列腺素产生减少（如肾内产生的前列环素，有抑制血管平滑肌收缩，扩血管作用）。可见，肾内收缩及舒张因子释放失衡，加强肾血管收缩，使GFR下降。

3. 肾毛细血管内皮细胞肿胀　肾缺血、缺氧及中毒时，肾细胞代谢受影响，可导致细胞水肿。特别是肾毛细血管内皮细胞肿胀，可使血管狭窄，肾血流量减少。

4. 肾血管内凝血　急性肾衰竭患者血液黏度增加，血和尿中纤维蛋白降解产物增多，部分患者肾小球毛细血管内有纤维蛋白及血小板沉积。

（二）肾小管损伤

1. 肾小管阻塞　肾缺血和毒性物质引起肾小管坏死后细胞脱落的碎片，异型输血时的血红蛋白，挤压综合征产生的肌红蛋白等，在肾小管内形成各种管型，阻塞肾小管，使管腔内压升高，囊内压增加，GFR降低而发生少尿。

2. 原尿返漏　肾脏持续缺血或毒素作用，可导致肾小管上皮细胞广泛坏死，原尿经受损肾小管壁漏到肾间质，造成尿量减少，同时引起肾间质水肿，压迫肾小管，囊内压增加，GFR降低而发生少尿。

3. 管-球反馈机制失调　肾缺血和肾毒性物质，易造成近曲小管和髓袢的损害，故对Na^+和Cl^-的重吸收减少，使得远曲小管内Na^+和Cl^-浓度升高，刺激远曲小管起始部的致密斑，引起肾素分泌，促进血管紧张素Ⅱ生成，引起入球、出球小动脉收缩，使GFR降低。

此外，肾小管细胞损伤时，释放的大量腺苷，可能作为管-球反馈作用的介导因子，可收缩入球小动脉，扩张出球小动脉，明显降低GFR。

（三）肾小球滤过系数降低

GFR的大小与肾小球滤过系数（filtration coefficient，K_f）也密切相关。肾缺血和中毒时，K_f降低，这也是导致GFR降低的机制之一。

三、机体的功能及代谢变化

（一）少尿型急性肾衰竭

发展过程可分为少尿期、多尿期、恢复期三个阶段。

1. 少尿期　是最危重阶段。此期患者尿量显著减少，且伴有严重内环境紊乱。

（1）尿的改变　①少尿或无尿：尿量＜400ml/d为少尿，＜100ml/d为无尿。②尿钠增高：肾小管重吸收钠障碍所致。③低比重尿：肾脏对尿液浓缩及稀释功能障碍所致。④管型尿：由肾小球滤过障碍和肾小管受损导致。

（2）水中毒　主要原因是：①尿量减少。②机体分解代谢增强，内生水增加。③治疗不当，如葡萄糖输入过多等。体内水潴留也可引起稀释性低钠血症，水分向细胞内转移，引起细胞内水肿。严重者可引起肺水肿、脑水肿和心力衰竭，为急性肾衰竭常见死因之一。

（3）高钾血症　是最危险的并发症，常为此期致死原因。主要原因是：①少尿，致排钾减少。②组织损伤、分解代谢增强、酸中毒时，大量细胞内钾释放到细胞外。③摄入含钾过多的药物、输入库存血等。

（4）代谢性酸中毒　进行性、不易纠正。主要原因是：①体内分解代谢加强，酸性产物增多。②GFR降低，易致酸性产物蓄积。③肾脏排酸保碱的功能障碍。

（5）氮质血症　血中尿素、尿酸、肌酐等非蛋白氮含量显著增高，称为氮质血症。主要由肾排泄功能障碍，以及体内蛋白质分解增加导致。此期氮质血症进行性加重，严重者可导致尿毒症。

2. 多尿期　当尿量超过400ml/d时，就进入了多尿期。尿多时甚至可达3000～5000ml/d。此期可持续两周左右。多尿的发生机制：①肾血流量和GFR逐渐正常。②新生的肾小管上皮细胞功能尚不成熟，重吸收功能仍低下。③肾间质水肿消退，肾小管管型的阻塞消除。④尿素等代谢产物经肾小球滤出，引起渗透性利尿。此期，尿量明显增加，易引起脱水、低钠血症、低钾血症等。

3. 恢复期　此期肾功能显著改善，尿量逐渐恢复正常，血尿素氮、肌酐等基本恢复正常，水、电解质和酸碱平衡紊乱得以纠正，但肾小管功能完全恢复约需数月甚至更长时间。

（二）非少尿型急性肾衰竭

非少尿型急性肾衰竭指患者在进行性氮质血症期内，尿量持续在400 ml以上，或可达1000～2000ml。非少尿型急性肾衰竭患者泌尿功能障碍的严重程度较少尿型轻，肾小管部分功能还存在，以尿浓缩功能障碍为主，故尿量较多，尿比重低，无少尿现象，也无明显的多尿期。此型临床症状较轻，病程短，尿沉渣检查细胞和管型较少，多无高钾血症，并发症少，有氮质血症，预后较好。一般肾功能完全恢复也需数月。

少尿型与非少尿型急性肾衰竭可以互相转化，少尿型经过利尿药等治疗，可转为非少尿型；非少尿型因漏诊或措施不当，亦可转化为少尿型，患者预后不良。

第2节　慢性肾衰竭

慢性肾衰竭（chronic renal failure，CRF）是指慢性肾脏病导致代谢废物潴留，水、电解质与酸碱平衡紊乱，以及肾脏内分泌功能障碍，并伴有一系列临床综合征的病理过程。其发展缓慢，病程常迁延数月、数年或更长时间，最后可发展为尿毒症。

一、病因及发病机制

（一）病因

慢性肾衰竭是各种慢性肾疾病的最终结局。

1. 肾脏疾病　慢性肾小球肾炎最常见，约占60%。其他如系统性红斑狼疮、慢性肾盂肾炎、多囊肾、肾结核、放射性肾炎等。

2. 肾血管疾病　高血压性肾小动脉硬化、糖尿病性肾小动脉硬化、结节性动脉周围炎等。

3. 尿路慢性梗阻　肿瘤、前列腺增生、尿路结石、先天性尿路狭窄等。

（二）发病机制

尚无一种理论或学说可完全阐述清楚，目前主要有以下几种学说。

1. 健存肾单位假说　损伤重的肾单位功能丧失，损伤轻或未受损伤的“残存”或“健存”肾单位加倍工作来代偿，以适应机体需要。随病情加重，健存肾单位日益减少，不能满足代偿的需要，促进肾衰竭。

2. 肾小球过度滤过学说 多数肾单位功能丧失时，健存肾单位过度灌注和过度滤过引起健存肾单位的损伤，肾小球毛细血管血压和血流量增加，GFR增大，形成肾小球高压力、高灌注、高滤过的“三高”状态，导致肾小球纤维化及硬化，致继发性肾单位丧失，从而促进肾衰竭。

3. 矫枉失衡学说 指GFR降低，机体代谢失衡，机体在矫正过程中，发生新的失衡，使病情加重。如GFR降低时，磷排泄减少，导致血磷升高，血钙下降，使甲状旁腺激素（PTH）分泌增加，减少磷的重吸收，促使磷排泄增加，维持血磷正常，起到矫正作用，但若长期存在这种状态，PTH的溶骨作用加强，使骨钙释放入血，又引起肾性骨营养不良等失衡表现。

4. 肾小管-肾间质损伤 因慢性病变，如炎症介质、生长因子、细胞因子、肾小管上皮细胞内钙增多等，导致残存肾单位的肾小管萎缩、间质纤维化，引起球后毛细血管阻塞，血流减少，GFR降低，病情加重。

考点：慢性肾衰竭的概念、病因和发病机制

二、发展过程

慢性肾衰竭是进行性加重的，根据病情的发展可分为代偿期和失代偿期（表22-1）。代偿期，残存的肾单位适应性代偿，能维持机体内环境的相对稳定。当肾进一步受损，储备能力与代偿功能下降，残存的肾单位已不能维持机体内环境的恒定，可出现肾功能下降及肾衰竭症状，晚期发生尿毒症。

表22-1 慢性肾衰竭的分期

分期		内生肌酐清除率	氮质血症	临床表现
代偿期		正常值的30%以上	无	肾排泄和调节功能可维持内环境的稳定，临床无任何症状
失代偿期	肾功能不全期	下降到正常值的25%～30%	轻至中度	多尿、夜尿；食欲减退；乏力与轻度贫血；可有酸中毒
	肾衰竭期	下降到正常值的20%～25%	较重	夜尿多；贫血严重；代谢性酸中毒明显；出现低钙、高磷、高氯及低钠血症
	尿毒症期	下降到正常值的20%以下	严重	全身性严重中毒症状；低蛋白血症；继发性甲状旁腺功能亢进症；多器官功能障碍综合征

考点：慢性肾衰竭的分期

三、机体的功能及代谢变化

（一）泌尿功能障碍

1. 尿量的变化

（1）夜尿 早期即有夜间排尿增多症状，夜间和白天尿量相近，甚至超过白天尿量，称为夜尿。其发生机制尚不清楚。

（2）多尿 尿量＞2000ml/d。主要是由尿液未经浓缩或浓缩不足导致。

（3）少尿 慢性肾衰竭晚期，由于残存肾单位极少，总尿量＜400ml/d。

2. 尿渗透压的变化

（1）低渗尿 临床上常以尿比重来判定尿渗透压变化。因慢性肾衰竭早期，肾浓缩能力减退而稀释功能正常。

（2）等渗尿 慢性肾衰竭晚期，肾浓缩功能和稀释功能均丧失，使尿比重固定在1.008～1.012，尿渗透压260～300mmol/L，接近于血浆晶体渗透压。

3. 尿成分的变化

（1）蛋白尿 尿蛋白持续超过150mg/d。肾小球滤过膜通透性增强，导致大量蛋白滤过，同时伴有肾小管重吸收功能受损，出现蛋白尿。尿蛋白的程度与肾功能受损严重程度呈正相关。

（2）血尿　尿沉渣镜检，每高倍视野红细胞超过3个，为血尿。若出血量达到或超过1ml/L时，即为肉眼血尿。慢性肾衰竭时，由于肾小球基底膜断裂，红细胞通过断裂处受血管内压力挤压而受损，表现为变形红细胞血尿。

（3）管型尿　肾小管内可形成各种管型，随尿排出，以颗粒管型最常见。

考点：慢性肾衰竭时泌尿功能障碍的表现

（二）内环境紊乱

1. 氮质血症　最常见的非蛋白氮包括血浆尿素氮、肌酐及尿酸。

（1）血浆尿素氮　其浓度与GFR变化密切相关，但无线性关系。其不是反映肾功能改变的敏感指标。

（2）血浆肌酐　与肌肉中磷酸肌酸分解产生的肌酐量和肾排泄肌酐的功能有关。当血肌酐值＞133μmol/L时，表明肾脏进入失代偿期。在临床上，用计算内生肌酐清除率来反映GFR。内生肌酐清除率与GFR的变化呈平行关系，可反映仍具有功能的肾单位数目。

（3）血浆尿酸　慢性肾功能不全时，有一定程度的升高。

2. 代谢性酸中毒　其发生机制主要是①肾小管分泌H^+、产NH_3能力下降，重吸收HCO_3^-减少。②GFR下降，酸性代谢产物蓄积，导致代谢性酸中毒。

3. 水、电解质代谢紊乱

（1）水代谢紊乱　慢性肾衰竭时，肾脏的适应调节能力逐渐减退。表现为：①水摄入过多时，因肾稀释能力障碍，导致水潴留、水中毒等；②水的摄入不足、大量丢失或使用利尿药时，因肾脏浓缩功能障碍，又可出现血容量减少、脱水等。

（2）钠代谢紊乱　慢性肾衰竭时，如果钠摄入不足以补充肾丢失的钠，易发生低钠血症。

（3）钾代谢紊乱　慢性肾衰竭时，机体对钾代谢平衡的调节能力下降，钾负荷剧烈变化的情况下，可出现钾代谢失衡。慢性肾衰竭早、中期时，可维持血钾在相对正常。当厌食、钾摄入不足、呕吐、腹泻、长期应用排钾利尿药时，可导致低钾血症；尿量减少、长期用保钾利尿药、酸中毒、感染等可导致高钾血症。

（4）钙和磷代谢紊乱　①高磷血症：慢性肾衰竭晚期，GFR极度下降，继发性增多的PTH已不能充分使聚集在体内的磷排出，血磷水平明显增加。同时，PTH又增强溶骨作用，从骨中释放的磷增加，导致血磷增高。②低钙血症：血浆钙磷乘积是一个常数，血磷升高，血钙就降低；血磷升高时，肠道磷酸根分泌增加，在肠道与食物中的钙结合为磷酸钙，妨碍钙的吸收；体内毒素聚集损害肠黏膜，影响肠道对钙的吸收；肾实质破坏，1, 25-二羟维生素D_3生成不足，影响肠钙吸收。

考点：慢性肾衰竭时内环境紊乱的表现

（三）其他病理生理变化

1. 肾性高血压　指肾实质疾病引起的高血压。长期高血压可损伤心脏，伴有肺淤血的左心衰竭是晚期肾衰竭的常见现象（图22-1）。

2. 肾性贫血　其程度与肾功能损害程度一致。机制：①促红细胞生成素生成减少。②体内蓄积的毒性物质抑制骨髓造血功能。③毒性物质抑制血小板功能引起出血。④毒物可引起肠道对铁和叶酸的吸收减少或利用障碍。

3. 出血倾向　主要与毒性物质造成血小板功能异常有关。表现为皮下瘀斑和黏膜出血。

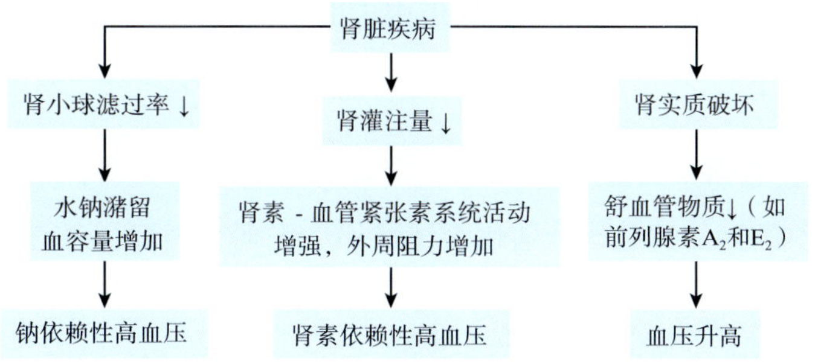

图22-1　肾性高血压发生机制（示意图）

链 接　急性肾衰竭和慢性肾衰竭的区别（表22-2）

表22-2　急性肾衰竭与慢性肾衰竭的区别

类别	病程	尿量	血钾	贫血	临床表现	预后
急性肾衰竭	短、急促	少→多	高→低	无	泌尿功能紊乱为主	较好
慢性肾衰竭	长、缓慢	多→少	低→高	有	内分泌功能紊乱为主	差

第3节　尿　毒　症

急、慢性肾功能不全发展到最严重的阶段，机体除水、电解质和酸碱平衡紊乱及肾脏内分泌功能失调外，还因代谢终产物和内源性毒性物质在体内潴留，产生一系列自体中毒症状，称为尿毒症（uremia）。

一、病因及发生机制

目前认为，尿毒症可能是毒物在体内蓄积，水、电解质和酸碱平衡紊乱，以及某些内分泌功能障碍等多因素综合作用的结果。其中，毒性物质在尿毒症的发病中十分重要。

考点：*尿毒症的病因*

（一）尿毒症毒素蓄积

尿毒症毒素是与尿毒症代谢紊乱或临床表现密切相关的某些物质。

1. 来源　①正常代谢产物体内蓄积，如尿素等。②外源性毒物未经机体解毒、排出。例如，铝的蓄积等。③毒物代谢又生成新的毒物。④正常生理活性物质水平持续升高，如PTH等。

2. 分类　①小分子毒素：分子量＜0.5kDa，如胺类、肌酐、尿素等。②中分子毒素：分子量在0.5～5.0kDa。多为细胞或细胞碎裂产物。③大分子毒素：血中浓度异常升高的某些激素，如PTH、胰岛素、胃泌素等，其中PTH被认为是引起尿毒症的主要毒素。

3. 常见的尿毒症毒素　研究有限，常见于：①PTH：异常增高，可引起肾性骨营养不良；皮肤瘙痒；胃溃疡；尿毒症痴呆；高脂血症与贫血等。②胍类化合物：体内精氨酸的代谢产物，如甲基胍，可引起呕吐、腹泻、肌肉痉挛、嗜睡、心室传导阻滞等。③尿素：含氮代谢产物。可引起厌食、恶心呕吐、头痛、糖耐量降低、出血倾向等。

（二）机体内环境严重紊乱

肾脏疾病发展到最严重阶段时，肾的排泄和调节功能严重障碍；肾实质严重损伤导致内分泌功能失调；尿毒症毒素与紊乱的机体内环境相互作用，可促进肾单位的进一步丧失。

可见，尿毒症是一个复杂的病理过程，它的发生可能是多因素综合作用的结果。多种毒物的蓄积是尿毒症发生的主要原因，机体内环境紊乱又促进中毒的发生。

二、机体的功能及代谢变化

（一）系统器官功能障碍

1. 消化系统 最早、最突出的症状是消化系统症状。表现为厌食、恶心、呕吐、腹泻、口腔黏膜溃疡及消化道出血等，可能与经消化道排出的尿素增多有关。

2. 神经系统 尿毒症患者86%有神经系统症状。

（1）中枢神经系统功能障碍 表现为疲乏无力、记忆力减退、头晕、抑郁或烦躁、精神错乱、抽搐、癫痫发作，严重者出现嗜睡与昏迷，称为尿毒症性脑病。可能与尿毒症毒素蓄积有关。

（2）周围神经病变 主要表现为足部发麻、腱反射减弱或消失，甚至远侧肌肉麻痹等。与PTH和胍类物质增多有关。

3. 心血管系统 主要表现为充血性心力衰竭、心律失常等。晚期可出现尿毒症性心包炎，是毒性物质直接刺激心包膜所致，临床上可听到心包摩擦音。

4. 呼吸系统 代谢性酸中毒使呼吸加深加快，患者呼出的气体中含有氨味（尿素经唾液酶分解成氨所致）。尿素等刺激胸膜形成纤维蛋白性胸膜炎。严重者因心力衰竭、低蛋白血症和水钠潴留等引起肺水肿。

5. 皮肤改变 皮肤瘙痒、干燥、脱屑、色素沉着等，尤其是强烈的痒感，其发生和毒物刺激皮肤感觉神经末梢，以及PTH增多使钙盐沉积于皮肤有关。患者因贫血而面色苍白或呈黄褐色。皮肤上有尿素结晶，称为尿素霜。

6. 免疫系统 严重感染，为尿毒症患者死亡的主要原因之一。可能是免疫功能低下所致。

（二）物质代谢紊乱

1. 脂肪代谢异常 三酰甘油升高。由胰岛素拮抗物促进肝合成三酰甘油增多、脂蛋白酶活性降低使三酰甘油清除下降等导致。

2. 蛋白质代谢异常 造成负氮平衡和低蛋白血症。如患者厌食、呕吐使蛋白质摄入不足；毒物或感染使蛋白质分解加强；蛋白质随尿、出血而丢失。

3. 糖代谢异常 通常糖耐量降低，其机制与尿素、肌酐、中分子量毒物的作用有关。

考点：机体功能变化及临床表现

第4节 肾功能不全防治的病理生理基础

一、急性肾功能不全

急性肾功能不全为临床较常见的一种危重症，及时诊断、治疗，大多数肾功能可以恢复正常。

1. 预防 ①及早明确引起急性肾功能不全的病因，采取措施消除病因。消除引起或加重肾损害因素，是防治急性肾功能不全的重要原则。②合理用药，避免使用对肾有毒性的药物。

2. 纠正内环境紊乱

（1）纠正水和电解质紊乱 ①少尿期控制体液输入量，防止水中毒。②多尿期注意补充水、钠等电解质，防脱水、低钠等发生。③处理高钾血症，限制含钾丰富的食物及药物；静脉滴注葡萄糖和胰岛素，促进钾离子进入细胞内；缓慢静脉注射葡萄糖酸钙，对抗高钾血症的心脏毒性作用；应用交换树脂，促进钠和钾在肠内交换。严重高血钾，可应用透析疗法。

（2）纠正代谢性酸中毒 补充碳酸氢钠。

（3）控制氮质血症 静脉滴注葡萄糖减轻蛋白质分解。静脉内缓慢注射必需氨基酸，促进蛋白质合成和肾小管上皮再生。采用透析疗法排出非蛋白氮等。

（4）透析治疗　是重要的治疗措施。临床有腹膜透析和血液透析（人工肾）。

3. 抗感染和营养支持

（1）抗感染治疗　用抗生素，应避免肾毒性。

（2）饮食与营养　补充营养，有利于损伤细胞的修复和再生。

4. 针对发生机制用药　应用自由基清除剂、能量合剂、膜稳定剂等。

二、慢性肾功能不全与尿毒症

1. 积极治疗原发病　改善肾功能，缓解病情。

2. 避免和消除加重肾脏负荷的因素　控制感染、高血压等，避免使用血管收缩药物和肾毒性药物，及时纠正水、电解质和酸碱平衡紊乱。

3. 饮食疗法　饮食控制与营养疗法是非透析治疗最基本、有效的措施。蛋白质摄入量及成分的控制是关键，采用优质低蛋白高热量饮食。摄入低磷、高钙、维生素充足且易消化的食物。

4. 透析疗法　包括血液透析和腹膜透析。

5. 肾移植　是治疗尿毒症最根本有效的方法。随着我国移植技术的提高、有效免疫抑制剂的应用，肾移植存活率已显著提高。

医者仁心

当代中国肾脏病学创始人之一——邱传禄

邱传禄，复旦大学附属华山医院终身教授，博士研究生导师。20世纪60年代，他开始从事肾脏病治疗工作，被肾脏病学界公认为当代中国肾脏病学三大创始人之一。1975年他与泌尿科合作进行肾移植，并取得巨大成功。邱教授对医疗业务精益求精，有非常扎实的基础和临床知识，并能具体指导临床检验等工作。邱教授对自己要求严格，视患者如亲人，感情真挚；为人师表，堪称楷模，培养了大批的杰出人才。他与李士梅、董德长教授合编《临床肾脏病学》，为我国肾脏病领域的第一部大型参考书。

自　测　题

一、名词解释

急性肾衰竭　氮质血症　慢性肾衰竭　尿毒症

二、填空题

1. 急性肾衰竭的发生机制是________、________、________。
2. 根据尿量的变化，可将急性肾衰竭分为________和________两类。
3. 当尿量低于________称为少尿。
4. 慢性肾实质损伤造成肾浓缩功能减退而稀释功能正常时，患者出现________尿；随病情发展，当肾浓缩和稀释功能均丧失时，患者出现________尿。
5. 少尿型急性肾衰竭的发生发展可分为三个阶段：________、________和________。

三、单项选择题

1. 引起肾前性急性肾衰竭的常见原因是
   A. 急性肾炎　　B. 肾血栓形成
   C. 休克　　D. 汞中毒
   E. 尿路梗阻
2. 慢性肾衰竭患者不易出现下列哪项并发症
   A. 贫血　　B. 出血
   C. 心搏骤停　　D. 高血压
   E. 骨质疏松
3. 慢性肾衰竭时导致甲状旁腺功能亢进的主要刺激是
   A. 低血磷　　B. 低血钙
   C. 低血钾　　D. 低血镁
   E. 低血钠
4. 急性肾衰竭时，酸碱平衡紊乱主要为
   A. 代谢性碱中毒　　B. 代谢性酸中毒
   C. 呼吸性碱中毒　　D. 呼吸性酸中毒
   E. 混合型酸碱平衡紊乱

5. 慢性肾衰竭患者常出现
   A. 血磷升高，血钙下降
   B. 血磷正常，血钙下降
   C. 血磷升高，血钙正常
   D. 血磷下降，血钙下降
   E. 血磷下降，血钙升高
6. 急性肾衰竭少尿期，水钠代谢平衡紊乱的主要表现是
   A. 高渗性脱水　B. 等渗性脱水
   C. 低渗性脱水　D. 水中毒
   E. 高钠血症
7. 尿毒症患者最早出现和最突出的症状是
   A. 消化系统症状　B. 心血管系统症状
   C. 皮肤症状　D. 神经系统症状
   E. 呼吸系统症状

四、简答题

1. 简述急性肾衰竭少尿期机体的功能、代谢特点。
2. 简述急性肾衰竭和慢性肾衰竭的区别。
3. 简述慢性肾衰竭出现多尿的机制。

（万小娟）

实验（训）须知

一、实验目的

病理学是一门实践性很强的课程，实验（训）课在其教学中占有十分重要的地位。在实践教学过程中，通过对病变大体标本或组织切片的观察，掌握病变特征，认识疾病本质，密切联系临床，有利于学生对理论知识的理解和掌握，更重要的是有助于培养学生独立思考和分析问题、解决问题的能力及动手能力，为后续专业课程的学习打下坚实的基础。

二、大体标本的观察方法

1. 识别标本　通过肉眼观察，识别出标本是何种组织或器官。

2. 全面观察　将正常器官的形态作为参考标准，观察器官的大小、形状、颜色、光泽、质地，找出病灶。仔细观察病变的部位、大小、分布、形状、颜色、质地、与周围组织的关系等。对实质器官（如肝、肾等）或肿块先观察表面，再观察切面。对空腔器官（如心、胃、肠等）也应先观察表面，然后再观察腔的大小、有无内容物及内容物的性状，最后观察黏膜（或内膜），以及壁有无增厚、变薄或其他病变。

3. 思考分析　在观察标本时，应思考病变是如何发生的，对机体有何影响，以达到认识病变、理解病变、掌握病变的目的。

三、病理切片的观察方法

1. 肉眼浏览　用肉眼浏览切片，主要是观察切片有无特殊形状，属何种组织或器官，初步确定病变部位。

2. 低倍镜观察　用低倍镜观察切片，主要是观察组织结构，确定组织或器官，找到病变部位，明确病变性质，注意观察病灶与周围正常组织之间的关系，切不可用高倍镜寻找病变，这样极易遗漏或找不到病变。

3. 高倍镜观察　用高倍镜观察切片，主要是观察细胞形态，进一步观察低倍镜下不能看清楚的某些细小病理变化，包括细胞的大小、形态、核分裂象等。

四、实验（训）课作业要求

病理学实验（训）课的作业主要有描述病变、绘图和撰写实验（训）报告三种形式，要求实事求是，客观真实。

1. 描述病变　描述前应全面观察病变器官或组织，找出病变特征。描述时应使用病理学术语，做到语言通顺，文字精练，言简意赅。

2. 绘图　绘图时应选择有代表性或典型病变进行描绘。要正确反映镜下的病变特点，注意组织结构各部分之间的大小、比例及色调深浅。HE染色的切片，一般用红蓝铅笔描绘，除细胞核绘成蓝色外，细胞质及其他组织（如胶原纤维等）绘成红色。应在图的下方标明病变的名称、放大倍数、染色方法等。

3. 撰写实验报告 如为动物实验则应撰写实验报告。一个完整的实验报告通常包括实验题目、目的、器材、步骤、结果、讨论和结论等内容。撰写时一定不能修改、杜撰实验结果或数据，讨论应紧扣实验结果展开。如果实验失败，在讨论时应分析原因，找出问题，总结经验，吸取教训。

（刘 红）

实验 1 细胞、组织的适应、损伤与修复

一、实验目的

1. 学会观察适应、损伤和修复等病变的常见大体标本，加深对大体形态病变的理解。
2. 学会观察适应、损伤和修复等病变的典型病理切片，加深对病变组织结构的认识。

二、实验材料

显微镜、电脑、投影仪等；大体标本；病理切片；病理数字资源。

三、实验内容

（一）观看病理数字资源

观看心脏萎缩、脑萎缩、心脏肥大、胃黏膜肠上皮化生、子宫颈黏膜鳞状上皮化生、支气管黏膜鳞状上皮化生、肾细胞水肿、肝细胞水肿、肝脂肪变性、肾小动脉玻璃样变性、肾或脾凝固性坏死、肾干酪样坏死、足干性坏疽、肠湿性坏疽、肉芽组织、瘢痕组织、一期愈合、二期愈合、骨折愈合等典型病理变化的数字图片。通过教师对图片所显示的肉眼病变和镜下病变的讲解，加深学生对课堂理论知识的理解和掌握。

（二）观察大体标本

1. 肝脂肪变性 肝脏稍增大，边缘钝圆，包膜紧张，色淡黄，质软；切面稍隆起，边缘外翻，有油腻感。

2. 肾凝固性坏死（肾梗死） 肾的表面见坏死灶，边界清楚，质地致密而干燥，灰白色，稍凹陷；切面坏死灶呈锥体形，尖端指向肾门，底位于肾表面，可见肾血管有血栓栓塞。

3. 脾凝固性坏死（脾梗死） 脾表面有一陈旧性梗死灶，边界清楚，略凹陷，周边出血带为棕黄色；切面坏死灶为三角形或楔形，尖端指向脾门，底位于脾的表面，坏死灶呈灰白色，质密而干燥。

4. 肾干酪样坏死 肾脏不规则肿大。切面肾实质有多个粟粒至拇指头大小的坏死灶，坏死组织呈淡灰黄色，质地较松脆，有多个空洞形成；肾盂、肾盏扩张，其黏膜面也有灰黄色的坏死物被覆。

5. 足干性坏疽（足冻伤） 部分足趾脱落，残留的足趾变黑，较干燥，病变足趾与足背之间有一红棕色带分隔，部分皮肤破溃形成溃疡。

6. 湿性坏疽（坏疽性阑尾炎） 阑尾肿胀变粗，表面无光泽，有少许渗出物，部分阑尾已呈黑绿色，与健康组织分界不清。

（三）观察病理切片

1. 肾细胞水肿 近曲小管上皮细胞肿大、界线不清，突出于管腔内，致管腔狭小。胞质疏松，染色变淡，充满细小的淡红色颗粒。细胞核增大、染色变淡，多位于中央区。

2. 肝细胞水肿 肝小叶结构可辨，肝索排列紊乱，大部分肝细胞体积肿大，肝窦变窄。肿大肝细胞变圆，胞质疏松，染色变淡或胞质稀少、透亮，使整个肝细胞膨大如气球状。细胞核多位于中央区，可见增大及染色变淡。

3. 肝脂肪变性 大部分肝细胞肿大，胞质内出现较多大小不一的空泡，大的空泡把细胞核挤到一边；多数肝窦受压变窄。

4. 玻璃样变性

（1）脾小体中央动脉玻璃样变性 中央动脉管壁增厚，管腔变小，内膜下有均匀红染的无结构物质。

（2）结缔组织玻璃样变性 胶原纤维增粗并相互融合呈梁状或片状的红染、半透明物质，纤维细胞明显减少。

5. 肾凝固性坏死 坏死区颜色浅淡，与正常组织有一清楚分界线，肾小球、肾小管均已坏死，主要表现为细胞核溶解消失，但肾小球、肾小管轮廓尚可辨认，坏死区边缘可见血管扩张及大量炎症细胞浸润。

6. 肉芽组织 低倍镜观察，可见大量的新生毛细血管和成纤维细胞，毛细血管排列方向与表面垂直，近表面处呈弓状突起。深层是由胶原纤维构成的瘢痕组织。高倍镜下，成纤维细胞体积较大，呈卵圆形或星芒状，核大淡染，胞质略嗜碱性。在深层成纤维细胞减少，被大量长梭形的纤维细胞取代。此外，可见到各种炎症细胞。

四、实验（训）报告

1. 描述肝脂肪变性、肾或脾梗死等的肉眼形态变化。
2. 描述肝细胞水肿、肉芽组织等的镜下组织结构和细胞形态的特点。
3. 绘出肉芽组织的镜下组织结构图。

（侯菊花）

实验 2 局部血液循环障碍（1）

一、实验目的

1. 观察各器官淤血后的形态变化，掌握肝、肺淤血的病变特点。
2. 观察出血的标本，了解出血的临床意义。
3. 掌握混合血栓的形态特点，熟悉血栓的类型及可能引起的后果。
4. 掌握脾贫血性梗死和肺出血性梗死形态特点。

二、实验材料

显微镜、电脑、投影仪等；大体标本；病理切片；病理数字资源。

三、实验内容

（一）观看病理数字资源

观看充血、出血、血栓形成、栓塞、梗死等局部血液循环障碍典型病理变化的数字图片。通过教师对图片所显示的肉眼病变和镜下病变的讲解，加深学生对课堂理论知识的理解和掌握。

（二）观察大体标本

1. 慢性肺淤血 肺质地变硬，重量增加；切面部分区域实变，无正常肺的孔隙状结构，肺内散在棕褐色斑点，可见灰白色纤维条索。

2. 慢性肝淤血 肝脏体积增大，被膜紧张，暗红色；切面可见红黄相间的条纹状，似槟榔切面，故称槟榔肝。

3. 慢性脾淤血 脾脏因长期淤血而高度肿大，重量增加，暗红色，边缘变钝，质地较硬。

4. 脑出血 大脑冠状切面近内囊区可见暗红色出血区（固定后呈黑色），破入侧脑室。

5. 静脉内血栓 静脉血管内血栓呈圆柱形，与血管腔形状吻合的条索状物，血栓表面较粗糙，无光泽，红白相间。

6. 左心室附壁血栓 左心室内见血栓，表面粗糙、无光泽，灰白与暗红色掺杂，与心内膜附着较紧密，不易剥离。

7. 心肌梗死 左心室前壁可见灰白、灰黄色病灶，室壁变薄，质地较硬，干燥、无光泽；梗死灶形状不规则，呈地图状。

8. 脾贫血性梗死 脾脏表面见灰白色凹陷区，切面呈三角形，尖端指向脾门，底部向着脾表面；梗死灶苍白、质地较干燥、稍硬，与正常脾脏组织分界清楚，周围可见暗红色充血、出血带。

9. 肺出血性梗死 肺组织切面见暗红色区域，质地较实，呈锥体形，尖指向肺门，底靠近肺膜。

10. 小肠出血性梗死 梗死的肠段呈节段性，黑褐色，失去光泽，肠壁增厚，肠管变粗。

（三）观察病理切片

1. 慢性肺淤血

（1）肺泡壁增厚，肺泡壁及血管周围可见红染的胶原纤维束（硬化）。

（2）肺泡壁毛细血管扩张充血，部分肺泡腔内有淡红色水肿液。

（3）部分肺泡腔内有心力衰竭细胞或含铁血黄素（棕褐色）。

2. 慢性肝淤血

（1）肝小叶中央静脉及其周围肝窦高度扩张、淤血，部分肝细胞萎缩消失。

（2）淤血周边区肝细胞脂肪变性，淤血严重处有的肝细胞已经坏死。

3. 混合血栓

（1）血栓中可见许多淡红色、粗细不等的珊瑚状血小板小梁，边缘附有中性粒细胞。

（2）血小板小梁之间有大量红细胞，其间可见红色丝网状的纤维蛋白。

4. 肾梗死 梗死灶内可见模糊的组织轮廓，但细胞有明显的坏死特征，正常肾组织与梗死灶间有染色较红的充血、出血带。

5. 肺梗死 梗死灶内可见肺泡轮廓，但肺泡壁组织结构不清，肺泡腔内有大量红细胞，与正常组织交界处有时可见充血、出血带及肉芽组织。

四、实验（训）报告

1. 描述慢性肺淤血、慢性肝淤血、慢性脾淤血、静脉内血栓、脾贫血性梗死、肺出血性梗死等肉眼形态特点。

2. 绘出慢性肺淤血镜下病理变化图。

（万小娟）

实验 3　局部血液循环障碍（2）

兔空气栓塞

一、实验目的

1. 认识空气栓塞的后果及其产生的机制。
2. 初步掌握动物实验的基本操作方法。

二、实验材料

家兔1只，10ml注射器及针头各1个，动物实验常用手术器械1套（剪刀、手术刀、镊子、止血钳、手套、纱布、酒精棉球、丝线、手术盘等）。

三、实验步骤

1. 将家兔置于实验台上，观察家兔的活动状态、呼吸频率、口唇颜色、瞳孔大小、四肢肌张力及精神状态等。

2. 将家兔固定于实验台上（可1人固定家兔头部，1人固定家兔躯干）。

3. 用酒精棉球将家兔耳外侧的毛擦湿，显示耳缘静脉。

4. 取10ml注射器，抽入空气10ml；按1.5ml/kg（或总量8～10ml）从家兔耳缘静脉内迅速注入空气。

5. 观察注射空气后家兔的呼吸、唇色、瞳孔、四肢肌张力、活动状态和精神状态等，若反应不明显，可适量追加注射空气。

6. 待家兔呼吸停止后，依次剪开皮肤、皮下组织、肌肉和肋骨，剖开胸腔及心包，暴露心脏。可见心脏仍在搏动，透过扩张的右心耳壁，可见右心耳内有气泡。

7. 用丝线结扎进出心脏的大血管，分离心脏。先剖开左心室、左心房，见血液呈暗红色。然后剖开右心房、右心室，见血液呈红色泡沫状。

8. 实验结束后，清点实验器械，并清洗干净。整理实验动物尸体，放置到指定地点。将实验台整理干净。

四、实验（训）报告

根据实验结果，完成实验报告。主要内容包括实验题目、实验目的、实验材料、实验步骤、实验结果、讨论、结论、注意事项等。

（万小娟）

实验 4　炎　　症

一、实验目的

1. 掌握炎症的基本病理变化。
2. 掌握各种炎症细胞的镜下特点。
3. 掌握纤维蛋白性炎和化脓性炎的类型、病变特点。

二、实验材料

显微镜、电脑、投影仪等；大体标本；病理切片；病理数字资源。

三、实验内容

（一）观看病理数字资源

观看炎症典型病理变化的数字图片。通过教师对图片所显示的肉眼病变和镜下病变的讲解，加深学生对课堂理论知识的理解和掌握。

（二）观察大体标本

1. 各型阑尾炎

（1）正常阑尾　注意正常阑尾粗细、长短、光泽及血管情况。

（2）急性单纯性阑尾炎　阑尾呈不同程度的肿胀，浆膜面充血，失去正常光泽。

（3）急性化脓性阑尾炎　阑尾肿胀，浆膜面充血明显，附有纤维蛋白性脓性渗出物；切面上，阑尾壁增厚，管腔扩张，腔内有脓性渗出物。

（4）急性坏疽性阑尾炎　阑尾显著肿大，呈污秽黑色并附有多量化脓性炎性渗出物，管腔内含有灰褐色渗出物。

2. 流行性脑脊髓膜炎　蛛网膜下腔有灰白色脓液积聚，覆盖于脑表面，使脑回和脑沟结构模糊，脑血管明显扩张充血。

3. 绒毛心（纤维蛋白性心包炎）　心包膜脏、壁两层有大量灰白色纤维蛋白性渗出物附着，心脏表面不光滑，呈绒毛状外观。

4. 气管白喉　剖开的气管腔内有灰白色的假膜形成，部分假膜已脱离气管壁。

5. 慢性胆囊炎　胆囊体积增大，壁变厚，黏膜粗糙，胆囊腔内有结石。

6. 鼻炎性息肉　标本取自于鼻腔，息肉呈椭圆形，灰白色，表面光滑，略呈半透明状，质地细嫩、软、脆。

7. 肺脓肿　肺切面见多个大小不一脓腔，腔内残留部分脓液，周围有纤维组织包绕，边界清楚。

8. 细菌性痢疾　标本为一段结肠，黏膜面有大量纤维蛋白等渗出物和坏死组织构成的假膜，呈糠屑状，部分假膜脱落形成浅表的不规则小溃疡。

（三）观察病理切片

1. 急性化脓性阑尾炎

（1）低倍镜观察　辨认阑尾的四层结构（由内向外分为黏膜层、黏膜下层、肌层和浆膜层），黏膜局部可有坏死脱落，即溃疡形成，各层均有大量中性粒细胞弥漫性浸润，血管扩张充血，组织水肿。阑尾腔内有脓细胞、脱落上皮、红细胞和浆液。阑尾浆膜及系膜充血水肿，并附有纤维蛋白及中性粒细胞为主的炎性渗出物。

（2）高倍镜观察　进一步观察中性粒细胞的形态，胞核呈紫蓝色，分叶状，胞质染成淡红色。

2. 慢性肺脓肿

（1）低倍镜观察　观察正常肺组织结构，确定肺脓肿的位置、形状、范围及病理变化，观察脓肿周围有无肉芽组织增生等。

（2）高倍镜观察　观察脓液的成分、脓肿膜的结构、周围肺组织的变化。炎症细胞的主要形态：①中性粒细胞：圆形，胞质呈淡粉红色，胞质中有细小的中性颗粒；胞核呈紫蓝色，分叶状（多为2～3叶）。②嗜酸性粒细胞：胞质有较大的嗜酸性颗粒，染成红色，细胞核常分两叶。③淋巴细胞：体积较小，核呈圆形，浓染，胞质极少，整个细胞几乎全为核所占据。④浆细胞：细胞呈椭圆形，核偏于一侧，核染色质呈车辐状排列，胞质丰富，呈嗜碱性。⑤单核细胞：体积较大，胞质丰富，核呈椭圆或肾形，常偏于细胞一侧，染色质分布均匀，着色较浅。

3. 纤维蛋白性心包炎（绒毛心）

（1）肉眼观察　切片一侧有一红染的细长条索即为纤维蛋白性渗出物。

（2）低倍镜观察　心外膜表面附有多量红染网状或团块状的渗出物。

（3）高倍镜观察　渗出物主要由网状结构、红染的纤维蛋白组成，其中可见中性粒细胞、单核细胞等炎症细胞。心外膜血管充血、水肿、中性粒细胞及淋巴细胞等炎症细胞浸润。

4. 鼻炎性息肉

（1）肉眼观察　组织块呈卵圆形，有蒂，表面较光滑。

（2）低倍镜观察　可见毛细血管、成纤维细胞和黏膜上皮的增生，并有炎症细胞浸润，间质水肿明显。

（3）高倍镜观察　主要观察成纤维细胞、淋巴细胞、浆细胞、嗜酸性粒细胞和单核细胞的形态特点。

四、实验（训）报告

1. 描述纤维蛋白性心包炎、急性化脓性阑尾炎、肺脓肿的肉眼形态特点。
2. 绘出急性化脓性阑尾炎的镜下组织结构图。

（冯丽霞）

实验 5　肿　　瘤

一、实验目的

1. 通过观察皮肤乳头状瘤、结肠癌、食管鳞状细胞癌的特点，掌握外生性生长肿瘤的形态与生长的特点，学会初步判断肿瘤的良、恶性。

2. 通过观察卵巢浆液性囊腺瘤、卵巢黏液性囊腺瘤、畸胎瘤、脂肪瘤、子宫多发性平滑肌瘤、皮下纤维瘤的形态与生长的特点，掌握膨胀性生长肿瘤的特点，学会初步判断肿瘤的良、恶性。

3. 通过观察结肠癌、食管鳞状细胞癌、乳腺癌、子宫颈癌、原发性肝癌、肺癌、皮下纤维肉瘤、股骨骨肉瘤的形态与生长的特点，掌握浸润性生长的特点和恶性肿瘤的形态特点。

4. 通过观察皮下纤维瘤与皮下纤维肉瘤的形态特点，理解良、恶性肿瘤的区别，学会初步鉴别良、恶性肿瘤。

5. 通过观察肺转移性肝细胞癌的形态特点，理解肿瘤的转移方式，掌握血行转移瘤的特点。

6. 通过镜下观察脂肪瘤、纤维瘤、纤维肉瘤、结肠癌、食管鳞状细胞癌、膀胱移行细胞癌、淋巴瘤的病变特点，理解肿瘤的组织结构、命名及肿瘤异型性的特点，学会鉴别肿瘤的良、恶性。

二、实验材料

显微镜、电脑、投影仪等；大体标本；病理切片；病理数字资源。

三、实验内容

（一）观看病理数字资源

观看常见良、恶性肿瘤典型病理变化的数字图片。通过教师对图片所显示的肉眼病变和镜下病变的讲解，加深学生对课堂理论知识的理解和掌握。

（二）观察大体标本

1. 皮肤乳头状瘤 肿瘤向皮肤表面突起，呈乳头状；切面灰白色，以蒂与正常组织相连。

2. 卵巢浆液性囊腺瘤 肿瘤表面光滑，囊壁薄，灰白色，切面呈单房性，囊内含淡黄色清亮的浆液，囊壁内面可见白色小乳头。

3. 卵巢黏液性囊腺瘤 肿瘤表面光滑，灰白色；切面呈多房性，囊壁内面光滑，囊腔内充满灰白、淡蓝、淡黄或淡红等颜色的半透明凝固物。

4. 卵巢畸胎瘤 肿瘤呈圆形或椭圆形囊状，表面光滑，包膜完整，质地较软；切面见囊内充满皮脂样物，其内混有数量不等的毛发、软骨、骨等。

5. 结肠癌 结肠黏膜有一溃疡形成，边缘不整齐外翻，溃疡底部不平坦，有较多坏死组织；切面呈灰白色，向下侵袭结肠壁全层。

6. 食管鳞状细胞癌 食管黏膜有一蕈状隆起肿物，基底部较宽，表面有坏死和溃疡；切面呈灰白色，癌组织与周围组织分界不清楚，向下侵袭食管壁全层。

7. 乳腺癌 乳腺组织中有一结节状肿块，灰白色，与周围组织分界不清楚；切面呈灰白色，颗粒状，质地较硬。

8. 子宫颈癌 子宫颈体积增大，子宫口可见菜花状的肿瘤，肿瘤已累及子宫体，使子宫体积明显增大；切面见子宫颈管被灰白色癌块浸润破坏，分界不清。

9. 原发性肝癌 肝右叶有一巨大肿块，质硬，灰黄色，无包膜、粗糙，部分边界清楚、肿物周围可见少量残存的肝组织，肿块周围有散在灰白色的小癌结节；切面见散在的出血坏死灶及大小较一致的结节。

10. 肺转移性肝细胞癌 肺表面及切面可见多个散在分布的癌结节，灰白色，大小较一致，界线清楚，无包膜，结节间肺组织无明显病变。

11. 肺癌 肺内有一结节状肿块，灰白色，与周围组织分界不清楚，侵袭段支气管。

12. 脂肪瘤 肿瘤外观扁平分叶状，包膜完整，淡黄色；切面肿瘤呈实性，淡黄色，似正常脂肪组织。

13. 子宫多发性平滑肌瘤 子宫肌壁间、黏膜下及浆膜下见多个肿瘤，界线清楚，周围组织有被挤压现象；切面见肿瘤呈灰白色，质硬，可见平滑肌纤维束纵横交错呈旋涡状排列。

14. 皮下纤维瘤 肿物如苹果大，结节状，有完整包膜，与周围组织分界清楚；切面见灰白色的纤维束呈编织状，交错排列，质硬。

15. 皮下纤维肉瘤 肿物如鸭蛋大，椭圆形，包膜不完整，肿物部分与周围组织粘连、呈浸润性生长；切面粉红色，湿润，质软，似鱼肉样外观。

16. 股骨骨肉瘤 股骨下段肿大，形成一个梭形肿物；切面见该段骨质已被严重破坏，形成灰白色肿瘤组织，且浸润至骨髓腔及周围软组织，与周围组织分界不清。

（三）观察病理切片

1. 脂肪瘤 低倍镜下，肿瘤由成熟的脂肪细胞组成，其间由少量纤维结缔组织间质分隔成大小不等的小叶状，包膜完整较薄。

2. 纤维瘤 低倍镜下，瘤细胞纵横交错呈编织状排列，间质可见血管及少量疏松结缔组织。高倍镜下，瘤细胞呈长梭形，大小较一致，形状似纤维细胞，未见核分裂象。

3. 纤维肉瘤 低倍镜下，瘤细胞呈梭形，束状交织，瘤细胞丰富，胶质纤维少，实质、间质分界不清楚。高倍镜下，瘤细胞呈肥胖长梭状，大小较一致，核大深染，核分裂象易见。

4. 结肠癌 低倍镜下，肿瘤实质、间质分界清楚，癌细胞呈腺管状排列，细胞层次多，腺管大小不一，形状不规则，有丰富的致密纤维结缔组织间质。高倍镜下，瘤细胞多呈柱状或立方形，核大深染，核分裂象易见。

5. 食管鳞状细胞癌 低倍镜下，肿瘤实质、间质分界清楚，癌细胞呈巢状排列，层次多，有丰富的致密纤维结缔组织间质。高倍镜下，癌细胞较大，大小不一，呈多角形，排列紊乱，癌巢内角化珠和单个细胞角化易见，核分裂象较少。

6. 膀胱移行细胞癌 低倍镜下，肿瘤实质、间质分界清楚，癌细胞呈片状、乳头状分布，有较少的条索状纤维结缔组织间质。高倍镜下，癌细胞核较大，核分裂象易见，细胞层次多，正常极性消失。

7. 淋巴瘤 低倍镜下，瘤细胞大小不一致，弥漫分布，间质不明显。高倍镜下，瘤细胞稍大，核大淡染，大小形状不一致，核分裂象易见。

四、实验（训）报告

1. 描述皮肤乳头状瘤、卵巢囊腺瘤、畸胎瘤、结肠癌、食管鳞状细胞癌、乳腺癌、子宫颈癌、原发性肝癌、肺转移性肝细胞癌、脂肪瘤、子宫多发性平滑肌瘤、纤维瘤、纤维肉瘤、股骨骨肉瘤等大体标本的形态特点，说出肿瘤的生长方式、初步判断肿瘤的良恶性。

2. 描述脂肪瘤、纤维瘤、纤维肉瘤、结肠癌、食管鳞状细胞癌、膀胱移行细胞癌、淋巴瘤的镜下病变特点，说出肿瘤的组织结构、命名原则及肿瘤异型性的表现。

3. 绘出纤维肉瘤、食管鳞状细胞癌镜下结构图。

（佘佐亚）

实验 6　心血管系统疾病

一、实验目的

1. 通过对动脉粥样硬化大体标本和组织切片的观察，掌握动脉粥样硬化的大体标本形态学变化及镜下的病变特点，学会用病理知识去解释临床表现。

2. 通过对高血压心脏病、原发性颗粒性固缩肾大体标本和组织切片的观察，掌握高血压心脏病、原发性颗粒性固缩肾的大体标本形态学变化和镜下病变特征，学会用病理知识去解释临床表现。

3. 通过对风湿性心脏病大体标本和组织切片的观察，掌握风湿性心脏病的分类及其大体标本形态学变化及镜下的病变特点，并能用病理知识解释其临床表现。

二、实验材料

显微镜、电脑、投影仪等；大体标本；病理切片；病理数字资源。

三、实验内容

（一）观看病理数字资源

观看动脉粥样硬化、冠心病、原发性高血压、风湿病、心瓣膜病等的典型病理变化的数字图片。通过教师对图片所显示的肉眼病变和镜下病变的讲解，加深学生对课堂理论知识的理解和掌握。

（二）观察大体标本

1. 主动脉粥样硬化 已切开并展开平铺的主动脉一段。在动脉内膜面有许多大小不等、形状不一的黄色、黄白色或灰白色的斑块，隆起于动脉内膜的表面。

2. 冠状动脉粥样硬化（伴心肌梗死） 冠状动脉左前降支发生粥样硬化，管壁增厚，管腔内有血栓形成，使管腔完全堵塞。左心室内前壁近心尖区有一不规则的梗死区，无光泽。心内膜面可见有红褐色附壁血栓。

3. 脑动脉粥样硬化（伴脑出血） 脑基底动脉粗细不一，厚薄不均，动脉增粗，形成动脉瘤。管壁增厚处透过内膜可见到深部的灰黄色或灰白色的粥样斑块。切面斑块向腔内突出，致动脉管腔狭窄，相应的脑组织明显萎缩（脑沟变宽，脑回变窄）。病变的血管破裂引起脑出血。

4. 高血压心脏病 心脏的体积明显增大，重量增加，左心室壁增厚明显，乳头肌及肉柱变粗，但心腔并无明显扩张。

5. 原发性颗粒性固缩肾 肾脏体积明显缩小，质地变硬，表面凹凸不平，呈细颗粒状；切面可见肾皮质变薄，皮质与髓质的分界不清，叶间动脉及弓形动脉呈哆开状。

6. 二尖瓣狭窄 二尖瓣显著增厚，透明度降低，瓣叶的弹性消失，两瓣叶相互粘连，瓣膜口狭窄呈鱼口状，仅能通过一个手指。左心房扩大，左心室相对缩小。

7. 二尖瓣关闭不全 二尖瓣扭曲、变形，腱索、乳头肌显著缩短、增粗，致瓣膜关闭不全。左心房、左心室均扩大，内膜粗糙不平，左心室壁略增厚。

（三）观察病理切片

1. 主动脉粥样硬化 病变主要在动脉内膜，内膜有脂质沉积，内膜表面纤维组织增生，并可见增生的纤维组织发生玻璃样变性。内膜深层见有针形和菱形空隙（胆固醇结晶被乙醇、二甲苯等溶解所致）。

2. 冠状动脉粥样硬化 冠状动脉管腔变狭窄，内膜不平，部分向管腔内呈半月形突起。突起处的内膜增厚，纤维组织增生，其中有脂质沉积，可见泡沫细胞或有钙盐沉积。

3. 原发性颗粒性固缩肾 部分肾单位已萎缩、纤维化，部分则呈代偿性肥大（肾小球体积增大，肾小管扩张）。重点观察入球微动脉管壁增厚并呈玻璃样变性，管腔狭窄。

4. 风湿性心肌炎 在心肌间质内、小血管旁可见风湿病的特征性病变——阿绍夫小体。典型的阿绍夫小体的中央有少量嗜酸性碎块状纤维蛋白样坏死物，周围散在分布有风湿细胞。注意观察风湿细胞的特征：体积较大，呈圆形或多边形，胞质丰富，略呈嗜碱性，单核或双核，核膜清楚，染色质浓集于核中心，呈枭眼状（横切）或毛虫状（纵切）。病灶外周尚有淋巴细胞、单核细胞的浸润，周边可见成纤维细胞。

四、实验（训）报告

1. 描述主动脉粥样硬化、高血压心脏病及原发性颗粒性固缩肾的形态学变化。
2. 绘出主动脉粥样硬化、原发性颗粒性固缩肾或阿绍夫小体的镜下病变结构图。

（王桂秋）

实验 7　呼吸系统疾病

一、实验目的

1. 掌握肺气肿、大叶性肺炎、小叶性肺炎、慢性肺源性心脏病等大体标本的病变特征。
2. 熟悉慢性支气管炎、小叶性肺炎、大叶性肺炎的镜下病变特点。

二、实验材料

显微镜、电脑、投影仪等；大体标本；病理切片；病理数字资源。

三、实验内容

（一）观看病理数字资源

观看慢性支气管炎、肺气肿、支气管扩张症、支气管哮喘、慢性肺源性心脏病、大叶性肺炎、小叶性肺炎等疾病典型病理变化的数字图片。通过教师对图片所显示的肉眼病变和镜下病变的讲解，加深学生对理论知识的理解和掌握。

（二）观察大体标本

1. 肺气肿 肺体积增大，肺表面和切面均呈白色，触之有海绵状疏松感，压痕不易消失；切面上组织疏松，病变严重区域肺泡扩张呈蜂窝状。

2. 支气管扩张症 支气管腔明显扩张呈柱状或囊状，扩张处的支气管壁变薄。

3. 慢性肺源性心脏病 心脏体积增大，重量增加，心尖变得钝圆；切面上右心室壁肥厚，肺动脉瓣下2cm处心室壁厚度超过5mm，左心壁变化不明显。

4. 大叶性肺炎（红色肝样变期） 病变肺叶体积增大，呈红色，质地变实如肝；切面可见细小颗粒状物突起。

5. 大叶性肺炎（灰色肝样变期） 病变肺叶呈灰白色，实变如肝，肺膜有纤维蛋白渗出；切面可见细小颗粒状物突起。

6. 大叶性肺炎（红色肝样变期和灰色肝样变期） 整个左肺体积均增大，肺膜有纤维蛋白渗出，肺上叶呈红色，肺下叶呈灰白色，质地变实如肝；切面上可见细小颗粒状物突起，尤以下叶为甚（上叶为红色肝样变期病变、下叶为灰色肝样变期病变）。

7. 小叶性肺炎 肺表面可见多数弥漫性分布的灰黄色病变区，部分区域呈红色（为早期病变，由明显充血所致），肺膜上没有纤维蛋白附着。切面上病灶分散在肺叶的各个部位，呈圆形或不规则形，多出现在小支气管周围或附近，病灶之间有正常的肺组织间隔或有代偿性肺气肿。部分区域病灶互相融合成片，形成融合性小叶性肺炎。

8. 小叶性肺炎合并肺脓肿 在肺切面上散在分布灰白、灰黄色不规则的病灶，其间可见多个大小不等的圆形或卵圆形脓肿，脓液已流失。

（三）观察病理切片

1. 小叶性肺炎 病灶呈散在分布，病灶处的肺泡壁被破坏，肺泡内有中性粒细胞、单核细胞、浆液和纤维蛋白，病灶中央或边缘大多数可找到细支气管，管壁有炎症细胞浸润，管腔内有炎症细胞渗出。病灶周围的肺泡仍能充气，甚至发生代偿性肺气肿。

2. 大叶性肺炎（红色肝样变期） 病变呈弥漫性，但肺泡壁完好。主要见肺泡壁毛细血管扩张、充血，肺泡腔内充满大量红细胞和纤维蛋白。此外，可见少许中性粒细胞和浆液。

3. 大叶性肺炎（灰色肝样变期） 病变呈弥漫性，但肺泡壁完好。肺泡腔内充填大量的纤维蛋白，纤维蛋白相互交织成网状，在网眼中有大量中性粒细胞，可见纤维蛋白丝穿过肺泡间孔的现象，肺泡壁呈贫血状态。

四、实验（训）报告

1. 描述以下大体标本的病变特征：肺气肿、慢性肺源性心脏病、大叶性肺炎（红色肝样变期）、小叶性肺炎。

2. 绘出以下病变的镜下结构图：大叶性肺炎灰色肝样变期、小叶性肺炎。

（袁宏伟）

实验8　消化系统疾病

一、实验目的

1. 通过对各型慢性胃炎大体标本和组织切片的观察，掌握慢性萎缩性胃炎的病变特点，熟悉急性胃炎及其他类型慢性胃炎的病变特点，学会用病理知识去解释临床表现。

2. 通过对胃、十二指肠溃疡大体标本和组织切片的观察，掌握消化性溃疡的病变特点，并能将病理变化与临床表现进行有机联系。

3. 通过对病毒性肝炎大体标本和组织切片的观察，掌握病毒性肝炎的基本病变、临床病理类型及临床病理联系。

4. 通过对门脉性肝硬化大体标本和组织切片的观察，掌握门脉性肝硬化的病变特点及临床病理联系，熟悉坏死后肝硬化的病变特点。

二、实验材料

电脑、显微镜、投影仪等；大体标本；病理切片；病理数字资源。

三、实验内容

（一）观看病理数字资源

观看胃炎、消化性溃疡、病毒性肝炎和肝硬化典型病理变化的数字图片。通过教师对图片所显示的肉眼病变和镜下病变的讲解，加深学生对理论知识的理解和掌握。

（二）观察大体标本

1. 胃溃疡　胃窦部有一圆形、直径小于2cm的溃疡，溃疡边缘整齐，底部平坦、洁净，溃疡深达肌层，周围的黏膜皱襞由于受溃疡底部瘢痕组织的牵拉而呈放射状向溃疡集中。

2. 急性重型肝炎　肝脏体积缩小，被膜皱缩，质软，肝表面、切面均呈黄绿色，其中散在灰黄色区域。

3. 门脉性肝硬化　肝脏体积缩小，边缘变锐，质地较硬，表面凹凸不平，呈粟粒至绿豆大的细颗粒状，色灰黄；切面见分布均匀且密集的灰黄色小结节，与表面结节大小一致，结节之间为薄而均匀、灰白色的纤维间隔。

4. 坏死后肝硬化　肝脏体积缩小，被膜皱缩，重量减轻，质地变硬，肝表面凹凸不平，弥漫分布大小不等略呈球形的结节；切面见大小不一、呈灰黄色的结节，结节之间为宽而不均匀的纤维间隔。

（三）观察病理切片

1. 慢性萎缩性胃炎　胃黏膜明显变薄，黏膜下腺体萎缩、数目减少，部分黏膜出现肠上皮化生，黏膜固有层内有大量淋巴细胞、浆细胞浸润，伴淋巴滤泡形成。

2. 胃溃疡　肉眼观察，切片中央有一凹陷，即溃疡。低倍镜下，溃疡底部由内至外可分为四层结构：①渗出层：由大量中性粒细胞及浅红色的纤维蛋白构成。②坏死层：为一片均质、红染、无结构的颗粒状物质。③肉芽组织层：见大量新生毛细血管、成纤维细胞和炎症细胞。④瘢痕层：由大量致密的胶原纤维及少量的纤维细胞构成，部分胶原纤维玻璃样变性。在瘢痕层及溃疡边缘的黏膜层内也可见大量炎症细胞浸润，主要为淋巴细胞和浆细胞，也有少量中性粒细胞及嗜酸性粒细胞，溃疡底部瘢痕层中还可见增生性动脉内膜炎的改变，表现为动脉管壁增厚、管腔狭窄。

3. 急性（普通型）肝炎　肝小叶结构完整，但肝索排列紊乱，肝窦变窄；大部分肝细胞胞质疏松化和气球样变，个别肝细胞嗜酸性变；小叶内可有点状坏死，伴炎症细胞浸润；包膜及汇管区纤维组织增生，大量炎症细胞浸润，少数增生的纤维呈星芒状伸入肝小叶内。

4. 急性重型肝炎 肝细胞广泛坏死，肝小叶结构破坏消失，残留肝小叶的轮廓或零星的肝细胞和小胆管（汇管区附近）。坏死区内有大量淋巴细胞和单核细胞浸润，并可见巨噬细胞吞噬组织碎片和脂褐素。汇管区有大量淋巴细胞、单核细胞和浆细胞浸润。

5. 门脉性肝硬化 正常肝小叶结构破坏，增生的纤维结缔组织包绕大小不等的略呈圆形的肝细胞团即假小叶，假小叶内中央静脉可缺如、偏位或有两条及两条以上，有的还可见到汇管区。假小叶内肝细胞、毛细胆管淤胆，增生的结缔组织中有小胆管增生和炎症细胞浸润。

四、实验（训）报告

1. 描述胃溃疡、急性重型肝炎及门脉性肝硬化的大体标本的病变特点。
2. 绘出胃溃疡及门脉性肝硬化的镜下病变结构图。

（杨志鹤）

实验 9　泌尿系统疾病

一、实验目的

1. 观察并掌握常见类型的肾小球肾炎大体标本的病变特点，急、慢性肾盂肾炎大体标本的病变特点。
2. 仔细观察、熟悉急性弥漫增生性肾小球肾炎、新月体性肾小球肾炎、慢性硬化性肾小球肾炎和慢性肾盂肾炎的镜下病变特点。

二、实验材料

电脑、显微镜、投影仪等；大体标本；病理切片；病理数字资源。

三、实验内容

（一）观看病理数字资源

观看各型肾小球肾炎、肾盂肾炎和泌尿系统常见肿瘤的典型病理变化的数字图片。通过教师对图片所示病变的肉眼病变和镜下病变的讲解，加深学生对理论知识的理解和掌握。

（二）观察大体标本

1. 弥漫增生性肾小球肾炎 双肾中度肿大，被膜紧张，表面光滑，充血变红，有散在小出血点；切面肾皮质增厚，皮、髓质界线清楚，肾盂无病变。

2. 新月体性肾小球肾炎 双肾肿大，苍白；切面肾皮质明显增厚，内有散在小出血点。

3. 急性肾盂肾炎 一侧肾稍大，充血，表面有脓性渗出，并可见小脓肿。肾盂黏膜充血，表面有脓性渗出。

4. 硬化性肾小球肾炎 双肾体积缩小，重量减轻，质地变硬，颜色苍白，表面呈细颗粒状；切面肾皮质变薄，皮、髓质界线不清。

5. 慢性肾盂肾炎 双肾体积不对称性缩小，质硬，外形不规则，表面有凹陷性瘢痕；切面皮、髓质界线不清，肾盂、肾盏狭窄、变形。

（三）观察病理切片

1. 急性弥漫增生性肾小球肾炎

（1）低倍镜　多数肾小球受累，肾小球体积增大，肾小囊狭窄。肾间质充血，炎症细胞浸润。

（2）高倍镜　肾小球内细胞数明显增多，在一个肾小球最大径线的切面上至少有150个细胞，其中主要为增生的毛细血管内皮细胞及系膜细胞，伴少量中性粒细胞及单核细胞浸润；肾小球毛细血管腔狭窄或闭塞；肾小囊内可见渗出的中性粒细胞及淡红色的液体，亦可见红细胞；肾小管上皮细胞轻度水肿，小管腔内可见红细胞、白细胞或蛋白管型；肾间质毛细血管扩张充血，少量炎症细胞浸润。

2. 新月体性肾小球肾炎

（1）低倍镜　多数肾小球内可见新月体或环形体形成。

（2）高倍镜　肾小囊壁层上皮细胞增生，呈多层排列，围绕毛细血管丛形成细胞性新月体或环形体，少数新月体纤维化形成纤维性新月体，偶见新月体玻璃样变性；肾小管上皮细胞水肿、脂肪变性或萎缩、消失；肾间质水肿，炎症细胞浸润。

3. 慢性硬化性肾小球肾炎

（1）低倍镜　大部分肾小球纤维化、玻璃样变性，所属肾小管萎缩、纤维化。由于肾间质纤维组织增生，牵拉肾小球，一个低倍视野中常见到多个或十几个小球，即“肾小球集中”现象，少部分肾单位代偿性肥大。

（2）高倍镜　大量肾小球体积缩小，纤维化或玻璃样变性，相应小管萎缩、消失；残存肾小球代偿性肥大，相应小管扩张，腔内含红色蛋白管型；肾间质纤维组织增生，淋巴细胞浸润，小动脉硬化，管壁增厚。

4. 慢性肾盂肾炎

（1）低倍镜　病灶呈不规则片状，夹杂于相对正常的肾组织之间。

（2）高倍镜　肾间质和肾小管受累最重。病灶内肾小球破坏，肾小囊周围纤维化致肾小球萎缩或玻璃样变性，有的肾小管扩张，内有胶样管型，即甲状腺滤泡样变，肾间质大量纤维组织增生，淋巴细胞、浆细胞及少量中性粒细胞浸润，小动脉硬化；病灶周围肾组织较正常，部分肾单位代偿性肥大；肾盂黏膜萎缩变薄或纤维性增厚，伴慢性炎症细胞浸润。

四、实验（训）报告

1. 描述急性肾盂肾炎的大体特点。
2. 绘出慢性硬化性肾小球肾炎的镜下特点。

（吴　蒙）

实验 10　女性生殖系统及乳腺疾病

一、实验目的

1. 掌握子宫肿瘤和乳腺癌的大体形态学特征。
2. 熟悉卵巢肿瘤的常见类型和大体形态。
3. 了解滋养细胞疾病的形态学特征。

二、实验材料

电脑、显微镜、投影仪等；大体标本；病理切片；病理数字资源。

三、实验内容

（一）观看病理数字资源

观看慢性子宫颈炎、宫颈上皮内瘤变、子宫颈癌、子宫内膜增生、子宫腺肌症、卵巢子宫内膜异位症、葡萄胎、绒毛膜上皮癌、乳腺癌等疾病典型病理变化的数字图片。通过教师对幻灯片所显示的肉眼病变和镜下病变的讲解，加深学生对理论知识的理解和掌握。

（二）观察大体标本

1. 子宫颈癌 子宫颈明显肥大，质硬，子宫颈管至子宫腔下段见一实性质脆灰白色区域，界线不清；切面颈管黏膜粗糙呈颗粒状。

2. 葡萄胎 子宫前壁已剖开，可见子宫腔内容物。子宫体积明显增大，子宫腔内充满水泡。水泡透明或半透明，壁薄，内含清亮液体，有细蒂相连成串，似葡萄状，大小不等。病变局限在子宫腔内，未累及子宫肌层。

3. 侵蚀性葡萄胎 子宫增大；切面见子宫腔内充满大量大小不等的水泡，水泡半透明，有细蒂相连成串，状似葡萄，并向子宫肌层浸润，部分肌壁有出血、坏死。

4. 绒毛膜上皮癌 子宫不规则增大，肌壁间见一暗红色结节突入子宫腔，癌组织在肌壁中浸润性生长，导致局部出血、坏死。

5. 卵巢浆液性囊腺瘤 标本为切除的卵巢肿块，如拳头大，呈球形，外有完整的包膜，触之有波动感。切面呈单房，内含澄清的浆液。

6. 乳腺癌 标本为部分乳腺。表面乳头下陷，乳晕肿胀呈黑褐色，周围皮肤下陷，呈橘皮样；切面乳头下方有一灰白色肿块，无包膜，呈条索状向黄色的脂肪组织内浸润，并可见灰白色的癌组织向深部肌组织浸润。

（三）观察病理切片

1. 子宫颈原位癌 鳞状上皮细胞异常增生，细胞明显异型，部分可见核分裂象，异型细胞已累及上皮全层，但基底膜完整。

2. 葡萄胎 ①绒毛间质高度水肿。②绒毛间质内血管消失，或见少量无功能的毛细血管，内无红细胞。③滋养细胞有不同程度增生，增生的细胞包括合体滋养细胞和细胞滋养细胞，两者以不同比例混合存在，并有轻度异型性。

3. 绒毛膜上皮癌 癌组织由分化不良的细胞滋养细胞和合体滋养细胞两种瘤细胞组成，细胞异型性明显，核分裂象易见。细胞排列紊乱，呈巢状或条索状，无绒毛结构。癌组织无间质血管，癌组织和周围正常组织有明显出血、坏死。

四、实验（训）报告

1. 描述以下大体标本的病变特征：子宫颈癌、侵蚀性葡萄胎、乳腺癌。
2. 绘出以下病变的镜下结构图：子宫颈原位癌。

（卢碧燕）

实验 11 传染病及寄生虫病

一、实验目的

1. 学会观察结核病、各期伤寒、细菌性痢疾、流行性脑脊髓膜炎、流行性乙型脑炎和肝血吸虫病等病变的常见大体标本，加深对大体形态病变的理解。

2. 学会观察结核病、各期伤寒、细菌性痢疾、流行性脑脊髓膜炎、流行性乙型脑炎和肝血吸虫病等病变的典型病理切片，加深对病变组织结构的认识。

二、实验材料

电脑、显微镜、投影仪等；大体标本；病理切片；病理数字资源。

三、实验内容

（一）观看病理数字资源

观看原发性肺结核、继发性肺结核、肾结核、肠结核、骨结核、细菌性痢疾、流行性脑脊髓膜炎、流行性乙型脑炎、伤寒、血吸虫病、尖锐湿疣、梅毒等疾病典型病理变化的数字图片。通过教师对幻灯片所显示的肉眼病变和镜下病变的讲解，加深学生对理论知识的理解和掌握。

（二）观察大体标本

1. 原发性肺结核 病变常在肺叶的边缘靠近胸膜处，原发病灶呈圆形，直径在1cm左右，色灰黄，同时可伴有肺门淋巴结肿大并发生干酪样坏死及结核性淋巴管炎。

2. 急性血行播散性肺结核 肺的表面和切面上可见大量散在的、分布均匀、大小一致、界线清楚、黄白色、圆形、粟粒大小的结节状病灶。

3. 慢性纤维空洞性肺结核 肺切面上可见数个大小不等、形状不一的空洞，空洞内面可见干酪样坏死物，空洞附近组织有显著的纤维组织增生，胸膜增厚。

4. 肺结核球 肺内可见孤立的有纤维包裹的球形病灶，其界线清楚，呈灰白色，中心有干酪样坏死。

5. 干酪样肺炎 病变肺肿大实变；切面呈黄白色或灰白色干酪样，坏死物质液化排出后可见有急性空洞形成。

6. 肠结核 溃疡型肠结核在黏膜面可见多个边缘不整的环形溃疡，较浅，与肠管长轴垂直，与溃疡对应的浆膜面可见串珠状排列的灰黄色小结节。增生性肠结核肠壁肥厚变硬，可形成界线清楚的肿块突向肠腔。

7. 肾结核 肾脏切面可见数个大小不等的空洞，壁凹凸不平，内附黄白色的干酪样坏死组织。

8. 骨结核 病变部位可见黄白色干酪样坏死区，略呈椭圆形，边缘不整，与周围组织之间有纤维组织分隔。

9. 肠伤寒 肠壁淋巴组织肿胀呈脑回状（髓样肿胀期），或坏死（坏死期）、脱落后形成溃疡（溃疡期）。溃疡多呈椭圆形，边缘隆起，底部不平，其长轴与肠的长轴平行，严重者可深达浆膜，甚至穿孔。

10. 细菌性痢疾 黏膜充血、水肿，表面被覆一层灰黄色或灰褐色糠皮状的假膜，有的假膜脱落后形成不规则的表浅溃疡，可见小的出血点，整个黏膜疏松、水肿、增厚。

11. 流行性脑脊髓膜炎 蛛网膜血管高度扩张充血，蛛网膜下腔充满灰黄色脓性渗出物，覆盖脑沟脑回，使其结构模糊不清。

12. 流行性乙型脑炎 脑膜血管充血、水肿，脑回变宽，脑沟变窄；切面大脑皮质可见散在粟粒大小的软化灶。

13. 血吸虫性肝硬化 肝脏体积变小，质地变硬，表面不平，有凹陷的浅沟纹，形成稍隆起的分区（分叶状）；切面见增生的纤维组织沿着门静脉分支呈树枝状分布，又称干线型肝硬化。

（三）观察病理切片

1. 急性血行播散性肺结核 结节状病灶由内向外其成分依次为：中央为红染无结构的干酪样坏死

组织，周围围绕上皮样细胞和朗汉斯巨细胞。上皮样细胞体积较大，边界不清，细胞质丰富淡染，核圆形或椭圆形，形态类似上皮细胞。朗汉斯巨细胞体积较大，散在分布于上皮样细胞之间，胞质丰富红染，核与上皮样细胞相似，排列成花环状或马蹄状或聚集在一起。结节外周有淋巴细胞浸润及数目不等的成纤维细胞和纤维细胞。

2. 肠伤寒 黏膜下层可见淋巴滤泡增生，滤泡中巨噬细胞聚集成团。巨噬细胞体积较大，胞质丰富，核圆形或肾形，胞质内吞噬有红细胞、淋巴细胞和组织碎片，形成伤寒细胞。伤寒细胞常聚集在一起形成伤寒小结。

3. 细菌性痢疾 黏膜充血、水肿、出血，中性粒细胞浸润。表浅坏死，渗出的纤维蛋白和中性粒细胞、坏死物、红细胞、细菌共同形成假膜。在慢性细菌性痢疾中，肠壁各层可见慢性炎症细胞和纤维组织增生，坏死的黏膜脱落形成溃疡，有的增生呈息肉状。

4. 流行性脑脊髓膜炎 软脑膜血管明显扩张充血，蛛网膜下腔间隙加大，充满大量中性粒细胞、纤维蛋白。脑实质炎症反应不明显。

5. 肝血吸虫病 肝脏汇管区附近可见深红色或深蓝色的虫卵结节。急性虫卵结节，中央为成熟的虫卵，虫卵表面可见呈放射状火焰样嗜酸性的均质物，周围有大量变性、坏死的嗜酸性粒细胞聚集，形成嗜酸性脓肿。慢性虫卵结节，其中央为死亡、钙化的虫卵，周围可见慢性虫卵肉芽肿，由上皮样细胞、异物多核巨细胞、淋巴细胞及成纤维细胞组成，也称为假结核结节。

四、实验（训）报告

1. 描述原发性肺结核病的大体病变特征。
2. 绘出急性血行播散性肺结核、细菌性痢疾的镜下病变结构图。

（王晓蔚）

主要参考文献

步宏，李一雷. 2018. 病理学. 第9版. 北京：人民卫生出版社.

陈杰，步宏. 2021. 临床病理学. 第2版. 北京：人民卫生出版社.

黄宁，赵敬. 2022. 病理生理学. 第3版. 北京：科学出版社.

刘彤华. 2018. 刘彤华诊断病理学. 第4版. 北京：人民卫生出版社.

苏宁，王世军. 2021. 病理学. 第3版. 北京：人民卫生出版社.

田野. 2020. 病理生理学. 北京：人民卫生出版社.

王恩华，李庆昌. 2021. 病理学. 第4版. 北京：高等教育出版社.

王建枝，钱睿哲. 2018. 病理生理学. 第9版. 北京：人民卫生出版社.

王谦，高维娟. 2022. 病理学. 第5版. 北京：科学出版社.

吴立玲. 2014. 病理生理学. 第4版. 北京：北京大学医学出版社.

谢新民. 2022. 病理检验技术. 第2版. 北京：人民卫生出版社.

约翰·R. 戈德布卢姆，拉瑞·W. 拉姆普斯，杰斯·K. 麦肯利，等. 2021. 罗塞和阿克曼外科病理学. 第11版. 回允中主译. 北京：北京大学医学出版社.

自测题（选择题）参考答案

绪论

1. E　2. E　3. B　4. A　5. C　6. A　7. D　8. E
9. C　10. B　11. B　12. C

第1章

1. E　2. D　3. A　4. E　5. B　6. E　7. B　8. E
9. D　10. B　11. D　12. C　13. D　14. E　15. C
16. A　17. C　18. C　19. D　20. C　21. B　22. C
23. D　24. A　25. E　26. E　27. E　28. C　29. E
30. E

第2章

1. C　2. E　3. D　4. E　5. D　6. C　7. B　8. B
9. A　10. C　11. B　12. C　13. E　14. D　15. B

第3章

1. B　2. D　3. E　4. E　5. D　6. C　7. A　8. A

第4章

1. C　2. A　3. D　4. E　5. B　6. D　7. C　8. E
9. D　10. E　11. C　12. B　13. B　14. C　15. D
16. A　17. C　18. D　19. E　20. B　21. D　22. C
23. B

第5章

1. C　2. E　3. B　4. D　5. E　6. B　7. E　8. E
9. C　10. B　11. B　12. C　13. B　14. D　15. C
16. D

第6章

1. B　2. C　3. C　4. C　5. D　6. B　7. A　8. C
9. B　10. B　11. D　12. B　13. A　14. C　15. B
16. C　17. A　18. D　19. C　20. D　21. D　22. B
23. D　24. D　25. E　26. D　27. D　28. E　29. C
30. E　31. B　32. E　33. D　34. C　35. D　36. C
37. A　38. E　39. B　40. B　41. E　42. D

第7章

1. D　2. A　3. E　4. B　5. C　6. B　7. B　8. C
9. A　10. A　11. B　12. C　13. D　14. A　15. E
16. E　17. A　18. C　19. D　20. D　21. B　22. A
23. A

第8章

1. B　2. E　3. B　4. B　5. A　6. D　7. C

第9章

1. B　2. C　3. E　4. D　5. A　6. B　7. C　8. A
9. E　10. A　11. C　12. C　13. A　14. C　15. E
16. C

第10章

1. C　2. D　3. C　4. C　5. A　6. D　7. C　8. A
9. C　10. A

第11章

1. C　2. D　3. D　4. C　5. D　6. C　7. D　8. D
9. D　10. B　11. D　12. D　13. E　14. E　15. C
16. D　17. E　18. D

第12章

1. C　2. E　3. A　4. D　5. C　6. C　7. E　8. E

第13章

1. B　2. A　3. A　4. D　5. A　6. B　7. B　8. B
9. D　10. D　11. D　12. C　13. A　14. C　15. B

第14章

1. A　2. D　3. D　4. A　5. B　6. B　7. B　8. A

第15章

1. C　2. B　3. C　4. A　5. B

第16章

1. E　2. B　3. C　4. D　5. B　6. A　7. A　8. C
9. C　10. D

第17章

1. D　2. A　3. D　4. B　5. E　6. B　7. A　8. B
9. C　10. D　11. E　12. B

第18章

1. E　2. B　3. D　4. A　5. A　6. D　7. B　8. E
9. C　10. D　11. D　12. B　13. C　14. C　15. D

16. C

第19章

1. E 2. C 3. C 4. A 5. A 6. E 7. C 8. B 9. D 10. C 11. E 12. C 13. A 14. A 15. B 16. C

第20章

1. B 2. E 3. E 4. D 5. C 6. D 7. A 8. D 9. D 10. B 11. E 12. C 13. D 14. E 15. C

第21章

1. D 2. D 3. D 4. E 5. E 6. B

第22章

1. C 2. C 3. B 4. B 5. A 6. D 7. A